I0046021

OEUVRES

COMPLÈTES

DE J. DOMAT.

DE L'IMPRIMERIE DE FIRMIN DIDOT,
RUE JACOB, N° 24.

OEUVRES

COMPLÈTES

DE J. DOMAT.

NOUVELLE ÉDITION,

REVUE, CORRIGÉE, ET PRÉCÉDÉE D'UNE NOTICE HISTORIQUE SUR DOMAT;

AUGMENTÉE DE L'INDICATION DES ARTICLES DE NOS CODES QUI SE RAPPORTENT AUX DIFFÉRENTES QUESTIONS TRAITÉES PAR CET AUTEUR,

DES LOIS, ARRÊTÉS, SÉNATUS-CONSULTES, DÉCRETS, ORDONNANCES DU ROI, AVIS DU CONSEIL D'ÉTAT, DÉCISIONS DES MINISTRES, ET DES ARRÊTS DE LA COUR DE CASSATION ET DES COURS ROYALES, RENDUS SUR CES MATIÈRES DEPUIS LA PROMULGATION DES CODES.

Une Table alphabétique, par ordre de matières, est mise à la fin de chaque volume.

PAR JOSEPH REMY,

JURISCONSULTE, MEMBRE DE PLUSIEURS SOCIÉTÉS SAVANTES, ETC.

Tome Premier.

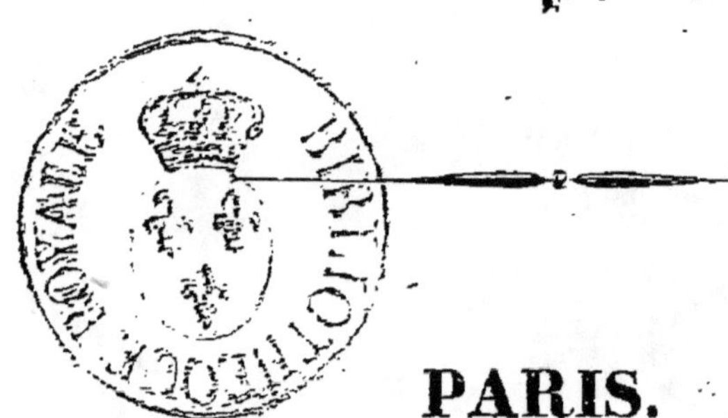

PARIS.

FIRMIN DIDOT PÈRE ET FILS, RUE JACOB, N° 24;

CHARLES BÉCHET, LIBRAIRE DE JURISPRUDENCE,

QUAI DES AUGUSTINS, N° 57;

J. B. RORET, LIBRAIRE DE JURISPRUDENCE, QUAI DES AUGUSTINS, N° 17 bis;

BOISTE FILS AINÉ, RUE DE SORBONNE, N° 12.

1828.

PRÉFACE DE L'ÉDITEUR.

En France, plus que partout ailleurs, chacun se montrant jaloux d'exercer ses droits civils et politiques, la science des lois est devenue un besoin général. Autrefois, les magistrats et les membres du barreau étaient seuls initiés aux règles de la jurisprudence; aujourd'hui, tous les citoyens veulent apprendre les lois, les consulter afin de se juger eux-mêmes, et de connaître toute l'étendue de leurs droits et de leurs devoirs.

Pour bien comprendre la législation actuelle, il est nécessaire de remonter à sa source. C'est dans les lois romaines que nous avons puisé nos codes, c'est là aussi qu'il faut chercher les principes qui doivent éclairer notre inexpérience, ou dissiper nos doutes.

Mais si l'on consulte les recueils de Justinien, on voit qu'ils étaient principalement faits pour conserver le dépôt des lois et des règles, et que l'ordre naturel qui doit les lier entre elles n'a pas été le but qu'on s'y est proposé.

L'utilité des livres du droit romain, et les difficultés de bien apprendre la science des lois dans ces livres, tels sont les motifs qui ont engagé Domat à mettre les lois civiles en leur *ordre naturel,* dans l'espérance d'en rendre l'étude plus facile, plus utile et plus agréable.

Près de deux siècles se sont écoulés depuis que ce savant jurisconsulte a doté la France de ses travaux, et il est encore le guide le plus sûr qu'on puisse rencontrer dans la vaste carrière du droit.

« Personne n'ignore, disait-il, quel est en toutes choses l'usage de l'ordre, et que si dans les choses mêmes qui ne sont que l'objet des sens, le juste assemblage des parties qui forment un tout est nécessaire pour les mettre en vue, l'ordre est bien plus nécessaire pour faire entrer dans l'esprit le détail infini des vérités qui composent une science. Car, c'est leur nature, qu'elles aient entre elles des rapports et des liaisons, qui font qu'elles n'entrent dans l'esprit que les unes par les autres; que quelques-unes qui doivent s'entendre par elles-mêmes, et qui sont les sources des autres, doivent les précéder; et que les autres doivent suivre, selon qu'elles dépendent de ces premières, et qu'elles sont liées entre elles, et qu'ainsi l'esprit devant se conduire des unes aux autres, doit les voir en ordre; et c'est de cet ordre qui fait l'arrangement des définitions, des principes et du détail, d'où il est facile de juger combien il y a de différence entre la manière de voir le détail des vérités qui composent une science mise en confusion, et la vue de ce même détail rangé dans son ordre; puisqu'on peut dire qu'il n'y en a pas moins qu'entre la vue d'un tas confus de matériaux destinés pour un édifice, et la vue de l'édifice élevé dans sa symétrie.

« Le dessein qu'on s'est proposé dans ce livre est donc de mettre les *lois civiles dans leur ordre naturel;* de distinguer les matières du droit, et les assembler selon le rang qu'elles ont dans le corps qu'elles composent naturellement; diviser chaque matière selon ses parties; et arranger en chaque partie le détail de ses définitions, de ses principes et de ses règles, *n'avançant rien qui ne soit ou clair par soi-même, ou précédé de tout ce qui peut être nécessaire pour le faire entendre.* Ainsi, ce n'est pas un abrégé qu'on s'est proposé de faire, ou de simples institutions; mais on a tâché d'y comprendre tout le détail des matières dont on doit traiter.

« On s'est proposé deux premiers effets de cet ordre, la briéveté par le retranchement de l'inutile et du superflu, et la clarté par le simple effet de l'arrangement. Et on a espéré que, par cette briéveté et cette clarté, il serait facile d'apprendre les lois solidement, et en peu de temps, et que même l'étude en devenant facile serait agréable. Comme la vérité est l'objet naturel de l'homme, c'est la vue de la vérité qui fait son plaisir; et ce plaisir est plus grand à proportion que les vérités sont naturelles à notre raison, et qu'elle les voit dans leur jour sans peine. »

Voilà le dessein de son livre, ce n'est pas un abrégé, c'est un cours complet de droit. Tout y est bref par le retranchement de l'inutile et du superflu, tout y est clair et précis par le simple effet de l'arrangement.

J'emprunterai encore ici les paroles de l'auteur pour expliquer comment il a cité sur chaque article les textes des lois.

« Il est facile de juger, dit-il, par les remarques qui ont été faites sur la manière dont les lois sont recueillies dans le droit romain, qu'il n'a pas été possible de citer sur chaque article un texte unique qui y répondît, et qu'il a été nécessaire en plusieurs endroits d'assembler divers textes pour former le sens d'une règle ; comme au contraire on a été obligé en d'autres de donner à la règle plus d'étendue que n'en a le texte, pour le faire entendre. Mais on n'a pas laissé de garder partout une exacte fidélité, pour ne détourner aucun texte hors de son sens, *et pour ne rien avancer sans autorité ; parce qu'encore que les règles qu'on a tirées des textes des lois portent le caractère de la vérité par l'équité naturelle qui en est l'esprit, il est nécessaire de les affermir par l'autorité de ces textes des lois du droit romain, qui ajoute à leur certitude, que l'esprit se met en repos, voyant déja la vérité par lui-même, et s'assurant encore que son jugement est soutenu de celui de tant de personnes habiles qui ont été les auteurs de ces lois, et de l'approbation universelle qu'elles ont depuis tant de siècles.* »

Mais cette autorité sur laquelle s'appuyait Domat ne suffit plus aujourd'hui. Les notables changemens apportés par la législation nouvelle ont introduit dans les œuvres de notre illustre auteur une lacune que personne peut-être n'eût osé remplir, si le plan n'eût été tracé d'avance.

A l'exemple de Domat, j'ai retranché le superflu pour placer le nécessaire. L'esprit sera encore en repos par l'autorité du droit romain qu'il pourra vérifier à son gré. Les retranchemens que j'ai faits, sont les abrégés des articles qui se trouvent à la tête de chaque section des anciennes éditions, de même que la législation nouvelle et la jurisprudence du royaume me dispensent aujourd'hui de rapporter des fragmens des textes du droit romain, mis à la fin de la plupart des articles.

Ainsi, je me suis contenté dans les notes de renvoyer à la loi romaine avec l'indication nécessaire, sans faire précéder ce renvoi du texte même de la loi.

Cette abréviation m'a permis de faire aux œuvres de Domat une addition importante : à la suite de chaque question traitée par l'auteur, j'ai placé l'indication des articles de nos codes, ainsi que toutes les dispositions législatives et réglementaires qui s'y rapportent, de manière qu'on trouvera à la suite du texte de l'ancien droit, la corrélation ou conférence de toutes les dispositions du droit nouveau qui s'y rattachent. En sorte que, par les applications que j'ai faites, on reconnaîtra facilement la liaison et l'explication mutuelle que se donnent les deux législations.

Ce travail est accompagné d'un autre dont l'utilité est incontestable, je veux parler de la citation des lois, arrêtés, sénatus-consultes, décrets, ordonnances du Roi, avis du conseil d'état, décision des ministres, et des arrêts rendus sur chaque matière depuis la promulgation des codes.

Les divers éditeurs de Domat n'avaient point encore fait payer par la nouvelle magistrature ce tribut de reconnaissance à la mémoire de l'illustre auteur des *lois civiles ;* et cependant personne ne méritait plus un tel honneur que celui qui, après avoir fait les beaux jours de l'ancien barreau, est encore la plus ferme autorité du barreau moderne.

Enfin, de tous les anciens et modernes jurisconsultes, Domat est celui dont l'ouvrage s'est acquis le plus de célébrité, et par la profonde sagesse qui règne dans son plan, et par la supériorité de la méthode neuve et ingénieuse avec laquelle il développe tout le système de la législation civile des divers peuples qui ont eu des institutions.

Ainsi, l'étude du droit romain est aussi indispensable que celle de la législation actuelle; cependant les modernes s'occupent presque exclusivement du droit nouveau, et négligent l'ancien, soit qu'ils y trouvent plus d'embarras pour l'expliquer, soit qu'ils le regardent comme moins utile. Mais les lois civiles de Domat ont été la base de nos codes, il était donc nécessaire d'aplanir les difficultés qui séparaient les deux législations; c'est ce que j'ai essayé de faire, en les mettant continuellement en présence et en montrant leurs différences et leurs rapports. Pour démontrer la nécessité de connaître l'une et l'autre, j'ai dû chercher, recueillir et classer sous les articles des lois civiles et du droit public de Domat, toutes les dispositions législatives et réglementaires qui nous gouvernent aujourd'hui, concurremment avec les lois et réglemens anciens, qui ne sont plus en vigueur, mais qui sont encore consultés avec fruit.

Comme le dit un philosophe anglais (1), « accompagnez vos lois de raison qui les justifient. C'est un repos ménagé dans une carrière fatigante et aride : ce sera un moyen de plaisir si, à chaque pas qu'on fait, on trouve la solution de quelque énigme, si on entre dans l'intimité du conseil des sages, si on participe aux secrets du législateur, si, en étudiant le livre des lois, on y trouve encore un manuel de philosophie et de morale. C'est une source d'intérêt que vous faites jaillir du sein d'une étude, dont l'ennui repousse aujourd'hui tous ceux qui n'y sont pas attirés par la nécessité de leur condition, c'est un attrait pour la jeunesse, pour les gens du monde, pour tous ceux qui se piquent de raison et de philosophie, et bientôt il ne sera plus permis d'ignorer ce qu'on aura rendu facile et agréable à apprendre.

« Cet exposé des raisons rendra les lois plus faciles à concevoir. Une disposition dont on ignore le motif ne jette pas des racines profondes dans l'intelligence; on ne comprend bien que les choses dont on comprend le *pourquoi*. Les termes de la loi peuvent être clairs et familiers; mais ajoutez-y la raison de la loi, la lumière augmente; il ne peut plus rester de doute sur la véritable intention du législateur, l'intelligence de ceux qui la lisent communique immédiatement avec l'intelligence de ceux qui l'ont faite.

« Plus les lois se conçoivent facilement, plus il est aisé de les retenir. Les raisons sont une espèce de *mémoire technique ;* elles servent de lien et de ciment à toutes ces dispositions qui ne seraient sans elles que des fragmens et des ruines dispersées. Les lois seules pourraient se comparer à un dictionnaire de mots. Les lois, accompagnées de leurs raisons, sont comme une langue dont on possède les principes et les analogies.

« Les raisons mêmes deviennent une espèce de guide pour les cas où la loi serait ignorée : on peut préjuger ses dispositions, et par la connaissance acquise des principes du législateur, se mettre en sa place, le deviner ou conjecturer ses volontés, comme on présume celles d'une personne raisonnable avec laquelle on a vécu et dont on connaît les maximes. » Ce que désirait Bentham, il était facile de l'exécuter en France. Nous avons les lois civiles de Domat, où l'on a puisé la majeure partie des articles de nos

(1) Bentham, Traité de législation civile et pénale, t. 3, p. 83 et suiv.

codes qui ne donnent pas de définitions, tandis que notre profond jurisconsulte pose la question, et la développe avec une telle lucidité qu'il ne laisse rien à désirer.

« Le dessein de mettre les lois civiles en ordre, dit Domat, a engagé à composer un traité des lois qu'on a jugé aussi nécessaire pour bien entendre les lois civiles, que l'est pour apprendre la géographie une connaissance au moins générale du système entier du monde, telle que nous la donne la cosmographie.

« Toutes les lois ont leur source dans les premiers principes, qui sont les fondemens de la société des hommes; et on ne saurait bien entendre la nature et l'usage des différentes espèces de lois, que par la vue de leur enchaînement à ces principes, et de leur rapport à l'ordre de la société dont elles sont les règles. C'est donc dans le système et dans le plan de cet ordre universel qu'il faut reconnaître la situation et l'étendue des lois civiles, ce qu'elles ont de commun avec les autres espèces de lois, ce qui les distingue, et plusieurs vérités essentielles pour les bien entendre, et pour en faire de justes applications dans les matières où elles se rapportent. C'est aussi dans ce même plan qu'on distingue quelles sont ces matières, et quel est leur ordre; et toutes ces vues, et de leurs matières, feront le sujet de ce traité des lois.

« La première partie des engagemens a été divisée en cinq livres: l'un intitulé Préliminaire, parce qu'il contient trois matières communes à toutes les autres et qui doivent les précéder; le premier des quatre autres, où il est traité de la première espèce d'engagemens, qui sont ceux où l'on entre par les conventions: le second qui contient la seconde espèce d'engagemens, qui sont ceux où l'on entre sans conventions: le troisième, des suites de ces deux sortes d'engagemens, qui y ajoutent ou les affermissent; et le quatrième, des suites des mêmes engagemens, qui les anéantissent ou les diminuent. Suivant ce plan, on a compris, ensuite du Traité des Lois, ce livre préliminaire, et le premier des quatre autres, où il est traité des conventions; et cette suite contient les trois autres livres. Ainsi, on a, dans ces cinq livres de la première partie, tout ce qui regarde les engagemens, c'est-à-dire la première partie des matières de ce livre des Lois Civiles.

« Pour la seconde partie, elle contient la matière des successions. Ainsi, on aura dans ces deux parties tout ce que Domat s'est proposé de traiter dans ce livre des *lois civiles*. C'est-à-dire toutes les matières qui regardent ce qui se passe entre les particuliers, et dont les règles sont presque toutes du droit naturel, et qu'on ne trouve recueillies que dans le droit romain. »

Sans vouloir altérer en rien la gloire qu'ont les Romains, de nous avoir donné leurs lois, leurs institutions et leurs mœurs, aujourd'hui la France se donne en exemple à tous les peuples; et jamais les anciens maîtres du monde n'eurent d'institutions aussi équitables que celles qui nous régissent. Nos besoins ont été bien compris sous un gouvernement ferme et paternel. Aux orages des révolutions a succédé le calme de la justice. La charte constitutionnelle a été notre port de salut.

Les dispositions de ce pacte fondamental sont le complément nécessaire du droit public de Domat. Les lois qui complètent la charte ou la modifient, et les ordonnances qui l'appliquent seront succinctement rapportées dans mon travail. J'y ajouterai les diverses dispositions législatives et réglementaires qui se rattachent aux nombreuses questions traitées par Domat dans son droit public; et, pour fortifier encore ces principes, je m'appuyerai de l'opinion des plus célèbres publicistes anciens et modernes. Mon seul but est d'être utile. Puissé-je avoir réussi!

ABRÉVIATIONS.

C. civ. — Code civil.
pr. — Code de procédure civile.
Co. — Code de commerce.
i. — Cod. d'instruction criminelle.
p. — Code pénal.
s. — et suivans. — art. 1888, s. 1888 et suivans.
Cass. — signifie arrêt de la cour de cassation infirmatif.
Rejet. — signifie arrêt de la cour de cassation confirmatif.
Paris, Rouen, etc. — signifie arrêt de la cour royale de Paris, Rouen, etc.

NOTICE HISTORIQUE.

Domat (Jean) naquit à Clermont en Auvergne, le 30 novembre 1625. Sa vie, exempte d'ambition et d'intrigues, offre peu de détails remarquables. On n'y rencontre pas tour à tour cette série de faveurs et de disgraces qui est ordinairement le partage des hommes célèbres. Content de peu, Domat vécut en philosophe, loin du monde et de la cour : c'est donc seulement dans ses ouvrages qu'il faut le chercher tout entier. Ils nous le montrent à la fois homme de bien et profond jurisconsulte : homme de bien, car les principes de morale et de justice sont développés par lui avec cette chaleur de conviction qui n'appartient qu'à une ame pure et irréprochable; profond jurisconsulte, car le génie seul peut puiser dans ses inspirations cette force de logique qui fait briller son opinion de tout l'éclat de la vérité.

Nommé avocat du Roi au présidial de Clermont, il remplit dignement les devoirs que lui imposaient ses fonctions modestes et honorables. Prenant pour guide sa conscience et la loi, jamais on ne le vit sacrifier au pouvoir la fortune et l'honneur des justiciables. Effrayé des nombreuses difficultés dont la jurisprudence était hérissée de son temps, il résolut d'y mettre un terme. Les compilations de Justinien, quoique renfermant les maximes fondamentales de l'équité naturelle et civile, n'offrant point une suite exacte de règles et de définitions, les matières sont presque toujours hors de leur place, et sans aucun rapport entre elles. Il fallait une main sûre pour tirer de l'obscurité les règles éparses du droit romain. Domat entreprit cette tâche longue et pénible, et rédigea les *lois civiles dans leur ordre naturel*. Élaguant tout ce qui, dans les lois romaines, était absolument étranger à nos mœurs et à nos usages, il les remplaça par des dispositions tirées tant des ordonnances de nos Rois que des autres sources du droit français qu'il sut commenter avec habileté. Il ne fit d'abord ce travail que pour lui-même et pour ceux de ses enfans qui se destineraient au barreau, mais quelques-uns de ses amis auxquels il découvrit ses idées l'engagèrent à les communiquer aux premiers magistrats du royaume. Il vint donc à Paris. Louis XIV, dans l'intérêt de la gloire française, lui ordonna de publier ses œuvres. Domat, toujours modeste, ne se croyait point assez fort de son propre mérite, et montrait son ouvrage aux plus habiles à mesure qu'il l'écrivait.

D'Aguesseau, alors conseiller d'état, lui dit en écoutant la lecture d'un cahier où il était traité de l'usure : *Je savais bien que l'usure était défendue par l'écriture et par les lois, mais je ne la savais pas contraire au droit naturel.*

Ce cahier forme aujourd'hui le titre VI du livre premier des lois civiles. Domat, pour expliquer sa pensée, fixe d'abord les caractères qui distinguent le contrat de louage de celui du prêt. Après avoir posé les fondemens naturels qui rendent licites les commerces où l'on met une chose à profit entre les mains d'un autre qui n'en ayant pas la propriété, mais seulement l'usage, n'est pas tenu de la perte de la chose, il combat l'usure dans ses derniers retranchemens. *La règle des profits à venir*, dit-il, *est que pour y avoir part, il faut s'exposer aux événemens des pertes qui peuvent y arriver au lieu des profits que l'on espérait; et la condition d'avoir part à un gain futur, renferme celle de ne point profiter, s'il n'y a pas de gain, et de perdre même si la perte arrive.*

Mais n'enlevons pas à notre illustre auteur les armes dont il s'est servi pour flétrir les usuriers. Il nous suffit d'avoir fait connaître la marche qu'il a suivie dans cette importante question.

Voulons-nous d'autres preuves de l'estime de d'Aguesseau? *Personne*, écrivait-il à son fils, *n'a mieux approfondi le véritable principe de la législation. Il descend jusqu'aux dernières conséquences; il les développe dans un ordre presque géométrique; toutes les différentes espèces de lois y sont détaillées avec les caractères qui les distinguent. C'est le plan général de la société civile le mieux fait et le plus achevé qui ait jamais paru, et je l'ai toujours regardé comme un ouvrage précieux que j'ai vu croître et presque naître entre mes mains.*

Cependant les esprits vulgaires ne pouvaient comprendre que l'effet de la méthode pût réduire en un si court espace tout ce qu'il y avait de substantiel dans d'immenses bibliothèques. Domat leur paraissait un esprit superficiel en comparant la forme extérieure de son livre à cette quantité innombrable de volumes qui avaient été publiés précédemment. Pour savoir se servir de l'ouvrage de Domat, il faut savoir remonter à un principe et en déduire ensuite par le raisonnement, l'application qu'on veut en faire, et l'on trouvait alors plus facile de chercher dans les auteurs des décisions toutes faites. Mais comme l'application, sans le principe, est presque toujours inexacte, le mérite de Domat se fit jour à travers la routine, et frappa même ceux qui étaient étrangers à la science des lois. C'est ce que nous prouve *Boileau* dans une lettre à son ami *Brossette* où, faisant à la fois la part de l'éloge et de la critique, il appelle Domat le *restaurateur de la raison dans la jurisprudence*.

La réputation de l'auteur des lois civiles ne devait pas s'arrêter en France.

Blackstone le cite dans son Commentaire sur les lois anglaises, et Guillaume *Straban* le traduisit en anglais en 1726.

Après avoir débrouillé le cahos des lois civiles, Domat fit la même réforme dans le droit public. Il s'occupa aussi de recueillir en latin un choix des lois les plus usuelles sous le titre de *Legum delectus*. Cet ouvrage, et le traité du droit public ne furent publiés qu'après sa mort. On les réunit dans la suite aux lois civiles. Des travaux si importans méritaient sans doute les plus brillantes récompenses, et Domat n'occupa jamais d'autre place que celle d'avocat du roi au présidial de Clermont. Il eût craint dans des fonctions trop élevées de n'avoir plus assez de temps à donner à la composition de ses ouvrages. Ses goûts particuliers pour l'étude l'éloignaient du grand monde. Cherchant pour toute distraction la société de quelques vrais amis, il trouva parmi les solitaires de Port-Royal cette confraternité des lettres qu'il préférait à toutes choses. C'est ainsi qu'il ressera les nœuds de cette ancienne amitié qui l'unissait à *Pascal*, son compatriote. Celui-ci lui confia en mourant ses papiers les plus secrets.

De tels honneurs suffirent à la modestie de Domat; mais ses nombreux protecteurs le voyaient avec peine enseveli dans la retraite lorsque son génie le rendait digne des plus hautes destinées. Domat restait sourd à leurs prières. Ils profitèrent du temps où il était à Paris pour la publication de ses œuvres pour le contraindre à recevoir une modique pension du Roi. Il l'eût refusé pour lui-même, il l'accepta pour sa femme et pour ses treize enfans.

Celui qui avait employé toute sa vie à devenir le plus bel ornement de la justice des hommes, ne devait pas redouter l'instant où il comparaîtrait devant le tribunal de Dieu. Il mourut à Paris, le 14 mars 1695, à l'âge de 70 ans.

Sa mort fut le sommeil du juste : pour que cette simplicité qui avait fait le charme de sa longue carrière le suivît encore au tombeau, il voulut être enterré avec les pauvres dans le cimetière de l'église de Saint-Benoit, sa paroisse.

Telle fut la fin de cet homme célèbre dont les vertus égalaient le savoir. D'Aguesseau l'appelait le *jurisconsulte des magistrats*, et la postérité lui a conservé ce titre.

JOSEPH REMY.

TRAITÉ DES LOIS.

CHAPITRE PREMIER.

Des principes de toutes les lois.

Il semble que rien ne devrait être plus connu des hommes que les premiers principes des lois qui règlent, et la conduite de chacun en particulier, et l'ordre de la société qu'ils forment ensemble; et que ceux mêmes qui n'ont pas les lumières de la religion où nous apprenons quels sont ces principes, devraient au moins les reconnaître en eux-mêmes, puisqu'ils sont gravés dans le fond de notre nature. Cependant on voit que les plus habiles de ceux qui ont ignoré ce que nous enseigne la religion les ont si peu connus, qu'ils ont établi des règles qu'ils violent et qui les détruisent.

Ainsi, les Romains qui, entre toutes les nations, ont le plus cultivé les lois civiles, et qui en ont fait un si grand nombre de très-justes, s'étaient donné, comme les autres peuples, la licence d'ôter la vie, et à leurs esclaves, et à leurs propres enfans (1); comme si la puissance que donnent la qualité de père et celle de maître, pouvait dispenser des lois de l'humanité.

Cette opposition si extrême entre l'équité qui luit dans les lois si justes qu'ont faites les Romains et l'inhumanité de cette licence font bien voir qu'ils ignoraient les sources de la justice même qu'ils connaissaient, puisqu'ils blessèrent si grossièrement, par ces lois barbares, l'esprit de ces principes qui sont les fondemens de tout ce qu'il y a de justice et d'équité dans leurs autres lois.

Cet égarement n'est pas le seul d'où l'on peut juger combien ils étaient éloignés de la connaissance de ces principes; on en voit une autre preuve bien remarquable dans l'idée que leurs philosophes leur avaient donnée de l'origine de la société des hommes, dont ces principes sont les fondemens. Car, bien loin de les reconnaître, et d'y voir comment ils doivent former l'union des hommes, ils s'étaient imaginé que les hommes avaient premièrement vécu comme des bêtes sauvages dans les champs, sans communication et sans liaison, jusqu'à ce qu'un d'eux s'avisa qu'on pouvait les mettre en société, et commença de les apprivoiser pour en former une (2).

On ne s'arrêtera pas à considérer les causes de cette contrariété si étrange de lumières et de ténèbres dans les hommes les plus éclairés de ceux qui ont vécu dans le paganisme, et comment

(1) V. l. ult. c. de patr. pot. § 1 et 2. inst. de his qui sui alieni juris. (2) C. de inv. l. 1, § 2.

ils pouvaient connaître tant de règles de la justice et de l'équité sans y sentir les principes d'où elles dépendent. Les premiers élémens de la religion chrétienne expliquent cette énigme; et ce qu'elle nous apprend de l'état de l'homme nous fait connaître les causes de cet aveuglement, et nous découvre en même temps quels sont ces premiers principes que Dieu a établis pour les fondemens de l'ordre de la société des hommes, et qui sont les sources de toutes les règles de la justice et de l'équité.

Mais, quoique ces principes ne nous soient connus que par la lumière de la religion, elle nous les fait voir dans notre nature même avec tant de clarté, qu'on voit que l'homme ne les ignore que parce qu'il s'ignore lui-même, et qu'ainsi rien n'est plus étonnant que l'aveuglement qui lui en ôte la vue.

2. Comme il n'y a donc rien de plus nécessaire dans les sciences que d'en posséder les premiers principes, et qu'en chacune on commence par établir les siens, et par y donner le jour qui met en vue leur vérité et leur certitude, pour servir de fondement à tout le détail qui doit en dépendre, il est important de considérer quels sont ceux des lois, pour connaître quelles sont la nature et la fermeté des règles qui en dépendent; et on jugera du caractère de la certitude de ces principes par la double impression que doivent faire sur notre esprit des vérités que Dieu nous enseigne par la religion, et qu'il nous fait sentir par notre raison : de sorte qu'on peut dire que les premiers principes des lois ont un caractère de vérité qui touche et persuade plus que celle des principes des autres sciences humaines; et, qu'au lieu que les principes des autres sciences, et le détail des vérités qui en dépendent, ne sont que l'objet de l'esprit, et non pas du cœur, et qu'elles n'entrent pas même dans tous les esprits, les premiers principes des lois, et le détail des règles essentielles à ces principes, ont un caractère de vérité dont personne n'est incapable, et qui touche également l'esprit et le cœur. Ainsi, l'homme entier en est plus pénétré et plus fortement persuadé que des vérités de toutes les autres sciences humaines.

Il n'y a personne, par exemple, qui ne sente, et par l'esprit, et par le cœur, qu'il n'est pas permis de se tuer ou de se voler, ni de tuer ou voler les autres, et qui ne soit plus pleinement persuadé de ces vérités qu'on saurait l'être d'un théorème de géométrie. Cependant ces vérités mêmes, que l'homicide et le vol sont illicites, tout évidentes qu'elles sont, n'ont pas le caractère d'une certitude égale à celle des premiers principes dont elles dépendent; puisqu'au lieu que ces principes sont des règles dont il n'y a point de dispense ni d'exception, celles-ci sont sujettes à des exceptions et à des dispenses : car, par exemple, Abraham pouvait tuer justement son fils, lorsque le maître de la vie et de la mort le lui commanda (1) : et les Hébreux prirent sans crime

(1) Gen. 22, 2.

les richesses des Égyptiens par l'ordre du maître de l'univers qui les leur donna (1).

3. On ne peut prendre une voie plus simple et plus sûre pour découvrir les premiers principes des lois, qu'en supposant deux premières vérités qui ne sont que de simples définitions : l'une, que les lois de l'homme ne sont autre chose que les règles de sa conduite; et l'autre, que cette conduite n'est autre chose que les démarches de l'homme vers sa fin.

Pour découvrir donc les premiers fondemens des lois de l'homme, il faut connaître quelle est sa fin : parce que sa destination à cette fin sera la première règle de la voie et des démarches qui l'y conduisent, et par conséquent sa première loi et le fondement de toutes les autres.

Connaître la fin d'une chose, c'est simplement savoir pourquoi elle est faite; et on connaît pourquoi une chose est faite si, voyant comme elle est faite, on découvre à quoi la structure peut se rapporter, parce qu'il est certain que Dieu a proportionné la nature de chaque chose à la fin pour laquelle il l'a destinée.

Nous savons et sentons tous que l'homme a une ame qui anime un corps, et que dans cette ame il y a deux puissances, un entendement propre pour connaître, et une volonté propre pour aimer. Ainsi, nous voyons que c'est pour connaître et pour aimer que Dieu a fait l'homme, que c'est par conséquent pour s'unir à quelque objet, dont la connaissance et l'amour doivent faire son repos et son bonheur; et que c'est vers cet objet que toutes ses démarches doivent le conduire. D'où il s'en suit que la première loi de l'homme est sa destination à la recherche et à l'amour de cet objet qui doit être sa fin, où il doit trouver la félicité, et que c'est cette loi qui, étant la règle de toutes ses démarches, doit être le principe de toutes ses lois.

Pour connaître donc quelle est cette première loi, quel en est l'esprit, et comment elle est le fondement de toutes les autres, il faut voir à quel objet elle nous destine.

De tous les objets qui s'offrent à l'homme dans tout l'univers, en y comprenant l'homme lui-même, il ne trouvera rien qui soit digne d'être sa fin. Car en lui-même, loin d'y trouver la félicité, il n'y verra que les semences des misères et de la mort; et autour de lui, si nous parcourons tout cet univers, nous trouverons que rien ne peut y tenir lieu de fin, ni à notre esprit, ni à notre cœur; et que, bien loin que les choses que nous y voyons puissent être regardées comme notre fin, nous sommes la leur; et ce n'est que pour nous que Dieu les a faites (2) : car, tout ce que renferment la terre et les cieux n'est qu'un appareil pour tous nos besoins, qui périra quand ils cesseront. Aussi voyons-nous que tout y est si peu digne de notre esprit et de notre cœur que,

(1) Exod. 11, 2, 12, 36. (2) Deut. 4, 19.

pour l'esprit, Dieu lui a caché toute autre connaissance des créatures que de ce qui regarde les manières d'en bien user; et que les sciences qui s'appliquent à la connaissance de leur nature, n'y découvrent que ce qui peut être de notre usage, et s'obscurcissent à mesure qu'elles veulent pénétrer ce qui n'en est pas (1); et pour le cœur, personne n'ignore que le monde entier n'est pas capable de le remplir, et que jamais il n'a pu faire le bonheur d'aucun de ceux qui l'ont le plus aimé et qui en ont le plus possédé. Cette vérité se fait si bien sentir à chacun, que personne n'a besoin qu'on l'en persuade; et il faut enfin apprendre de celui qui a formé l'homme, que c'est lui seul qui, étant son principe, est aussi sa fin (2), et qu'il n'y a que Dieu seul qui puisse remplir le vide infini de cet esprit et de ce cœur qu'il a faits pour lui (3).

C'est donc pour Dieu même, que Dieu a fait l'homme (4); c'est pour le connaître, qu'il lui a donné un entendement; c'est pour l'aimer, qu'il lui a donné une volonté; et c'est par les liens de cette connaissance et de cet amour qu'il veut que les hommes s'unissent à lui pour trouver en lui, et leur véritable vie, et leur unique félicité (5).

C'est cette construction de l'homme, formé pour connaître et pour aimer Dieu, qui fait sa ressemblance à Dieu (6). Car, comme Dieu est le seul souverain-bien, c'est sa nature qu'il se connaisse et s'aime soi-même : et c'est dans cette connaissance et dans cet amour que consiste sa félicité. Ainsi, c'est lui ressembler que d'être d'une nature capable de le connaître et de l'aimer, et c'est participer à sa béatitude, que d'arriver à la perfection de cette connaissance et de cet amour (7).

4, 5, 6. Ainsi, nous découvrons, dans cette ressemblance de l'homme à Dieu, en quoi consiste sa nature, en quoi consiste sa religion, en quoi consiste sa première loi : car sa nature n'est autre chose que cet être créé à l'image de Dieu, et capable de posséder ce souverain-bien qui doit être sa vie et sa béatitude; sa religion, qui est l'assemblage de toutes ses lois, n'est autre chose que la lumière et la voie qui le conduisent à cette vie (8); et sa première loi, qui est l'esprit de la religion, est celle qui lui commande la recherche et l'amour de ce souverain-bien, où il doit s'élever de toutes les forces de son esprit et de son cœur qui sont faits pour le posséder (9).

7. C'est cette première loi qui est le fondement et le premier principe de toutes les autres : car cette loi qui commande à l'homme la recherche et l'amour du souverain-bien, étant commune à tous les hommes, elle en renferme une seconde qui les oblige à s'unir et s'aimer entre eux; parce qu'étant destinés pour

(1) Eccles. 3, 22. (2) Apoc. 22, 16. Is. 41, 4. (3) ps. 16 17. (4) Prov. 16, 4. Deut. 26, 19. Is. 43, 7. (5) Deuter. 30, 20. Joan. 17, 3. (6) Gen. 1, 26. Sap. 2, 23. Eccles. 17, 1. Coloss. 3, 10. (7) I. Joan. 3, 2. (8) Prov. 6, 23. (9) Matth. 22, 38. Sap. 6, 18.

être unis dans la possession d'un bien unique, qui doit faire leur commune félicité, et pour y être unis si étroitement qu'il est dit qu'ils ne feront qu'un (1), ils ne peuvent être dignes de cette unité dans la possession de leur fin commune s'ils ne commencent leur union, en se liant d'un amour mutuel dans la voie qui les y conduit. Et il n'y a pas d'autre loi qui commande à chacun de s'aimer soi-même, parce qu'on ne peut s'aimer mieux qu'en gardant la première loi, et se conduisant au bien où elle nous appelle.

8. C'est par l'esprit de ces deux premières lois que Dieu, destinant les hommes à l'union dans la possession de leur fin commune, a commencé de lier entre eux une première union dans l'usage des moyens qui les y conduisent; il a fait dépendre cette dernière union, qui doit faire leur béatitude, du bon usage de cette première qui doit former leur société.

C'est pour les lier dans cette société, qu'il l'a rendue essentielle à la nature. Et comme on voit dans la nature de l'homme sa destination au souverain-bien, on y verra aussi sa destination à la société et les divers liens qui l'y engagent de toutes parts; et que ces liens, qui sont des suites de la destination de l'homme à l'exercice des deux premières lois, sont en même temps les fondemens du détail des règles de tous ses devoirs et les sources de toutes les lois.

Mais, avant que de passer outre et de faire voir l'enchaînement qui lie toutes les lois à ces deux premières, il faut prévenir la réflexion qu'il est naturel de faire sur l'état de cette société qui, devant être fondée sur les deux premières lois, ne laisse pas de subsister sans que l'esprit de ces deux lois y règne beaucoup, de sorte qu'il semble qu'elle se maintienne par d'autres principes. Cependant, quoique les hommes aient violé ces lois capitales, et que la société soit dans un état étrangement différent de celui qui devait être élevé sur ces fondemens et cimenté par cette union, il est toujours vrai que ces lois divines et essentielles à la nature de l'homme subsistent immuables, et qu'elles n'ont pas cessé d'obliger les hommes à les observer; et il est certain aussi, comme la suite le fera voir, que tout ce qu'il y a de lois qui règlent la société dans l'état même où nous la voyons, ne sont que des suites de ces premières. Ainsi, il a été nécessaire d'établir ces premiers principes; et d'ailleurs il n'est pas possible de bien comprendre la manière dont on voit maintenant subsister la société, sans connaître l'état naturel où elle devait être, et y considérer l'union que les divisions des hommes ont rompue et l'ordre qu'elles ont troublé.

Pour juger donc de l'esprit et de l'usage des lois qui maintiennent la société dans l'état présent, il est nécessaire de tracer un

(1) Joan. 17, 21.

plan de cette société sur le fondement des deux premières lois, afin d'y découvrir l'ordre de toutes les autres et leurs liaisons à ces deux premières. Et puis on verra de quelle manière Dieu a pourvu à faire subsister la société dans l'état où nous la voyons, et parmi ceux qui, ne s'y conduisant pas par l'esprit des lois capitales, ruinent les fondemens qu'il y avait mis.

CHAPITRE II.

Plan de la société sur le fondement des deux premières lois par deux espèces d'engagemens.

1, 2. Quoique l'homme soit fait pour connaître et pour aimer le souverain-bien, Dieu ne l'a pas mis d'abord dans la possession de cette fin, mais il l'a mis auparavant dans cette vie, comme dans une voie pour y parvenir; et, comme l'homme ne peut se porter à aucun objet par d'autres démarches que par des vues de son entendement et par les mouvemens de sa volonté, Dieu a fait dépendre la connaissance claire et l'amour immuable du souverain-bien qui doit faire la félicité de l'esprit et du cœur de l'homme, de l'obéissance à la loi qui lui commande de méditer et d'aimer ce bien unique, autant qu'il peut en être capable pendant cette vie; et il ne la lui donne que pour en tourner tout l'usage à la recherche de cet objet, seul digne d'attirer, et toutes ses vues et tous ses désirs (1).

On n'entre pas ici dans l'explication des vérités que la religion nous apprend sur la manière dont Dieu conduit et élève l'homme à cette recherche. Il suffit, pour donner l'idée du plan de la société, de les supposer, et de remarquer que c'est tellement pour occuper l'homme à l'exercice de cette première loi et de la seconde que Dieu lui donne l'usage de la vie dans cet univers, que tout ce qu'il peut y voir en soi-même et dans tout le reste des créatures, sont autant d'objets qui lui sont donnés pour l'y engager. Car, pour la première loi, il doit sentir, dans la vue et dans l'usage de tous ces objets, qu'ils sont autant de traits et d'images de ce que Dieu veut qu'on connaisse et qu'on aime en lui; et pour la seconde loi, Dieu a tellement assorti les hommes entre eux, et l'univers à tous les hommes, que les mêmes objets qui doivent les exciter à l'amour du souverain-bien, les engagent aussi à la société et à l'amour mutuel entre eux; car on ne voit et on ne connaît rien, ni hors de l'homme, ni dans l'homme, qui ne marque sa destination à la société.

Ainsi, hors de l'homme, les cieux, les astres, la lumière, l'air, sont des objets qui s'étalent aux hommes comme un bien commun à tous, et dont chacun a tout son usage; et toutes les choses que

(1) Deut. cap. 6, v. 4, 5, 6, 7, 8, 9; idem. cap. 11, v. 18.

la terre et les eaux portent ou produisent, sont d'un usage commun aussi, mais de telle sorte qu'aucun ne passe à notre usage que par le travail de plusieurs personnes; ce qui rend les hommes nécessaires les uns aux autres, et forme entre eux les différentes liaisons pour les usages de l'agriculture, du commerce, des arts, des sciences, et pour toutes les autres communications que les divers besoins de la vie peuvent demander.

Ainsi, dans l'homme, on voit que Dieu l'a formé, par un lien inconcevable, de l'esprit et de la matière, et qu'il l'a composé, par l'union d'une ame et d'un corps, pour faire de ce corps uni à l'esprit, et de cette structure divine des sens et des membres, l'instrument de deux usages essentiels à la société.

Le premier de ces deux usages est celui de lier les esprits et les cœurs des hommes entre eux, ce qui se fait par une suite naturelle de l'union de l'ame et du corps; car c'est par l'usage des sens unis à l'esprit, et par les impressions de l'esprit sur les sens et des sens sur l'esprit que les hommes se communiquent les uns aux autres leurs pensées et leurs sentimens. Ainsi, le corps est en même temps, et l'instrument, et l'image de cet esprit et de ce cœur qui sont l'image de Dieu.

Le second usage du corps est celui d'appliquer les hommes à tous les différens travaux que Dieu a rendus nécessaires pour tous leurs besoins; car c'est pour le travail que Dieu nous a donné des sens et des membres; et, quoiqu'il soit vrai que les travaux qui exercent maintenant l'homme, lui sont une peine dont Dieu le punit, et que Dieu n'ait pas donné à l'homme un corps propre au travail pour le punir par le travail même, il est certain que l'homme est si naturellement destiné au travail qu'il lui était commandé de travailler dans l'état d'innocence (1). Mais l'une des différences des travaux de ce premier état et de ceux du nôtre, consiste en ce que le travail de l'homme innocent était une occupation agréable, sans peine, sans dégoût, sans lassitude, et que le nôtre nous a été imposé comme une peine (2). Ainsi, la loi du travail est également essentielle à la nature de l'homme et à l'état où l'a mis sa chute, et cette loi est aussi une suite naturelle des deux premières, qui, appliquant l'homme à la société, l'engagent au travail qui en est le lien, et ordonnent à chacun le sien pour distinguer, par les différens travaux, les divers emplois et les diverses conditions qui doivent composer la société.

3. C'est ainsi que Dieu, destinant les hommes à la société, a formé les liens qui les y engagent : et comme les liaisons générales qu'il fait entre tous les hommes par leur nature et par leur destination à une même fin, sous les mêmes lois, sont communes à tout le genre humain, et qu'elles ne forment en chacun aucune relation singulière qui l'engage aux uns plus qu'aux autres, il

(1) Gen. 2, 15. (2) Gen. 3, 19.

ajoute à ces liaisons générales et communes à tous, d'autres liaisons et d'autres engagemens particuliers de diverses sortes, par où il lie de plus près les hommes entre eux, et détermine chacun à exercer effectivement envers quelques-uns les devoirs de cet amour qu'aucun ne peut exercer envers tous les autres : de sorte que ces engagemens sont à chacun comme ces lois particulières qui lui marquent ce que la seconde loi demande de lui, et qui par conséquent règlent ses devoirs; car les devoirs des hommes entre eux ne sont autre chose que les effets de l'amour sincère que tout homme doit à tout autre, selon les engagemens où il se rencontre.

Ces engagemens particuliers sont de deux espèces : la première est de ceux qui se forment par les liaisons naturelles du mariage entre le mari et la femme, et de la naissance entre les parens et les enfans; et cet espèce comprend aussi les engagemens des parentés et des alliances, qui sont la suite de la naissance et du mariage.

La seconde espèce renferme toutes les autres sortes d'engagemens qui approchent toutes sortes de personnes les unes des autres, et qui se forment différemment, soit dans les diverses communications qui se font entre les hommes de leur travail, de leur industrie et de toutes sortes d'offices, de services et d'autres secours, ou dans celles qui regardent l'usage des choses; ce qui renferme tous les différens usages des arts, des emplois et des professions de toute nature, et tout ce qui peut lier les personnes selon les différens besoins de la vie, soit par des communications gratuites, ou par des commerces.

C'est par tous les engagemens de ces deux espèces que Dieu forme l'ordre de la société des hommes, pour les lier dans l'exercice de la seconde loi. Et comme il marque en chaque engagement ce qu'il prescrit à ceux qu'il y met, on reconnaît dans les caractères des différentes sortes d'engagemens, les fondemens des diverses règles de ce que la justice et l'équité demandent de chaque personne, selon les conjonctures où la mettent les siens.

CHAPITRE III.

De la première espèce d'engagemens.

1. L'engagement que fait le mariage entre le mari et la femme, et celui que fait la naissance entre eux et leurs enfans, forment une société particulière dans chaque famille, où Dieu lie ces personnes plus étroitement, pour les engager à un usage continuel des divers devoirs de l'amour mutuel. C'est dans ce dessein qu'il n'a pas créé tous les hommes comme le premier, mais qu'il a voulu les faire naître de l'union qu'il a formée entre les deux sexes dans le mariage, et les mettre au monde dans un état de mille

besoins, où le secours de ces deux sexes leur est nécessaire pendant un long temps. Et c'est dans les manières dont Dieu a formé ces deux liaisons du mariage et de la naissance, qu'il faut découvrir les fondemens des lois qui les regardent.

2. Pour former l'union entre l'homme et la femme, et instituer le mariage qui devait être la source de la multiplication, et en même temps de la liaison du genre humain, et pour donner à cette union des fondemens proportionnés aux caractères de l'amour qui devait en être le lien, Dieu ne forma premièrement que l'homme seul (1); puis il tira de lui un second sexe, et forma la femme d'une des côtes de l'homme (2), pour marquer, par l'unité de leur origine, qu'ils font un seul tout où la femme est tirée de l'homme, et lui est donnée de la main de Dieu (3) comme une compagne et un secours semblable à lui (4) et formé de lui (5); C'est ainsi qu'il les lia par cette union si étroite et si sainte, dont il dit que c'est Dieu lui-même qui les a conjoints (6), et qui les a mis deux en une chair (7). Il rendit l'homme le chef de tout (8), et il affermit leur union, défendant aux hommes de séparer ce qu'il avait lui-même conjoint (9).

Ce sont ces manières mystérieuses dont Dieu a formé l'engagement du mariage qui sont les fondemens, non-seulement des lois qui règlent tous les devoirs du mari et de la femme, mais aussi des lois de l'église et des lois civiles qui regardent le mariage et les matières qui en dépendent ou qui s'y rapportent.

Ainsi, le mariage étant un lien formé de la main de Dieu, il doit être célébré d'une manière digne de la sainteté de l'institution divine qui l'a établi; et c'est une suite naturelle de cet ordre divin, que le mariage soit précédé et accompagné de l'honnêteté, du choix réciproque des personnes qui s'y engagent, du consentement des parens qui tiennent, en plusieurs manières, la place de Dieu, et qu'il soit célébré par le ministère de l'église où cette union doit recevoir les effets du sacrement qui en est le lien.

Ainsi, le mari et la femme étant donnés l'un à l'autre de la main de Dieu qui les unit en un seul tout que rien ne peut séparer, on ne peut jamais dissoudre un mariage qui a été une fois contracté légitimement. (Cod. civ. 227) [10].

Ainsi, cette union des personnes, dans le mariage, est le fondement de la société civile qui les unit dans l'usage de leurs biens et de toutes choses.

Ainsi, le mari étant, par l'ordre divin, le chef de la femme, il a sur elle une puissance proportionnée à ce qu'il est dans leur union, et cette puissance est le fondement de l'autorité que les lois civiles donnent au mari, et des effets de cette autorité dans les matières où elle a son usage. (C. civ. 212, s.)

(1) Gen. 2, 7. (2) Gen. 2, 21, 22. (3) Gen. 2, 22. (4) Gen. 2, 18. Eccles. 17, 5. (5) Gen. 2, 23. (6) Matth. 19, 6. (7) Gen. 2, 24. Matth. 19, 6. Ephes. 5, 31. Marc. 10, 8. (8) 1. Cor. 11, 3. Ephes. 5, 22, 23. Gen. 3, 16, 1 Cor. 14, 34. (9) Matth. 19, 6. (10) loi, 8 mai 1816, art. 1. « Le divorce est aboli. »

Ainsi, le mariage étant institué pour la multiplication du genre humain par l'union de l'homme et de la femme, liés de la manière dont Dieu les unit, toute conjonction hors du mariage est illicite, et ne peut donner qu'une naissance illégitime (C. civ. 331, s.); et cette vérité est le fondement des lois de la religion et de la police contre les conjonctions illicites, et de celles qui règlent l'état des enfans qui en naissent.

Le lien du mariage, qui unit les deux sexes, est suivi de celui de la naissance qui lie au mari et à la femme les enfans qui naissent de leur mariage. (C. civ. 312, s.)

3. C'est pour former ce lien que Dieu veut que l'homme reçoive la vie de ses parens dans le sein d'une mère; que sa naissance soit le fruit des peines et des travaux de cette mère; qu'il naisse incapable de conserver cette vie où il est entré; qu'il y soit long-temps dans un état de faiblesse et de besoin du secours de ses parens pour y subsister et y être élevé. Et comme c'est par cette naissance que Dieu forme l'amour mutuel qui unit si étroitement celui qui, engendrant son semblable, lui donne la vie, et celui qui la reçoit, il donne à l'amour des parens un caractère proportionné à l'état des enfans dans leur naissance, et à tous les besoins qui sont les suites de cette vie qu'ils leur ont donnée, pour les lier, par cet amour, aux devoirs de l'éducation, de l'instruction, et à tous les autres. Et il donne à l'amour des enfans un caractère proportionné aux devoirs de dépendance, d'obéissance, de reconnaissance, et à tous les autres où l'engage le bienfait de la vie (C. civ. 371, s.), qu'ils tiennent tellement des parens dont Dieu les fait naître, qu'il nous apprend que sans eux ils ne les auraient point (1); ce qui les oblige à rendre aux parens tous les secours et tous les services dans leurs besoins, et surtout en ceux du déclin de l'âge et des autres faiblesses, infirmités et nécessités où les enfans peuvent rendre à leurs parens des devoirs qui répondent aux premiers bienfaits qu'ils en ont reçus. (C. civ. 205 s.)

C'est cet ordre de la naissance qui, formant les engagemens entre les parens et les enfans, est le fondement de tous leurs devoirs dont il est facile de voir l'étendue par les caractères de ces différens engagemens. Et c'est de ces principes que dépend tout ce que les lois civiles ont réglé des effets de la puissance paternelle et des devoirs réciproques des parens envers leurs enfans et des enfans envers leurs parens. (C. civ. 203) Selon que ce sont des matières de la police; comme le sont les droits que les lois et les coutumes donnent aux pères pour la conduite de leurs enfans, pour la célébration de leurs mariages (C. civ. 144), pour l'administration et la jouissance de leurs biens (C. civ. 384), les rébellions des enfans contre l'obéissance aux pa-

(1) Eccles. 7, 28, 29, 30.

rens (C. civ. 375, 376, 377, s.), l'injustice des parens ou des enfans qui se refusent les alimens, et les autres semblables. (C. civ. 205, 206, s.)

Dès le jour où le Code civil a été exécutoire, les lois romaines, les ordonnances, les *coutumes* générales et locales, les statuts, les réglemens, ont cessé d'avoir force de loi générale ou particulière dans les matières qui sont l'objet du Code (1); sont abrogées les dispositions des lois anciennes relatives à des matières sur lesquelles le Code contient un système complet, par cela seul que ces dispositions n'y sont pas reproduites (2).

C'est encore sur ce même ordre, dont Dieu s'est servi pour donner la vie aux enfans par leurs parens, que sont fondées les lois qui font passer aux enfans les biens des parens après leur mort (C. civ. 718, s.); parce que, les biens étant donnés aux hommes pour tous les différens besoins de la vie, et n'étant qu'une suite de ce bienfait, il est de l'ordre naturel qu'après la mort des parens les enfans recueillent leurs biens, comme un accessoire de la vie qu'ils ont reçue d'eux. (C. civ. 723, 724.)

Le lien de la naissance qui unit les pères et les mères à leurs enfans, les lie encore à ceux qui naissent et descendent de leurs enfans; et cette liaison fait considérer tous les descendans comme les enfans, et tous les ascendans comme étant dans le rang des pères ou des mères. (C. civ. 733, s., 750, s.)

On peut remarquer, sur la différence des caractères de l'amour qui unit le mari et la femme, et de celui qui lie les parens et les enfans, que c'est l'opposition de ces différens caractères, qui est le fondement des lois qui rendent illicite le mariage entre les ascendans et les descendans en tous degrés, et entre les collatéraux en quelques degrés (C. civ. 161, 162, 163, s.); et il est facile d'en voir les raisons par de simples réflexions sur ce qu'on vient de remarquer de ces caractères, sur quoi il n'est pas nécessaire de s'étendre ici.

4. Le mariage et la naissance qui unissent si étroitement le mari et la femme, et les parens avec les enfans, forment aussi deux autres sortes de liaisons naturelles qui en sont des suites; la première est celle des collatéraux, qu'on appelle parenté; et la seconde est celle des alliés, qu'on appelle alliance ou affinité.

La parenté lie les collatéraux, qui sont ceux dont la naissance a son origine d'un même ascendant commun. On les appelle ainsi, parce qu'au lieu que les ascendans et descendans sont dans une même ligne de père en fils, les collatéraux ont chacun la leur qui va se joindre à l'ascendant commun. Ainsi ils sont l'un à côté de l'autre, et le fondement de leur liaison et de leur parenté est leur union commune aux mêmes parens dont ils ont leur naissance.

Il n'est pas de ce lieu d'expliquer les degrés des parentés; c'est une matière qui fait partie de celle des successions. Et il suffit de

(1) Loi du 12 germinal an 12, ou 21 mars 1804. (2) Pau, 20 mars 1822.

remarquer ici que cette liaison des parentés est le fondement des diverses lois, comme de celles qui défendent le mariage entre les proches, de celles qui les appellent aux successions et aux tutelles, de celles des récusations des juges (pr. 44), et des reproches des témoins, parens des parties, et des autres semblables.

Les alliances sont les liaisons et les relations qui se font entre le mari et tous les parens de la femme, et entre la femme et tous les parens du mari. Le fondement de cette liaison est l'union si étroite entre le mari et la femme, qui fait que ceux qui sont liés par la parenté à l'un des deux, sont par conséquent liés à l'autre: et cette alliance fait que le mari considère le père et la mère de sa femme comme lui tenant lieu de père et de mère; et les frères et sœurs, et les autres proches, comme lui tenant lieu de frères, de sœurs et de proches; et que la femme regarde de même le père, et la mère, et tous les proches de son mari.

Cette relation des alliances est le fondement des lois qui défendent le mariage entre les alliés en ligne directe, des descendans et des ascendans en tous degrés, et entre les collatéraux, jusqu'à l'étendue de certains degrés; et aussi des lois qui appellent les alliés aux tutelles, de celles qui rejettent les juges et les témoins alliés des parties, et des autres semblables.

CHAPITRE IV.

De la seconde espèce d'engagemens.

1. Comme les engagemens du mariage et de la naissance, dans les parentés et dans les alliances, sont bornés entre certaines personnes, et que Dieu a mis les hommes en société pour les lier par l'amour mutuel, de telle manière que tout homme soit disposé à produire envers tout autre les effets de cet amour, selon que l'occasion peut l'y obliger, il a rendu nécessaire dans la société une seconde espèce d'engagemens qui approchent et lient différemment toutes sortes de personnes, et suivent même ceux qui sont l'un à l'autre les plus étrangers (1).

C'est pour former cette seconde sorte d'engagemens, que Dieu multiplie les besoins des hommes, et qu'il les rend nécessaires les uns aux autres pour tous ces besoins. Il se sert de deux voies pour mettre chacun dans l'ordre des engagemens où il le destine.

La première de ces deux voies est l'arrangement qu'il fait des personnes dans la société, où il donne à chacun sa place, pour lui marquer par sa situation les relations qui le lient aux autres, et quels sont les devoirs propres au rang qu'il occupe; et il place chacun dans le sien, par la naissance, par l'éducation, par les inclinations et par les autres effets de sa conduite, qui rangent les hommes. C'est cette première voie qui fait à tous les hommes

(1) Luc. 10, 33.

les engagemens généraux des conditions, des professions, des emplois, et qui met chaque personne dans un certain état de vie, dont les engagemens particuliers doivent être les suites.

La seconde voie est la disposition des événemens et des conjonctures, qui déterminent chacun aux engagemens particuliers, selon les occasions et les circonstances où il se rencontre.

2. Toutes ces sortes d'engagemens de cette seconde espèce sont, ou volontaires, ou involontaires. Car, comme l'homme est libre, il y a des engagemens où il entre par sa volonté; et comme il est dépendant de l'ordre divin, il y en a où Dieu le met sans son propre choix : mais, soit que les engagemens dépendent de la volonté, ou qu'ils en soient indépendans dans leur origine, c'est par sa liberté que l'homme agit dans les uns et dans les autres; et toute sa conduite renferme toujours ces deux caractères, l'un, de la dépendance de Dieu, dont il doit suivre l'ordre, et l'autre, de sa liberté, qui doit l'y porter. Ainsi toutes ces sortes d'engagemens sont proportionnés, et à la nature de l'homme, et à son état pendant cette vie.

3. Les engagemens volontaires sont de deux sortes : quelques-uns se forment mutuellement entre deux ou plusieurs personnes, qui se lient et s'engagent réciproquement l'une à l'autre par leur volonté; et d'autres se forment par la volonté d'un seul qui s'engage envers d'autres personnes, sans que ces personnes traitent avec lui.

On distinguera facilement ces deux sortes d'engagemens par quelques exemples : ainsi, pour les engagemens volontaires et mutuels, on voit que pour les divers besoins qu'ont les hommes de se communiquer les uns aux autres leur industrie et leur travail, et pour les différens commerces de toutes choses, ils s'associent, louent, vendent, achètent, et changent, et font entre eux toutes les autres sortes de conventions.

Ainsi, pour les engagemens qui se font par la volonté d'un seul, on voit que celui qui se rend héritier s'oblige envers les créanciers de la succession (c. civ., 793, s. 883), que celui qui entreprend la conduite de l'affaire d'un absent, à son insu, s'oblige aux suites de l'affaire qu'il a commencée; et qu'en général tous ceux qui entrent volontairement dans quelques emplois, s'obligent aux engagemens qui en sont les suites. (C. civ., 112, s.)

4. Les engagemens involontaires sont ceux où Dieu met les hommes sans leur propre choix. Ainsi, ceux qui sont nommés à ces charges, qu'on appelle municipales, comme d'échevins, consuls et autres, et ceux que la justice engage dans quelques commissions, sont obligés de les exercer, et ne peuvent s'en dispenser, s'ils n'ont des excuses. (i, 384, 385. C. civ. 427, 428.) Ainsi, celui qui est appelé à une tutelle est obligé, indépendamment de sa volonté, à tenir lieu de père à l'orphelin qu'on met sous sa

charge. (C. civ., 419.) Ainsi, celui dont l'affaire a été conduite en son absence et à son insu par un ami qui en a pris le soin, est obligé envers cet ami, de lui rendre ce qu'il a raisonnablement dépensé, et de ratifier ce qu'il a bien géré. (C. civ., 1372.) Ainsi, celui dont la marchandise a été sauvée d'un naufrage par la décharge du vaisseau, d'où l'on a jeté d'autres marchandises, est obligé de porter sa part de la perte des autres, à proportion de ce qui a été garanti pour lui. (Cod. 415, s.) Ainsi, l'état de ceux qui se trouvent dans la société, et sans biens, et dans l'impuissance de travailler pour y subsister, fait un engagement à tous les autres d'exercer envers eux l'amour mutuel, en leur faisant part d'un bien où ils ont droit. Car tout homme étant de la société, a droit d'y vivre; et ce qui est nécessaire à ceux qui n'ont rien, et qui ne peuvent gagner leur vie, est, par conséquent, entre les mains des autres; d'où il s'ensuit qu'ils ne peuvent sans injustice le leur retenir. Et c'est à cause de cet engagement que, dans les nécessités publiques, on oblige les particuliers, même par des contraintes, à secourir les pauvres selon les besoins. Ainsi, l'état de ceux qui souffrent quelque injustice, et qui sont dans l'oppression, est un engagement à ceux qui ont le ministère et l'autorité de la justice, de la mettre en usage pour les protéger. (i. 22, s.)

5. On voit dans toutes ces sortes d'engagemens, et dans tous les autres qu'on saurait penser, que Dieu ne les forme, et n'y met les hommes que pour les lier à l'exercice de l'amour mutuel, et que tous les différens devoirs que prescrivent les engagemens, ne sont autre chose que les divers effets que doit produire cet amour, selon les conjonctures et les circonstances. Ainsi, en général, les règles qui commandent de rendre à chacun ce qui lui appartient, de ne faire tort à personne, de garder toujours la fidélité et la sincérité, et les autres semblables, ne commandent que des effets de l'amour mutuel. Car aimer, c'est vouloir et faire du bien; et on n'aime point ceux à qui on fait quelque tort, ni ceux à qui on n'est pas fidèle et sincère. Ainsi, en particulier, les règles qui ordonnent au tuteur de prendre le soin de la personne et des biens du mineur qui est sous sa charge, ne lui commandent que les effets de l'amour qu'il doit avoir pour cet orphelin. (C. civ., 1370, s.) Ainsi, les règles des devoirs de ceux qui sont dans les charges et dans toute autre sorte d'engagemens généraux ou particuliers, ne leur prescrivent que ce que demande la seconde loi, comme il est facile de le reconnaître dans le détail des engagemens, et il est si vrai que c'est le commandement d'aimer qui est le principe de toutes les règles des engagemens, et que l'esprit de ces règles n'est autre chose que l'ordre de l'amour qu'on se doit réciproquement, que s'il arrive qu'on ne puisse, par exemple, rendre à un autre ce qu'on a de lui, sans blesser cet ordre, ce devoir est suspendu jusqu'à ce qu'on puisse l'accomplir selon

cet esprit. Ainsi, celui qui a l'épée d'une personne insensée, ou d'une autre qui la demande dans l'emportement d'une passion, ne doit pas la lui rendre, jusqu'à ce que cette personne soit en état de n'en pas faire un mauvais usage; car ce ne serait pas l'aimer que la lui donner dans ces circonstances.

C'est ainsi que la seconde loi commande aux hommes de s'entr'aimer; car l'esprit de cette loi n'est pas d'obliger chacun d'avoir pour tous les autres cette inclination qu'attirent les qualités qui rendent aimable; mais l'amour qu'elle ordonne consiste à désirer aux autres leur vrai bien, et à le leur procurer autant qu'on le peut, et c'est par cette raison que, comme ce commandement est indépendant du mérite de ceux que l'on doit aimer, et qu'il n'excepte qui que ce soit, il oblige d'aimer ceux qui sont les moins aimables, et ceux mêmes qui nous haïssent. Car la loi qu'ils violent subsiste pour nous, et nous devons souhaiter leur vrai bien, et le leur procurer (1), autant par l'espérance de les ramener à leur devoir, que pour ne pas violer le nôtre.

On a fait ici ces réflexions, pour faire voir que, comme c'est la seconde loi qui est le principe et l'esprit de toutes celles qui regardent les engagemens, ce n'est pas assez de savoir, comme savent les plus barbares, qu'il faut rendre à chacun ce qui lui appartient, qu'il ne faut faire tort à personne, qu'il faut être sincère et fidèle, et les autres règles semblables, mais qu'il faut de plus considérer l'esprit de ces règles, et la source de leur vérité dans la seconde loi, pour leur donner toute l'étendue qu'elles doivent avoir. Car on voit souvent que, faute de ce principe, plusieurs juges qui ne regardent ces règles que comme des lois politiques, sans en pénétrer l'esprit qui oblige à une justice plus abondante, ne leur donnent pas leur juste étendue, et tolèrent des infidélités et des injustices qu'ils réprimeraient, si l'esprit de la seconde loi était leur principe.

6. Il faut ajouter à ces remarques sur ce qui regarde les engagemens, qu'ils demandent l'usage d'un gouvernement qui contienne chacun dans l'ordre des siens. C'est pour ce gouvernement que Dieu a établi l'autorité des puissances nécessaires pour maintenir la société, comme on le verra dans le chapitre dixième. Et il faut seulement remarquer ici, sur le sujet du gouvernement, et à l'occasion des engagemens, qu'il y en a plusieurs qui se forment par cet ordre du gouvernement, comme entre les princes et les sujets, entre ceux qui sont dans les dignités et charges publiques et les particuliers, et d'autres encore qui sont de cet ordre.

Le roi et ses successeurs jureront, dans la solennité de leur sacre, d'observer fidèlement la présente Charte constitutionnelle (2).

7. Il a été nécessaire de donner cette idée générale de toutes

(1) Levit. 19, 17; ibid. 18. Exod. 23, 45. Ps. 7, 5. Prov. 25, 21. Rom. 12, 20. Matth. 5, 42. (2) Charte, art. 74.

ces diverses sortes d'engagemens, dont il a été parlé jusqu'à cette heure. Car, comme c'est par ces liens que Dieu applique les hommes à tous leurs différens devoirs, et qu'il a mis dans chaque engagement les fondemens des devoirs qui en dépendent; c'est dans ces sources qu'on doit reconnaître les principes et l'esprit des lois selon les engagemens où elles se rapportent. On a vu, dans les engagemens du mariage et de la naissance, les principes des lois qui les regardent; et il faut découvrir dans les autres engagemens qu'on vient d'expliquer, les principes des lois qui leur sont propres.

On se réduira à ceux qui se rapportent aux lois civiles; et comme la plus grande partie des matières du droit civil sont des suites des engagemens dont on a parlé dans ce chapitre, on expliquera, dans le chapitre suivant, quelques règles générales qui suivent de la nature de ces engagemens, et qui sont en même temps les principes des règles particulières des matières qui naissent de ces mêmes engagemens.

CHAPITRE V.

De quelques règles générales qui suivent des engagemens dont on a parlé dans le chapitre précédent, et qui sont autant de principes des lois civiles.

1. Ces règles générales dont on vient de parler, et qui se tirent de tout ce qui a été dit dans le chapitre précédent, et aussi dans les autres, sont celles qui suivent; et on les expliquera en autant d'articles, comme des conséquences des principes qu'on a établis. Il s'ensuit donc de ces principes :

2. Que tout homme étant un membre du corps de la sociéte, chacun doit y remplir ses devoirs et ses fonctions, selon qu'il y est déterminé par le rang qu'il occupe et par les autres engagemens, d'où il s'ensuit que les engagemens de chacun lui sont comme ses lois propres;

3. Que chaque particulier étant lié à ce corps de la société dont il est un membre, il ne doit rien entreprendre qui en blesse l'ordre; ce qui renferme l'engagement de la soumission et de l'obéissance aux puissances que Dieu a établies pour maintenir cet ordre (1);

Que l'engagement de chaque particulier, à ce qui regarde l'ordre de la société dont il fait partie, ne l'oblige pas seulement à ne rien faire, à l'égard des autres, qui blesse cet ordre, mais l'oblige aussi à se contenir dans son rang, de telle manière qu'il ne fasse aucun mauvais usage ni de soi-même, ni de ce qui est à lui: car il est dans la société ce qu'est un membre dans le corps.

(1) Rom. 13, 1, Tit. 3, 1, 1. Petr. 2, 13. Sap. 6, 4.

Ainsi ceux qui, sans faire tort à d'autres, tombent dans quelque dérèglement qui offense le public, soit en leurs personnes ou sur leurs biens, comme font ceux qui se désespèrent, ceux qui blasphèment ou qui jurent, ceux qui prodiguent leurs biens (C. civ. 513, s.), et tous ceux enfin qui violent les bonnes mœurs (C. civ., 6, 1133, 1172), la pudeur ou l'honnêteté, d'une manière qui blesse l'extérieur, sont justement punis par les lois civiles, selon la qualité du dérèglement (1);

4. Que dans tous les engagemens de personne à personne, soit volontaires ou involontaires, qui peuvent être des matières des lois civiles, on se doit réciproquement ce que demandent les deux préceptes que renferme la seconde loi : l'un de faire aux autres ce que nous voudrions qu'ils fissent pour nous (2), et l'autre de ne faire à personne ce que nous ne voudrions pas que d'autres nous fissent (3); ce qui comprend la règle de ne faire tort à personne, et celle de rendre à chacun ce qui lui appartient (4);

5. Que dans les engagemens volontaires et mutuels, ceux qui traitent ensemble se doivent la sincérité, pour se faire entendre réciproquement à quoi ils s'engagent, la fidélité pour l'exécuter (5), et tout ce que peuvent demander les suites des engagemens où ils sont entrés (6). Ainsi, le vendeur doit déclarer sincèrement les qualités de la chose qu'il vend; il doit la conserver jusqu'à ce qu'il la délivre, et il doit la garantir après qu'il l'a délivrée. (C. civ. 1641, s.)

6. Que dans les engagemens involontaires, l'obligation est proportionnée à la nature et aux suites de l'engagement, soit qu'il consiste à faire ou donner, ou en autre sorte d'obligation (7). Ainsi, le tuteur est obligé à la conduite de la personne, et à l'administration des biens de l'orphelin qui est sous sa charge, et à tout ce que cette conduite et cette administration rendent nécessaire. Ainsi, celui qui est appelé à une charge publique, quoique contre son gré, doit s'en acquitter. Ainsi, ceux qui, sans convention, se trouvent avoir quelque chose de commun ensemble, comme des cohéritiers et autres, se doivent réciproquement ce que leurs engagemens peuvent demander. (C. civ. 780, s.; 786, s.; 817, s.)

7. Qu'en toute sorte d'engagemens, soit volontaires ou involontaires, il est défendu d'user d'infidélité, de duplicité, de dol, de mauvaise foi et de toute autre manière de nuire et de faire tort (8);

8. Que tous les particuliers composant ensemble la société, tout ce qui en regarde l'ordre, fait à chacun un engagement de ce que cet ordre demande de lui, et il peut y être obligé par l'auto

(1) Eccles. 11, 22. 1. Cor. 14, 40, L. 10, § 1, ff. de just. et jur. § 3, inst. eod. § 2, inst. de his qui sui vel al. jur. sunt. (2) Matth. 7, 12. Luc. 6, 31. (3) Tob. 4, 16. (4) L. 10, § 1, ff. de just. et jure, § 3, inst. Cod. (5) Philip, 1, 10. Prov. 12, 22. Eccles. 29, 3. (6) L. 1, § ult. ff. de obl. et act. (7) L. 3, ff. de obl. et act. (8) Thessal. 4, 6, L. 1, § 1, ff. de dolo.

rité de la justice, s'il n'y satisfait volontairement. Ainsi, on contraint aux charges publiques dans les villes et les autres lieux, ceux qui sont appelés aux fonctions d'échevins, consuls et autres semblables charges ou commissions (1). Ainsi, on oblige ceux qui sont appelés à une tutelle à l'accepter et à s'en acquitter (2). Ainsi, on contraint les particuliers à vendre ce qu'ils se trouvent avoir de nécessaire pour quelque usage où le public est intéressé (3). Ainsi, on exige justement des particuliers les tributs et les impositions pour les charges publiques (4);

9. Que les engagemens volontaires entre les particuliers devant être proportionnés aux différens besoins qui leur en rendent l'usage nécessaire, il est libre à toutes personnes capables des engagemens, de se lier par toute sorte de conventions, comme bon leur semble, et de les diversifier selon les différences des affaires de toute nature, et selon la diversité infinie des combinaisons que font dans les affaires les conjonctures et les circonstances (5), pourvu seulement que la convention n'ait rien de contraire à la règle qui suit;

10. Que tout engagement n'est licite qu'à proportion qu'il est conforme à l'ordre de la société, et que ceux qui le blessent sont illicites et punissables, selon qu'ils y sont opposés. Ainsi, les emplois contraires à cet ordre sont des engagemens criminels. Ainsi, les promesses et les conventions qui violent les lois ou les bonnes mœurs, n'obligent à rien qu'aux peines que peuvent mériter ceux qui les ont faites (6). (C. civ. 900.)

On verra, dans le détail des matières des lois civiles, quel est l'usage de tous ces principes; et c'est assez de les remarquer ici comme des règles générales d'où dépendent une infinité de règles particulières dans tout ce détail.

11. On n'a pas voulu mêler, parmi les engagemens dont on a parlé jusqu'à cette heure, une autre espèce de liaison qui unit les hommes plus étroitement qu'aucun de tous les engagemens, à la réserve de ceux du mariage et de la naissance. C'est la liaison des amitiés qui produisent dans la société une infinité de bons effets, et par les offices et les services que les amis se rendent l'un à l'autre, et par le secours que chacun tire des personnes qui se trouvent liées à ses amis. Mais, quoique les amitiés fassent un enchaînement de liaisons et de relations d'une grande étendue et d'un grand usage dans la société, on n'a pas dû mêler les amitiés avec les engagemens, parce qu'elles sont d'une nature qui en est distinguée par deux caractères: l'un, qu'il n'y a point d'amitié où l'amour ne soit réciproque; au lieu que dans les engagemens, l'amour qui devrait y être mutuel, ne l'est pas toujours: et

(1) L. 21, ff. ad municip. (2) L. 1, ff. de admin. et peric. ut. (3) V. l. 11, ff. de evict. in verb. v. l. 12, ff. de relig. v. l'ordonnance de Philippe-le-Bel, de 1303. (4) Matth. 22, 21. Rom. 13, 7. (5) L. 1, ff. de pact. l. 7, § 7, ff. de pact. (6) L. 6, c. de pact., tel était l'engagement de ce prince qui, pour tenir sa parole, fit mourir saint Jean. Matth. 14.

l'autre, que les amitiés ne sont pas une espèce particulière d'engagement, mais sont des suites qui naissent des engagemens. Ainsi, les liaisons de parenté, d'alliance, de charges, de commerces, d'affaires et autres, sont les occasions et les causes des amitiés, et elles supposent toujours quelqu'autre engagement, qui approche ceux qui deviennent amis.

C'est cet usage des amitiés si naturel et si nécessaire dans la société, qui ne permet pas de n'en point parler : et c'est cette différence de leur nature et de celle des engagemens qui a obligé de les distinguer. Ainsi on en a fait la matière du chapitre suivant.

CHAPITRE VI.

De la nature des amitiés et de leur usage dans la société.

1. L'amitié est une union qui se forme entre deux personnes par l'amour réciproque de l'une envers l'autre; et, comme il y a deux principes qui font aimer, les amitiés sont de deux espèces : l'une, de celles qui ont pour principe l'esprit des premières lois; et l'autre, de toutes celles qui, n'étant pas fondées sur ce principe, ne sauraient en avoir d'autre que l'amour-propre. Car, si l'amitié manque de l'attrait qui tourne l'union des amis à la recherche du souverain bien, elle aura d'autres vues qui ramperont sur des biens qu'on ne saurait aimer que par l'amour-propre. Ainsi, ceux qui, sans amour du souverain bien, paraissent n'aimer leurs amis que par l'estime de leur mérite ou par le désir de leur faire du bien, et ceux mêmes qui donnent pour leurs amis leur bien ou leur vie, trouvent dans ces effets de leur amitié, ou quelque gloire, ou quelque plaisir, ou quelque autre attrait qui est leur bien propre, et qui se trouve toujours mêlé à celui que leurs amis peuvent tirer d'eux. Au lieu que ceux qui s'entr'aiment par l'esprit de l'union au souverain bien, ne gardent pas leur bien propre, mais un bien commun à l'un et à l'autre, et un bien dont la nature est en cela différente de celle de tout autre bien, qu'aucun ne peut l'avoir pour soi, s'il ne le désire aussi pour les autres, et s'il ne fait sincèrement tout ce qui dépend de lui pour les aider à y parvenir. Ainsi, ceux qui sont unis à leurs amis par ce lien, cherchent réellement le bien et l'avantage de ceux qu'ils aiment; et, comme ils méprisent tout autre bien que ce seul qu'ils aiment uniquement et de tout leur cœur, ils sont bien plus disposés à donner, et leurs biens, et leurs vies pour leurs amis, s'il en est besoin, que ne sauraient l'être ceux qui n'aiment que par l'amour-propre.

Cette distinction des amitiés, qui se lient par l'esprit des premières lois, et de celles que fait l'amour-propre, n'est pas si exacte qu'on puisse dire que toute amitié soit, ou entièrement de l'une, ou entièrement de l'autre de ces deux espèces; car, dans le petit nombre de celles où se trouve l'esprit des premières lois, il y en a peu de si accomplies que l'amour-propre n'y ait quelque part; et on voit même des amitiés où l'un des amis ne met de sa part que de l'amour-propre, quoique l'autre y soit conduit par un autre esprit; et toutes ces sortes d'amitiés s'assortissent à l'état présent de la société, selon les différentes dispositions de ceux qu'elles lient.

2. Il est facile de juger, par cette nature de l'amitié, que, comme c'est une liaison réciproque entre deux personnes, il y a bien de la différence entre l'amitié et l'amour que commande la seconde loi; car le devoir de cet amour est indépendant de l'amour réciproque de celui qu'on est obligé d'aimer; et quoique, de sa part, il n'aime point, ou que même il haïsse, la loi veut qu'on l'aime: mais l'amitié ne pouvant se former que par un amour réciproque, elle n'est commandée à personne en particulier; car ce qui dépend de deux personnes, ne peut être matière de commandement pour un des deux seul; et d'ailleurs, comme l'amitié ne peut se former que par l'attrait que chacun des amis trouve en son ami, personne n'est obligé de lier une amitié où cet attrait ne se trouve point. Et aussi ne voit-on aucune amitié qui n'ait pour fondement que les qualités que les amis cherchent l'un dans l'autre, et qui ne s'entretienne par les offices, les services, les bienfaits et les autres avantages qui font, en chaque ami, le mérite qui attire et entretient l'estime et l'amour de l'autre.

C'est à cause de cette correspondance nécessaire entre les amis que les amitiés ne se forment qu'entre les personnes qui, se rencontrant dans quelques engagemens où ils s'approchent les uns des autres, se trouvent d'ailleurs dans des dispositions propres à les unir: comme l'égalité des conditions, la conformité d'âge, de mœurs, d'inclinations et de sentimens, la pente réciproque à aimer et à servir, et les autres semblables. Et on voit, au contraire, que les amitiés ne se lient et ne s'entretiennent que difficilement et assez rarement entre les personnes que leur condition, leur âge et les autres qualités distinguent; de sorte que l'état naturel de l'amitié ne s'y trouve pas, par le défaut de correspondances et de la liberté que doivent avoir les amis d'user l'un de l'autre.

3. Mais, quoiqu'il soit vrai que les amitiés ne sont commandées à personne en particulier, elles ne laissent pas d'être une suite naturelle de la seconde loi; car, cette loi commandant à chacun d'aimer son prochain, elle renferme le commandement de l'amour mutuel (1); et lorsque les engagemens particuliers lient des personnes qui sont animées de l'esprit de cette loi, il se

(1) Joan. 15, 12.

forme d'abord entre eux une union proportionnée aux devoirs réciproques des engagemens où ils se rencontrent; et si chacun trouve dans l'autre des qualités propres à les unir plus étroitement, leur liaison forme l'amitié.

4. On trouve, par ces remarques sur la nature des amitiés, qu'elles ont deux caractères essentiels : l'un, qu'elles doivent être réciproques, et l'autre, qu'elles doivent être libres. Elles sont réciproques, puisqu'elles ne peuvent se former que par l'amour mutuel de deux personnes ; et elles sont libres, puisqu'on n'est pas obligé de se lier à ceux qui n'ont pas les qualités qui peuvent former l'amitié.

Il s'ensuit de ces deux caractères des amitiés que, devant être réciproques et libres, on est toujours dans la liberté de ne pas s'engager dans des amitiés, et qu'on doit même éviter celles qui pourraient avoir de mauvaises suites ; et il s'ensuit aussi que les amitiés les plus solides et les plus étroites peuvent s'affaiblir et s'anéantir, si la conduite d'un des amis y donne sujet; et non-seulement les refroidissemens et les ruptures ne sont pas illicites, mais quelquefois même ils sont nécessaires, et par conséquent justes à l'égard de celui des amis qui ne manque, de sa part, à aucun devoir. Ainsi, lorsqu'un des amis viole l'amitié, ou par quelque infidélité, ou manquant à des devoirs essentiels, ou exigeant des choses injustes, il est libre à l'autre de ne plus considérer comme ami celui qui, en effet, a cessé de l'être ; et, selon les causes des refroidissemens et des ruptures, on peut, ou rompre l'amitié, ou la dissoudre sans rupture, pourvu seulement que celui qui en a un juste sujet de la part de l'autre, n'en donne point de la sienne; et que, dans ce changement, il conserve, au lieu de l'amitié, cette autre espèce d'amour dont rien ne dispense.

5. Tous ces caractères de l'amitié, qu'il est libre de former et libre de rompre, et qui ne subsistent que par la correspondance mutuelle des deux amis, font voir qu'on ne peut donner le nom d'amitié à l'amour qui unit le mari et la femme, ni à celui qui lie les parens à leurs enfans (C. civ., 203, s.), et les enfans à leurs parens; car ces liaisons forment un amour d'une autre nature bien différente de celui qui fait l'amitié et qui est bien plus fort (C. civ. 212, s.); et, quoiqu'il soit vrai que le mari et la femme se choisissent l'un l'autre (C. civ. 75.), et s'engagent librement dans le mariage, leur union étant formée, elle devient nécessaire et indissoluble. (C. civ. 227.)

6. On voit bien aussi quelles sont les différences qui distinguent l'amitié de l'amour des parens envers les enfans et des enfans envers les parens; car, outre que cet amour n'est pas réciproque pendant que les enfans ne sont pas encore capables d'aimer, il a d'autres caractères qui font assez voir qu'il est d'une

nature toute différente de celle des amitiés; et, quoique le choix des personnes ne s'y trouve pas, il a d'autres fondemens bien plus solides que les amitiés les plus fermes et les plus étroites.

Ce qu'on vient de remarquer des distinctions entre les amitiés, et l'amour que forment les liaisons du mariage et de la naissance, ne s'étend pas à l'amour des frères et des autres proches; car, encore que la nature forme entre eux une liaison sans leur propre choix, qui les oblige naturellement à l'amour mutuel, cet engagement n'est suivi de l'amitié que lorsqu'ils trouvent l'un dans l'autre de quoi la fonder. Mais, lorsque la proximité se trouve jointe aux autres qualités qni font les amis, les amitiés des frères et des autres proches sont beaucoup plus fermes que celles des autres.

7. On voit, par ce peu de remarques générales sur les amitiés, quelle est leur nature et les principes qui en dépendent; mais, comme ce n'est pas une matière des lois civiles, on ne doit pas entrer dans le détail des règles particulières des devoirs des amis; il suffit d'avoir remarqué sur les amitiés, ce qui s'en rapporte à l'ordre de la société: et on voit que, comme les amitiés naissent des diverses liaisons qui assemblent les hommes, elles sont en même temps les sources d'une infinité d'offices et de services qui entretiennent ces liaisons mêmes, et qui contribuent en mille manières à l'ordre et aux usages de la société, et par l'union des amis entre eux, et par les avantages que chaque personne peut trouver dans les liaisons qu'ont ses amis à d'autres personnes.

8. Pour achever le plan de la société, il reste à donner l'idée des successions qui la perpétuent, et celle des troubles qui en blessent l'ordre; et on verra ensuite comment Dieu la fait subsister dans l'état présent.

CHAPITRE VII.

Successions.

On ne parle pas ici des successions pour entrer dans le détail de cette matière, mais pour en donner seulement la vue dans le plan de la société où elle doit être distinguée; parce que les successions font une grande partie de ce qui se passe dans la société, et qu'elles font une des plus amples matières des lois civiles.

1. L'ordre des successions est fondé sur la nécessité de continuer et de transmettre l'état de la société, de la génération qui passe à celle qui suit; ce qui se fait insensiblement, faisant succéder de certaines personnes à la place de ceux qui meurent, pour entrer dans leurs droits, dans leurs charges et dans leurs relations et engagemens qui peuvent passer à des successeurs.

2, 3. Ce n'est pas ici le lieu d'expliquer les différentes manières de succéder; soit par l'ordre naturel et celui des lois qui appellent aux successions les descendans, les ascendans et les autres proches, ou par la volonté de ceux qui meurent et qui nomment des héritiers. On verra, dans le plan des matières du droit, la distinction de ces manières de succéder, et l'ordre du détail de la matière des successions; et il faut seulement remarquer ici que les successions doivent être distinguées des engagemens qui ont fait la matière des chapitres précédens; car, encore que les successions fassent un engagement où entrent ceux qui succèdent à d'autres, qui les oblige à leurs charges, à leurs dettes et aux autres suites, ce n'est pas sous l'idée des engagemens qu'il faut considérer les successions; mais elles doivent être regardées par la vue du changement qui fait passer les biens, les droits, les charges, les engagemens de ceux qui meurent à leurs successeurs; ce qui renferme une diversité de matières d'un si grand détail, qu'elles feront une des deux parties du livre des lois civiles.

CHAPITRE VIII.

De trois sortes de troubles qui blessent l'ordre de la société.

1. On voit dans la société, trois sortes de troubles qui en blessent l'ordre : les procès, les crimes, les guerres.

2. Les procès sont de deux sortes, selon les deux manières dont les hommes se divisent et entreprennent les uns sur les autres : ceux qui ne regardent que le simple intérêt, qu'on appelle *procès civils*, et ceux qui sont les suites des querelles, des délits, des crimes, qu'on appelle *procès criminels*; c'est assez de remarquer ici en général que toutes sortes de procès font une des matières des lois civiles qui règlent les manières dont les procès s'intentent, s'instruisent et se terminent, ce qui s'appelle *l'ordre judiciaire.*

3. Les crimes et délits sont infinis, selon qu'ils regardent différemment l'honneur, la personne, les biens : et la punition des crimes est encore une matière des lois civiles qui ont pourvu par trois différentes vues à les réprimer, l'une, de corriger les coupables (p. 42, 49, C. civ. 298, 308, 376, 468, i. 619.), l'autre de réparer autant qu'il se peut les maux qu'ils ont faits (i. 121.); et la troisième, de retenir les méchans par l'exemple des punitions (p. 141, s. 219, 241 s.); et c'est par ces trois vues que les lois ont proportionné les peines aux crimes et aux divers délits.

4. Les guerres sont une suite ordinaire des différends qui arrivent entre les souverains de deux nations, qui, étant indépendans les uns des autres, et n'ayant pas de juges communs, se font eux-mêmes justice par la force des armes, quand ils ne peuvent ou ne veulent pas avoir de médiateurs qui fassent leur paix; car, alors ils prennent pour lois et pour décision de leurs différends les événemens que Dieu donne aux guerres. Il y a aussi une autre

sorte de guerres qui ne sont qu'un pur effet de la violence et des entreprises d'un prince ou d'un état sur ses voisins : et il y en a enfin qui ne sont que des rébellions des sujets révoltés contre leurs princes.

Le roi est chef suprême de l'état, commande les forces de terre et de mer, déclare la guerre, fait les traités de paix, d'alliance et de commerce, nomme à tous les emplois d'administration publique, et fait les réglemens et ordonnances nécessaires pour l'exécution des lois et la sûreté de l'état (1).

Les guerres ont leurs lois dans le droit des gens, et il y a des suites de guerre qui sont des matières des lois civiles.

5. Il ne reste, pour finir le plan de la société, que de considérer comment elles subsiste dans l'état présent, avec si peu d'usage de l'esprit des premières lois qui devaient en être l'unique lien.

CHAPITRE IX.

De l'état de la société après la chute de l'homme, et comment Dieu la fait subsister.

1. Tout ce que l'on voit dans la société de contraire à l'ordre, est une suite naturelle de la désobéissance de l'homme à la première loi qui commande l'amour de Dieu; car, comme cette loi est le fondement de la seconde qui commande aux hommes de s'aimer entre eux, l'homme n'a pu violer la première de ces deux lois sans tomber en même temps dans un état qui l'a porté à violer aussi la seconde, et à troubler par conséquent la société.

La première loi devait unir les hommes dans la possession du souverain-bien, et ils trouvaient dans ce bien deux perfections qui devaient faire leur commune félicité : l'une, qu'il peut être possédé de tous, et l'autre qu'il peut faire le bonheur entier de chacun. Mais, l'homme ayant violé la première loi, et s'étant égaré de la véritable félicité qu'il ne pouvait trouver qu'en Dieu seul, il l'a recherchée dans les biens sensibles où il a trouvé deux défauts opposés à ces deux caractères du souverain-bien : l'un, que ces biens ne peuvent être possédés de tous; et l'autre, qu'ils ne peuvent faire le bonheur d'aucun; et c'est un effet naturel de l'amour et de la recherche des biens où se trouvent ces deux défauts, qui portent à la division ceux qui s'y attachent; car, comme l'étendue de l'esprit et du cœur de l'homme formé pour la passion d'un bien infini, ne saurait être remplie de ces biens bornés qui ne peuvent être à plusieurs; ni suffire à un seul pour le rendre heureux, et c'est ensuite de cet état où l'homme s'est mis, que ceux qui mettent leur bonheur à posséder des biens de cette nature, venant à se rencontrer dans les recherches des mêmes objets, se divisent entre eux, et violent toutes sortes de liaisons et d'enga-

(1) Charte, art. 14.

gemens, selon les engagemens contraires où les met l'amour des biens qu'ils recherchent.

2. C'est ainsi que l'homme, ayant mis d'autres biens à la place de Dieu qui devait être son unique bien, et qui devait faire sa félicité, a fait de ces biens apparens, son bien souverain où il a placé son amour et où il établit sa béatitude; ce qui est en faire sa divinité (1), et c'est ainsi que par l'éloignement de ce seul vrai bien qui devait unir les hommes, leur égarement à la recherche d'autres biens les a divisés (2).

C'est donc le déréglement de l'amour qui a déréglé la société, et, au lieu de cet amour mutuel dont le caractère était d'unir les hommes dans la recherche de leur bien commun, on voit régner un autre amour tout opposé dont le caractère lui a justement donné le nom d'amour-propre, parce que celui en qui cet amour domine ne recherche que des biens qu'il se rend propres, et qu'il n'aime dans les autres que ce qu'il en peut rapporter à soi.

C'est le venin de cet amour qui engourdit le cœur de l'homme et l'appesantit; et qui, ôtant à ceux qui possèdent la vue et l'amour de leur vrai bien, et bornant toutes leurs vues et tous leurs désirs au bien particulier où il les attache, est comme une peste universelle et la source de tous les maux qui inondent la société; de sorte qu'il semble que, comme l'amour-propre en ruine les fondemens, il devait la détruire; ce qui oblige à considérer de quelle manière Dieu soutient la société dans le déluge des maux qu'y fait l'amour-propre.

3. On sait que Dieu n'a laissé arriver le mal que parce qu'il était de sa toute-puissance et de sa sagesse d'en tirer le bien, et un plus grand bien qui n'aurait été qu'un état de biens, sans aucun mélange de maux. La religion nous apprend les biens infinis que Dieu a tirés d'un aussi grand mal que l'état où le péché avait réduit l'homme, et que le remède incompréhensible dont Dieu s'est servi pour l'en tirer, l'a élevé dans un état plus heureux que celui qui avait précédé sa chute. Mais, au lieu que Dieu a fait ce changement par une bonne cause et qui n'est que de lui, on voit dans sa conduite sur la société, que d'une aussi méchante cause que notre amour-propre, et d'un poison si contraire à l'amour mutuel qui devait être le fondement de la société, Dieu en a fait un des remèdes qui la font subsister; car, c'est de ce principe de division qu'il a fait un lien qui unit les hommes en mille manières, et qui entretient la plus grande partie des engagemens. On pourra juger de cet usage de l'amour-propre dans la société, et du rapport d'une telle cause à un tel effet par les réflexions qu'il sera facile de faire sur la remarque qui suit.

La chute de l'homme ne l'ayant pas dégagé de ses besoins, et les ayant au contraire multipliés, elle a aussi augmenté la néces-

(1) Sep. 13, 3. (2) Jacob, epist. 41, id. 2.

sité des travaux et des commerces, et en même temps la nécessité des engagemens et des liaisons; car, aucun ne pouvant se suffire seul, la diversité des besoins engage les hommes à une infinité de liaisons sans lesquelles ils ne pourraient vivre.

Cet état des hommes porte ceux qui ne se conduisent que par l'amour-propre, à s'assujettir aux travaux, aux commerces et aux liaisons que leurs besoins rendent nécessaires; et pour se les rendre utiles, et y ménager, et leur honneur, et leur intérêt, ils y gardent la bonne foi, la fidélité, la sincérité, de sorte que l'amour-propre s'accommode à tout pour s'accommoder de tout; et il sait si bien assortir ses différentes démarches à toutes ses vues, qu'il se plie à tous les devoirs, jusqu'à contrefaire toutes les vertus; et chacun voit dans les autres, et s'il s'étudiait, verrait en soi-même les manières si fines que l'amour-propre sait mettre en usage pour se cacher, et s'envelopper sous les apparences des vertus mêmes qui lui sont les plus opposées.

On voit donc, dans l'amour-propre, que ce principe de tous les maux est dans l'état présent de la société une cause d'où elle tire une infinité de bons effets qui, de leur nature, étant de vrais biens, devraient avoir un meilleur principe; et qu'ainsi on peut regarder ce venin de la société comme un remède dont Dieu s'est servi pour la soutenir; puisqu'encore qu'il ne produise en ceux qu'il anime que des fruits corrompus, il donne à la société tous ces avantages.

4. Toutes autres causes dont Dieu se sert pour faire subsister la société, sont différentes de l'amour-propre, en ce qu'au lieu que l'amour-propre est un vrai mal dont Dieu tire de bons effets, les autres sont des fondemens naturels de l'ordre; et on peut en remarquer quatre de différens genres qui comprennent tout ce qui maintient la société.

Le premier est la religion qui fait tout ce qu'on peut voir dans le monde, qui soit réglé par l'esprit des premières lois;

Le second est la conduite secrète de Dieu sur la société dans tout l'univers;

Le troisième, est l'autorité que Dieu donne aux puissances;

Le quatrième est cette lumière restée à l'homme après sa chute, qui lui fait connaître les règles naturelles de l'équité; et c'est par ce dernier qu'il faut commencer par remonter aux autres.

5. C'est cette lumière de la raison qui, faisant sentir à tous les hommes les règles communes de la justice et de l'équité, leur tient lieu d'une loi (1) qui est restée dans tous les esprits, au milieu des ténèbres que l'amour-propre y a répandues; ainsi, tous les hommes ont dans l'esprit les impressions de la vérité et de l'autorité de ces lois naturelles, *qu'il ne faut faire tort à personne; qu'il faut rendre à chacun ce qui lui appartient; qu'il faut être sincère dans les*

(1) Rom. 2, 14, l. 7, ff. de bon. damn.

engagemens, *fidèle à exécuter ses promesses*, et des autres règles semblables de la justice et de l'équité; car la connaissance de ces règles est inséparable de la raison, ou plutôt la raison n'est elle-même que la vue et l'usage de toutes ces règles.

Et quoique cette lumière de la raison, qui donne la vue de ces vérités à ceux qui en ignorent les premiers principes, ne règne pas en chacun de telle sorte qu'il en fasse la règle de sa conduite, elle règne en tous de telle manière, que les plus injustes aiment assez la justice pour condamner l'injustice des autres et pour la haïr, et, chacun ayant intérêt que les autres gardent ces règles, la multitude prend le parti pour y assujettir ceux qui y résistent et qui font tort aux autres: ce qui fait sentir que Dieu a gravé dans tous les esprits cette espèce de connaissance et d'amour de la justice, sans quoi la société ne pouvait durer; et c'est par cette connaissance des lois naturelles, que les nations mêmes qui ont ignoré la religion ont fait subsister leur société.

6. Cette lumière de la raison que Dieu donne à tous les hommes, et ces bons effets qu'il tire de leur amour-propre, sont des causes qui contribuent à soutenir la société des hommes par les hommes mêmes. Mais on doit y reconnaître un fondement plus essentiel et plus solide, qui est la conduite de Dieu sur les hommes, et cet ordre où il conserve la société dans tous les temps et dans tous les lieux, par sa toute-puissance et par sa sagesse.

C'est par la force infinie de cette toute-puissance que, contenant l'univers comme une goutte d'eau et un grain de sable (1), il est présent partout; et c'est par la douceur de cette sagesse qu'il dispose et ordonne tout (2).

C'est par sa providence universelle sur le genre humain qu'il partage la terre aux hommes, et qu'il distingue les nations par cette diversité d'empires, de royaumes, de républiques et d'autres états; qu'il en règle et l'étendue et la durée par les événemens qui leur donnent leur naissance, leur progrès, leur fin; et que, parmi tous ces changemens, il forme et soutient la société civile dans chaque état, par les distinctions qu'il fait des personnes pour remplir tous les emplois et toutes les places, et par les autres manières dont il règle tout (3).

7. C'est cette providence qui, pour maintenir la société, y établit deux sortes de puissances propres à contenir les hommes dans l'ordre de leurs engagemens.

La première est celles des puissances naturelles, qui regardent les engagemens naturels comme est la puissance que donne le mariage au mari sur la femme (4) (C. civ. 214. s.), et celle que donne la naissance aux parens sur leurs enfans (5). (C. civ. 371. s.) Mais ces puissances étant bornées dans les familles, et restreintes à l'or-

(1) Is. 40, 15. (2) Sap. 8, 1. (3) Is. 42, 5. (4) Ephes. § 23. 1 Cor. 11, 3. Gen. 3, 16. (5) Ephes. 6, 1. Eccles. 3, 8, 2.

dre de ces engagemens naturels, il a été nécessaire qu'il y eût une autre sorte de puissance d'une autorité plus générale et plus étendue; et comme la nature qui distingue le mari de la femme, et les parens des enfans, ne distingue pas de même les autres hommes, mais les rend égaux* (1). Dieu en distingue quelques-uns pour leur donner une autre sorte de puissance, dont le ministère s'étend à l'ordre universel de toutes les espèces d'engagemens, et à tout ce qui regarde la société; et il donne différemment cette puissance dans les royaumes, dans les républiques et dans les autres états, aux rois, aux princes, et aux autres personnes qu'il y élève (2) par la naissance, par des élections, et par les autres manières dont il ordonne ou permet que ceux qu'il destine à ce rang y soient appelés. Car c'est toujours la conduite toute-puissante de Dieu qui dispose de cette suite et de cet enchaînement d'événemens qui précèdent l'élévation de ceux qu'il appelle au gouvernement. Ainsi, c'est toujours lui qui les y place; c'est de lui seul qu'ils tiennent tout ce qu'ils ont de puissance et d'autorité; et c'est le ministère de sa justice qui leur est commis (3); et comme c'est Dieu même qu'ils représentent dans le rang qui les élève au-dessus des autres, il veut qu'ils soient considérés comme tenant sa place dans leurs fonctions; et c'est par cette raison qu'il appelle lui-même des dieux ceux à qui il communique ce droit de gouverner les hommes et de les juger, parce que c'est un droit qui n'est naturel qu'à lui (4).

* « Les Français sont égaux devant la loi, quels que soient d'ailleurs « leurs titres et leurs rangs (5). »

C'est pour l'exercice de cette puissance que Dieu met dans les mains de ceux qui tiennent la première place du gouvernement, l'autorité souveraine, et les divers droits nécessaires pour maintenir l'ordre de la société suivant les lois qu'il y a établies (6).

La personne du roi est inviolable et sacrée, ses ministres sont responsables. Au roi seul appartient la puissance exécutive (7).

C'est pour cet ordre qu'il leur donne le droit de faire des lois (8), et les réglemens nécessaires pour le bien public, selon les temps et les lieux; et la puissance d'imposer des peines aux crimes (9).

La puissance législative s'exerce collectivement par le roi, la chambre des pairs et la chambre des députés des départemens (10).

C'est pour ce même ordre qu'il leur donne le droit de communiquer et partager à diverses personnes l'exercice de cette autorité, qu'ils ne peuvent seuls exercer dans tout le détail, et qu'ils ont le pouvoir d'établir les différentes sortes de magistrats, de

(1) L. 32, ff. de reg. jur. 3. (2) Eccles. 17, 14. (3) Sap. 6, 4. Rom. 13, 1. Joan. 19. 11. Rom. 13, 4. Exod. 18, 15, 2. Paral. 29, 6. (4) Exod. 22, 28. Psalm. 82, 6. Joan. 10, 35. Exod. 22, 8. (5) Charte, art. 1. (6) Sap. 6, 5. Deuter. 17, 19. (7) Charte, art. 13. (8) Prov. 8, 15. (9) Rom. 13, 4. (10) Charte, art. 15.

juges et d'officiers nécessaires pour l'administration de la justice, et pour toutes les autres fonctions publiques (1).

Toute justice émane du roi. Elle s'administre en son nom par des juges qu'il nomme et qu'il institue (2). Les juges nommés par le roi sont inamovibles (3).

C'est pour ce même ordre qu'afin de soutenir au-dedans les pensées de l'état, et de le défendre au-dehors contre les entreprises des étrangers, les souverains ont le droit de lever les tributs nécessaires selon les besoins (4).

Aucun impôt ne peut être établi ni perçu, s'il n'a été consenti par les deux chambres et sanctionné par le roi (5).

C'est pour affermir tous ces usages de l'autorité des puissances temporelles, que Dieu commande à tous les hommes d'y être soumis. (C. civ. 3, i. 5, s.) [6].

8. On doit enfin regarder la religion comme le fondement le plus naturel de l'ordre de la société. Car c'est l'esprit de la religion qui est le principe du véritable ordre où elle devait être. Mais il y a cette différence entre la religion et tous les autres fondemens de la société, qu'au lieu que les autres sont connus partout, la vraie religion n'est connue et reçue qu'en quelques états; et dans ceux mêmes où elle est connue, son esprit n'y règne pas de sorte que tous en suivent les règles. Mais il est vrai que, dans les lieux où l'on professe la véritable religion, la société est dans l'état le plus naturel et le plus propre pour être maintenue dans le bon ordre, par le concours de la religion et de la police, et par l'union du ministère des puissances spirituelle et temporelle.

Comme c'est donc dans l'esprit de la religion, qui est le principe de l'ordre, que devrait être la société, et qu'elle doit subsister par l'union de la religion et de la police, il est important de considérer comment la religion et la police s'accordent entre elles, et comment elles se distinguent pour former cet ordre, et quel est le ministère des puissances spirituelle et temporelle; et parce que cette matière fait une partie essentielle du plan de la société, et qui a beaucoup de rapport aux lois civiles, elle fera le sujet du chapitre suivant.

CHAPITRE X.

De la religion et de la police, et du ministère des puissances spirituelles et temporelles.

1. On ne peut douter que la religion et la police n'aient leur

(1) Exod. 18, 21, 22, 25. (2) Charte, art. 57. (3) Charte, art. 58. (4) Matth. 22, 21. Rom. 13, 6, 7. (5) Charte, art. 48. (6) Rom. 13, 1, 1. Petr. 2, 13. Tit. 3, 1.

fondement commun dans l'ordre de Dieu; car un prophète nous apprend que c'est lui qui est notre juge, notre législateur et notre roi, et que c'est aussi lui qui sauvera les hommes (1). Ainsi, c'est lui qui, dans l'ordre spirituel de la religion, établit le ministère des puissances ecclésiastiques (2). Ainsi, c'est lui qui, dans l'ordre temporel de la police fait régner les rois (3), et donne aux souverains tout ce qu'ils ont de puissance et d'autorité. D'où il s'ensuit que la religion et la police n'ayant que ce même principe commun de l'ordre divin, elles doivent s'accorder et même se soutenir mutuellement, et de telle sorte que les particuliers puissent obéir exactement et fidèlement à l'un et à l'autre; et que ceux qui sont dans le ministère de l'un ou de l'autre, puissent l'exercer dans l'esprit et les règles qui les concilient; et aussi est-il vrai que la religion et la bonne police sont toujours unies.

2, 3. On sait que l'esprit de la religion est de ramener les hommes à Dieu par la lumière des vérités qu'elle enseigne, et de les tirer des égaremens de l'amour-propre, pour les unir dans l'exercice des deux premières lois; et qu'ainsi l'essentiel de la religion regarde principalement l'intérieur de l'esprit et du cœur de l'homme, dont les bonnes dispositions devraient être le principe de l'ordre extérieur de la société. Mais, comme tous les hommes n'ont pas cet esprit de la religion, et que plusieurs se portent même à troubler cet ordre extérieur, l'esprit de la police est de maintenir la tranquillité publique entre tous les hommes (4), et de les contenir dans cet ordre indépendamment de leurs dispositions dans l'intérieur, en employant même la force et les peines selon le besoin (p. 91, s.), et c'est pour ces deux différens usages de la religion et de la police, que Dieu a établi dans l'un et dans l'autre des puissances dont il a proportionné le ministère à leur esprit et à leurs fins.

Chacun professe sa religion avec une égale liberté, et obtient pour son culte la même protection (5).

Cependant la religion catholique, apostolique et romaine est la religion de l'état (6).

4. Ainsi, comme la religion ne tend qu'à former les bonnes dispositions dans l'intérieur, Dieu donne aux puissances qui en exercent le ministère une autorité spirituelle, qui ne tend qu'à régler l'esprit et le cœur, et à insinuer l'amour de la justice, sans l'usage d'aucune force temporelle sur l'extérieur (7). Mais le ministère des puissances temporelles de la police, qui ne tend qu'à régler l'ordre extérieur, s'exerce avec la force nécessaire pour réprimer ceux qui, n'aimant pas la justice, se portent à des excès qui troublent cet ordre (8).

Ainsi, les puissances spirituelles instruisent, exhortent, lient

(1) Is. 33, 22. (2) Joan. 20, 23. Matth. 10, 16, 1. Cor. 4, 1. (3) Prov. 2 Cor., 2, 23. 15. (4) Timoth. 2, 2. (5) Charte, art. 5. (6) Charte, art. 6. Voy. la déclaration du clergé du 19 mars 1682. (7) 1. Timoth. 4, 2. (8) Rom. 13, 4.

et délient dans l'intérieur, et exercent les autres fonctions propres à ce ministère; et les puissances temporelles commandent et défendent dans l'extérieur, maintiennent chacun dans ses droits, dépossèdent les usurpateurs (p. 258, s. 381), châtient les coupables, et punissent les crimes par l'usage des peines et des supplices proportionnés à ce que demande le repos public.

Ainsi, les puissances spirituelles de la religion, dont l'esprit demande que les plus méchans vivent pour devenir bons, n'ont pas d'autres voies pour unir les hommes, que d'imposer des peines propres à les ramener dans les devoirs qu'ils ont violés; et les puissances temporelles qui doivent pourvoir au repos public, ordonnent les peines nécessaires pour le maintenir, et punissent même du dernier supplice ceux qui troublent l'ordre d'une manière qui mérite ce châtiment. (Cod. civ. 23, s. p. 12, s.)

Le Roi a le droit de faire grace, et celui de commuer les peines (1).

5. Mais ces différences entre l'esprit de la religion et l'esprit de la police, et entre le ministère des puissances spirituelles et celui des puissances temporelles, n'ont rien de contraire à leur union; et les mêmes puissances spirituelles et temporelles, qui sont distinguées dans leur ministère, sont unies dans leur fin commune de maintenir l'ordre, et elles s'y entr'aident réciproquement. Car c'est une loi de la religion et un devoir de ceux qui en exercent le ministère, d'inspirer et de commander à chacun l'obéissance aux puissances temporelles (p. 209, s.), non-seulement par un sentiment de crainte de leur autorité, et des peines qu'elles imposent, mais par un devoir essentiel et par un sentiment de conscience (2) et d'amour de l'ordre; et c'est une loi de la police temporelle et un devoir de ceux qui en exercent le ministère, de maintenir l'exercice de la religion, et d'employer même l'autorité temporelle et la force contre ceux qui en troublent l'ordre. Ainsi, ces deux ministères s'accordent et se soutiennent mutuellement; et, lors même que l'esprit du ministère spirituel paraît demander quelque chose de contraire à celui de la police temporelle, comme lorsque les ministres de la puissance spirituelle demandent la vie des plus criminels, qu'eux ne condamnent qu'à des pénitences, que la police condamne à la mort; ce même esprit du ministère spirituel de la religion, qui veut que les princes et les juges fassent leur devoir, ne les oblige pas à l'usage de cette clémence; et les juges temporels condamnent justement au dernier supplice ceux que les juges ecclésiastiques ne condamnent qu'à la prison, à des jeûnes et à d'autres œuvres de pénitence.

Seront punis d'une amende de 16 à 300 fr., et d'un emprisonnement de six jours à trois mois, ceux qui, par des troubles ou désordres commis, même à l'extérieur d'un édifice consacré à l'exercice de la religion de l'état, auront retardé, interrompu ou empêché les cérémonies de la religion. (Loi du Sacrilége, 20 avril 1825; art. 13.)

(1) Charte, art. 67. (2) Rom. 13, 1, 2. Rom. 13, 5, 1. Petr. 2, 13. Sap. 6, 4.

6. C'est à cause de ces différences entre l'esprit de la religion et celui de la police, que Dieu en a séparé les ministères, afin que l'esprit de la religion qui règle l'intérieur, et qui doit s'insinuer dans les cœurs des hommes par l'amour de la justice et par le mépris des biens temporels, fût inspiré par d'autres ministres que les puissances temporelles qui sont armées de la terreur des peines et des supplices pour maintenir l'ordre extérieur, et dont le ministère regarde principalement l'usage des biens temporels; et il a été si essentiel à l'ordre de ces deux ministères qu'ils fussent distingués, et que la puissance spirituelle fût séparée de la temporelle, qu'encore qu'elles soient naturellement unies à Dieu, quand il s'est rendu visible pour établir son règne spirituel il s'est abstenu de l'exercice de sa puissance sur le temporel; et tout ce qu'il a mis en usage de sa grandeur et de sa puissance a été tout opposé à la grandeur et à la puissance qui convenaient au règne temporel. Car, en même temps qu'il a fait éclater la grandeur divine de ce règne spirituel par la lumière des vérités de sa doctrine (1), par la gloire de ses miracles (2), et par tout cet appareil des circonstances de sa venue qu'il avait fait prédire par ses prophètes, et qui devaient accompagner le règne d'un prince de paix (3) qui venait donner aux hommes d'autres biens que ceux qui les divisent (4), il n'a pris aucune des marques de la puissance temporelle, il n'en a fait aucune fonction, et il a même refusé de se rendre juge entre deux frères, dont l'un l'en priait (5); et pour marquer que l'usage de la puissance temporelle devait être séparé de son règne spirituel, il laissa cette puissance aux princes, et il voulut même leur obéir. Ainsi, dans sa naissance, il fit dépendre la circonstance du lieu où il devait naître de son obéissance à une loi d'un prince infidèle (6). Ainsi, pendant sa vie il apprit à rendre aux princes ce qui leur est dû, et il paya même le tribut, quoiqu'il ne le dût point, par la raison qu'il en dit dans le même temps qu'il fit un miracle pour avoir de quoi le payer (7); et dans le temps de sa mort, il apprit à celui qui exerçait la puissance temporelle, et qui en abusait si injustement, qu'il n'aurait pas eu cette puissance si elle ne lui eût été donnée de Dieu (8); et il lui marqua aussi la distinction entre son règne spirituel et l'empire temporel des princes (9).

Il est vrai que dans une occasion il a donné une marque visible de son empire sur le temporel (10), et d'un empire plus absolu que celui qu'il confie aux princes, en faisant un miracle qui causa quelque perte aux habitans du lieu où il le fit. Mais ce miracle même, qui faisait bien voir sa toute-puissance sur le temporel, servait de preuves qu'il ne s'abstenait de tout autre usage de cette puissance que pour marquer la distinction entre le règne spiri-

(1) Joan. 6, 12. Isa. 49, 6. (2) Luc. 13, 17. (3) Is. 9, 6. (4) Hebr. 9, 11. (5) Luc. 12, 13. (6) Luc. 2, 1. (7) Matth. 17, 23. (8) Joan. 19, 11. (9) Joan. 18, 36. (10) Matth. 8, 28. Marc. 5. Luc. 8, 32.

tuel qu'il venait établir, et l'empire temporel qu'il laissait aux princes.

On sait enfin que lorsqu'il a établi les ministres de son règne spirituel, et qu'il leur a donné les règles de leur conduite et marqué l'étendue de la puissance qu'il leur confiait, il ne leur en a donné aucune sur le temporel. Et aussi voit-on qu'aucun d'eux n'a point la moindre part au ministère de la puissance temporelle; qu'au contraire ils s'y sont soumis; et qu'en même temps qu'ils exerçaient leur ministère spirituel sans aucun égard à l'autorité des puissances temporelles qui s'y opposaient, ils enseignaient et observaient eux-mêmes l'obéissance à ces puissances en ce qui était de leur ministère.

7, 8, 9. Il s'ensuit de toutes ces vérités, que les puissances spirituelles ont leur exercice dans ce qui regarde le spirituel (1), et qu'elles ne s'ingèrent pas dans le temporel; et qu'aussi les puissances temporelles ont leur exercice dans le temporel (2), et n'entreprennent rien dans le spirituel; que les deux ministères sont établis immédiatement de la main de Dieu; et que ceux qui exercent la puissance dans l'un des deux, sont soumis à ceux qui exercent la puissance de l'autre en ce qui en dépend. Et aussi voit-on que ceux qui ont été animés de l'esprit de Dieu ont formé leur conduite sur ces mêmes règles, et ont marqué la soumission due à chacune des puissances de ces deux ordres. Ainsi, lorsque Dieu choisit Nathan pour le ministère spirituel de la correction de David, la puissance temporelle de ce roi n'empêcha pas que ce prophète ne lui parlât avec une force digne de l'autorité du ministère qu'il exerçait; et ce prince aussi reçut avec humilité la correction (3). Mais au contraire, lorsque ce même prophète voulut savoir l'intention de ce même prince sur le choix de son successeur, et s'il voulait que ce fût ou Salomon ou Adonias, il s'en approcha, se prosternant avec un profond respect, pour le supplier de faire connaître lequel des deux il lui plairait de choisir pour régner après lui (4).

10. Il serait facile de remarquer de pareils exemples, pour faire voir comment il faut distinguer l'autorité des puissances spirituelles et celle des puissances temporelles, et de quelle manière les ont exercées ceux qui se sont conduits par les justes règles, en se bornant à leur ministère, sans toucher à l'autre. Mais il suffit pour le dessein qu'on s'est proposé, d'avoir donné cette idée générale des deux ministères de la religion et de la police, pour y discerner l'esprit et l'usage de l'une et de l'autre, pour y voir les principes qui les concilient et qui les distinguent, et pour juger par toutes ces vues des manières dont elles concourent à l'ordre de la société.

(1) Exod. 28, 1. 2 Paralip. 19, 11. Hebr. 5, 1. (2) 2 Paralip. 19, 11. (3) 2 Reg. 12. (4) 3 Reg. 1, 23.

11, 12. On pourra penser que les puissances spirituelles ont fait des règles sur des matières temporelles, comme sont dans le droit canonique celles qui regardent les contrats, les testamens, les prescriptions, les crimes, l'ordre judiciaire, les règles du droit, et d'autres matières semblables, et qu'aussi l'on voit des lois établies par des puissances temporelles dans des matières qui regardent le spirituel, comme sont quelques constitutions des premiers empereurs chrétiens, et des ordonnances de nos rois sur des matières de la foi et de la discipline ecclésiastique. Mais ce qu'il y a dans le droit canonique qui regarde ces matières temporelles, ne saurait prouver que les puissances ecclésiastiques règlent le temporel. Il paraît, au contraire, qu'au commencement du droit canonique, où l'on a reporté la distinction des lois divines et des lois humaines, il est dit que les lois humaines sont les lois des princes; que c'est par ces lois que se règlent les droits sur tout ce que les hommes peuvent posséder; et que les biens mêmes de l'Église ne lui sont conservés que par l'autorité de ces lois, parce que c'est aux princes que Dieu a donné le ministère du gouvernement pour le temporel (1). Puisqu'il ne peut donc y avoir rien dans le droit canonique qui renferme cette règle, il faut que celles qu'on y voit sur le temporel puissent s'accorder avec ce principe; et c'est ce qui n'est pas difficile, si on fait réflexion sur l'usage qu'ont les règles qui regardent le temporel dans le droit canonique. Car on y verra que, par exemple, celles de l'ordre judiciaire se rapportent à la juridiction ecclésiastique; que celles des crimes y établissent les peines canoniques, c'est-à-dire, les peines que l'Église ordonne pour la pénitence des criminels; que les règles qui regardent les contrats, les testamens, les prescriptions, et les autres matières semblables, ne les regardent que par rapport au spirituel, comme à cause des défenses de certains commerces aux ecclésiastiques, de la religion, du serment, de l'usage des conventions pour les églises et les particuliers ecclésiastiques, et par d'autres semblables vues; que quelques-unes de ces règles ne sont que des réponses des papes à des consultations; et qu'enfin ce qu'il peut y avoir de règles qui regardent purement le temporel entre laïcs, ne doit être considéré comme règles que dans les terres du saint-siége, où les papes sont princes temporels; et hors de cette étendue, elles n'ont pas d'autre autorité que celle que leur donnent les princes qui en reçoivent l'usage entre leurs sujets; sur quoi on peut remarquer que ces sortes de constitutions canoniques sur le temporel font assez connaître qu'elles sont naturellement de l'autorité temporelle, puisque la plupart ont été tirées du droit romain, quoiqu'il soit vrai que quelques-unes s'y trouvent contraires. Mais c'est de quoi il n'est pas nécessaire de parler ici.

(1) Distinct. 8. Can. 1.

13. Pour ce qui est des réglemens que les princes peuvent avoir faits sur des matières spirituelles, ils n'ont pas étendu leur autorité au ministère spirituel réservé aux puissances ecclésiastiques; mais ils ont seulement employé leur autorité temporelle, pour faire exécuter dans l'ordre extérieur de la police les lois de l'Église. Et ces ordonnances que nos rois appellent eux-mêmes des lois politiques (1), ne tendent qu'à maintenir cet ordre, et à réprimer ceux qui le troublent en violant les lois de l'Église. Et aussi paraît-il dans ces ordonnances, que les rois n'y ordonnent qu'en ce qui est de leur puissance, et s'y qualifiant protecteurs, gardes, conservateurs et exécuteurs de ce que l'Église enseigne et ordonne (2).

Les ministres de la religion catholique, apostolique et romaine, et ceux des autres cultes chrétiens, reçoivent seul des traitemens du trésor royal (3).

14. On pourra encore faire une autre difficulté sur quelques matières où il semble que la juridiction spirituelle et la temporelle entreprennent l'une sur l'autre, comme, par exemple, lorsque la juridiction temporelle connaît du possessoire des bénéfices, et lorsque la juridiction ecclésiastique connaît du temporel entre ecclésiastiques; mais pour ce qui regarde le possessoire d'un bénéfice, c'est une matière de la juridiction temporelle, qui seule a le droit de joindre la force à l'autorité pour empêcher les voies de fait, et pour réprimer les usurpateurs. (i. 614, C. civ. 1768.) Et pour ce qui est du droit qu'ont les juges ecclésiastiques de connaître des matières temporelles dans les causes des ecclésiastiques, c'est un privilége que les princes ont accordé à la juridiction spirituelle en faveur de l'Église.

Nul ne pourra être distrait de ses juges naturels (4).

15. On a tâché, par tout ce qui a été dit dans les chapitres précédens et dans celui-ci, de donner une idée générale du plan de la société des hommes sur les fondemens naturels de l'ordre que Dieu y a établi, et de faire voir que les premiers principes de cet ordre sont les deux premières lois; que les engagemens qui lient les hommes en société sont des suites de ces deux lois, et qu'ils sont en même temps les sources de tous les devoirs et les fondemens des différentes espèces de lois; et on a commencé de descendre de ces principes généraux à ceux qui sont propres aux lois civiles. Il reste maintenant, avant que de passer au détail de ces lois et de leurs matières, à considérer de plus près la nature et l'esprit des lois en général, et les caractères qui distinguent leurs différentes espèces, afin d'y découvrir les fondemens de plusieurs règles essentielles pour la connaissance et le bon usage des lois civiles, et ce sera la matière des deux chapitres suivans.

(1) Charles IX, 17 janvier 1561. (2) François I, en juillet 1543. (3) Charte, art. 7. (4) Charte, art. 62.

CHAPITRE XI.

De la nature et de l'esprit des lois, et de leurs différentes espèces.

1. Toutes les différentes idées qu'on peut concevoir des diverses sortes de lois qui s'expriment par les noms des lois divines et humaines, naturelles et positives, de la religion et de la police, du droit des gens, du droit civil, et par tous les autres noms qu'on peut leur donner, se réduisent à deux espèces, qui comprennent toutes les lois de toute nature: l'une, des lois qui sont immuables, et l'autre, des lois qui sont arbitraires. Car il n'y en a aucune qui n'ait l'un ou l'autre de ces deux caractères, qu'il est important de considérer, non-seulement pour concevoir cette première distinction générale des lois en ces deux espèces, qui doit précéder les autres manières de les distinguer, mais parce que ce sont ces deux caractères qui font dans toutes les lois ce qu'elles ont de plus essentiel dans leur nature; et qu'ainsi la connaissance en est nécessaire, et d'un grand usage dans les lois civiles.

Les lois immuables s'appellent ainsi, parce qu'elles sont naturelles et tellement justes toujours et partout, qu'aucune autorité ne peut ni les changer, ni les abolir; et les lois arbitraires sont celles qu'une autorité légitime peut établir, changer et abolir, selon le besoin.

Le Code civil et les lois actuellement existantes qui ne sont pas contraires à la présente Charte, restent en vigueur jusqu'à ce qu'il y soit légalement dérogé (1). Le Roi propose la loi (2).

Ces lois immuables ou naturelles sont toutes celles qui sont des suites nécessaires des deux premières, et qui sont tellement essentielles aux engagemens qui forment l'ordre de la société, qu'on ne saurait les changer sans ruiner les fondemens de cet ordre; et les lois arbitraires sont celles qui peuvent être différemment établies, changées, et même abolies, sans violer l'esprit des premières lois, et sans blesser les principes de l'ordre de la société.

2. Ainsi, comme c'est une suite de la première loi qu'il faut obéir aux puissances, parce que c'est Dieu qui a les établies, et que c'est une suite de la seconde loi qu'il ne faut faire tort à personne, et qu'il faut rendre à chacun ce qui lui appartient, et que toutes ces règles sont essentielles à l'ordre de la société, elles sont, par cette raison, des lois immuables. Et il en est de même de toutes les règles particulières, qui sont essentielles à ce même ordre et aux engagemens qui suivent des premières lois. Ainsi, c'est une règle essentielle à l'engagement d'un tuteur, que tenant lieu de père à l'orphelin qui est sous sa charge, il doit veiller à la conduite de la personne et des biens de cet orphelin; et c'est aussi une loi

(1) Charte, art. 68. (2) Charte, art. 16.

immuable que le tuteur doit prendre ce soin. Ainsi, c'est une règle essentielle à l'engagement de celui qui emprunte quelque chose d'un autre, qu'il doit la conserver; et c'est aussi une loi immuable, qu'il doit répondre des fautes qu'il aura faites contre ce devoir.

3. Mais les lois qui sont indifférentes aux deux premières, et aux engagemens qui en sont les suites, sont des lois arbitraires. Ainsi, comme il est indifférent à ces deux lois et à l'ordre des engagemens qu'il y ait, ou cinq, ou six, ou sept témoins dans un testament (C. civ. 971, 975, 980.); que la prescription s'acquière par vingt, par trente ou par quarante ans (C. civ. 2262.); que la monnaie vaille plus ou moins : ce sont seulement des lois arbitraires, qui règlent différemment selon le temps et selon les lieux.

4. On voit par cette première idée de la nature des lois immuables, qu'elles ont leur origine dans les deux premières lois, dont elles ne sont qu'une extension; et que, par exemple, ces règles naturelles de l'équité, qui ont été remarquées, et les autres semblables, ne sont autre chose que ce que l'esprit de la seconde loi demande en chaque engagement, et ce qu'il y marque d'essentiel et de nécessaire.

5. Pour les lois arbitraires, on peut remarquer deux différentes causes qui en ont rendu l'usage nécessaire dans la société, et qui ont été les sources de cette multitude infinie de lois arbitraires qu'on voit dans le monde.

6. La première de ces deux causes est la nécessité de régler de certaines difficultés qui naissent dans l'application des lois immuables, lorsque ces difficultés sont telles, qu'il ne peut y être pourvu que par des lois, et que les lois immuables ne les règlent point. On jugera de ces sortes de difficultés par quelques exemples.

7. Ainsi, pour un premier exemple de la nécessité des lois arbitraires, c'est une loi naturelle et immuable, que les pères doivent laisser leurs biens à leurs enfans après leur mort (C. civ. 718. s.), et c'est aussi une autre loi, qu'on met communément au nombre des lois naturelles, qu'on puisse disposer de ses biens par un testament. (C. civ. 967, s.) Si on donne à la première de ces deux lois une étendue sans aucune borne, un père ne pourra disposer de rien; et si on étend la seconde à une liberté indéfinie de disposer de tout (C. civ. 913, s.), comme faisait l'ancien droit romain, un père pourra priver ses enfans de toute part en sa succession, et donner tous ses biens à des étrangers.

On voit par ces conséquences si opposées, qui suivraient de ces deux lois entendues indéfiniment, qu'il est nécessaire de donner à l'une et à l'autre quelques bornes qui les concilient. Et si tous les hommes se conduisaient par la prudence et par l'esprit des premières lois, chacun serait un juste interprète de ce que demanderait de lui la loi, qui veut que les enfans succèdent aux pères, et de ce que demanderait aussi celle qui permet de disposer par un testament. Car il saurait proportionner ses dispositions à l'état de ses biens et de sa famille, et à ses devoirs envers ses enfans et envers les autres personnes, selon qu'il pourrait être obligé, ou à quelque reconnaissance, ou à quelque libéralité. Mais parce que tous ne se conduisent pas par cet esprit des premières lois ni par la prudence, et que quelques-uns abusant de la liberté de disposer de leurs biens, ou même ignorant l'état de leurs biens et de leurs affaires, blessent leur devoir envers leurs enfans, comme il n'est pas juste de laisser une liberté indéfinie à ceux qui peuvent en abuser, et qu'il n'est pas possible de faire pour chacun une règle particulière, il a été nécessaire, pour concilier ces deux lois, et les réduire en règles communes pour tous, qu'on fît une loi arbitraire qui bornât la liberté de disposer au préjudice des enfans, et qui leur conservât une certaine portion des biens de leurs parens, dont ils ne puissent être privés; et c'est cette portion, fixée par une loi arbitraire, qu'on appelle la légitime.

8. Ainsi, pour un autre exemple, c'est une loi naturelle et immuable, que celui qui est le maître d'une chose en demeure toujours le maître, jusqu'à ce qu'il s'en dépouille volontairement, ou qu'il en soit dépouillé par quelque voie juste et légitime; et c'est une autre loi naturelle et immuable aussi, que les possesseurs ne soient pas toujours en péril d'être troublés jusqu'à l'infini; et que celui qui a possédé long-temps une chose en soit cru le maître, parce que les hommes ont naturellement soin de ne pas abandonner à d'autres ce qui leur appartient, et qu'on ne doit pas présumer sans preuves qu'un possesseur soit usurpateur.

Si on étend trop la première de ces deux lois, qui veut que le maître d'une chose ne puisse en être dépouillé que par de justes titres, il s'ensuivra que quiconque pourra montrer que lui ou ceux dont il a les droits, ont été les maîtres d'un héritage, quand il y aurait plus d'un siècle qu'ils eussent cessé de le posséder, rentrera dans cet héritage, et en dépouillera le possesseur, si avec cette longue possession il ne peut montrer un titre qui ait ôté le droit de ce premier maître. Et si au contraire on étend trop la règle qui fait présumer que les possesseurs sont les maîtres de ce qu'ils possèdent, on fera perdre injustement la propriété à tous ceux qui ne se trouveront pas en possession.

Il est évident que la contrariété où conduiraient ces deux lois, dont l'une rétablirait ce premier maître contre un ancien possesseur, et dont l'autre maintiendrait le nouveau possesseur contre le vrai maître, demandait qu'on réglât par une loi arbitraire, que ceux qui, n'étant pas possesseurs, se prétendraient propriétaires, seraient tenus de justifier de leur droit dans un certain temps; et qu'après ce temps, les possesseurs qui n'auraient point été troublés, seraient maintenus. Et c'est ce qu'on a fait par les lois arbitraires, qui règlent les temps des prescriptions. (C. civ. 2262, s. 2265, s.)

9. Ainsi, pour un troisième exemple, il est du droit naturel, et c'est une loi immuable, que les personnes qui n'ont pas encore un usage assez ferme de la raison, par le défaut d'âge, d'instruction et d'expérience, ne puissent avoir la conduite de leurs biens et de leurs affaires, et qu'ils puissent l'avoir après qu'ils auront assez de raison et d'expérience. (C. civ. 384.) Mais comme la nature ne forme pas en tous, dans le même âge, cette plénitude de raison qui est nécessaire pour la conduite des affaires, et qu'en quelques-uns c'est plus tôt, et en d'autres plus tard, l'usage de cette loi a rendu nécessaire celui d'une loi arbitraire, qui fit une règle commune pour tous. (C. civ. 388.) Ainsi, il y a eu des polices qui ont laissé aux pères la liberté de régler jusqu'à quel âge leurs enfans devraient demeurer sous la conduite d'un tuteur; et d'autres ont fixé un moment de l'âge, au-dessous duquel les personnes fussent dans cet état qu'on appelle minorité, et après lequel on devient majeur.

10. Ainsi, pour un dernier exemple, il est du droit naturel que celui qui achète n'abuse pas de la nécessité où se trouve celui qui vend, et n'achète pas à un trop vil prix (1). Mais parce qu'il serait d'une conséquence trop incommode dans le commerce de rompre toutes les ventes où la chose vendue ne serait pas à son juste prix, on a réglé, par une loi arbitraire, que les ventes ne pourraient être résolues, à cause de la vilité du prix, que dans le cas où un héritage se trouverait vendu au-dessous de la moitié de sa juste valeur; et on dissimule pour le bien public l'injustice des acheteurs au-dessous de cette lésion, s'il ne s'y trouve pas d'autres circonstances particulières, qui obligent à rompre la vente. (C. civ. 1674. s.)

11. Il faut remarquer dans tous ces exemples et dans les autres semblables des lois arbitraires, qui sont des suites des lois immuables, que chacune de ces lois arbitraires a deux caractères qu'il est important d'y reconnaître et de distinguer, et qui font comme deux lois en une. Car il y a dans ces lois une partie de ce qu'elles ordonnent, qui est un droit naturel, et il y en a une autre qui est arbitraire. Ainsi, la loi qui règle la légitime des enfans, renferme deux dispositions : l'une, qui ordonne que les enfans aient part dans la succession de leurs pères, et c'est une loi immuable; et l'autre, qui règle cette portion à un tiers ou une moitié, ou plus ou moins, et celle-ci est une règle arbitraire. Car ce pouvait être ou les deux tiers, ou les trois quarts, si le législateur l'eût ainsi réglé.

12. La seconde cause des lois arbitraires a été l'invention de

(1) Gal. 4, 2. (2) Levit. 25, 14.

certains usages qu'on a crus utiles dans la société. Ainsi, par exemple, on a inventé les fiefs, les cens, les rentes constituées à prix d'argent, les retraits, les substitutions, et d'autres semblables usages, dont l'établissement a été arbitraire; et ces matières, qui sont de l'invention des hommes, et qu'on pourrait appeler par cette raison des matières arbitraires, sont réglées par un vaste détail des lois de même nature.

Ainsi, l'on voit dans la société l'usage de deux sortes de matières. Car il y en a plusieurs qui sont si naturelles et si essentielles aux besoins les plus fréquens, qu'elles ont été toujours en usage dans tous les lieux: comme sont l'échange, le louage, le dépôt, le prêt à usage, et plusieurs autres conventions; les tutelles, les successions, et plusieurs autres matières; et on a aussi l'usage de ces matières inventées : mais il faut remarquer que ces matières mêmes, dont les hommes ont inventé l'usage, ont toujours leur fondement dans quelque principe de l'ordre de la société. Ainsi, par exemple, les fiefs ont leur fondement, non-seulement sur la liberté générale de faire toutes sortes de conventions, mais aussi sur l'utilité publique d'engager au service du prince, dans le temps de guerre, ceux à qui les fiefs et les arrière-fiefs ont été donnés, et leurs successeurs.

Ainsi, les substitutions ont pour fondement la liberté générale de disposer de ses biens, la vue de conserver les biens dans les familles, l'utilité d'ôter à de certains héritiers ou légataires la liberté de disposer, dont ils pourraient faire un mauvais usage, et d'autres motifs semblables.

Les biens dont il est permis de disposer, aux termes des articles 913, 915 et 916 du Code civil, pourront être donnés en tout ou en partie, par acte entre-vifs ou testamentaires, avec la charge de les rendre à un ou plusieurs enfans du donataire, nés ou à naître, jusqu'au deuxième degré inclusivement. — Seront observés, pour l'exécution de cette disposition, les articles 1051 et suivans du Code civil, jusques et y compris l'art. 1074 (1).

13. Il faut remarquer aussi sur le sujet de ces matières inventées, qu'encore qu'il semble qu'elles ne doivent être réglées que par des lois arbitraires, elles ont néanmoins plusieurs lois immuables, de même qu'on voit que les autres matières qu'on peut appeler naturelles, ne sont pas seulement réglées par des lois naturelles et immuables, mais qu'elles ont aussi des lois arbitraires. Ainsi, c'est une loi immuable dans la matière des fiefs, qu'on doit y garder les conditions réglées par le titre de la concession du fief.

14, 15, 16. Ainsi, dans la matière naturelle des tutelles, c'est par une loi arbitraire qu'on a réglé le nombre des enfans qui exempte de cette charge: de sorte qu'on voit par ces exemples,

(1) Loi, 17 mai 1826, sur les substitutions, art. unique.

et par les autres qui ont été déja remarqués, que dans toutes les matières, et naturelles et autres, on a l'usage mêlé de lois immuables et de lois arbitraires; mais avec cette différence que dans les matières naturelles il y a peu de lois arbitraires, et que la plupart y sont des lois immuables, et qu'au contraire il y a une infinité de lois arbitraires dans ces autres matières qui ont été inventées. Ainsi on voit dans le droit romain que, comme la plupart des matières qui s'y trouvent de notre usage, sont des matières naturelles, les règles en sont aussi presque toutes des lois naturelles; et qu'au contraire, comme la plupart des matières de nos coutumes sont de ces matières arbitraires, la plus grande partie de leurs règles sont arbitraires aussi, et différentes en divers lieux; et on voit de même dans les matières arbitraires, qui sont réglées par les ordonnances, que presque toutes leurs règles sont aussi arbitraires (1).

17. Les lois arbitraires sont donc de deux sortes, selon les deux causes qui les ont établies. La première est de ces lois arbitraires, qui ont été des suites des lois naturelles, comme celles qui règlent la légitime des enfans, l'âge de majorité, et les autres semblables; et la seconde, est de celles qui en ont été inventées pour régler les matières arbitraires, comme sont les lois qui règlent les degrés de substitutions, les droits de relief dans les fiefs, et les autres semblables.

18. Toutes les lois arbitraires de ces deux espèces sont contenues dans quatre sortes de livres, dont nous avons l'usage en France, qui sont les livres du droit romain, le droit canonique, les ordonnances et les coutumes; ce qui fait que nous pouvons distinguer par une autre vue quatre espèces de lois arbitraires qui sont en usage dans ce royaume.

La première comprend quelques lois arbitraires du droit romain, que nous avons reçues, et qui ont leur autorité par cet usage que nous leur donnons; comme est, par exemple, cette loi qui a été remarquée, de la rescision des ventes par la lésion de plus de moitié du juste prix; les lois qui règlent les formes des testamens, le temps des prescriptions, et les autres qui sont reçues, ou dans tout le royaume, ou seulement en quelques provinces.

La seconde sorte est celle des règles arbitraires du droit canonique, qui ont été reçues dans notre usage, comme sont plusieurs règles dans les matières bénéficiales, et dans d'autres matières ecclésiastiques, et quelques-unes même dans des matières du droit civil.

La troisième est celle des lois arbitraires, qui sont établies par les ordonnances de nos rois, comme celles qui règlent les droits du domaine, les peines des crimes, l'ordre judiciaire, et plusieurs autres matières de diverses natures.

(1) V. la loi. du 12 germinal an 12, citée page 11.

La quatrième sorte de lois arbitraires est de celles qu'on appelle coutumes, telles qu'on en voit en la plupart des provinces, et qui règlent diverses matières, comme les fiefs, la communauté des biens entre le mari et la femme, les douaires, les légitimes des enfans, le retrait lignager, le retrait féodal, et plusieurs autres; et toutes ces coutumes sont autant de lois arbitraires qui, sur les mêmes matières, sont différentes en divers lieux. Et parce que ces coutumes étaient une espèce de lois, qui, n'étant pas écrites, ne se conservaient que par l'usage, et que souvent cet usage était incertain, les rois ont fait recueillir et rédiger par écrit, en chaque province et en chaque lieu, les coutumes qui y étaient établies, et leur ont confirmé l'autorité de lois et de règles.

19. Nous avons donc en France, comme partout ailleurs, l'usage des lois naturelles et des lois arbitraires; mais avec cette différence entre ces deux sortes de lois, que tout ce que nous avons de lois arbitraires étant compris dans les ordonnances et dans les coutumes, et dans les lois arbitraires du droit romain et du droit canonique que nous observons comme des coutumes, toutes ces lois ont une autorité fixe et réglée. Mais pour les lois naturelles, comme nous n'en avons le détail que dans les livres du droit romain, et qu'elles y sont avec peu d'ordre, et mêlées avec beaucoup d'autres qui ne sont ni naturelles, ni de notre usage, leur autorité s'y trouve affaiblie par ce mélange, qui fait que plusieurs ou ne veulent ou ne savent pas discerner ce qui est sûrement juste et naturel, de ce que la raison et notre usage ne reçoivent point; sur quoi on peut remarquer ce qui en a été dit dans la préface de ce livre.

20. On peut reconnaître, par cette distinction des lois naturelles et des lois arbitraires, et par les remarques qui ont été faites sur ces deux espèces de lois, quels sont les différens caractères de leur justice et de leur autorité. Et comme c'est la justice et l'autorité des lois qui leur donnent la force qu'elles doivent avoir sur notre raison, il est important de considérer et de distinguer quelles sont la justice et l'autorité des lois naturelles, et quelles sont la justice et l'autorité des lois arbitraires.

La justice universelle de toutes les lois consiste dans leur rapport à l'ordre de la société, dont elles sont les règles; mais il y a cette différence entre la justice des lois naturelles et la justice des lois arbitraires, que les lois naturelles étant essentielles aux deux premières lois et aux engagemens qui en sont les suites, elles sont essentiellement justes, et que leur justice est toujours la même dans tous les temps et dans tous les lieux. Mais les lois arbitraires étant indifférentes à ces fondemens de l'ordre de la société, de sorte qu'il n'y en a aucune qui ne puisse être changée ou abolie sans les renverser, la justice de ces lois consiste dans l'utilité particulière qui se trouve à les établir, selon que les temps et les lieux peuvent y obliger.

L'autorité universelle de toutes les lois consiste dans l'ordre divin, qui soumet les hommes à les observer; mais comme il y a de la différence entre la justice des lois naturelles et la justice des lois arbitraires, leur autorité se distingue aussi d'une manière proportionnée à la différence de leur justice.

Les lois naturelles étant la justice même, elles ont une autorité naturelle sur notre raison; car elle ne nous est donnée que pour sentir la justice et la vérité, et nous y soumettre. Mais parce que tous les hommes n'ont pas toujours la raison assez pure pour reconnaître cette justice, ou le cœur assez droit pour y obéir, la police donne à ces lois un autre empire indépendant de l'approbation des hommes, par l'autorité des puissances temporelles qui les font garder. D'un autre côté, l'autorité des lois arbitraires consiste seulement dans la force que leur donne la puissance de ceux qui ont droit de faire des lois, et dans l'ordre de Dieu, qui commande de leur obéir.

Cette différence entre la justice et l'autorité des lois naturelles, et celle des lois arbitraires a cet effet, qu'au lieu que les lois arbitraires ne pouvant être naturellement connues aux hommes, elles sont comme des faits qu'on peut ignorer, les lois naturelles étant essentiellement justes, et l'objet naturel de la raison, on ne peut dire qu'on les ignore, non plus qu'on ne peut dire qu'on manque de la lumière de la raison qui nous les enseigne. Et c'est pourquoi les lois arbitraires ne commencent d'avoir leur effet qu'après qu'elles ont été publiées. Mais les lois naturelles ont toujours le leur sans qu'on les publie; et comme on ne peut ni les changer ni les abolir, et qu'elles ont d'elles-mêmes leur autorité, elles obligent toujours les hommes, sans qu'ils puissent prétendre les ignorer.

Mais, quoique les lois naturelles ou immuables soient essentiellement justes, et qu'elles ne puissent être changées, il faut prendre garde de ne pas concevoir par cette idée des lois naturelles, que parce qu'elles sont immuables, et qu'elles ne souffrent point de changement, elles soient telles, qu'il ne puisse y avoir d'exception d'aucune des lois qui ont ce caractère. En effet il y a plusieurs lois immuables dont il y a des exceptions et des dispenses, sans que néanmoins elles perdent le caractère de lois immuables; comme au contraire il y en a plusieurs qui ne souffrent ni de dispense ni d'exception.

Cette différence, qui distingue ces deux sortes de lois, a son fondement sur ce que les lois n'ont de justice et d'autorité que par leur rapport à l'ordre de la société et à l'esprit des premières lois; de sorte que, s'il arrive qu'il soit de cet ordre et de cet esprit d'en restreindre quelques-unes, ou par des exceptions ou par des dispenses, elles reçoivent ces tempéramens; et si rien ne peut être changé sans blesser cet esprit et cet ordre, elles ne souffrent ni de dispense ni d'exception. Mais celles même qui en souffrent, ne laissent pas d'être immuables; car il est toujours vrai qu'elles ne peuvent être abolies, et qu'elles sont toujours des règles sûres et irrévocables, quoiqu'elles soient moins générales à cause de ces exceptions et de ces dispenses; on reconnaîtra toutes ces vérités par quelques exemples.

Ainsi, les lois qui ordonnent la bonne foi, la fidélité, la sincérité, et qui défendent le dol, la fraude, et toute surprise, sont des lois dont il ne peut y avoir ni de dispense ni d'exception.

Ainsi, au contraire, la loi qui défend de jurer, souffre la dispense du serment en justice, lorsqu'il faut rendre témoignage d'une vérité; et on se sert aussi du serment pour affermir l'engagement de ceux qui entrent dans les charges.

Ainsi, la loi qui ordonne d'exécuter les conventions, souffre l'exception et la dispense du mineur qui s'est légèrement engagé contre son intérêt.

Ainsi, la loi qui ordonne que le vendeur garantisse ce qu'il a vendu de tout droit que tout autre pourrait y prétendre, souffre qu'on déroge à cette garantie par une convention expresse, qui décharge le vendeur de toute autre garantie que de son fait; ou parce qu'il vend, par cette raison, à un moindre prix, ou par d'autres motifs qui rendent juste la décharge de la garantie.

22. Il est facile de reconnaître, par ce peu d'exemples, que ces exceptions et ces dispenses ont leur fondement sur l'esprit des lois, et qu'elles sont elles-mêmes d'autres lois qui n'altèrent point le caractère des lois immuables, dont elles sont des exceptions; et qu'ainsi toutes les lois se concilient les unes les autres, et s'accordent entre elles par l'esprit commun qui fait la justice de toutes ensemble. Car la justice de chaque loi est renfermée dans ses bornes, et aucune ne s'étend à ce qui est autrement réglé par une autre loi; et il paraîtra dans toutes sortes d'exceptions et de dispenses qui sont raisonnables, qu'elles sont fondées sur quelques lois. De sorte qu'il faut considérer les lois qui souffrent des exceptions, comme des lois générales qui règlent tout ce qui arrive communément; et les lois qui font des exceptions et des dispenses, comme des règles particulières qui sont propres à de certains cas; mais les unes et les autres sont des lois et des règles également justes, selon leur usage et leur étendue.

23. Toutes ces réflexions sur la distinction des lois immuables et des lois arbitraires, sur leur nature, leur justice, leur autorité, font assez voir combien il est important de considérer par toutes ces vues quel est l'esprit de toutes les lois, de discerner leurs caractères de lois immuables ou de lois arbitraires, de distinguer les règles générales et les exceptions, et de faire les autres distinctions qu'on a remarquées; et on peut en dire de même de celles dont il sera parlé dans la suite. Cependant on voit assez

par l'expérience, qu'encore qu'il n'y ait rien de plus naturel et de plus réel que les fondemens de toutes ces remarques, plusieurs paraissent ou les ignorer ou les mépriser, et ne sentent pas même la simple différence entre les lois immuables et les lois arbitraires; de sorte qu'ils les regardent toutes indistinctement, comme n'ayant que la même nature, la même justice, la même autorité et le même effet. Car, comme elles composent toutes un mélange infini de règles de toutes les matières et naturelles et inventées, et qu'elles n'ont qu'un seul nom de lois, ils méconnaissent dans ce mélange les caractères qui les distinguent, et prennent souvent des règles naturelles pour de simples lois arbitraires, surtout lorsque ces règles n'ont pas l'évidence des premiers principes dont elles dépendent, et qu'elles n'en sont que des conséquences un peu éloignées, parce qu'alors n'apercevant point la liaison de ces règles à leurs principes, ils ne voient pas aussi le fondement et la certitude de leur vérité.

Comme au contraire les lois arbitraires sont toujours en évidence, parce qu'elles sont écrites, et qu'elles ne contiennent que des dispositions sensibles, qui la plupart se comprennent sans raisonnement, ils reçoivent bien plus d'impression de l'autorité des lois arbitraires, que de ces règles naturelles qui n'entrent pas toujours dans l'esprit si sensiblement; et lorsqu'il arrive que le défaut de cette vue et des autres réflexions nécessaires pour le bon usage des lois, et pour donner à chacune son juste effet, se trouve dans des esprits peu justes, et remplis de la mémoire d'un grand détail de lois de toute nature, il est dangereux qu'ils ne les regardent par de fausses vues, et qu'il n'en fassent de mauvaises applications, surtout lorsqu'ils tâchent, comme le font plusieurs, de trouver des lois, non pour la raison, mais pour le parti qu'ils ont embrassé, et qu'ils ne pensent qu'à donner aux règles une étendue proportionnée au sens dont ils ont besoin.

Il est facile de voir, par l'expérience, les manières dont s'égarent ceux qui confondent ainsi les lois; et on verra, par de simples réflexions sur les divers sentimens dans les questions de toute nature, que ceux qui tombent dans quelque erreur, ne s'y engagent que par le défaut de quelqu'une de ces vues; et que ceux qui raisonnent juste ne découvrent la vérité que parce qu'ils discernent les manières de distinguer, de choisir et d'appliquer les règles, lors même qu'ils ne font pas de réflexions sur les principes naturels qui leur donnent ce discernement.

24. Mais quoiqu'il soit aisé de concevoir, sans le secours d'aucun exemple particulier, combien il est important dans l'application des règles de connaître leur nature, leur esprit et leur usage; comme on pourrait croire que, de tout ce qu'il est nécessaire de considérer dans les lois, rien n'est plus facile à voir que la distinction de celles qui sont naturelles et immuables, et de celles

qui sont arbitraires; et qu'il semble qu'on ne saurait se tromper par le défaut de cette vue, il est important de faire voir, par un exemple assez remarquable, qu'il y a souvent du danger qu'on ne s'égare, faute de discernement, quoique si facile.

Tous ceux qui ont quelque connaissance du droit romain peuvent savoir cette loi tirée d'une décision de Papinien, qui veut que la substitution pupillaire exclue la mère de sa légitime; c'est-à-dire que, si un père substitue ou un parent ou un étranger à son fils, pour lui succéder en cas qu'il meure avant l'âge de puberté, ce substitué lui succédera, quand même la mère de cet enfant lui aurait survécu; et par cette substitution elle sera privée de sa légitime (1).

Cette décision est fondée sur cette pensée de Papinien, que ce n'est pas le fils qui prive sa mère de ses biens, mais que c'est le père qui, par la liberté qu'il avait d'en disposer, les a fait passer au substitué.

Si on examine cette décision, il paraîtra que ce qui faisait la question était l'opposition apparente entre une loi naturelle et une loi arbitraire, et qu'on a préféré à la loi naturelle qui appelait la mère à la succession de son fils, la loi arbitraire qui permettait au père de substituer, étendant cette liberté jusqu'à priver la mère de sa légitime pour faire passer les biens au substitué.

On ne rapporte pas ici cet exemple pour diminuer l'estime de ce jurisconsulte si célèbre; mais on sait qu'il jugeait ainsi, selon les principes de cette ancienne jurisprudence des Romains, qui favorisait la liberté de disposer par un testament, et qui avait été au commencement jusqu'à cet excès, que les pères pouvaient déshériter leurs enfans sans cause. C'est par l'esprit de ce principe qu'il inventa cette subtilité, que ce n'était pas le fils qui faisait ce tort à sa mère, mais que c'était le père, *quia pater ei hoc fecit*.

Ainsi cette décision n'étant fondée que sur le principe de cette liberté sans bornes de disposer de ses biens par un testament, au préjudice même de la légitime des enfans, qui est un principe qui n'est ni naturel ni de notre usage, nous ne devons pas prendre pour règle une subtilité qui, pour favoriser ce principe, privait ce fils de sa légitime sur les biens de son père, et la mère de la sienne sur ceux de son fils; car cette décision faisait passer tous les biens du testateur au substitué, sans que le fils en pût rien transmettre à ses héritiers.

On peut donc mettre cette subtilité au nombre de plusieurs autres du droit romain que nous rejetons, parce qu'il n'est reçu en France que comme la raison écrite, et que ces subtilités, blessant le droit naturel, blessent la raison. Et quoiqu'on n'ait pas besoin d'autorité pour prouver qu'on doit préférer à ces subtili-

(1) L. 8, § 5, ff. de inoff. test.

tés le droit naturel, on pourrait fonder cette vérité sur l'autorité de ce même jurisconsulte qui, dans une autre question assez semblable, a décidé en faveur du droit naturel. C'était dans une autre substitution faite par un père à son petit-fils, en cas qu'il mourût avant l'âge de trente ans, et qui voulait qu'en ce cas les biens fussent rendus à un fils de ce testateur, oncle de ce petit fils. Le cas arriva : il mourut avant l'âge de trente ans, mais laissant des enfans; et par cette circonstance, Papinien décida, en faveur de ces enfans, que la substitution était anéantie, par cette raison qu'il était de l'équité de conjecturer que le testateur ne s'était pas assez exprimé, et qu'encore qu'il n'eût pas parlé du cas où son petit-fils aurait des enfans, il n'avait pas entendu priver ses enfans de la succession de leur père (1). Une pareille conjecture, dans le premier cas de la substitution pupillaire, aurait pu faire présumer que le père n'avait pas prévu que le fils dût mourir avant sa mère ; et il était plus facile au père, dans le second cas, de prévoir que son petit-fils pourrait avant trente ans avoir des enfans, qu'à l'autre, dans le premier cas de la substitution pupillaire, de prévoir que le petit-fils ne dût pas survivre à sa mère. Ainsi, on pourrait présumer que son intention n'était d'appeler le substitué qu'en cas que la mère ne fût pas vivante quand le fils mourrait.

25, 26. Que s'il est important de ne pas blesser l'équité naturelle par des subtilités et des fausses conséquences tirées des lois arbitraires, comme on le voit dans cet exemple, et qu'il serait aisé de le voir en d'autres, il faut prendre garde aussi que sous prétexte de préférer les lois naturelles aux lois arbitraires, on n'étende une loi naturelle au-delà des justes bornes que lui donne une loi arbitraire qui la concilie avec une autre loi naturelle, et qui donne à l'une et à l'autre leur juste effet, et qu'ainsi on ne blesse cette autre loi naturelle, pensant ne toucher qu'à la loi arbitraire. Ainsi, par exemple, c'est une loi naturelle, que celui qui a donné sujet à quelque dommage soit obligé à le réparer; mais si on donnait à cette loi une telle étendue qu'on obligeât le débiteur qui n'aurait pas payé au terme à réparer tout le dommage que souffrirait le créancier faute de son paiement, comme si son bien avait été saisi et vendu, ou si sa maison était tombée en ruine, pour n'avoir pas eu cet argent qu'il aurait employé à la réparer, une semblable application de cette loi, toute juste et toute naturelle, qui oblige à réparer le dommage qu'on a causé, serait injuste, parce qu'elle blesserait une loi arbitraire qui règle tous les dommages où le débiteur peut être obligé, faute de paiement, à ce dédommagement qu'on appelle intérêt, et qui est fixé à une certaine portion de la somme due, qui est présentement la vingtième; et qu'en blessant cette loi arbitraire, on blesserait deux lois

(1) L. 102, ff. de condit. et demonstr. Lib. 35, tit. 1.

naturelles qui en sont le fondement : l'une, qui ne permet pas que les hommes répondent des événemens imprévus, qui sont plutôt des effets de l'ordre divin et des cas fortuits, que des suites qu'on puisse leur imputer raisonnablement ; et l'autre, qui veut que la diversité infinie des différens dommages que souffrent les créanciers qui ne sont pas payés, soit réglée à un dédommagement uniforme et commun à tous les cas qui ont cette même cause commune du défaut de paiement au terme, sans qu'on distingue les événemens qui causent les différentes espèces de pertes ; car, outre que la différence des pertes est un effet de la différence des cas fortuits, dont personne ne doit répondre, la diversité des dédommagemens serait une source d'autant de procès, qu'il y aurait de créanciers qui prétendraient se distinguer par la qualité de la perte que le défaut de paiement leur aurait causée (1).

27. On voit de nouveau dans cet exemple, comme on a déja vu dans les autres qui ont été rapportés pour faire voir la nécessité des lois arbitraires, qu'il y a des difficultés où il est nécessaire de fixer un réglement général par une loi arbitraire. Mais il y a une infinité d'autres sortes de difficultés, qui naissent tous les jours dans l'application des lois sur les différends entre particuliers, où il n'est ni nécessaire ni possible d'établir des règles précises ; et les décisions de ces sortes de difficultés dépendent de ceux qui ont à les juger ; ce qui demande d'une part la justesse du sens, et de l'autre une connaissance parfaite des principes et du détail des règles, pour juger de l'opposition apparente entre les règles qui fondent les sentimens contraires et qui font naître la difficulté ; et pour discerner, par l'esprit de ces règles, les bornes et l'étendue qu'il faut leur donner et les conséquences qui suivront de borner trop l'une ou l'autre, ou de la trop étendre. C'est par ces vues et les autres des principes de l'interprétation des lois, dont on a déja parlé, et de ceux qui seront expliqués en leurs lieux, qu'on peut se déterminer à de justes applications des règles.

28. Ce qu'on remarque ici de la nécessité de connaître le détail des lois regarde principalement les lois naturelles; car encore qu'il semble que la raison enseigne les lois naturelles, et qu'il soit plus facile de les bien entendre que les lois arbitraires, qui sont naturellement inconnues, il est bien plus difficile et aussi bien plus important de bien savoir les lois naturelles que les lois arbitraires; parce qu'au lieu que celles-ci sont plus bornées, et qu'il ne faut pour les apprendre que de la mémoire, les lois naturelles, qui règlent les matières plus communes et plus importantes, sont en bien plus grand nombre, et elles sont proprement l'objet de l'entendement : ainsi il y a deux causes qui rendent nécessaire une étude solide de ces lois.

La première de ces causes est que ces règles naturelles étant en

(1) V. sur tout ceci l'art. 18 de la sect. 2 du contrat de vente.

très-grand nombre, leur diversité et leur multitude font qu'elles ne se présentent pas toutes à la vue de tout le monde; et la raison seule ne suffit à personne pour les trouver et les appliquer à tous les besoins, comme on le verra par la simple lecture de toutes ces règles dans le détail des matières.

La seconde cause de la nécessité de bien savoir les lois naturelles, est que ces lois sont les fondemens de toute la science du droit, et que c'est toujours par des raisonnemens tirés des lois naturelles, qu'on examine et qu'on résout les questions de toute nature, soit qu'elles naissent de l'opposition apparente des deux lois naturelles, ou de celle d'une loi naturelle à une loi arbitraire, ou seulement de l'opposition entre deux lois arbitraires; car il en naît une infinité de toutes ces sortes. Et il est facile de voir que, comme pour décider les questions il faut raisonner sur la nature et l'esprit des règles, sur leur usage, sur leurs bornes, sur leur étendue, et sur d'autres semblables vues, on ne peut fonder les raisonnemens, ni former les décisions, que sur les principes naturels de la justice et de l'équité.

29. Il faut encore remarquer sur cette nécessité de l'étude des lois naturelles, qu'elles sont de deux sortes. L'une est de celles dont l'esprit est convaincu sans raisonnement par l'évidence de leur vérité, telles que sont ces règles, que les conventions tiennent lieu de lois à ceux qui les font, que le vendeur doit garantir, que le dépositaire doit rendre le dépôt; et l'autre est de ces règles qui n'ont pas cette évidence, et dont on ne découvre la certitude que par quelque raisonnement qui fasse voir leurs liaisons aux principes d'où elles dépendent. On reconnaîtra par des exemples cette seconde sorte de règles, et la nécessité de l'étude pour les savoir.

Si une personne qui n'a point d'enfans fait une donation de ses biens, et qu'après elle ait des enfans, c'est une règle que la donation ne subsiste plus; et cette règle est d'une équité toute naturelle et tout évidente : car la nature destine aux enfans les biens de leurs pères (1); et il était sous-entendu que celui qui donnait n'ayant point d'enfans, n'aurait pas donné s'il en avait eu, ou espéré d'en avoir; ce qui faisait une condition tacite dans sa donation, qu'elle ne subsisterait qu'en cas qu'il n'eût point d'enfans. Mais s'il arrive que ces enfans survenus après la donation, meurent avant que le donateur ait fait aucune démarche pour la révoquer, il naît un doute de savoir si la donation est confirmée par cette mort des enfans, ou si elle demeure nulle; et il n'est pas si clair que la donation soit nulle en ce cas, comme il est clair qu'elle est nulle quand les enfans vivent. Car, comme la donation n'était révoquée qu'en faveur des enfans, on peut douter si ce motif cessant quand ils ne sont plus, la loi qui annulait la donation doit cesser aussi, et si la donation ne doit pas reprendre ses

(1) Rom. 8, 17. Esdr. 1, 9, 12.

forces; ou si, au contraire, la donation, une fois anéantie par la naissance des enfans, ne l'est pas pour toujours; de sorte que cette naissance fasse revenir les biens dans la famille pour y demeurer, selon l'expression de la loi du droit romain, qui a fait la règle de la révocation des donations par la naissance des enfans. Car il est dit dans cette loi que les biens retournent au donateur pour en demeurer le maître, et en disposer à sa volonté (1); ce qui semble décider tacitement que la donation demeure annulée, et cette règle est du nombre de celles dont l'évidence n'est pas si parfaite.

On n'ajoutera qu'un second exemple entre mille semblables qu'on voit dans les lois. Si deux personnes qui plaident ensemble transigent et règlent leur différend, personne ne doute qu'il ne faille exécuter la transaction, et c'est une règle qui s'entend sans qu'on en raisonne. Mais s'il arrive que le procès étant en état d'être jugé, il soit rendu un arrêt avant que les parties aient transigé, et qu'elles transigent ensuite dans l'ignorance de cet arrêt, on ne voit pas avec la même évidence si la transaction annulle l'arrêt, ou si l'arrêt annulle la transaction. Car en général la règle veut qu'on exécute les transactions; mais dans le cas d'une transaction sur un procès qui était déja terminé par un arrêt, cette règle cesse, parce qu'on ne transige que sur les différends qui sont indécis, et qu'on ne se relâche de son droit que par la crainte et dans le péril d'un événement désavantageux. Ainsi, dans le cas où le différend n'est plus indécis, et où il n'y a plus d'incertitude ni de péril, l'ignorance où était celui en faveur de qui l'arrêt a jugé, ne doit plus empêcher l'effet que donne l'autorité de la chose jugée à la vérité et à la justice. Et c'est ainsi que la loi le règle, quand ce sont des jugemens dont il n'y a point d'appel; et cette règle est encore de celles qui n'ont pas d'elles-mêmes une telle évidence, que personne ne puisse en douter (2).

On voit dans ces deux exemples la différence entre les règles dont l'équité se reconnaît d'abord sans raisonnement, et celles où cette équité ne se découvre que par quelques réflexions. Mais, quoiqu'il soit vrai dans ces exemples, et en une infinité d'autres semblables, que dans le cas où l'équité naturelle ne forme pas si évidemment la décision, il semble qu'on pourrait indifféremment prendre pour règles et l'un et l'autre des avis contraires, et qu'ainsi la règle qui est choisie ne devrait pas être regardée comme une loi naturelle, mais seulement comme une loi arbitraire, il est pourtant vrai que toutes les règles de cette nature, dont il y a un si grand nombre dans le droit romain, et qui déterminent à l'une des opinions opposées par quelque principe de l'équité naturelle, sont considérées, non comme des lois simplement arbitraires, mais comme des lois naturelles, et où la raison de l'équité a prévalu et formé la décision. Et aussi regardons-nous toutes ces sortes de lois comme la raison écrite, c'est-à-dire, ce que la raison choisit entre les sen-

(1) V. l'art. 4 de la sect. 3 des donat. (2) V. l'art. 7 de la sect. 2 des transact.

timens opposés; et nous ne considérons comme lois simplement arbitraires, que celles dont les dispositions sont telles, qu'on ne saurait dire qu'une loi différente fût contraire aux principes de l'équité. Ainsi, par exemple, il est tout-à-fait indifférent à l'équité naturelle que pour les mutations des fiefs il soit dû un droit de relief, ou autre semblable, ou qu'il n'en soit dû aucun autre que le simple hommage; que les lots soient dûs seulement pour les ventes, ou qu'ils soient dûs pour toutes sortes d'acquisitions; qu'il y ait un douaire coutumier sans convention, ou qu'il n'y en ait point, si on n'en convient. Et aussi ces sortes de choses, et les autres semblables, sont différemment réglées en divers lieux, sans qu'en aucun on puisse prétendre que ces règles soient des lois naturelles; et on ne les reçoit que par la simple autorité de l'usage, et comme des lois purement arbitraires. Mais les règles qui se tirent des décisions rapportées dans le droit romain, telles que sont celles qu'on vient de remarquer, ont le caractère de lois naturelles, par les principes de l'équité naturelle d'où elles sont tirées.

30. C'est encore une remarque nécessaire sur le sujet de la distinction des lois naturelles et des lois positives ou arbitraires, qu'il y a quelques règles du droit naturel, qui semblent quelquefois être abolies par des lois contraires, comme si c'était seulement des lois arbitraires. Ainsi, la loi qui appelle à la succession d'un père les filles avec les mâles, est une loi toute naturelle; et cependant elle était sans usage dans la loi que Dieu même avait donnée aux Juifs, car les filles ne succédaient point à leurs pères quand il y avait des mâles. Et ce fut même une question digne d'avoir Dieu pour juge, de savoir si des filles se trouvant sans frères, pouvaient succéder aux biens de leurs pères; et Dieu commanda qu'en ce cas elles succédassent (1).

Mais, quoiqu'il semble, par cette loi qui excluait ainsi les filles, qu'on puisse dire, ou qu'il n'est donc pas du droit naturel que les filles succèdent, ou que le droit naturel peut être aboli, il est pourtant vrai qu'il a toujours été et sera toujours du droit naturel que les filles, qui sont du nombre des enfans, succèdent à leurs pères, et toujours vrai aussi que le droit naturel ne s'abolit point. Mais un autre principe d'équité naturelle excluait les filles de succéder avec leurs frères, et sans qu'il fût fait d'injustice aux filles. Car, au lieu du droit de succéder, la loi leur donnait une dot pour les marier (2), et cette condition des filles n'avait rien qui ne fût juste, et qui ne fût même naturel, parce qu'avec leur dot elles trouvaient dans la famille où elles entraient, les avantages qu'elles pouvaient laisser à leurs frères. Et nous voyons des coutumes dans ce royaume où les filles mariées par leurs pères, même sans dot, sont privées de toutes successions, quoiqu'elles n'y renoncent pas, si ce n'est

(1) Num. 27. (2) Exod. 21, 9, 22, 17.

que le droit de succéder leur soit réservé, parce que les pères ayant placé leurs filles dans d'autres familles par le mariage, cet établissement leur tient lieu de tout patrimoine et de toute part aux successions. Ainsi, ces lois qui excluent les filles quand il y a des mâles, ne dérogent pas au droit naturel qui appelle les filles aux successions; mais elle leur donne, au lieu de ce droit, un autre avantage qui leur en tient lieu.

31. Il faut enfin remarquer sur ce même sujet des lois naturelles, qu'il y en a quelques-unes qui, quoiqu'elles soient reconnues pour telles dans toutes les polices, n'ont pas néanmoins partout la même étendue et le même usage. Ainsi, il n'y a point de police où l'on ne reconnaisse qu'il est du droit naturel, que les frères et les autres collatéraux succèdent à ceux qui ne laissent ni descendans ni ascendans; mais ce droit est considéré bien différemment en divers lieux. Car, dans les provinces de ce royaume, qui se règlent par les coutumes, le droit des héritiers du sang est tellement regardé comme une loi naturelle, que ces coutumes ne reconnaissent pas même d'autres héritiers, et qu'elles leur affectent une partie des biens plus grande en quelques lieux, et moindre en d'autres, mais qui, dans toutes ces coutumes, est appelée l'hérédité qu'on ne peut leur ôter; de sorte qu'on ne peut disposer, à leur préjudice, que du reste des biens. Mais dans les autres provinces, qui ont pour leur coutume le droit écrit, chacun a la liberté de priver ses collatéraux, et même ses frères, de tous ses biens, et de les donner à des étrangers; de sorte que la loi naturelle, qui appelle les héritiers du sang, perd son usage dans ces provinces, lorsqu'ils sont exclus par un testament, et n'a son effet que pour les successions *ab intestat*.

On voit, par cette étendue que donnent ces coutumes au droit naturel qui appelle les collatéraux, et par les bornes que donne le droit écrit à ce même droit, qu'on n'a pas partout la même idée du droit naturel, qui appelle les collatéraux aux successions, au lieu que partout on a la même idée de presque toutes les autres règles du droit naturel, et qu'on leur donne le même effet. Car, par exemple, toutes les polices reçoivent également les règles naturelles de l'équité, qui obligent les héritiers à acquitter les charges de la succession, et les contractans à exécuter leurs conventions, et autres semblables.

Cette différence entre l'usage uniforme partout de presque toutes les règles naturelles de l'équité, et les diverses manières d'étendre ou borner celle qui appelle les collatéraux aux successions, vient de ce qu'il n'y a aucune règle qui conduise à rien de contraire à ces sortes de règles, qui s'observent de même partout, au lieu qu'il y a une règle qui conduit à borner celle qui appelle les collatéraux aux successions. Car les lois permettent qu'on fasse des dispositions de ses biens par un testament, et l'usage de cette liberté diminue nécessairement le droit des héritiers du sang. Et comme la nature ne fixe pas cette liberté à un certain point, le droit écrit l'a étendue jusqu'à disposer de tous les biens au préjudice des collatéraux; et les coutumes l'ont bornée à une certaine partie des biens, quoique ces mêmes coutumes permettent de priver les collatéraux de toute part aux successions par des donations entre-vifs; parce qu'il y a cette différence entre les donations entre-vifs et les dispositions à cause de mort, qu'en celles-ci on ne dépouille que son héritier, et que dans les autres on se dépouille soi-même de ce que l'on donne.

32. Il ne reste, pour finir cette première distinction des lois immuables et des lois arbitraires, que de remarquer que cette distinction renferme celle des lois divines et humaines, et encore celle des lois naturelles et positives, ou plutôt que ces trois distinctions n'en font qu'une seule; car il n'y a de lois naturelles et immuables que celles qui viennent de Dieu, et les lois humaines sont des lois positives et arbitraires, parce que les hommes peuvent les établir, les changer et les abolir.

33. On pourra penser que les lois divines ne sont pas toutes immuables, puisque Dieu a lui-même aboli plusieurs de celles qu'il avait données aux Juifs, parce qu'elles ne convenaient pas à l'état de la loi nouvelle. Mais il est toujours vrai que ces lois mêmes étaient immuables à l'égard des hommes, et que les lois divines, qui règlent notre état présent, ne sont plus susceptibles d'aucun changement. Sur quoi il faut remarquer qu'on réserve la dignité de ce nom de lois divines à celles qui regardent les devoirs de la religion, comme sont les deux premières lois, le décalogue, et tout ce qu'il y a de préceptes dans les livres saints sur la foi et les mœurs; et que pour le détail des règles immuables de l'équité, qui regardent les matières des contrats, des testamens, des prescriptions, et des autres matières des lois civiles, quoique ces règles aient leur justice dans la loi divine qui en est la source, on ne leur donne que le nom de lois naturelles ou du droit naturel, parce que Dieu les a gravées dans notre nature, et qu'il les a rendues tellement inséparables de la raison, qu'elle suffit pour les connaître, et que ceux mêmes qui ignorent les premiers préceptes et l'esprit de la loi divine, connaissent ces règles et s'en font des lois.

34. Après cette première distinction des lois immuables et des lois arbitraires, il en faut remarquer une seconde, qui comprend aussi toutes les lois sous deux autres idées, l'une des lois de la religion, et l'autre des lois de la police: et ce sont deux distinctions qu'il ne faut pas confondre, comme si toutes les lois de la religion étaient des lois immuables, et que toutes les lois de la police fussent seulement des lois arbitraires; car il y a dans la religion plusieurs lois arbitraires, et la police a beaucoup de lois

immuables. Ainsi il y a dans la religion des lois qui règlent de certaines cérémonies de l'extérieur du culte divin, ou quelque point de la discipline ecclésiastique, qui sont des lois arbitraires établies par l'autorité des puissances spirituelles; et il y a dans la police des lois immuables, telles que sont celles qui commandent l'obéissance aux puissances, celles qui ordonnent de rendre à chacun ce qui lui appartient, et de ne faire tort à personne; celles qui commandent la bonne foi, la sincérité, la fidélité, et qui condamnent le dol et les tromperies, et une infinité de règles particulières qui dépendent de ces premières. De sorte qu'il est commun à la religion et à la police d'avoir tout ensemble l'usage des lois immuables et celui des lois arbitraires, et qu'il faut par conséquent distinguer par d'autres vues les lois de la religion et celles de la police.

Les lois de la religion sont celles qui règlent la conduite de l'homme par l'esprit des deux premières lois, et par les dispositions intérieures, qui le portent à tous ses devoirs, et envers Dieu, et envers soi-même, et envers les autres, soit dans le particulier, ou en ce qui regarde l'ordre public; ce qui comprend toutes les règles de la foi et des mœurs, et aussi toutes celles de l'extérieur du culte divin et la discipline ecclésiastique.

Les lois de la police sont celles qui règlent l'ordre extérieur de la société entre tous les hommes, soit qu'ils connaissent ou qu'ils ignorent la religion, soit qu'ils en observent les lois, ou qu'ils les méprisent.

35. On peut juger, par ces premières remarques des lois de la religion et de celles de la police, qu'elles ont des règles qui leur sont communes, et que l'une et l'autre en ont qui leur sont propres.

Ainsi, les lois qui commandent la soumission à la puissance naturelle des parens et à l'autorité des puissances spirituelles et temporelles, selon l'étendue de leur ministère, celles qui ordonnent la sincérité et la fidélité dans le commerce, celles qui défendent l'homicide, le larcin, l'usure, le dol, et les autres semblables, sont des lois qui sont de la religion, parce qu'elles sont essentielles aux deux premières lois; et elles sont aussi de la police, parce qu'elles sont essentielles à l'ordre de la société; ainsi elles sont communes, et à la religion, et à la police. Mais les lois qui regardent la foi et l'intérieur des mœurs, et celles qui règlent les cérémonies du culte divin et la discipline ecclésiastique, sont des lois propres à la religion; et les lois qui règlent les formalités des testamens, le temps des prescriptions, la valeur de la monnaie publique, et les autres semblables, sont des lois propres à la police.

36. Mais il faut remarquer sur le sujet des lois qui sont communes et à la religion et à la police, qu'elles ont en chacune un

usage différent de celui qu'elles ont dans l'autre. Car, dans la religion, ces lois obligent à une intention droite dans le cœur, qui n'en accomplisse pas seulement la lettre dans l'extérieur, mais qui en observe l'esprit dans l'intérieur: et dans la police, on y satisfait en les observant dans l'extérieur, et n'entreprenant rien contre leurs défenses. De sorte qu'encore que la religion et la police aient leur principe commun dans l'ordre divin, et leur fin commune de régler les hommes, elles sont distinguées dans leur conduite, en ce que la religion règle l'intérieur et les mœurs de l'homme pour les porter à tous ses devoirs, et que la police n'exerce son ministère que sur l'extérieur, indépendamment de l'intérieur.

37. Il faut aussi remarquer cette différence entre les lois arbitraires de la religion et les lois arbitraires de la police, que celles-ci s'appellent communément des lois humaines, parce que ce sont des lois que les hommes ont établies, et que c'est la raison humaine qui en est le principe; mais qu'encore que les lois arbitraires de la religion soient établies aussi par des hommes, on ne les appelle pas des lois humaines, mais des constitutions canoniques ou des lois d'Église, parce qu'elles ont leur principe dans la conduite de l'esprit divin qui règle l'Église.

Il n'est pas nécessaire de s'étendre davantage ici sur cette distinction des lois de la religion et des lois de la police: il ne reste que de considérer l'ordre général des lois de la police temporelle, pour y reconnaître le rang des lois civiles.

38. Les lois de la police temporelle sont de plusieurs sortes, selon les différentes parties de l'ordre de la société dont elles sont les règles.

39. Comme tout le genre humain compose une société universelle, divisée en diverses nations qui ont leurs gouvernemens séparés, et que les nations ont entre elles de différentes communications, il a été nécessaire qu'il y eût des lois qui réglassent l'ordre de ces communications, et pour les princes entre eux, et pour leurs sujets; ce qui renferme l'usage des ambassades, des négociations, des traités de paix, et toutes les manières dont les princes et leurs sujets entretiennent les commerces et les autres liaisons avec leurs voisins. Et dans les guerres mêmes il y a des lois qui règlent les manières de déclarer la guerre, qui modèrent les actions d'hostilité, qui maintiennent l'usage des médiations, des trèves, des suspensions d'armes, des compositions, de la sûreté des otages, et d'autres semblables.

Toutes ces choses n'ont pu être réglées que par quelques lois; et comme les nations n'ont aucune autorité pour s'en imposer les unes aux autres, il y a deux sortes de lois qui leur servent de règles: l'une des lois naturelles de l'humanité, de l'hospitalité, de la fidélité, et toutes celles qui dépendent de ces premières, et qui règlent les manières dont les peuples de différentes nations doivent user entre eux en paix et en guerre ; et l'autre est celle des réglemens dont les nations conviennent par des traités ou par des usages qu'elles établissent et qu'elles observent réciproquement. Et les infractions de ces lois, de ces traités, et des usages, sont réprimées par des guerres ouvertes, et par des représailles, et par d'autres voies proportionnées aux ruptures et aux entreprises.

Ce sont ces lois communes entre les nations qu'on peut appeler et que nous appelons communément *le droit des gens*, quoique ce mot soit pris en un autre sens dans le droit romain, où l'on comprend sous le droit des gens les contrats mêmes, comme les ventes, les louages, la société, le dépôt et autres, par cette raison qu'ils sont en usage dans toutes les nations (1).

40. La police universelle de la société qui règle les liaisons entre les nations par le droit des gens, règle chaque nation par deux sortes de lois.

La première est de celles qui regardent l'ordre public du gouvernement, comme sont ces lois qu'on appelle les lois de l'état, qui règlent les manières dont les princes souverains sont appelés au gouvernement, ou par succession, ou par élection ; celles qui règlent les distinctions et les fonctions des charges publiques, pour l'administration de la justice, pour la milice, pour les finances, et de ces charges qu'on appelle municipales, celles qui regardent les droits du prince, son domaine, ses revenus, la police des villes, et tous les autres réglemens publics.

41. La seconde est de ces lois qu'on appelle le droit privé, qui comprend les lois qui règlent, entre les particuliers, les conventions, les contrats de toute nature, les tutelles, les prescriptions, les hypothèques, les successions, les testamens, et les autres matières semblables.

42. Ce sont ces lois qui règlent ces matières entre particuliers, et les différens qui en peuvent naître, qu'il semble que la plupart entendent communément par le droit civil. Mais cette idée comprendrait aussi dans le droit civil plusieurs matières du droit public, du droit des gens, et même du droit ecclésiastique, puisqu'il arrive souvent des affaires et des différends entre les particuliers dans des matières du droit public, comme, par exemple, dans les fonctions des charges, dans la levée des deniers publics, et en d'autres semblables ; et qu'il en arrive aussi dans des matières du droit des gens, par des suites des guerres, des représailles, des traités de paix, et même dans des matières ecclésiastiques, comme pour les bénéfices et autres. Et enfin la distribution de la justice aux particuliers renferme l'usage de plusieurs lois qui sont des réglemens généraux de l'ordre public,

(1) L. 5, ff. de just. et jur. § 2, in fin. inst. de jur. nat. gent. et civ.

comme celles qui établissent les peines des crimes qui règlent l'ordre judiciaire, les devoirs des juges, et leurs différentes juridictions. De sorte qu'il est difficile de se former une juste idée, qui distingue nettement et précisément les lois civiles du droit public et des autres espèces des lois.

43. C'est ce mélange de toutes ces diverses sortes de lois qui diversifie les manières de les distinguer, et qui fait qu'il est difficile d'accorder le sens qu'on donnait dans le droit romain à ce mot de *droit civil*, avec celui que nous y donnons; comme il est difficile aussi de concilier les idées que nous avons communément du droit naturel et du droit des gens, avec celles qu'en donnent les distinctions qu'on trouve dans le droit romain (1).

44. On distinguait les lois dans le droit romain en droit public, qui regardait l'état de la république, et en droit privé, qui regardait les particuliers : on divisait celui-ci en trois parties; la première, du droit naturel; la seconde, du droit des gens; et la troisième, du droit civil (2). On réduisait le droit naturel à ce qui est commun aux hommes et aux bêtes (3); on étendait le droit des gens à toutes les lois qui sont communes à tous les peuples, et on y comprenait les contrats dont toutes les nations connaissent l'usage (4); et on restreignait le droit civil aux lois qui sont propres à un peuple (5), ce qui devait exclure du droit civil les contrats et les autres matières qui sont communes à tous les peuples, et qui étaient comprises dans le droit des gens.

45. On voit que cette distinction, de la manière qu'elle est expliquée dans le droit romain, semble différente de notre usage, qui ne met pas au nombre des lois qu'on appelle le droit des gens celles qui règlent les matières des conventions, et qui ne borne pas le droit naturel à cette idée qu'on en donne dans le droit romain. Mais, comme il n'y a rien de plus arbitraire que les manières de diviser et de distinguer les choses qui peuvent être regardées par diverses vues, et que les différentes distinctions peuvent avoir leurs divers usages, pourvu qu'on ne conçoive pas de fausses idées de ce qui est essentiel dans la nature des choses, il importe peu de s'arrêter aux réflexions qu'on pourrait faire sur ces différentes manières de distinguer les lois; et il suffit d'avoir fait les remarques qui sont les plus essentielles sur leur nature et leurs caractères, d'en avoir donné ces idées générales, sur lesquelles chacun peut s'en former les distinctions qui lui paraîtront les plus justes et les plus naturelles. Et pour ce qui est de l'idée qu'on doit concevoir du droit civil, il suffit de remarquer que nous ne bornons jamais le sens de ce mot aux lois propres d'une ville ou

(1) L. 1, § 2, ff. de just. et jur. § 4, inst. eod. (2) L. 1, § 2, in fin. ff. de just. et jur. § ult. inst. eod. (3) L. 1, § 3, ff. de just. et jur. inst. de jure nat. gent. et civ. (4) L. 5, ff. de just. et jur. § 2, inst. de jure nat. gent. et civ. (5) § 1 et 2, inst. de jure nat. gent. et civ. L. 6, ff. de just. et jure.

d'un peuple, et que nous ne l'étendons pas aussi à toutes les lois qui règlent les matières où il peut naître des différends entre particuliers. Car, par exemple, nous distinguons le droit civil du droit canonique, et même des coutumes et des ordonnances : et la signification de ce mot paraît fixée aux lois qui sont recueillies dans le droit romain, pour les distinguer de nos autres lois. Et aussi donne-t-on simplement le nom du droit civil aux livres du droit romain; et c'est de ce nom qu'on les intitule, quoique ce mot soit restreint dans ces mêmes livres à un autre sens, comme on vient de le remarquer. Ainsi le droit civil en ce sens comprendra plusieurs matières du droit public, et même des matières ecclésiastiques, qui se trouvent recueillies dans les livres du droit romain, et il comprendra aussi tout ce qu'il y a dans ces livres, qui n'est pas de notre usage, et qui ne laisse pas d'être une matière d'étude à ceux qui apprennent le droit romain, à cause du rapport qu'on peut en faire aux matières qui sont de notre usage.

46. Il ne reste que de remarquer une dernière distinction des lois, qui est celle qu'on fait communément du droit écrit et des coutumes. On appelle droit écrit les lois qui sont écrites, et on donne particulièrement ce nom à celles qui sont écrites dans le droit romain. Les coutumes sont des lois qui, dans leur origine, n'ont pas été écrites, mais qui se sont établies, ou par le consentement d'un peuple, et par une espèce de convention de les observer, ou par un usage insensible qui les a autorisées.

On verra, dans le chapitre treizième, quelles sont les matières de toutes les espèces de lois, de quelque manière qu'on les distingue, et quelles sont, parmi toutes ces matières, celles qu'on a choisies pour les expliquer dans ce livre; et on en fera le plan dans le chapitre quatorzième.

47. Avant que de finir cette matière de la nature et de l'esprit des lois, il est nécessaire de remarquer une différence qui distingue l'usage de quelques-uns des principes qu'on a expliqués de celui des autres, et qui consiste en ce qu'il y a plusieurs de ces principes qui sont tels, qu'il est facile et nécessaire de les réduire en règles fixes, et dont il est aisé de faire l'application; au lieu que les autres ne peuvent se réduire en de telles règles.

Ces principes, par exemple, que les lois arbitraires sont comme des faits qu'on ignore naturellement, et qu'il n'est pas permis d'ignorer les lois naturelles, sont deux vérités qui peuvent se réduire en deux règles fixes, d'un usage aisé : l'une, que les lois arbitraires n'obligent et n'ont leur effet qu'après qu'elles ont été publiées; et l'autre, que les lois naturelles ont leur effet, indépendamment de toute publication.

Mais il y a d'autres principes qu'on ne saurait réduire de même en règles fixes, dont il soit facile de faire l'application.

Ainsi, par exemple, ces principes qu'il faut reconnaître dans les questions, quelles sont les causes qui font naître les difficultés, qu'il faut discerner les règles qui doivent former les décisions, balancer en chacune son usage, et les bornes ou l'étendue qu'elle doit avoir, ne peuvent pas se réduire en règles précises, qui déterminent aux décisions. Et il y a plusieurs autres principes de diverses sortes, dont il n'est pas facile de faire des règles et d'en fixer l'usage; comme on le reconnaîtra par la simple lecture de ces principes dans les lieux où ils ont été rapportés: mais ils ne laissent pas d'avoir leur usage par les différentes vues qu'ils peuvent donner dans l'application particulière de toutes les règles.

48. Cette différence entre les principes d'où l'on peut tirer des règles précises, et ceux qui ne peuvent se fixer de cette manière, a obligé d'ajouter ici quelques réflexions sur une partie des principes qu'on a établis, afin d'y reconnaître des vérités dont on peut former plusieurs règles nécessaires pour bien entendre les lois civiles, et pour en faire de justes applications. Et parce que ces règles font une partie importante du droit civil, et qu'elles seront placées dans le premier titre du livre préliminaire, où elles doivent être dégagées de ces réflexions qui font voir les liaisons aux principes d'où elles dépendent, ces réflexions feront la matière du chapitre suivant.

Et pour ce qui regarde cette autre espèce de principes qui ne peuvent pas se réduire en règles, il suffit de remarquer en général que le bon usage de ces sortes de vérités doit dépendre du bon sens et du jugement, et des diverses vues que peuvent donner l'étude, l'expérience, et les différentes réflexions sur les faits et les circonstances d'où naissent les difficultés que l'on doit régler. Et c'est dans cet usage du jugement et dans la justesse du sens éclairé de toutes ces vues que consiste la partie la plus essentielle de la science des lois, qui n'est autre chose que l'art du discernement de la justice et de l'équité (1).

CHAPITRE XII.

Réflexions sur quelques remarques du chapitre précédent, pour le fondement de diverses règles de l'usage et de l'interprétation des lois.

1. On a vu que les lois naturelles sont des vérités que la nature et la raison enseignent aux hommes, qu'elles ont d'elles-mêmes la justice et l'autorité qui obligent à les observer, et que personne ne peut s'excuser sur l'ignorance de ces lois; qu'au contraire, les lois arbitraires sont comme des faits naturellement inconnus aux hommes, et qui n'obligent qu'après qu'elles sont publiées: d'où

(1) L. 1, ff. de just. et jur.

il s'ensuit que les lois naturelles règlent et tout l'avenir et tout le passé (1). Mais les lois arbitraires ne touchent point au passé qui se règle par les lois précédentes, et n'ont leur effet que pour l'avenir (2) (C. civ. 2); et c'est pour leur donner cet effet qu'on les écrit, qu'on les publie, qu'on les enregistre, afin que personne ne puisse prétendre les ignorer (3). Et parce qu'il n'est pas possible qu'on les fasse connaître à chacun en particulier, il suffit, pour leur donner la force de lois, que le public en soit averti; car alors elles deviennent des règles publiques que tout le monde doit observer; et les inconvéniens qui peuvent arriver à quelques particuliers, faute de les savoir, ne balancent pas leur utilité.

2. Mais, quoique les lois arbitraires n'aient leur effet que pour l'avenir, si ce qu'elles ordonnent se trouve conforme au droit naturel ou à quelque loi arbitraire, qui soit en usage, elles ont, à l'égard du passé, l'effet que peuvent leur donner leur conformité et leur rapport au droit naturel et aux anciennes règles (4); et elles servent aussi à les interpréter, de même que les anciennes règles servent à l'interprétation de celles qui sont nouvellement établies. Et c'est ainsi que les lois se soutiennent et s'expliquent mutuellement (5).

3. On a vu que les lois arbitraires, soit qu'elles soient établies par ceux qui ont le droit de faire des lois, ou par quelque usage et quelque coutume, ont leur fondement sur quelque utilité, soit pour prévenir ou faire cesser des inconvéniens, ou pour quelque autre vue du bien public; d'où il s'ensuit qu'encore qu'il arrive de ces lois d'autres inconvéniens que ceux qu'elles font cesser, et que quelquefois même on ignore quels ont été les motifs de ces sortes de lois, et quelle est leur utilité, on doit présumer que la loi qui est en usage est utile et juste (6), jusqu'à ce qu'elle soit abrogée par une autre loi, ou abolie par le non-usage.

4. On a vu que les coutumes et les usages servent de lois (7); d'où il s'ensuit que, si les coutumes et les usages ont la force de lois, ils servent aussi, à plus forte raison, de règles pour l'interprétation des autres lois. Et il n'y a pas de meilleure règle pour expliquer les lois obscures ou ambiguës, que la manière dont la coutume et l'usage les ont interprétées (8).

5. On a vu que l'autorité des coutumes et des usages est fondée sur cette raison qu'on doit présumer que ce qui a été long-temps observé est utile et juste (9); d'où il s'ensuit que si quelque loi ou quelque coutume a cessé long-temps d'être en usage, elle est abolie (10) : et comme elle avait eu son autorité sur le long usage,

(1) V. l'art. 12 de la sect. 1, des règles du droit. (2) V. l'art. 13 et l'art. 14 de la même sect. (3) V. l'art. 19 de la même sect. (4) V. l'art. 14 de la même sect. (5) V. les art. 9 et l'art. 18 de la sect. 2, au même titre. (6) V. l'art. 13 de la même sect. (7) V. l'art. 10 et 11 de la sect. 1. (8) V. l'art. 18 de la sect. 2. (9) V. l'art. 10 de la sect. 1. (10) V. l'art. 17 de la sect. 1.

cette même cause peut la lui ôter; car elle fait voir que ce qu'on a cessé d'observer n'était plus utile.

6. Il s'ensuit aussi de cette même présomption qui fait juger que ce qui a été long-temps observé est utile et juste, que si, dans quelques provinces ou quelques lieux, on manque de règles en de certaines difficultés, dans des matières qui y sont en usage, mais dont le détail n'y est pas réglé jusqu'à ces sortes de difficultés, et qu'elles se trouvent réglées en d'autres lieux où ces mêmes matières sont aussi en usage, il est naturel d'en suivre l'exemple, principalement celui des principales villes. Ainsi on voit, dans le droit romain, que les provinces se conformaient à ce qui était en usage à Rome (1).

7. On a vu que c'est par l'esprit et l'intention des lois qu'il faut les entendre et en faire l'application; que pour bien juger du sens d'une loi, on doit considérer quel est son motif, quels sont les inconvéniens où elle pourvoit, l'utilité qui en peut naître, son rapport aux anciennes lois, les changemens qu'elle y apporte, et faire les autres réflexions, par où l'on peut entendre son sens: d'où il s'ensuit en premier lieu que, pour reconnaître par toutes ces vues l'intention et l'esprit des lois, il faut y examiner ce qu'elles exposent, ce qu'elles ordonnent, et juger toujours du sens de la loi et de son esprit, par toute la suite et par la teneur entière de toutes ses parties, sans en rien tronquer (2).

8. Il s'ensuit aussi de cette remarque de l'esprit de la loi et de son motif, que s'il arrive que quelques termes ou quelques expressions d'une loi paraissent avoir un sens différent de celui qui est d'ailleurs évidemment marqué par la teneur de la loi entière, il faut s'arrêter à ce vrai sens et rejeter l'autre qui paraît dans les termes, et qui se trouve contraire à l'intention (3).

9. Il s'ensuit encore de cette même remarque, que lorsque les expressions des lois sont défectueuses, il faut y suppléer pour en remplir le sens selon leur esprit (4).

10, 11. C'est aussi une suite de cette même remarque de l'esprit des lois, qu'il y en a qui doivent s'interpréter de telle manière, qu'on leur donne toute l'étendue qu'elles peuvent avoir, sans blesser la justice et l'équité; et qu'au contraire il y en a d'autres qu'on doit restreindre à un sens plus borné. Ainsi, les lois qui regardent en général ce qui est de la liberté naturelle, celles qui permettent toutes sortes de conventions, et toutes celles qui favorisent l'équité, s'interprètent avec toute l'étendue qu'on peut leur donner, sans blesser les autres lois et les bonne mœurs (5). C'est pourquoi on appelle favorables les causes que les lois favorisent de cette manière. Mais les lois qui dérogent à cette liberté, celles qui défendent ce qui de soi-même n'est pas illicite, celles qui

(1) V. l'art. 20 de la sect. 2. (2) V. l'art. 20 de la même sect. (3) V. l'art. 3 et l'art. 12 de la sect. 2. (4) V. l'art. 11 de la sect. 2. (5) V. l'art. 14 de la sect. 2. L. 1, ff. de const. pecun.

dérogent au droit commun, celles qui font des exceptions, qui accordent des dispenses, et les autres semblables doivent se restreindre au cas qu'elles règlent, et à ce qui se trouve expressément compris dans leurs dispositions (1).

12. On peut rapporter à ces différentes interprétations qui donnent quelque étendue aux lois, ou qui les restreignent, les règles qui regardent les tempéramens de l'équité, dont on peut user en quelques occasions, et la rigueur du droit qu'il faut suivre en d'autres.

Mais on ne s'arrête pas ici à donner des exemples de ces diverses interprétations, ni à expliquer la différence entre l'équité et la rigueur du droit, et ce qui regarde l'usage de l'une et de l'autre : ce détail sera expliqué en son lieu (2). Il faut seulement remarquer sur ces sortes de causes qu'on appelle ordinairement favorables, comme sont celles des veuves, des orphelins, des églises, des hôpitaux, des dots, des testamens et autres semblables, que cette faveur doit être toujours entendue de sorte qu'on ne blesse en rien l'intérêt des tierces personnes, et qu'on n'étende point la faveur de ces sortes de causes au-delà des bornes de la justice et de l'équité.

13. C'est de ce même principe de l'interprétation favorable de quelques lois et des bornes plus étroites qu'on donne à d'autres, que dépend la règle de deux différentes interprétations de la volonté des princes dans les dons et privilèges qu'ils accordent à quelques personnes. Car, lorsque ces dons sont tels, qu'on peut leur donner une étendue pleine et entière, sans faire aucun préjudice à d'autres personnes, l'interprétation s'en fait toujours en faveur de celui que le prince a voulu honorer de ce bienfait, et on y donne une étendue proportionnée à ce que demande la libéralité naturelle aux princes. Mais, si c'est un don ou un privilége qu'on ne pût interpréter de cette manière, sans faire préjudice à d'autres personnes, il faut le restreindre à ce qui peut être accordé, sans leur faire tort (3).

14. On a vu quels sont les fondemens de la justice et de l'autorité des lois, et qu'étant les règles de l'ordre de la société, elles doivent diversifier les effets de cette autorité, selon les divers usages nécessaires pour former cet ordre et le maintenir. C'est ce qui fait que plusieurs lois ordonnent, que quelques-unes défendent, que d'autres permettent, et que toutes punissent et répriment ceux qui blessent leurs différentes dispositions, soit qu'ils n'accomplissent pas ce qu'elles prescrivent, ou qu'ils entreprennent ce qu'elles défendent, ou qu'ils passent les bornes de ce qu'elles permettent. Et selon les manières dont on contrevient à leurs dispositions et à leur esprit, elles privent de leurs effets

(1) V. l'art. 15 de la sect. 2. (2) V. les art. 4, 5, 6. 7 et 8 de la sect. 2. (3) V. l'art. 17 de la sect. 2.

ceux qui manquent à ce qu'elles ordonnent; elles punissent ceux qui font ce qu'elles défendent, ou qui ne font pas ce qu'elles commandent; elles annullent ce qui est fait contre l'ordre qu'elles ont prescrit, elles réparent les suites des contraventions, elles vengent tout ce qui blesse leurs dispositions, et elles maintiennent enfin leur autorité par toutes les voies nécessaires pour conserver l'ordre (1).

15. Il s'ensuit aussi de cette même remarque de la justice et de l'autorité des lois, qu'elles répriment non-seulement ce qui est directement contraire à leurs dispositions expresses, mais aussi ce qui contrevient indirectement à leur intention. Et soit qu'il paraisse qu'on ait blessé, et l'esprit, et la lettre de la loi, ou que même on en blesse seulement l'esprit, paraissant en garder la lettre, c'est en avoir encouru la peine (2).

16. C'est encore une suite de ce que les lois sont les règles de l'ordre universel de la société, qu'aucune loi n'est faite pour servir seulement, ou à une seule personne, ou à un seul cas, et à un seul fait particulier et singulier; mais elles pourvoient en général à ce qui peut arriver : et leurs dispositions regardent toutes les personnes (C. civ. 1.), et tous les cas où elles s'étendent (3). C'est pourquoi les volontés des princes, qui sont bornées à des personnes particulières, et à des faits singuliers, comme une abolition, un don, une exemption, et les autres semblables, sont des graces, des concessions, des priviléges, mais non pas des lois. Et quoique souvent ce soient des cas singuliers qui sont les motifs des nouvelles lois, elles ne règlent pas même ces cas qui en ont été les occasions, et qui se trouvaient autrement réglés par les lois précédentes; mais elles pourvoient seulement à régler pour l'avenir les cas semblables à ceux qui y ont donné lieu. Ainsi, l'édit des mères et celui des secondes noces, ont pourvu aux inconvéniens à venir, et les cas précédens ont été réglés suivant les dispositions des lois qui auparavant étaient en usage (4).

17. C'est enfin une autre suite de la remarque précédente, que comme les lois sont des règles générales, elles ne sauraient régler l'avenir de telle manière qu'elles pourvoient expressément à tous les événemens qui sont infinis, et que leurs dispositions marquent tous les cas possibles; mais il est seulement de la prudence et du devoir du législateur, de prévoir les événemens plus naturels et plus ordinaires, et de former ses dispositions de telle manière que, sans entrer dans le détail des cas singuliers, il établisse des règles communes à tous, en discernant ce qui mérite, ou des exceptions, ou des dispositions particulières (5). Et il est ensuite du devoir des juges, d'appliquer les lois non-seulement à ce qui pa-

(1) V. l'art. 18 et l'art. 20 de la sect. 2. (2) V. l'art. 19 de la sect. 1. (3) V. les art. 12 et 22 de la sect. 1. (4) V. les art. 13 et 14 de la sect. 1. (5) V. les art. 21 et 22 de la sect. 1.

raît réglé par leurs dispositions expresses, mais à tous les cas où l'on peut en faire une juste application, et qui se trouvent, ou dans le sens exprès de la loi, ou dans les conséquences qu'on peut en tirer.

18. On a vu que toutes les lois ont leur source dans les deux premières, que plusieurs dépendent d'autres dont elles sont les suites, et que toutes règlent, ou en général, ou en particulier, les différentes parties de l'ordre de la société, et les matières de toute nature; d'où il s'ensuit que les lois sont plus générales à mesure qu'elles approchent plus des premières, et qu'à proportion qu'elles descendent dans le détail, elles le sont moins. Ainsi, quelques-unes sont communes à toutes sortes de matières, comme celles qui ordonnent la bonne foi, et qui défendent le dol et la fraude, et autres semblables; d'autres sont communes à plusieurs matières, mais non pas à toutes; ainsi cette règle, que les conventions tiennent lieu de lois à ceux qui les font, convient aux ventes, échanges, louages, transactions, et à toutes les autres espèces de conventions, mais n'a pas de rapport à la matière des tutelles, ni à celle des prescriptions. Ainsi, la règle de la rescision, par la lésion de plus de moitié du juste prix, qui a lieu dans l'aliénation d'un héritage faite par une vente, n'a pas lieu dans une aliénation faite par une transaction (1).

19. Il s'ensuit de cette remarque, qu'il est important dans l'étude et l'application des lois, de reconnaître et distinguer les règles qui sont communes à toutes les matières indistinctement, celles qui s'étendent à plusieurs matières, mais non pas à toutes, et celles qui sont propres seulement à une, afin de ne pas étendre, comme font plusieurs, une règle propre à une matière, à une autre où elle est sans usage, et où même elle serait fausse. Ainsi, par exemple, on trouve cette règle dans le droit romain, que dans les expressions ambiguës il faut principalement considérer l'intention de celui qui parle (2): cette règle indéfinie se trouvant dans un titre de diverses règles de toutes matières, et ne marquant pas à laquelle elle est propre, elle paraît générale et commune à toutes; et si on l'applique à toutes indistinctement, on en conclura autant dans les conventions que dans les testamens, qu'il faut interpréter l'expression ambiguë par l'intention de celui de qui elle doit expliquer la volonté. Cependant cette application, qui sera toujours juste dans les testamens (3), se trouvera souvent fausse dans les conventions; car dans les testamens, c'est un seul qui parle, et sa volonté doit servir de loi; mais dans les conventions, c'est l'intention de l'un et de l'autre qui est la loi commune. Ainsi l'intention de l'un doit répondre à

(1) V. cette distinct. des lois dans l'art. 5 de la sect. 1. (2) L. 96, ff. de reg. jur. (3) Il est remarquable que cette loi 96, ff. de reg. jur. est tirée d'un traité de Mécien sur les fidéi-commis.

celle de l'autre, et il faut qu'ils s'entendent et qu'ils conviennent ensemble. Et, suivant ce principe, il arrive souvent que ce n'est pas par l'intention de celui qui s'exprime que l'on interprète la clause ambiguë, mais que c'est plutôt par l'intention raisonnable de l'autre. Ainsi, dans une vente, si le vendeur s'est servi d'une expression ambiguë sur des qualités de la chose vendue, comme si, vendant une maison, il a dit qu'il la vendait avec ses servitudes, sans distinguer si ce sont des servitudes que la maison doive, ou qui y soient dues, et que la maison se trouve sujette à une servitude cachée, comme à un droit de passage, à une servitude de ne pouvoir être haussée, ou autre semblable, dont la trop grande incommodité aurait fait que l'acheteur, ou n'aurait pas acheté, ou n'aurait acheté qu'à un moindre prix, s'il l'avait connue; cette ambiguité de l'expression du vendeur ne s'interprétera pas par son intention, mais par l'intention de l'acheteur, qui n'a pas dû entendre que la maison fût sujette à une telle servitude; et ce vendeur sera tenu des effets de la garantie, suivant les règles de cette matière (1) (C. civ. 1162).

20. On a vu que quelques lois sont tellement générales, et si sûres partout, qu'elles ne souffrent aucune exception, et qu'au contraire il y a plusieurs lois dont il y a des exceptions. Il s'ensuit de cette règle, qu'il ne faut pas indistinctement appliquer les règles générales à tous les cas que leurs dispositions paraissent comprendre, de crainte qu'on ne les étende à des cas qui en sont exceptés; ce qui rend nécessaire la connaissance des exceptions.

21. Il est important de remarquer, sur le sujet des exceptions, qu'il y en a de deux sortes : celles que font des lois arbitraires, et celles que font des lois naturelles (2). Ainsi, c'est une loi arbitraire dans le droit romain, qui excepte les testamens militaires des règles générales pour les formalités des testamens; et c'est une autre règle arbitraire aussi dans notre usage que la rescision par la lésion de plus de moitié du juste prix n'a pas lieu dans les ventes faites par décret. Ainsi, c'est une loi naturelle qu'on ne peut faire de conventions contraires aux lois et aux bonnes mœurs, et cette loi fait une exception à la règle générale, qu'on peut faire toutes sortes de conventions. Et c'est par une autre loi naturelle qu'on excepte de la règle de la restitution des mineurs, les engagemens où une conduite raisonnable les a fait entrer.

Il est facile de voir que les exceptions que font des lois arbitraires, se remarquent et s'apprennent par la simple lecture et par la mémoire, et qu'ainsi c'est par l'étude qu'il faut les apprendre. Mais le discernement des exceptions qui sont du droit naturel, ne dépend pas toujours de la simple lecture, et il de-

(1) V. l'art. 14 de la sect. 2 des conven., l'art 14 de la sect. 11 du contrat de vente, l'art. 10 de la sect. 3 du louage. (2) V. les art. 6, 7 et 8 de la sect. 1 des règles du droit.

mande le raisonnement : car il y a des exceptions naturelles qui ne se trouvent pas écrites en lois; et celles mêmes qui sont écrites ne sont pas toujours jointes aux règles qu'elles restreignent; de sorte que la connaissance si nécessaire des exceptions demande également et l'étude en général, et en particulier l'attention à l'esprit des lois dont il faut faire l'application, afin qu'on ne blesse pas les exceptions, en donnant trop d'étendue aux règles générales.

22. On peut ajouter pour une dernière remarque, et qui est une suite de toutes les autres, que toutes les différentes vues, dont l'usage est si nécessaire pour l'application des lois, demandent la connaissance de leurs principes et de leur détail, ce qui renferme la lumière du bon sens avec l'étude et l'expérience. Car, sans ce fonds, on est en danger de faire de fausses applications des lois, soit en les détournant à d'autres matières que celles où elles se rapportent, ou ne discernant pas les bornes que leur donnent les exceptions, ou donnant trop d'étendue à l'équité contre la rigueur du droit, ou à cette rigueur contre l'équité, ou par le défaut des autres vues qui doivent régler l'usage des lois (1).

CHAPITRE XIII.

Idée générale des matières de toutes les lois; raisons du choix de celles dont on traitera dans ce livre.

1. Comme on a déja vu que toutes les différentes sortes de lois se réduisent à deux espèces qui les comprennent toutes, l'une des lois de la religion, et l'autre des lois de la police temporelle, et que de ces lois quelques-unes sont communes à l'une et à l'autre, on doit aussi distinguer toutes les matières des lois en deux espèces, l'une des matières des lois de la religion, et l'autre des matières des lois de la police, en concevant que parmi toutes ces matières il y en a qui sont communes à toutes les deux.

2, 3, 4. Ainsi, les matières qui regardent les mystères de la foi, les sacremens, l'intérieur des mœurs, la discipline ecclésiastique, sont des matières spirituelles, qui sont propres à la religion; et celles qui regardent les formalités des testamens, les distinctions des biens paternels et maternels, des propres et acquêts, les prescriptions, les retraits, les fiefs, la communauté des biens entre le mari et la femme, et les autres semblables, sont des matières temporelles propres à la police. Mais les matières qui regardent l'obéissance aux princes, la fidélité dans toute sorte d'engagemens, la bonne foi dans les conventions et dans les commerces, sont des matières communes à la religion et à la police, et où l'une et l'autre établissent des lois, selon leurs fins, ainsi qu'il a déja été remarqué.

(1) V. l'art. dernier de la sect. 2 des règles du droit.

On ne doit pas entrer ici dans une explication plus étendue des matières qui sont propres aux lois de la religion, et il faut passer à celles des lois de la police temporelle, pour y reconnaître celles dont on doit traiter dans ce livre.

5. Les matières de la police temporelle sont de trois sortes, selon les trois espèces de lois de cette police, dont il a été déja parlé, qui sont le droit des gens, le droit public, et le droit privé.

6. Les matières du droit des gens, au sens qu'a ce mot, selon notre usage, comme il a déja été remarqué, sont les matières dont on exerce les différentes communications d'une nation à l'autre: comme les traités de paix, les trèves, les suspensions d'armes, la foi des négociations, la sûreté des ambassadeurs, les engagemens des otages, les manières de déclarer et faire la guerre, la liberté des commerces, et les autres semblables:

7. Les matières du droit public sont celles qui regardent l'ordre du gouvernement de chaque état, les manières d'appeler à la puissance souveraine les rois, les princes et les autres potentats, par succession, par élection; les droits du souverain, l'administration de la justice, la milice, les finances, les différentes fonctions des magistrats et des autres officiers, la police des villes, et les autres semblables.

8. Les matières du droit privé sont les engagemens entre particuliers, leurs commerces, et tout ce qu'il peut être nécessaire de régler entre eux, ou pour prévenir des différends ou pour les finir: comme sont les contrats et conventions de toute nature, les hypothèques, les prescriptions, les tutelles, les successions, les testamens et autres matières.

9. Pour expliquer quelles sont toutes les matières qui seront traitées dans ce livre, et les raisons du choix qu'on en a fait, il est nécessaire de faire auparavant une remarque sur les diverses lois qui sont en usage dans ce royaume.

Nous avons en France quatre différentes espèces de lois: les ordonnances et les coutumes, qui sont nos lois propres, et ce que nous observons du droit romain et du droit canonique.

Ces quatre sortes de lois règlent toutes les matières de toute nature; mais leur autorité est bien différente.

Les ordonnances ont une autorité universelle dans tout le royaume, et elles s'observent toutes partout, à la réserve de quelques-unes, dont les dispositions ne regardent que quelques provinces.

Les coutumes ont leur autorité particulière, et chacune est bornée dans l'étendue de la province ou du lieu où elle s'observe.

Le droit romain a dans ce royaume deux différens usages, et il a pour chacun son autorité.

L'un de ces usages est qu'il est observé comme coutume en plusieurs provinces, et qu'il y tient lieu de lois en plusieurs matières. Ce sont ces provinces dont on dit qu'elles se régissent par le droit écrit; et pour cet usage le droit romain y a la même autorité qu'ont dans les autres leurs coutumes propres.

L'autre usage du droit romain en France s'étend à toutes les provinces, et comprend toutes les matières; et il consiste en ce qu'on observe partout ces règles de la justice et de l'équité qu'on appelle le droit écrit, parce qu'elles sont écrites dans le droit romain. Ainsi, pour ce second usage, il a la même autorité qu'ont la justice et l'équité sur notre raison.

Le droit canonique contient un très-grand nombre de règles que nous observons, mais il s'y en trouve aussi quelques-unes que nous rejetons. Ainsi, nous en observons tous les canons qui regardent la foi et les mœurs, et qui sont tirés de l'Écriture, des conciles et des pères, et nous en recevons aussi un très-grand nombre de constitutions qui regardent la discipline ecclésiastique; et notre usage en a même reçu quelques-unes qui ne regardent que la police temporelle; mais nous en rejetons d'autres dispositions, ou parce qu'elles ne sont pas de notre usage, ou que même quelques-unes sont contraires au droit et aux libertés de l'Église de France.

10. Il est maintenant facile de faire connaître, après ces remarques, quelle a été la vue qu'on s'est proposée pour le choix des matières qu'on a cru devoir comprendre dans ce livre, et pour les distinguer de celles qu'on a jugé devoir en exclure.

Parmi toutes les matières qui sont réglées par ces quatre sortes de lois que nous avons en France, ordonnances, coutumes, droit canonique et droit romain, il y en a un très-grand nombre qui sont distinguées de toutes les autres d'une manière qui a été la raison du choix qu'on en a fait.

Ces matières ainsi distinguées des autres, sont celles des contrats, ventes, échanges, louages, prêts, sociétés, dépôts, et toutes autres conventions; des tutelles, prescriptions, hypothèques; des successions, testamens, legs, substitutions; des preuves et présomptions; de l'état des personnes, des distinctions des choses, des manières d'interpréter les lois, et plusieurs autres qui ont cela de commun, que l'usage en est plus fréquent et plus nécessaire que celui des autres matières.

On a considéré que ces matières sont distinguées de toutes les autres, non-seulement en ce que l'usage en est plus fréquent, mais particulièrement en ce que leurs principes et leurs règles sont presque toutes des règles naturelles de l'équité, qui sont les fondemens des règles des matières des ordonnances et des coutumes, et de celles mêmes qui sont inconnues dans le droit romain; car toutes les matières des ordonnances et des coutumes n'y ont pas d'autres lois que quelques règles arbitraires; et c'est de ces règles naturelles de l'équité, que dépend la principale jurisprudence de ces matières. Ainsi, par exemple, dans les matières des fiefs, les coutumes en règlent seulement les conditions différentes en divers lieux; mais c'est par les règles naturelles des conventions, et par d'autres règles de l'équité que se décident les questions de ces matières. Ainsi, dans la matière des testamens, les coutumes en règlent les formalités et les dispositions que peuvent ou ne peuvent pas faire les testateurs; mais c'est par les règles de l'équité que se décident les questions qui regardent les engagemens des héritiers, l'interprétation des volontés des testateurs, et toutes les autres où il se peut trouver des difficultés. Car, comme il a été remarqué en un autre lieu, c'est toujours par ces règles qu'on discute et qu'on juge les questions de toute nature.

Comme c'est donc dans le droit romain que ces règles naturelles de l'équité ont été recueillies, et qu'elles y sont de la manière qu'on a remarqué dans la préface, et qui en rend l'étude si difficile, c'est ce qui a engagé au dessein de ce livre et au choix de ces matières, dont on verra le plan dans le chapitre qui suit.

CHAPITRE XIV.

Plan des matières de ce livre des lois civiles.

1. TOUTES les matières du droit civil ont entre elles un ordre simple et naturel, qui en forme un corps où il est facile de les voir toutes, et de concevoir d'une seule vue en quelle partie chacune a sa place ; et cet ordre a ses fondemens dans le plan de la société qu'on a expliqué.

2. On a vu dans ce plan que l'ordre de la société se conserve dans tous les lieux, par les engagemens dont Dieu lie les hommes, et qu'il se perpétue dans tous les temps par les successions, qui appellent de certaines personnes à la place de ceux qui meurent, pour tout ce qui peut passer à des successeurs ; et cette première idée fait une première distinction générale de toutes les matières en deux espèces, l'une des engagemens, et l'autre des successions.

Toutes les matières de ces deux espèces doivent être précédées de trois sortes de matières générales, qui sont communes à toutes les autres, et nécessaires pour entendre tout le détail des lois.

La première comprend de certaines règles générales qui regardent la nature, l'usage et l'interprétation des lois, comme sont celles dont il a été parlé dans le chapitre 12.

La seconde regarde les matières dont les lois civiles considèrent et distinguent les personnes par de certaines qualités qui se rapportent aux engagemens ou aux successions : comme, par exemple, les qualités de père de famille, ou fils de famille, de majeur ou mineur, celle de légitime ou bâtard, et autres semblables, qui font ce qu'on appelle l'état des personnes.

La troisième comprend les manières dont les lois civiles distinguent les choses qui sont à l'usage des hommes, par rapport aux engagemens et aux successions. Ainsi, par rapport aux engagemens, les lois distinguent les choses qui entrent dans le commerce, de celles qui n'y entrent point, comme sont les choses publiques et les choses sacrées; et par rapport aux successions, on distingue les biens paternels et maternels, les acquêts et les propres.

3, 4. Selon cet ordre on divisera toutes les matières de ce livre en deux parties. La première sera des engagemens, et la seconde des successions, l'une et l'autre seront précédées d'un livre préliminaire, dont le premier titre contiendra ces règles générales de la nature et de l'interprétation des lois; le second sera des personnes, et le troisième des choses.

Pour la distinction des matières de la première partie, qui est des engagemens, il faut remarquer, comme on l'a déja vu dans le plan de la société, que les engagemens sont de deux espèces.

La première est de ceux qui se forment mutuellement entre deux ou plusieurs personnes par leur volonté; ce qui se fait par les conventions, lorsque les hommes s'engagent mutuellement et volontairement dans les ventes, échanges, louages, transactions, compromis, et autres contrats et conventions de toute nature.

La seconde est des engagemens qui se forment autrement que par le consentement mutuel, comme sont tous ceux qui se font, ou par la volonté d'une seule personne, ou sans la volonté de l'un ni de l'autre. Ainsi, celui qui entreprend l'affaire de son ami absent, s'engage par sa volonté sans celle de cet absent. Ainsi, le tuteur est engagé envers son mineur, indépendamment de la volonté de l'un et de l'autre; et il y a divers autres engagemens qui se forment sans la volonté mutuelle de ceux qui s'y trouvent.

Toutes ces sortes d'engagemens, soit volontaires ou involontaires, ont diverses suites qui se réduisent à deux espèces. La première est de ces sortes de suites qui ajoutent aux engagemens ou qui les affermissent, comme sont les hypothèques, les priviléges des créanciers, les obligations solidaires, les cautions et autres, qui ont ce caractère d'ajouter aux engagemens, ou de les affermir.

La seconde espèce de suite des engagemens, est de celles qui les anéantissent, ou qui les changent, ou les diminuent, comme sont les paiemens, les compensations, les novations, les rescisions, les restitutions en entier.

5. C'est à ces deux espèces d'engagemens et à ces deux espèces de leurs suites que se réduisent toutes les matières de cette première partie; et elles y seront rangées en quatre livres.

6. Le premier sera des conventions, qui sont les engagemens volontaires et mutuels.

7. Le second, des engagemens qui se forment sans convention.

8. Le troisième, des suites qui ajoutent aux engagemens, ou qui les affermissent.

9. Le quatrième, des suites qui anéantissent, diminuent ou changent les engagemens.

10. Ce premier livre des conventions sera commencé par un premier titre des conventions en général. Car, comme il y a plusieurs principes et plusieurs règles qui sont communes à toutes les espèces de conventions, il est de l'ordre de ne pas répéter en chacune ces règles communes, et de les recueillir toutes en un seul endroit; on placera ensuite, sous des titres particuliers, les différentes espèces de conventions, et on ajoutera à la fin de ce premier livre, un dernier titre des vices des conventions, comme sont le dol, le stellionat, et autres, où il sera traité de l'effet que doivent avoir dans les conventions l'erreur et l'ignorance du fait ou du droit, la force et la contrainte, et les autres vices qui peuvent s'y trouver.

On a compris dans ce premier livre des conventions la matière de l'usufruit et celle des servitudes, parce que l'usufruit et les servitudes s'acquièrent souvent par des conventions, comme par des donations, par des ventes, par des échanges, par des transactions, et par d'autres contrats. Ainsi, quoiqu'on puisse acquérir un usufruit et une servitude par un testament, il est naturel que ces matières, qui ne doivent être qu'en un seul lieu, soient placées dans le premier, où elles se rapportent.

11. Le second livre, qui sera des engagamens sans convention, comprendra ceux qui se forment sans une volonté mutuelle: tels que sont les engagemens des tuteurs, ceux des curateurs qu'on nomme; ou aux personnes, comme à des prodigues, à des insensés, et autres; ou à des biens, comme à une succession vacante; l'engagement des personnes qui font les affaires des autres en leur absence et à leur insu, et celui de ces personnes de qui on a géré les affaires; ceux des personnes qui se trouvent avoir quelque chose de commun ensemble sans convention; et il y a diverses autres sortes d'engagemens involontaires, et quelques-uns même qui se forment par des cas fortuits.

12. Le troisième livre sera des suites des engagemens, soit volontaires ou involontaires, qui y ajoutent ou les affermissent, et comprendra les diverses matières qui ont ce caractère, comme les hypothèques, les priviléges des créanciers, la solidarité entre co-obligés, les cautions, les intérêts et dommages et intérêts. On comprendra aussi dans ce livre la matière des preuves et des présomptions et du serment, qui sont des suites de toutes sortes d'engagemens et qui les affermissent. Et quoique les preuves et le serment servent aussi à résoudre les engagemens, cette matière, qui ne doit pas être mise en divers lieux, doit être placée dans le premier, où sa situation se trouve naturelle. On mettra encore au

nombre des suites qui affermissent les engagemens, les possessions et les prescriptions qui confirment les droits qu'on acquiert par des conventions et par d'autres titres. Et quoique les prescriptions aient aussi l'effet d'anéantir les engagemens, il est naturel de les placer en ce lieu, par la même raison qui fait qu'on y met les preuves.

13. Le quatrième et dernier livre de cette première partie sera des suites qui diminuent, changent ou anéantissent les engagemens, et contiendra les matières qui ont ce caractère, comme les paiemens, les compensations, les novations, les délégations, les rescisions et les restitutions en entier.

14, 15. La seconde partie, qui doit être des successions, comprend un assez grand nombre de matières, et assez différentes pour en faire une division en cinq livres.

Pour concevoir l'ordre de ces cinq livres, il faut considérer qu'il y a deux manières de succéder; l'une des successions, qu'on appelle légitimes, c'est-à-dire réglées par les lois qui font passer les biens de ceux qui meurent aux personnes qu'elles y appellent; et l'autre des successions testamentaires, qui font passer les biens à ceux qu'on peut instituer héritiers par un testament.

16, 17, 18. Et parce qu'il y a quelques matières qui sont communes, et aux successions légitimes, et aux successions testamentaires, ces matières devant précéder, elles seront comprises dans un premier livre qui sera suivi du second, où l'on expliquera les successions légitimes; et du troisième, qui contiendra les successions testamentaires.

19. Comme il arrive souvent que les personnes qui nomment des héritiers, et celles aussi qui n'en veulent pas d'autres que ceux de leur sang, ne laissent pas tous leurs biens à leurs héritiers, mais font des dons particuliers à d'autres personnes par des testamens ou des codicilles, et autres dispositions à cause de mort, ces sortes de dispositions feront le sujet d'un quatrième livre.

20. Et enfin, comme les lois ont ajouté à la liberté de faire des héritiers et des légataires, celle des substitutions et des fidéicommis, qui appellent un second successeur au lieu du premier héritier ou du premier légataire, cette matière des substitutions et des fidéicommis sera le sujet du cinquième livre.

21. Le premier de ces cinq livres, qui sera des successions en général, contiendra les matières communes aux deux espèces de succession, comme sont les engagemens de la qualité d'héritier, le bénéfice d'inventaire, comment on acquiert une hérédité, ou comment on y renonce, les partages entre co-héritiers.

22. Le second livre, qui sera des successions légitimes, expliquera l'ordre de ces successions, et comment y sont appelés les enfans et les descendans, les pères, les mères et les ascendans, les frères, les sœurs et les autres collatéraux. Ces successions légitimes s'ap-

pellent aussi successions *ab intestat;* et ce mot est particulièrement en usage dans le droit écrit, parce que les héritiers légitimes, qui sont les héritiers du sang, n'y succèdent que lorsqu'il n'y a pas de testament; ce qu'il ne faut pas entendre des personnes à qui il est dû une légitime.

23. Le troisième livre, qui sera des successions testamentaires, contiendra les matières qui regardent les testamens, leurs formalités, l'exhérédation, les testamens inofficieux, la légitime, les dispositions de ceux qui ont convolé en secondes noces.

24. Le quatrième livre sera des legs et autres dispositions à cause de mort, et il sera traité des codicilles, des donations à cause de mort et des legs.

25. Le cinquième livre contiendra les matières qui regardent les diverses espèces de substitutions et de fidéicommis.

26. Ce sont toutes ces diverses matières, dont on vient de faire le plan, qui seront traitées dans ce livre des lois civiles. On ne s'est pas étendu à expliquer particulièrement la nature de ces matières; on expliquera dans chacune, et à la tête de chaque titre, ce qu'il sera nécessaire d'en savoir avant que d'en lire les règles. On ne s'est pas arrêté non plus à rendre raison de l'ordre qu'on a donné en particulier aux matières de chaque livre. On a tâché, par diverses vues, de les ranger, ou selon que leur nature peut faire leur suite, ou selon qu'on a jugé nécessaire que les unes précèdent les autres pour les faire mieux entendre. Ainsi, par exemple, dans le premier livre de la première partie, où sont expliquées les diverses sortes de conventions, après le titre des conventions en général, on a placé celui du contrat de vente, parce que de toutes les conventions il n'y en a aucune qui contienne un aussi grand détail que la vente, et que les règles de ce contrat conviennent à plusieurs autres conventions, et donnent beaucoup d'ouverture pour les autres matières. Ainsi, par d'autres semblables considérations, on a rangé toutes les matières; mais ce serait une longueur inutile de rendre raison sur chacune de la situation qu'on lui a donnée. On remarquera seulement qu'encore que l'hypothèque pût être mise au nombre des conventions, à cause que c'est d'ordinaire par des conventions que s'acquiert le droit d'hypothèque, on a dû mettre cette matière en un autre lieu, parce que l'hypothèque n'est jamais une première convention et un engagement principal, et qu'elle est toujours un accessoire de quelque autre engagement, et souvent même des engagemens sans convention, comme de ceux des tuteurs et des curateurs, et d'autres aussi, où elle s'acquiert par justice. Ainsi, cette matière a naturellement son ordre dans le troisième livre, et ces mêmes raisons ont obligé à placer la matière des cautions et celle de la solidarité dans le même rang.

27. Il faut enfin remarquer qu'outre les matières qui doivent

être traitées dans ce livre, selon le plan qu'on vient d'en faire, il y en a d'autres qui sont et du droit romain et de notre usage, et qu'il semble par cette raison qu'on devait y avoir comprises, comme sont les matières fiscales et municipales, les matières criminelles, l'ordre judiciaire, les devoirs des juges. Mais comme ces matières sont réglées par les ordonnances, et qu'elles sont du droit public, on n'a pas dû les mêler ici. Et parce qu'il y a dans le droit romain plusieurs règles essentielles de ces matières, et qui étant naturelles sont de notre usage, mais ne se trouvent pas dans les ordonnances, on pourra en faire un autre livre séparé. Et on peut cependant marquer ici le rang de ces matières, et aussi de celles de nos coutumes qui sont inconnues dans le droit romain.

Toutes ces matières du droit public doivent être précédées de celles qui seront expliquées dans ce livre. Car, outre qu'elles supposent plusieurs règles qui y seront expliquées, il est naturel que le droit public se rapportant aux particuliers, les matières qui regardent les particuliers précèdent celles qui sont du droit public; et c'est vraisemblablement par ces raisons que dans le droit romain les matières fiscales et municipales, et les matières criminelles ont été placées à la fin des autres. Ainsi, après les matières de ce livre, on peut placer ces matières fiscales et municipales qui regardent les droits du prince et la police des villes, celles qui regardent les universités et les autres corps et communautés, et les matières criminelles; et pour l'ordre judiciaire, qui comprend les procédures civiles et criminelles, les fonctions et devoirs des juges, comme c'est une matière qui se rapporte à toutes les autres, il semble que c'est par celle-là qu'on doit finir.

Pour ce qui est des matières qui sont propres à nos coutumes, comme sont les fiefs, le retrait lignager, la garde noble ou bourgeoise, la communauté de biens entre le mari et la femme, les institutions contractuelles, la prohibition de disposer, à cause de mort, d'une partie des biens au préjudice des héritiers du sang, les renonciations des filles aux successions, et tout ce que les coutumes ont de particulier pour les successions, pour les donations et pour les autres matières, il n'est pas nécessaire d'en marquer le rang; car il est facile de juger que ces matières se rapportent, ou aux engagemens, ou aux successions. Ainsi, les fiefs ont été dans leur origine des conventions entre le seigneur et le vassal; ainsi, le retrait lignager est une suite du contrat de vente; ainsi, la garde noble ou bourgeoise est une espèce d'usufruit joint à une tutelle; ainsi, la communauté de biens entre le mari et la femme, et le douaire, sont des conventions ou expresses ou tacites, qui ont leur liaison avec la matière des dots; ainsi, les institutions contractuelles sont une matière composée de la nature des testamens et de celle des conventions, et qui a ses règles de ces deux sortes; ainsi, chacune de toutes les autres matières des coutumes a son rang réglé, et il est facile d'en reconnaître l'ordre dans le plan qu'on a expliqué.

FIN DU TRAITÉ DES LOIS.

LES LOIS CIVILES DANS LEUR ORDRE NATUREL.

LIVRE PRÉLIMINAIRE,

où il est traité des règles de droit en général, des personnes et des choses.

On a donné à ce livre le nom de préliminaire, parce qu'il contient trois sortes de matières, qui étant communes à toutes les autres, et nécessaires pour les bien entendre, doivent les précéder. Et aussi les matières de ce livre sont comme les premiers élémens du droit; car avant qu'on entre dans le détail des règles, il est premièrement nécessaire de connaître en général les espèces et la nature de ces règles, et les manières de les bien entendre et de les bien appliquer: et ce sera la matière du premier titre de ce livre.

Et parce que dans tout le détail des matières du droit et de leurs lois, il faut toujours considérer les personnes que ces matières et ces lois regardent, et qu'il y a dans toutes les personnes de certaines qualités selon lesquelles les lois civiles les considèrent et les distinguent, et qui ont un rapport particulier à toutes les matières du droit, ces qualités et ces distinctions des personnes feront la matière du second titre de ce livre. Et le troisième contiendra les manières dont les lois considèrent et distinguent les diverses sortes de choses, par les qualités qui se rapportent à l'usage et au commerce qu'en font les personnes, et selon que ces usages et ces commerces entrent dans l'ordre réglé par les lois civiles.

TITRE PREMIER.

Des règles du droit en général.

Les règles qui seront expliquées dans ce titre, regardent en général la nature, l'usage et l'interprétation des lois; et comme ces règles sont communes à toutes les matières, et qu'elles sont d'un usage très-fréquent, il ne faudra pas se contenter de n'en faire qu'une simple lecture, mais il sera utile de les relire de temps en temps, et d'y recourir dans les occasions. On pourra aussi joindre à cette lecture celle des chapitres 11 et 12 du Traité des lois.

SECTION PREMIÈRE.

Des diverses sortes de règles, et de leur nature.

On entend communément par ces mots de *lois* et de *règles*, ce qui est juste, ce qui est ordonné, ce qui est réglé. Et il faut seulement remarquer que comme les lois doivent être écrites, afin que l'écrit fixe le sens de la loi, et détermine l'esprit à la juste idée de ce qui est réglé, et qu'il ne soit pas libre à chacun de former la loi comme il l'entendrait, on peut distinguer deux idées que donnent le mot de *loi* et celui de *règle*. L'une est l'idée de ce que l'on conçoit être juste, quoiqu'on ne fasse pas de réflexions sur les termes de la loi; et l'autre est l'idée des termes de la loi : et selon cette seconde idée, on appelle la *règle* ou la *loi*, l'expression du législateur.

On usera toujours indistinctemement du mot de *lois* et du mot de *règles*, en l'un et l'autre de ces deux sens, et dans ce livre préliminaire, et dans toute la suite, selon l'occasion. Car il y a plusieurs lois écrites, telles que sont les lois arbitraires; et il y a plusieurs règles naturelles de l'équité, qui ne sont pas écrites.

Il n'est pas nécessaire, après tout ce qui a été dit des lois et des règles dans le Traité des lois, de définir de nouveau, dans ce titre, ce que c'est que loi et que règle; mais il suffira d'y donner l'idée des règles du droit dans le sens qui signifie les règles écrites, parce que c'est dans la connaissance de ce que nous avons de règles écrites, que consiste toute la science et toute l'étude des lois.

1. Les règles du droit sont des expressions courtes et claires de ce que demande la justice dans les divers cas; et chaque règle a son usage pour ceux où sa disposition peut se rapporter. Ainsi, par exemple, plusieurs événemens font que l'acheteur est dépouillé de ce qu'il achète, ou qu'il y est troublé par ceux qui prétendent en être les maîtres, ou y avoir quelqu'autre droit. Et la justice commune à toutes ces sortes d'événemens, qui veut que le vendeur y fasse cesser les évictions et les autres troubles, est comprise dans l'expression de cette règle, que tout vendeur doit garantir ce qu'il a vendu (1). (C. civ. 1626, s.)

Si la garantie a été stipulée indéfiniment, le vendeur est tenu de toutes les obligations qui en résultent, quoique même l'acquéreur connût lors de la vente la cause de l'éviction (2).

(1) L. 1, ff. de div. reg. juris. L. 23, ff. de verb. sign. (2) Cass. 7 frimaire an 12.

L'acquéreur peut, s'il est évincé par une surenchère, recourir sur son vendeur, à moins qu'il n'ait été convenu que celui-ci n'y serait pas soumis (1).

2. Les lois ou les règles sont de deux sortes: l'une de celles qui sont du droit naturel et de l'équité, et l'autre de celles qui sont du droit positif, qu'on appelle autrement des lois humaines et arbitraires, parce que les hommes les ont établies (2). Ainsi, c'est une règle du droit naturel, qu'une donation peut être révoquée par l'ingratitude du donataire; et c'est une règle du droit positif, que les donations entre-vifs doivent être insinuées. (C. civ. 955, s.)

Lorsqu'un domestique, après une donation de son maître, abuse du mandat qu'il tient de lui pour régir ses biens, commet des infidélités, sème la haine et la division dans la famille du donateur, il se rend par là coupable de délits et d'injures qui autorisent à révoquer la donation pour cause d'ingratitude (3).

Lorsque des époux se sont fait une donation mutuelle au profit du survivant, si l'un d'eux donne la mort à l'autre, la donation s'ouvre au profit des héritiers de l'époux homicidé, comme elle se serait ouverte au profit de l'homicidé lui-même s'il eût survécu au conjoint (4).

3. Les règles du droit naturel sont celles que Dieu a lui-même établies, et qu'il enseigne aux hommes par la lumière de la raison. Ce sont ces lois qui ont une justice immuable, et qui est la même toujours et partout; et soit qu'elles se trouvent écrites ou non, aucune autorité humaine ne peut les abolir, ni en rien changer. Ainsi, la règle qui oblige le dépositaire à conserver et à rendre le dépôt, celle qui oblige à prendre soin de la chose empruntée, et les autres semblables, sont des règles naturelles et immuables qu'on observe partout (5). (C. c. 1193, 1237, 1148, 1882).

Si un dépositaire est en même temps créancier du déposant, et qu'il fasse cession de sa créance, le cessionnaire ne peut pas plus saisir-arrêter le dépôt entre les mains du dépositaire, que le dépositaire lui-même n'aurait pu former saisie-arrêt entre ses propres mains. Ce serait autoriser la compensation en matière de dépôt (6).

4. Les règles arbitraires sont toutes celles que les hommes ont établies, et dont, sans blesser l'équité naturelle, ils peuvent disposer, ou d'une manière, ou d'une autre toute différente. Ainsi, par exemple, on pouvait ou établir ou ne pas établir l'usage des fiefs. Ainsi, on pouvait régler les prescriptions à plus ou à moins de temps, et les témoins d'un testament à un plus grand ou plus petit nombre. Et cette diversité, que la nature ne fixe pas, fait que ces lois ont leur autorité dans le réglement arbitraire qu'a fait le législateur qui les a établies, et qu'elles sont par conséquent sujettes à des changemens (7).

(1) Cass. 4 mai 1808. (2) L. 9, ff. de just. et jur. L. 11, ff. de just. et jur. V. le chap. 9 du Traité des lois. (3) Paris, 29 mars 1806. (4) Cass. 5 mai 1818. (5) § 11, inst. de jur. nat. gent. et civil. L. 9, ff. de just. et jur. L. 11. eod. L. 8, ff. de cap. min. (6) Aix, 24 février 1818. (7) § 11, inst. de jur. nat. gent. et civ.

5. Les règles du droit, soit naturelles ou arbitraires, sont de trois sortes. Quelques-unes sont générales qui conviennent à toutes les matières; d'autres sont communes à plusieurs matières, et non pas à toutes; et plusieurs sont propres à une, et n'ont point de rapport aux autres. Ces règles, par exemple, de l'équité naturelle, qu'il ne faut faire tort à personne, qu'il faut rendre à chacun ce qui lui appartient, sont générales, et s'étendent à toutes sortes de matières. Cette règle, que les conventions tiennent lieu de lois, est commune à plusieurs matières, car elle convient à toutes les espèces de contrats, de conventions, de pactes; mais elle ne convient pas aux testamens, ni à plusieurs autres matières. Et la règle de la rescision des ventes, à cause de la lésion de plus de moitié du juste prix, est une règle propre au contrat de vente (1). Ainsi, dans l'usage et l'application des règles, il faut discerner en chacune, et ses bornes et son étendue.

6. Toutes ces règles cessent d'avoir leur effet, non-seulement si on les applique hors de leurs bornes, et dans des matières où elles ne se rapportent point, mais aussi lorsque dans leurs matières on les détourne à une application fausse ou vicieuse contre leur esprit. Ainsi, cette règle de la rescision des ventes à cause de la lésion de plus de moitié du juste prix, serait mal appliquée à une vente faite pour un accommodement dans une transaction (2).

7. Les exceptions sont des règles qui bornent l'étendue des autres, et elles disposent autrement par des vues particulières, qui rendent ou juste ou injuste ce que la règle entendue sans exception rendrait au contraire ou injuste ou juste. Ainsi, par exemple, la règle générale qu'on peut faire toutes sortes de conventions, est bornée par la règle qui défend celles qui blessent l'équité et les bonnes mœurs. Ainsi, la défense d'aliéner les choses sacrées, est bornée par la règle qui permet de les vendre pour des causes nécessaires, et en gardant les formes (3).

8. Les exceptions, comme les règles, sont de deux sortes. Il y en a qui sont du droit naturel, et les autres sont du droit positif; comme il se voit par les exemples de l'article précédent, et par toutes les autres exceptions, dont chacune est de l'une ou de l'autre de ces deux espèces.

9. Toutes les règles doivent être, ou connues, ou tellement exposées à la connaissance de tout le monde, que personne ne puisse impunément y contrevenir, sous prétexte de les ignorer. Ainsi, les règles naturelles étant des vérités immuables, dont la connaissance est essentielle à la raison, on ne peut dire qu'on les ait igno-

(1) L. 10, § 1, ff. de just. et jur. § 3, inst. eod. L. 1, § 6, ff. l. 2. Cod. de resc. vend. (2) L. 1, in ff. de reg. jur. (3) L. 1, ff. de pact. L. 4, C. de inut. stip. l. 7, § 7, ff. de pact. L. 21, C. de sacrosanct. ecclesiis. Vid. L. 14. C. eod. tit., et Nov. 120, cap. 10.

rées, comme on ne peut dire qu'on ait manqué de la raison qui les fait connaître. Mais les lois arbitraires n'ont leur effet qu'après que le législateur a fait tout ce qui est possible pour les faire connaître; ce qui se fait par les voies qui sont en usage pour la publication de ces sortes de lois; et après qu'elles sont publiées, on les tient pour connues à tout le monde, et elles obligent autant ceux qui prétendraient les ignorer, que ceux qui les savent (1). (C. civ. 1.)

Avant la Charte constitutionnelle du 4 juin 1814, la loi prenait la date du jour où elle était décrétée par le corps législatif (2). Le roi seul sanctionne et promulgue les lois (3). Lorsque des ordonnances royales ont déterminé le jour à compter duquel une loi est réputée exécutoire, les tribunaux ne peuvent s'en écarter sans violer l'art. 22 de la Charte, d'après lequel le roi seul sanctionne et promulgue les lois; et spécialement la loi du 28 avril 1816 a été exécutoire à compter du 5 mai, jour de son insertion au Bulletin des Lois, et non du 28 avril, jour de la sanction royale (4). Une loi connue, mais non promulguée, n'est pas obligatoire (5). Les circulaires ministérielles ne sont point obligatoires pour les tribunaux (6). On peut exécuter volontairement une loi nouvelle avant l'expiration du délai fixé par l'art. 1 (7). Les lois romaines ne sont obligatoires en France qu'avec les modifications introduites par l'usage ou la jurisprudence (8). Cependant les jugemens rendus en conformité d'une loi romaine applicable à la matière, ne sont pas susceptibles d'être cassés quand la loi aurait été appliquée en un sens contraire à la jurisprudence (9). L'usage abroge la loi, en ce sens que la contravention à un texte de loi n'est pas un moyen de cassation, si la loi violée est en opposition avec un usage généralement adopté (10). Lorsqu'il est impossible de concilier les dispositions nouvelles avec les dispositions anciennes, les anciennes sont virtuellement abrogées; mais, s'il n'y a pas impossibilité absolue, il faut les concilier. L'abrogation est admise dans les matières réglées par un système complet de lois nouvelles, et non dans celles sur lesquelles les lois nouvelles ne renferment que quelques dispositions isolées. Les lois spéciales ne sont pas abrogées par les lois générales postérieures, s'il n'y a dérogation expresse. L'usage peut abroger la loi, pourvu qu'il soit général (11). Le droit de surveiller l'exécution des lois et de réprimer les infractions qui y sont faites, est inhérent et ne peut jamais cesser d'exister. Ainsi, dans le cas où le prince n'en a pas délégué l'exercice, il est censé se l'être réservé à lui-même (12). Tout décret du corps législatif est promulgué le dixième jour après son émission, à moins que, dans ce délai, il n'y ait eu recours au sénat pour cause d'inconstitutionnalité. Ce recours n'a point lieu contre les lois promulguées (13). Les sénatus-consultes organiques, les actes du sénat, sont promulgués au plus tard le dixième jour qui suit leur émission (14). Les décrets insérés au Bulletin des Lois sont obliga-

(1) L. 9, C. de legib. L. 12. C. de jur. et fact. ign. § 1, in fin. in præm. inst. L. 2, C. de in jus voc. (2) Avis du conseil d'état, 6 pluviôse an 11. (3) Charte, art. 22, v. ordonn. 27 novembre 1816, 18 janvier 1817. (4) Cass. 9 juin 1818. (5) Cass. 7 août 1807. (6) Rejet., 11 janvier 1816. (7) Lyon, 14 pluviose an 11. (8) Rejet. 12 octobre 1813. (9) Rejet. 13 nov. 1813. (10) Rejet. 10 août 1814. (11) Avis du conseil d'état, 8 fév. 1812. (12) Avis du conseil d'état, 14 juil. 1813. (13) Art. 37 de l'acte du 22 frimaire an 8. (14) Art. 157 de l'acte du 22 floréal an 12.

toires dans chaque département, du jour auquel le Bulletin a été distribué au chef-lieu, conformément à l'art. 12 de la loi du 12 vendémiaire an 4 ; et quant à ceux qui ne sont point insérés au Bulletin, ou qui n'y sont indiqués que par leurs titres, ils sont obligatoires du jour qu'il en est donné connaissance aux personnes qu'ils concernent, par publication, affiches, notification ou signification, ou envois faits et ordonnés par les fonctionnaires publics chargés de l'exécution (1). Les avis du conseil d'état sont obligatoires à compter de la même époque que les décrets. Ils ont le caractère d'interprétation législative lorsqu'ils ont été approuvés (2). Les lois spéciales doivent être entendues selon leur propre système, sans y ajouter les règles de droit commun (3). A moins qu'elles ne s'y réfèrent tacitement (4). Elles ne sont pas abrogées de plein droit par une loi générale postérieure (5).

10. Les lois arbitraires sont de deux sortes : l'une de celles qui dans leur origine ont été établies, écrites et publiées par ceux qui en avaient l'autorité, comme sont en France les ordonnances des rois; et l'autre, de celles dont il ne paraît point d'origine et de premier établissement, mais qui se trouvent reçues par l'approbation universelle, et l'usage immémorial qu'en a fait le peuple : et ce sont ces lois ou règles que l'on appelle *coutumes* (6).

11. Les coutumes tirent leur autorité du consentement universel du peuple qui les a reçues, lorsque c'est le peuple qui a l'autorité, comme dans les républiques. Mais dans les états sujets à un souverain, les coutumes ne s'établissent ou ne s'affermissent en forme de lois que de son autorité. Ainsi, en France, les rois ont fait arrêter et rédiger par écrit, et ont confirmé en lois toutes les coutumes, conservant aux provinces les lois qu'elles tiennent, ou de l'ancien consentement des peuples qui les habitaient, ou des princes qui les gouvernaient (7).

12. Les lois naturelles ayant leur justice et leur autorité, qui est toujours la même, elles règlent également et tout l'avenir, et tout ce qu'il peut y avoir de passé qui reste indécis (8).

13. Quoique la justice des lois arbitraires soit fondée sur l'utilité publique, et sur l'équité des motifs qui y donnent lieu, comme elles n'ont leur autorité que par la puissance du législateur qui détermine à ce qu'il ordonne, et qu'elles n'ont leur effet qu'après qu'elles ont été publiées pour être connues, elles ne règlent que l'avenir, sans toucher au passé (9). (C. civ. 2.)

Le Code civil a effet de loi interprétative ou déclarative, lorsque ses dispositions sont conformes aux règles antérieures et générales de notre droit civil. Ainsi, la violation des règles antérieures confirmées ou

(1) Avis du conseil d'état, 12 prairial an 13, approuvé le 25. (2) Cass. 19 octobre 1818. (3) Cass. 3 octobre 1817. (4) Cass. 7 déc. 1822. (5) Cass. 8 août 1822. (6) § 3, inst. de jur. nat. gent. et civili. § 9, eod. (7) L. 32, ff. de legib. Dict. l. 32, § 1, ff. de legib. L. ult. in fin. Cod. de leg. et const. prin. L. 1, et l. 2, ff. de legib. V. l'ord. de Charles VII, de 1453, art. 125; et de Louis XII, de 1510, art. 49, pour rédiger les coutumes. (8) § 11, inst. de jur. nat. gent. et civ. L. 11, ff. de justit. et jur. (9) L. 7, C de legib.

renouvelées par le Code donne lieu à cassation, comme la violation directe du Code lui-même (1). Ainsi, les dispositions du Code, en matière d'équité, peuvent motiver une cassation, encore que les faits lui soient antérieurs (2). Elles ont aussi effet, comme dispositions interprétatives, pour les cas sur lesquels il n'y avait ni convention des parties, ni disposition de loi, encore qu'à l'époque où l'acte a été fait il existât une jurisprudence contraire aux dispositions du Code. — On ne peut considérer le silence des parties comme une convention tacite que leurs droits seraient réglés conformément à la jurisprudence alors existante (3). Tout ce qui touche à l'instruction des affaires, tant qu'elles ne sont pas terminées, se règle d'après les formes nouvelles, sans blesser le principe de la non-rétroactivité, que l'on n'a jamais appliqué qu'au fond du droit (4). Un tuteur obligé, par la loi en vigueur à l'époque de sa nomination, de fournir caution, n'a point été affranchi de cette obligation par le Code civil, publié pendant la tutelle (5).

14. Les affaires qui se trouvent pendantes ou indécises, lorsqu'il survient de nouvelles lois, se jugent par les dispositions des lois précédentes; si ce n'est que, par quelques motifs particuliers, les nouvelles lois marquent expressément que leurs dispositions auront lieu même pour le passé, ou que sans cette expression elles dussent servir de règle au passé, comme si ces lois ne faisaient que rétablir une loi ancienne, ou une règle de l'équité naturelle, dont quelque abus avait altéré l'usage, ou qu'elles réglassent des questions pour lesquelles il n'y avait aucune loi, ni aucune coutume. Ainsi, par exemple, lorsque le roi ordonna que le prix des offices se distribuerait par ordre d'hypothèque, cette loi servit de règle pour les procès qui étaient indécis dans les provinces où il n'y avait pas de coutume contraire qui servît de règle (6).

15. Comme les lois nouvelles règlent l'avenir, elles peuvent, selon le besoin, changer les suites que devaient avoir les lois précédentes; mais c'est toujours sans donner atteinte au droit qui était acquis à quelques personnes. Ainsi, par exemple, avant l'ordonnance d'Orléans, on pouvait faire des substitutions en plusieurs degrés jusqu'à l'infini, et elle borna les substitutions qui se feraient à l'avenir, à deux degrés outre l'institution. Mais comme cette ordonnance ne faisait pas cesser pour l'avenir l'effet des substitutions qui étaient déja faites, l'ordonnance de Moulins réduisit au quatrième degré, outre l'institution, les substitutions qui avaient été faites avant l'ordonnance d'Orléans, et en même temps elle excepta les substitutions dont le droit était déja échu et acquis, quoique ce fût au-delà du quatrième degré (7).

(1) Cass. 1er août 1816: (2) Cass. 1er mai 1815. (3) Amiens, 10 janvier 1821. (4) Acte du gouvernement du 5 fructidor an 9. (5) Cass. 10 Nov. 1818. (6) L. 7. Cod. de legib. et const. princ. L. 7. Cod. de nat. l. lib. L. 21. C. de sacrosanct. Eccl. l. 23, in f. eod. Leg. unic. Cod. de contract. jud. Eâd. leg. 55, 4. L. ult. eod. de pact. pign. et de lege com. in pign. (7) L. 7. C. de legib. V. l'ord. d'Orléans, art. 59, et celle de Moulins, art. 57. V. l. du 17 mai 1826, sur les substitutions, citée pag. 40.

16. Les lois arbitraires commencent d'avoir leur effet pour l'avenir, ou dès le temps de leur publication, ou seulement après le délai qu'elles ordonnent. Ainsi, quelques lois qui font des changemens, dont une prompte exécution causerait des inconvéniens, comme la prohibition de quelque commerce, une augmentation ou diminution de la valeur des monnaies, et autres semblables, laissent pendant quelque temps les choses dans le même état où elles étaient, et marquent le temps où elles commenceront d'être exécutées (1).

17. Les lois arbitraires, soit qu'elles soient établies par un législateur ou par une coutume, peuvent être abolies ou changées en deux manières: ou par une loi expresse qui les abroge, ou qui y fasse quelque changemens, ou par un long usage qui les change ou les abolisse (2). (C. civ. 1390.)

La défense faite par cet article aux époux de stipuler dans leur contrat de mariage que leur association sera réglée par l'une des coutumes abrogées par le Code, ne fait point qu'une institution testamentaire doive être nulle, parce que le testateur aura dit vouloir qu'elle ait son effet selon une coutume abrogée (3).

18. L'usage et l'autorité de toutes les lois, soit naturelles ou arbitraires, consiste à ordonner, défendre, permettre et punir (4).

19. Les lois répriment et punissent non-seulement ce qui blesse évidemment le sens de leurs termes, mais encore tout ce qui paraissant n'avoir rien de contraire aux termes, blesserait directement ou indirectement leur intention, et tout ce qui serait fait en fraude de la loi, et pour l'éluder (5). Ainsi, les lois qui défendent de donner ou léguer à de certaines personnes, annulent les dispositions faites au profit d'autres personnes interposées, pour faire passer la libéralité à ceux à qui on ne peut donner.

20. Si une loi défend, ou en général à toutes personnes, ou en particulier à quelque sorte de personnes, de certaines conventions, de certains commerces, ou qu'elle fasse d'autres défenses, quelles qu'elles soient, tout ce qui sera fait contre ses défenses avec toutes les suites, sera ou annulé ou réprimé selon la qualité des défenses, et celle de la contravention, quand même la loi n'exprimerait pas la peine de nullité, et qu'elle laisserait les autres peines indéterminées (6).

21. Les lois ne sont jamais faites pour une personne particulière, ni bornées à un cas singulier; mais elles sont faites pour le bien commun; et ordonnent en général ce qui est de plus utile dans ce qui arrive ordinairement (7).

(1) C'est une suite des règles précédentes, et un effet naturel de l'autorité et de la prudence du législateur. (2) § 11, inst. de jur. nat. gent. et civ. L. 32, fin. ff. de legib. (3) Rejet. 19 juillet 1810. (4) L. 7, ff. de legib. (5) L. 5, cod de legib. L. 29, ff. eod. tit. L. 30, ff. eod. tit. (6) L. 5, Cod de legib. La loi serait trop imparfaite, qui n'annulerait pas ce qui serait fait contre ses défenses, et qui laisserait impunie la contravention. Ulp. t. 1, § 2, vid. l. 63, ff. de rit. nup. (7) L. 1. ff. de legib. L. 8, ff. eod. tit. L. 3, et seq. ff. de leg. Nov. 39, cap. 1.

22. Comme les lois regardent en général tous les cas où leur intention peut s'appliquer, elles n'expriment point les divers cas en particulier. Car ce détail, qui est impossible, serait inutile. Mais elles comprennent généralement tous les événemens où leur intention peut servir de règle (1).

23. S'il pouvait arriver quelque cas qui ne fût réglé par aucune loi expresse ou écrite, il aurait pour loi les principes naturels de l'équité, qui est la loi universelle qui s'étend à tout (2). (C. civ. 1156, s. 1602, s.)

L'interprétation des actes appartient aux cours d'appel, et quelque sens qu'elles aient donné aux actes, il ne peut y avoir de contravention aux différens articles du Code, dont les dispositions sur l'interprétation des conventions sont plutôt des conseils que des règles impératives (3). Ces dispositions d'ailleurs ne sont pas applicables, lorsqu'il ne s'agit pas de l'interprétation des contrats, mais bien des lettres confidentielles, dont les expressions ne doivent pas être pesées à la rigueur (4). La question de savoir si un contrat de vente est simulé, si en réalité c'est un simple prêt, peut être considérée comme une question d'intention soumise à la conscience des juges d'après l'art. 1156. Ce n'est pas le cas d'appliquer les art. 1341 et 1353, qui assurent tout effet au contenu des actes écrits, et défendent d'admettre des présomptions contraires (5). La clause par laquelle un testateur, en instituant conjointement plusieurs légataires universels, ordonne qu'en cas de décès de l'un d'eux sans postérité, sa part accroîtra aux autres, ne contient pas une substitution prohibée par la loi ; du moins, les cours peuvent juger par voie d'interprétation, que le testateur n'a voulu établir qu'un droit d'accroissement (6). L'acte qualifié de vente et bail, par lequel un père cède ses biens à ses enfans, moyennant un prix déterminé, peut, sans violation des règles sur l'interprétation du contrat, être considéré comme une démission de bien, ou partage anticipé dans une forme illégale (7).

SECTION II.

De l'usage et de l'interprétation des règles.

On appelle ici l'usage des règles, la manière de les appliquer aux questions qui sont à juger; et l'application des règles demande souvent qu'on les interprète.

Il arrive, en deux sortes de cas, qu'il est nécessaire d'interpréter les lois. L'un est, lorsqu'il se rencontre dans une loi quelque obscurité, quelque ambiguité ou quelque autre défaut d'expression; car alors il faut l'interpréter pour découvrir quel est son vrai sens. Et cette espèce d'interprétation se borne à l'expression, pour faire entendre ce que dit la loi. Et l'autre est lorsqu'il

(1) L. 10, ff. de legib. L. 12. eod. tit. L. 27. eod. Vid. l. 12. Cod. tit. L. 32. ff. ad legem Aquiliam. (2) L. 2, § 5, in fin ff. de aquâ et aquæ plur. arc. L. 7, ff. de bon. damnat. l. 13, § 7, ff. de excus. tut. L. 13, § 7, ff. de excus. tut. (3) Rejet. 12 août 1823. (4) Rejet. 18 mars 1807. (5) Rejet. 18 janvier 1814. (6) Rejet. 19 juillet 1814. (7) Cass. 4 Nov. 1816.

arrive que le sens d'une loi, tout évident qu'il paraît dans les termes, conduirait à de fausses conséquences, et à des décisions qui seraient injustes, si elles étaient indistinctement appliquées à tout ce qui semble compris dans l'expression. Car alors l'évidence de l'injustice qui suivrait de ce sens apparent, oblige à découvrir par une espèce d'interprétation, non ce que dit la loi, mais ce qu'elle veut, et à juger par son intention quelle est l'étendue et quelles sont les bornes que doit avoir son sens. Et cette manière d'interprétation dépend toujours du tempérament que quelque autre règle apporte à la loi qu'on serait en danger de mal appliquer, si on ne l'expliquait; car c'est ce tempérament qui donne à cette loi son usage et sa vérité, ce qu'on ne saurait mieux entendre que par des exemples. Et pour les rendre plus utiles à ceux qui ont moins de lumière et d'expérience, il faut en donner un où personne ne puisse manquer de reconnaître qu'il ne faut pas toujours prendre la loi au sens de la lettre, et en ajouter un autre où il ne soit pas si facile de faire ce discernement.

C'est une règle des plus claires et des plus sûres, qu'un dépositaire doit rendre le dépôt à celui qui l'a confié, quand il lui plaira de le retirer; mais si le maître de l'argent déposé avait perdu le sens quand il demande son argent, personne n'ignore que ce serait une injustice de le lui donner: car qui ne voit pas qu'une autre règle défend de donner à un insensé une chose qui pourra périr en ses mains, ou dont il pourra faire un mauvais usage, et que c'est lui faire tort que de la lui rendre? Ainsi, c'est par cette seconde règle qu'on interprète et qu'on borne le sens de l'autre.

C'est une autre règle des plus certaines que l'héritier succède aux droits du défunt: mais cette règle serait mal appliquée pour l'héritier d'un associé, qui prétendrait succéder en cette qualité; car elle ne passe point à l'héritier: ce qui est fondé sur une autre règle, qui veut que les associés se choisissent réciproquement; et par cette règle, il serait injuste que l'héritier d'un associé fût associé, s'il n'était agréé des autres, et si lui aussi ne les agréait. Ainsi, cette seconde règle oblige à interpréter le sens de l'autre et à le borner : et on voit dans ce second exemple qu'il n'y est pas si facile que dans le premier de découvrir le principe qui fait cette interprétation, et qui donne à chacune de ces règles son juste effet en bornant le sens de la première.

On voit, par ces exemples, et il se verra de même dans tous les autres, où il est nécessaire d'interpréter le sens d'une loi, que cette interprétation qui donne à la loi son juste effet, est toujours fondée sur une autre règle, qui veut autre chose que ce qui paraissait réglé par ce sens mal pris.

Il s'ensuit de cette remarque que, pour bien entendre une

règle, ce n'est pas assez de concevoir le sens apparent des termes, et de la voir seule; mais il faut aussi considérer si d'autres règles ne la bornent point. Car il est certain que toute règle ayant sa justice, qui ne saurait être contraire à celle d'aucune autre règle, chacune a la sienne dans son étendue. Et c'est seulement la liaison de toutes ensemble qui fait leur justice et borne leur usage, ou plutôt c'est l'équité qui, étant l'esprit universel de la justice, fait toutes les règles, et donne à chacune son usage propre. D'où il faut conclure que c'est la connaissance de cette équité et la vue générale de cet esprit des lois, qui est le premier fondement de l'usage et de l'interprétation particulière de toutes les règles.

Ce principe de l'interprétation des lois par l'équité, ne regarde pas seulement les lois naturelles; mais il s'étend aussi aux lois arbitraires, parce qu'elles ont toutes leurs fondemens dans les lois naturelles, comme il a été remarqué dans le chapitre XI du Traité des lois. Mais il faut ajouter à ce principe de l'équité, pour ce qui regarde l'interprétation des lois arbitraires, un autre principe qui leur est propre: c'est l'intention du législateur qui les fixe en ce qu'elles règlent l'usage et l'interprétation de cette équité. Car, dans ces sortes de lois, les tempéramens de l'équité sont restreints à ce qui peut s'accorder avec l'intention du législateur, et ne s'étendent pas à tout ce qui aurait pu paraître équitable, avant que la loi arbitraire eût été établie. Ainsi, par exemple, il est de l'équité que celui qui a obligeamment prêté son argent, sans en retirer de reconnaissance, et à qui le débiteur dénie le prêt, puisse être reçu à prouver le prêt, s'il en a d'autres preuves que l'écrit qui lui manque. Et cette même équité demande aussi cet usage des preuves dans les autres espèces de conventions. Mais parce qu'il est de l'intérêt public et de l'équité de ne pas laisser d'occasion à la facilité des fausses preuves, et qu'il suffit d'avertir ceux qui prêtent, ou qui font d'autres conventions, de prendre un écrit; l'ordonnance de Moulins et celle de 1667, qui ont défendu les preuves de conventions sans écrit au-dessus de cent livres, ont donné par-là de justes bornes à la liberté de recevoir les preuves des conventions. Et si l'on reçoit quelques preuves contre la lettre de cette ordonnance, comme dans le cas d'un dépôt nécessaire, tel qu'est celui qui se fait dans un incendie, c'est que son intention ne s'étend point à ce cas, où il a été nécessaire de faire le dépôt, et impossible d'en prendre un écrit.

Ainsi, pour un autre exemple de l'effet de la volonté du législateur, en ce qui regarde l'interprétation des lois arbitraires par l'équité naturelle, il est de cette équité qu'un acheteur ne se prévale pas de la nécessité du vendeur pour acheter à vil prix. Et sur ce principe il semblerait juste d'annuler les ventes dont le prix serait moindre, ou d'un tiers, ou d'un quart que le juste prix, ou même de moins selon les circonstances. Mais les inconvéniens de casser toutes les ventes où il se trouverait de pareilles lésions, ont donné sujet à une loi qui a restreint la liberté de résoudre les ventes par la vilité du prix à celle des immeubles où la lésion serait plus grande que de la moitié du juste prix de la chose vendue. Et cette loi fait cesser tout autre usage et toute autre application de l'équité pour la lésion dans le prix des ventes.

Ce n'est donc pas assez pour le bon usage de ce premier fondement de l'interprétation des lois, qui est l'équité, de sentir en chaque règle ce que la lumière de la raison trouve d'équitable dans son expression et dans l'étendue qu'elle paraît avoir; mais il faut joindre à ce sentiment une vue générale de l'équité universelle, pour discerner, dans les cas qui sont à régler, si d'autres règles ne demandent pas une justice différente, afin de n'en détourner aucune hors de son usage, et d'appliquer aux faits et aux circonstances les règles qui y conviennent; et si ce sont des lois naturelles, les concilier par l'étendue et les bornes de leur vérité; ou si ce sont des lois arbitraires, fixer cette équité par l'intention du législateur.

Il faut prendre garde de ne pas confondre ces sortes d'interprétations des lois dont on vient de parler, avec celles qui sont réservées au prince, dont il sera parlé dans l'article 12 de cette section. Et il sera facile de comprendre la différence entre ces deux sortes d'interprétations, par les règles qui seront expliquées dans cette section.

1. Toutes les règles, soit naturelles ou arbitraires, ont leur usage tel que donne à chacune la justice universelle qui en est l'esprit. Ainsi l'application doit s'en faire par le discernement de ce que demande cet esprit, qui dans les lois naturelles est l'équité, et dans les lois arbitraires l'intention du législateur. Et c'est aussi dans ce discernement que consiste principalement la science du droit (1).

2. S'il arrive qu'une règle naturelle étant appliquée à quelque cas qu'elle paraît comprendre, il s'ensuive une décision contraire à l'équité, il en faut conclure que la règle est mal appliquée, et que c'est par quelque autre que ce cas doit être jugé. Ainsi, par exemple, la règle qui veut que celui qui a prêté quelque chose à un autre pour en user, puisse la retirer quand il lui plaira, produirait une conséquence qui blesserait l'équité, si on lui permettait de reprendre la chose prêtée, pendant qu'elle sert actuellement à l'usage pour lequel il l'avait donnée, et d'où elle ne pourrait être tirée sans quelque dommage. Car cette règle cesse en ce cas par une autre qui veut que celui qui prête laisse jouir de la grace qu'il fait, et qu'il ne puisse tourner son bienfait en une injustice (2). (C. civ. 1875, s.)

(1) L. 90, ff. de reg. jur. L. 4, § 1, ff. de eo quod certo loco. L. 18, ff. de legib. L. 13, § 2, ff. de excus. tutor. L. 17, ff. de legib. L. 7, ff. de bon. damnat. L. 1, ff. de just. et jur. (2) L. 183, ff. de reg. jur. L. 90, eod. L. 17 § 3, ff. commod. V. l'art. 1 de la sect. 3 du prêt à usage.

3. Si une loi arbitraire étant appliquée à un cas qu'elle paraît comprendre, il en arrive une conséquence qui blesse l'intention du législateur, la règle ne doit pas s'étendre à ce cas. Ainsi, par exemple, l'ordonnance de Moulins qui annule indistinctement les substitutions par le défaut de publication, sans marquer à l'égard de quelles personnes elles seront nulles, ne les rend pas telles à l'égard de l'héritier chargé de la substitution; car une règle obligerait cet héritier à faire faire la publication, comme étant chargé d'exécuter les dispositions du testateur; et il ne doit pas profiter de sa négligence ou de sa mauvaise foi (1).

4. Il ne faut pas prendre pour des injustices contraires à l'équité ou à l'intention du législateur, les décisions qui paraissent avoir quelque dureté, qu'on appelle rigueur de droit, lorsqu'il est évident que cette rigueur est essentielle à la loi d'où elle suit, et qu'on ne pourrait apporter de tempérament à cette loi sans l'anéantir. Ainsi, par exemple, si un testateur ayant dicté son testament, et l'ayant relu en présence des notaires et des témoins, et prenant la plume pour le signer, meurt dans ce moment; ou si après qu'il aura signé, on oublie de faire signer l'un des témoins, ou qu'enfin il manque au testament quelqu'une des formalités prescrites par les lois ou par les coutumes, ce testament sera absolument nul, quelque certitude qu'il y ait de la volonté du testateur, et quelque favorables que pussent être ses dispositions, parce que ces formalités sont la seule voie que les lois reçoivent pour faire la preuve de la volonté d'un testateur. Ainsi la rigueur qui annule tous les testamens où manquent les formes que les lois prescrivent, est essentielle à ces mêmes lois, et ce serait les anéantir que d'y apporter un tempérament (2).

5. Si la dureté ou la rigueur du droit n'est pas une suite essentielle de la loi, et qui en soit inséparable, mais que la loi puisse avoir son effet par une interprétation qui modère cette rigueur, et par quelque tempérament que demande l'équité, qui est l'esprit de la loi, il faut alors préférer l'équité à cette rigueur qui paraît demander la lettre, et suivre plutôt l'esprit et l'intention de la loi que la manière étroite et dure de l'interpréter (3). Ainsi dans le cas d'un testateur qui ordonne que, si sa femme qu'il laisse grosse accouche d'un fils, il aura les deux tiers de sa succession, et elle le tiers; et que, si c'est une fille, la mère et la fille partageront également la succession; s'il arrive qu'il naisse un fils et une fille, la rigueur du droit paraît exclure la mère, parce qu'elle n'était pas appelée au cas qui est arrivé. Mais il est

(1) L. 13, § 2, ff. de excus, tut. V. l'ord. de Moulins, art. 57, et celle de Henri II en 1553, art. 5. De sophisticâ legum interpretatione et cavillatione. V. l. 12, § 2. C. de ædif. priv. (2) L. 12, § 1, ff. qui et à quib. manum. (3) L. 8, cod. de judic. L. 18, ff. de legib. L. 13, § 2, ff. de excus. tut. L. 2, § 5, in f. ff. de aquâ et aquæ plur. arc. L. 21, ff. de interrog. L. 1, § 1, ff. si is qui test. lib. L. 192, § 1, ff. de reg. jur. L. 56, eod. L. 168, eod.

de l'équité que le père ayant voulu que la mère eût part en ses biens, soit qu'elle eût un fils ou bien une fille, et lui ayant donné la moitié moins qu'aurait le fils, et autant qu'aurait la fille, cette volonté soit exécutée en la manière qu'elle peut l'être, et que pour cela le fils ait la moitié, et la mère et la fille chacune un quatrième (1).

On a changé l'espèce de cette loi à l'égard de la fille, parce que cette loi, qui est de l'ancien droit, ne lui donnait pas sa légitime.

Ainsi, pour un autre exemple, si un père et un fils meurent en même temps, comme dans une bataille, sans qu'il soit possible de savoir lequel a survécu, et que la veuve, mère de ce fils, demande contre les héritiers du père les biens qui seraient échus au fils de la succession de son père, s'il était certain que le fils lui eût survécu, la rigueur du droit exclurait la mère, parce que le père et le fils étant morts ensemble, sans qu'il paraisse que le fils ait survécu, on ne peut pas dire qu'il ait succédé au père; ainsi, les biens du père iraient à ses héritiers. Mais l'équité veut que, dans ce doute, il soit présumé, en faveur de la mère, que c'est le père qui est mort le premier; et c'est aussi l'ordre naturel (2).

Il faut remarquer sur ce second exemple, qu'il ne doit s'entendre que des biens auxquels les mères succèdent, suivant l'ordonnance de Charles IX, vulgairement appelée l'Édit des mères.

6. Il s'ensuit des règles précédentes, qu'on ne peut fixer pour règle générale, ni que la rigueur du droit doive être toujours suivie contre les tempéramens de l'équité, ni qu'elle doive y céder toujours. Mais cette rigueur devient injustice dans les cas où la loi souffre qu'on l'interprète par l'équité; et elle est au contraire une juste règle dans le cas où cette interprétation blesserait la loi (3). Ainsi, ce mot de *rigueur du droit* se prend, ou pour une dureté injuste et odieuse, et qui n'est pas de l'esprit des lois, ou pour une règle inflexible, mais qui a sa justice. Et il ne faut jamais confondre l'usage de ces deux idées; mais on doit discerner et appliquer, ou la juste sévérité, ou le tempérament de l'équité, suivant les règles précédentes et celles qui suivent.

7. Il n'est jamais libre et indifférent de choisir, ou la rigueur du droit, ou bien l'équité, de sorte qu'on puisse dans le même cas appliquer ou l'une ou l'autre indistinctement et sans injustice. Mais dans chaque fait, il faut se déterminer ou à l'une ou à l'autre, selon les circonstances et ce que demande l'esprit de la loi. Ainsi, il faut juger par la rigueur du droit, si la loi ne souffre point de tempérament, ou par le tempérament de l'équité, si la loi le souffre (4).

8. Quoique la rigueur du droit semble distinguée de l'équité, et qu'elle y paraisse même opposée, il est toujours vrai, dans les

(1) L. 13, ff. de lib. et post. (2) L. 9, § 1, ff. de reb. dub. (3) Cet art. est une suite des règles précédentes. (4) Cet art. est une suite des règles précédentes.

cas où cette rigueur doit être suivie, qu'une autre vue de l'équité lui donne sa justice. Et comme il n'arrive jamais que ce qui est équitable blesse la justice, il n'arrive jamais aussi que ce qui est juste blesse l'équité. Ainsi, dans l'exemple de l'article quatrième, il est juste qu'on annule le testament où manquent les formalités que les lois prescrivent, parce qu'un acte de cette conséquence doit être accompagné de circonstances sérieuses, et de preuves fermes de sa vérité. Et cette justice a son équité dans le bien public, et dans l'intérêt même qu'ont les testateurs, surtout les malades, qu'on ne puisse pas aisément prendre pour leur volonté, ce qu'il ne serait pas bien sûr qu'ils eussent voulu (1).

9. Les obscurités, les ambiguités et les autres défauts d'expression, qui peuvent rendre douteux le sens d'une loi, et toutes les autres difficultés de bien entendre et de bien appliquer les lois, doivent se résoudre par le sens le plus naturel, qui se rapporte le plus au sujet, qui est le plus conforme à l'intention du législateur, et que l'équité favorise le plus; ce qui se découvre par les diverses vues de la nature de la loi, de son motif, de son rapport aux autres lois, des exceptions qui peuvent la restreindre, et des autres semblables réflexions qui peuvent en découvrir l'esprit et le sens (2).

10. Pour bien entendre le sens d'une loi, il faut en peser tous les termes et le préambule, lorsqu'il y en a, afin de juger de ses dispositions par ses motifs et par toute la suite de ce qu'elle ordonne, et ne pas borner son sens à ce qui pourrait paraître différent de son intention, ou dans une partie de la loi tronquée, ou dans le défaut d'une expression. Mais il faut préférer à ce sens étranger d'une expression défectueuse, celui qui paraît d'ailleurs évident par l'esprit de la loi entière. Ainsi, c'est blesser les règles et l'esprit des lois, que de se servir, ou pour juger, ou pour conseiller, d'une partie détachée d'une loi, et détournée à un autre sens que celui que lui donne sa liaison au tout (3).

11. Si dans quelque loi, il se trouve une omission d'une chose qui soit essentielle à la loi, ou qui soit une suite nécessaire de sa disposition, et qui tende à donner à la loi son entier effet selon son motif, on peut en ce cas suppléer ce qui manque à l'expression, et étendre la disposition de la loi à ce qui étant compris dans son intention, manquait dans les termes (4).

12. Si les termes d'une loi en expriment nettement le sens et l'intention, il faut s'y tenir. Que si le vrai sens de la loi ne peut

(1) Cet art. est encore une suite des règles précédentes. (2) L. 19, ff. de legib. L. 67, ff. de reg. jur. L. 7, § 2, in fin. ff. de supell. leg. L. 18, ff. de legib. L. 17, eod. V. les art. 1, 2, 3 de cette sect. et les suiv. (3) L. 24, ff. de legib. L. 6, § 1, ff. de verb. sign. L. 13, § 2, ff. de excus. V. les art. précéd. V. sur le mot préambule, la loi 134, § 1, ff. de verb. obl. (4) L. 13, ff. de testib. L. 13, ff. de legib. L. 11, ff. de præscr. verb. L. 17. Cod. de excus. tutor. L. 7, § 2, ff. de jurisd. V. ci-après les art. 21, 22 et 23 qui servent d'exemples.

être assez étendu par les interprétations qui peuvent s'en faire selon les règles qu'on vient d'expliquer, ou que ce sens étant clair, il en naisse des inconvéniens contre l'utilité publique, il faut alors recourir au prince, pour apprendre de lui son intention sur ce qui peut être sujet à *interprétation*, *déclaration* ou *modération*, soit pour faire entendre la loi, ou pour y apporter du tempérament (1).

Ainsi le parlement fit des remontrances à Charles VII sur les déclarations, interprétations, modifications qui étaient à faire aux anciennes ordonnances; sur quoi intervint celle de 1445.

Ainsi l'ordonnance de Moulins, art. 1, et celle de 1667, tit. 1, art. 3 et art. 7, veulent que les parlemens et les autres cours fassent leurs remontrances au roi sur ce qui pourrait se trouver dans les ordonnances de contraire à l'utilité ou commodité publiques, ou sujet à interprétation, déclaration ou modération. V. l'art. 33 de l'ord. de Philippe VI, en 1349, portant pouvoir au conseil et à la chambre des comptes, de faire les déclarations et interprétations qui seraient à faire sur cette ordonnance.

13. Si la disposition d'une loi étant bien connue, quoique le motif en soit inconnu, il paraît en naître quelque inconvénient qu'on ne puisse éviter par une interprétation raisonnable, il faut présumer que la loi a d'ailleurs son utilité et son équité par quelque vue du bien public, qui doit faire préférer son sens et son autorité aux raisonnemens qui pourraient y être contraires. Car autrement plusieurs lois très-utiles et bien établies seraient renversées, ou par d'autres vues de l'équité, ou par la subtilité du raisonnement (3).

14. Les lois qui favorisent ce que l'utilité publique, l'humanité, la religion, la liberté des conventions et des testamens, et d'autres semblables motifs rendent favorable, et celles dont les dispositions sont en faveur de quelques personnes, doivent s'interpréter avec l'étendue que peut y donner la faveur de ces motifs, jointe à l'équité, et ne doivent pas s'interpréter durement, ni s'appliquer d'une manière qui tourne au préjudice des personnes que leurs dispositions veulent favoriser (4).

15. Les lois qui restreignent la liberté naturelle, comme celles qui défendent ce qui de soi n'est pas illicite, ou qui dérogent autrement au droit commun, les lois qui établissent les peines des crimes et des délits, ou des peines en matière civile, celles qui prescrivent de certaines formalités, les règles dont les dispositions paraissent avoir quelque dureté, celles qui permettent l'ex-

(1) L. 9. Cod. de legib. L. 1, eod. L. ult. § 1, eod. Vid. Nov. 145. L. 11, ff. de legib. (2) Vid. l. 6. de sacrosanct. Eccl. Vid. l. 6. C. de sacrosanct. Eccl. (3) L. 20, ff. de legib. L. 21, eod. L. 3, c. de crim. sacril. L. 51, § 2, in fin. ff. ad l. Aquil. (4) L. 25, ff. de legib. L. 19, ff. de lib. et post. L. 43, ff. de religiosis et sumpt. funerum. L. 6. Cod. de legib. L. 64, § 1, ff. de condit. et demonst. V. un exemple de la dernière partie de cette règle dans l'art. 9 de la sect. 3 du contrat de vente, et un autre dans la loi 3, § 5, ff. de Carb. Édict. Le reste n'a pas besoin d'exemple.

hérédation, et les autres semblables, s'interprètent de sorte qu'on ne les applique pas au-delà de leurs dispositions à des conséquences pour des cas où elles ne s'étendent point; et qu'au contraire on y donne les tempéramens d'équité et d'humanité qu'elles peuvent souffrir (1).

16. Si quelque loi ou quelque coutume se trouve établie par des considérations particulières contre d'autres règles, ou contre le droit commun, elle ne doit être tirée à aucune conséquence hors des cas que sa disposition marque expressément. Ainsi, l'ordonnance qui défend de recevoir la preuve des conventions au-dessus de cent livres, et la preuve des faits qui sont différens de ce qui a été convenu, ne s'étendent pas à des faits d'une autre nature, où il ne s'agirait point de convention (2).

17. Les bienfaits et les dons des princes s'interprètent favorablement, et ont toute l'étendue raisonnable que peut leur donner la présomption de la libéralité naturelle aux princes, pourvu qu'on ne les étende pas d'une manière qui fasse préjudice à d'autres personnes (3).

18. Si les lois où il se trouve quelque doute ou quelque autre difficulté ont quelque rapport à d'autres lois qui puissent en éclaircir le sens, il faut préférer à toute autre interprétation, celle dont les autres lois donnent l'ouverture. Ainsi, lorsque des lois nouvelles se rapportent aux anciennes, ou à d'anciennes coutumes, ou les anciennes lois aux nouvelles, elles s'interprètent les unes par les autres, selon leur intention commune, en ce que les dernières n'ont pas abrogé (4).

19. Si les difficultés qui peuvent arriver dans l'interprétation d'une loi ou d'une coutume, se trouvent expliquées par un ancien usage qui en ait fixé le sens, et qui se trouve confirmé par une suite perpétuelle de jugemens uniformes, il faut s'en tenir au sens déclaré par l'usage, qui est le meilleur interprète des lois (5).

20. Si quelques provinces ou quelques lieux manquent de règles certaines pour des difficultés dans des matières qui y sont en usage, et que ces difficultés ne soient pas réglées par le droit naturel ou les lois écrites, mais qu'elles dépendent des coutumes et des usages, on doit s'y régler par les principes qui suivent des coutumes de ces lieux mêmes; et si cela ne règle pas la difficulté, il faut suivre ce qui s'en trouve réglé par les coutumes voisines qui en disposent, et surtout par celle des principales villes (6). (C. civ. 3.)

(1) L. 42, ff. de pœn. L. 155, § ult. ff. de reg. jur. L. 11, ff. de pœn. Vid. L. 32. eod. L. 19, ff. de lib. et post. L. 10, § 1, ff. de reb. dub. L. 14. ff. de legib. L. 24, ff. de pign. et hyp. Quoique l'exemple de cette esclave soit rapporté dans cette loi 10, § 1, ff. de reb. dub. sur la matière des testamens, on peut aussi l'appliquer en ce lieu. (2) L. 141, ff. de reg. jur. l. 14, ff. de legib. Vid. L. 39, eod. (3) L. 3, ff. de const. princip. Vid. L. 2. Cod. de bon. vac. L. 2, § 16, ff. ne quid in loco publ. vel itin. (4) L. 26, ff. de legib. L. 28, eod. (5) L. 37, ff. de legib. L. 38, eod. (6) L. 32, ff. de legib.

21. Toutes les lois s'étendent à tout ce qui est essentiel à leur intention. Ainsi, la loi permettant le mariage aux garçons à l'âge de quatorze ans accomplis, et aux filles à douze (C. civ. 144.), c'est une suite de ces lois, que ceux qui se marient puissent s'obliger, quoique mineurs, aux conventions du mariage qui regardent la dot, le douaire, la communauté des biens et les autres semblables. Ainsi, les juges étant établis pour rendre la justice, leur autorité s'étend à tout ce qui devient nécessaire pour l'exercice de leurs fonctions; comme est le droit de réprimer par des peines ceux qui résistent aux ordres de la justice, et il en est de même de toutes les autres suites de leur ministère (1). (C. civ. 4.)

22. Dans les lois qui permettent, on tire la conséquence du plus au moins. Ainsi ceux qui ont le droit de donner leurs biens, ont à plus forte raison le droit de les vendre; et de même ceux qui ont le droit d'instituer des héritiers par un testament, ont à plus forte raison le droit de faire des legs (2).

23. Dans les lois qui défendent, on tire la conséquence du moins au plus. Ainsi, les prodigues à qui on a interdit l'administration de leurs biens, ne peuvent à plus forte raison les aliéner. Ainsi, ceux qui sont déclarés indignes de quelque charge ou de quelque honneur, sont à plus forte raison indignes d'une plus grande charge, et d'un honneur plus considérable (3).

24. Cette étendue des lois du moins au plus, et du plus au moins, est bornée aux choses qui sont de même genre que celles dont la loi dispose, ou qui sont telles que son motif doive s'y étendre, comme dans les exemples des articles précédens (4). Mais il ne faut pas tirer la conséquence, ni du plus au moins, ni du moins au plus, quand ce sont des choses de différent genre, ou qui sont telles que l'esprit de la loi ne s'y applique point (5). Ainsi, la loi qui permet aux adultes de s'engager dans le mariage, et d'y obliger leurs biens pour les conventions qui en sont les suites, quoiqu'ils soient mineurs, serait mal appliquée à d'autres sortes de conventions, quoique moins importantes. Ainsi, la liberté qu'a un adulte en minorité, de donner tous ses biens par une disposition à cause de mort, serait mal étendue à la liberté de donner entre-vifs une partie de ses biens. Ainsi, le pouvoir du

(1) L. 2, § 5, in fin. ff. de aquâ et aquæ pluviæ arcend. L. 7, § 2, ff. de jurisd. L. 2, eod. (2) L. 21, ff. de reg. jur. L. 163, ff. de reg. jur. L. 26, ff. de reg. jur. V. les deux art. suiv. (3) L. 4, ff. de Senatorib. L. 7, § ult. ff. de interd. et releg. l. 5, ff. de serv. export. V. l'art. suiv. (4) L. 110, ff. de reg. jur. L. 165, eod. L. 4, ff. de fundo dot. (5) Ainsi dans l'ancien droit romain, la licence qu'avaient les pères d'ôter la vie à leurs enfans, ne s'étendait pas à la licence de les priver de la liberté et de les rendre esclaves. L. ult. cod. de patr. potest. Ainsi, dans le même droit romain, il était permis de donner à sa concubine, mais non à sa femme. V. la loi 58 et tout le tit. au ff. de donat. inter vir. et uxor. Ainsi, dans ce même droit, il était permis au mari de vendre le fonds dotal de sa femme, si elle y consentait, mais non pas de l'hypothéquer, quoiqu'elle y consentît. L. un. § 15. Cod. de re ux. act.

haut-justicier serait mal étendu à ce qui est de la moyenne ou basse justice. Ainsi, les lois qui notent d'infamie, seraient mal appliquées à la privation des biens, encore que l'honneur soit plus que le bien.

25. Si quelque loi faisait cesser la recherche de quelque abus, le pardonnant pour le passé, ce serait le défendre pour l'avenir (1).

26. Lorsqu'un droit vient à quelque personne par la disposition d'une loi, ce droit lui est acquis par l'effet de la loi, soit que cette personne sache ou ignore cette loi, et soit aussi qu'elle sache ou ignore le fait d'où dépend le droit que la loi lui donne. Ainsi, le créancier de qui le débiteur vient à mourir, a son droit acquis contre l'héritier, quoiqu'il ignore la mort de son débiteur; et quand il ne saurait pas même que la loi engage l'héritier aux dettes de celui à qui il succède. Ainsi, le fils est héritier de son père, quoiqu'il ignore son droit de succéder, et qu'il ne sache pas la mort de son père. Et c'est une suite de cette règle, que les droits de cette nature, qui sont acquis aux personnes par l'effet de la loi, passent à leurs héritiers, s'il arrive qu'ils meurent avant que d'avoir exercé ni connu leurs droits (2).

Il faut entendre cette règle, ainsi qu'elle est exprimée, des droits acquis par la disposition d'une loi, et non pas en général de ce qui est acquis par d'autres voies que les lois autorisent, comme serait un legs acquis par la volonté d'un testateur. C'est de cette règle que dépend celle de nos coutumes, le mort saisit le vif, qui signifie que les héritiers du sang ont leur droit acquis à la succession, quoiqu'ils ignorent la mort de celui à qui ils succèdent, parce que c'est la loi qui les appelle à la succession. Mais les légataires et les héritiers testamentaires n'étant appelés que par la volonté du testateur, et non par la loi, leur droit n'est pas le même, et on expliquera cette différence en son lieu dans les successions. Vid. l. 1. de his qui ante ap. tab.

27. Il est libre aux personnes capables d'user de leurs droits, de renoncer à ce que les lois établissent en leur faveur. Ainsi, un majeur qui n'a aucune incapacité, comme serait la démence, ou une interdiction, peut renoncer à une succession où la loi l'appelle. Ainsi, ceux qui ont des priviléges accordés, ou par des lois, ou par des graces particulières, peuvent ne s'en pas servir (3).

(1) L. 22, ff. de legib. La loi serait bien imparfaite, si dissimulant le passé, elle n'ajoutait les défenses pour l'avenir. Ainsi, l'édit de 1606, qui remit la recherche de ceux qui avaient pris les intérêts d'obligations à cause de prêt, et les convertit en rentes, ne manqua pas de défendre ces intérêts pour l'avenir. v. Nov. 154. (2) L. ult. Cod. de hered. act. § 3. Inst. per quas pers. cuique acq. § 1. L. 18. Cod. de jur. deliber. vid. L. 5, ff. si pars hered. pet. L. 30, § 6, ff. de adq. vel am. hered. Leg. dict. § 1, et tit. de ventr. in poss. mit. L. 6. Cod. de impub. et al. subst. L. 5, ff. si pars hered. pet. d. § 1. L. 30, § 6, ff. de adq. vel am. her. L. 3, § 10, ff. de suis et leg. Vid. l. un. C. de his qui ante ap. tab. (3) L. 51. Cod. de Episc. et Cler. L. 29. Cod de pact. L. 46, ff. de pact. Vid. l. 4, § 4, ff. si quis caut. l. 8, ff. de transact. L. 13, ff. comm. præd. V. l'art. suiv. et l'art. 2 de la sect. 4 des vices des conventions.

Mais cette liberté de renoncer à son droit ne s'étend point au cas où des personnes tierces seraient intéressées, ni à ceux où la renonciation à son droit serait contraire à l'équité, ou aux bonnes mœurs, ou à la défense de quelque loi.

28. Les lois ont leur effet indépendamment de la volonté des particuliers, et personne ne peut empêcher, ni par des conventions, ni par des dispositions à cause de mort, ni autrement, que les lois ne règlent ce qui le regarde. Ainsi, un testateur ne peut empêcher, par aucune précaution, que les lois n'aient leur effet contre les dispositions qu'il pourrait faire, contraires à celles des lois. Ainsi, les conventions qui blessent les règles n'ont aucun effet (1). (C. civ. 1390, 6.)

La novelle 1, col. 2, in fin., permet aux testateurs de priver leurs héritiers de la falcidie; mais cette permission même marque qu'autrement leur disposition aurait été inutile, comme contraire à la loi, qui veut que l'héritier ait au moins la falcidie, qui est le quart des biens.

Il ne faut pas donner à la règle expliquée dans cet article une étendue qui aurait quelque chose de contraire à l'article précédent.

29. De toutes les règles qui ont été expliquées dans ce titre, on peut conclure, et c'en est une dernière, qu'il est dangereux qu'on n'applique mal les règles du droit, si on manque d'une connaissance assez étendue de leur détail, et des diverses vues nécessaires pour les interpréter et les appliquer (2).

Ainsi on doit prendre garde de ne pas appliquer une règle hors de son étendue, et à des matières où elle n'a point de rapport. Ainsi on doit reconnaître les exceptions qui bornent les règles. Ainsi on doit se tenir à la lettre de la loi, ou l'interpréter selon les règles expliquées dans ce titre, et en observer les autres remarques.

TITRE II.

Des personnes.

Quoique les lois civiles reconnaissent une espèce d'égalité qui met le droit naturel entre tous les hommes (3), elles distinguent les personnes par de certaines qualités, qui ont un rapport particulier aux matières du droit civil, et qui font ce qu'on appelle *l'état des personnes.* Ce sont ces qualités dont il est parlé dans le droit romain, sous le titre *de statu hom.* Mais on ne trouve ni dans ce titre ni dans aucun autre, ce que c'est proprement que l'état des personnes; on voit seulement qu'il y en a de différentes qualités, comme celles de libre et d'esclave, de père de famille et de fils de famille, et autres, dont il est dit qu'elles font l'état des personnes. Mais on ne voit rien qui marque ce qu'il y a de

(1) L. 38, ff. de pact. l. 20, ff. de religiosis. L. 45, § 1, ff. de reg. jur. L. 15, § 1, ad leg. falc. L. 5. Cod. de legib. (2) L. 202, ff. de reg. jur. (3) L. 32, ff. de reg. jur.

commun dans ces qualités, par où l'on puisse concevoir une idée juste et précise du caractère nécessaire dans une qualité, pour pouvoir dire qu'elle regarde ou ne regarde pas l'état d'une personne.

C'est ce qui a obligé de considérer dans toutes ces qualités ce qu'elles ont de commun entre elles, et ce qui les distingue des autres qualités qui ne font pas le même effet; et il paraît que la distinction de ces qualités, qui font l'état des personnes, et de celles qui n'y ont point de rapport, est une suite toute naturelle de l'ordre de la société, et de celui des matières des lois civiles. Car, comme on a vu dans le plan de ces matières que les lois civiles ont pour leur objet les engagemens et les successions, on verra que les qualités que ces lois considèrent pour distinguer l'état des personnes, ont aussi un rapport particulier aux engagemens et aux successions, et qu'elles ont tout cela de commun; qu'elles rendent les personnes capables, ou incapables, ou de tous engagemens, ou de quelques-uns, ou des successions. Ainsi, pour les engagemens, les majeurs sont capables de tous engagemens volontaires et autres, des conventions, des tutelles, des charges publiques, et les mineurs sont incapables de plusieurs sortes d'engagemens, et surtout de ceux qui ne tournent pas à leur avantage. Ainsi, pour les successions, les enfans légitimes sont capables de succéder, et les bâtards en sont incapables; et on verra dans toutes les autres qualités, qui font l'état des personnes, qu'elles font en même temps quelque capacité ou incapacité; de sorte qu'on peut dire que l'état des personnes consiste dans cette capacité ou incapacité qu'il est facile de reconnaître par ces qualités; car elles sont de telle nature, que chacune est comme en parallèle à une autre qui lui est opposée, et que l'une des deux opposées se rencontre toujours en chaque personne. Ainsi, il n'y a personne qui ne soit ou majeur ou mineur, ou légitime ou bâtard; et il en est de même de toutes les autres, comme la suite le fera voir.

Les distinctions que font entre les personnes les qualités qui règlent leur état, sont de deux sortes. La première est de celles qui sont naturelles et réglées par des qualités que la nature même marque et distingue en chaque personne. Ainsi, c'est la nature qui distingue les deux sexes, et ceux qu'on appelle hermaphrodites, et la seconde est des distributions qui sont établies par des lois humaines. Ainsi, l'esclavage est un état qui n'est pas naturel (1), et que les hommes ont établi; et, selon les différentes distinctions de ces deux espèces, chaque personne a son état réglé par l'ordre de la nature, et par celui des lois.

Il faut remarquer qu'on a mis dans ce titre quelques distinctions des personnes, qui ne sont pas mises dans le droit romain,

(1) L. 4, § 1, de stat. hom.

parmi celles qui font l'état des personnes. Car, par exemple, il est dit dans le droit romain que la démence ne change pas l'état (1); et on y voit aussi que, dans le titre de l'état des personnages, il n'est point parlé de la majorité et de la minorité. Mais cependant la démence et la minorité regardent l'état des personnes, selon les principes mêmes du droit romain; car, dans le premier livre des Institutes, où sont les distinctions des personnes libres et des esclaves, des pères de famille et des fils de famille, on y a mis aussi les mineurs (2) et ceux qui sont en démence (3); et en effet ces personnes sont dans une incapacité qui leur rend nécessaire la conduite d'un tuteur ou d'un curateur. Ainsi, cette règle, que la démence ne change pas l'état, signifie qu'elle ne change pas l'état que font les autres qualités, et qu'elle n'empêche pas, par exemple, qu'un insensé ne soit libre, et qu'il ne soit père de famille; et enfin, dans notre usage, s'il s'agissait de savoir si une personne est insensée, on appellerait cette question une cause d'état, comme on appelle de ce nom toutes les causes où il s'agit de l'état des personnes.

SECTION PREMIÈRE.

De l'état des personnes par la nature.

Les distinctions qui font l'état des personnes par la nature sont fondées sur le sexe, sur la naissance, et sur l'âge de chaque personne, en comprenant sous les distinctions que fait la naissance, celles qui dépendent de certains défauts ou vices de conformation qu'on a de naissance : comme sont, le double sexe dans les hermaphrodites, l'incapacité d'engendrer et quelques autres; et, quoique quelques-uns de ces défauts puissent aussi survenir par des accidens après la naissance, de quelque manière qu'on les considère, les distinctions qu'ils font des personnes, sont toujours de l'ordre de celles que fait la nature, et elles ont leur place dans cette section.

1. Le sexe qui distingue l'homme et la femme, fait entre eux cette différence, pour ce qui regarde leur état, que les hommes sont capables de toute sorte d'engagemens et de fonctions, si ce n'est que quelqu'un en soit exclu par des obstacles particuliers, et que les femmes sont incapables par la seule raison du sexe, de plusieurs sortes d'engagemens et de fonctions. Ainsi, les femmes ne peuvent exercer une magistrature, ni être témoins dans un testament, ni postuler en justice, ni être tutrices que de leurs enfans; ce qui rend leur condition en plusieurs choses moins avantageuse, et en d'autres aussi moins onéreuse que celle des hommes (4).

(1) L. 20, ff. de stat. hom. (2) Inst. de tut. (3) § 3 Inst. de Curat. (4) L. 2, ff. de reg. jur. L. 20, § 6 ff. qui test. facere poss. L. ult. ff. de tutelis. L. 9, ff. de stat. hom.

Par l'ancien droit romain, en la loi des douze tables, la femme était en perpétuelle tutelle, ce qui fut ensuite aboli. V. in fragm. 12 tab. tit. 11. §. 6. Ulp. tit. 11. §. 18. Et par ce même droit les femmes ne succédaient point, non pas même à leurs enfans, ni leurs enfans à elles: ce qui fut encore aboli. (Inst. de Senat. Tertuil.) Et, par le sénatusconsulte Velléïen, les femmes ne pouvaient s'obliger pour d'autres. (*ff.* et C. ad senat. vell.) Ce qui a été aboli, dans la plupart des provinces de ce royaume, par l'édit du mois d'août 1606, qui a défendu l'usage d'énoncer dans les obligations des femmes la renonciation au Velléïen, qui a validé leurs obligations sans cette renonciation.

Par notre usage, les femmes mariées sont sous la puissance de leurs maris; ce qui est du droit naturel et du droit divin. (Gen. 3. 16. Mulieres viris suis subditæ sint sicut Domino, quoniam vir caput est mulieris. Ephes. 5. 22. 23. 1. Cor. 11. 3. 1. Pet. 3. 1.) C'est à cause de cette puissance du mari sur la femme, que, par notre usage, elle ne peut s'obliger sans l'autorité du mari, sinon en de certains cas. Ainsi, la femme qui est marchande publique, et qui fait un commerce séparé de celui de son mari, peut s'obliger, sans être expressément autorisée; car c'est par le consentement du mari qu'elle fait ce commerce. Ainsi, dans quelques provinces les femmes peuvent s'obliger, sans l'autorité de leurs maris, pour ce qui regarde leurs biens qui ne sont pas dotaux (1).

C'est encore à cause de cette même puissance du mari, qu'en quelques provinces les femmes mariées ne peuvent s'obliger, et non pas même avec le consentement et l'autorité du mari, de crainte que l'usage de cette puissance ne tournât à la perte ou à la diminution de leur bien dotal.

Cette autorité du mari sur la femme n'était pas la même dans le droit romain, où la femme mariée demeurait sous la puissance de son père, s'il ne l'émancipait en la mariant (2). Et, au lieu de cette puissance du mari sur la femme et des effets que nous y donnons, on ne reconnaissait dans le droit romain qu'un devoir de respect, et des offices qui en sont les suites. (Hæc, cujus matrimonio consensit, in officio mariti esse debet. L. 48. ff. de op. lib. Recepta reverentia quæ maritis exhibenda est. L. 14. in fin. ff. solut. matr.) Car il ne faut pas considérer comme un usage du droit romain, qu'on doive rapporter au nôtre cette ancienne manière de célébrer le mariage, qui dans l'ancien droit romain mettait la femme sous la puissance du mari, comme sont les enfans sous la puissance du père, et qui la rendait même héritière du mari. (V. tit. 21. Ulp. §. 14. et tit. 9.) Mais pour ce qui regarde notre usage qui rend nécessaire l'autorité du mari, pour rendre valide l'obligation de la femme dans les lieux et dans les cas où elle peut s'obliger, il n'en était pas de même dans le droit romain; et on y voit au contraire en la loi 6, C. de revoc. donat., que dans le cas d'une donation faite par une femme à son fils en l'absence de son mari, et qui voulant la révoquer tirait de cette circonstance un de ses moyens, il est dit que cette absence n'empêchait pas l'effet de la donation, et qu'ainsi la femme avait pu disposer de son bien, sans l'autorité de son mari. Dict. leg.

On ne s'étend pas davantage ici sur ce qui regarde la puissance et l'autorité du mari, ou dans le droit romain, ou dans notre usage. Mais

(1) Voy. la sect. 4 du tit. des dots. (2) L. 5. cod. de cond. insert. tàm leg. quàm fid. L. 7. cod. de nup. L. 1. cod. de bon. quæ lib. L. 1. § 1. ff. de agn. lib. L. 1 § ult. ff. de lib. exhib.

on a été obligé de faire ces remarques sur les différences entre notre usage et le droit romain pour l'état des femmes, parce que ce sont les fondemens des règles que nous observons pour la capacité ou pour l'incapacité des femmes à l'égard des engagemens.

2. La naissance met les enfans sous la puissance de ceux de qui ils naissent. (C. civ., 371 s.) Et les effets naturels de cette puissance sont réglés par la nature et la loi divine, qui marque les devoirs des enfans envers les parens (1). Mais il y a quelques effets que les lois civiles donnent à la puissance des pères sur leurs enfans légitimes; et ces effets font un caractère particulier de puissance paternelle (2), qui fait l'état des fils de famille, dont la distinction sera expliquée dans la section 2.

3. Les enfans légitimes sont ceux qui naissent d'un mariage légitimement contracté (3); et les bâtards sont ceux qui naissent hors d'un mariage légitime (4). (C. civ., 319 s. 331, 340 s.)

Les père et mère ne peuvent détruire l'état qu'ils ont donné à un enfant dans son acte de naissance par une déclaration postérieure, même testamentaire (5). L'acte de naissance d'un enfant établit sa filiation, mais n'a pas l'effet d'établir sa légitimité, encore qu'il énonce que le père et la mère sont époux. C'est pourquoi une fausse énonciation de mariage entre le père et la mère ne constitue pas un faux (6). Lorsqu'un enfant conçu ou né en mariage a été inscrit sur les registres de l'état civil comme fils ou fille de père et mère inconnus, et qu'il n'a point la possession d'état d'enfant légitime, la mère ne peut pas lui rendre la présomption légale de filiation par une simple déclaration devant notaire que l'enfant est né d'elle et de son mari (7).

L'enfant naturel inscrit sous le nom de sa vraie mère, mais sous le nom d'un père supposé, peut être légitimé par le mariage subséquent de son vrai père avec sa vraie mère (8). La reconnaissance authentique postérieure au mariage ne peut jamais suppléer à la reconnaissance requise par l'article 331 pour la légitimation, lors même que l'enfant aurait la possession publique de l'état qu'il réclame (9). Pour que les enfans nés hors mariage soient légitimés par mariage subséquent de leurs père et mère, il est impérieusément nécessaire que ceux-ci les aient reconnus avant le mariage, ou dans l'acte même de la célébration. Cette reconnaissance ne peut pas s'induire d'actes qui ne seraient pas exprès et formels, ni de faits antérieurs au mariage, tels que la cohabitation du père putatif avec la mère, la naissance, la nourriture et l'éducation de l'enfant dans la maison du père, et la déclaration de la mère dans l'acte de naissance de l'enfant (10). La légitimation par mariage sous la loi du 12 brumaire an 12 (2 nov. 1793), entre époux décédés sous le code civil, est réglé par le code. Ainsi, l'enfant naturel né sous l'empire de la loi du 12 brumaire an 12, de père et de mère mariés sous l'empire de la même loi, mais depuis décédés sous le code, n'a point été légitimé par le mariage subséquent de ses père et mère, s'il n'a été reconnu

(1) Exod. 20, 12; Eccl. 7, 30; Eccl. 3, 8. (2) Inst. de patr. potest. L. 3. ff. de his qui sui v. alien. jur. sunt. § 2. Inst. de patr. potest. (3) L. 6. ff. de his qui sui vel al. jur. sunt. (4) L. 2, ff. de stat. hom.; Deuteron. 23, 2. (5) Arrêt du parlement de Paris de 1693, sur les conclusions de d'Aguesseau. (6) Cass. 20, juillet 1819. (7) Rejet. 9 nov. 1809. (8) Paris, 2 fév. 1809. (9) Douai, 15 mai 1816. (10) Cass. 12 avril. 1820.

par son acte de naissance, ou par un acte authentique, ou dans l'acte de célébration du mariage (1). L'enfant adultérin, quoique inscrit à l'état civil au temps où ses père et mère étaient libres, n'a pu être légitimé par mariage subséquent. La date de l'inscription ne peut changer la nature de sa naissance (2). La légitimation peut être contestée par la légitimité, lorsqu'elle lui donne un état contraire à son acte de naissance (3).

C'est à ceux qui contestent la légitimation, à prouver que l'enfant n'a pu être légitimé, comme bâtard adultérin ou incestueux; on ne doit pas exiger de l'enfant qu'il justifie, par acte de naissance ou par possession d'état, qu'il était un bâtard simple, susceptible de légitimation (4).

La disposition de l'art. 46 n'est aucunement limité au seul cas de la perte totale et absolue des registres de l'état civil. La perte ou la soustraction d'une seule feuille peut, selon les circonstances, être considérée par les juges comme équivalente à l'absence totale de ces registres, dans l'intérêt de la partie qui prétend que son acte de naissance, mariage ou décès, a dû être inscrit sur la feuille perdue ou soustraite. C'est là un fait dont les conséquences appartiennent à l'arbitrage des juges, qui peuvent en pareil cas, admettre la partie à la preuve testimoniale de l'acte dont elle a intérêt d'établir l'existence, ou lui refuser cette preuve (5). Ainsi, l'art. 46 est démonstratif et non limitatif. Les juges peuvent, selon leur prudence, admettre la preuve testimoniale lorsque les registres sont perdus ou présentent des erreurs ou omissions (6). Suivant l'art. 55 de la loi du 18 germinal an X, les registres tenus par les ministres d'un culte quelconque, ne peuvent suppléer les registres ordonnés par la loi pour constater l'état civil des Français.

Les juges peuvent, selon leur prudence, admettre la preuve testimoniale, encore qu'il existe des registres, s'ils sont inexacts ou incomplets, et s'ils présentent des erreurs ou des omissions (7). Les mariages contractés avant le code civil, dans les pays où l'ordonnance de 1667 n'avait pas été publiée, peuvent du vivant même de leurs époux, et dans l'intérêt des enfans qui en sont issus, être prouvés par témoins, lorsqu'il n'a point été dressé d'acte de leur célébration, et qu'il est constaté qu'il n'y avait pas de registres dans le lieu où ils ont été célébrés. — Le défaut de publication de bans ne faisait pas réputer clandestin un mariage, quand d'ailleurs il avait été publié (8).

Le mariage étant la seule voie légitime de la propagation du genre humain, il est juste de distinguer la condition des bâtards de celle des enfans légitimes. Et c'est à cause de cette distinction que les lois rendent les bâtards incapables de successions *ab intestat*, et que comme ils ne succèdent à personne, n'étant d'aucune famille, personne aussi ne leur succède que leurs enfans légitimes; ainsi qu'il sera expliqué en son lieu. V. l'ord. de Charles VI, de 1386.

4. Les enfans qui naissent morts sont considérés comme s'ils n'avaient été ni nés ni conçus (9).

Les enfans morts-nés sont tellement considérés comme s'ils n'avaient jamais été conçus, que les successions même qui leur étaient échues

(1) Nimes, 15 juillet 1819. (2) Angers, 13 août 1806. (3) Paris, 28 déc. 1811. (4) Bruxelles, 19 janv. 1813. (5) Rejet. 21 juin 1814. (6) Agen, 9 germinal an 13. (7) Cass. 5 fév. 1809. (8) Cass. 21 mai 1810. (9) L. 129, ff. de verb. signif. L. 2. Cod. de post. hered. inst.

pendant qu'ils vivaient dans le sein de leurs mères, passent aux personnes à qui elles auraient appartenu si ces enfans n'eussent pas été conçus; et ils ne les transmettent pas à leurs héritiers, parce que le droit qu'ils avaient à ces successions n'était qu'une espérance qui renfermait la condition qu'ils vinssent au monde pour en être capables. V. ci-après l'art. 6.

5. Les avortons sont ceux qu'une naissance prématurée fait naître, ou morts, ou incapables de vivre (1).

L'état des avortons peut être considéré par deux vues. L'une de savoir si étant légitimes, et ayant eu vie, ils sont capables de succéder, et de transmettre une succession, ce qui sera expliqué en son lieu; et l'autre de savoir par où l'on peut juger quel est le temps de grossesse nécessaire pour former un enfant qui puisse vivre; ce qui sert à régler si les enfans qui vivent, quoique nés avant le terme ordinaire, à compter depuis le mariage, doivent être réputés légitimes, ou non. Et on tient pour légitimes ceux qui vivent, quoique nés au commencement du septième mois.

6. Les enfans qui sont encore dans le sein de leurs mères n'ont pas leur état réglé, et il ne doit l'être que par la naissance; et jusque-là ils ne peuvent être comptés pour des enfans, non pas même pour acquérir à leurs pères les droits que donne le nombre des enfans (2). Mais l'espérance qu'ils naîtront vivans, fait qu'on les considère, en ce qui les regarde eux-mêmes, comme s'ils étaient déja nés. Ainsi, on leur conserve les successions échues avant leur naissance, et qui les regardent; et on leur nomme des curateurs (C. civ., 393), pour prendre soin de ces successions (3). Ainsi, on punit comme homicide la mère qui procure son avortement (4), (p. 317).

Suivant le droit romain, on nommait un curateur au ventre, pour observer si la femme était véritablement enceinte, et pour veiller aux intérêts de l'enfant. Lorsque la femme était visitée par des matrones, ce n'était pas pour s'assurer de la grossesse, mais pour veiller à la sûreté de l'enfant. En France, la visite d'une femme est contraire à la décence et aux mœurs de la nation; on doit nommer un curateur au ventre sur la simple déclaration de la femme qu'elle est enceinte. Sa fonction étant d'empêcher la supposition d'enfant, il est surveillant créé par la loi pour dévoiler la fausseté et la simulation de la grossesse. Lorsqu'un curateur au ventre a été envoyé en possession de la succession, il n'y a plus lieu d'ordonner la restitution pour saisir les héritiers légitimes (5).

La disposition qui punit l'administrateur des moyens d'avortement, si l'avortement a lieu, permet de croire que cette administration des moyens d'avortement est également punie, si l'avortement n'a pas eu lieu, s'il y a eu simple tentative (6).

Ce qui est dit dans cet article pour les successions, s'entend sous

(1) L. 3, § ult. ff. de suis et leg. hered.; L. 12, ff. de stat. hom. (2) L. 1, § 1, ff. inspect. vent.; L. 9, in fin. ff. ad leg. falc.; L. 2. ff. de mort. infer. L. 7, ff. de stat. hom. L. 2, § 6, ff. de excus. (3) L. 1, ff. de vent. in poss. mit., l. 8, ff. de curat. fur. et al. l. 28, ff. de tut. et cur. dat. ab his qui. (4) L. 39, ff. de pœn. (5) Aix, 19 mars 1807. (6) Cass. 16 octobre 1817.

la condition que ces enfans viennent à naître vivans. Voyez ci-devant l'art. 4. Ainsi cet état rend incertaine leur capacité ou incapacité des successions jusqu'à leur naissance.

7. Les posthumes sont ceux qui naissent après la mort de leur père, et qui par cette naissance sont distingués de ceux qui naissent pendant que leur père est encore vivant, en ce que les posthumes ne se trouvent jamais sous la puissance de leur père, et ne sont pas du nombre des fils de famille, dont il sera parlé dans l'article 5 de la sect. 2 (1). (C. civ., 960, 966.)

8. Ceux qui naissent après la mort de leurs mères, et qu'on tire du ventre de la mère morte, sont de la condition des autres enfans (2).

9. Les hermaphrodites sont ceux qui ont les marques des deux sexes, et ils sont réputés de celui qui prévaut en eux (3).

10. Les eunuques sont ceux qu'un vice de conformation, soit de naissance, ou d'autre cause, rend incapables d'engendrer (4).

11. Les insensés sont ceux qui sont privés de l'usage de la raison, après l'âge où ils devraient l'avoir, soit par un défaut de naissance ou par accident. Et comme cet état les rend incapables de tout engagement et de l'administration de leurs biens, on les met sous la conduite d'un curateur (5). (C. civ., 489 s.)

On peut être interdit pour les causes indiquées par le Code pénal, mais, en matières civiles, on ne peut l'être que pour celles énoncées en l'art. 489, l'interdiction ne peut être demandée ni prononcée pour cause de faiblesse d'esprit habituelle, ni d'épilepsie accidentelle (6), ni pour de simples défauts de caractère, erreurs d'opinion, même sur les sujets les plus graves, ou écarts de conduite, quelque répréhensibles qu'ils puissent paraître, s'ils ne sont pas le produit de la démence (7).

L'acte par lequel un mari cède et abandonne irrévocablement à son épouse l'administration de ses biens, voulant que cet abandon équivalle à une interdiction judiciaire, est un acte nul, et que les tribunaux ne peuvent point homologuer.— On ne peut soi-même se reconnaître comme susceptible d'interdiction, et se mettre sous une tutelle ou administration générale (8).

12. Ceux qui sont tout ensemble sourds et muets, ou que d'autres infirmités rendent incapables de leurs affaires, sont dans un état qui, comme la démence, oblige à leur nommer des curateurs, qui prennent soin de leurs affaires et de leurs personnes, selon le besoin (9). (C. civ., 936.)

13. Ceux qui sont en démence et dans ces autres imbécillités, ne perdent pas l'état que leur donnent leurs autres qualités; et ils

(1) L. 3, § 1, ff. de inj. rupt. (2) L. 12, ff. de lib. et post.; l. 6, de inoff. test. (3) L. 10, ff. de stat. hom.; l. 15, § 1, de testib. V. l. 6, in fin. ff. de lib. et post. (4) § 9. Inst. de adop.; l. 128, ff. de verb. sign.; Deuter. 23, 1. (5) L. 40, ff. de reg. jur.; l. 5, eod. § 3. Inst. de curat. l. 2 et l. 7, ff. de curat. fur. Vid..... l'art. 1 de la sect. 1 des curateurs, et l'art. 13 de cette sect. (6) Colmar, 2 prairial an 13. (7) Angers, 10 prairial an 13. (8) Cass., 7 sept. 1808. (9) § 4. Inst. de curat., l. 2. ff. de curat. jur. L. 19. in fin. L. 20, l. 21, ff. de reb. auct. jud. poss.

conservent leurs dignités, leurs priviléges, la capacité de succéder, leurs droits sur leurs biens, et les effets mêmes de la puissance paternelle, qui peuvent subsister avec cet état (1).

14. Les monstres qui n'ont pas la forme humaine, ne sont pas réputés du nombre des personnes, et ne tiennent pas lieu d'enfans à ceux de qui ils naissent (2). Mais ceux qui, ayant l'essentiel de la forme humaine, ont seulement quelque excès ou quelque défectuosité de conformation, sont mis au nombre des autres enfans (3).

15. Quoique les monstres qui n'ont pas la forme humaine ne soient pas mis au nombre des personnes, et qu'ils ne soient pas considérés comme des enfans, ils en tiennent lieu à l'égard des parens, et ils sont comptés pour remplir le nombre des enfans, lorsqu'il s'agit de quelque privilége ou exemption qui est attribuée aux pères ou aux mères pour le nombre des enfans (4).

16. L'âge distingue entre les personnes, ceux qui, n'ayant pas la raison assez ferme ni assez d'expérience, sont incapables de se conduire eux-mêmes, et ceux à qui l'âge a donné assez de maturité pour en être capables (5). Mais parce que la nature ne marque pas en chacun le temps de cette maturité, les lois civiles ont réglé les temps où les personnes sont jugées capables, et du mariage, et des autres engagemens. Et on verra, dans la section suivante, les distinctions qu'elles ont faites des mineurs et des majeurs, des impubères et des adultes (6).

SECTION II.

De l'état des personnes par les lois civiles.

Les distinctions de l'état des personnes par les lois civiles sont celles qui sont établies par les lois arbitraires, soit que ces distinctions n'aient aucun fondement dans la nature, comme celles des personnes libres et des esclaves, ou que quelque qualité naturelle y ait donné lieu, comme sont la majorité et la minorité.

On considérait dans le droit romain principalement trois choses en chaque personne : *la liberté*, *la cité*, *la famille* ; et par ces trois vues, on faisait trois distinctions des personnes : la première, des libres et des esclaves ; la seconde des citoyens romains et des étrangers, ou de ceux qui avaient perdu le droit de cité par une mort civile ; et la troisième, des pères de famille et des fils de famille. Ces deux dernières distinctions sont de notre usage, quoique nous y observions des règles différentes de celles du droit romain. Et pour l'esclavage, quoiqu'il n'y ait point d'esclaves en France, il est nécessaire de connaître la nature de cet état. Ainsi, on met-

(1) L. 20, ff. de stat. hom.; l. 8, ff. de his qui sui vel al. jur. sunt. (2) L. 14, ff. de stat. hom. (3) Dict. leg. 14. (4) L. 135, ff. de verb. sign. On peut ajouter, pour une autre raison de cette règle, que ces monstres sont plus à charge que ne sont les autres enfans. (5) L. 1. ff. de min. (6) V. les art. 8 et 9 de la sect. 2.

tra dans ce titre ces trois distinctions, et les autres que nous avons communes avec le droit romain.

Nous avons en France une distinction des personnes qui n'est pas du droit romain, ou qui est bien différente de ce qu'on y en trouve. Et comme par cette raison elle ne sera pas mise dans les articles de cette section, et qu'elle est considérée comme regardant l'état des personnes, on expliquera ici cette distinction en peu de paroles : c'est elle qui fait la noblesse entre les gentilshommes et ceux qui ne le sont pas, qu'on appelle roturiers. La noblesse donne à ceux qui sont de cet ordre divers priviléges et exemptions, et la capacité de certaines charges et bénéfices affectés aux gentilshommes, et dont ceux qui ne sont pas nobles sont incapables. Et la noblesse fait aussi dans quelques coutumes des différences pour les successions. Cette noblesse s'acquiert, ou par la naissance, qui rend gentilshommes tous les enfans de ceux qui le sont, ou par de certaines charges qui anoblissent les descendans de ceux qui les ont possédées (1), ou enfin, par des lettres d'anoblissement qu'on obtient du roi pour quelque service.

On distingue encore en France les habitans des villes qui ont quelques droits, quelques exemptions, quelques priviléges attachés au droit de bourgeoisie de ces villes, avec la capacité d'en porter les charges; et les gens de la campagne et des petits lieux, qui n'ont pas les mêmes priviléges et les mêmes droits.

Il faut ajouter à ces distinctions celles que font quelques coutumes des personnes de condition serve ou servile, qui les distingue de ceux qui sont de condition franche, en ce qu'ils sont engagés par ces coutumes à quelques servitudes personnelles qui regardent les mariages, les testamens, les successions. Mais ces servitudes étant différemment réglées par ces coutumes, et inconnues dans les autres provinces, il n'est pas nécessaire d'en dire davantage, et il suffit d'en avoir fait la simple remarque. A quoi il faut ajouter que cette distinction de ces personnes serves n'a pas son fondement sur quelques qualités personnelles, mais seulement sur le domicile de ces personnes et la qualité de leurs biens sujets à ces conditions serviles. De même que les qualités de vassal, justiciable, emphytéote, ne sont pas proprement des qualités personnelles, mais des suites, ou du domicile, ou de la nature des biens qu'on possède.

1. L'esclave est celui qui est sous la puissance d'un maître, et qui lui appartient; de sorte que le maître peut le vendre et disposer de sa personne, de son industrie, de son travail, sans qu'il puisse rien faire, rien avoir, ni rien acquérir qui ne soit à son maître (2).

2. Les personnes libres sont tous ceux qui ne sont point escla-

(1) Vid. l. 7, § ult. ff. de senat. (2) L. 4, § 1, ff. de stat. hom. § 2, inst. de jur. person. § 3, inst. per quas pers. cuique acq. l. 1. § 1, des his qui sui vel. al. jur. sunt.

ves, et qui ont conservé la liberté naturelle, qui consiste au droit de faire tout ce qu'on veut, à la réserve de ce qui est défendu par les lois, ou de ce qu'une violence empêche de faire (1).

3. Les hommes tombent dans l'esclavage par la captivité dans la guerre, parmi les nations où c'est l'usage que le vainqueur, sauvant la vie au vaincu, s'en rende le maître et en fasse son esclave. Et c'est une suite de l'esclavage des femmes, que leurs enfans sont esclaves par la naissance (2).

Celui qui ayant vingt ans accomplis se laissait vendre, pour avoir le prix de sa liberté, devenait esclave dans le droit romain, quoiqu'il ne pût à cet âge disposer de ses biens. L. 5, § 1, ff. de stat. hom.

4. Les affranchis sont ceux qui, ayant été esclaves, sont parvenus à la liberté (3).

5. Les fils et filles de familles sont les personnes qui sont sous la puissance paternelle; et les pères ou mères de famille, que nous appelons aussi chefs de famille, sont les personnes qui ne sont pas sous cette puissance (4), soit qu'ils aient des enfans ou non, et soit qu'ils aient été dégagés de la puissance paternelle par une émancipation (5), ou par la mort naturelle (6), ou par la mort civile du père (7). Et en quelque bas âge que soient ces personnes, on les considère comme chefs de famille; de sorte que plusieurs enfans d'un seul père sont autant de chefs de famille après la mort du père (8).

La puissance paternelle est le fondement de diverses incapacités dans les fils de famille, mais qui sont différentes dans le droit romain et dans notre usage. Ainsi, dans le droit romain, les fils de famille furent premièrement incapables de rien acquérir; mais tout ce qui leur était acquis en quelque manière que ce fût, était à leurs pères, à la réserve du pécule, si le père leur en laissait la liberté. Et ensuite ils eurent le pouvoir d'acquérir, et les pères avaient l'usufruit de ce que pouvaient acquérir les fils de famille. Et puis il y eut des exceptions, et les pères n'avaient pas l'usufruit de certains biens. Mais il n'est pas nécessaire d'expliquer ici tous ces changemens, ni la diversité de l'usufruit des pères sur les biens des enfans dans les provinces de ce royaume, ou sous le nom d'usufruit, ou sous le nom de garde-noble ou garde-bourgeoise.

Ainsi, encore dans le droit romain, les fils de famille ne pouvaient s'obliger à cause de prêt. (Toto tit. ad senatusc. Maced.) Ainsi, en France, les fils de famille ne peuvent se marier sans le consentement de leurs pères et mères qu'après l'âge de trente ans, et les filles après vingt-cinq ans, suivant les ordonnances de 1550 de Blois, et de 1539.

Ainsi, en France le mariage émancipe, et dans le droit romain le fils et la fille mariés demeuraient sous la puissance de leur père, s'il ne les émancipait en les mariant. (L. 5. c. de cond. ins. tàm leg. q. fid. L. 7. c. de nupt. L. 1. c. de bon. quæ lib.)

(1) L. 4 ff. de stat. hom. § 1. Inst. de jur. pers. (2) L. 5, § 1, ff. de stat. hom. § 4. Institut. de jur. pers. (3) L. 6, ff. de stat. hom. inst. de liber. (4) L. 4, ff. de his qui sui vel al. jur. sunt. (5) § 6. Inst. quid. mod. jus patr. pot. solv. (6) Inst. eod. in princip. (7) § 1, eod., § 3, eod. Sur la mort civile. Voy. ci-après l'art. 12. (8) L. 195, § 2, ff. de verb.

6. L'émancipation et les autres voies qui mettent le fils ou la fille hors de la puissance paternelle, ne regardent que les effets que les lois civiles donnent à cette puissance, mais ne changent rien pour ceux qui sont du droit naturel (1).

7. Selon ces deux distinctions des libres et des esclaves, des pères de famille et des fils de famille, il n'y a personne qui ne soit, ou sous la puissance d'un autre, ou en la sienne propre, c'est-à-dire maître de ses droits (2). Ce qui n'empêche pas que le fils émancipé ne soit sous la puissance que donne à son père le droit naturel, et que le mineur qui se trouve père de famille, ne soit sous la conduite et l'autorité d'un tuteur et d'un curateur.

8. Les impubères sont les garçons qui n'ont pas encore quatorze ans accomplis, et les filles qui n'en ont pas douze; et les adultes sont les garçons à quatorze ans accomplis, et les filles à douze (3).

C'est la puberté qui fait cesser l'incapacité du mariage, que faisait le défaut d'âge. Mais on distingue de cette puberté qui suffit pour rendre le mariage licite, la pleine puberté, qui le rend plus honnête. Cette puberté pour les mâles est à l'âge de dix-huit ans accomplis, et pour les filles à quatorze ans. (L. 40; § 1, ff. de adopt. § 4. Inst. eod.) Pour les autres effets de la pleine puberté, (V. l. 14. § 1, ff. de alim. Leg. 57, ff. de re jud. L. 1, § 3, ff. de postul.

9. Les mineurs sont ceux des deux sexes qui n'ont pas encore vingt-cinq ans accomplis, quoiqu'ils soient adultes, et ils sont en tutelle jusqu'à cet âge. Et les majeurs sont ceux qui ont passé le dernier moment de la vingt-cinquième année (4). (C. civ., 388, 488.)

Le mineur qui n'a pas atteint sa dix-huitième année, ne peut souscrire un enrôlement volontaire (5). Le mineur ne peut être témoin dans les actes entre-vifs (6); mais il peut déposer en justice, lors même qu'il a moins de 15 ans (pr. 285). Le mineur qui sous l'empire des lois nouvelles fixant la majorité à vingt-un ans, est parvenu à trente-un ans, sans avoir exercé ses actions en restitution, est frappé de déchéance (7).

Le monarque est majeur à 18 ans révolus. Jusqu'à cet âge il est soumis à la régence (8).

On se sert ici du mot de *tutelle* pour les adultes, quoique dans le droit romain ils fussent hors de tutelle, et qu'on ne leur donnât que des curateurs, ainsi qu'il sera expliqué dans le titre des tuteurs. Mais par notre usage la tutelle ne finit qu'à vingt-cinq ans, excepté dans quelques coutumes qui font cesser plus tôt la minorité.

10. On doit mettre au rang des mineurs ceux qui sont interdits comme prodigues, quoiqu'ils soient majeurs, parce que leur mauvaise conduite les rend incapables de l'administration de leurs biens, et des engagemens qui en sont les suites; et cette administration est commise à la conduite d'un curateur (9). (C. civ., 513, s.)

(1) L. 8, ff. de cap. minut. (2) Inst. de his qui sui vel al. jur. sunt. L. 1, ff. eod. L. 3. ff. de stat. hom. (3) Inst. quib. mod. tut. fin. L. ult. c. quand. tut. vel. cur. esse des. (4) Inst. de curat. L. 3, § 3, ff. de min. (5) Loi du 10 mars 1818, art. 2. (6) Loi du 25 ventose an 11, art. 9. (7) Rejet. 30 mai 1814. (8) Sén. cons. du 28 flor. an 12, art. 17. (9) § 3. Inst. de curat. L. 1. ff. de reg. jur.

Le conseil donné à un prodigue ne peut intenter en son nom personnel, et à l'insu du prodigue, les actions qui l'intéressent (1). Les juges peuvent donner un conseil judiciaire à un vieillard faible d'esprit, et capté par une femme (2). L'interdit pour cause de prodigalité a pu, depuis l'interdiction, changer de domicile; lorsqu'il veut se faire réintégrer dans l'exercice de ses droits, il doit s'adresser, non au juge qui a prononcé l'interdiction, mais à celui de son nouveau domicile (3).

11. Nous appelons régnicoles, les sujets du roi; et les étrangers sont ceux qui sont sujets d'un autre prince ou d'un autre état; et ceux de cette qualité qui n'ont pas été naturalisés par lettres du roi, sont dans les incapacités qui sont réglées par les ordonnances et par notre usage (4).

En France, les étrangers qu'on appelle aubains, *alibi nati*, sont incapables de succéder, et de disposer par testament; ils ne peuvent posséder de charges ni de bénéfices, et ils sont dans les autres incapacités réglées par les ordonnances et par notre usage. (V. l'ord. de 1386, celle de 1433, et celle de Blois, art. 4.) Il faut excepter de ces incapacités quelques étrangers à qui les rois ont accordé les droits de régnicoles et naturels français. (C. civ. 11.)

12. On appelle mort civile l'état de ceux qui sont condamnés à la mort, ou à d'autres peines qui emportent la confiscation des biens. Ce qui fait que cet état est comparé à la mort naturelle, parce qu'il retranche de la société et de la vie civile ceux qui y tombent, et les rend comme esclaves de la peine qui leur est imposée (5). (C. civ., 228, p. 12, s.)

La peine de la confiscation des biens est abolie, et ne pourra pas être rétablie (6).

Les étrangers propriétaires de terres situées en France à un demi-myriamètre des frontières de notre royaume, jouiront de la faculté d'exporter en franchise de tout droit les denrées provenant des dites terres. II. Cette faculté n'aura lieu que sous la condition expresse que nos sujets propriétaires de biens fonds situés sur le territoire étranger, jouiront également de la liberté d'importer dans l'intérieur de notre royaume les récoltes provenant des dits biens fonds (7).

Les art. 726 et 912 du code civil sont abrogés: en conséquence, les étrangers auront le droit de succéder et de recevoir de la même manière que les Français dans toute l'étendue du royaume. II. Dans le cas de partage d'une même succession entre des cohéritiers étrangers et français, ceux-ci prélèveront sur les biens situés en France une portion égale à la valeur des biens situés en pays étranger dont ils seraient exclus, à quelque titre que ce soit, en vertu des lois et coutumes locales (8).

La réciprocité ne s'étend pas aux actions de commerce qui résultent d'engagemens contractés entre Français et étrangers, pour fait de commerce (9). Il ne faut pas confondre le droit naturel des gens avec le droit

(1) Cass. 28 mai 1806. (2) Rejet. 21 fructidor an 10. (3) Paris, 15 germinal an 10. (4) L. 17, ff. de stat. hom. nov. 78. c. 5; L. 1, c. de hered. inst. L. 6, § 2, ff. eod. L. 1. in verbo cives Romani, ff. ad leg. falc. v. auth. omnes peregrini. c. comm. de success. (5) L. 29, ff. de pœn. § 3, Inst. quib. mod. jus pat. pot. solv.; § 1, Inst. quib. mod. jus pat. pot. solv.; § 2, eod.; L. 17, ff. de pœn. L. 1, c. de hered. inst. (6) Charte, art. 66. (7) Ord. 13 oct. 1814, art. 1 et 2. (8) Loi, 14 juillet 1819, art. 1 et 2. (9) Colmar, 4 janv. 1806.

civil proprement dit. La faculté de poursuivre l'exécution d'une obligation bénévolement contractée par un individu envers un autre, tient essentiellement au droit naturel; et il n'est pas une nation civilisée qui n'accorde à un étranger le droit de se faire payer une dette légitimement contractée envers lui. Au contraire, le droit de succession, d'hypothèque et autres semblables, tiennent plus à la législation civile qu'au droit naturel; et le législateur a bien pu, sans blesser les idées du juste et de l'injuste, et sans porter atteinte aux principes de l'équité naturelle, en modifier l'exercice à l'égard de l'étranger, et le subordonner à une condition de réciprocité d'autant plus convenable, qu'elle s'accorde avec nos lois politiques; et c'est dans cette vue qu'a été rédigé l'art. 11. Ainsi, un jugement rendu en pays étranger contre un Français, ne pourra conférer l'hypothèque en France, qu'autant que les lois indigènes accorderaient les mêmes priviléges aux jugemens des tribunaux français, mais de ce qu'un tribunal étranger aura commis une injustice envers un Français, il ne s'ensuit pas que les tribunaux de France doivent user de représailles envers l'étranger, et le priver d'une action juste, dont l'exercice est consacré par la loi naturelle, indépendamment de la loi positive. Cette réciprocité d'injustice n'est consacrée par les lois d'aucune nation civilisée, et répugne aux simples notions de la raison et de l'équité (1).

Avant la loi du 14 juillet 1819, la réciprocité exigée par le Code pour rendre un étranger capable de recevoir en France, à titre de succession ou donation, s'entendait, non seulement de nation à nation, mais encore de particulier à particulier. Ainsi, les religieux étrangers, morts civilement dans leurs pays, qui ne pouvaient y laisser de succession ni disposer aucunement de leurs biens, n'étaient admis en France à recueillir la succession d'un Français ou l'effet d'un legs universel, quoiqu'en France les religieux fussent relevés de la mort civile (2). Toujours avant la même loi, l'étranger, sujet d'une nation qui était avec la France en état de réciprocité sur l'habileté à succéder, conservait ce droit, même en cas de guerre survenue, en ce sens qu'il pouvait à la paix recueillir la succession échue en France pendant l'état de guerre entre sa nation et la France (3). Sous l'empire du code civil, et avant la loi du 14 juillet 1819, les Anglais étaient incapables de succéder en France, même les femmes devenues anglaises par mariage avec des Anglais. — Les lettres-patentes du 18 janvier 1787 étaient, non un *traité* établissant le droit de successibilité réciproque, mais seulement une *loi* qui admettait les Anglais à succéder en France. Comme telles, elles ont été abrogées par la loi du 30 ventose an 12 (21 mars 1804) (4). L'étranger ne peut pas invoquer le bénéfice de la réciprocité, pour recueillir de plus grands avantages que ceux que recueillent les Français de la même classe que lui (5). L'usage établi aux États-Unis de connaître des procès entre Français en matière civile, n'oblige pas les tribunaux français à connaître des procès entre Américains. La réciprocité dont parle l'article 11, ne peut s'établir que par un traité, et non par l'usage (6).

Un étranger peut disposer par testament de ses biens de France au profit d'un Français, encore qu'il n'existe pas de traité avec sa nation dans le sens des art. 11 et 726. L'existence de traité ne serait nécessaire

(1) Colmar, 27 août 1816. (2) Cass. 24 août 1808. (3) Rejet. 3 vendem. an 10. (4) Cass. 6 avril 1810. (5) Cass. 10 août 1813. (6) Rejet., 22 janv. 1806.

qu'autant que l'étranger lui voudrait succéder ou recueillir une donation (1).

Le conscrit français remplacé par un étranger, et qui, d'après la loi française devait payer le prix intégral du remplacement, ne peut opposer à l'étranger une loi de son pays, d'après laquelle il ne serait dû qu'une partie du prix proportionnel au prix du service.—Il ne s'agit pas de droits civils, mais bien d'apprécier les faits d'un contrat du droit des gens (2). Les tribunaux français ne sont pas compétens pour l'exécution d'un testament fait en France par un étranger (3).

13. Les religieux profès sont dans une autre espèce de mort civile volontaire, où ils entrent par leurs vœux qui les rendent incapables du mariage, de toute propriété des biens temporels et des engagemens qui en sont les suites (4).

En France les biens de celui qui fait profession en religion, ne sont pas acquis au monastère, mais à ses héritiers, ou à ceux à qui il veut les donner; et il ne peut en disposer au profit du monastère.

14. Les ecclésiastiques sont ceux qui sont destinés au ministère du culte divin, comme les évêques, les prêtres, les diacres, les sous-diacres, et ceux qui sont appelés aux autres ordres. Et cet état qui les distingue des laïcs, fait l'incapacité du mariage en ceux qui ont les ordres sacrés; et fait aussi d'autres incapacités des commerces défendus aux ecclésiastiques, et leur donne les priviléges et les exemptions que les canons, les ordonnances et notre usage leur ont accordés (5).

15. Les communautés ecclésiastiques et laïques sont des assemblées de plusieurs personnes unies en un corps formé par la permission du prince, sans laquelle ces sortes d'assemblées seraient illicites (6). Et ces corps et communautés, tels que sont les chapitres, les universités, les monastères, et autres maisons religieuses, les corps de ville, les corps de métiers, et autres, sont établis pour former des sociétés utiles, ou à la religion (7), ou à la police (8), et tiennent lieu de personnes (9), qui ont leurs biens, leurs droits, leurs priviléges. Et entre autres différences qui les distinguent des personnes particulières, ces corps sont dans quelques incapacités qui sont accessoires et naturelles à cet état, comme est celle d'aliéner leurs fonds sans de justes causes.

Les corps ecclésiastiques et laïcs étant établis pour un bien public, et pour durer toujours, il leur est défendu d'aliéner leurs biens sans de justes causes. (L. 14, c. de sacr. eccles.) Et c'est à cause de cette perpétuité et de ses défenses d'aliéner, qu'ils sont appelés en France *gens de main-morte*, parce que ce qu'ils acquièrent demeurant toujours

(1) Trèves, août 1813. (2) Colmar, 25 avril 1821. (3) Paris, 22 juillet 1815. (4) Auth. ingressi ex nov. 5, cap. 5, c. de sacros. eccles. nov. 76. (5) L. 6, c. de episc. et cler. Ord. de Saint-Louis, 1228. Ord. de Blois, art. 59. Voy. l. 1, et seq. et l. 2, de tit. c. de episc. et cler. (6) L. 1 et 2, ff. de coll. et corp. L. 3, § 1, eod. L. 1, ff. quod cujusque univ. L. 2, ff. de extr. crim. (7) L. 1, § 1, ff. de coll. et corp. tot. tit. c. de episc. et cler. (8) L. 1, ff. V. l. 3, ff. quod univ. tit. ff. ad munic. (9) L. 22, ff. de fidejus.

en leur possession, le roi et les seigneurs des fiefs et des censives perdent leurs droits pour les mutations et aliénations de ce qui est une fois entré dans les biens de ces communautés. Ce qui a fait qu'il ne leur est permis d'acquérir des immeubles qu'en payant un droit au roi, qui s'appelle amortissement, et l'indemnité au seigneur, à cause de la perte des droits pour les mutations à venir. (V. les ord. de Phil. III, 1275; Charles VI, 1372; et autres).

L'assemblée nationale détruit entièrement le régime féodal, et décrète que, dans les droits tant féodaux que censuels, ceux qui tiennent à la main-morte réelle ou personnelle, et à la servitude personnelle, et ceux qui les représentent, sont abolis sans indemnité... (1) Toutes les justices seigneuriales sont supprimées sans aucune indemnité, et néanmoins les officiers de ces justices continueront leurs fonctions jusqu'à ce qu'il ait été pourvu par l'assemblée nationale à l'établissement d'un nouvel ordre judiciaire (2). Les dîmes de toute nature, et les redevances qui en tiennent lieu, sous quelque dénomination qu'elles soient connues et perçues, même par abonnement, possédées par des corps séculiers et réguliers, par les bénéficiers, les fabriques et tous gens de main-morte, même par l'ordre de Malte et autres ordres religieux et militaires, même ceux qui auraient été abandonnés à des laïcs en remplacement et pour portion congrue, sont abolies, sauf à aviser aux moyens de subvenir d'une autre manière à la dépense du culte divin, à l'entretien des ministres des autels, au soulagement des pauvres, aux réparations et reconstructions des églises et presbytères, et à tous les établissemens, séminaires, écoles, colléges, hôpitaux, communautés et autres, à l'entretien desquels elles sont actuellement affectées...(3) La vénalité des offices de judicature et de municipalité est supprimée dès cet instant. La justice sera rendue gratuitement... (4) Les droits casuels des curés de campagne sont supprimés, et cesseront d'être payés aussitôt qu'il aura été pourvu à l'augmentation des portions congrues et à la pension des vicaires, et il sera fait un réglement pour fixer le sort des curés des villes (5). Les priviléges pécuniaires, personnels ou réels, en matière de subsides, sont abolis à jamais. La perception se fera sur tous les citoyens et sur tous les biens de la même manière et dans la même forme; et il va être avisé aux moyens d'effectuer le paiement proportionnel de toutes les contributions... (6). Une constitution nationale et la liberté publique étant plus avantageuse aux provinces, que les priviléges dont quelques-unes jouissaient, et dont le sacrifice est nécessaire à l'union intime de toutes les parties de l'empire, il est déclaré que tous les priviléges particuliers des provinces, principautés, pays, cantons, villes et communautés, habitans, soit pécuniaires, soit de toute autre nature, sont abolis sans retour, et demeureront confondus dans le droit commun de tous les Français (7). Tous les citoyens, sans distinction de naissance, pourront être admis à tous les emplois et dignités ecclésiastiques, civils et militaires, et nulle profession utile n'emportera dérogeance (8). L'assemblée nationale proclame solennellement le Roi Louis XVI, *Restaurateur de la liberté française* (9).

Constitution française, donnée à Paris, le 14 septembre 1791.

LOUIS, par la grace de Dieu et par la loi constitutionnelle de l'état, roi des Français, à tous présens et à venir, salut.

(1) Décret portant abolition du régime féodal, 4, 6, 8 et 11 août 1789, art. 1. (2) Art. 4. (3) Art. 5. (4) Art. 8. (5) Art. 9. (6) Art. 10. (7) Art. 11. (8) Art. 12, V. Charte, art. 1, 2 et 3. (9) Art. 18.

L'assemblée nationale a décrété, et nous voulons et ordonnons ce qui suit :

Décret de l'assemblée nationale, du 3 septembre 1791.

Déclaration des droits de l'homme et des citoyens.

Les représentans du peuple français, constitués en assemblée nationale, considérant que l'ignorance, l'oubli ou mépris des droits de l'homme, sont les seules causes des malheurs publics et de la corruption des gouvernemens, ont résolu d'exposer, dans une déclaration solennelle, les droits naturels, inaliénables et sacrés de l'homme, afin que cette déclaration, constamment présente à tous les membres du corps social, leur rappelle sans cesse leurs droits et leurs devoirs ; afin que les actes du pouvoir législatif et ceux du pouvoir exécutif, pouvant être à chaque instant comparés avec le but de toute institution politique, en soient plus respectés ; afin que les réclamations des citoyens, fondées désormais sur des principes simples et incontestables, tournent toujours au maintien de la constitution, et au bonheur de tous. En conséquence, l'assemblée nationale reconnaît et déclare, en présence et sous les auspices de l'Être suprême, les droits suivans de l'homme et du citoyen.

Art 1er. Les hommes naissent et demeurent libres et égaux en droit. Les distinctions sociales ne peuvent être fondées que sur l'utilité commune. (V. décret du 28 sept., publié le 16 oct. 1791.)

2. Le but de toute association politique est la conservation des droits naturels et imprescriptibles de l'homme. Ces droits sont la liberté, la propriété, la sûreté et la résistance à l'oppression.

3. Le principe de toute souveraineté réside essentiellement dans la nation. Nul corps, nul individu ne peut exercer d'autorité qui n'en émane expressément.

4. La liberté consiste à pouvoir faire tout ce qui ne nuit pas à autrui : ainsi l'exercice des droits naturels de chaque homme, n'a de bornes que celles qui assurent aux autres membres de la société la jouissance de ces mêmes droits. Ces bornes ne peuvent être déterminées que par la loi.

5. La loi n'a le droit de défendre que les actions nuisibles à la société. Tout ce qui n'est pas défendu par la loi ne peut être empêché, et nul ne peut être contraint à faire ce qu'elle n'ordonne pas.

6. La loi est l'expression de la volonté générale. Tous les citoyens ont droit de concourir personnellement, ou par leurs représentans, à sa formation. Elle doit être la même pour tous, soit qu'elle protége, soit qu'elle punisse. Tous les citoyens étant égaux à ses yeux, sont également admissibles à toutes les dignités, places et emplois publics, selon leur capacité, et sans autre distinction que celle de leurs vertus et de leurs talens.

7. Nul homme ne peut être accusé, arrêté, ni détenu que dans le cas déterminé par la loi, et selon les formes qu'elle a prescrites. Ceux qui sollicitent, expédient, exécutent ou font exécuter des ordres arbitraires, doivent être punis ; mais tout citoyen appelé ou saisi en vertu de la loi, doit obéir à l'instant : il se rend coupable par la résistance.

8. La loi ne doit établir que des peines strictement et évidemment nécessaires, et nul ne peut être puni qu'en vertu d'une loi établie et promulguée antérieurement au délit, et légalement appliquée. (Charte, art. 4. V. lois sur la liberté individuelle, 12 fév. 1817.-26 mars 1820.)

9. Tout homme étant présumé innocent jusqu'à ce qu'il ait été déclaré coupable, s'il est jugé indispensable de l'arrêter, toute rigueur qui ne serait pas nécessaire pour s'assurer de sa personne, doit être sévèrement réprimée par la loi.

10. Nul ne doit être inquiété pour ses opinions, même religieuses, pourvu que leur manifestation ne trouble pas l'ordre établi par la loi.

11. La libre communication des pensées et des opinions est un des droits les plus précieux de l'homme; tout citoyen peut donc parler, écrire, imprimer librement, sauf à répondre de l'abus de cette liberté dans les cas déterminés par la loi. (V. Charte, art. 8.)

12. La garantie des droits de l'homme et du citoyen nécessite une force publique; cette force est donc instituée pour l'avantage de tous, et non pour l'utilité particulière de ceux auxquels elle est confiée.

13. Pour l'entretien de la force publique, et pour les dépenses d'administration, une contribution commune est indispensable: elle doit être également répartie entre tous les citoyens, en raison de leurs facultés. (V. Charte, art. 2.)

14. Tous les citoyens ont droit de constater par eux-mêmes ou par leurs représentans, la nécessité de la contribution publique, de la consentir librement, d'en suivre l'emploi, et d'en déterminer la quotité, l'assiette, le recouvrement et la durée.

15. La société a le droit de demander compte à tout agent public de son administration.

16. Toute société dans laquelle la garantie des droits n'est pas assurée, ni la séparation des pouvoirs déterminée, n'a point de constitution.

17. La propriété étant un droit inviolable et sacré, nul ne peut en être privé, si ce n'est lorsque la nécessité publique, légalement constatée, l'exige évidemment, et sous la condition d'une juste et préalable indemnité. (V. Charte, art. 10. C. civ, 545. s.)

Lettre du Roi à l'Assemblée nationale.

Le 13 septembre 1791.

Messieurs, j'ai examiné attentivement l'acte constitutionnel que vous avez présenté à mon acceptation. Je l'accepte, et je le ferai exécuter. Cette déclaration eût pu suffire dans un autre temps: aujourd'hui je dois aux intérêts de la nation, je me dois à moi-même de faire connaître mes motifs.

Dès le commencement de mon règne, j'ai désiré la réforme des abus, et, dans tous les actes du gouvernement, j'ai aimé à prendre pour règle l'opinion publique. Diverses causes, au nombre desquelles on doit placer la situation des finances à mon avénement au trône, et les frais immenses d'une guerre honorable, soutenue long-temps sans accroissement d'impôts, avaient établi une disproportion considérable entre les revenus et les dépenses de l'état.

Frappé de la grandeur du mal, je n'ai pas cherché seulement les moyens d'y porter remède; j'ai senti la nécessité d'en prévenir le retour. J'ai conçu le projet d'assurer le bonheur du peuple sur des bases constantes, et d'assujettir à des règles invariables l'autorité même dont j'étais dépositaire. J'ai appelé autour de moi la nation pour l'exécuter.

Dans le cours des événemens de la révolution, mes intentions n'ont jamais varié. Lorsqu'après avoir réformé les anciennes institutions, vous avez commencé à mettre à leur place les premiers essais de votre ouvrage, je n'ai point attendu, pour y donner mon assentiment, que la constitution entière me fût connue; j'ai favorisé l'établissement de ses parties avant même d'avoir pu en juger l'ensemble; et si les désordres qui ont accompagné presque toutes les époques de la révolution venaient trop souvent affliger mon cœur, j'espérais que la loi reprendrait de la force entre les mains de nouvelles autorités, et qu'en approchant du terme de vos travaux, chaque jour lui rendrait ce respect sans lequel le peuple ne peut avoir ni liberté, ni bonheur. J'ai persisté long-temps dans cette espérance, et ma résolution n'a changé qu'au moment où elle m'a abandonné. Que chacun se rappelle le moment où je me suis éloigné de Paris: la constitution était près de s'achever; et cependant l'autorité des lois semblait s'affaiblir chaque jour; l'opinion, loin de se fixer, se subdivisait en une multitude de partis. Les avis les plus exagérés semblaient seuls obtenir de la faveur; la licence des écrits était au comble; aucun pouvoir n'était respecté.

Je ne pouvais plus reconnaître le caractère de la volonté générale dans les lois, que je voyais partout sans force et sans exécution. Alors, je dois le dire, si vous m'eussiez présenté la constitution, je n'aurais pas cru que l'intérêt du peuple (règle constante et unique de ma conduite), me permît de l'accepter. Je n'avais qu'un sentiment; je ne formai qu'un seul projet; je voulus m'isoler de tous les partis, et savoir quel était véritablement le vœu de la nation.

Les motifs qui me dirigeaient ne subsistent plus aujourd'hui: depuis lors les inconvéniens et les maux dont je me plaignais vous ont frappés comme moi. Vous avez manifesté la volonté de rétablir l'ordre; vous avez porté vos regards sur l'indiscipline de l'armée; vous avez connu la nécessité de réprimer les abus de la presse. La révision de votre travail a mis au nombre des lois réglementaires plusieurs articles qui m'avaient été présentés comme constitutionnels. Vous avez établi des formes légales pour la révision de ceux que vous avez placés dans la constitution. Enfin, le vœu du peuple n'est plus douteux pour moi: je l'ai vu se manifester à la fois, et par son adhésion à votre ouvrage, et par son attachement au maintien du gouvernement monarchique.

J'accepte donc la constitution: je prends l'engagement de la maintenir au-dedans, de la défendre contre les attaques du dehors, et de la faire exécuter par tous les moyens qu'elle met en mon pouvoir.

Je déclare qu'instruit de l'adhésion que la grande majorité du peuple donne à la constitution, je renonce au concours que j'avais réclamé dans ce travail, et que n'étant responsable qu'à la nation, nul autre, lorsque j'y renonce, n'aurait le droit de s'en plaindre.

Je manquerais cependant à la vérité, si je disais que j'ai aperçu dans les moyens d'exécution et d'administration toute l'énergie qui serait nécessaire pour imprimer le mouvement et pour conserver l'unité dans toutes les parties d'un si vaste empire. Mais, puisque les opinions sont aujourd'hui divisées sur ces objets, je consens que l'expérience seule en demeure juge. Lorsque j'aurai fait agir avec loyauté tous les moyens qui m'ont été remis, aucun reproche ne pourra m'être adressé; et la nation, dont l'intérêt seul doit servir de règle, s'expliquera par les moyens que la constitution lui a réservés.

Mais, Messieurs, pour l'affermissement de la liberté, pour la stabilité de la constitution, il est des intérêts sur lesquels un devoir impérieux nous prescrit de réunir tous nos efforts: ces intérêts sont le respect des lois, le rétablissement de l'ordre, et la réunion de tous les citoyens. Aujourd'hui que la constitution est définitivement arrêtée, des Français vivant sous les mêmes lois ne doivent connaître d'ennemis que ceux qui les enfreignent : La discorde et l'anarchie, voilà nos ennemis communs.

Je les combattrai de tout mon pouvoir. Il importe que vous et vos successeurs me secondiez avec énergie; que, sans vouloir dominer la pensée, la loi protége également tous ceux qui lui soumettent leurs actions; que ceux que la crainte des persécutions et des troubles aurait éloignés de leur patrie soient certains de trouver, en y rentrant, la sûreté et la tranquillité: et, pour éteindre les haines, pour adoucir les maux qu'une grande révolution entraîne toujours à sa suite, pour que la loi puisse, d'aujourd'hui, commencer à recevoir une pleine exécution, *consentons à l'oubli du passé;* que les accusations et les poursuites qui n'ont pour principe que les événemens de la révolution, soient éteints dans une réconciliation générale. Je ne parle pas de ceux qui n'ont été déterminés que par leur attachement pour moi: pourriez-vous y voir des coupables? Quant à ceux qui, par des excès où je pourrais apercevoir des injures personnelles, ont attiré sur eux la poursuite des lois, j'éprouve à leur égard que je suis le roi de tous les Français.

Signé LOUIS.

P. S. J'ai pensé, Messieurs, que c'était dans le lieu même où la constitution a été formée, que je devais en prononcer l'acceptation : je me rendrai, en conséquence, demain à midi à l'Assemblée nationale.

Serment du Roi pour l'acceptation de la constitution, à la séance de l'assemblée nationale du 14 septembre 1791.

Messieurs, je viens consacrer ici solennellement l'acceptation que j'ai donnée à l'acte constitutionnel. En conséquence, je jure d'être fidèle à la nation et à la loi, d'employer tout le pouvoir qui m'est délégué à maintenir la constitution décrétée par l'Assemblée nationale constituante, et à faire exécuter les lois.

Puisse cette grande et mémorable époque être celle du rétablissement de la paix, de l'union, et devenir le gage du bonheur du peuple et de la prospérité de l'empire!

Ces divers documens ne sont rapportés ici que pour fixer l'époque où il s'opéra de notables changemens dans les lois qui régissaient la France en 1789. Quant aux nombreux articles qui composent la constitution du 3 septembre 1791, j'en ferai l'application au droit public de Domat, toutes les fois que les questions traitées par l'auteur l'exigeront, de même que de toutes les lois qui sont en vigueur.

TITRE III.

Des choses.

Les lois civiles étendent les distinctions qu'elles font des choses à tout ce que Dieu a créé pour l'homme. Et comme c'est pour notre usage qu'il a fait tout cet univers, et qu'il destine à nos besoins tout ce que contiennent la terre et les cieux (1); c'est cette destination de toutes choses à tous nos différens besoins, qui est le fondement des différentes manières dont les lois considèrent et

(1) Deuter. 4, 19; Sap. 9, 2.

distinguent les différentes espèces des choses, pour régler les différens usages et les commerces qu'en font les hommes.

L'ordre divin qui forme une société universelle du genre humain, et qui le partage en nations, en villes, et autres lieux, et place en chacun les familles et les particuliers qui les composent; distingue aussi et dispose tellement toutes les choses qui sont pour l'homme, que plusieurs sont d'un usage commun à tout le genre humain; d'autres sont communes à une nation, quelques-unes à une ville, ou autre lieu; et que les autres entrent dans la possession et dans le commerce des particuliers.

Ce sont ces distinctions des choses, et les autres différentes manières dont elles se rapportent à l'usage des hommes et à leurs commerces, qui feront la matière de ce titre. Et parce qu'il y a des distinctions des choses qui sont toutes naturelles, et d'autres que les lois ont établies, on expliquera dans la première section de ce titre les distinctions que fait la nature; et, dans la seconde, celles que font les lois.

SECTION PREMIÈRE.

Distinction des choses par la nature.

1. Les cieux, les astres, la lumière, l'air et la mer, sont des biens tellement communs à toute la société des hommes, qu'aucun ne peut s'en rendre le maître, ni en priver les autres; et aussi la nature et la situation de toutes ces choses est toute proportionnée à cet usage commun pour tous (1). C. civ. 714, s.

L'art. 714 ne s'applique qu'aux choses communes, l'air, l'eau, la mer, et aux choses *nullius*, telles que les coquillages, les varechs, les poissons, les oiseaux, et tous les animaux sauvages, et non point à toutes les choses dont parlent les art. 538 et 540, et qui sont, comme dit le texte, des dépendances du domaine public, ou qui en font partie, mais qui ne le forment pas seules. Cependant il est bien vrai qu'il y a, dans le domaine public ou national, des choses qui ne sont point, par leur nature, susceptibles d'une propriété privée; mais ce ne sont pas toutes celles qui sont énumérées dans les art. 538 et 540. Par exemple, les lais et relais de la mer sont certainement susceptibles d'une propriété privée, non seulement par leur nature, mais encore par leur destination. Ils sont destinés à être concédés à des particuliers pour être mis en valeur, et l'art. 41 de la loi du 16 septembre 1807 autorise le gouvernement à les concéder aux conditions qu'il juge à propos, quoique les autres domaines nationaux ne puissent être vendus qu'en vertu d'une loi (2).

Il faut remarquer, sur cet article et les deux suivans, que nos lois règlent, autrement que le droit romain, l'usage des mers, à la réserve de ce qui regarde cet usage naturel de la communication de toutes les nations de l'une à l'autre par les navigations libres sur toutes les mers. Ainsi, au lieu que le droit romain permettait la pêche aux particuliers et dans les mers et dans les rivières (§ 2, inst. de rer. div.), de même qu'il

(1) Deut. 4, 19. § 1, Inst. de rer. div. L. 2. § 1; ff. de rer. div. (2) Loi du 1er décembre 1790, art. 8.

permettait la chasse (§ 12, eod.), nos lois les défendent. Et les ordonnances en ont fait divers règlemens, dont l'origine a eu entre autres causes la nécessité de prévenir les inconvéniens de la liberté de la chasse et de la pêche à toutes personnes; et il faut aussi remarquer en général dans l'usage des mers, des ports, des fleuves, des grands chemins, des murs et des fossés, des villes et des autres choses semblables, que les ordonnances y ont fait divers règlemens. Comme sont ceux qui regardent l'amirauté, les eaux et forêts, les chasses, les pêches et les autres semblables, qui ne sont pas du nombre des matières de ce dessein.

2. Les fleuves, les rivières, les rivages, les grands chemins, sont des choses publiques, et qui sont à l'usage de tous les particuliers, suivant les lois des pays. Et ces sortes de choses n'appartiennent à aucun particulier, et sont hors du commerce (1); mais c'est le prince qui en règle l'usage. C. civ. 538, s.

Les rues et les places publiques sont, comme les chemins vicinaux, la propriété des communes (2). Les préfets peuvent supprimer et rendre à l'agriculture les chemins vicinaux qu'ils reconnaissent inutiles (3). L'administration publique fera rechercher et reconnaître les anciennes limites des chemins vicinaux, et fixera d'après cette reconnaissance leur largeur, suivant les localités, sans pouvoir cependant, lorsqu'il sera nécessaire de l'augmenter, la porter au-delà de 6 mètres, ni faire aucun changement aux chemins vicinaux qui excèdent actuellement cette dimension.—A l'avenir, nul ne pourra planter sur le bord des chemins vicinaux, sans leur conserver la largeur qui leur aura été fixée en exécution de l'art. précédent.— Les poursuites en contravention à la présente loi seront portées devant le conseil de préfecture, sauf le recours au conseil d'état (4).

Lorsqu'un arrêté du préfet a ordonné le changement, la direction d'un chemin vicinal et son passage sur un nouveau territoire, le particulier lésé par cet arrêté doit s'adresser au ministre de l'intérieur, s'il se plaint de la direction donnée au chemin, et à l'autorité judiciaire, s'il se plaint que la nouvelle direction, bien que sage en administration, porte cependant atteinte à la propriété du terrain que le nouveau chemin doit parcourir (5).

Les chemins reconnus, par arrêté du préfet, sur une délibération du conseil municipal, pour être nécessaires à la communication des communes, sont à la charge de celles sur le territoire desquelles ils sont établis, sauf le cas prévu par l'art. 9 ci-après (6).

3. On met au nombre des choses publiques, et qui sont aussi hors du commerce, celles qui sont à l'usage commun des habitans d'une ville ou d'un autre lieu, et où les particuliers ne peuvent avoir aucun droit de propriété, comme sont les murs, les fossés, les maisons de ville, et les places publiques (7). C. civ. 540, 541, s.)

On appelait dans le droit romain les murs et les portes des villes des

(1) § 2. Inst. de rer. div. § 4, eod. § 5, eod. L. 2, § 22, ff. ne quid in loc. publ. vel itin. f. L. 2, ff. de viâ publ. (2) Loi du 11 frimaire an 7. (3) Arrêté du 23 messidor an 5. (4) Loi, 19 ventose an 13, art. 6, 7 et 8. (5) Décret, 6 janvier 1814. (6) Loi, 28 juillet 1824, art. 1. ... Voyez les lois des 14 pluviose an 7, 4 mars 1799 et 12 mars 1820. (7) § 6. Inst. de rer. div., L. 1, ff. de div. rer. § 10. Inst. eod. v. l. 8, et d. l. 8, § 1, ff. de div. rer. L. 9. § 3, eod. L. ult. eod.

choses saintes, ce qui ne doit pas s'entendre au sens qu'a parmi nous ce mot, mais au sens expliqué dans le texte cité sur cet article.

La distinction des choses dont il est parlé dans cet article, est plus de l'ordre des lois que de la nature; mais comme elle y a son fondement, et qu'elle se rapporte à l'article précédent, on l'a mise en ce lieu.

4. La terre étant donnée aux hommes pour leur demeure et pour produire toutes les choses nécessaires pour tous leurs besoins, on y distingue les portions de la surface de la terre que chacun occupe, et toutes les choses que nous pouvons en séparer pour tous nos usages. Et c'est ce qui fait la distinction de ce que nous appelons immeubles ou meubles, ou choses mobilières (1). (C. civ. 517, s. 527, s.)

5. Les immeubles sont toutes les parties de la surface de la terre, de quelque manière qu'elles soient distinguées, ou en places pour des bâtimens, ou en bois, prés, terres, vignes ou autrement, et à qui que ce soit qu'elles appartiennent (2). (C. civ. 518, s.)

Les actionnaires de la banque de France qui veulent donner à leurs actions la qualité d'immeubles, en ont la faculté; et, dans ce cas, ils en font la déclaration dans la forme prescrite pour les transferts. — Cette déclaration une fois inscrite sur le registre, les actions immobilières restent soumises au code civil, et aux lois de privilége et hypothèque comme les propriétés foncières. Elles ne peuvent être aliénées, et les priviléges et hypothèques être purgés qu'en se conformant au code civil et aux lois relatives aux priviléges et hypothèques sur les propriétés foncières (3).

Les actions ou coupures d'action dans les grands canaux du royaume, et qui sont affectées à des majorats ou à des donations, peuvent être immobilisées dans la forme prescrite pour les actions de la banque de France (4).

6. On comprend aussi sous le nom d'immeubles tout ce qui est adhérent à la surface de la terre, ou par la nature, comme les arbres, ou par la main des hommes, comme les maisons, et autres bâtimens; quoique ces sortes de choses puissent en être séparées, et devenir meubles. (C. civ. 521.)

Le propriétaire d'un bois taillis grevé d'hypothèque, a le droit d'en vendre la coupe sans que ses créanciers puissent s'y opposer (5). Des bois de haute futaie qui ont été vendus pour être exploités, ne peuvent être considérés entre le vendeur et l'acquéreur comme des immeubles, puisqu'au contraire la vente et l'exploitation ont eu pour objet de mobiliser les bois, en les séparant du fonds; et ainsi le prix des bois de haute futaie vendus, et qui par l'exploitation ont été détachés du fonds, n'est que le prix de choses mobilières (6). La coupe d'un bois taillis est de sa nature et suivant sa destination une chose mobilière, et non un immeuble, entre l'acheteur et le vendeur (7). Sont réputées

(1) L. 1, ff. de æd. ed. l. 8, § 4, c. de bon. quæ lib. L. 30, c. de jure dot. L. 93, ff. de verb. sign. (2) L. 1, ff. de æd. ed. L. 17, § 8, ff. de act. emp. et vend. (3) Décret sur la Banque de France, 16 janvier 1808, art. 7. (4) Décret, 3 mars 1810, art. 34. (5) Cass. 26 janvier 1808. (6) Cass. 25 février 1812. (7) Cass. 24 mai 1815.

meubles, pour le droit d'enregistrement, les coupes de bois quand elles sont vendues, encore que, par acte séparé, la vente du fonds soit faite à un autre acquéreur (1).

7. Les fruits pendans par les racines, c'est-à-dire, qui ne sont pas encore cueillis ni tombés, mais qui tiennent à l'arbre, font partie du fonds (2). (C. civ. 520.)

La qualification d'immeubles donnée aux fruits pendans par les racines, doit être restreinte au cas de succession et autres semblables, dont elle doit régler les effets; ce qui n'empêche point que ces fruits ne puissent être saisis comme objets mobiliers, pourvu que la saisie soit faite dans le temps voisin de la récolte, et en se conformant à l'usage des lieux (3). La vente d'une récolte pendante par racines ou sur pied, est une vente de choses mobilières (4). Il y a des immeubles, par leur nature, qui deviennent meubles par destination: tels que sont les bois vendus à la charge d'être coupés (5). Une vente de bois, pour n'être abattue que quand il plaira à l'acheteur, ne cesse pas d'être mobilière, et ne peut être considérée comme la vente de la jouissance d'un fonds pour un temps indéterminé (6). Des bois de haute futaie dont la superficie est vendue pour être exploitée, sont réputés meubles entre le vendeur et l'acheteur (7).

Les greffiers et huissiers-priseurs, de justice de paix, ne peuvent opérer vente que des objets qui sont meubles, ou par leur nature, ou par la détermination de la loi, avant la vente et au moment de la vente. Ils ne peuvent procéder à la vente des objets qui ne sont mobilisés que par l'effet de la vente, tels que les récoltes sur pied (8). Le droit exclusif qu'ont les commissaires-priseurs, de procéder aux ventes des effets mobiliers, n'empêche pas le notaire chargé de la vente d'un brevet d'invention et de l'achalandage d'une manufacture, de vendre aussi les métiers, ustensiles et autres effets mobiliers attachés à la manufacture. En ce cas, celui qui a attribution pour vendre le principal, a attribution pour vendre l'accessoire (9).

8. Tout ce qui tient aux maisons et autres bâtimens, comme ce qui est attaché à fer, plomb, plâtre, ou autrement, à perpétuelle demeure, est réputé immeuble (10). (C. civ. 523, 525.)

9. Les meubles ou choses mobilières sont toutes celles qui sont séparées de la terre et des eaux, soit qu'elles en aient été détachées, comme les arbres tombés ou coupés, les fruits cueillis, les pierres tirées des carrières, ou qu'elles en soient naturellement séparées, comme les animaux (11). (C. civ. 521.)

10. Les choses mobilières sont de deux sortes. Il y en a qui vivent et se meuvent elles-mêmes, comme les animaux; et les meubles morts sont toutes les choses inanimées (12). (C. civ. 528, s.)

11. Les animaux sont de deux sortes: l'une, de ceux qui sont

(1) Cass. 8 sept. 1813. (2) L. 44, ff. de rei vend. (3) Lettre du grand-juge, 11 prairial an 13. (4) Cass., 19 vendém. an 4. (5) Rejet, 21 juin 1820. (6) Rejet, 21 mars 1820. (7) Rejet, 25 fév. 1812. (8) Amiens, 21 novembre 1823. (9) Paris, 4 décembre 1823. (10) L. 17, ff. de act. empt. et vend. D. l. § 3. D. l. § 9. D. l. § 7. (11) L. 1, ff. de ædil. ed. V. l'art. 4 de cette sect. (12) L. 1, ff. de æd. ed. L. 30, c. de jur. dot. L. 93, ff. de verb. signif.

privés, et à l'usage ordinaire des hommes et en leur puissance, comme les chevaux, les bœufs, les moutons, et autres; et l'autre, des animaux qui sont dans leur liberté naturelle, hors de la puissance des hommes, comme les bêtes sauvages, les oiseaux et les poissons. Et ceux de cette seconde sorte passent à l'usage et à la puissance des hommes par la chasse et par la pêche, selon que l'usage peut en être permis (1). (C. civ. 522, 715.)

12. Parmi les choses mobilières on distingue celles dont on peut user sans qu'elles périssent, comme un cheval, une tapisserie, des tables, des lits, et autres semblables; et celles dont on ne peut user sans les consumer, comme les fruits, les grains, le vin, l'huile, et autres (2). (C. civ. 533, 534, s.)

SECTION II.

Distinction des choses par les lois civiles.

Quoique les distinctions des choses qui ont été expliquées dans la section précédente, aient été faites par les lois civiles, on a dû les séparer de celles qui font la matière de cette section. Car celles de la section précédente sont formées par la nature, et les lois n'ont fait que les remarquer ou y ajouter; comme, par exemple, ce qui a été expliqué dans l'article 3 et dans l'article 8. Mais celles-ci sont principalement établies par les lois.

1. Les lois réduisent toutes les choses en deux espèces: l'une, de celles qui n'entrent point dans le commerce, et que personne ne peut avoir en propre, comme sont celles qui ont été expliquées dans les trois premiers articles de la section précédente; et l'autre, de celles qui entrent en commerce, et dont on peut se rendre le maître (3).

2. La religion et les lois civiles qui s'y conforment, distinguent les choses qui sont destinées au culte divin de toutes les autres. Et parmi celles qui servent à ce culte, on distingue les choses sacrées, comme sont les églises et les vases sacrés, et les choses saintes et bénites, comme les cimetières, les ornemens, les oblations et autres choses dédiées au service divin. Et toutes ces sortes de choses sont hors du commerce, pendant qu'elles demeurent dans ce service (4).

3. Les lois civiles font une autre distinction générale des choses, en celles qui sont sensibles et corporelles, et celles qu'on appelle incorporelles, pour distinguer, de tout ce qui est sensible, de certaines choses qui n'ont leur nature et leur existence que par les lois: comme sont une hérédité, une obligation, une hypothèque,

(1) § 12. Inst. de rer. divis. V. le droit publ. au mot chasse. (2) L. 1, ff. de usufr. ear. rer. quæ us. cons. v. min. (3) Inst. de rer. div. l. 1, ff. eod. (4) V. loi, 20 avril 1825, sur le sacrilége, et le droit public. L. 1, ff. de div. rer. § 8. Inst. de rer. div. V. l'art. 6 de la sect. 8 du Contrat de vente, sur la vente des choses sacrées.

un usufruit, une servitude, et en général tout ce qui ne consiste qu'en un certain droit (1).

4. Parmi les immeubles qui sont en commerce et à l'usage commun des hommes, il y en a quelques-uns que les particuliers peuvent posséder de plein droit, sans aucune charge, et il y en a d'autres qui sont affectés à de certaines charges et redevances, qui en sont inséparables. Ainsi, on a dans ce royaume des héritages qu'on appelle allodiaux, qui ne doivent ni cens, ni autres charges semblables (2); et il y en a d'autres qui, ayant été originairement donnés à la charge d'un cens non rachetable (3), ou à d'autres conditions, comme celles des fiefs, passent avec ces charges à toutes sortes de possesseurs.

L'origine de ces charges sur les héritages dans le droit romain, était une suite des conquêtes des provinces, dont on distribuait les fonds, à la charge d'un tribut, à quoi n'étaient pas assujettis ceux de l'Italie et de quelques autres provinces distinguées par des exemptions. (ff. de censib.)

Il y a des provinces en France, où tous les héritages sont réputés allodiaux, sans charge de cens, s'ils n'y sont asservis par quelque titre, et d'autres où on ne reconnaît point d'allodiaux.

Il ne faut pas mettre au nombre des héritages asservis, ceux qui sont sujets à la dîme ecclésiastique; car c'est une charge d'une autre nature, et dont les héritages allodiaux ne sont pas exempts.

Toutes les propriétés sont inviolables, sans aucune exception de celles qu'on appelle *nationales, la loi ne mettant aucune différence entre elles* (4).

5. On peut mettre au nombre des fonds que les particuliers ne peuvent posséder de plein droit, ceux où se trouvent des mines d'or, d'argent, et d'autres métaux ou matières sur lesquelles le prince a son droit (5). (C. civ. 552, 598, 1403.)

Art. 5. Les mines ne peuvent être exploitées qu'en vertu d'une concession délibérée en conseil d'état. — 8. Nul ne peut faire des recherches pour découvrir des mines, enfoncer des sondes ou tarières sur un terrain quelconque qui ne lui appartient pas, que du consentement du propriétaire, ou avec l'autorisation du gouvernement, donnée après avoir consulté l'administration des mines, d'une préalable indemnité envers le propriétaire, et après qu'il aura été entendu. — 11. Nulle permission de recherches ni concession de mines ne pourra, sans le consentement formel du propriétaire de la surface, donner le droit de faire des sondes et d'ouvrir des puits ou galeries, ni celui d'établir des machines ou magasins dans les enclos murés, cour ou jardin, ni dans les terrains attenant aux habitations ou clôtures murées, dans la distance de cent mètres des dites clôtures ou des habitations. — 12. Le propriétaire pourra faire des recherches, sans formalités préalables, dans les lieux réservés par le précédent article, comme dans les autres parties de sa

(1) Inst. de reb. corp. et incorp. § ult. eod, l. 1, § 1, ff. de divis. rer. (2) L. ult. § 7, ff. de censib. (3) V. tit. 19. Ulp. de dom. et acq. rer. § 40, inst. de rer. divis. L. 13, ff. de impens. in res dot. L. 27, § 1, ff. de verb. signif. L. un. Cod. de usuc. transform. Toto tit. ff. de censib. Toto tit. Cod. si propr. publ. pens. (4) Chart art. 9. (5) L. 3, C. de metallar. et metal. V. l'ord. de Charles IX, de 1563.

propriété; mais il sera obligé d'obtenir une concession avant d'y blir une exploitation. Dans aucun cas, les recherches ne pourront autorisées dans un terrain déja concédé (1).

6. On peut remarquer parmi les choses que les lois distingu la monnaie publique, qui est une pièce d'or, d'argent, ou d' métal, de la forme, du poids et de la valeur réglés par le pri, pour faire le prix de toutes les choses qui sont en commerce (2). (Co. 338, c. civ. 1291, 1833, 869.)

7. On distingue encore dans l'ordre des lois, ce qu'on appelle un trésor, c'est-à-dire, selon l'expression des lois, un ancien dépôt d'argent, ou d'autres choses précieuses, mises en quelque lieu caché, où quelque événement les fait découvrir, et dont on ne peut savoir qui est le maître (3). (C. civ. 716, 598.)

8. Outre les distinctions des choses dont il a été parlé dans les articles précédens, les lois considèrent par d'autres vues, et par d'autres distinctions générales, les biens que possèdent les particuliers; ainsi on distingue dans les biens des particuliers, les acquêts et les propres; et, entre les propres, les paternels et les maternels.

9. On appelle acquêts, ce qu'avait acquis celui des biens duquel il s'agit (4). (1402, 1498, 1581.)

10. Les propres sont les biens venus de ceux à qui on devait succéder (5). (C. civ. 731, s.)

11. Les biens paternels sont les biens venus du père, ou autres ascendans, ou collatéraux de l'estoc paternel (6). (C. civ. 746, s.)

12. Les biens maternels sont les biens venus de la mère, ou autres ascendans, ou collatéraux de l'estoc maternel (7).

Quoique les textes cités sur ces quatre derniers articles se rapportent à ces diverses sortes de biens, cette distinction n'a pas le même usage dans le droit romain, que dans nos coutumes qui font de différens héritiers des acquêts, des propres, et des biens paternels et des maternels. Cette distinction se rapporte aussi à la matière du retrait lignager.

(1) Loi du 21 avril 1810, sur les mines. (2) L. 1, ff. de contr. empt. (3) L. 31, § 1, ff. de acq. rer. dom. V. L. un. Cod. de thes. (4) L. 6, de bon. quæ lib. L. 8, ff. pro socio. (5) L. un. Cod. de impon. lucr. desc. L. 10, ff. pro socio. V. l. 3, Cod. de bon. quæ liber. (6) L. 16, Cod. de prob. L. 3, § 2, ff. pro socio. (7) L. 1, Cod. de bon. mat. L. 3, Cod. de bon. quælib.

PREMIERE PARTIE.

DES ENGAGEMENS.

LIVRE PREMIER.

Des engagemens volontaires et mutuels par les conventions.

Les conventions sont les engagemens qui se forment par le consentement mutuel de deux ou plusieurs personnes, qui se font entre elles une loi d'exécuter ce qu'elles promettent.

L'usage des conventions est une suite naturelle de l'ordre de la société civile, et des liaisons que Dieu forme entre les hommes. Car comme il a rendu nécessaire, pour tous leurs besoins, l'usage réciproque de leur industrie et de leur travail, et les différens commerces des choses, c'est principalement par les conventions qu'ils s'en accommodent. Ainsi, pour l'usage de l'industrie et du travail, les hommes s'associent, se louent et agissent différemment les uns pour les autres. Ainsi, pour l'usage des choses, lorsqu'ils ont besoin de les acquérir ou de s'en défaire, ils en font commerce par des ventes et par des échanges; et lorsqu'ils n'ont besoin de les avoir que pour un temps, ils les louent ou les empruntent; et selon les autres divers besoins, ils y assortissent les différentes sortes de conventions.

On voit par cette idée générale des conventions, que ce mot comprend, non-seulement tous les contrats et traités de toute nature, comme la vente, l'échange, le louage, la société, le dépôt et tous autres, mais aussi tous les pactes particuliers qu'on peut ajouter à chaque contrat, comme sont les conditions, les charges, les réserves, les clauses résolutoires, et tous autres. Et ce mot de conventions comprend aussi les actes mêmes par lesquels on résout ou change par un nouveau consentement les contrats, les traités, les pactes où l'on était déja engagé.

Ce sont toutes ces sortes de conventions qui feront la matière de ce livre : et parce qu'il y a plusieurs règles qui conviennent à toutes les espèces de conventions, comme sont celles qui regardent leur nature en général, les manières dont elles se forment, l'interprétation de celles qui sont obscures ou ambiguës, et quelques autres; ces sortes de règles communes feront la matière d'un premier titre, qui sera des conventions en général. On expliquera ensuite le détail des règles particulières de chaque espèce de convention sous son titre propre; et on y ajoutera un dernier titre des vices des conventions; car c'est une matière qui fait une partie essentielle de ce livre.

TITRE PREMIER.

Des conventions en général.

SECTION PREMIÈRE.

De la nature des conventions, et des manières dont elles se forment.

1. Ce mot de convention est un nom général, qui comprend toute sorte de contrats, traités et pactes de toute nature (1). (C. civ. 6.)

2. La convention est le consentement de deux ou plusieurs personnes (2) pour former entre elles quelque engagement (3), ou pour en résoudre un précédent, ou pour y changer (4). (C. civ. 1108, s.)

3. La matière des conventions est la diversité infinie des manières volontaires dont les hommes règlent entre eux les communications et les commerces de leur industrie et de leur travail, et de toutes choses selon leurs besoins (5). (C. civ. 1123, s.)

4. Les communications et les commerces pour l'usage des personnes, et celui des choses, sont de quatre sortes, qui font quatre espèces de conventions. Car ceux qui traitent ensemble, ou se donnent réciproquement une chose pour une autre (6), comme dans une vente et dans un échange, ou font quelque chose l'un pour l'autre (7), comme s'ils se chargent de l'affaire de l'un de l'autre; ou bien l'un fait et l'autre donne (8), comme lorsqu'un mercenaire donne son travail pour un certain prix; ou enfin un seul fait ou donne: l'autre ne faisant ou ne donnant rien, comme lorsqu'une personne se charge gratuitement de l'affaire d'une autre (9), ou que l'on fait une donation par pure libéralité (10).

On ne fait ici qu'une seule combinaison du cas où l'un fait et l'autre donne, au lieu que le droit romain en distingue deux: une de faire pour donner, et une autre de donner pour faire. Mais, dans la vérité, ce n'est qu'un seul caractère de convention et une seule combinaison de donner d'une part, et de faire de l'autre, lequel que ce soit des deux qui commence de sa part à faire ou donner. Et la distinction qu'on y faisait dans le droit romain, étant fondée sur une raison qui n'est pas de notre usage, il n'est pas nécessaire de l'expliquer.

5. Dans ces trois premières sortes de conventions il se fait un commerce où rien n'est gratuit, et l'engagement de l'un est le fondement de celui de l'autre. Et dans les conventions mêmes où un seul paraît obligé, comme dans le prêt d'argent, l'obligation de celui qui emprunte a été précédée de la part de l'autre de ce qu'il devait donner pour former la convention. Ainsi l'obligation qui se

(1) L. 1, § 3, ff. de pact. (2) L. 1, § 2, de pact. (3) Dict. leg. § 3. L. 3, ff. de obl. et act. (4) L. 35, ff. de reg. jur. § ult. inst. quib. mod. toll. obl. (5) L. 1, § 3, ff. de pact. § ult. inst. de verb. obl. (6) L. 5, ff. de præscr. verb. (7) Dict. leg. (8) Dict. leg. L. 2, ff. de verb. obl. L. 3, ff. de obl. et act. (9) L. 1, § 4, ff. mand. (10) L. 1, ff. de don. L. 7, Cod. de his quæ vi metusve caus. gest. sunt.

forme dans ces sortes de conventions au profit de l'un des contractans, a toujours sa cause de la part de l'autre (1); et l'obligation serait nulle, si, dans la vérité, elle était sans cause (2). (C. civ. 1126, 1131.)

Par les termes *sur une fausse cause*, il ne faut point entendre la simulation de cause. Il est indifférent que la cause exprimée dans le contrat ne soit pas la véritable s'il s'en trouve une autre réelle et licite (3). L'acquéreur d'un immeuble qui, par des scrupules de conscience, ou par d'autres motifs de délicatesse, croit devoir renoncer à son acquisition au profit de l'ancien propriétaire, ne peut ensuite faire annuler sa renonciation, sous prétexte qu'il n'a touché aucun prix, et qu'ainsi la renonciation étant sans cause. L'obligation dictée par un sentiment d'équité, a une cause suffisante dans le sentiment qui l'a dictée (4). Une obligation n'est pas nulle, quoique, de l'aveu du créancier, elle ait eu une autre cause que celle qu'elle exprime, si cette cause est licite. La cause avouée par le créancier que l'obligation est le résultat de la vente de marchandises prohibées et introduites en France par contrebande, est licite, si d'ailleurs la vente de ces marchandises a été faite et vendue à un Français, hors de France, et sans complicité de contrebande (5).

La convention qu'un fonctionnaire se démettra de sa place, et que l'autre partie paiera une somme déterminée du jour où elle aura été nommée à cette place, doit avoir son effet. Il n'y a dans ce contrat ni cause illicite, ni vente d'une chose placée hors du commerce (6). Cependant, on ne peut valablement traiter, à prix d'argent, des places de receveur des contributions. Celui qui a traité ainsi est obligé de rendre les sommes qu'il a reçues (7).

Lorsque la cause exprimée dans une obligation est prouvée non réelle, si le prétendu créancier ne justifie pas que l'obligation avait une cause non exprimée, les juges peuvent et doivent déclarer que l'obligation est sans cause, ou sur une fausse cause. Ce cas n'est pas le même que celui où il y a simplement simulation de cause, de ce qu'un acte a été souscrit par suite de vol ou de violence, et de ce que, sous ce rapport, il serait susceptible de ratification, il ne s'ensuit pas qu'il soit de même susceptible de confirmation ou ratification par exécution volontaire, si d'ailleurs il ne contient qu'une obligation sur fausse cause. La fausse cause rend l'acte sans effet, et un acte sans effet n'est pas susceptible de ratification (8).

Les billets de commerce ou à ordre ne font pas pleine foi de leur contenu, de telle sorte que des présomptions graves, précises et concordantes ne puissent paralyser l'effet (9). On peut acquérir la propriété de billets au porteur dont la forme est régulière, sans endossement ni cession : le tiers-porteur qui en a connu la fausse cause, est passible des mêmes exceptions que le propriétaire originaire (10).

L'obligation contractée au profit d'une veuve, pour qu'elle ne puisse se remarier sans le consentement de la personne obligée, est nulle comme reposant sur une cause illicite (11).

(1) Dict. leg. 5, ff. de præscr. verb. L. 19, ff. de verb. sign. L. 1, ff. de reb. cred. (2) L. 7, § 4, ff. de pact. L. 1, ff. de condict. sine caus. Dict. leg. (3) Paris, 28 août 1812. (4) Rejet, 3 décembre 1813. (5) Colmar, 10 juin 1814. (6) Amiens, 18 janvier 1820. (7) Paris, 23 avril 1814. (8) Rejet, 9 juin 1812. (9) Cass. 9 novembre 1819. (10) Bordeaux, 27 janvier 1816. (11) Paris, 14 juillet 1810.

Le fait de convention illicite, bien qu'imputée à un maire dans l'exercice de ses fonctions, doit cependant être considéré comme étranger à ses fonctions, et peut donner lieu à des poursuites judiciaires, sans autorisation préalable du conseil d'état (1).

Dans une vente sur licitation entre majeurs et mineurs, les colicitans majeurs peuvent valablement garantir ou cautionner la vente relativement aux mineurs, vis-à-vis de l'adjudicataire. On ne peut dire qu'il y ait là obligation sans cause (2).

Une obligation n'est pas sans cause, lorsqu'elle est consentie pour la garantie du paiement d'effets de commerce (3).

6. Dans les donations et dans les autres contrats où un seul fait ou donne, et où l'autre ne fait et ne donne rien, l'acceptation forme la convention (4) : et l'engagement de celui qui donne, a son fondement sur quelque motif raisonnable et juste, comme un service rendu, ou quelque autre mérite du donataire (5), ou le seul plaisir de faire du bien (6). Et ce motif tient lieu de cause de la part de celui qui reçoit et ne donne rien (7). (C. civ. 843, 847, 1105, 913, 901.)

Celui qui reçoit un don, à condition de le rapporter à la succession d'un tiers, s'il y est appelé, ne contracte pas l'obligation de ne prendre part à la succession qu'après y avoir fait rapport ; il peut d'abord prendre sa portion dans la succession, sauf aux cohéritiers à exercer contre lui une action en restitution pour leur quote-part dans l'objet donné (8). La fille dotée, au moyen de ce que son père lui aurait vendu un domaine et lui en aurait donné le prix, en dot, dans le même acte, ou dans le même temps, ne doit à ses cohéritiers, le rapport que de la somme : elle ne doit point rapporter l'immeuble vendu. Une telle vente, n'étant pas querellée de fraude, doit sortir tout son effet, comme vente ; on ne peut dire qu'elle soit essentiellement un don, et comme telle passible de rapport (9).

7. De ces différentes sortes de conventions, quelques-unes sont d'un usage si fréquent et si connu partout, qu'elles ont un nom propre : comme la vente, le louage, le prêt, le dépôt, la société, et autres (10) ; et il y en a qui n'ont pas de nom propre, comme si une personne donne à quelqu'un une chose à vendre à un certain prix, à condition qu'il retiendra pour lui ce qu'il pourra en avoir de plus (11). Mais toutes les conventions, soit qu'elles aient ou n'aient point de nom, ont toujours leur effet, et elles obligent à ce qui est convenu. (12)

Il n'est pas nécessaire d'expliquer ici la différence qu'on faisait dans le droit romain, entre les contrats qui avaient un nom, et ceux qui n'en avaient point. Ces subtilités, qui ne sont pas de notre usage, embarrasseraient inutilement.

(1) Cass. 31 mai 1820. (2) Cass. 6 juin 1821. (3) Rejet, 28 juillet 1823. (4) L. 8, § 3, ff. de bon. lib. L. 10, ff de don. L. 19, § 2, eod. L. 9, pro soc. L. 5, ff. de donat. (5) L. 9, pro soc. L. 5, ff. de donat. (6) L. 1, ff. de don. (7) L. 3, eod. (8) Rejet, 21 mars 1808. (9) Cass. 12 août 1823. (10) L. 1, § ult. ff. de pact. (11) L. 4, ff. de pr. verb. L. 13, ff. de præscr. verb. Vid. dict. leg. § 1. (12) L. 1, ff. de pact.

8. Les conventions s'accomplissent par le consentement mutuel donné et arrêté réciproquement (1). Ainsi, la vente est accomplie par le seul consentement, quoique la marchandise ne soit pas délivrée, ni le prix payé (2). (C. civ., 1582, 1594.)

En matière de vente, la lettre missive d'une des parties contenant les conditions de la vente et adressée à ceux que ces conditions peuvent intéresser, ne lie pas cette partie, et ne peut faire preuve que la vente a été consommée. Lorsque des parties contractantes sont convenues de rédiger leurs conventions par écrit; il n'existe pas d'engagement entre elles tant que cette formalité n'est pas accomplie (3). Lorsqu'après la vente volontaire il y a enchère et adjudication, c'est l'adjudication qui est la véritable vente (4). L'obligation contractée par l'acquéreur d'un immeuble, de loger, nourrir et entretenir le vendeur pendant sa vie, tant en santé qu'en maladie, forme un prix suffisant, encore que la valeur présumée de la pension viagère soit inférieure au revenu de l'immeuble. Il y a lieu dans ce cas d'appliquer l'art. 1976, qui permet aux parties de constituer une rente viagère, au taux qu'il leur plaît de fixer (5). La vente verbale avouée par les deux parties est valable quoiqu'il ait été convenu qu'il en serait rédigé acte devant notaire. Si cette formalité n'a pas été requise comme condition de vente, son inexécution peut donner lieu à des dommages et intérêts (1655). La circonstance qu'il a été donné des arrhes ne prouve pas que la vente n'était que proposée et non consommée (6). Celui qui a donné des arrhes pour une vente qu'il avoue être parfaite, ne peut s'en départir en offrant de restituer le double (7). Le second acquéreur qui a la possession n'est pas préférable au premier qui n'a que le titre, mais un titre authentique et transcrit. Même avant la seconde vente (8). Dans le concours de deux acquéreurs successifs du même immeuble, par actes authentiques, la provision est due au premier titre (9). La simple dénégation d'être débiteur du prix d'une vente faite par acte authentique portant quittance, bien que ce prix n'ait pas été payé, ne constitue point le délit d'escroquerie ou d'abus de confiance; c'est une déclaration mensongère, un acte d'indélicatesse et de mauvaise foi, ce n'est point un délit que l'on peut placer dans la cathégorie des articles 405, 406, 407 et 408 du Code pénal. Il en serait autrement si, pour obtenir la quittance portée au contrat, on eût employé des manœuvres frauduleuses (10). Une vente simulée peut être sans effet à l'égard de celui à qui elle fait titre d'acquéreur, et cependant avoir effet à l'égard des tiers à qui cet acquéreur revend, si le premier contrat de vente a été revêtu de toutes les formalités qui donnent publicité et saisine, si d'ailleurs les tiers acquéreurs n'ont pas eu connaissance de la simulation et ont acquis de bonne foi (11).

Les jugemens portant resolution de contrats de vente pour défaut de paiement quelconque du prix de l'acquisition, et prononcés avant l'entrée en possession de l'acquéreur, ne sont assujettis qu'au droit d'enregistrement, tel qu'il est réglé pour les jugemens portant résolution

(1) L. 2, § 1, ff. de obl. et act. 48, eod. L. 52, § 9, eod. (2) Inst. de empt. et vend. L. 1, ff. de pact. Pour l'accomplissement des conventions, v. l'art. suiv. et les art. 2 de la sect. 1 et 10, de la sect. 2 du Contrat de vente. (3) Agen, 17 janvier 1824. (4) Paris, 3 avril 1812. (5) Cass. 16 avril 1822. (6) Colmar, 15 janvier 1813. (7) Strasbourg, 13 mai 1813. (8) Colmar, 16 mai 1815. (9) Angers, 11 novembre 1818. (10) Cass. 2 décembre 1813. (11) Caen, 19 mars 1823.

de contrats pour cause de nullité radicale. En ce cas, l'acquéreur est réputé n'avoir pas été propriétaire, et n'avoir pu faire transmission (1). Le système sur la publicité des hypothèques est étranger aux subrogations et ventes successives : toute aliénation a effet à l'égard des tiers, quand elle est parfaite entre les contractans (2).

9. Dans les conventions qui obligent à rendre ce qu'on a reçu, soit la même chose comme dans le prêt à usage (C. civ., 1875, s.) et dans le dépôt, soit une autre chose de la même nature, comme dans le prêt d'argent ou de denrées (C. civ., 1905, s.), l'obligation ne se forme que quand la délivrance accompagne le consentement. C'est pourquoi on dit que ces sortes d'obligations se contractent par la chose (3), quoique le consentement y soit nécessaire (4).

10. Le consentement qui fait la convention se donne, ou sans écrit, ou par écrit (5). La convention sans écrit se fait, ou verbalement, ou par quelque autre voie qui marque ou présuppose le consentement. Ainsi, celui qui reçoit un dépôt, quoique sans parler, s'oblige aux engagemens des dépositaires (6). (C. civ. 1927, s.)

11. Les conventions par écrit se font, ou par-devant notaires (7), ou sous seing privé ; soit que ceux qui font convention l'écrivent de leur main, ou que seulement ils signent (8). (C. civ., 1326.)

12. Si la vérité d'une convention sans écrit est contestée, on peut en faire preuves, ou par témoins, ou par les autres voies que prescrivent les règles des preuves (9).

Par le droit romain toutes conventions valaient sans écrit, mais l'ordonnance de Moulins, art. 54, et celle de 1667, tit. 20, art. 2, ont défendu de recevoir les preuves des conventions au-dessus de cent livres.

13. Les conventions par-devant notaires portent la preuve de leur vérité par la signature de l'officier public (10). (C. civ. 1317, s.)

Un écrit sous seing privé, reçu dans un dépôt public, mais dont l'écriture est sujette à vérification, n'est point authentique (11). Mais l'acte sous seing reconnu par toutes les parties, et par elles déposé chez un notaire, devient authentique par le seul fait du dépôt. Alors, aussi devient valide l'hypothèque conventionnelle conférée par l'acte originairement sous seing privé (12). Un acte de notaire, dûment enregistré, ne perd pas le caractère d'authenticité, par cela seul que l'enregistrement a été bâtonné à défaut de paiement du droit (13). On peut considérer comme acte authentique, et dont il est permis au notaire de délivrer une expédition exécutoire en vertu de laquelle on peut saisir,

(1) Loi, 27 ventose an 9. (2) Paris, 12 décembre 1817. (3) Inst. quib. mod. re cont. obl. § 2, eod. § 3, eod. L. 1, § 2, 3, 4, 5, ff. de obl. et act. L. 2, ff. de reb. cr. (4) L. 4, ff. de obl. et act. L. 1, § 3, ff. de pact. (5) Inst. de empt. et vend. § 1, Inst. de obl. ex cons. L. 2, § 1, ff. de obl. et act. L. 17, Cod. de pact. (6) L. 2, ff. de pact. L. 52, § 10. ff. de obl. et act. L. 17, Cod. de pact. (7) L. 16, Cod. de fine instr. inst. de empt. et vend. (8) Inst. de comp. et vend. d. l. 16. Cod. de fide instr. (9) L. 9, l. 10, et seq. Cod. de fide inst. (10) Vid. l. 16, Cod. de fid. instr. Inst. de empt. et vend. Les contrats pardevant notaires sont exécutoires. Ord. de 1539, art. 65 et 66. (11) Cass. 16 mai 1809. (12) Rejet, 12 juillet 1815. (13) Rejet, 16 décembre 1811.

un acte sous seing privé déposé chez un notaire par la partie débitrice, à charge par ce notaire d'en donner copie ou extrait quand et à qui il appartiendra, lorsque l'autre partie a reconnu tacitement ce titre après son dépôt, par différens actes passés devant le même notaire (1). Un notaire n'est pas tenu de faire enregistrer un acte qu'il n'a pas revêtu de sa signature (2). Les jugemens qui interdisent ou suspendent des officiers ministériels, ne produisent aucun effet tant qu'ils ne sont pas signifiés. Jusque-là, les actes de leur ministère, faits par ces officiers, ne peuvent être annulés, sous prétexte de l'interdiction ou suspension prononcée (3). Pour qu'un acte soit authentique, est-il nécessaire que l'officier public qui le reçoit ait mission spéciale, relativement à ce qui fait l'objet de l'acte? Du moins, est-il certain que l'authenticité n'en peut être contestée par ceux là mêmes qui ont fait choix d'un tel officier public pour l'acte dont il s'agit (4)?

14. Si la signature d'une convention sous seing privé est contestée, il faut la vérifier (5). (C. civ., 1323, s.)

L'héritier qui a déclaré ne pas reconnaître la signature de son auteur, doit être condamné aux frais de la vérification, si la signature est reconnue véritable (6).

15. Les conventions par-devant notaires ne sont accomplies qu'après que tout est écrit, et que ceux qui doivent signer y ont mis leurs seings, et les notaires le leur (7). (C. civ., 1317, s.)

Dans l'intervalle de l'abolition de la royauté à la loi du 25 ventose an XI, les actes notariés ont pu être exécutés encore qu'ils ne fussent pas revêtus de la formule exécutoire prescrite par la loi du 6 octobre 1791 (8). Un acte qui a été reçu par un notaire, mais auquel manque sa signature, n'est point un acte notarié ou authentique, lors même qu'il a été signé des parties et des témoins instrumentaires (9). Sont actes publics, s'ils sont revêtus des formes consacrées pour les actes de la puissance publique, les actes par lesquels un prince souverain s'engage comme personne privée, quoique non reçus par des notaires (10). La peine de nullité prononcée par l'art. 68 de la loi du 25 ventôse an XI, sur le notariat, ne doit être appliquée qu'au défaut de mention de la signature. soit des parties, soit des témoins, et elle ne doit pas être appliquée au défaut de mention de la signature des notaires qui ont reçu l'acte (et qui l'ont signé (11). Elle doit encore moins être appliquée au défaut de mention de la signature du notaire qui signe l'acte en second, en exécution et dans le cas de l'art. 9 de la dite loi du 25 ventose an XI (12).

16. Les conventions peuvent se faire, non-seulement entre présens, mais aussi entre absens (13), par procureur (14), ou autre médiateur (15), ou même par lettres (16). (C. civ., 1991, s. 1998, s.)

(1) Rejet, 27 mars 1821. (2) Rejet, 2 novembre 1807. (3) Rejet, 25 novembre 1813. (4) Rejet, 15 juin 1824. (5) Vid. l. 17, cod. Si cert. petat. Ord. de 1539, art. 92. (6) Amiens, 10 janvier 1821. (7) L. 17, Cod. de fid. instr. Inst. de empt. et vend. Pour les formes des contrats, v. les ordon. de 1539, art. 67; Orléans, art. 84; Blois, 165, etc. (8) Cass. 21 vendémiaire an XI. (9) Cass. 2 nov. 1807. (10) Cass. 7 juin 1809. (11) Avis du conseil-d'état, 16 juin 1810. (12) Cass. 11 juin 1812. (13) L. 2, § 2, ff. de obl. et act. L. 2, ff. de pact. (14) L. 10, in fine ff. de pact. (15) Dict. l. 2, § 2, de obl. et act. § 1, Inst. de obl. ex cons. L. 2, ff. de pact. (16) Vel per epistolam. Dd. ll.

Le mandant ayant le pouvoir de révoquer le mandat quand bon lui semble, le mandataire a le droit de se faire indemniser de ce qu'il a dépensé à la suite du mandat avant d'en connaître la révocation. — Le commissionnaire qui, sur l'ordre du commettant, a frêté un bâtiment pour l'expédition de marchandises dont il est consignataire, mais qui n'a effectué le chargement et l'envoi de ces marchandises qu'après avoir reçu un ordre contraire, est réputé avoir agi sans pouvoir, et en conséquence l'expédition est à ses risques et périls (1).

SECTION II.

Des principes qui suivent de la nature des conventions, et des règles pour les interpréter.

1. Les conventions devant être proportionnées aux besoins où elles se rapportent, elles sont arbitraires, et telles qu'on veut; et toutes personnes peuvent faire toutes sortes de conventions (2), pourvu seulement que la personne ne soit pas incapable de contracter (3), (C. civ., 1124, 1125, s.), et que la convention n'ait rien de contraire aux lois et aux bonnes mœurs (4). (C. civ. 6, 686, 900, 1133, 1172, 1387.)

Le sénatus-consulte velléien, qui déclarait les femmes incapables de souscrire un cautionnement étant abrogé par le Code civil, la femme mariée dans un pays où il était en vigueur, tel que la ci-devant Normandie, peut s'obliger avec l'autorisation de son mari, le cautionner et affecter à son cautionnement les immeubles qu'elle s'est constitués en dot (5). Une obligation contractée postérieurement à la promulgation du code par une femme normande autorisée par son mari, conjointement et solidairement avec lui, est valable, et peut s'exécuter sur ses biens particuliers, autres que sa dot et les immeubles assimilés aux biens dotaux (6).

Le majeur ne peut invoquer le privilége de minorité, pour faire rescinder la convention par lui faite avec un mineur (7). Il ne peut attaquer en cassation un jugement rendu en faveur d'un mineur, en la personne de son tuteur, sur le fondement que celui-ci n'avait pas été autorisé à plaider par le conseil de famille, et que le mineur n'avait pas de subrogé tuteur (8). Bien qu'un partage fait avec un mineur soit nul, le majeur est non recevable à proposer cette nullité, si elle résulte de la violation d'une règle établie dans l'intérêt du mineur (9). On ne peut demander la nullité d'un jugement ou d'un arrêt rendu en faveur d'une femme mariée, sous le prétexte que le ministère public n'a pas été entendu (10). Une action réelle de la femme ne peut être exercée en justice par le mari seul, au nom et comme poursuivant les droits de son époux. Cependant le mari ayant procédé seul, la femme peut sur l'appel, en rectifiant ce qui a été fait, couvrir le défaut de qualité de son mari, et suivre l'action originaire (11). La nullité de l'échange du fonds dotal, ré-

(1) Cass. 4 thermidor an 9. (2) L. 1, ff. de pact. (3) § 8. Inst. de inut. stip. l. 1, § 12, ff. de obl. et act. L. 28, ff. de pact. (4) L. 6, cod. de pact. L. 7. § 7, ff. de pact. L. 27, § 4, eod. § 23, inst. de inut. stip. Ait. prætor. L. 7, § 7, ff. de pact. V. la sect. 4 des Vices des convent. (5) Cass. 27 août 1810. (6) Cass. 5 mars 1811. (7) Cass. 30 août 1815. (8) Rejet, 4 juin 1818. (9) Rejet, 30 août 1815. (10) Cass. 19 mars 1813. (11) Colmar, 17 avril 1817.

sultante de l'inobservation des formalités prescrites par la loi, ne peut être proposée par d'autre que par le mari, par la femme ou ses héritiers (1). Celui qui, sur les droits d'un absent a souscrit un compromis avec son curateur non autorisé à compromettre, est recevable à réclamer la nullité du compromis (2). L'art. 1125 est applicable à un compromis passé entre un majeur et un mineur, ou le tuteur de celui-ci, sans autorisation du conseil de famille; or, le majeur, aux termes de cet art., ne peut opposer au mineur la nullité du compromis, à raison de l'incapacité de celui-ci pour compromettre: ce sera au mineur à voir, à sa majorité, s'il a à se plaindre d'avoir été lésé par le jugement arbitral (3).

2. Les conventions étant des engagemens volontaires, qui se forment par le consentement, elles doivent être faites avec connaissance et avec liberté; et si elles manquent de l'un ou de l'autre de ces caractères, comme si elles sont faites par erreur (4), ou par force (5), elles sont nulles, suivant les règles qui seront expliquées dans la section V. (C. civ., 1108, s.)

Celui qui a faculté pour faire un acte valable, est censé (s'il y a doute), l'avoir fait en la qualité qui ait rendu l'acte valable, et non en une qualité qui le rendait nul (6). La donation faite par une femme à l'enfant adultérin de son mari, peut être déclarée nulle si, par les mauvais traitemens qu'elle éprouvait à son sujet, il y a lieu de croire que la donation n'a pas été libre de sa part (7). La clause par laquelle un débiteur, en donnant hypothèque sur un immeuble, permet au créancier d'en poursuivre la vente, publiquement et devant notaire, dans le cas de non paiement au terme convenu, est valable (8). La condition insérée dans un contrat de vente, que le vendeur pourra rentrer dans l'objet vendu, après la mort de l'acquéreur, s'il n'en a pas disposé, est valable (9).

3. Comme les conventions se forment par le consentement, personne ne peut en faire pour un autre, s'il n'a pouvoir de lui; et on peut encore moins faire préjudice par des conventions à des tierces personnes (10). (C. civ., 1119.)

Lorsqu'un créancier hypothécaire, inscrit sur un immeuble, fait en cette qualité assurer l'immeuble, et paie la prime sur sa valeur totale, l'assurance doit avoir effet, non seulement dans l'intérêt du créancier et jusqu'à concurrence de sa créance, mais aussi dans l'intérêt du propriétaire et pour la valeur totale de l'immeuble. Vainement on dirait que le créancier n'a pu stipuler pour autrui (11).

4. On peut faire des conventions pour ceux de qui l'on a charge (12); et on les engage selon le pouvoir qu'ils en ont donné (13). (C. civ., 1989.)

(1) Cass. 11 décembre 1815. (2) Rejet, 5 octobre 1808. (3) Rejet, 1er mai 1811. (4) L. 57, ff. de obl. et act. L. 116, § 2, ff. de reg. jur. Vid. l. 9, ff. de contr. empt. (5) Dict. L 116, de reg. jur. Vid. tit. V. les titres des vices des conventions. (6) Rejet, 20 juillet 1814. (7) Angers, 19 janvier 1814. (8) Trèves, 15 avril 1815. (9) Rejet, 7 juin 1814. (10) L. 38, § 17, ff. de verb, obl. § 18, inst. de inut. stip. L. 9, § 4, ff. de reb. cred. L. 73, § ult. ff. de reg. jur. L. 3, Cod. ne ux. pr. mar. L. 10, ff. de jurej. L. 74, ff. de reg. jur. L. 27, § 4, ff. de pact. V. les deux art. suiv. (11) Colmar, 27 juin 1823. (12) L. 10, in fine, ff. de pact. (13) L. 5, ff. mand. L. 3, eod. V. les art. 2 et 3 des procurations.

Le mandataire qui a pouvoir de transiger n'est pas, par cela même, investi du droit de proroger l'existence d'un compromis (1). Le liquidateur d'une société n'est, aux termes du droit commun, qu'un simple mandataire, encore que ce liquidateur ait été associé gérant de la société (en commandite) et comme simple mandataire, il ne peut engager la société par un compromis (2).

5. Les tuteurs et curateurs, les administrateurs et les chefs des communautés, le maître d'une société, les commis et préposés à quelque commerce, et toutes les personnes qui en ont d'autres sous leur puissance ou sous leur conduite, ou qui les représentent, peuvent faire pour eux des conventions, selon l'étendue de leur ministère ou de leur pouvoir (3), ainsi qu'il sera expliqué en son lieu à l'égard de chacune de ces sortes de personnes.

6. Si un tiers traite pour un absent, sans avoir son ordre, mais s'en faisant fort, l'absent n'entre dans la convention que lorsqu'il ratifie; et s'il ne le fait, celui qui s'est obligé sera tenu, ou de la peine à laquelle il se sera soumis, ou du dommage qu'il aura causé, selon la qualité de la convention, les suites où il aura donné lieu, et les autres circonstances; mais après que l'absent a ratifié ce qui a été géré pour lui, quoiqu'à son préjudice, il ne peut plus s'en plaindre (4).

7. Les conventions étant formées, tout ce qui a été convenu tient lieu de loi à ceux qui les ont faites (5), et elles ne peuvent être révoquées que de leur consentement commun (6), ou par les autres voies qui seront expliquées dans la section VI. (C. civ., 1134.)

On ne peut arguer de simulation un acte que l'on a consenti et signé (7). La clause que la dot constituée en commun par les père et mère sera imputable pour le tout sur la succession du prémourant, est valable (8). Des négocians associés, qui ont nommé des arbitres pour statuer sur leurs différens, peuvent renoncer même à la faculté de former opposition à l'ordonnance d'*exequatur* (9). Le traité entre un greffier et le successeur qu'il a présenté et fait agréer au gouvernement, ne peut être attaqué sous prétexte de lésion quand il a été consenti de bonne foi et sans fraude (10). On peut valablement autoriser son créancier, à prendre inscription en vertu du jugement de reconnaissance de la signature d'un acte privé (11). Le fermier qui s'est obligé d'amener en un lieu désigné, *telles* choses que le bailleur jugerait à propos, ne peut se dispenser de conduire au lieu qui lui est indiqué, des denrées stipulées livrables dans un autre endroit (12). Le mandat donné par une commune non au-

(1) Cass. 18 août 1819. (2) Cass. 15 janvier 1812. (3) L. 15, ff. de pact. L. 14, ff. de pact. V. l'art. 5 et les suiv. de la sect. 2 des tuteurs; l'art. 5 de la sect. 1; et les art. 1 et 3 de la sect. 3 des syndics, directeurs et autres adm. les art. 16 et 17 de la sect. 4, de la société, et les art. 1 et 2 de la sect. 3, des personnes qui exercent quelque com. publ. (4) Leg. 9, ff. de neg. gest. Dict. leg. § 3, Inst. de inut. stip. § 20 eod. (5) L. 23, ff. de reg. jur. L. 1, § 6, ff. depositi. L. 1, ff. de pact. L. 34, ff. de reg. jur. V. l'art. 22 de cette sect. (6) § ult. inst. quib. mod. toll. obl. L. 55, ff. de reg. jur. (7) Paris, 8 août 1815. (8) Cass. 11 juillet 1814. (9) Colmar, 9 août 1815. (10) Paris, 28 janvier 1819. (11) Paris, 6 août 1813. (12) Rejet, 1 avril 1819.

torisée de faire l'acquisition d'un bien national, est nul (1). L'ordonnance du 12 décembre 1814, qui a dispensé les conscrits réformés de la classe de 1815, des indemnités exigées par les lois sur la conscription, n'a pas porté atteinte aux conventions passées entre les conscrits de cette classe, et leurs remplaçans (2). La procuration donnée à un associé par son associé à l'effet d'aliéner les immeubles appartenant à la société, n'est pas révoqué par la dissolution de cette société lorsque la liquidation en est confiée à l'associé mandataire (3). Après la dissolution de la société, l'obligation ou hypothèque consentie sur les immeubles sociaux par l'associé liquidateur, sans le concours ou le pouvoir spécial de son coassocié, est sans effet, quant à la portion appartenant à celui-ci (4). L'associé qui, à défaut de reddition de compte de sa gestion, empêche ses associés de s'acquitter envers lui des sommes qu'ils peuvent lui devoir, n'a pas droit aux intérêts de ses avances, qui ont couru dans l'intervalle écoulé depuis la dissolution de la société jusqu'à la reddition du compte, *quoique cependant il fût dit dans l'acte de société que l'intérêt des avances serait payé à six pour cent* (5). Dans le cas ci-dessus, le coassocié mis en demeure de s'acquitter, est tenu des intérêts de la somme dont il est redevable à partir du jour de sa mise en demeure (6).

Lorsque dans le contrat d'acquisition d'un immeuble, le mari a déclaré qu'elle était faite pour servir de remploi aux deniers dotaux de sa femme, dont il était détenteur, il ne peut, après qu'elle a formellement accepté le remploi, faire tomber cet immeuble dans la communauté, sous le prétexte que le prix en a été payé avec les deniers de cette communauté (7). Le créancier poursuivant la vente d'un immeuble, est réputé à cet égard, mandataire des autres, et les clauses par lui insérées au cahier des charges, sont obligatoires pour tous (8). L'acquéreur, obligé par le cahier des charges de payer son prix avec intérêt sur le bordereau de liquidation, ou sur les délégations qui seront consenties, ne peut se décharger de ces intérêts en faisant des offres réelles, et en consignant (9). Lorsque dans un contrat de remplacement, il a été stipulé qu'au cas où le remplacé serait obligé de remplir le service du remplaçant, il y aurait lieu à une résolution partielle du contrat, la résolution partielle ne peut être prononcée si le remplacé n'est rappelé au service que par l'effet d'une levée extraordinaire, et non pour remplir le service de son remplaçant (10).

8. Les conventions devant être formées par le consentement mutuel de ceux qui traitent ensemble, chacun doit y expliquer sincèrement et clairement ce qu'il promet et ce qu'il prétend (11); et c'est par leur intention commune qu'on explique ce que la convention peut avoir d'obscur et de douteux (12).

9. Si l'intention commune des parties ne se découvre pas par l'expression, et qu'on puisse l'interpréter par quelque usage des lieux, ou des personnes qui ont fait la convention, ou par d'autres voies, il faut s'en tenir à ce qui sera le plus vraisemblable, selon ces vues (13). (C. civ., 1156, s.)

(1) Rejet, 23 janvier 1816. (2) Cass. 18 mai 1819. (3) Cass. 3 août 1819. (4) Cass. 3 août 1819. (5) Cass. du 21 juin 1819. (6) Cass. 21 juin 1819. (7) Cass. 6 décembre 1819. (8) Cass. 11 août 1813. (9) Paris, 20 août 1813. (10) Cass. 7 avril 1824. (11) L. 39, ff. de pact. L. 21, ff. de contr. emp. L. 99, ff. de verb. obl. (12) L. 34 ff. de reg. jur. L. 168, § 1, eod. (13) L. 34, ff. de reg. jur. L. 114, eod.

L'interprétation des actes appartient aux cours d'appel, et quelque sens qu'elles aient donné aux actes, il ne peut y avoir de contravention aux différens articles du code, dont les dispositions sur l'interprétation des conventions sont plutôt des conseils que des règles impératives (1). Ces dispositions d'ailleurs ne sont pas applicables, lorsqu'il ne s'agit pas d'interprétation des contrats, mais bien de celles des lettres confidentielles, dont les expressions ne doivent pas être pesées à la rigueur (2).

10. Toutes les clauses des conventions s'interprètent les unes par les autres, en donnant à chacune le sens qui résulte de toute la suite de l'acte entier (C. civ., 1161, s.), et même de ce qui est énoncé dans les préambules (3).

11. Si les termes d'une convention paraissent contraires à l'intention des contractans, d'ailleurs évidente, il faut suivre cette intention plutôt que les termes (4). (C. civ., 1163.)

Quand un jugement a statué sur deux instances distinctes, celui qui a poursuivi sans réserve l'exécution de la partie qui lui est favorable, n'est pas censé avoir acquiescé à l'autre (5).

12. Si les termes d'une convention ont un double sens, il faut prendre celui qui est le plus conforme à l'intention commune des contractans, et qui se rapporte le plus au sujet de la convention (6).

13. Les obscurités et les incertitudes des clauses qui obligent, s'interprètent en faveur de celui qui est obligé (C. civ., 1162), et il faut restreindre l'obligation au sens qui la diminue (7) (C. civ., 1164); car celui qui s'oblige ne veut que le moins, et l'autre a dû faire expliquer clairement ce qu'il prétendait (8). Mais si d'autres règles veulent qu'on interprète contre celui qui est obligé, comme dans le cas de l'art. suivant, on étend l'obligation selon les circonstances; et en général, quand l'engagement est assez entendu, on ne doit ni l'étendre ni le restreindre au préjudice de l'un pour favoriser l'autre (9).

14. Si l'obscurité, l'ambiguité, ou tout autre vice d'une expression, est un effet de la mauvaise foi, ou de la faute de celui qui doit expliquer son intention, l'interprétation s'en fait contre lui, parce qu'il a dû faire entendre nettement ce qu'il entendait; ainsi, lorsqu'un vendeur se sert d'une expression équivoque sur les qualités de la chose vendue, l'explication s'en fait contre lui (10). (C. civ., 1158.)

15. Si quelqu'un est obligé indéterminément à l'une ou à l'autre

(1) Rejet, 12 août 1823. (2) Rejet, 18 mars 1807. (3) L. 24, ff. de legib. L. 134, § 1, ff. de verb. obl. (4) L. 219, ff. de verb. sign. L. 6, § 1, ff. de cont. empt. L. 7, in f. ff. de supell. leg. (5) Cass. 30 décembre 1818. (6) L. 67, ff. de reg. jur. L. 80, ff. de verb. obl. (7) L. 47, ff. de obl. et act. L. 38, § 18, ff. de verb. obl. (8) L. 99, ff. eod. L. 109, ff. verb. obl. (9) L. 3, ff. de reb. cred. (10) L. 39, ff. de pact. L. 21, ff. de contr. empt. L. 33, ff. de contr. empt. L. 172, ff. de reg. jur. Vid. L. 69 § 5, ff. de evict. L. 39, ff. de act. empt. et vend. V. l'art. 10 de la sect. 3 du louage, et l'art. 14 de la sect. 11 du contrat de vente.

de deux choses, il a la liberté de donner celle qu'il voudra, si la convention n'a rien de contraire (1).

16. Dans les conventions où l'on s'oblige à des choses dont la valeur peut aller à plus ou moins, selon la différence de leurs qualités, comme les denrées (2), ou quelques ouvrages (3), ou autres choses, l'obligation ne s'étend pas au meilleur et du plus grand prix, mais on la modère à ce qui s'appelle bon et marchand (4). Et le débiteur, par exemple, qui doit du froment, s'acquitte s'il en donne de cette qualité; car on présume que les contractans n'ont pensé qu'à ce qui est de l'usage ordinaire. Mais si la convention règle les qualités de ce qui est dû, ou que l'intention des contractans paraisse par les circonstances, il faut s'y tenir (5).

17. Si, dans une convention, on laisse à régler le prix d'une chose (6), l'estimation ne s'en fera, ni au plus haut prix, ni au plus bas, mais au prix commun (7), sans aucun égard aux circonstances particulières de l'attachement que l'un ou l'autre des contractans pourrait avoir pour la chose qu'il faut estimer, ni de son besoin (8); mais il faut seulement considérer ce qu'elle vaut dans la vérité (9); ce qu'elle vaudrait dans son usage commun pour qui que ce fût, et ce qu'elle pourrait être justement vendue (10). (C. civ., 1159.)

18. Les estimations de choses qui n'ont pas été délivrées en temps et lieu, comme du vin, des grains, et autres semblables, se font sur le pied de leur valeur, au temps et au lieu où la délivrance en devait être faite (11).

19. Les expressions qui ne peuvent avoir aucun sens par aucune voie, sont rejetées comme si elles n'avaient pas été écrites (12).

20. Les fautes d'écriture qui peuvent être réparées par les sens assez entendus, n'empêchent pas l'effet que doit avoir la convention (13).

21. Toutes les clauses de convention ont leur sens borné au sujet dont on y traite, et ne doivent pas être étendues à des choses auxquelles on n'a pas pensé (14). Ainsi, une quittance générale relative à un compte de recette et de dépense, n'annulle pas des obligations dont on n'a point compté (15). Ainsi, une transaction est bornée aux différens dont on a traité, et ne s'étend pas à d'autres dont il ne s'agissait point; car on ne doit présumer, ni qu'une personne

(1) L. 10, in fine ff. de jur. dot. L. 25, ff. de contr. empt. Vid. l. 21, in fine, ff. de act. empt. (2) L. 75, § 1, ff. de verb. obl. Dict. leg. § 2. L. 52, ff. mand. (3) L. 54, § 1, ff. de verb. obl. (4) L. 19, § 4, ff. de æd. ed. L. 18, eod. Dict. leg. 18, § 1. L. 16, § 1, ff. de op. lib. (5) Dict. leg. 75, § 2, ff. de verb. obl. Vid. l. 52, ff. mand. (6) L. 16, § ult. ff. de pig. (7) L. 3, § 5, ff. de jur. fisc. L. 62, § 1, ff. ad leg. Falc. L. 50, ff. de furt. (8) L. 63, ff. ad leg. Falc. L. 33, ff. ad leg. Aquil. (9) L. 62, § 1, ad leg. Falc. (10) Dict. l. 33, ff. ad leg. Aquil. L. 52, § 29, ff. de furt. (11) L. 4, ff. de cond. tritic. L. 22, ff. de reb. cred. (12) L. 73, § 3, ff. de reg. jur. (13) L. 93, ff. de reg. jur. (14) L. 27, § 4, ff. de pact. L. 9, in fine, ff. de trans. (15) L. 47, in fine, ff. de pact.

s'engage, ni qu'elle en décharge une autre de son engagement, sans que sa volonté paraisse expliquée et bien entendue (1).

22. S'il arrive qu'une convention ne soit faite que pour exécuter un ordre de justice, comme si un juge ordonne qu'un demandeur fera quelque soumission pour recevoir ce qu'il demande, qu'il fera donner caution de certaines choses, dans ce cas, et autres semblables, si l'acte ou le traité qui contient l'engagement ordonné par une sentence ou par un arrêt, se trouve avoir quelque ambiguité ou obscurité, l'interprétation doit en être faite par l'intention de la sentence ou de l'arrêt que l'on exécute (2).

SECTION III.

Des engagemens qui suivent naturellement des conventions, quoiqu'ils n'y soient pas exprimés.

1. Les conventions obligent, non-seulement à ce qui y est exprimé, mais encore à tout ce que demande la nature de la convention, et à toutes les suites que l'équité, les lois et l'usage donnent à l'obligation où l'on est entré (3); de sorte qu'on peut distinguer trois sortes d'engagemens dans les conventions : ceux qui sont exprimés, ceux qui sont des suites naturelles des conventions, et ceux qui sont réglés par quelque loi ou quelque coutume. Ainsi, c'est par l'équité naturelle que l'associé est obligé de prendre soin de l'affaire commune, qui est en ses mains ; que celui qui emprunte une chose pour en user doit la conserver ; que le vendeur doit garantir ce qu'il a vendu, quoique les conventions n'en expriment rien (4). Ainsi, c'est par une loi que celui qui achète un héritage au-dessous de la moitié de son juste prix, doit, ou le rendre, ou parfaire le prix; ainsi, dans le louage d'une maison, quelques coutumes continuent le bail au-delà du terme pendant un certain temps, si les contractans n'y ont dérogé ; et toutes ces suites des conventions sont comme des pactes tacites et sous-entendus, qui en font partie; car les contractans consentent à tout ce qui est essentiel à leurs engagemens (5).

2. En toutes conventions, l'engagement de l'un étant le fondement de celui de l'autre, le premier effet de la convention est que chacun des contractans peut obliger l'autre à exécuter son engagement, en exécutant le sien de sa part, selon que l'un et l'autre y sont obligés par la convention, soit que l'exécution doive se faire de part et d'autre dans le même temps, comme s'il est convenu dans une vente que le prix sera payé lors de la délivrance,

(1) L. 9, § 1, ff. de trans. L. 5, ff. de trans. L. 3, Cod. eod. Dict. leg. 9, in fin. de trans. (2) L. 9, ff. de stip. præt. L. 52, ff. de verb. obl. (3) L. 2, § ult. ff. de obl. et act. L. 31, § 20, ff. de æd. ed. L. 17, § 1, ff. de aquâ et aq. pl. (4) L. 11, § 1, ff. de act. empt. (5) L. 4, ff. in quib. caus. pign. vel hyp. tacit. cont. L. 2, § 3, ff. de eo quod cert. loc. L. 13, in fin. ff. commod. L. 3, ff. de reb. cred. L. 9, ff. de servit.

ou que l'exécution doive précéder de la part de l'un, comme si le vendeur doit délivrer, et a donné terme pour le paiement; ou de la part de l'autre, comme si l'acheteur doit payer par avance, avant que la chose lui soit délivrée (1).

3. Si, la convention n'étant pas encore exécutée, ou ne l'étant que d'une part, il arrive un changement qui doive suspendre l'exécution, ou ce qui en reste à faire, il est sous-entendu, par la volonté tacite des contractans, que l'exécution doit être sursise jusqu'à ce que l'obstacle se trouve levé. Ainsi, l'acheteur qui, après la vente, découvre un péril d'éviction avant le paiement du prix, ne sera pas tenu de payer, jusqu'à ce qu'il ait été pourvu à sa sûreté (2). (C. civ., 1653, s.)

L'acquéreur qui a un juste sujet de craindre d'être troublé par une action, soit hypothécaire, soit en revendication, ne peut être forcé à payer son prix, tant que le vendeur n'a pas fait cesser la crainte de ce trouble, ou n'offre pas de donner caution (3). L'acquéreur qui trouve des inscriptions hypothécaires, n'est pas tenu de payer son prix avant qu'il en ait la radiation, à moins qu'il ne soit expressément obligé de payer nonobstant ces inscriptions (4). Assez souvent on convient que l'acquéreur ne paiera qu'après la main-levée des inscriptions qui se trouveront à la transcription. Dans ce cas, le vendeur ne peut pas exiger le paiement du prix avant cette époque, même en offrant de donner caution, parce que ce serait aller contre la convention (5).

4. En toutes conventions, c'est le second effet des engagemens, que celui qui manque à ceux où il est entré, ou qui est en demeure, soit qu'il ne le puisse, ou qu'il ne le veuille, sera tenu des dommages et intérêts de l'autre, selon la nature de la convention, la qualité de l'inexécution ou du retardement, et les circonstances (6). (C. civ., 1152, s.) Et s'il y a lieu de résoudre la convention, elle sera résolue avec les peines qui en devront suivre contre celui qui aura manqué d'exécuter son engagement (7).

Une lettre de voiture n'est contrat, entre le voiturier et l'expéditionnaire, que pour les retards et les cas ordinaires; s'il y a retard très-long, très-dommageable, il y a lieu à dommages et intérêts, outre et par-dessus les retenues et indemnités convenues par la lettre de voiture (8).

5. Si l'on avait omis dans une convention d'exprimer le terme du paiement, ou d'une autre chose promise, c'est une suite de la convention, que comme le terme ne s'ajoute qu'en faveur de celui qui est obligé, s'il ne lui est pas donné de temps pour ce qu'il doit faire ou donner, il le doit d'abord et sans terme, si ce n'est

(1) L. 19, ff. de verb. sign. L. 2, § ult. ff. de obl. et act. L. ult. Cod. ad vell. L. 1, Cod. quando dec. non est op. L. 5, Cod. de obl. et act. (2) L. 18, § 1, ff. de per. et com. rei vend. Vid. l. 17. § 2, ff. de doli mal. exc. V. l'art. 11 de la sect. 3, du Contrat de vente. (3) Paris, 4 mai 1816. (4) Toulouse, 31 août 1810. (5) Bordeaux, 17 février 1812. (6) L. 5, § 1, ff. de præs. verb. L. 29, § 2, ff. de æd. V. sur les dommages et intérêts les art. 17 et 18 de la sect. 2 du Contrat de vente. (7) L. 5, § 1, ff. de præscrip. verb. L. 60, ff. de æd. ed. L. 6, Cod. de pact. int. empt. et vend. comp. L. 6, Cod. de her. vel act. V. L. 31, ff. de reb. cred. (8) Toulouse, 6 décembre 1814.

que l'exécution renfermât la nécessité d'un délai, comme si elle devait être faite dans un autre lieu que celui où se fait la convention (1).

6. Si, dans une convention qui oblige à la délivrance d'une chose mobilière, on avait omis d'exprimer le lieu où cette délivrance devra être faite, la chose sera délivrée dans le lieu où elle se trouvera (C. civ., 1609); si ce n'est que, par la mauvaise foi de celui qui doit la délivrer, elle eût été mise hors du lieu où elle devait être, ou que l'intention des contractans obligeât à faire la délivrance dans un autre lieu (2).

7. Celui qui a un terme pour payer ou pour délivrer, ou pour faire autre chose, n'est pas en demeure, et ne peut être poursuivi qu'après le dernier moment du terme expiré. Car on ne peut pas dire qu'il n'ait point satisfait, jusqu'à ce que le délai entier se soit écoulé. Ainsi, celui qui doit dans une année, dans un mois, dans un jour, a pour son délai tous les momens de l'année, du mois et du jour (3). (C. civ., 1186.)

Le débiteur à terme ne peut être contraint à l'exécution avant la révolution de ce terme, sous aucun prétexte autre que ceux admis par la loi (4).

8. C'est une suite naturelle de plusieurs conventions, que ceux qui se trouvent chargés, ou d'une chose, ou d'une affaire d'une autre personne, ou qui leur est commune, sont tenus d'en prendre soin, et répondent de leur mauvaise foi, de leurs fautes, de leurs négligences; mais différemment (5), selon les différentes causes qui les en chargent; ou pour leur intérêt seul, comme celui qui emprunte une chose d'un autre pour son usage (6); ou pour le seul intérêt du maître, comme le dépositaire (7); ou pour l'intérêt commun, comme l'associé (8). Et ils sont obligés à plus ou moins de soin et de diligence, suivant les règles qui seront expliquées en chaque espèce de conventions. Mais si on a réglé par la convention le soin que doit avoir celui qui est chargé de quelque affaire ou de quelque chose d'une autre personne, ou qui leur soit commune, il faut s'y tenir (9). (C. civ., 1137.)

9. Personne n'est tenu dans aucune espèce de conventions de répondre des pertes et des dommages causés par des cas fortuits, comme sont un coup de foudre, un débordement, un torrent (C. civ. 1148), une violence, et autres semblables événemens; et la perte de la chose qui périt ou qui est endommagée par un cas fortuit, tombe sur celui qui en est le maître, si ce n'est qu'il eût été autrement convenu (10), ou que la perte ou le dommage puissent être impu-

(1) L. 14, ff. de reg. jur. L. 41, § 1, ff. de verb. obl. § 2, inst. eod. Dict. leg. 41, § 1, in fin. (2) L. 12, § 1, ff. depos. L. 38, ff. de jud. Vid. ll. 10, 11, 12, ff. de rei vind. L. 9, ff. de eo quod cert. loc. (3) §. 2, inst. de verb. obl. L. 50, ff. de obl. et act. L. 42, ff. de verb. obl. (4) Paris, 20 déc. 1810. v. loi, 3 sept. 1807. (5) L. 23, ff. de reg. jur. L. 5, § 2, ff. commod. (6) Dict. leg. 45, § 2. (7) Dict. § 2. (8) Dict. § 2. (9) Dict. leg. 23, ff. de reg. jur. (10) L. 23, ff. de reg. jur in fin. L. 1, Cod. de commod. Vid. l. 39, ff. mand. V. l'art. 6 de la sect. 2 du Prêt à usage.

tés à quelque faute, dont l'un des contractans doive répondre, comme si une chose qui devait être délivrée vient à périr, pendant que celui qui doit la délivrer n'y satisfait point (1).

L'état de blocus est un cas de force majeure, qui peut relever les déchéances prononcées par la loi (2). En matière de lettre de change, la prescription de 5 ans peut être interrompue par un événement de force majeure (3). Le délai pour signifier l'arrêt qui admet un pourvoi en cassation, ne court pas pendant le temps où cette signification est empêchée par l'effet d'une force majeure (4). L'appréciation des faits constitutifs de la force majeure appartient exclusivement aux cours souveraines, en sorte que leurs décisions sur ce point ne puissent donner ouverture à cassation (5).

10. Comme il arrive souvent, dans la suite des conventions, que la même chose ou la même affaire est une occasion de gain ou de perte, selon la diversité des événemens, il est toujours sous-entendu que celui qui doit profiter du gain, doit souffrir la perte (6) (C. civ., 1104, 1964), si ce n'est qu'elle doive être imputée à la faute de l'autre. Ainsi, comme l'acheteur après la vente profite des changemens qui rendent la chose meilleure, il souffre aussi la perte de ceux qui la rendent pire (7), si ce n'est que la perte puisse être imputée au vendeur, comme si la chose périt ou est diminuée, pendant qu'il est en demeure de la délivrer (8). (Co. 332, s., c. civ. 1608, 1611, s.)

Les conventions faites entre un conscrit et son remplaçant forment un contrat aléatoire, dans lequel celui-ci doit profiter des chances heureuses qui abrègent le temps de son service (9).

11. Dans les conventions où il faut faire quelque estimation, comme du prix d'une vente, de la valeur d'un loyer, de la qualité d'un ouvrage, des portions de gain ou de perte que doivent avoir des associés, et autres semblables; si les contractans s'en rapportent à ce qui sera arbitré par une tierce personne, soit qu'on la nomme ou non, ou même à l'arbitrage de la partie; il en est de même que si on s'en était remis à ce qui serait réglé par des personnes de probité, et qui s'y connussent. Et ce qui sera arbitré contre cette règle n'aura pas de lieu; parce que l'intention de ceux qui se rapportent de ces sortes de choses à d'autres personnes, renferme la condition, que ce qui sera réglé sera raisonnable; et leur dessein n'est pas de s'obliger à ce qui pourrait être arbitré au-delà des bornes de la raison et de l'équité (10). Que si la personne nommée ne pouvait ou ne voulait faire l'estimation, ou venait à mourir avant que de la faire, la convention demeu-

(1) L. 5, ff. de reb. cred. Vid. l. 11, § 1, ff. locat. cond. L. 11, ff. de neg. gest. L. 1, § 4, ff. de obl. et act. (2) Colmar, 9 octobre 1814. (3) Cass. 9 avril 1818. (4) Cass. 24 janvier 1815. (5) Rejet, 9 avril 1818. (6) L. 10, ff. de reg. jur. § 3. Inst. de emp. et vend. L. 13, § 1, ff. comm. (7) L. 1, cod. de per. et com. rei vend. (8) L. 14, ff. de per. et comm. (9) Montpellier, 3 janvier 1815. (10) L. 76, et seq. ff. pro socio. L. 24, ff. loc. L. 30, ff. de op. lib.

rerait nulle; car elle renfermait la condition, que l'estimation serait faite par cette personne (1).

Il faut remarquer ici la différence entre ces sortes d'arbitres et les arbitres compromissaires, et ce qui en sera dit au titre des Compromis. (V. l. 76, ff. pro socio).

12. Il n'y a aucune espèce de convention où il ne soit sous-entendu que l'un doit à l'autre la bonne foi, avec tous les effets que l'équité peut y demander (2), tant en la manière de s'exprimer dans la convention, que pour l'exécution de ce qui est convenu et de toutes les suites (3). Et quoiqu'en quelques conventions cette bonne foi ait plus d'étendue, et en d'autres moins, elle doit être entière en toutes, et chacun est obligé à tout ce qu'elle demande, selon la nature de la convention et les suites qu'elle peut avoir (4). Ainsi, dans la vente, la bonne foi forme un plus grand nombre d'engagemens que dans le prêt d'argent. Car le vendeur est obligé à délivrer la chose vendue (5) (C. civ., 1603), à la garder jusqu'à la délivrance (6), à la garantir (7), à la reprendre si elle a des défauts qui soient tels, que la vente doive être résolue (8); et l'acheteur a aussi ses engagemens, qui seront expliqués en leur lieu. Mais dans le prêt d'argent, celui qui emprunte n'est obligé qu'à rendre la même somme (9), et les intérêts, s'il ne paie au terme, après la demande (10).

Cette différence entre le plus ou le moins d'étendue de la bonne foi selon les différences des conventions, est le fondement de la distinction qu'on fait dans le droit romain entre les contrats qu'on y appelle contrats de bonne foi, et ceux qu'on dit être de droit étroit, mais par la nature et par notre usage, tout contrat est de bonne foi, en ce qu'elle y a toute l'étendue que l'équité peut y demander. (L. un. Cod. ut. act. et ab her. et contr. her. Vid. l. 111, ff. de verb. obl.)

13. La bonne foi nécessaire dans les conventions, n'est pas bornée à ce qui regarde les contractans; mais ils la doivent aussi à tous ceux qui peuvent avoir intérêt à ce qui se passe entre eux. Ainsi, par exemple, si un dépositaire découvre que celui qui a fait le dépôt, avait volé la chose déposée, la bonne foi l'oblige à la refuser à ce voleur qui la lui a confiée, et à la rendre à celui qui s'en trouve le maître (11). (C. civ., 1938.)

14. Les manières dont chacun ménage ses intérêts lors de la convention, et la résistance de l'un aux prétentions de l'autre dans l'étendue de ce qui est incertain et arbitraire, et qu'il faut régler, n'ont rien de contraire à la bonne foi. Et ce qu'on dit qu'il est permis, par exemple, dans les ventes de se tromper l'un l'au-

(1) L. 75, ff. pro socio. L. ult. Cod. de contr. empt. (2) L. 4, Cod. de obl. et act. L. 31, ff. depos. vel cont. (3) L. 2, § ult. ff. de obl. et act. (4) L. 11, § 1, ff. de act. emp. et vend. (5) Dict. leg. 11, § 2. (6) L. 36, ff. de act. empt. et vend. (7) L. 39, § 2, ff. de evict. (8) L. 11, § 3, ff. de act. empt. et vend. (9) L. 2, ff. de reb. cred. L. 1, § 2, ff. de obl. et act. (10) L. 3, § 1, ff. de usur. (11) L. 31, § 1, ff. depos. V. à la fin de la sect. 3 du Dépôt.

tre, se doit entendre de ce que l'un emporte sur l'autre dans cette étendue incertaine et arbitraire, comme dans le plus ou le moins du prix (1), mais il ne faut pas étendre cette liberté à aucune fraude.

15. En toutes conventions où l'un des contractans est obligé à faire ou donner, ou autrement accomplir ce qui est convenu, et surtout en celles dont l'inexécution doit être suivie, ou de la résolution du contrat ou de quelque autre peine, il est de l'équité et de l'intérêt public que les conventions ne soient pas d'abord résolues, ni les peines encourues par toute inexécution indistinctement.

Ainsi, par exemple, si l'acheteur ne paie pas le prix au terme, la vente ne sera pas d'abord résolue, quand même il aurait été ainsi convenu; mais on accorde un temps à l'acheteur pour payer le prix avant que de résoudre la vente. Et dans les autres cas de retardement, soit d'un paiement, ou d'autre chose, il est de la prudence du juge d'accorder les délais qui peuvent être justes selon les circonstances (2). (C. civ., 1654, 1655, s.)

On applique l'article 1654, soit que la vente ait été consentie volontairement ou qu'elle ait eu lieu en justice par suite d'une saisie immobilière, et ce, lors même que le vendeur non désintéressé a été partie dans la poursuite (3). Mais le vendeur ne peut, après avoir assisté à la vente sur expropriation forcée de l'immeuble, et s'être présenté à la distribution du prix de l'adjudication, demander la résolution de l'acte de vente, à défaut de paiement du prix (4). Lorsqu'en vertu d'un pacte commissoire, le bail à rente est résolu faute de paiement des arrérages, le domaine rentre dans les mains du bailleur, franc et quitte de toutes les charges imposées par le preneur (5). Le vendeur d'un immeuble, qui a consenti à une constitution de rente pour une partie du prix, avec stipulation du privilége du vendeur pour les arrérages et le capital, peut demander la résolution de la vente, à défaut de paiement de plus de deux années d'arrérages. La résolution de la vente peut être opposée aux créanciers de l'acquéreur, et aux sous-acquéreurs de bonne foi qui ont fait transcrire et notifier leur contrat (6). Le vendeur d'un immeuble, moyennant une rente, peut, en cas de faillite de l'acquéreur, demander la résolution de la vente contre les syndics de la masse et contre le failli (7). Toute adjudication est faite sous condition suspensive qu'il y aura paiement et non folle enchère. S'il y a folle enchère, le bail passé par l'adjudicataire est nul, surtout s'il a été passé depuis la poursuite de la folle enchère (8). La résiliation d'une vente prononcée par le jugement pour défaut de paiement, bien qu'elle ne considère pas le vendeur comme redevenant acquéreur, et n'autorise pas la perception d'un droit de mutation payable par le vendeur réintégré, n'empêche pas qu'il ne soit dû par l'acquéreur dépouillé, un droit de mutation, à raison de

(1) L. 16, § 4, ff. de min. L. 10, Cod. de resc. vend: L. 22, § ult. ff. loc. Vid. l. 8, Cod. de resc. vend. (2) L. 23, in fin. ff. de obl. et act. L. 45, § 10, ff. de jur. fisc. L. 135, § 2, ff. de verb. obl. L. 24, § 4, ff. de locat. V. l'art. 15 et l'art. 16 de la sect. 4. L. 4. cod. de pact. L. 20, § 1, ff. de minoribus. (3) Paris, 28 août 1821. (4) Rejet, 16 juillet 1818. (5) Rouen, 13 juillet 1815. (6) Paris, 11 mars 1816. (7) Angers, 12 juin 1816. (8) Paris, 25 juin 1814.

la vente résiliée (1). Le droit de poursuivre la folle enchère contre un adjudicataire, en cas de non-paiement du prix, se conserve comme l'action en résolution de la vente pendant le délai de trente ans. Il n'est pas du tout nécessaire qu'il y ait inscription hypothécaire renouvelée au bout de dix ans, comme pour l'action en paiement du prix de la vente, en vertu du privilége du vendeur (2). Il ne faut pas confondre le privilége qu'a le vendeur sur le bien, pour le prix qui lui reste dû, avec le droit réel que lui assure la clause résolutoire, lequel n'a pas besoin d'inscription pour être conservé (3). L'art. 1654 ne s'applique pas aux partages ni aux licitations. Les cohéritiers créanciers de leurs cohéritiers, pour raison du partage ou de la licitation, ne peuvent à défaut de paiement, demander la résolution du partage ou de la licitation, ni revendiquer les immeubles alloués ou adjugés à ce cohéritier (4). Des bois payés et coupés ne sont plus soumis au droit de suite de revendication, quoiqu'ils soient encore gisans sur place (5).

Un jugement qui prononce la résolution d'un bail à rente, consenti avant le code civil, en accordant un délai pour acquitter les arrérages, n'a pas besoin d'être suivi d'un second jugement (6).

SECTION IV.

Des diverses sortes de pactes qu'on peut ajouter aux conventions, et particulièrement des conditions.

Parmi les diverses sortes de pactes qu'on peut ajouter à toutes sortes de conventions, quelques-unes sont d'un usage commun à toutes les espèces de conventions, comme les conditions, les clauses résolutoires et autres; et il y en a qui sont propres à quelques espèces de conventions, comme la faculté de rachat au Contrat de vente. On ne mettra ici que ce qui est commun à toute sortes de conventions; et ce qui est propre à quelques-unes sera mis en son lieu.

1. Comme les conventions sont arbitraires, et se diversifient selon les besoins, on peut en toutes sortes de conventions, de contrats et de traités, ajouter toutes sortes de pactes, conditions, restrictions, réserves, quittances générales et autres, pourvu qu'il n'y ait rien de contraire aux lois et aux bonnes mœurs (7).

2. On peut aussi changer les engagemens naturels et ordinaires des conventions, et les augmenter ou diminuer, et même y déroger. Ainsi, dans les contrats de vente, dépôt, société et autres, les lois ont réglé de quelle manière l'un répond à l'autre de sa faute ou de sa négligence; mais on peut se charger plus ou moins du soin et de la diligence, selon qu'il en est convenu (8). Ainsi, le vendeur, quoique naturellement obligé à la garantie, peut se décharger de toute garantie, autre que de son fait (9). Et ces con-

(1) Cass. 6 septembre 1813. (2) Paris, 20 septembre 1815. (3) Cass. 23 déc. 1811. (4) Metz, 23 mars 1820. (5) Rejet, 10 janvier 1821. (6) Rejet, 18 mai 1818. (7) Vid. sup. sect. 2, art. 2. L. 1, ff. de pact. L. 23, ff. de reg. jur. L. 1, § 6, ff. depos. L. 27, § 4, ff. de pact. (8) L. 23, ff. de reg. jur. Dict. leg. (9) L. 11, § 18, ff. de act. emp. et vend. V. les art. 5, 6 et 7 de la sect. 10 du Contrat de vente.

ventions ont le fondement de leur équité sur les motifs particuliers des contractans. Ce vendeur, par exemple, est déchargé de la garantie, parce qu'il donne à un moindre prix. (C. civ., 1627.)

3. La liberté d'augmenter ou diminuer les engagemens, est toujours bornée à ce qui se peut dans la bonne foi, et sans dol ni fraude. Et le dol est toujours exclu de toutes sortes de conventions (1). (C. civ., 1116, s.)

Si indépendamment des présomptions de faux qui militent contre un acte privé, il existe des adminicules de dol et de fraude suffisans pour le faire annuler, les tribunaux peuvent le déclarer *nul*, sans recourir à l'inscription de faux (2). Il suit de la combinaison des art. 1109, 1116, 1117 et 1353, que, hors le cas d'inscription de faux, on n'est pas recevable à prouver qu'une convention dont l'existence est attestée par un écrit, n'a pas été réellement formée, ou l'a été en d'autres termes que l'écrit annonce; mais on est recevable à établir, soit par des présomptions, soit par la preuve vocale, que cette convention a été surprise par fraude ou dol, et qu'elle n'est par conséquent pas l'effet d'un consentement libre: en ce cas, la preuve ayant pour objet de constater des faits qui participent de la nature des délits, et dont il n'était pas possible de se procurer des preuves écrites, l'on ne peut, sous aucun prétexte, écarter celles qui résultent de la déposition des témoins (3). Lorsqu'une adjudication a été faite à vil prix, par suite de dol pratiqué pour écarter les enchérisseurs, la nullité de l'adjudication peut et doit être poursuivie par la voie de l'appel (4). Un acheteur qui, par dol de son vendeur, a été trompé sur la consistance et la valeur du bien qu'il a acheté, peut poursuivre par la voie de plainte et devant les tribunaux correctionnels, la résolution du contrat de vente, et les dommages et intérêts qui peuvent lui être dûs (5). En matière de lettres de change, lorsque le débiteur s'est rendu coupable de dol et de fraude, la présomption de paiement résultant de la prescription de cinq ans, peut être écartée par de simples présomptions de l'homme (6). Le tuteur qui a vendu les biens de son pupille sans formalités de justice, mais qui, se portant fort pour lui, s'est engagé à lui faire ratifier la vente à sa majorité, peut échapper à l'action en garantie résultante de cet engagement, lorsqu'il n'a été induit à faire cette promesse que par le dol de l'acquéreur, qui connaissait bien le vice de la vente. Le second acquéreur ne peut invoquer cette garantie contre le tuteur, sous le prétexte qu'il est étranger au dol du 1er acquéreur, qui lui a vendu sous la garantie de ses faits et promesses (7).

4. En toutes conventions, chacun peut renoncer à son droit, et à ce qui est à son avantage (8), pourvu que ce soit sans blesser l'équité, les lois et les bonnes mœurs, ni l'intérêt d'un tiers (9).

5. Les pactes particuliers qu'on ajoute dans les contrats sont bornés au sujet qui y donne lieu, et ne s'étendent pas à ce que les contractans n'ont pas eu en vue (10). (C. civ., 1163, s.)

(1) L. 27, § 3, ff. de pact. L. 1, § 7, dep. L. 23, ff. de reg. jur. L. 69, ff. de verb. signif. L. 7, § 7, ff. de pact. (2) Cass. 18 août 1813. (3) Rejet, 20 février 1811. (4) Paris, 19 janvier 1814. (5) Rejet, 27 vendémiaire an 10. (6) Cass. 14 janvier 1818. (7) Paris, 6 juillet 1816. (8) L. 46, ff. de pact. L. 29, Cod. eod. L. 41, ff. de min. (9) L. 74, ff. de reg. jur. L. 27, § 4, ff. de pact. V. sect. 2, art. 3. V. l. 4, § 4, ff. si quis caut. V. l. 8 ff. de trans. (10) V. l'art. 21 de la sect. 2. L. 27, § 4, ff. de pact.

Des conditions.

Comme il est assez ordinaire, dans les conventions, qu'on prévoit des événemens qui pourront faire quelque changement où l'on veut pourvoir, on règle ce qui sera fait si ces cas arrivent : et c'est ce qui se fait par l'usage des conditions.

Les conditions sont donc des pactes qui règlent ce que les contractans veulent qui soit fait, si un cas qu'ils prévoient arrive. Ainsi, s'il est dit qu'en cas qu'une maison vendue se trouve sujette à une telle servitude, la vente sera résolue, ou le prix diminué, c'est une condition; car on prévoit un cas, et on y pourvoit. Ainsi, si une maison est vendue, à condition que l'acquéreur ne pourra la hausser, le vendeur prévoit que l'acquéreur pourrait faire ce changement, et il y pourvoit, pour conserver les jours d'une autre maison que celle qu'il vend.

On a ajouté ce second exemple pour faire remarquer que les charges qu'on s'impose l'un à l'autre dans les conventions, tiennent de la nature des conditions. Car c'est proprement une charge imposée à l'acquéreur de ne pouvoir hausser ; mais cette charge renferme une condition, comme si on avait dit, en cas que l'acheteur veuille hausser la maison, le vendeur pourra l'empêcher; et c'est pourquoi on se sert souvent, et du mot de condition, et du mot de charge indistinctement; et on dit à telle condition ou à telle charge; et on use aussi du mot de conditions au pluriel, pour signifier les différentes conventions d'un traité, parce qu'elle obligent toutes de telle manière, que s'il arrive qu'on y manque, ou qu'on y contrevienne, on est sujet aux peines de l'inexécution.

Les événemens prévus par les conditions sont de trois sortes. Quelques-uns dépendent du fait des personnes qui traitent ensemble, comme s'il est dit en cas qu'un associé s'engage dans une autre société. D'autres sont indépendans de la volonté des contractans, tels que sont les cas fortuits, comme s'il est dit, en cas qu'il arrive une gelée, une grêle, une stérilité. Et il y en a qui dépendent en partie du fait des contractans, et en partie des cas fortuits, comme s'il est dit, en cas qu'une marchandise arrive un tel jour.

Les conditions sont de trois sortes, selon trois différens effets qu'elles peuvent avoir. L'une de celles qui accomplissent les conventions qu'on en fait dépendre, comme s'il est dit, qu'une vente aura lieu, en cas que la marchandise soit délivrée un tel jour. La seconde, de celles qui résolvent les conventions, comme s'il est dit que si une telle personne arrive en tel temps, le bail d'une maison sera résolu. Et la troisième sorte est de celles qui n'accomplissent ni ne résolvent pas les conventions, mais qui seulement y apportent d'autres changemens ; comme s'il est dit que si une maison louée est donnée sans des meubles promis, le loyer sera diminué de tant.

Il y a des conditions expresses, et il y en a des tacites, qui sont sous-entendues. Les conditions expresses sont toutes celles qui sont expliquées, comme quand il est dit, si telle chose est faite ou non, si telle chose arrive ou non. Les conditions tacites sont celles qui se trouvent renfermées dans une convention, sans y être exprimées; comme s'il est dit, dans une vente d'un héritage, que le vendeur se réserve les fruits de l'année, cette réserve renferme la condition qu'il naisse des fruits, de même que s'il avait été dit, qu'il réservait les fruits en cas qu'il y en eût (1).

6. Dans les conventions dont l'accomplissement dépend de l'événement d'une condition, toutes choses demeurent en suspens, et au même état que s'il n'y avait pas eu de convention, jusqu'à ce que la condition soit arrivée. Ainsi, dans une vente qui doit s'accomplir par l'événement d'une condition, l'acheteur n'a cependant qu'une espérance, sans aucun droit, ni de jouir, ni de prescrire (2); mais le vendeur demeure le maître de la chose vendue, et les fruits sont à lui (3); et si la condition n'arrive pas, la convention est anéantie (4). (C. civ., 1176.)

7. La condition qui doit accomplir une convention étant arrivée, elle donne l'effet à la convention, et produit les changemens qui en doivent suivre. Ainsi, une vente étant accomplie par l'événement d'une condition, l'acheteur devient en même temps le maître; et ce changement a les autres suites, qui font les effets de la convention (5). (C. civ., 1179.)

L'événement de la condition a quelquefois un effet rétroactif. Ainsi, l'hypothèque stipulée dans une obligation conditionnelle, aura son effet du jour de l'obligation, lorsque la condition sera arrivée. (V. l'art. 17 de la sect. 3 des hypothèques.)

8. Dans les conventions déja accomplies, mais qui peuvent être résolues par l'événement d'une condition, toutes choses demeurent cependant dans l'état de la convention; et l'effet de la condition est en suspens, jusqu'à ce qu'elle arrive. Ainsi, s'il est dit qu'une vente accomplie sera résolue, en cas que dans un certain temps un tiers donne un plus haut prix de la chose vendue, l'acheteur jusque-là demeure le maître; il prescrit, il jouit, et si la chose périt, il en souffre la perte (6).

9. Le cas de la condition qui doit résoudre une convention étant arrivé, la convention sera résolue (7); et ce changement aura les effets qui en doivent suivre, selon les règles qui seront expliquées dans la section 6, et la règle qui suit.

10. Tout ce qui arrive ou avant ou après l'événement de la

(1) L. 73, ff. de verb. obl. L. 1, § 3, ff. de cond. et dem. (2) L. 4, ff. de in diem add. § 4. Inst. de verb. obl. L. 54, ff. de verb. sign. (3) L. 8, ff. de per. et com. rei. vend. (4) L. 37, ff. de contr. empt. L. 8, ff. de per. et com. rei vend. (5) L. 7, ff. de contr. empt. L. 8, ff. de per. et com. rei vend. (6) L. 2, ff. de in diem. add. Dict. leg. 2, § 1. (7) L. 2, ff. de in diem add. L. 3, ff. de contr. empt.

condition, est réglé selon l'état où se trouvent les choses. Ainsi, lorsqu'une vente est accomplie, et qu'elle doit être résolue, en cas qu'une condition arrive, l'acheteur est cependant maître de la chose, et il prescrit et jouit; et si elle vient à périr, il en souffre la perte, parce que la vente subsiste encore, et que la chose est par conséquent à lui, jusqu'à ce que la vente soit résolue par l'événement de la condition (1); et au contraire, lorsque l'accomplissement d'une vente dépend d'une condition, si avant l'événement de cette condition la chose périt, c'est le vendeur qui en souffre la perte; car il demeure le maître jusqu'à ce que l'événement de la condition accomplisse la vente (2). Et après que la condition est arrivée, tous les événemens de gain ou de perte regardent celui qui se trouve alors maître de la chose, soit que la condition accomplisse ou qu'elle résolve la convention. Ainsi, c'est toujours l'état où se trouvent les choses lorsque la condition arrive, et l'effet qu'elle doit avoir, qui règle les suites des conventions conditionnelles (3). (C. civ., 1182.)

11. Les conditions qui ne se rapportent pas à l'avenir, mais au présent ou au passé, ont d'abord leur effet; et la convention est en même temps ou accomplie ou annulée, selon l'effet que doit lui donner la condition. Ainsi, par exemple, si une marchandise est vendue à condition que la vente n'aura lieu qu'en cas que la marchandise soit déja arrivée à un tel port, la vente est, ou d'abord accomplie, si la marchandise est au port, ou d'abord nulle, si elle n'y est point; et la convention n'est pas suspendue, quoique ceux qui traitent sous de telles conditions ignorent s'ils sont obligés ou non. Mais c'est seulement l'exécution qui est suspendue jusqu'à ce qu'ils sachent si la condition est arrivée ou non (4). (C. civ., 1175.)

12. Les conditions impossibles annulent les conventions où on les ajoute (5). (C. civ., 1172.)

13. Si les conditions n'arrivent qu'après le décès des contractans, elles ont leur effet à l'égard de leurs héritiers (6). (C. civ., 1122.)

La clause, insérée dans un acte de partage, et portant que les copartageans s'accorderont mutuellement les uns aux autres, le libre passage et issue, avec chariot, sur les parties de terre qui leur sont respectivement échues, est un pacte *in rem*, *non in personam* : elle établit une servitude de passage, non seulement en faveur des copartageans, mais encore en faveur de leurs héritiers et ayans cause (7).

14. Si la condition d'où il dépend qu'une convention soit accomplie ou résolue, ou qu'il soit fait quelque changement, est

(1) L. 2, § 1, ff. de in diem add. (2) L. 10, § 5, de jur. dot. (3) L. 8, ff. de peric. et com. rei vend. (4) L. 37, ff. de reb. cred. Vid. l. 38 et 39. Cod. L. 100, ff. de verb. obl. (5) L. 31, § de obl. et act. (6) § 25, inst. de inut. stip. L. 8, ff. de per. et com. rend. vei. (7) Bruxelles, 16 janvier 1823.

indépendante du fait des contractans, elle a son effet d'abord qu'elle est arrivée, ou qu'elle est connue. Ainsi, par exemple, s'il est convenu qu'une vente de fourrages n'aura son effet qu'en cas qu'un régiment de cavalerie arrive dans un tel temps, elle aura son effet d'abord que le régiment sera arrivé, ou elle demeurera nulle s'il n'arrive point. (C. civ., 1161.) Ainsi, lorsqu'un héritage est vendu à condition que, s'il se trouve sujet à une telle charge, la vente sera résolue, il dépendra de l'acheteur de rompre la vente, si l'héritage se trouve sujet à cette charge (1) (C. civ., 1584), si ce n'est qu'elle fût telle que le vendeur pût la faire cesser, et que par les circonstances il fût juste de lui en donner le temps.

15. Si la condition dépend ou entièrement ou en partie du fait de l'un des contractans, et qu'il n'y ait pas satisfait dans le temps, il est sous-entendu que dans les cas où il serait de l'équité de donner un délai, il doit être accordé selon les circonstances; comme lorsque le retardement n'a causé aucun dommage, ou que s'il y en a, il peut être réparé. Ainsi, lorsqu'un bail à ferme ou à loyer est fait à condition que le propriétaire fera quelques réparations dans un certain temps, le bail ne sera pas d'abord résolu, quoique les réparations ne soient pas achevées précisément dans le temps; mais il est de la prudence du juge d'accorder un délai selon les circonstances, ou sans désintéressement, si le fermier ou le locataire n'en ont souffert aucun préjudice, ou avec un désintéressement du dommage que le retardement aura pu causer (2). (C. civ., 1719, s.)

16. Si le délai d'exécuter une condition ne pouvait être accordé, sans blesser l'essentiel de la convention, ou sans causer un dommage considérable, la condition aura son effet sans retardement, soit qu'elle dépende du fait de l'un des contractans, ou qu'elle soit indépendante. Ainsi, par exemple, si une vente de marchandises est faite à condition que le vendeur les délivrera dans un tel jour pour un embarquement ou pour une foire, et que le prix en sera payé comptant par l'acheteur, il dépendra de l'acheteur de résoudre la vente, si le vendeur ne délivre au jour la chose vendue, et du vendeur même, si l'acheteur ne paie comptant. Ainsi, dans tous les cas, c'est par les circonstances qu'il faut juger s'il y a lieu d'accorder un délai pour exécuter une condition, ou autre engagement (3).

17. Si l'événement ou l'accomplissement d'une condition est empêché par celui des contractans qui a intérêt qu'elle n'arrive point, soit qu'elle dépende de son fait ou non, la condition à son égard sera tenue pour accomplie; et il sera obligé à ce qu'il devait faire ou donner, ou souffrir, au cas de la condition (4).

(1) Si Titius consul fuerit factus. § 4, inst. de verb. obl. V. sur cet art. et sur le suiv. l'art. 16 de la sect. 5, et le 14 de la sect. 6. (2) L. 23, ff. de obl. et act. L. 21, ff. de jud. V. l'art. suiv. et l'art. 15 de la sect. 3. (3) V. l'art. 15 de la sect. 3. (4) L. 161, ff. de reg. jur.

Des clauses résolutoires et des clauses pénales.

Les clauses résolutoires sont celles par lesquelles on convient que la convention sera résolue en un certain cas : comme s'il est dit qu'une transaction sera annulée, si telle chose n'est faite ou donnée dans un tel temps.

Les clauses pénales sont celles qui ajoutent une peine pour le défaut d'exécution de ce qui est convenu : comme est en général la peine des dommages et intérêts, et en particulier la peine d'une certaine somme.

18. Les clauses résolutoires et les clauses pénales ne s'exécutent pas toujours à la rigueur; et les conventions ne sont pas résolues ni les peines encourues, au moment que le porte la convention; quand il serait même convenu que la résolution sera encourue par le seul fait, et sans ministère de justice ; mais ces sortes de clauses ont leur effet à l'arbitrage du juge (1), selon la qualité des conventions et les circonstances, suivant les règles précédentes. (C. civ. 1231.)

On doit modérer la peine proportionnellement à l'exécution que l'obligation a reçue (2).

19. S'il est dit qu'une convention sera résolue, en cas que l'un des contractans manque d'exécuter de sa part quelqu'un de ses engagemens, la clause résolutoire n'aura pas cet effet, qu'il dépende de lui de résoudre la convention, en n'exécutant pas ce qu'il a promis. Mais il dépendra de l'autre, ou de le contraindre à l'exécution, ou de faire résoudre la convention avec les dommages et intérêts qui pourront être dus. Ainsi, lorsqu'il est dit qu'une vente, une transaction, ou un autre contrat sera résolu faute de paiement, il ne dépendra pas de celui qui doit payer d'annuler la convention en ne payant point (3). (C. civ. 1184.)

Selon les lois romaines, la condition résolutoire n'était pas sous-entendue dans les contrats synallagmatiques, pour le cas où l'une des parties ne satisfaisait point à son engagement. Les juges pouvaient seulement contraindre le débiteur à l'exécution du contrat (4). Lorsque l'événement qui résout un contrat étant indépendant de la volonté d'une des parties, il opère la résolution de plein droit, ce n'est pas le cas de demander en justice. Lorsque l'événement qui pouvait donner lieu à la clause résolutoire est arrivé, la caution est déchargée comme le principal obligé (5). Lorsque la résolution d'un contrat a lieu pour inexécution de la convention, il y a mutation comme pour rétrocession. Ce n'est pas comme si le contrat était résolu pour nullité radicale existante de son essence même (6). L'art. 1184 embrasse tous les contrats synallagmatiques, quelles que soient les choses qui en soient l'objet, lorsqu'il n'y a pas dans la loi d'exception spéciale. Ainsi, il s'applique à une vente de créance ou de droits (7).

(1) L. 135, § 2, ff. de verb. obl. V. les règles précédentes. (2) Paris, 8 juillet 1812. (3) L. 2, ff. de leg. commiss. (4) Cass. 3 thermidor an 12. (5) Cass. 25 fructidor an 12. (6) Cass. 14 novembre 1815. (7) Orléans, 20 août 1818.

20. Dans les conventions où l'on traite d'un droit, ou d'autre chose qui dépende de quelque événement incertain, d'où il puisse arriver ou du profit ou de la perte, selon la différence des événemens, il est libre d'en traiter de sorte que l'un, par exemple, renonce à tout profit, et se décharge de toute perte, ou qu'il prenne une somme pour tout ce qu'il pouvait attendre de gain; ou qu'il se charge d'une perte réglée pour toutes celles qu'il avait à craindre. Ainsi, un associé voulant se retirer d'une société, peut régler avec les autres associés ce qu'il aura de profit présent et certain, ou ce qu'il portera de perte, quelque événement qu'il puisse arriver. Ainsi, un héritier peut traiter avec ses cohéritiers de tous ses droits en la succession pour une certaine somme, et les obliger à le garantir de toutes les charges. Et ces sortes de conventions ont leur justice sur ce que l'un préfère un parti certain et connu, soit de profit ou de perte, à l'attente incertaine des événemens; et que l'autre au contraire trouve son avantage dans le parti d'espérer une meilleure condition. Ainsi, il se fait entre eux une espèce d'égalité de leur parti, qui rend juste leur convention (1).

C'est sur la règle expliquée dans cet article qu'est fondée la validité des transactions, qu'on autorise nonobstant les lésions qui peuvent s'y rencontrer, parce qu'on balance ces lésions par l'avantage que trouvent ceux qui transigent de se retirer d'un procès, et d'établir le repos de leurs familles.

Nous nous servons aussi de cette même règle entre les autres considérations qui ont fait recevoir dans notre usage les renonciations des filles dans les contrats de mariage, contre la disposition du droit romain. (Vid. l. 3. de collat.)

Il faut prendre garde, dans l'usage de cette règle des traités sur les événemens incertains, de ne pas l'étendre à des cas où les conséquences blesseraient les lois ou les bonnes mœurs. Comme, par exemple, si deux héritiers présomptifs traitaient entre eux de la succession future de celui à qui ils doivent succéder; car cette convention serait illicite, si ce n'est qu'elle fût faite par la volonté expresse de celui de la succession de qui on traiterait, comme il sera expliqué en son lieu. (Vid. l. 30, c. de pact.)

SECTION V.

Des conventions qui sont nulles dans leur origine.

1. Les conventions nulles sont celles qui, manquant de quelque caractère essentiel, n'ont pas la nature d'une convention; comme si un des contractans était dans quelqu'imbécilité d'esprit ou de corps qui le rendît incapable de connaître à quoi il s'engage (1). (C. civ. 489, s.) Si on avait vendu une chose publique, une

(1) Vid. l. 1, ff. de trans. L. 12, C. eod. L. 27, c. de usur. in verb. Vid. l. 11, c. de trans. L. 2, § 9, ff. de her. vel act. vend. L. 1, c. de evict. (2) § 8, inst. de inut. stip.

chose sacrée, ou autre qui ne fût point en commerce, ou si la chose vendue était déja propre à l'acheteur (1). (C. civ. 1599.)

Est nul, comme consistant en partie dans la chose d'autrui, l'échange fait par le co-propriétaire d'une chose indivise, sans le consentement du propriétaire, même à une personne qui ne savait pas que cette chose eût un autre propriétaire que l'échangiste (2). On ne doit pas entendre l'art. 1599 dans un sens absolu. Il faut distinguer entre le cas où les deux parties vendent et achètent sciemment la chose qui n'appartient point au vendeur, et celui où l'acheteur ignore que celui-là n'est pas propriétaire. Dans le premier cas, la vente est nulle : elle ne produit pas l'effet de ce contrat. Quand même le vendeur se serait personnellement fait fort du propriétaire, la nullité n'en est pas moins constante. S'il est obligé alors à des dommages-intérêts envers l'acheteur, ce n'est pas en vertu du contrat de vente qui n'existe pas, mais par suite de l'obligation personnelle, qu'il a contractée, de faire en sorte que la vente eût lieu. Cela est si vrai que, si le propriétaire consent à la vente, et la ratifie, c'est lui qui en est le véritable vendeur (3). Une vente faite sous la condition qu'il sera passé acte public dans un délai déterminé, n'est pas résolue ou inefficace de plein droit, à l'expiration du délai. Le vendeur ne peut, sans avoir fait prononcer la résolution du contrat en justice, disposer de l'objet vendu en faveur d'un tiers acquéreur. Cette seconde vente est nulle comme faite de la chose d'autrui (4). Lorsque par son testament un père, en léguant un immeuble à l'un de ses fils, a autorisé la mère, tutrice de ce fils, à vendre cet immeuble pour payer les dettes, cette autorisation ne peut avoir effet après la majorité du fils ; le mineur n'est aucunement lié par cette vente ; elle est à son égard chose d'autrui. Une telle vente peut être attaquée, par le mineur, pendant 30 ans ; le délai n'est pas restreint à dix ans (5). L'associé qui vend un immeuble de la société, tant en son nom personnel que comme mandataire de son associé, vend valablement sa moitié, quand même la vente se trouverait nulle en ce qui touche la moitié de l'associé (6).

2. Les conventions qui sont nulles dans leur origine, sont en effet telles, soit que la nullité puisse d'abord être reconnue, ou que la convention paraisse subsister et avoir quelque effet. Ainsi, lorsqu'un insensé vend son héritage, le vente est d'abord nulle dans son origine, quoique l'acheteur possède et jouisse, et qu'au temps de la vente cet état du vendeur ne fût pas connu. Et il en est de même, si l'un des contractans a été forcé (7). (C. civ. 1112, s.)

La crainte d'une peine ou d'une contrainte légale n'est pas une cause de rescision contre l'acte qui a été l'effet de cette crainte (8).

3. Les conventions sont nulles, ou par l'incapacité des personnes, comme dans l'exemple de l'article précédent, ou par quelque vice de convention, comme si elle est contraire aux bonnes

(1) § 2, eod. V. l'art. 1 de la sect. 6. (2) Cass. 16 janvier 1810. (3) Turin, 18 avril 1811. (4) Colmar, 15 janvier 1813. (5) Rejet, 6 décembre 1813. (6) Cass. 3 août 1819. (7) § 2, inst. de inut. stip. Dict. § 2. L. 1. Cod. de rescind. vend. (8) Cass. 29 messidor an 11.

mœurs (1) (C. civ, 1133.), ou par quelque autre défaut, comme si elle ne devait être accomplie que par l'événement d'une condition qui ne soit point arrivée (2), ou par d'autres causes (3). (C. civ. 1169.)

Une décision d'un tribunal prononçant que la convention dont il s'agit au procès est contraire aux bonnes mœurs, n'est point un excès de pouvoirs, c'est une simple décision sur un point de fait, laquelle n'est pas susceptible de cassation (4).

On ne peut réclamer l'exécution d'une clause pénale insérée dans une promesse de mariage, lorsqu'on ne justifie d'aucun préjudice résultant de l'inexécution de cette promesse, pareille clause étant illicite est contraire aux bonnes mœurs et capable de gêner la liberté qui doit régner dans les mariages (5). La prohibition de transiger sur des matières d'ordre public s'étend à ce point, qu'il n'est permis ni de régler ces matières par des conventions privées, ni de terminer les instances y relatives par des transactions, ni même d'acquiescer aux décisions judiciaires rendues en dernier ressort, en renonçant expressément au recours en cassation. Ainsi est nulle, comme ayant une cause illicite, l'obligation consentie par la femme à son mari, pour prix de la renonciation du mari au recours en cassation, contre l'arrêt qui a prononcé entre eux la séparation de corps (6). Le traité par lequel un tiers s'oblige de surenchérir un immeuble déja adjugé, au nom et pour le compte du débiteur saisi, qui s'oblige à son tour d'indemniser ce tiers des obligations résultantes de la surenchère, sinon de reconnaître ce tiers propriétaire de l'immeuble au prix de la première adjudication, est licite (7). Il n'y a pas cause illicite dans une convention par laquelle un particulier qui a obtenu du gouvernement une permission d'exporter des grains dans un temps où l'exportation est interdite, cède cette permission à un autre moyennant une somme d'argent (8). Lorsque des co-héritiers majeurs ont promis à l'adjudicataire une garantie pleine et entière et solidaire, en cas d'éviction arrivée par quelque cause que ce soit, ceux qui l'ont promise ne peuvent en être déchargés sur le motif qu'ils ont contracté une obligation sans cause légitime; une pareille garantie ayant, non seulement une cause légitime, mais une cause qui résulterait nécessairement du seul fait de la vente, lors même qu'elle n'aurait pas été stipulée, attendu qu'on ne peut consentir à une vente sans contracter en même temps l'obligation de faire jouir l'acquéreur de la chose vendue (9).

4. Les personnes peuvent être incapables de contracter, ou par la nature, ou pour quelque loi. Ainsi, par la nature les insensés (10) (C. civ. 491, s.), et les personnes que quelque défaut met dans l'impuissance de s'exprimer (11) (C. civ. 936.), sont naturellement incapables de toutes sortes de conventions. Ainsi par des défenses des lois, les prodigues interdits sont incapables de faire des conventions à leur préjudice (12). (513.)

(1) § 24, inst. de inut. stip. V. l'art. 3 de la sect. 1. (2) L. 37, ff. de contr. empt. L. 8, ff. de peric. et com. rei. vend. (3) V. l'art. 1, et les suiv. (4) Cass. 11 nivose an 9. (5) Cass. 21 décembre 1814. (6) Rejet, 2 janvier 1823. (7) Paris, 10 mars 1812. (8) Cass. 5 août 1816. (9) Cass. 6 juin 1821. (10) § 8, inst. de inut. stip. (11) Vid. § 7, eod. (12) L. 1, ff. de cur. fur. L. 6, ff. de verb. obl. V. le titre des personnes.

5. Les incapacités des personnes sont différentes, et ont divers effets. Quelques-uns sont incapables de toutes conventions, comme les insensés et ceux qui ne peuvent s'exprimer. D'autres seulement de celles qui leur nuisent, comme les mineurs et les prodigues, et les femmes qui sont en puissance de mari, ne peuvent s'obliger du tout dans quelques coutumes, et ne le peuvent dans les autres si le mari ne les autorise. (V. C. civ. 1124.)

Ceci résulte des articles précédens. V. sur ce qui est dit ici de la femme en puissance de mari, ce qui a été remarqué sur l'article 1 de la sect. 1, des personnes, et dans le préambule de la sect. 4, du titre des dots.

6. Les nullités des conventions sont ou naturelles, ou dépendantes de la disposition de quelque loi. Ainsi les conventions contraires aux bonnes mœurs, comme un traité sur la succession future d'une personne vivante (1) (C. civ. 1600.), et celles qui sont impossibles sont naturellement vicieuses et nulles; ainsi c'est par une loi que la vente d'un bien substitué est illicite et nulle (2).

7. Il y a des conventions qui peuvent être déclarées nulles de la part de l'un des contractans, et qui subsistent et obligent irrévocablement de la part de l'autre. Ainsi le contrat entre un majeur et un mineur peut être annulé à l'égard du mineur s'il n'est pas à son avantage (3) : et il subsiste à l'égard du majeur si le mineur ne demande pas d'être relevé (4). Et cette inégalité de la condition des contractans n'a rien d'injuste; car le majeur a su ou dû savoir la condition de celui avec qui il traitait (5). (C. civ. 1125, 2e §.)

8. Les conventions qui étaient sujettes à être annulées par l'incapacité des personnes, sont validées dans la suite, si l'incapacité cessant, elles ratifient, ou approuvent la convention. Ainsi, lorsque le mineur devenu majeur ratifie ou exécute le contrat qu'il avait fait en minorité, ce contrat devient irrévocable, comme s'il l'avait fait en majorité (6).

9. Ceux que la nature ne rend pas incapables de contracter, et qui ne le sont que par la défense de quelque loi, ne laissent pas de s'engager par leur convention à une obligation naturelle, qui, selon les circonstances, peut avoir cet effet, qu'encore qu'ils ne puissent être condamnés à ce qu'ils ont promis, s'ils satisfont à leur engagement, ils ne peuvent en être relevés (7). Ainsi, par exemple, dans le droit romain, le fils de famille, même majeur (C. civ. 488.), ne peut s'obliger à cause de prêt; mais s'il paie ce

(1) L. 4, Cod. de inut. stip. Vid. l. 30, Cod. de pact. (2) L. 185, ff. de reg. jur. Vid. l. 7. Cod. de reb. al. non. al. (3) L. 7, Cod. de reb. al. non al. (4) L. 13, § 29, ff. de act. empt. et vend. (5) L. 19, ff. de reg. jur. (6) L. 5, § 2, ff. de auth. et const. tut. et cur. L. 2, Cod. si maj. fact. rat. hab. l. 3, § 1, ff. de min. V. les arrêts cités, page 128. (7) L. 10, ff. de obl. et act. l. 16, § 4, ff. de fidejuss. L. 1, § 17, ff. ad. leg. falc. L. 94, § 3, ff. de sol. v. l. 10, ff. de verb. sign. et l. 84, § 1, de reg. jur.

qu'il a emprunté, il ne peut le répéter (1). Ainsi, dans les coutumes où la femme mariée ne peut s'obliger, même avec l'autorisation de son mari, si après la mort du mari elle paie ce qu'elle avait promis, elle ne pourra se servir de la nullité de son engagement pour le répéter. (C. civ. 215, s.)

10. Les conventions où les personnes, même capables de contracter, n'ont point connu ce qu'il était nécessaire de savoir pour former leur engagement, ou n'ont pas eu la liberté pour y consentir, sont nulles. Ainsi, les conventions où les contractans errent dans le sens, l'un entendant traiter d'une chose, et l'autre d'une autre, sont nulles par le défaut de connaissance et de consentement à la même chose (2). (C. civ. 1162.) Ainsi, celles où la liberté est blessée par quelques violences, sont nulles aussi (3). (C. civ. 1111.)

11. Les conventions où l'on met en commerce ce qui n'y entre point, comme les choses sacrées, les choses publiques, sont nulles (4).

12. Si dans une convention l'un est obligé de donner une chose à l'autre, et qu'avant la délivrance, la chose cesse d'être en commerce sans le fait de celui qui devait la donner, la convention sera annulée. Ainsi, la vente d'un héritage demeurera sans effet et deviendra nulle, si cet héritage est destiné pour un ouvrage public sans le fait du vendeur (5). (V. Charte, art. 10.)

13. Dans les conventions où quelqu'un se trouve obligé sans aucune cause, l'obligation est nulle (6) (C. civ. 1131.); et il en est de même si la cause vient à cesser (7). Mais c'est par les circonstances qu'il faut juger si l'obligation a sa cause ou non.

14. Les conventions qui se trouvent nulles par quelque cause dont un des contractans doive répondre, comme s'il a aliéné une chose sacrée ou publique, ont cet effet, quoique nulles, d'obliger aux dommages et intérêts celui qui y donne lieu (8). (C. civ. 1134, 1146.)

15. Si une convention, quoique nulle, a eu quelque suite, ou quelque effet, ou qu'elle soit annulée, les contractans sont remis dans l'état où ils auraient été s'il n'y avait pas eu de convention, autant que les circonstances peuvent le permettre, et avec les restitutions qui peuvent être à faire contre celui qui en sera tenu (9).

16. Quoiqu'une convention se trouve nulle, celui qui s'en plaint

(1) L. 9, in f. et l. 10 ff. de Senat. Maced. (2) § 23, inst. de inut. stip. L. 57, ff. de obl. et act. L. 116, § 2, ff. de reg. jur. v. l. 137, § 1, ff. de verb. obl. L. 83, § 1, ff. de verb. obl. L. 9, ff. de contr. empt. (3) L. 1, Cod. de resc. vend. Dict. leg. 116, ff. de reg. jur. V. le tit. des vices des convent. (4) L. 83, ff. 5, ff. de verb. obl. § 2, inst. de inut. stip. (5) § 2, inst. de inut. stip. l. 83, § 5, ff. de verb. obl. (6) V. l'art. 5 de la sect. 1. (7) L. 4, ff. de condict. sine causâ. (8) § ult. inst. de emptione et venditione. Vid. l. 3, Cod. de reb. alien. non alien. (9) L. 7, § 1, ff. de in int. restit.

ne peut se remettre lui-même dans ses droits, si l'autre n'y consent. Mais il faut qu'il ait recours à l'autorité de la justice, soit pour faire juger de la nullité, et le rétablir en son droit, ou pour mettre à exécution ce qui sera ordonné, en cas qu'il s'y trouve quelque résistance (1). Car quand il faut user de la force, la justice n'en souffre aucune, si elle-même ne la met en usage.

17. Si les conventions qui acquièrent quelque droit à des tierces personnes se trouvent nulles, elles n'ont pas plus d'effet à l'égard de ces personnes, qu'à l'égard des contractans. Ainsi le créancier n'a aucune hypothèque sur l'héritage que son débiteur avait acquis par un contrat nul.

SECTION VI.

De la résolution des conventions qui n'étaient pas nulles.

1. Il y a cette différence entre la nullité et la résolution des conventions, que la nullité fait qu'il n'y a eu que l'apparence d'une convention (2), et que la résolution anéantit une convention qui avait subsisté (3).

2. Les conventions qui ont subsisté peuvent se résoudre, ou par le consentement des contractans, qui changent de volonté (4), ou par l'effet de quelque pacte qui soit dans la convention même, comme d'une faculté de rachat (5) (C. civ. 1659.), d'une clause résolutoire (6), ou par l'événement d'une convention (7), ou par une restitution en entier (8), ou par une rescision à cause de quelque dol ou autre lésion, comme par la vilité du prix dans une vente (9) (C. civ. 1674.), ou par d'autres causes, comme on le verra dans les articles suivans.

La clause par laquelle une vente est faite avec faculté de réméré est valable, si l'acquéreur décède sans avoir disposé de l'objet vendu; il y a là réméré conditionnel, et non obligation potestative sous condition (10).

3. Les dernières conventions qui résolvent les précédentes ou qui les changent, ou qui y dérogent, ont l'effet que veulent les contractans, soit pour annuler ou pour changer ce qui avait été convenu, et elles les mettent dans l'état où ils veulent se mettre par ces changemens, selon que les circonstances peuvent le permettre (11).

4. Les changemens que font les contractans à leurs conventions, par d'autres ensuite, ne font aucun préjudice aux droits qui étaient acquis à des tierces personnes par les premières conventions.

(1) L. 13, ff. quod met. caus. L. 1, Cod. de resc. vend. Vid. l. 9, Cod. sol. mat. Vid. l. 1, ff. uti possid. V. l'art. 14 de la sect. suiv. et la sect. 2, des vices des convent. (2) § 2. Inst. de inut. stip. (3) L. 2, cod. de cond. ob. caus. dat. (4) L. 35, ff. de reg. jur. § ult. inst. quib. mod. toll. obl. (5) Vid. l. 2. Cod. de pact. int. empt. et vend. L. 7, cod. (6) V. l'art. 15 de la sect. 3, et l'art. 18 de la sect. 4. (7) L. 2, ff. de in diem add. (8) Tit. de in int. rest. (9) Tit. de dolo. L. 2. Cod. de resc. vend. (10) Rejet, 7 juin 1814. (11) L. 12. Cod. de pact.

Ainsi, une vente déja accomplie, et suivie d'une entière exécution, n'étant résolue que par la seule volonté du vendeur et de l'acheteur, le créancier de l'acheteur conserve son hypothèque sur l'héritage qui retourne au vendeur, par la résolution purement volontaire du contrat de vente (1). Mais si la convention était résolue par l'effet d'une clause du contrat, comme par l'événement d'une condition, ou par une faculté de rachat dans une vente, cette hypothèque s'évanouirait, et les contractans rentreraient en leurs droits, par l'effet même de leur convention.

5. Les conventions accomplies, mais sous une condition que si un tel cas arrive, elles seront résolues, subsistent jusqu'à ce que la condition soit arrivée; et alors elles sont résolues, suivant les règles expliquées dans les articles 14 et 15 de la section 4 (2).

6. Si dans une convention il est dit qu'elle sera résolue, en cas que l'un des contractans manque d'exécuter quelque engagement, le défaut d'exécution ne résout et n'annule la convention, que suivant les règles expliquées dans les articles 18 et 19 de la section 4 (3).

7. Si une convention laisse la liberté à un des contractans de résilier dans un certain temps, ou qu'il y ait une faculté de rachat, ou d'autres clauses qui puissent faire résoudre la convention par quelque autre voie, l'exécution de ces clauses résout et annule la convention, selon que les contractans en étaient convenus (4).

8. Les conventions où l'un des contractans est surpris et trompé par le dol de l'autre, ou par quelque autre mauvaise voie, sont résolues et annulées lorsqu'il s'en plaint, et qu'il en fait preuve (5). (C. civ. 1109.)

La question de savoir si tels ou tels faits présentent des caractères de dol, de fraude ou de violence capables de faire annuler la convention, est une question de fait qui rentre dans le domaine exclusif des juges du fond : quelle que soit leur décision à cet égard, elle échappe à la censure de la cour de cassation (6). La vente que fait un légataire de ses droits à un autre légataire institué par le même testament, peut être annulée comme viciée d'erreurs, lorsque la modicité du prix annonce que le vendeur ne connaissait point la valeur des droits et sa qualité, tandis qu'au contraire l'acquéreur avait pleine connaissance du testament (7). L'ivresse est une cause de rescision des conventions, encore qu'il n'y ait ni dol, ni fraude à reprocher à celui envers qui l'obligation est contractée. La preuve de l'ivresse peut être faite par témoins (8).

9. Il y a des conventions où la simple lésion, quoique sans dol,

(1) L. 63, ff. de jur. dot. L. 9, ff. de lib. caus. L. 10, ff. de jurejur. V. les art. 14 et 15 de la sect. 12 du Contrat de vente. (2) V. les art. 14 et 15 de la sect. 4, et l'art. 14 de celle-ci. (3) V. les art. 18 et 19 de la sect. 4, et le 14 de celle-ci. (4) L. 31, § 22, ff. de ædil. ed. L. 2, § 5, ff. pro empt. L. 2 et 7. Cod. de pact. int. empt. et vend. V. l'art. 16 de la sect. 5. et l'art. dernier de cette sect. (5) Tot. tit. de dolo. V. l'art. 10 de la sect. précéd. et la sect. 3 des Vices des convent. (6) Rejet, 2 fructidor an 13. (7) Angers, 22 mai 1817. (8) Angers, 12 décembre 1823.

suffit pour résoudre la convention. Ainsi, par exemple, un partage entre cohéritiers est résolu par une trop grande inégalité (1) (C. civ. 887, s.); et une vente, par la vilité du prix (2), ou par le vice de la chose vendue (3), suivant les règles qui seront expliquées dans leurs lieux.

La lésion qui donne lieu à la rescision dans le cas d'un partage de communauté, opéré par la licitation, est celle du tiers au quart; il n'est pas nécessaire qu'il y ait lésion de sept douzièmes. L'acquéreur co-partageant ne peut, comme lorsqu'il s'agit de l'action en rescision d'une vente pour cause de lésion, retenir le dixième du prix auquel une estimation d'experts a porté la valeur des immeubles. Il doit fournir à son co-partageant le supplément intégral de la portion dans la communauté (4). L'erreur peut être une cause de rescision en matière de partage, notamment dans le cas où un co-partageant s'est présenté comme successible seulement, et a négligé, par erreur, de faire valoir sa qualité de donataire (5).

10. Les conventions sont quelquefois résolues par le simple effet de quelque événement. Ainsi, par exemple, dans un louage d'une maison, si le voisin en obscurcit les jours, si le propriétaire ne rétablit que ce qui menace ruine (6), si la maison doit être démolie pour un ouvrage public (7), le locataire dans tous ces cas fait résoudre le bail. Ainsi une vente est résolue par une éviction (8), et elle l'est aussi à l'égard de l'acheteur par un retrait lignager, et le retrayant est mis en sa place. Et plusieurs autres événemens résolvent différemment les conventions, selon l'état où ils mettent les choses.

11. L'inexécution des conventions de la part de l'un des contractans, peut donner lieu à la résolution, soit qu'il ne puisse ou qu'il ne veuille exécuter son engagement, encore qu'il n'y ait pas de clause résolutoire, comme si le vendeur ne délivre pas la chose vendue; et dans ces cas la convention est résolue, ou d'abord, s'il y a lieu, ou après un délai arbitraire et avec les dommages et intérêts que l'inexécution peut avoir causés (9).

12. Dans tous les cas où les conventions sont résolues, si c'est par la volonté des contractans, ils sont remis réciproquement dans l'état où ils veulent se remettre de gré à gré; et si c'est par justice, ils sont mis dans l'état qui doit suivre la résolution de la convention, avec les restitutions, dommages et intérêts, et autres suites, selon les effets que doit avoir la convention dans les circonstances, et les égards qu'on doit avoir aux différentes causes

(1) L. 3, Cod. comm. utr. jud. L. 36, ff. de verb. obl. V. l'art. 4 de la sect. 3 des Vices des convent. (2) L. 2, cod. de resc. vend. (3) Tot. tit. de ædil. ed. (4) Paris, 21 mai 1813. (5) Toulouse, 19 janvier 1824. (6) L. 25, § 2, ff. locat. cond. (7) L. 9, l. 14, et aliis. Cod. de op. publ. (8) Vid. Toto tit. de evict. (9) L. 1, ff. de act. empt. et vend. L. 4. Cod. eod. V. l'art. suiv. les art. 14 et 15 de la sect. 5, et les art. 17 et 18 de la sect. 2 du Contrat de vente.

de la résolution; ce qui dépend de la prudence du juge (1), suivant les règles précédentes, et les autres qui seront expliquées dans le titre des rescisions et restitutions en entier.

13. Les conventions principales étant résolues, celles qui en étaient des suites et des accessoires, le sont aussi (2).

14. Lorsque la résolution d'une convention n'est pas accordée volontairement, celui qui se plaint ne peut troubler l'autre; mais il doit se pourvoir en justice, pour faire résoudre la convention, et pour faire exécuter ce qui aura été ordonné (3).

15. Le moyen le plus naturel de résoudre une convention, c'est de payer la chose promise (4).

16. La compensation emporte aussi la résolution de la convention (5).

TITRE II.

Du contrat de vente.

La nécessité d'avoir en propre la plupart des choses dont on a besoin, surtout celles dont on ne peut user sans les consumer ou les diminuer, et par conséquent sans en être le maître, a été l'origine des manières de les acquérir, et d'en faire passer la propriété d'une personne à l'autre.

Le premier commerce pour cet usage a été celui de donner une chose pour l'autre; et c'est ce commerce qu'on appelle échange: ou pour avoir une chose dont on a besoin, on en donne une autre qui est inutile ou moins nécessaire (6). Mais comme l'échange n'assortit que rarement et avec peine, ou parce qu'on n'a pas de part et d'autre de quoi s'accommoder, ou parce qu'il est embarrassant de faire les estimations, et de rendre les choses égales, on a trouvé l'invention de la monnaie publique qui, par sa valeur réglée et connue, fait le prix de tout; et ainsi au lieu des deux estimations qu'il était si difficile de rendre égales, on n'a plus besoin d'estimer que d'une part une seule chose, et on a de l'autre son prix au juste par la monnaie publique; et c'est ce commerce de toutes choses pour de l'argent qu'on appelle vente, mêlée de l'usage naturel de donner une chose pour l'autre, et de l'invention de la monnaie publique, qui fait la valeur de toutes les choses qu'on peut estimer.

SECTION PREMIÈRE.

De la nature du contrat de vente, et comment il s'accomplit.

1. Le contrat de vente est une convention par laquelle l'un

(1) L. 1, § 1, ff. de min. L. 135, § 2, ff. de verb. obl. L. 20, ff. de rei vend. L. 68, eod. tit. (2) L. 1. Cod. de cond. ob. caus. dat. (3) L. 68, ff. de rei vindic. L. 9, Cod. sol. mat. V. l'art. 16 de la sect. 5. (4) In principio. Inst. quibus modis tollitur oblig. (5) L. 2, ff. de compensat. (6) L. 1, ff. de contr. empt.

donne une chose pour un prix d'argent en monnaie publique, et l'autre donne le prix pour avoir la chose (1). (C. civ. 1582.)

2. La vente s'accomplit par le seul consentement, quoique la chose vendue ne soit pas encore délivrée, ni le prix payé (2). (C. civ. 1583.)

3. Le consentement qui fait la vente se donne entre absens ou présens, ou sans écrit, ou par écrit, ou sous seing-privé, ou par-devant notaire, suivant les règles expliquées dans le titre des conventions (3). (C. civ. 1134). Et après que la vente est ainsi accomplie, il n'est plus au pouvoir ni du vendeur, ni de l'acheteur, de révoquer son consentement, quand ce serait immédiatement après le contrat. Si ce n'est que les deux ensemble veuillent le résoudre (4).

4. Toutes sortes de personnes peuvent vendre et acheter (C. civ. 1594), à moins qu'il y eût quelque incapacité dans les personnes, ou que la chose vendue ne fût pas en commerce, ou qu'il y eût quelque autre vice dans la vente, suivant les règles qui seront expliquées dans la section 8 (5).

Les gardes forestiers ne peuvent faire le commerce de bois (6). Aucun corps administratif ne peut faire d'acquisition sans l'autorisation du roi, revêtue de la forme légale (7). Il est interdit aux communes rurales de vendre ou échanger aucun de leurs biens sans y être autorisées par une loi particulière (8). Cette prohibition s'étend jusqu'aux terrains vains et vagues attenans aux communes, et propres à y bâtir (9).

5. Le contrat de vente, comme tous les autres, forme trois sortes d'engagemens. La première, de ceux qui y sont exprimés; la seconde, de ceux qui sont les suites naturelles de la vente. quoique le contrat n'en exprime rien; et la troisième, de ceux que les lois, les coutumes et les usages y ont établis (10).

6. La première de ces trois sortes d'engagemens s'étend à toutes les conventions particulières, et à tous les différens pactes qu'on peut ajouter au contrat de vente, comme sont les conditions, les clauses résolutoires faute de paiement, la faculté de rachat et autres semblables, qui seront expliquées dans la section VI; et ces conventions font partie du contrat, et tiennent lieu de lois (11).

7. La seconde sorte d'engagemens, qui sont les suites natu-

(1) L. 5, § 1, ff. de præscr. verb. L, 2, § 1, ff. de contr. empt. § 2, Inst. de empt. et vend. L. 1, ff. de contr. empt. (2) V. l'art. 8 de la sect. 1 du tit. des convent. Inst. de obl. ex consensu. L. 1, in fin. ff. de contr. empt. Inst. de empt. et vend. V. l'art. 10 de la sect. 2, sur la manière dont il faut entendre que le seul consentement accomplit le contrat de vente. (3) V. les art. 10, 11, 12, 13, 14, 15 et 16 de la sect. 1 des convent. (4) L. 12, Cod. de contr. empt. V. les art. 14 et 15 de la sect. 12. (5) V. l'art. 2 de la sect. 2 des convent. (6) Cass. 9 févr. 1811. (7) Loi des 5—18 févr. 1791; loi des 5—10 août suiv. et le décret du 5 avril 1811. (8) Loi du 2 prairial an 5. (9) Décret du 16 thermidor an 5. (10) V. l'art. 1 de la sect. 3 des convent. L. 11, § 1, ff. de act. empt. et vend. L. 2, in fin. ff. de obl. et act. § ult. inst. de ob. ex cons. L. 31, § 20, ff. de edil. Vid. l. 8 et l. 19. Cod. de locato et cond. V. l'art. 1 de la sect. 3 des Convent. (11) V. l'art. 1 de la sect. 4 des Convent. et ci-après sect. 6. L. 23, ff. de reg. jur. L. 1, § 6, ff. de pact.

relles du contrat de vente, comprend ceux dont le vendeur peut être tenu envers l'acheteur, et l'acheteur envers le vendeur (C. civ. 1602, s. 1650, s.), quoique le contrat n'en exprime rien. Ces engagemens obligent comme le contrat même, dont ils sont les suites (1); et ils seront expliqués dans les deux sections qui suivent.

8. La troisième sorte d'engagemens est de ceux qui sont établis par des lois particulières, par des coutumes et par des usages. Ainsi l'usage a réglé, dans les ventes de chevaux (C. civ. 1648.) les vices qui suffisent pour rompre la vente (2).

SECTION II.

Des engagemens du vendeur envers l'acheteur.

1. On n'achète les choses que pour les avoir et les posséder. Ainsi le premier engagement du vendeur est de délivrer la chose vendue, quoique le contrat n'en exprime rien (3). Et les règles de cet engagement seront expliquées dans l'art. 5 et les suiv.

2. C'est une suite de ce premier engagement de la délivrance, et qui en fait un second, que jusqu'à la délivrance le vendeur est obligé de garder et conserver la chose vendue (4) (C. civ. 1614), suivant les règles qui seront expliquées dans l'art. 24 et les autres suiv.

3. C'est encore une suite de la délivrance, et un troisième engagement, que le vendeur doit garantir, c'est-à-dire, faire que l'acheteur puisse posséder sûrement la chose vendue; ce qui oblige le vendeur à faire cesser toute recherche de la part de quiconque prétendrait, ou la propriété de la chose vendue, ou quelque autre droit qui troublât l'acheteur dans la possession et jouissance; car c'est le droit de posséder et de jouir qu'il a acheté (5) (C. civ. 1626). On expliquera les règles de cet engagement dans la section 10.

Si la garantie a été stipulée indéfiniment, le vendeur est tenu de toutes les obligations qui en résultent, quoique même l'acquéreur connût, lors de la vente, la cause de l'éviction (6). L'acquéreur peut, s'il est évincé par une surenchère, recourir sur son vendeur, à moins qu'il n'ait été convenu que celui-ci n'y serait pas soumis (7).

4. Comme on n'achète les choses que pour s'en servir selon leur usage, c'est un quatrième engagement du vendeur envers l'acheteur, de reprendre la chose vendue, si elle a des vices et des défauts qui la rendent inutile à son usage, ou trop incommode; ou d'en diminuer le prix (C. civ. 1644), soit que les dé-

(1) L. 3, in fin. ff. de obl. et act. V. les deux sect. qui suiv. (2) L. 8, Cod. de locato, l. 19, eod. L. 64, ff. de contrahenda empt. (3) L. 11, § 2, ff. de act. empt. et vend. (4) L. 36, ff. de act. empt. et vend. (5) L. 1, ff. de evict. Vid. l. 60 et 70, eod. L. 11, § ult. ff. de act. empt. et vend. (6) Cass. 7 frimaire an 12. (7) Cass. 4 mai 1808.

fauts fussent connus au vendeur ou non (1); et s'il les connaît, il est obligé de les déclarer (2) : les règles de cet engagement seront expliquées dans la section 11.

De la Délivrance.

5. La délivrance ou tradition est le transport de la chose vendue en la puissance et possession de l'acheteur (3) (C. civ. 1604).

6. La délivrance des meubles se fait ou par le transport qui les fait passer en la puissance de l'acheteur (4); ou, sans ce transport, par la délivrance des clefs, si les choses vendues sont gardées sous clef (5); ou par la seule volonté du vendeur et de l'acheteur, si le transport ne pouvait s'en faire (6), ou si l'acheteur avait déja la chose vendue en sa puissance par un autre titre, comme s'il en était dépositaire, ou qu'il l'eût empruntée (7) (C. civ. 1606).

7. La délivrance des immeubles se fait par le vendeur, lorsqu'il en laisse la possession libre à l'acheteur (8), en s'en dépouillant lui-même, soit par la délivrance des titres, s'il y en a (9) (C. civ. 1605), ou des clefs, si c'est un lieu clos, comme une maison, un parc, un jardin (10); ou en mettant l'acheteur sur les lieux, ou seulement lui en donnant la vue (11); ou, consentant qu'il possède (12); ou le vendeur reconnaissant que s'il possède encore, ce ne sera plus que précairement, c'est-à-dire comme possède celui qui tient la chose d'autrui, à condition de la rendre au maître quand il la voudra (13). Et si le vendeur se réserve l'usufruit, cette réserve tiendra aussi lieu de tradition (14).

8. Si la clause de précaire a été omise dans un contrat de vente d'un immeuble, elle y est sous-entendue pour l'effet de mettre l'acheteur en droit de prendre possession, si les lieux sont libres; car la vente transférant la propriété, elle renferme le consentement du vendeur que l'acheteur se mette en possession (15).

9. Les choses incorporelles, comme une hérédité, une dette ou un autre droit, ne peuvent proprement être délivrées (16), non plus que touchées (17). Mais la faculté d'en user tient lieu de délivrance. Ainsi, le vendeur d'un droit de servitude en fait comme une délivrance, quand il souffre que l'acheteur en jouisse (18). C. civ. 1607). Ainsi, celui qui vend ou transporte une dette ou un

(1) L. 13, ff. de act. empt. et vend. (2) L. 1, ff. de æd. ed. (3) L. 3, ff. de act. empt. et vend. L. 20, ff. de acq. rer. dom. l. 9, § 3, eod. (4) L. 20, ff. de acq. rer. dom. l. 9, § 3, eod. (5) § 45, inst. de rer. divis. l. 1, § 21, in fin. ff. de acq. vel amitt. poss. l. 74, ff. de contr. empt. (6) L. 1, § 21, ff. de acq. vel amitt. poss. (7) L. 9, § 5, ff. de acq. rer. dom. § 44, inst. de rer. divis. (8) L. 3, § 1, ff. de act. empt. et vend. (9) L. 1, Cod. de don. (10) L. 9, § 6, ff. de acq. rer. dom. (11) L. 18, § 2, ff. de acq. vel. amitt. poss. (12) L. 12, Cod. de contr. empt. (13) § 2, x. de precario l. ult. eod L. 1, eod. V. l'art. 2 de la sect 1, du prêt à usage et du précaire. (14) L. 28, Cod. de don. l. 35, § ult. eod. V. l'art. 3 de la sect. 2 des donat. (15) L. 3, § 1, de act. empt. et vend. L. 12, Cod. de contr. empt. (16) L. 43, § 1, ff. de acq. rer. dom. (17) § 2, inst. de reb. corp. (18) L. ult. ff. de servit.

autre droit, donne à l'acheteur ou cessionnaire une espèce de possession, par la faculté d'exercer ce droit, en faisant signifier son transport au débiteur, qui, après cette signification, ne peut plus reconnaître d'autre maître ou possesseur de ce droit que le cessionnaire.

10. Le premier effet de la délivrance est que, si le vendeur est le maître de la chose vendue, l'acheteur en devient en même temps pleinement le maître, avec le droit d'en jouir, d'en user et d'en disposer (1), en payant le prix, ou en donnant au vendeur une sûreté, si ce n'est qu'il se contente de la simple obligation ou promesse de l'acheteur (2); et c'est cet effet de la délivrance qui est le parfait accomplissement du contrat de vente.

Cet article n'est pas contraire à ce qui a été dit en la section 1, art. 2, que la vente s'accomplit par le seul consentement; car il faut distinguer dans le contrat de vente, et dans tous les autres qui s'accomplissent par le seul consentement, deux sortes ou deux degrés d'accomplissement.

Le premier est celui dont il est parlé dans cet article 2 de la sect. 1, et le second est celui dont il est parlé ici dans cet article 10. Leur différence consiste en ce que le simple consentement ne forme que l'engagement des contractans à exécuter réciproquement ce qu'ils se promettent; ainsi, le vendeur est obligé à la délivrance de la chose vendue, et l'acheteur au paiement du prix; et c'est en ce sens que le contrat de vente est accompli par le seul consentement. Mais il y manque un second accomplissement par l'exécution de cet engagement, qui a cet effet, qu'au lieu que le contrat de vente sans délivrance ne rend pas l'acheteur maître et possesseur, et ne lui donne pas le droit de jouir, d'user et de disposer de la chose vendue, mais seulement le droit d'en demander la délivrance; cette délivrance et le paiement du prix consomment la vente, et le rendent pleinement maître et possesseur, ce qui était la fin du contrat de vente. (V. sur ces accomplissemens de la vente, les art. 14 et 15 de la sect. 12.)

11. Si le vendeur n'était pas le maître de la chose vendue, l'acheteur n'en est pas rendu le maître par la délivrance (3). Mais s'il l'a achetée de bonne foi, croyant que le vendeur en fût le maître, il se considère, et il est considéré comme s'il en était en effet le maître; et cet état qu'il a droit de prendre pour la vérité, doit lui en tenir lieu. Ainsi il possède, jouit et fait les fruits siens, sans péril de rendre ce dont il aura joui et qu'il aura consommé pendant la bonne foi (4).

12. C'est encore un effet de la délivrance de la chose vendue, quoique le vendeur n'en fût pas le maître, que l'acheteur de bonne foi prescrit et acquiert la propriété après une possession suffisante (C. civ. 2236), et conforme aux règles qui seront ex-

(1) L. 20, Cod. de pact. § 40, inst. de rer. divis. L. 31, ff. de acq. rer. dom. (2) § 41, inst. de rer. divis. L. 19, ff. de contr. empt. L. 53, eod. (3) L. 20, ff. de acq rer. dom. (4) § 35, inst. de acq. rer. dom. de rer. div. L. 3, Cod. de per. et com. rei vend.

pliquées dans le titre de la possession et des prescriptions (1). (C. civ. 2262).

13. Si la même chose est vendue à deux acheteurs, soit par un même, ou par deux différens vendeurs, le premier des deux à qui elle aura été délivrée, et qui sera en possession, sera préféré, quoique la vente faite à l'autre fût précédente, si ce n'est que l'un des vendeurs ne fût pas le maître de la chose vendue, et que l'autre le fût (2); car en ce cas celui qui aura acheté du maître, sera préféré à celui à qui la délivrance aura été faite; et dans tous les cas, l'autre acheteur aura son action de garantie contre son vendeur (3).

Cette règle n'est-elle pas contraire à celle de l'art. 2 de la sect. 3, et à celle de l'art. 2 de la sect. 7? Car par ces deux règles la vente est tellement accomplie par le simple effet du consentement, que si la chose vendue périt avant la délivrance, elle est perdue pour l'acheteur; d'où il semble suivre qu'il en était déja le maître, et qu'ainsi par la seconde vente le vendeur a vendu la chose d'un autre, et que le premier acheteur peut la revendiquer. Mais comme il a été remarqué sur l'art. 10 de cette section, ce n'est que par la délivrance que la vente reçoit son entier accomplissement, qui rend l'acquéreur maître de la chose vendue. Ainsi, celui qui achète le dernier, mais du vendeur qui possède encore, se mettant lui-même en possession, est préféré au premier acheteur, à qui on peut imputer de ne s'être pas mis en possession, pour se rendre maître. Et il est même de l'intérêt public, qu'on ne puisse pas troubler les possesseurs par des ventes secrètes et antidatées. C'est sur ces principes que quelques coutumes ont expressément réglé qu'un second acquéreur d'un héritage, qui s'en est mis le premier en possession, est préféré à celui qui avait acheté le premier.

14. La délivrance doit être faite au temps réglé par le contrat. Et si le contrat n'en exprime rien, le vendeur doit délivrer sans délai (C. civ. 1614), si ce n'est que la délivrance demandât un transport en un autre lieu, pour lequel un délai serait nécessaire (4).

15. La délivrance doit être faite dans le lieu dont on est convenu; et si le contrat n'en exprime rien, le vendeur doit délivrer dans le lieu où sera la chose vendue (C. civ. 1609), si ce n'est que l'intention des contractans parût demander que la délivrance fût faite en un autre lieu (5).

16. Si le vendeur est en demeure de délivrer la chose vendue au jour et au lieu où la délivrance devait être faite, il sera tenu des dommages et intérêts de l'acheteur (6), selon les règles qui suivent (C. civ. 1610, s.):

(1) L. 43, ff. de acq. vel amitt. poss. L. 26, eod. (2) L. 9, § 4, ff. de public. in rem. act. L. 31, § 2, ff. de act. empt. et vend. L. 15, quod de rei vind. (3) L. 6, Cod. de her. vel act. vend. (4) L. 41, § 1, ff. de verb. obl. § 2, inst. eod. V. l'art. 5 de la sect. 3 des convent. (5) V. la sect. 3 des convent. Vid. L. ult. ff. de contrah. empt. L. 22, in fine, ff. de reb. cred. (6) L. 1, ff. de act. empt. et vend. L. 11, § 9, eod. L. 4 et 10, Cod. eod.

17. Le vendeur qui est en demeure de délivrer, doit les dommages et intérêts qu'aura causés le retardement, selon l'état des choses et des circonstances. Ainsi, le vendeur d'un héritage qui est en demeure de délivrer, doit rendre à l'acheteur la valeur des fruits dont il l'a empêché de jouir. Ainsi, celui qui devait délivrer à un certain jour, dans un certain lieu, du blé, du vin et d'autres denrées, dont le prix se trouve augmenté au jour et au lieu où la délivrance devait être faite, doit à l'acheteur la valeur présente du jour et du lieu, pour le profit qu'il aurait fait en les y revendant, ou pour la perte qu'il souffre, si pour son usage il est obligé d'en acheter d'autres à ce prix qui excède celui de la vente (1).

18. Le profit ou la perte qui entrent dans les dommages et intérêts de l'acheteur, doivent se restreindre à ce qui peut être imputé au retardement, et qui en est une suite naturelle et ordinaire, où l'on a pu s'attendre; comme sont les dommages et intérêts expliqués dans le cas de l'article précédent, et comme serait encore dans le même cas la dépense qu'aurait faite l'acheteur pour venir recevoir et pour transporter les grains achetés; et les autres suites immédiates qu'on doit naturellement attendre du retardement. Mais on ne doit pas étendre les dommages et intérêts aux suites plus éloignées et imprévues, qui sont plutôt un effet extraordinaire de quelque événement et de quelque conjoncture que fait naître l'ordre divin, que du retardement de la délivrance. Ainsi, par exemple, si le vendeur ne délivrant pas au jour et au lieu des grains qu'il a vendus, l'acheteur a manqué par le défaut de la délivrance, de faire un transport et un commerce de ces grains dans un autre lieu, où il aurait pu les vendre encore plus cher que dans le lieu où la délivrance devait être faite; ou si, faute d'avoir ces grains, il a été obligé de renvoyer des ouvriers, et de faire cesser un ouvrage dont l'interruption lui cause un dommage considérable; le vendeur ne sera tenu ni de ce gain manqué, ni de ce dommage encouru, qui ne sont pas tant des suites qu'on puisse imputer au retardement de la délivrance, que des effets de l'ordre divin, et des cas fortuits, dont personne ne doit répondre (2).

19. Outre les dommages et intérêts causés par le défaut de la délivrance, c'est encore une peine du vendeur qui manque de délivrer, que la vente soit résolue, s'il y a lieu. Comme, par exemple, si celui qui devait délivrer une marchandise, au jour d'un embarquement, ou à un jour de foire, n'y satisfait pas, il sera obligé de reprendre sa marchandise si l'acheteur le veut, et de

(1) L. 31, § 1, ff. de act. empt. et vend. L. 21, § 3, ff. de act. empt. et vend. L. ult. ff. de condict. tritic. L. 59, ff. de verb. obl. (2) L. 21, § 3, ff. de act. empt. et vend. L. 43, in fin. ff. eod. V. le tit. des intérêts, et dommages et intérêts.

rendre le prix s'il l'avait reçu. Et il sera de plus tenu des dommages et intérêts, pour n'avoir pas fait la délivrance au jour et au lieu. Et, dans le cas même où la vente subsiste, le vendeur ne laisse pas d'être tenu des dommages et intérêts. Ainsi, le vendeur qui, différant la délivrance d'un héritage vendu, prive l'acheteur de la jouissance des fruits, en doit la valeur, quoique ce retardement ne suffise pas pour résoudre la vente (1).

20. Il ne dépend jamais du vendeur d'éluder l'effet de la vente par le défaut de la délivrance ; il peut toujours y être contraint, s'il est possible, pourvu que l'acheteur exécute de sa part son engagement. De même aussi l'acheteur ne peut donner lieu à la résolution, faute de payer au terme, comme il sera dit en son lieu (2).

21. Si la délivrance est empêchée par un cas fortuit, comme si la chose vendue a été volée (*c'est-à-dire enlevée par force*), le vendeur ne sera tenu d'aucuns dommages et intérêts (3) ; si ce n'est que le cas fortuit arrivât après qu'il est en demeure, suivant la règle expliquée dans l'art. 3 de la sect. 7.

22. Si le vendeur se trouvait en péril apparent de perdre le prix, comme par une insolvabilité de l'acheteur, ou par d'autres causes, il pourra retenir la chose vendue par forme de gage, jusqu'à ce qu'on lui donne une sûreté pour son paiement (4). (C. civ., 1613.)

23. Si l'acheteur et le vendeur sont également en demeure, l'un de recevoir, l'autre de délivrer, l'acheteur à qui il aura tenu de recevoir la chose vendue, ne pourra se plaindre du retardement (5).

De la garde de la chose vendue.

24. Si la chose vendue demeure en la puissance du vendeur, il est obligé d'en avoir soin jusqu'à la délivrance; non-seulement comme il a soin de ce qui est à lui, mais comme doit le faire celui qui a emprunté une chose pour son usage (6). Et il doit répondre non-seulement de ce qu'il ferait de mauvaise foi, mais de toute négligence et de toute faute où ne tomberait pas un père de famille soigneux et vigilant (7) ; parce que le contrat de vente est autant de l'intérêt du vendeur que de l'acheteur (8).

25. Si l'on est convenu de décharger le vendeur du soin de la garde, ou qu'on ait réglé la manière dont il en sera tenu, il ne

(1) Cette règle est une suite des précédentes. (2) Vid. L. 2 et 3, ff. de lege commiss. L. ult. Cod. ad. Vell. L. 5, Cod. de obl. et act. V. l'art. 19 de la sect. 4 des convent. et l'art. 9 de la sect. suiv. L. 37, ff. de act. emp. et vend. 39, eod. (3) L. 31, ff. de act. empt. et vend. § 3, inst. de empt. res perit domino. § 3, inst. de empt. (4) L. 18, § 1, ff. de per. et com. rei vend. L. 31, § 8, ff. de æd. ed. Vid. L. 22, ff. de her. vel act. vend. V. l'art. 11 de la sect. 3. (5) L. 51, ff. de act. empt. et vend. L. 17, de contr. empt. (6) L. 3, ff. de per. et commod. rei vend. V. l'art. 2 de la sect. 2 du prêt à usage. (7) L. 11, eod. L. 23, ff. de reg. jur. Dict. leg. 23. L. 35, § 4, ff. de contr. empt. (8) L. 5, § 2, ff. commod.

sera obligé qu'aux termes de la convention (1); et de ce qui pourrait arriver par sa mauvaise foi (2), ou par une faute si grossière, qu'elle approchât du dol (3).

26. Si l'acheteur est en demeure de prendre la chose vendue, soit après le terme où la délivrance devait être faite, ou après une sommation, si le terme n'est pas réglé, le vendeur sera déchargé du soin de la garde, et ne sera plus tenu que de ce qui arriverait par sa mauvaise foi (4).

De la garantie.

La garantie étant une suite de l'éviction, les règles en seront expliquées dans la section X, qui est de cette matière.

De la déclaration des défauts de la chose vendue.

L'engagement du vendeur à déclarer les défauts de la chose vendue, fait partie de la matière de la redhibition, et les règles en seront expliquées dans la section II.

On n'a pas mis au nombre des engagemens du vendeur envers l'acheteur le devoir naturel de ne pas survendre(5); parce qu'il y aurait trop d'inconvéniens de résoudre les ventes par l'excès du prix. Et la police dissimule une injustice que les acheteurs souffrent d'ordinaire volontairement, et ne la réprime que dans les ventes des choses dont elle règle le prix.

SECTION III.

Des engagemens de l'acheteur envers le vendeur.

Le principal engagement de l'acheteur envers le vendeur est celui de l'humanité et de la loi naturelle, qui l'oblige à ne pas se prévaloir de la nécessité du vendeur pour acheter à vil prix (6). Mais, à cause des difficultés de fixer le juste prix des choses et des inconvéniens qui seraient trop fréquens, si on donnait atteinte à toutes les ventes où les choses ne seraient pas vendues à leur juste prix, les lois civiles dissimulent l'injustice des acheteurs pour le prix des ventes, à la réserve de celles des héritages dont le prix serait moindre que la moitié de leur juste valeur (7), suivant les règles qui seront expliquées dans la section 9; et on ne mettra dans celle-ci que les engagemens de l'acheteur envers le vendeur.

1. Le premier engagement de l'acheteur est de payer le prix, et de payer au jour et au lieu réglés par la vente, soit au temps de la délivrance de la chose vendue, ou avant, ou après, ainsi qu'il aura été convenu. Car l'acheteur n'est rendu le maître de

(1) L. 23, ff. de reg. jur. L. 35, § 4, ff. de contr. empt. (2) Dict. leg. 23, ff. de reg. jur. (3) L. 29, ff. mand. (4) L. 17, ff. de per. et com. L. 4, § ult. eod. (5) Levit. 25, 14. Thess. 4, 6. (6) Levit. 25, 14. (7) V. le préamb. du tit. des vices des convent. et l'art. 2 de la sect. 3 de ce même titre.

la chose vendue que par ce paiement, ou autre sûreté qui en tienne lieu (1). (C. civ., 1650.)

Si l'acquéreur a fait, dans le délai convenu, la déclaration de commande qu'il s'était réservé de faire au profit d'un tiers, il est dégagé de toute obligation envers le vendeur, encore qu'il n'ait fait sa déclaration de commande qu'après avoir pris possession de l'immeuble vendu, ou même après l'avoir hypothéqué par privilége à un emprunt qu'il a fait pour payer une partie du prix (2).

2. S'il n'y a rien de réglé par la vente pour le temps et pour le lieu du paiement, l'acheteur doit payer au temps et au lieu de la délivrance (3). (C. civ., 1651.)

Lorsque des marchandises ont été vendues pour être payées après envoi et vérification à leur arrivée, le paiement est censé devoir être fait au domicile du débiteur, s'il n'y a point de convention contraire (4).

C'est au domicile du débiteur que le prix est payable dans les ventes à terme; ce sont conséquemment les juges de son domicile qui sont compétens pour connaître des contestations auxquelles elles donnent lieu (5).

Lorsqu'un marché n'a pas été conclu au lieu où la marchandise vendue a été livrée, que d'ailleurs le lieu du paiement n'a pas été désigné, le paiement doit se faire au lieu de la livraison, et non au domicile du débiteur (6).

Un détenteur d'héritage à rente, condamné à se désister faute de paiement, ne peut, long-temps après l'exécution du jugement, prétendre rentrer en possession en payant les arrérages échus, sous le prétexte qu'il y a lieu à une liquidation qui n'a pas été faite (7).

3. Si l'acheteur ne paie au terme, et que le vendeur n'ait pas encore fait la délivrance, il peut retenir la chose vendue par forme de gage jusqu'au paiement (8). (C. civ., 1653.)

Sous l'empire du droit romain, la seule crainte d'une éviction, quand elle était justifiée, suffisait pour autoriser l'acquéreur à ne pas payer son prix sans caution, même vis-à-vis des créanciers auxquels le vendeur avait délégué le prix par le contrat de vente (9).

4. L'acheteur n'est pas en demeure de payer, s'il ne diffère que par l'obstacle de quelque cas fortuit. Comme si un débordement l'empêchait d'aller au lieu où le paiement devait être fait (10). (C. civ. 1139.)

La mise en demeure qui rend le remboursement exigible, ne résulte pas d'une simple interpellation faite par le créancier au débiteur, il faut encore qu'il y ait refus ou retard du débiteur de satisfaire à l'interpellation du créancier (11).

5. L'acheteur ne doit pas d'autres dommages pour le seul retardement de payer le prix, que l'intérêt des deniers (12): et quel-

(1) § 2, inst. de empt. et vend. L. 19. L. 53, ff. de contr. empt. § 41, inst. de rer. div. (2) Cass. 27 janvier 1808. (3) L. 14, ff. de reg. jur. L. 41, § 1, ff. de verb. obl. V. les art. 5 et 6 de la sect. 3 des convent. (4) Cass. 4 décembre 1811. (5) Cass. 14 juin 1813. (6) Paris, 2 mai 1816. (7) Nîmes, 30 juillet 1812. (8) L. 31, § 8, ff. de æd. ed. L. 13, § 8, ff. de act. empt. et vend. (9) Cass. 26 juin 1816. (10) V. l'art. 21 de la sect. précéd. L. 3, § ult. ff. de act. empt. (11) Cass. 14 juin 1814. (12) L. ult. ff. de per. et comm. rei vend.

que perte que puisse causer le défaut de ce paiement, ou quelque gain qu'il fasse cesser, le dédommagement en est réduit à cet intérêt qui est réglé par la loi pour tenir lieu de tous les dommages de cette nature, comme il sera expliqué dans le titre des dommages et intérêts.

6. L'acheteur doit en trois cas l'intérêt du prix: par convention, s'il est stipulé; par la demande en justice, si après le terme il ne paie pas; et par la nature de la chose vendue, si elle produit des fruits ou autres revenus, comme un champ ou une maison, l'intérêt en est dû sans convention ni demande en justice (1). (C. civ. 1652.)

L'acquéreur qui a déposé son prix, mais dont le dépôt a été annulé, doit les intérêts de ce prix du jour de la vente, et non du jour de l'annulation du dépôt (2). L'art. 762 du code de procédure, qui fait cesser les intérêts et arrérages des créances utilement colloquées, n'est pas applicable à l'acquéreur, relativement à son prix (3). On peut stipuler dans une vente d'immeubles produisant des fruits, que le prix ne produira pas d'intérêts. Les créanciers du vendeur n'ont pas le droit d'attaquer une pareille stipulation (4).

7. Si par le défaut du paiement du prix le vendeur se trouve obligé de retenir ou reprendre la chose vendue, et que sa valeur soit diminuée, l'acheteur sera tenu de dédommager le vendeur de cette diminution jusqu'à la concurrence du prix qui avait été convenu (5).

Cette règle est une suite de la nature du contrat de vente. Car la vente étant parfaite, le prix entier est dû, quelque changement qui arrive à la chose vendue, comme il sera dit ci-après en la sect. 7, art. 21.

8. Si l'acheteur ne paie au terme après la délivrance, le vendeur pourra demander la résolution de la vente, faute de paiement; et elle sera ordonnée, ou d'abord, s'il y avait du péril que le vendeur perdît la chose et le prix, ou si ce péril cesse, après un délai, selon les circonstances; et ce délai n'est pas refusé, quand même il serait dit, par le contrat, que la vente serait résolue par le défaut de paiement (6). (C. civ. 1654.)

Il n'est pas nécessaire que le pacte commissoire ait été stipulé, pour que la résolution d'une vente à défaut de paiement du prix puisse être demandée.—La résolution de la vente peut être prononcée, bien que l'objet vendu soit passé entre les mains d'un tiers, et que ce tiers ait rempli les formalités voulues par la loi pour purger les hypothèques.—Si le prix de la première vente consiste dans une rente perpétuelle, le vendeur peut également en demander la résiliation, à défaut de paie-

(1) L. 5, Cod. de pact. inter. empt. et vend. comp. L. 5, Cod. de act. empt. et vend. L. 2. Cod. de usur. L. 13, § 20, ff. de act. empt. et vend. L. 16, § 1, ff. de usur. (2) Paris, 19 avril 1815. (3) Paris, 5 juin 1813. (4) Rejet, 17 février 1820. (5) L. 1, ff. de per. et com. rei vend. L. 1, Cod. de per. et com. rei vend. (6) L. 23, in fin. ff. de obl. et act. V. ci-après sect. 12, art. 11 et 12. Vid. L. 38, ff. de min. in his verbis.

ment de cette rente.—Ces trois règles doivent être observées à l'égard d'une vente antérieure à la publication du code civil (1).

9. Il ne dépend jamais de l'acheteur d'éluder l'effet de la vente par le défaut du paiement du prix, et le vendeur a toujours le droit de l'y contraindre, si de sa part il exécute ses engagemens (2). (C. civ. 1655.)

La résolution d'une vente ordonnée par jugement, à cause du défaut de paiement, n'empêche pas que l'acquéreur dépossédé ne paie un droit de mutation à raison de la vente résiliée, encore qu'elle ne considère pas le vendeur comme redevenant acquéreur, et qu'elle n'autorise pas un droit de mutation payable par ce vendeur rentré en possession (3).

10. Si, entre la vente et la délivrance, le vendeur se trouve obligé à faire quelque dépense pour conserver la chose vendue; ou s'il souffre quelque dommage de ce que l'acheteur ne l'emporte pas, comme si des matériaux vendus occupent un lieu dont il faut payer le loyer, ou qui cesse de produire son revenu, l'acheteur sera tenu de cette dépense et de ce dommage (4).

11. Si l'acheteur découvre avant le paiement qu'il soit en péril d'éviction, et s'il le fait voir, il ne pourra être obligé de payer le prix qu'après qu'il aura été pourvu à sa sûreté (5). (C. civ. 1653.)

12. C'est encore un engagement de l'acheteur envers le vendeur, qu'il est tenu de prendre soin de la chose achetée, dans tous les cas où il peut arriver que la vente sera résolue, soit par son fait, comme par le défaut du paiement du prix, ou par l'effet d'une clause du contrat, comme s'il y avait une faculté de rachat; et, dans ces cas et autres semblables, l'acheteur doit répondre du mauvais état où le fonds pourra se trouver par sa faute ou par sa négligence (6).

SECTION IV.

De la marchandise ou chose vendue.

1. Toutes sortes de choses peuvent être vendues, à la réserve de celles dont le commerce est impossible ou défendu par la nature, ou par quelque loi (7), suivant les règles qui seront expliquées dans la section 8.

2. On peut vendre, non-seulement des choses corporelles, comme des meubles et immeubles, des animaux, des fruits, mais aussi des choses incorporelles, comme une dette, une hérédité, une servitude, et tous autres droits (8).

3. Il se fait quelquefois des ventes des choses à venir, comme

(1) Cass. 3 décembre 1817. (2) L. 2, ff. de leg. commiss. L. 3, eod. (3) Cass. 6 septembre 1813. (4) L. 13, § 22, ff. de act. empt. et vend. L. 9, ff. eod. (5) L. 18, § 1, ff. de per. et com. rei vend. V. l'art. 22 de la sect. 2. (6) V. l'art. 24 de la sect. précéd. (7) L. 34, § 1, ff. de contr. empt. (8) Toto titulo ff. et Cod. de hereditate vel actione vendità.

des fruits qui seront recueillis dans un héritage, des animaux qui pourront naître, et d'autres choses semblables, quoiqu'elles ne soient pas encore en nature (1).

4. Il arrive aussi quelquefois qu'on vend une espérance incertaine, comme le pêcheur vend un coup de filet avant qu'il le jette; et quoiqu'il ne prenne rien, la vente subsiste, car c'était l'espérance qui était vendue, et le droit d'avoir ce qui serait pris (2).

5. On peut vendre plusieurs choses en même temps par une seule vente, ou pour un seul prix, en gros et en bloc, comme si on vend toutes les marchandises qui sont dans une boutique ou dans un vaisseau, tous les grains qui sont dans un grenier, ou tout le vin qui est dans une cave (3). (C. civ. 1586.)

6. Les denrées ou autres choses qui se comptent, pèsent ou mesurent, peuvent se vendre ou en gros et en bloc, pour un seul prix, ou à tant pour chaque pièce, pour chaque livre, ou pour chaque boisseau, ou autre mesure (4).

7. Lorsque les denrées ou autres marchandises sont vendues en bloc, la vente est parfaite en même temps qu'on est convenu de la marchandise et du prix, comme dans les ventes des autres choses, parce qu'on sait précisément ce qui est vendu; mais si le prix est réglé à tant pour chaque pièce, pour chaque livre, pour chaque mesure, la vente n'est parfaite que de ce qui est compté, pesé, mesuré (5) (C. civ. 1585); car le délai pour compter, peser et mesurer, est comme une condition qui suspend la vente, jusqu'à ce qu'on sache par-là ce qui est vendu.

Cet article du code est une exception à la règle *res perit domino*; sa disposition doit être restreinte aux risques et périls qui pèsent sur le vendeur jusqu'au mesurage, et encore qu'il ne soit plus propriétaire de la chose qu'il doit livrer (6).

8. Les choses dont l'acheteur réserve la vue et l'essai, quoique le prix en soit fait, ne sont vendues qu'après que l'acheteur est content de l'épreuve qui est une espèce de condition d'où la vente dépend (7) (C. civ. 1588.); mais si la vente est déja accomplie sous cette réserve, que si l'acheteur n'est pas content de la marchandise dans un certain temps, la vente sera résolue; ce sera une condition dont l'événement résoudra la vente, qui cependant est tenue pour faite (8).

Une vente verbale, encore qu'il y ait eu paiement d'un à-compte, peut être considérée comme un simple projet, si les parties sont convenues de passer acte par écrit (9).

(1) L. 8, ff. de contr. empt. (2) L. 8, § 1, ff. de contr. empt. (3) L. 2. Cod. de peric. et com. rei vend. L. 35, § 5, ff. de contr. empt. (4) L. 35, § 5, ff. de contr. empt. Dict. leg. § 6. (5) L. 35, § 5, ff. de contr. empt. V. l'art. 5 de la sect. 7. (6) Cass. 11 novembre 1812. (7) L. 34, § 5, ff. de contr. empt. (8) L. 3, ff. de contr. emp. L. 31, § 22, ff. de ædil. edict. V. l'art. 18 de la sect. 11. (9) Rejet, 12 novembre 1821.

9. Tout ce qui fait partie de la chose vendue, ou qui en est un accessoire, entre dans la vente, s'il n'est réservé. Ainsi, les arbres qui sont dans un héritage, les fruits pendans, les échalas qui sont dans une vigne, les clefs d'une maison, les tuyaux qui y conduisent une fontaine, ses servitudes, et tout ce qui y est attenant et destiné à perpétuelle demeure, et les autres accessoires semblables, font partie de ce qui est vendu, et sont à l'acheteur (1).

10. Les choses détachées d'un bâtiment, mais dont l'usage y est accessoire, comme la corde et les sceaux d'un puits, les robinets d'une fontaine, son bassin et autres semblables, et celles aussi qui n'ont été détachées que pour les y remettre, en sont des accessoires, et entrent dans la vente (C. civ. 1615); mais non celles qui, étant destinées pour y être mises, ne l'étaient pas encore. Et, pour juger en particulier des cas où toutes ces sortes d'accessoires entrent dans la vente ou n'y entrent point, il faut considérer les circonstances de l'usage de ces choses, de leur destination à cet usage, du lieu où elles sont lors de la vente, de l'état des lieux vendus, et surtout de l'intention des contractans, pour reconnaître ce qu'on a voulu comprendre dans la vente, ou n'y pas comprendre (2).

Une maison doit être délivrée avec les clefs des portes et autres ustensiles qui en dépendent. Les titres, les plans et autres renseignemens sont aussi des accessoires; mais le vendeur n'est pas tenu d'en donner d'autres que ceux énoncés au contrat (3).

11. Les accessoires des choses mobilières qui peuvent en être séparés, entrent dans la vente ou n'y entrent pas, selon les circonstances. Ainsi, un cheval étant exposé en vente sans son harnais, l'acheteur n'aura que le cheval nu; et s'il est présenté en vente avec le harnais, il aura le tout, si ce n'est que dans l'un et dans l'autre cas il eût été convenu d'une autre manière (4).

12. Si une vente est faite de l'une ou de l'autre de deux choses, comme de l'un de deux chevaux, sans marquer si ce sera au choix du vendeur ou de l'acheteur, le vendeur peut donner celle qu'il voudra (5); car il tient lieu de débiteur, et par cette raison il peut donner la moindre (6).

13. Comme il arrive souvent que les possesseurs ne sont pas les maîtres de ce qu'ils possèdent, et qu'aussi les acheteurs peuvent ne pas savoir si les vendeurs sont ou ne sont pas les maîtres des choses qu'ils vendent, il est naturel qu'on puisse vendre une

(1) L. 44, ff. de rei vend. L. 13, § 10, ff. de act. empt. et vend. Dict. leg. 13, § ult. L. 17, in fine ff. de act. empt. et vend. Dict. leg. 17, § 7. V. sur cet art. et le suiv. l'art. 8 de la sect. 1 du tit. des choses. (2) L. 17, § 8, ff. de act. empt. et vend. Dict. leg. § 10. L. 34, ff. de reg. jur. L. 168, § 1, eod. V. l'art. 8 de la sect. 2 des convent. (3) Paris, 27 mai 1808. (4) L. 38, ff. de ædil. edict. Dict. leg. 38, § 11. (5) L. 34, § 6, ff. de contr. empt. (6) V. l'art. 15 de la sect. 2 du tit. des convent. et ci-après art. 7 de la sect. 7.

chose dont on n'est pas le maître; et la vente subsiste, jusqu'à ce que le maître fasse connaître son droit et résoudre la vente (1). (C. civ. 1599.)

Encore bien que la vente d'un immeuble ait été simulée, si l'acquéreur revend cet immeuble, personne n'ayant réclamé contre la première vente, le second acquéreur peut être affranchi de l'éviction, s'il a acquis de bonne foi à cette époque où la première vente n'étant pas attaquée, ne paraissait pas susceptible de l'être pour cause de simulation, et était d'ailleurs régulière en soi. La première vente n'étant attaquée par personne, le second vendeur ne vendait pas la chose d'autrui; et, de son côté, le second acquéreur avait toute raison de croire qu'il achetait du véritable propriétaire, personne n'ayant réclamé (2).

SECTION V.

Du prix.

1. Le prix de la vente ne peut jamais être autre chose que de l'argent en monnaie publique, qui fait l'estimation de la chose vendue; et si pour le prix on donne quelque autre chose, ou qu'on fasse quelque ouvrage ou quelque travail, ce sera ou un échange ou un autre contrat, mais non pas une vente (3).

2. Quoiqu'une vente ne puisse être faite qu'à prix d'argent, on peut par le même contrat donner en paiement du prix de la vente, ou des meubles, ou des dettes, ou d'autres effets. Et en ce cas ce sont comme deux ventes qu'il faut distinguer. La première où le prix n'est pas payé en argent comptant; et la seconde où celui qui doit ce prix tient lieu de vendeur de ce qu'il donne pour s'en acquitter (4). Mais encore que ce soient deux ventes qui se passent en effet entre les mêmes personnes, pour éviter la multiplicité des actes, on ne les considère que comme un seul où elles se confondent, la seconde vente s'éclipsant dans la première; ainsi, réduisant les idées qui distinguent ces ventes, on les prend pour une seule (5). Parce que la même somme se trouve faire le prix de l'une et de l'autre, et que chaque acheteur s'acquitte du prix de ce qui lui est vendu sans donner d'argent, mais par la chose même qu'il vend de sa part.

Il arrive souvent de pareilles occasions de confondre deux actes en un, même entre divers contractans. Ainsi, par exemple, si une personne voulant donner une somme à une autre, lui fait porter l'argent par un tiers, son débiteur, le même acte de la délivrance de ces deniers que fait ce débiteur à ce donataire, consommera et la donation et son paiement. (V. d. § 12.)

Il n'y a qu'un seul prix de la vente, lorsqu'on achète une seule chose ou plusieurs en bloc; mais si on achète au nombre, au poids,

(1) L. 28, ff. de contr. empt. (2) Cass. 18 décembre 1810. (3) L. penult. Cod. de rer. perm. § 2. Inst. de empt. et vend. (4) C'est une suite de l'art. précédent. (5) L. 3. § 12, ff. de don. int. vir. et ux.

ou à la mesure, chaque pièce, chaque boisseau, chaque livre a son prix suivant le marché (1). (C. civ. 1585.)

4. Le prix de la vente est presque toujours certain et connu; mais il peut arriver qu'il soit incertain et inconnu, comme si on remet à un tiers de régler le prix, ou si l'acheteur donne pour le prix l'argent qui lui reviendra d'une telle affaire. Dans ce cas et autres semblables, le prix ne sera certain et connu que par l'estimation ou autre événement qui le fixera (2).

5. Il y a quelques marchandises dont le prix peut être réglé pour le bien public, comme il l'est par exemple, pour le pain et d'autres choses en quelques polices; mais hors ces réglemens le prix des choses est indéfini; et comme il doit être différemment réglé, selon les différentes qualités des choses, et selon l'abondance ou la disette de l'argent et des marchandises, les facultés ou difficultés du transport, et les autres causes qui augmentent la valeur ou la diminuent; cette incertitude du prix fait une étendue du plus et du moins, qui demande que le vendeur et l'acheteur règlent eux-mêmes de gré à gré le prix de la vente; et on ne réprime les injustices dans le prix, que selon ce qui a été remarqué au commencement de la section 3 (3).

SECTION VI.

Des conditions et autres pactes du contrat de vente.

1. On peut ajouter au contrat de vente, de même qu'à tous les autres, toute sorte de conventions et de pactes licites, comme conditions et clauses résolutoires, faculté de rachat et autres (4).

Des conditions.

Les règles des conditions dans les ventes, sont les mêmes que celles qui ont été expliquées dans la section 4 du titre des conventions (5), et il faut seulement y ajouter les règles qui suivent.

2. Dans les ventes dont l'accomplissement dépend de l'événement d'une condition, toutes choses demeurent au même état que s'il n'y avait pas de vente, jusqu'à ce que la condition arrive. Ainsi, le vendeur demeure le maître de la chose, et les fruits sont à lui; mais la condition étant arrivée, la vente s'accomplit, et a les effets qui en doivent suivre (6). (C. civ. 1181.)

L'hypothèque qui n'a été consentie que subsidiairement, et pour n'être acquise que dans certain cas non encore arrivé, ne peut être inscrite valablement avant que la condition soit arrivée (7).

(1) V. l'art. 6 de la sect. 4, et la loi qu'on y a citée (2) § 1, inst. de empt. et vend. L. ult. Cod. de contr. empt. L. 7, § 1, ff. de contr. empt. Vid. L. 7, § 1, et § ult. ff. de contr. empt. V. l'art. 11 de la sect. 3 des convent. (3) L. 1, § 11, ff. de off. præf. urb. L. 8. Cod. de resc. vend. (4) V. l'art. 2 de la sect. 2, et l'art. 1 de la sect. 4 du tit. des convent. (5) V. l'art. 6 et les suiv. de la sect. 4 du titre des convent. (6) L. 7, ff. de contr. emp. L. 8, ff. de per. et com. (7) Cass. 5 décembre 1809.

3. Dans les ventes accomplies, et qui peuvent être résolues par l'événement d'une condition, l'acheteur demeure le maître jusqu'à cet événement, et cependant il possède, jouit et fait les fruits siens; et il prescrit aussi, mais sans que la prescription nuise au droit de celui que l'événement de la condition doit rendre le maître (1). (C. civ. 1183.)

Le vendeur qui demande l'exécution d'une clause résolutoire peut revendiquer l'immeuble dans les mains des tiers acquéreurs, lors même qu'ils sont de bonne foi et encore qu'il n'ait pris aucune inscription pour la conservation de ses droits. Dans ce cas, il n'y a pas lieu d'appliquer les dispositions de l'art. 2108 du code civil, qui font dépendre la conservation du privilége du vendeur de l'inscription hypothécaire ou de la transcription du contrat (2).

Des Arrhes.

4. Les arrhes sont comme un gage que l'acheteur donne au vendeur en argent ou en autre chose, soit pour marquer plus sûrement que la vente est faite (3), ou pour tenir lieu de paiement de partie du prix, ou pour régler les dommages et intérêts contre celui qui manquera d'exécuter la vente; ainsi, les arrhes ont leur effet, selon qu'il a été convenu.

5. S'il n'y a pas de convention expresse qui règle quel sera l'effet des arrhes contre celui qui manquera d'exécuter le contrat de vente; si c'est l'acheteur, il perdra les arrhes; et si c'est le vendeur, il rendra les arrhes et encore autant (4). (C. civ. 1590.)

Les arrhes peuvent être données et reçues entre un acheteur et un vendeur, soit qu'il y ait vente, soit qu'il y ait seulement promesse de vente; mais il y a cette différence que, si elles sont données en cas de vente, elles sont considérées comme un à-compte sur le prix, et qu'il n'est pas permis de se départir de la vente, soit en renonçant aux arrhes, soit en restituant le double (5).

De la clause résolutoire faute de paiement.

C'est une convention ordinaire dans les contrats de vente, que, si l'acheteur ne paie pas le prix au terme, la vente sera résolue; et comme cette convention fait partie de la matière de la résolution des ventes, elle sera expliquée dans la section 12. (C. civ. 1656.)

De la faculté de rachat.

La faculté de rachat est une convention qui donne au vendeur la liberté de reprendre la chose en remboursant le prix, et c'est encore une manière de résoudre la vente, qui sera expliquée dans le même lieu. (C. civ. 1659.)

(1) L. 2, ff. de in diem add. Dict. leg. § 1. (2) Cass. 2 décembre 1811. (3) L. 35, ff. de contr. empt. Inst. de empt. et vend. (4) Inst. de emp. et vend. L. 17, in fin. Cod. de fide instr. (5) Strasbourg, 15 mai 1813.

SECTION VII.

Des changemens de la chose vendue, et comment la perte ou le gain en sont pour le vendeur ou pour l'acheteur.

Il arrive souvent qu'avant que la vente soit entièrement consommée, divers événemens changent l'état de la chose vendue, la rendent meilleure ou pire, l'augmentent ou la diminuent, et qu'elle périt même, ou par sa nature, ou par des cas fortuits; et comme ces changemens causent des gains ou des pertes qui regardent différemment ou le vendeur ou l'acheteur, il y est pourvu par les règles qui suivent.

1. Tous les changemens qui arrivent avant que la vente soit accomplie regardent le vendeur, parce que la chose est encore à lui, et que l'acheteur n'y a aucun droit. Et comme le vendeur a la liberté de ne pas achever et accomplir la vente, si la chose se trouve devenue meilleure, l'acheteur a aussi la même liberté, s'il arrive un changement qui la diminue (1).

2. Tous les changemens qui arrivent après que la vente est accomplie, regardent l'acheteur, et si la chose périt avant même la délivrance, il en souffre la perte, et ne laisse pas d'être obligé d'en payer le prix; et il profite aussi de tous les changemens qui la rendent meilleure (2). (C. civ. 1138, 1614.) Car après la vente, la chose est regardée comme étant à lui, et le vendeur n'en demeure saisi que de son consentement, et pour la lui remettre.

Quoique l'acheteur ne soit rendu proprement le maître qu'après la délivrance, il ne laisse pas de souffrir ces pertes qui arrivent entre la vente et la délivrance; car le contrat étant accompli, il a cet effet, que l'acheteur peut contraindre le vendeur à la délivrance, et que le vendeur ne possède la chose vendue, qu'avec la nécessité de la remettre à l'acheteur. (V. l'art. 2 de la sect. 1, et l'art. 10 de la sect. 2.)

Le créancier d'une rente en grains qui en a fixé le principal à une somme déterminée dans le bordereau d'inscription, ne peut demander d'être colloqué dans un ordre à un taux supérieur, sous le prétexte du prix des mercuriales à cette époque (3).

3. Si les changemens qui diminuent la chose vendue ou qui la détruisent entre la vente et la délivrance, arrivent après que le vendeur est en demeure de la délivrer, il en souffre la perte, quand ils arriveraient sans aucune faute, et même par des cas fortuits (4) (C. civ. 1146, 1610 s.), et il perd également la chose et le prix qu'il doit rendre, s'il l'avait reçu. Car si la délivrance avait

(1) Inst. de empt. et vend. (2) § 3, Inst. de empt. et vend. Dict. § 3. L. 1. Cod. de per. et com. L. 7, ff. eod. (3) Liége, 24 août 1809. (4) L. 12 et 14, ff. de per. et com. Vid. L. ult. Cod. eod. L. 15, § ult. ff. de rei vindic. V. l'art. 10 de la sect. 3 du dépôt, et l'art. 2 de la sect. 4 du tit. des dommages causés par des fautes.

été faite, l'acheteur aurait pu, ou vendre la chose, ou autrement prévenir la perte; et enfin le vendeur doit s'imputer son retardement.

Quoique le vendeur n'ait pas livré la chose vendue au terme convenu, les tribunaux peuvent, suivant les circonstances, juger qu'il n'y a pas lieu à la résolution de la vente demandée par l'acheteur (1).

4. Si la délivrance étant retardée par le fait du vendeur et de l'acheteur, il arrive un changement qui diminue la chose vendue ou qui la détruise, l'acheteur ne pourra imputer au vendeur son retardement, puisque étant lui-même en demeure, ou par son absence ou par quelque autre empêchement, ou même par sa négligence, il ne pourrait dire que le vendeur devait lui avoir délivré. Que si le vendeur ayant été en demeure, il offre ensuite la délivrance, les choses étant entières, et que l'acheteur soit en demeure de recevoir, ou qu'au contraire l'acheteur ayant été en demeure, et faisant ensuite ses diligences, le vendeur ne délivre point, les changemens arrivés pendant le dernier retardement tomberont sur celui qui aura été le dernier en demeure (2). (C. civ. 1230.)

Avant le code civil, les clauses pénales n'étaient que comminatoires. Les lois romaines les concernant n'étaient point reçues en France; maintenant ces clauses sont de rigueur (3).

5. Dans les ventes des choses qui se vendent au nombre, au poids ou à la mesure, toutes les diminutions et toutes les pertes qui arrivent avant qu'on ait compté, pesé, mesuré, regardent le vendeur; car, jusque-là, il n'y a point de vente; et les changemens qui arrivent ensuite regardent l'acheteur (4). (C. civ. 1585.)

6. Si une chose est vendue à l'essai pendant un certain temps, à condition qu'elle ne sera vendue qu'en cas qu'elle agrée, tous les changemens et les profits ou pertes qui arriveront avant ou pendant l'essai, la vente n'étant pas encore accomplie, regarderont le vendeur qui est encore le maître (5). (C. civ. 1181, 1588.)

7. Si on a vendu de deux choses l'une, soit au choix du vendeur ou de l'acheteur, et qu'après la vente l'une des deux périsse pendant le délai réglé par le choix, le vendeur doit l'autre, quand ce serait la meilleure; car il en doit une. Et si toutes deux périssent, l'acheteur ne laisse pas de devoir le prix; car, sans cet engagement, le vendeur aurait pu se défaire de l'une et de l'autre; et celle que l'acheteur devait avoir, est perdue pour lui (6). (C. civ. 1193, 1194.)

8. Dans les ventes dont l'accomplissement dépend d'une condition, si la chose vendue périt avant l'événement de la condi-

(1) Cass. 8 octobre 1807. (2) L. 51, ff. de act. empt. et vend. L. 17, ff. de per. et comm. rei vend. (3) Cass. 26 avril 1808. (4) L. 1, § 1, ff. de per. et comm. V. l'art. 7 de la sect. 4. (5) L. 20, § 1, ff. de præscr. verb. Dict. leg. in princ. L. 13, § 1, ff. com. vel cont. (6) L. 34, § 6, ff. de contr. empt.

tion, elle sera perdue pour le vendeur, quoique la condition arrivât ensuite. Car il était encore le maître, et la chose étant périe, il ne peut plus y en avoir de vente. Et enfin il était sous-entendu qu'on ne vendait que ce qui serait en nature au temps de la condition (1). (C. civ. 1195, 1302.)

9. Si dans le même cas la chose ne périt pas, mais se diminue, et que la condition arrive qui accomplisse la vente, la perte sera pour l'acheteur (2). (C. civ., 1182.) Car le vendeur a été obligé de lui garder la chose jusqu'à l'événement de la condition; et, comme cet événement rend l'acheteur le maître, il doit souffrir cette perte, de même qu'il aurait profité des changemens qui auraient pu rendre la chose meilleure (3).

10. Lorsqu'une condition est mise en faveur de l'un des contractans, ou qu'elle peut tourner à son avantage, si cette condition dépend du fait de l'autre en tout ou en partie, il n'est pas en la liberté de celui qui doit l'accomplir de manquer à cet engagement, pour en tirer son avantage au préjudice de celui qui a intérêt que la condition s'accomplisse. Ainsi, par exemple, si dans une vente faite à condition que la délivrance se fera dans un tel jour, et en un tel lieu, il arrive cependant que la chose augmente de prix; il ne dépend pas du vendeur d'annuler la vente, et garder ce qu'il avait vendu, en manquant de délivrer au jour et au lieu, pour profiter de ce changement, car l'acheteur avait intérêt que cette condition fût exécutée. Et si au contraire la chose vendue était diminuée de prix, il ne dépendrait pas de l'acheteur d'empêcher l'effet de la vente, en ne se trouvant pas au jour et au lieu où la délivrance devait être faite, car le vendeur avait intérêt à cette délivrance. (C. civ., 1156, 1175.) Ainsi, dans une vente faite à condition que si l'acheteur ne paie au terme, la vente sera résolue (C. civ., 1656), s'il arrive cependant que la chose diminue de prix, il ne dépend pas de l'acheteur d'annuler la vente faute de paiement, pour éviter de prendre la chose et souffrir la perte, car cette condition était en faveur du vendeur, et non de l'acheteur (4).

Une clause résolutoire stipulée dans un contrat de vente d'immeuble conserve au vendeur un droit réel non sujet à l'inscription hypothécaire; en sorte qu'en cas de revente, le second acquéreur, même de bonne foi, doit souffrir l'effet de cette clause (5).

Lorsqu'une rente *foncière* a été constituée avant la publication du code civil, avec stipulation que, dans le cas de non-paiement de la rente, le bailleur pourrait rentrer dans les fonds cédés, si, depuis la publication du code, le débiteur est mis en demeure de payer les arrérages échus, le droit de faire résoudre l'aliénation est irrévocablement acquis au bailleur, conformément à l'art. 1656 du code. — Cet article est ap-

(1) L. 10, § 5, ff. de jur. dot. (2) L. 8, ff. de per. et com. rei vend. (3) L. 10, ff. de reg. jur. (4) L. 6. Cod. de legib. L. 3, ff. de legib. comm. V. l'art. 19 de la sect. 4 des convent. (5) Cass. 2 décembre 1811.

plicable aux ventes et aux constitutions de rentes foncières antérieures à sa publication, lorsque la mise en demeure est postérieure, le législateur ayant pu régler pour l'avenir l'exécution des contrats (1).

11. En toute sorte de cas, où la chose vendue périt, ou se diminue par la faute du vendeur, ou de l'acheteur, celui dont la faute a causé la perte doit la souffrir et se l'imputer (2). (C. civ., 1136, 1138.)

12. Il ne faut pas mettre au rang des changemens qui arrivent aux choses vendues sous condition, les fruits et les revenus qu'elles peuvent produire : car ils appartiennent toujours à celui qui se trouve maître de la chose au temps qu'ils se recueillent, quoiqu'il se trouve que par l'événement de la condition il n'en soit plus le maître. Ainsi, dans les ventes dont l'accomplissement dépend d'une condition, les fruits sont cependant acquis au vendeur; encore que si la condition arrive qui doit accomplir la vente, la perte et le gain qui peuvent cependant arriver par les changemens de la chose vendue soient pour l'acheteur. Et dans les ventes accomplies, et qui peuvent être résolues par l'événement d'une condition, les fruits sont cependant acquis à l'acheteur ; encore que si la condition arrive qui résout la vente, la perte et le gain qui peuvent suivre des changemens de la chose vendue, soient pour le vendeur (3) ; parce que dans tous ces cas les changemens de la chose regardent celui qui doit en être le maître, et il doit l'avoir dans l'état où elle se trouve; mais les fruits et les autres revenus qui étaient échus avant l'événement de la condition, ayant été séparés de la chose vendue, ils demeurent acquis à celui qui alors en était le maître.

13. S'il y a quelque convention dans le contrat de vente qui déroge aux règles précédentes, et qui oblige ou le vendeur ou l'acheteur à souffrir la perte qui naturellement ne le regardait point, il faut s'en tenir à la convention (4) (C. civ., 1134); car chacun peut renoncer à ce qui est à son avantage (5).

14. Il résulte de toutes ces règles qui regardent les changemens de la chose vendue, que pour juger qui doit souffrir la perte ou avoir le gain, il faut considérer quelle est la chose vendue, et ce qui entre dans la vente ; si la vente est accomplie ou non ; si elle est pure et simple ou conditionnelle ; si, étant accomplie, elle est ensuite résolue ; s'il y a du retardement à la délivrance; si quelque faute a donné lieu au changement; et les autres circonstances, pour connaître par l'état des choses qui était le maître lors du changement, ou qui, sans être le maître, doit souffrir la perte ou avoir le gain (6).

(1) Cass. 16 juin 1818. (2) L. 203, ff. de reg. jur. (3) L. 2, ff. de in diem add. L. 4, eod. (4) L. 1, ff. de per. et com. L. 10, eod. (5) L. 29. Cod. de pact. L. 41, ff. de min. V. l'art. 4 de la sect. 4 des convent. (6) L. 8, ff. de per. et com. V. l'art. 11 de la sect. 1 du prêt.

SECTION VIII.

Des ventes nulles.

Les ventes nulles sont celles qui n'ont jamais subsisté, soit à cause de l'incapacité de l'un des contractans, ou parce que la chose vendue n'est pas en commerce, ou par quelque vice de la vente, comme si elle est contraire aux lois et aux bonnes mœurs; ou par quelque défaut, comme si la vente ne devait avoir lieu que par l'événement d'une condition qui n'arrive point.

Toutes les causes qui annulent en général les conventions rendent aussi les ventes nulles, suivant les règles qui ont été expliquées dans la section V du titre des conventions, et il suffira de remarquer ici les règles propres des nullités des ventes.

Des personnes qui ne peuvent vendre ou acheter.

Il était défendu par le droit romain, à ceux qui étaient dans quelque magistrature, d'acheter dans les lieux où ils l'exerçaient, ni des fonds, ni même des meubles, pendant le temps de leur administration, s'ils n'en avaient une permission expresse, à la réserve de ce qui se consomme pour la nourriture et le vêtement. Et ces mêmes défenses s'étendaient à leurs domestiques (1) (C. civ. 1594); mais, comme en France les charges sont perpétuelles, les officiers peuvent acheter de gré à gré, et ces défenses à leur égard sont bornées aux acquisitions des biens, ou droits litigieux dans leurs tribunaux, et autres commerces où il pourrait se rencontrer quelque concussion ou malversation (2).

Par plusieurs ordonnances, il est défendu aux officiers et aux personnes puissantes, ou qui ont un privilége pour faire renvoyer leurs causes à de certains juges, d'accepter des ventes, ou transports de droits, pour traduire les parties d'un tribunal à un autre. Et il est aussi défendu aux juges, avocats et procureurs, d'accepter des ventes et transports de droits litigieux (3).

On peut remarquer sur ce sujet les défenses que fait l'ordonnance d'Orléans, art. 109, aux gentilshommes et officiers de justice de faire trafic de marchandise, et tenir des fermes par eux ou par des personnes interposées, à peine aux gentilshommes de privation de noblesse, et aux officiers de privation de leurs charges (4).

Il est défendu aux préfets et autres administrateurs d'acquérir pour les départemens, arrondissemens et communes, sans l'autorisation spéciale du chef du gouvernement, donnée en conseil d'état. Les acquisitions faites en contravention, sont nulles à l'égard des départemens et communes, et restent pour le compte des administrateurs (5).

(1) L. unic. Cod. de contract. Jud. Vid. dict. leg. § 2 et 3. L. 46. L. 62, ff. de contr. empt. L. 46, § 2, ff. de jure fisc. (2) Par les ordonnances de saint Louis, en 1254; de Philippe-le-Bel, en 1320, et de Charles VI, en 1388, il est fait défenses aux baillifs et sénéchaux d'acquérir des immeubles pendant leur administration. (3) V. les ord. de Charles V, en 1356; de François I, en 1535, ch. 12, art. 23; d'Orléans, art. 54; de Louis XII, en 1498, art. 3, et en 1510, art. 17. (4) V. l'art. 4 de la sect. 2 des vices des convent. (5) Décret, 11 avril 1811.

1. Les tuteurs, curateurs et autres administrateurs ne peuvent rien acheter des biens des mineurs et autres personnes qui sont sous leur charge, ni par eux-mêmes, ni par personnes interposées (1). (C. civ., 450.)

Le code n'exige pas, dans les art. 450 et 481, où il s'occupe des baux des biens des mineurs, que ces actes soient faits en justice; il suppose, au contraire, dans l'un et l'autre, qu'ils doivent être faits extrajudiciairement. Lorsque la nomination d'un tuteur vient à être annulée, les ventes et autres actes qu'il a faits de bonne foi pendant le cours de son administration, ne sont pas pour cela anéantis, soit au préjudice des tiers, soit au préjudice du tuteur (2).

2. Les procureurs constitués, et ceux qui font les affaires des autres ne peuvent se rendre acquéreurs des biens de ceux dont ils font les affaires (3) (C. civ., 1596, 1597), s'ils ne les achètent d'eux-mêmes.

Une adjudication n'est pas annulable par l'art. 1596, quand même il serait vrai que l'adjudicataire aurait été d'accord avec un parent du fonctionnaire, auteur de l'adjudication, pour lui transmettre une partie de l'immeuble adjugé, ce ne serait pas là une adjudication faite au parent du fonctionnaire adjudicateur (4).

Un avoué chargé par quelqu'un de poursuivre la vente d'un immeuble, est mandataire à cet égard; comme tel, il ne peut s'en rendre adjudicataire en son nom (5). Mais il peut se rendre enchérisseur pour son propre compte, lorsque le créancier poursuivant la saisie immobilière, pour lequel il occupe, ne se trouve point dans l'incapacité d'acheter (6).

D'après l'art. 1597, il suffit que le droit soit douteux, sans qu'il doive y avoir actuellement contestation pendante, pour que la cession soit prohibée à tous les officiers y désignés (7). Il faut néanmoins qu'il y ait, lors de la cession du droit, non pas, à la vérité, contestation judiciaire liée, mais déja de la résistance à son exercice, par exemple, une citation au bureau de paix, ou autres circonstances qui annoncent un procès (8). Un droit non contesté en lui-même, et à l'occasion duquel il ne s'élève des difficultés que relativement au mode de son exercice; par exemple, pour le rang de collocation dans un ordre, n'est pas litigieux (9). Si la cession est faite collectivement à deux personnes dont une seulement soit incapable, la nullité n'a lieu qu'à l'égard de celle-ci (10).

3. L'héritier chargé d'une substitution ne peut vendre ce bien, qu'il ne possède qu'à la charge de le rendre (11).

4. Les mineurs, les insensés, ceux qui sont interdits, et autres personnes qui n'ont pas la disposition de leurs biens, ne peuvent

(1) L. 34, § ult. ff. de contr. empt. L. 5, § 3, ff. de aut. et cons. tut. Dict. leg. § ult. (2) Colmar, 27 avril 1813. (3) Dict. leg. 34, § ult. ff. de contr. empt. (4) Ordonnance du roi, 12 août 1818. (5) Cass. 2 août 1813. (6) Cass. 10 mars 1817. (7) Amiens, 16 pluviose an 10. (8) Rouen, 27 juillet 1807. (9) Bruxelles, 31 janvier 1808. (10) Poitiers, 10 août 1810. (11) L. 9. Cod. de reb. alien. non alien.

les vendre; et leurs ventes sont nulles (1) (C. civ. 502, 503, 1124), si elles n'ont été faites dans les formes.

Un agent de change qui négocie des capitaux appartenant à un interdit, sans y être autorisé par justice, est responsable de son opération, non d'après les lois relatives aux agens de change, mais d'après celles sur la gestion des affaires; et conséquemment il répond, non seulement de son dol et de sa fraude, mais aussi du plus léger manque de soin et de précautions, de la faute la plus légère (2). L'incapacité résultant d'un jugement portant nomination d'un conseil judiciaire, est subordonnée à l'observation de toutes les formalités prescrites par l'art. 501. Les actes passés par l'interdit, sans l'assistance de son conseil, ne sont nuls que lorsque le jugement d'interdiction ou de nomination de son conseil a été levé, signifié à partie et publié dans la forme et le délai ordonnés par cet art. Conséquemment, la vente faite à un tiers par celui à qui on a donné un conseil judiciaire, est valable, si le jugement de nomination de conseil n'a pas reçu la publicité prescrite par l'art. 501 (3).

Les obligations consenties par un individu, qui depuis a été pourvu d'un conseil judiciaire, sont nulles, si elles n'ont pas une date certaine et antérieure à la nomination du conseil, parce qu'on peut penser qu'elles ont été antidatées hors de l'assistance du conseil judiciaire (4).

Les actes souscrits par l'interdit pour cause de prodigalité, ne sont pas valables lorsqu'ils n'ont pas une date certaine antérieure à l'interdiction (5). Dans l'interdiction résultante d'un jugement criminel, l'individu n'est pas jugé incapable de volonté; mais seulement, devant être privé par punition de l'exercice de cette volonté, pour certains droits, pour tous ceux que l'on regarde comme dépendant de l'association, dont on le retranche pour les droits politiques et civils. Quant aux droits, que l'on regarde comme ne dépendant pas ou comme dépendant moins directement de l'association, comme naturels: par exemple, ceux de vendre et d'acheter, l'exercice lui en est laissé; et, pouvant les exercer lui-même, il peut aussi se faire remplacer pour leur exercice. Ainsi, il faudra déclarer valable la procuration qu'il donnera pour vendre, acheter, ou pour exercer toutes les actions qui concernent sa propriété (6).

Bien que les enquêtes faites lors de la procédure en interdiction prouvent l'existence de la démence au temps de l'acte antérieur, elles ne peuvent être opposées aux tiers intéressés, qui ont droit d'en exiger une nouvelle (7).

Des choses qui ne peuvent être vendues.

5. Tout ce que la nature et les lois rendent commun, ou à tous les hommes, ou à un peuple, ou à quelque ville, ne peut être vendu. Ainsi, les ports, les grands chemins, les places publiques, les murs et fossés des villes et toutes les autres choses que cet usage commun et public met hors du commerce, ne peuvent être vendues (8). (C. civ., 538; s.)

(1) L. 26, ff. de contr. empt. § 8. inst. de inutil. stip. Vid. ff. tit. de reb. cor. qui sub tut. vel curâ. (2) Cass. 3 brumaire an 11. (3) Cass. 16 juillet 1810. (4) Cass. 9 juillet 1816. (5) Paris, 10 mai 1810. (6) Paris, 22 février 1822. (7) Nîmes, 10 mars 1819. (8) L. 6, ff. de contr. empt. V. les lois citées, pages 114, 115 et 119.

6. Les choses sacrées, les immeubles des églises, ceux des communautés, des mineurs, des insensés, des prodigues, interdits et des autres personnes qui ne peuvent disposer de leurs biens, ne peuvent se vendre, ni autrement s'aliéner, si ce n'est pour des causes nécessaires, et en gardant les règles prescrites pour ces sortes de ventes (1).

7. Les biens sujets à une substitution ne peuvent être vendus tandis qu'elle dure (2).

Le fonds dotal de la femme en puissance de mari ne peut être vendu dans les lieux où l'aliénation en est prohibée, si ce n'est dans les cas exceptés, et en gardant les règles (3).

9. Les choses dont le commerce est défendu par quelque loi, ne peuvent être vendues, comme des armes aux étrangers et autres semblables (4).

Par les ordonnances il est défendu de vendre aux étrangers des armes et des grains, et autres marchandises. Ordonnance de saint Louis, 1254, et autres.

On ne met pas ici parmi les règles qui regardent les choses qu'on ne peut vendre, celle du droit romain, qui défendait l'aliénation des choses litigieuses, et qui en annulait les ventes, à quelques personnes qu'elles fussent faites; parce que notre usage a borné ces défenses aux ventes faites à des personnes qui, par leur autorité ou leur qualité, peuvent vexer ceux qui prétendent droit à ce qui est en litige, comme sont les officiers, et autres qui ont part au ministère de la justice (5).

Des autres causes qui annulent les ventes.

10. Les ventes dont l'accomplissement dépend d'une condition demeurent nulles, si elle n'arrive pas; et il en est de même si la chose vendue périt avant que la condition soit arrivée (6). (C. civ., 1177.)

11. Si le vendeur et l'acheteur ont erré, de sorte qu'il paraisse que le vendeur ait entendu vendre une chose, et que l'acheteur ait cru en acheter une autre, la vente sera nulle (7); et elle le sera à plus forte raison, si le vendeur vend de mauvaise foi une marchandise pour l'autre (8).

12. Si l'erreur n'est pas en la substance de la chose vendue, mais dans les qualités, il faudra juger par les circonstances si la vente devra subsister ou non (9). (C. civ., 1110.) Ce qui dépend des règles qui seront expliquées dans la section XI.

L'erreur fondée sur une jurisprudence ultérieurement fausse, n'est

(1) L. 14, Cod. de sacros. Eccl. Nov. 7. Nov. 120. L. 6, ff. de contr. empt. Tit. ff. de reb. eor. qui sub tut. Tit. Cod. de præd. et al. min. Vid. L. 21, Cod. de sacr. Eccles. (2) V. ci-dessus l'art. 3. (3) Titul. ff. de fundo dotali. L. unic. in fin. Cod. de rei uxor. act. V. l'art. 13 de la sect. 1 des dots. Inst. quibus alien. non lic. (4) Tit. Cod. quæ res vend. non possunt, et tit. quæ res export. non deb. (5) Vid. tit. ff. et Cod. de litigios., et le préambule de cette sect. (6) L. 8, de per. et com. (7) L. 57, ff. de obl. et act. L. 9, ff. de contr. empt. V. l'art. 10 de la sect. 5 des convent. (8) L. 14, in fin. ff. de contr. empt. (9) Vid. totam L. 9, et seq. ff. de contr. empt.

pas une cause de nullité des conventions ; d'où il suit que l'héritier qui a reconnu dans un parent du défunt la qualité de successible, ne peut revenir contre cette reconnaissance, sous le prétexte qu'elle est le fruit d'une erreur résultant de la fausse jurisprudence des temps (1). Un jugement n'est pas susceptible de cassation parce qu'il décide que l'erreur sur l'époque de la promulgation d'une loi est une erreur de fait, dont on peut se prévaloir pour demander, même en cause d'appel, la nullité des actes qui reposent sur cette erreur (2). Lorsqu'on a compromis sur des droits certains, mais contestés, l'ignorance de la loi qui les garantissait n'est point une cause de nullité du compromis (3).

13. Si la vente a été faite par dol ou par violence, elle sera nulle, suivant les règles qui seront expliquées dans le titre des vices des conventions (4). (C. civ., 1116.)

SECTION IX.

De la rescision des ventes par la vilité du prix.

1. Dans les ventes des immeubles, si le prix est moindre que la moitié de la juste valeur, le vendeur peut faire résoudre la vente (5). (C. civ., 1674, s.)

On a borné cette rescision aux ventes dont le prix ne va pas à la moitié de la valeur du fonds, et la police laisse subsister les ventes où la lésion est moindre ; parce qu'il est de l'intérêt public de ne pas troubler le commerce des ventes par de trop fréquentes lésions.

2. Le juste prix sur lequel la lésion doit être reconnue, est la valeur de la chose au temps de la vente (6). (C. civ., 1675.)

3. Comme il y a toujours du plus ou du moins dans le prix des choses, l'estimation du juste prix pour régler s'il y a lésion, doit être faite au plus haut prix que la chose pouvait justement valoir au temps de la vente, parce que ce prix est juste, et qu'il faut favoriser le vendeur lésé (7).

4. Si la chose se trouve vendue à moins de la moitié de son juste prix, l'acheteur aura le choix, ou de rendre la chose et retirer le prix qu'il avait payé, ou de parfaire le juste prix et la retenir (8). (C. civ., 1681, s.)

Le délai accordé pour l'option, soit de suppléer le juste prix, soit de délaisser l'immeuble, ne court, en cas d'appel, surtout d'un jugement non exécutoire par provision, que du jour de la signification de l'arrêt confirmatif (9).

5. Cette rescision, à cause de la vilité du prix, est indépendante de la bonne ou mauvaise foi de l'acheteur; et soit qu'il ait connu ou ignoré la valeur de la chose vendue, il suffit pour ré-

(1) Rejet, 15 germinal an 12. (2) Rejet, 25 fructidor an 13. (3) Cass. 17 janvier 1809. (4) L. 8. Cod. de resc. vend. (5) L. 2. Cod. de resc. vend. L. 8, eod. V. l'art. 4. (6) L. 8. Cod. de resc. vend. (7) C'est une suite du motif d'humanité qui a fait recevoir cette rescision. (8) L. 2. Cod. de resc. vend. (9) Cass. 12 juin 1810.

soudre la vente, que le prix soit moindre que la moitié de cette valeur (1).

6. S'il n'y a pas d'autre vice dans la vente que la lésion de plus de moitié du juste prix, l'acheteur ne rendra les fruits que depuis la demande, ou l'intérêt du supplément du prix, depuis le même temps, s'il garde la chose; mais s'il y avait d'autres vices dans la vente, comme quelque usure, quelque dol, quelque violence, il devra les fruits depuis la jouissance, en lui déduisant l'intérêt du prix qu'il avait payé (2). (C. civ., 1682.)

SECTION X.

De l'éviction et des autres troubles.

1. L'éviction est la perte que souffre l'acheteur de la chose vendue, ou d'une partie par le droit d'un tiers (3).

2. Les autres troubles sont ceux qui, sans toucher à la propriété de la chose vendue, diminuent le droit de l'acheteur, comme si quelqu'un prétend sur un fonds vendu un droit d'usufruit, une rente foncière, une servitude, ou d'autres charges semblables.

3. L'acheteur évincé, ou troublé, ou en péril de l'être, a son recours contre le vendeur qui doit le garantir, c'est-à-dire faire cesser les évictions et les autres troubles, comme il sera dit dans les articles qui suivent (4).

4. Le vendeur ne doit aucune garantie pour les pures voies de fait, les cas fortuits et le fait du prince (5).

5. Comme la garantie est une suite du contrat de vente, il y a une première espèce de garantie naturelle, qu'on appelle garantie de droit, parce que le vendeur y est obligé de droit, quoique la vente n'en exprime rien (C. civ., 1628, s.); et comme on peut augmenter ou diminuer les engagemens naturels par les conventions, il y a une seconde espèce de garantie, qui est la conventionnelle, telle que le vendeur et l'acheteur veulent la régler (6).

Lorsqu'en cédant une créance privilégiée sur un immeuble, on s'est obligé à garantir son cessionnaire de toute éviction, quelqu'en fût la cause, on est déchargé de son obligation si le cessionnaire a négligé de remplir les formalités nécessaires pour la conservation de son privilége (7). Celui qui a cédé une créance sur quelle qu'un, est tenu à la garantie, quoique le titre ait existé matériellement à l'époque de la cession, si, dès cette époque, cette créance était éteinte par compensation (8).

6. La garantie de droit, ou naturelle, est la sûreté que doit

(1) Dict. leg. 8. C. de resc. vend. L. 36, ff. de verb. obl. (2) L. 17, Cod. de rei. vindic. (3) Cette définition résulte de toute la suite de cette section. (4) L. 1. ff. de evict. V. l'art. 3 de la sect. 2. (5) L. 11, ff. de evict. (6) L. 11, § 1. ff. de act. empt. et vend. (7) Cass. 26 février 1805. (8) Cass. 6 octobre 1807.

tout vendeur pour maintenir l'acheteur en la libre possession et jouissance de la chose vendue, et pour faire cesser les évictions et les autres troubles de la part de quiconque prétendrait en la chose vendue, ou un droit de propriété, ou autre quelconque, par où le droit qui doit être naturellement acquis par la vente fût diminué; et le vendeur est obligé à cette garantie, quoiqu'il n'y en ait point de convention (1). (C. civ., 1628.)

7. La garantie conventionnelle est la sûreté que promet le vendeur, ou plus ou moins étendue que celle de droit, selon qu'il en a été convenu. Ainsi, on peut ajouter à la garantie de droit, comme s'il était convenu que le vendeur garantira du prince, et on peut la restreindre, comme s'il était convenu que le vendeur ne garantira que de ses faits et non des droits d'autrui, ou qu'il ne rendra que le prix en cas d'éviction, et non les dommages et intérêts (2) (C. civ., 1630), et toutes ces conventions ont leur justice sur ce qu'on achète plus ou moins cher, ou sur d'autres vues, et sur ce qu'on n'achète en effet que ce qui est vendu, et tel que le vendeur veut le garantir.

Une demande formée par l'acquéreur évincé contre son gérant, en indemnité de toutes les condamnations à intervenir contre lui, comprend tous les dommages et intérêts ainsi que la restitution du prix. Si, en première instance, il n'a pas été fait droit sur la restitution du prix, les juges d'appel ne peuvent se dispenser d'y statuer, sous le prétexte que ce chef de demande n'a pas parcouru le premier degré de juridiction (3).

L'acquéreur ne peut répéter ce prix que contre son vendeur. S'il l'avait payé à un cessionnaire ou à des créanciers délégués, il ne pourrait pas le réclamer contre eux, quand même le vendeur se trouverait insolvable (4).

8. Le vendeur ne peut être déchargé de la garantie de ses faits, non pas même par une convention expresse; car il serait contre les bonnes mœurs qu'il pût manquer de foi (5).

9. Si, outre la garantie naturelle et la conventionnelle, il y a quelque coutume et quelque usage des lieux qui règle quelque manière de garantie, le vendeur en sera tenu (6).

10. Si l'acheteur est évincé ou troublé, la garantie aura son effet (7), suivant les règles expliquées dans les articles qui suivent.

11. Il y a des troubles qui de leur nature résolvent la vente, comme si l'acquéreur est évincé par le propriétaire (8); d'autres qui de leur nature peuvent, ou résoudre, ou ne pas résoudre la vente, selon les circonstances. Ainsi, une action hypothécaire ne résout pas la vente si le vendeur ou l'acheteur acquitte la dette; mais si l'héritage est adjugé aux créanciers, la vente est résolue,

(1) L. 6. Cod. de evict. L. 11, § 2, ff. de act. empt. et vend. L. 1, ff. de evict. Vid. L. 10, eod. L. 11, § 8, ff. de act. empt. et vend. L. 11, § 17, de act. empt. et vend. (2) L. 11, § 1, ff. de act. empt. et vend. Dict. leg. 11, § 18. (3) Cass. 24 floréal an 12. (4) Colmar, 21 juillet 1812. (5) L. 1, § 7, ff. depos. L. 27, § 4, ff. de pact. (6) L. 31, § 20, ff. de ædil. ed. L. 6, ff. de evict. (7) L. 1, ff. de evict. (8) L. 1, ff. de evict.

et dans tous ces cas, soit que la vente subsiste, ou qu'elle soit résolue, le vendeur doit les dommages et intérêts selon l'effet du trouble (1).

12. Si la vente est résolue par une éviction, le vendeur est tenu de rendre le prix, et d'indemniser l'acheteur des dommages et intérêts qu'il en pourra souffrir (2), ainsi qu'il sera expliqué dans les articles suivans.

13. Si la chose vendue est au même état et de la même valeur au temps de l'éviction qu'au temps de la vente, le vendeur ne sera tenu que de rendre le prix qu'il avait reçu, les frais de l'expédition du contrat, ceux de la prise de possession, et les autres dommages et intérêts, s'il y en a, comme si l'acquéreur d'un héritage dont il est évincé, en avait payé un droit de lods et vente (3) (C. civ., 1630).

14. Si au contraire la chose vendue est détériorée ou diminuée, soit par sa nature comme une vieille maison, ou par un cas fortuit, comme si un débordement a entraîné une partie d'un héritage; ou la chose étant au même état, la valeur en est diminuée par l'effet du temps : dans tous ces cas et autres semblables, où la chose vendue vaut moins au temps de l'éviction, que le prix que l'acheteur en avait donné, il ne pourra recouvrer contre le vendeur que la valeur présente, lorsqu'il est évincé (4); car ce n'est qu'en cette valeur présente que consiste la perte qu'il souffre; et comme la diminution qui avait précédé regardait l'acheteur, il ne doit pas profiter de l'éviction. (C. civ., 1631.)

15. Mais si la chose se trouve valoir plus au temps de l'éviction qu'au temps de la vente, le prix en ayant été augmenté par l'effet du temps, le vendeur sera tenu envers l'acheteur de ce qu'elle vaudra au temps de l'éviction (5) (C. civ., 1633); car il perd en effet cette valeur, étant évincé; et sa condition ne doit pas être rendue plus mauvaise par cet événement, dont le vendeur doit le garantir.

16. Si la chose vendue se trouve améliorée au temps de l'éviction par le fait de l'acheteur, comme s'il a planté ou bâti dans un héritage, il sera désintéressé par le vendeur de ce que vaudrait l'héritage au temps de l'éviction, s'il n'avait pas été amélioré, et il recouvrera de plus les dépenses faites pour l'améliorer, et ne pourra même être dépossédé, s'il n'est remboursé, ou par celui qui l'évince, car il ne doit pas profiter de ces améliorations, ou par le vendeur qui doit garantir de l'éviction; et il aura son action contre l'un et l'autre (6). (C. civ., 1633, 2175.)

Il est dit dans cette loi 9, *de evict.* que le vendeur doit les amélio-

(1) L. 70, ff. de evict. (2) L. 70, ff. de evict. l. 60, eod. (3) L. 60, ff. de evict. (4) L. 70, ff. de evict. L. 66, § 3, ff. eod. L. 64, eod. L. 45, ff. de act. empt. et vend. (5) L. 66, § 3, ff. de evict. L. 45, l. 1, eod. (6) L. 9. Cod. de evict. l. 16, eod. L. 45. § 1, ff. de act. empt. et vend. l. 16. Cod. de evict. V. les art. suivans.

rations à l'acheteur évincé; et dans cette loi 45, § 1, ff. de act. empt. et vend. que ce remboursement regarde celui qui évince, et ne doit pas tomber sur le vendeur. Ce qu'il faut entendre au sens expliqué dans l'article; et de sorte que si, par exemple, celui qui veut ravoir le fonds prétendait ne pas devoir les améliorations, ou faisait quelque autre contestation, l'acheteur aurait son action de garantie contre son vendeur.

Lorsque le tiers acquéreur d'un immeuble y a fait des améliorations et se trouve évincé par les créanciers hypothécaires du vendeur, le montant de la plus-value peut être déterminé par la différence du prix de l'acquisition avec celui de la revente de l'immeuble. Ce mode adopté par l'arrêt attaqué ne donne pas ouverture à cassation, n'y ayant pas violation de l'art. 2175, qui ne fixe pas le mode pour déterminer la plus-value (1). Lorsque les travaux faits sur un immeuble par le tiers détenteur ont pour objet, non pas seulement l'amélioration, mais la conservation de l'immeuble, le privilége des tiers détenteurs ne peut être restreint à la plus-value résultant des travaux : le privilége a lieu pour le montant total des dépenses, y compris même les frais de constatation des travaux (2).

17. Dans l'estimation des dépenses faites par l'acquéreur d'un héritage pour l'améliorer, comme s'il y a fait un plant, il faut compenser avec ces dépenses les fruits provenus de l'amélioration, et qui auront augmenté le revenu de cet héritage. De sorte que si les jouissances de ces fruits acquittent le principal et les intérêts des avances faites pour améliorer, il n'en sera point dû de remboursement; car il suffit à l'acheteur qu'il ne perde rien. Et si les jouissances sont moindres, il recouvrera le surplus de ces avances en principal et en intérêts (3); car il ne doit rien perdre; mais si les jouissances excèdent ce qui pourrait lui être dû de remboursement, il en profitera.

Ce qui est dit dans cet article que l'acheteur profitera des jouissances qui excéderont son remboursement, se doit entendre des jouissances perçues de bonne foi, et avant la demande en justice (4).

18. Si la dépense employée pour les améliorations est moindre que leur valeur, l'acheteur évincé ne recouvrera que cette dépense; et si au contraire la dépense excède cette valeur, il ne recouvrera que ce qu'il y aura de profit, mais selon les circonstances il sera de la prudence du juge de ne pas priver cet acheteur des dépenses raisonnables, et que le maître du fonds aurait pu ou dû faire, et aussi de ne pas trop charger le vendeur ou celui qui évince; et il faut les régler selon que le demandent la qualité des dépenses, celle des personnes, la nécessité ou utilité des améliorations, et tout ce qui peut être considéré dans l'état des choses (5).

19. Si, dans le cas de l'article précédent, le vendeur avait

(1) Rejet, 29 juillet 1819. (2) Rejet, 11 novembre 1824. (3) L. 16, Cod. de evict. L. 48, ff. de rei vind. L. 65, ff. de rei vindic. (4) V. la sect. 3 du tit. des intérêts, dom. et intérêts, et restitut. de fruits. (5) L. 38, ff. de rei vind. L. 25, in fin. ff. de pign. act. V. l'art. 19 de la sect. 3 des hypothèques.

vendu de mauvaise foi la chose d'autrui, il serait tenu indistinctement de toutes les dépenses faites par l'acheteur (1). (C. civ., 1635.)

20. Ceux qui se trouvent obligés à la garantie envers l'acheteur, ne peuvent le troubler, quelque droit qu'ils puissent avoir en la chose vendue. Ainsi, l'héritier de celui qui a vendu, se trouvant de son chef le propriétaire de la chose vendue, ne peut évincer l'acheteur dont cette qualité d'héritier l'a rendu garant (2).

21. Si l'acheteur troublé se laisse condamner par défaut, s'il se défend mal, s'il ne dénonce point au vendeur la demande qui lui est faite, s'il se compromet ou transige à l'insu du vendeur, ou s'il fait quelque autre préjudice à la condition de son garant, il ne pourra demander la garantie d'une éviction qu'il se doit imputer (3). (C. civ., 1640.)

Dans les cas fortuits ou de force majeure, l'acquéreur qui a transigé sans appeler son vendeur, et qui s'est fait maintenir en possession du domaine aliéné, moyennant un supplément de prix, est déchu de son action récursoire contre ce dernier (4). Quoique l'acheteur n'ait point appelé son vendeur, qu'il ait défendu seul à la demande en revendication, et qu'il ait succombé, il n'en est pas moins recevable à demander ensuite des dommages et intérêts. Mais il ne peut plus intenter cette demande que par action principale, devant le juge du domicile du vendeur; car c'est une action purement personnelle. Celui-ci ne peut pas soutenir l'acquéreur non recevable, faute de l'avoir appelé, mais il peut repousser sa demande, en prouvant que la revendication n'était pas fondée, et qu'en conséquence s'il eût été appelé, il l'aurait empêchée. On ne peut donc échapper à la demande en garantie qu'en discutant celle en éviction (5).

22. Après que l'acheteur aura dénoncé le trouble au vendeur, il ne sera tenu, ni de se défendre, ni d'appeler s'il est condamné; et soit qu'il se défende ou non, le vendeur demeurera garant de l'événement (6).

23. Si l'acheteur découvre qu'on lui a vendu de mauvaise foi la chose d'autrui, il pourra agir contre le vendeur, quoiqu'il ne soit pas encore troublé, pour l'obliger à faire cesser le péril de l'éviction, et pour recouvrer les dommages et intérêts qu'il pourra souffrir d'une telle vente (7). (C. civ., 1599, 1635, 1645.)

24. Comme, dans les ventes des meubles et des immeubles, la garantie naturelle oblige à délivrer et garantir une chose qui soit en nature; ainsi, dans les ventes ou cessions de droits, comme d'une dette, d'une action, d'une hérédité, la garantie naturelle oblige à transporter un droit qui subsiste, une dette qui soit due, une hérédité qui soit échue, une action qu'on puisse exercer. Et

(1) L. 45, § 1, in fin. ff. de act. empt. et vend. (2) L. 1, ff. de except. rei vend. Dict. leg. § 1, l. 14, Cod. de rei vind. (3) L. 55, ff. de evict. L. 53, § 1, eod. L. 56, § 1, eod. Vid. l. 63, eod. (4) Paris, 19 juin 1818. (5) Paris, 14 juillet 1810. (6) L. 63, § 1, ff. de evict. (7) L. 30, § 1, ff. de act. empt. et vend.

si le cédant n'avait pas le droit qu'il vend et transporte, la vente serait nulle, et il serait tenu de la restitution du prix, et des dommages et intérêts de l'acheteur ou cessionnaire (1).

25. L'héritier qui vend et transporte l'hérédité, sans en spécifier les biens, les droits, ni les charges, n'est tenu de garantir que sa qualité et son droit d'héritier (C. civ., 1696); car c'est ce qu'il vend. Et il n'est garant, ni d'aucune charge, ni d'aucun bien en particulier, ni d'aucun droit de l'hérédité, s'il n'y est expressément obligé par la convention (2). Mais s'il avait déja profité de quelque bien de cette hérédité, il doit le rendre à celui à qui il le vend, comme étant compris dans la vente, s'il ne l'a réservé (3).

26. Celui qui vend et transporte une dette, doit seulement garantir que ce qu'il cède lui soit dû effectivement. Et si le débiteur était insolvable, il n'en est point garant, s'il n'y est obligé par la cession (4). Car il ne vend qu'un droit. (C. civ., 1626, 1628, 1693, 1694.)

En matière de créance il y a lieu à la garantie de droit, encore que le titre de cette créance ait existé matériellement à l'époque du transport, si, dès cette époque, elle-même était éteinte par compensation (5).

SECTION XI.

De la rédhibition et diminution du prix.

1. On appelle rédhibition la résolution de la vente à cause de quelque défaut de la chose vendue, qui soit telle qu'il suffise pour obliger le vendeur à la reprendre, et pour annuler la vente (6).

2. Le vendeur est obligé de déclarer à l'acheteur les défauts de la chose vendue qui lui sont connus (7). Et s'il ne l'a fait, ou la vente sera résolue, ou le prix diminué, selon la qualité des défauts; et le vendeur tenu des dommages et intérêts de l'acheteur, par les règles qui suivent. (C. civ., 1645, 1648.)

3. Comme il n'est pas possible de réprimer toutes les infidélités des vendeurs, et que les inconvéniens seraient trop grands de résoudre ou troubler les ventes, pour toutes sortes de défauts des choses vendues, on ne considère que ceux qui les rendent absolument inutiles à l'usage pour lequel elles sont en commerce, ou qui diminuent tellement cet usage, ou le rendent si incommode, que s'ils avaient été connus à l'acheteur, il n'aurait point acheté du tout, ou n'aurait acheté qu'à un moindre prix. Ainsi, par exemple, une poutre pourrie est inutile à son usage; ainsi, un cheval poussif rend moins de service, et l'usage en est trop

(1) L. 1, ff. de her. vel act. vend. L. 7, ff. de her. vel act. vend. L. 8, in fin. et l. 9, eod. L. 4, cod. V. l'art. 26. (2) L. 1, ff. de her. vel act. vend. L. 1. Cod. de evict. L. 14, in fin., et l. 15, de her. vel act. vend. L. 2, § 9, eod. (3) L. 2, § 1. eod. (4) L. 4, ff de her. vel act. vend. quale fuit. L. 74, § ult. ff. de evict. (5) Cass. 6 octobre 1807. (6) L. 21, ff. de ædil. ed. L. 1, § 1, in fine eod. (7) L. 1, § 1, ff. de ædil. ed. Dict. § 1.

incommode. Et ces défauts suffisent pour résoudre une vente. Mais si un cheval est seulement dur à l'éperon, ce défaut ne fera aucun changement. Et en général, il dépend ou des usages, s'il y en a, ou de la prudence du juge, de discerner par la qualité des défauts, si la vente doit être résolue, ou le prix diminué, ou s'il ne faut point avoir d'égard au défaut (1). (C. civ., 1641.)

L'action rédhibitoire, ouverte par l'art. 1641, s'applique aux ventes d'immeubles comme aux ventes de meubles. La pourriture et corruption des poutres soutenant la totalité des planchers d'une maison, et qui étaient cachées par les plafonds, peuvent être considérées comme des vices rédhibitoires, donnant lieu à la restitution du prix à l'acheteur, lorsque surtout la maison est menacée d'un écroulement (2). Un acheteur de tableaux ne peut demander que la vente soit déclarée nulle, parce que les tableaux ne sont pas des auteurs dont ils portent les noms, si avant la vente il a eu la faculté de voir les tableaux, et de vérifier l'école et les auteurs auxquels ils appartiennent (3).

Si les étoffes que les négocians sont dans l'usage d'acheter en pièces sans les déployer ont des défauts qui empêchent la vente en détail, comme si elles sont tachées ou trouées, c'est un vice rédhibitoire (4). Il n'y a de vices rédhibitoires que ceux qui sont irrémédiables, et qui rendent la chose pour toujours impropre à l'usage auquel il est destiné. Ainsi, la dégradation d'un mur, quoiqu'elle ne fût pas apparente au temps de la vente, n'est point un défaut de cette nature, parcequ'il peut être réparé (5).

4. Dans les ventes des immeubles, il peut y avoir lieu à rédhibition, ou diminution du prix, s'il s'y trouve des défauts qui y donnent lieu. Ainsi, l'acheteur d'un fonds peut faire résoudre la vente, s'il s'exhale de ce fonds des vapeurs malignes qui en rendent l'usage périlleux. Ainsi, pour une servitude qui ne paraissait point, et que le vendeur n'a pas expliquée, l'acheteur peut faire diminuer le prix (6), et résoudre même la vente, si la servitude est tellement onéreuse, qu'elle en donne sujet.

5. Quoique les défauts de la chose vendue fussent inconnus au vendeur, l'acheteur peut faire résoudre la vente ou diminuer le prix, si ces défauts sont tels qu'ils y donnent lieu (7). (C. civ., 1630, 1646.) Car comme on n'achète une chose que pour son usage, si quelque défaut empêche cet usage ou le diminue, le vendeur ne doit pas profiter d'une valeur que paraissait avoir, et que n'avait pas ce qu'il a vendu.

6. Dans ce même cas où les défauts de la chose vendue ont été inconnus au vendeur, il sera tenu, non seulement de reprendre

(1) L. 54, ff. de contr. empt. L. 1, § 8, ff. de ædil. ed. L. 39, ff. de act. empt. et vend. L. 35, in fin. ff. de contr. empt. (2) Lyon, 5 août 1824. (3) Paris, 17 juin 1813. (4) Arrêt, 18 janvier 1719, rapporté au 7e tome de l'ancien journal des audiences. (5) Montpellier, 23 février 1807. (6) L. 49, ff. de ædil. ed. L. 4. Cod. de ædil. act. L. 2, § 29, ff. ne quid in loc. public. L. 35, in fin. ff. de contr. empt. L. 61, ff. de ædil. ed. (7) L. 1, § 2, ff. de ædil. ed. L 21, § 1, ff. de act. empt. et vend. L. 45, ff. de contr. empt. L. 13, ff. de act. empt. et vend.

la chose ou diminuer le prix, mais aussi de désintéresser l'acheteur des frais où la vente aurait pu l'engager, comme des dépenses pour les voitures, des droits d'entrée ou autres semblables (1). (C. civ., 1646.)

7. Si le vendeur avait connu les défauts de la chose vendue, il ne sera pas seulement tenu des dommages et intérêts suivant la règle précédente, mais il répondra de plus des suites que le défaut de la chose aura pu causer. Ainsi, celui qui aurait vendu un troupeau de moutons, qu'il savait être infecté d'un mal contagieux, sans l'avoir déclaré, serait tenu de la perte d'autre bétail de l'acheteur, que ce mal contagieux aurait infecté. Et il en serait de même si le vendeur était obligé de connaître les défauts de la chose vendue, quoiqu'il prétendît les avoir ignorés ; comme si un architecte qui fournit les matériaux pour un bâtiment y en avait mis de mal conditionnés, il serait tenu du dommage qui en arriverait (2). (C. civ. 1792, s.)

8. Si le défaut de la chose vendue donne lieu à la rédhibition et résolution de la vente, le vendeur et l'acheteur seront remis au même état, que s'il n'y avait point eu de vente. Le vendeur rendra le prix et les intérêts, et remboursera l'acheteur de ce qu'il aura déboursé pour la conservation de la chose vendue, et pour les autres suites de la vente, suivant les règles précédentes; et l'acheteur rendra la chose au vendeur, avec tout le profit qu'il pourra en avoir tiré ; et enfin, toutes choses seront remises en entier de part et d'autre réciproquement (3).

9. Tous les changemens qui arrivent à la chose vendue après la vente, et avant la rédhibition, soit que la chose périsse ou se diminue, sans la faute de l'acheteur et des personnes dont il doit répondre, regardent le vendeur qui doit la reprendre, et aussi il profite des changemens qui la rendent meilleure (4).

10. Si les défauts de la chose vendue sont évidens, comme si un cheval a les yeux crevés, l'acheteur ne pourra se plaindre de ces sortes de défauts, qu'il n'a pu ignorer (5); non plus que de ceux que le vendeur lui aura déclarés (6).

11. Si les défauts de la chose vendue sont tels que l'acheteur ait pu les connaître et s'en rendre certain, comme si un héritage est sujet à des débordemens ; si une maison est vieille ; si les planchers en sont pourris ; si elle est mal bâtie, l'acheteur ne pourra se plaindre de ces sortes de défauts, ni des autres sem-

(1) L. 1, § 1, ff. de ædil. ed. L. 23, § 1 et 7, eod. L. 27, eod. Dict. leg. 27. Dict. leg. 27, in fin. V. l'art. suiv. (2) L. 13, ff. de act. empt. et vend. L. 1, Cod. de ædil. act. L. 45, ff. de contr. empt. L. 9, § 5, ff. loc. cond. Dict. § 5. V. l'art. 2 de la sect. 8 du louage. (3) L. 1, § 1, ff. de ædil. ed. L. 23. § 1, eod. L. 60, eod. Dict. leg. 23, § 7. V. l'art. suiv. (4) L. 38, § 3, ff. de ædil. ed. L. 31, § 6, eod. Dict. leg. 31, § 11. L. 10, ff. de reg. jur. (5) L. 43, § 1, ff. de contr. empt. L. 1, § 6, ff. de ædil. ed. L. 14, § ult. eod. (6) Dict. leg. 14, § 9.

blables; car la chose lui est vendue telle qu'il la voit (1). (C. civ. 1642.)

Lorsqu'au moment de la vente, la cause éventuelle de l'éviction était patente, et connue de l'acquéreur et du vendeur, l'un et l'autre doivent être considérés, comme ayant traité sciemment d'une chose dans laquelle le droit de propriété appartenant à autrui pouvait se reproduire, et rendre le contrat nul. Alors, le vendeur et l'acheteur n'ont aucune action pour répéter, l'un ce qui lui reste dû, l'autre ce qu'il a payé sur le prix (2).

12. Si le vendeur a déclaré quelque qualité de la chose vendue, outre celle qu'il doit garantir naturellement, et que cette qualité se trouve manquer, ou que même la chose vendue se trouve avoir des défauts contraires, il faudra juger de l'effet de la déclaration du vendeur, par les circonstances de la conséquence des qualités qu'il aura exprimées, de la connaissance qu'il pouvait ou devait avoir de la vérité contraire à ce qu'il a dit, de la manière dont il aura engagé l'acheteur, et surtout il faudra considérer si ces qualités ont fait une condition sans laquelle la vente n'eût pas été faite : et selon les circonstances, ou la vente sera résolue; ou le prix diminué, et le vendeur tenu des dommages et intérêts, s'il y a lieu. Ainsi, par exemple, si le vendeur d'un héritage l'a déclaré allodial, et vendu comme tel, et que cet héritage se trouve sujet à un cens, et l'acheteur obligé de payer le droit de lods, le vendeur sera tenu d'en indemniser l'acquéreur, et des autres suites, selon les circonstances, quand même il aurait ignoré que l'héritage fût sujet à ce cens. Mais si le vendeur a seulement usé de ces expressions ordinaires aux vendeurs, qui louent vaguement ce qu'ils veulent vendre, l'acheteur n'ayant pas dû prendre ses mesures sur des expressions de cette nature, il ne pourra faire résoudre la vente sur un tel prétexte (3).

13. Si un héritage est vendu comme il se comporte, ou ainsi que le vendeur en a bien et dûment joui, ou avec ses droits et conditions; ces expressions et autres semblables n'empêchent pas que le vendeur ne demeure garant des servitudes cachées et des charges inconnues; comme serait une rente foncière à laquelle l'héritage serait asservi (4).

14. Le vendeur est obligé d'expliquer clairement et nettement quelle est la chose vendue, en quoi elle consiste, ses qualités, ses défauts, et tout ce qui peut donner sujet à quelque erreur, ou malentendu; et s'il y a dans son expression de l'ambiguité, de l'obs-

(1) L. 1, § 6, ff. de ædil. ed. L. 14, § ult. eod. (2) Paris, 31 mai 1816. (3) L. 18, ff. de ædil. ed. L. 21, § 1 et 2, ff. de act. empt. et vend. L. 19, de ædil. ed. Dict. leg. 19, eod. Dict. leg. § 3. L. 43, eod. Vid. L. 16, ff. de her. vel act. vend. L. 13, § 3, ff. de act. empt. V. les art. 12 et 14 de la sect. 3 des convent., et l'art. 2 de la sect. 3 des vices des convent. (4) L. ult. § 1, ff. de contr. empt. Vid. L. 69, § 5, de evict. L. 61, ff. de ædil. ed. V. l'article suiv.

curité, ou quelque autre vice, l'interprétation s'en fait contre lui (1). (C. civ., 1162.)

15. Celui qui a vendu une chose pour l'autre, une vieille pour neuve, une moindre quantité que celle qu'il a exprimée, soit qu'il ait ignoré le défaut, ou qu'il l'ait connu, sera tenu, ou de reprendre la chose, ou d'en diminuer le prix, et des dommages et intérêts que l'acheteur aura pu souffrir (2). (C. civ., 1638, 1617.)

L'adjudicataire qui, après avoir rempli les charges de l'adjudication, obtient une réduction sur son prix à cause d'une fausse indication sur l'état et la contenance des objets dans l'affiche indiquant la vente, peut déduire, par privilége sur son prix, le montant des frais pour obtenir la réduction et l'excédant des droits par lui payés (3).

16. Si de plusieurs choses qui s'assortissent, comme les pièces d'une tapisserie, les chevaux d'un attelage, et autres choses semblables, l'une se trouve avoir des défauts suffisans pour résoudre la vente, elle sera résolue pour le tout. Car il est également de l'intérêt du vendeur et de l'acheteur de ne pas dépareiller ces sortes de choses (4).

17. La rédhibition de la diminution du prix, à cause des défauts de la chose vendue, n'a pas lieu dans les ventes publiques, qui se font en justice. Car dans ces ventes ce n'est pas le propriétaire qui vend, mais c'est l'autorité de la justice qui tient lieu du vendeur, et qui n'adjuge la chose que telle qu'elle est (5). (C. civ., 1649.)

18. Le temps pour être reçu à exercer la rédhibition ne commence de courir qu'après que l'acheteur a pu reconnaître les défauts de la chose vendue, si ce n'est que ce temps fût réglé par quelque usage, ou qu'il eût été convenu que l'acheteur ne pourrait se plaindre que pendant un certain temps. (C. civ., 1648.) Mais dans le cas même d'un délai réglé, le vendeur pourra être reçu après ce délai, et le juge en arbitrera selon les circonstances (6).

.... Il est laissé à la prudence du juge d'arbitrer le délai par lequel se prescrit l'action rédhibitoire; ainsi, peut être déclarée formée en temps utile, l'action intentée dans les six mois à partir de la vente. D'ailleurs, y eût-il plus de six mois, le délai ne court que du jour où les vices ont été connus (7).

SECTION XII.

Des autres causes de la résolution des ventes.

Les ventes peuvent être résolues par plusieurs causes. Par le

(1) L. 39, ff. de pact. L. 21. L. 33, ff. de contr. emp. V. l'art. 13 de la sect. 2 des Convent., et l'art. 10 de la sect. 5 du Louage. (2) L. 45, ff. de contr. empt. L. 21, § 2, ff. de act. empt. et vend. L. 69, § ult. ff. de evict. (3) Paris, 6 février 1810. (4) L. 38, § ult. ff. de ædil. ed. L. 34. L. 35, eod. (5) L. 1, § 3, ff. de ædil. ed. (6) L. 31, § 22, ff. de ædil. ed. V. l'art. 8 de la sect. 4, et l'art. 9 de la sect. 12. (7) Lyon, 5 août 1824.

défaut de la délivrance de la part du vendeur. Par le défaut de paiement du prix de la part de l'acheteur. Par les vices de la chose vendue. Par la vilité du prix. Par les évictions. Par l'événement d'une condition. Par la révocation que font les créanciers du vendeur, des ventes faites en fraude de leurs créances. Par le retrait lignager qui résout la vente à l'égard de l'acheteur, et la fait passer au retrayant qu'il lui substitue. Par les retraits féodaux et autres. Par une faculté de rachat. Par un pacte résolutoire. Par l'inexécution de quelqu'une des conventions de la vente. Par le consentement du vendeur et de l'acheteur. Par le dol, la force, l'erreur, et les autres moyens de restitution, de rescision, ou de nullité.

De toutes ces causes, les six premières et la dernière, qui est la nullité, ont été expliquées dans ce titre. La révocation des ventes, faites en fraude des créanciers, fait partie du titre de ce qui se fait en fraude des créanciers. Le retrait lignager et les autres sortes de retraits ne sont pas de ce dessein; car ils sont propres à nos coutumes, et le retrait lignager est aboli par le droit romain (1); les rescisions et restitutions auront leurs titres en leurs lieux; et il ne reste à expliquer ici que la faculté de rachat, le pacte résolutoire, l'inexécution, et le consentement du vendeur et de l'acheteur. Mais auparavant il faut expliquer quelques règles communes à toutes les manières de résoudre les ventes.

Règles communes de la résolution des ventes.

1. Il y a cette différence entre la résolution et la nullité d'une vente, que la nullité fait qu'il n'y a jamais eu de vente (2); et que la résolution fait cesser la vente qui avait été accomplie, mais ne fait pas qu'elle n'ait point été, quand même elle serait résolue par la volonté du vendeur et de l'acheteur (3).

2. Quelle que soit la cause de la résolution d'une vente, si elle est contestée, et que l'acheteur ou autre ayant son droit soit en possession, le vendeur ne pourra reprendre la chose vendue que par l'autorité de la justice (4).

3. Si la vente est résolue par le fait de l'un ou de l'autre qui ait donné sujet à quelque dommage, il en sera tenu suivant les règles qui ont été expliquées dans ce titre.

4. La vente étant résolue, le vendeur et l'acheteur rentrent dans leurs droits; et toutes choses sont remises en entier, selon que les circonstances peuvent le permettre (5).

5. Lorsque la vente est résolue, le vendeur reprend ce qu'il avait vendu sans aucune des charges que l'acheteur avait pu y

(1) L. 14. Cod. de contr. empt. Vid. L. 16, ff. de reb. auth. jud. post. (2) V. l'art. 1 de la sect. 5 des convent. (3) L. 58, ff. de pact. L. 1, Cod. quando lic. ab empt. disc. L. 2, cod. L. 2, in fin. ff. de resc. vend. V. sur cet art. et les suiv., la sect. 6 des convent. (4) V. l'art. 16 de la sect. 5, et l'art. 14 de la sect. 6 des convent. (5) L. 23, § 1, ff. de ædil. ed. Dict. leg. § 7.

mettre, parce que le vendeur rentre dans son droit comme s'il n'en avait jamais été dépouillé (1).

Cette règle ne s'entend que des charges qui étaient du fait de l'acheteur, comme s'il avait assujéti l'héritage à un cens, à une servitude, s'il l'avait hypothéqué à ses créanciers; et elle ne regarde pas le droit des lods et ventes qui auraient pu être acquis au seigneur direct par cette vente; car ce droit était une suite du contrat, qui était autant du fait du vendeur que de l'acheteur. Ainsi, l'héritage y demeure affecté, si l'acheteur ne l'avait payé. Mais si la vente était résolue par une cause qui fût seulement du fait du vendeur, comme si ses créanciers faisaient saisir, il est juste en ce cas que cet acheteur soit dédommagé par le vendeur du droit de lods et ventes qu'il aurait payé; il y a même des coutumes qui lui donnent les lods et ventes du décret qui sera fait de cet héritage, laissant au seigneur la liberté de les prendre, en rendant à cet acheteur le premier droit de lods qu'il en avait reçu (2).

De la faculté de rachat.

6. La faculté de rachat est un pacte par lequel il est convenu que le vendeur aura la liberté de reprendre la chose vendue, en rendant le prix à l'acheteur, ou ce qui en aura été payé (3).

7. La vente sous faculté de rachat renferme une condition, qu'elle sera résolue, si le vendeur rachète (4) (C. civ., 1650), et lorsqu'il le fait, il rentre dans son droit en vertu de cette condition. Ainsi, il reprend la chose exempte des charges que l'acheteur avait pu y mettre.

8. Si la faculté de rachat n'était accordée qu'après le contrat de vente parfait, elle ne fera aucun préjudice aux charges et hypothèques auxquelles l'acheteur se serait engagé depuis le contrat, et avant que d'accorder cette faculté. (C. civ., 1665, 1659, 1751.)

C'est une suite nécessaire de l'accomplissement de la vente pure et simple, qui avait acquis le droit à l'acheteur, suivant les règles de la nature du contrat de vente.

9. La faculté de rachat peut être accordée, ou indéfiniment, sans marquer pendant quel temps le vendeur pourra racheter, ou prescrivant un certain temps, après lequel cette faculté sera expirée (5). (C. civ., 1660.) Si elle est indéfinie, elle dure jusqu'au temps de la prescription (6). (C. civ., 2262.) Et si elle est bornée à un certain temps, le vendeur n'est pas d'abord exclus quand le temps expire; mais on lui accorde un délai, de même qu'à l'acheteur lorsque la vente doit être résolue faute de paiement au terme (7).

(1) L. 60, ff. de æd. ed. (2) V. sur cet art. les art. 14 et 15 ci-après. V. l'art 2 de la sect. 1, et l'art. 10 de la sect. 2, et les remarques qu'on y a faites. (3) L. 2, Cod. de pact. int. empt. et vend. comp. l. 7, eod. l. 12, ff. de præs. verb. l. 1, Cod. Quando decr. non est op. (4) L. 7, Cod. de pact. int. empt. et vend. cont. L. 2, eod. (5) L. 2, Cod. de pact. inter. empt. et vend. comp. (6) L. 3, Cod. de præs. 30 vel 40 ann. (7) V. l'art. 18 de la sect. précédente, l'art. 8 de la sect. 3, et l'art. 13 ci-après.

10. Le vendeur exerçant la faculté de rachat d'un héritage, l'acheteur doit lui restituer les fruits depuis le jour de la demande accompagnée d'offres faites dans les formes (1). (C. civ., 1673.)

L'acquéreur sur lequel le rachat est exercé, n'est tenu de rendre les fruits qu'à compter du jour des offres réelles ou de la consignation du prix de la vente: le rachat n'opérant la résolution de la vente que pour l'avenir, tout ce qu'a produit jusqu'alors la chose vendue doit appartenir à l'acquéreur (2). Le cessionnaire d'un droit de réméré ne peut, lorsque l'acte de cession garde le silence sur les frais et loyaux coûts de la vente dont il est autorisé à demander la résolution, réclamer de son cédant les frais et loyaux coûts; surtout la dépossession n'ayant eu lieu que par le fait du demandeur en cassation, et par suite d'une compensation forcée (3). Lorsque, dans un contrat de vente à pacte de rachat, il a été stipulé que, faute par le vendeur d'exercer le réméré à l'époque convenue, l'acquéreur aura droit de faire vendre l'immeuble, et de retenir, sur le prix de l'adjudication, tout ce qui lui sera dû, ce droit doit s'exercer nonobstant toute hypothèque postérieurement consentie en faveur d'autres créanciers (4).

L'hypothèque consentie par le vendeur à réméré sur les biens vendus pendant le temps fixé pour l'exercice du réméré, est valable et efficace si ultérieurement les biens rentrent dans les mains du vendeur, par l'effet du rachat exercé en temps utile (5).

Du pacte résolutoire et de l'inexécution.

11. Le pacte ou clause résolutoire est cette convention non ordinaire dans les ventes, que si l'acheteur ne paie au terme, la vente sera résolue (6). (C. civ., 1656.) Et cette même peine de la résolution de la vente peut être aussi stipulée pour l'inexécution de quelque autre convention qui ferait partie du contrat de vente, comme s'il est dit que si une maison qui est vendue exempte d'une servitude s'y trouve sujette, le vendeur sera tenu de la reprendre.

12. Les clauses résolutoires, au défaut de payer au terme ou d'exécuter quelque autre convention, n'ont pas l'effet de résoudre d'abord la vente, par le défaut d'y satisfaire; mais on accorde un délai pour exécuter ce qui a été promis, si ce n'est que la chose ne pût souffrir de retardement; comme si le vendeur manque de délivrer de la marchandise promise pour le jour d'un embarquement (7).

13. Quoiqu'il n'y ait pas de cause résolutoire faute de payer au terme ou d'exécuter quelque autre convention, la vente ne laissera pas d'être résolue, si le défaut de paiement et l'inexécution y donnent lieu après les délais, selon les circonstances (8). Car les contractans ne veulent que le contrat subsiste qu'en cas que chacun exécute son engagement (9).

(1) Dict. leg. 2, Cod. de pact. int. empt. et vend. compt. (2) Cass. 14 mai 1807. (3) Rejet, 7 mai 1818. (4) Rejet, 2 décembre 1818. (5) Douai, 22 juillet 1820. (6) L. 2, ff. de leg. commiss. (7) V. l'art. 8 de la sect. 3, et l'art. 19 de la sect. 2. (8) V. les art. 2 et 4 de la sect. 3 des convent. L. 6, Cod. de pact. int. empt. et vend. compos. (9) V. l'art. 5 de la sect. 1 des convent.

De la résolution de la vente par le consentement du vendeur et de l'acheteur.

Si le vendeur et l'acheteur résolvent la vente avant que la chose vendue ait été délivrée et le prix payé, la vente n'étant pas encore consommée, et toutes choses étant en entier, ils sont déchargés l'un et l'autre de leurs engagemens, et remis entre eux au même état que s'il n'y avait point eu de vente (1).

Il faut remarquer, sur l'article, que si les contractans résolvent la vente d'un fonds peu après le contrat, et avant que l'acquéreur se soit mis en possession, il est de l'équité et aussi de l'usage qu'il n'est point dû de droit de lods : et il y a même des coutumes qui donnent un temps, comme de huit jours, pour résoudre le contrat, sans qu'il en soit dû de lods et ventes. Mais comme ce temps n'est pas réglé dans les autres provinces, et qu'on peut encore distinguer la condition d'un acquéreur qui s'est mis en possession de celle d'un autre qui n'a pas pris de possession, il arrive assez souvent de différentes questions, si les lods sont dûs ou non, selon l'état où se trouvent les choses quand on résoud la vente ; et il serait à souhaiter qu'on y eût une règle précise et uniforme, et aussi dans ces autres vides de règles dont on a parlé en quelques endroits.

15. Si, la vente étant consommée, le prix payé, la délivrance faite, et l'acheteur en possession, le vendeur et l'acheteur veulent dans la suite résoudre le contrat sans autre chose que leur simple volonté, ce n'est pas tant une résolution de cette vente qu'une seconde vente que fait l'acheteur à celui qui lui avait vendu. Ainsi, ce premier vendeur ne reprend pas une chose qui fut à lui, puisque sa vente l'en avait dépouillé ; mais il achète en effet la chose d'un autre, et elle passe à lui sujette aux charges et aux hypothèques que son acheteur, qui lui revend, avait pu contracter (2).

SECTION XIII.

De quelques matières qui ont du rapport au contrat de vente.

Des ventes forcées.

Il arrive assez souvent que les choses qui appartiennent à des particuliers se trouvent nécessaires pour quelque usage public ; et si dans ces cas ils refusent de les vendre, ils y sont contraints par l'autorité de la justice, parce que toutes choses étant faites pour l'usage de la société, avant qu'aucune passe à l'usage des particuliers, ils ne les possèdent qu'à cette condition, que leur intérêt cédera à l'intérêt public dans les nécessités qui le demanderont.

(1) L. 2, ff. de resc. vend. § ult. inst. quibus modis tollitur oblig. L. 58, ff. de pact. L. 7, § 6, eod. l. 1. et 2. Cod. quando licet ab empt. discedere. V. l'art. suiv. et les art. 2 de la sect. 1, et 10 de la sect. 2. (2) L. 1, Cod. quando lic. ab empt. disc. L. 2, ff. de resc. vend. V. l'art. précédent et la remarque qu'on y a faite, et les art. 2, de la sect. 1, et 10 de la sect. 2.

Ainsi, un particulier est obligé de vendre son héritage, s'il se trouve nécessaire pour quelque ouvrage public; et il y a aussi d'autres causes où la justice oblige de vendre, et même pour des intérêts de particuliers, comme dans le cas de l'article 4 de cette section. On peut remarquer dans le droit romain, sur le sujet des ventes forcées, quelques cas singuliers où les propriétaires étaient forcés de vendre. Ainsi, par une constitution de l'empereur Antonin, les maîtres qui maltraitaient excessivement leurs esclaves étaient obligés de les vendre (1). Ainsi, lorsqu'un des maîtres d'un esclave commun à plusieurs voulait l'affranchir, les autres étaient forcés de lui vendre leurs portions (2). Ainsi, lorsqu'une chose était commune au fisc et à des particuliers, le fisc pouvait seul vendre le tout, si petite que fût sa portion, et les autres étaient obligés de laisser les leurs à l'acquéreur pour la portion du prix qui leur revenait (3).

1. Les ventes forcées sont celles où l'on est contraint par l'autorité de la justice pour un bien public ou autre juste cause (4).

2. Si une maison, ou autre héritage, se trouve nécessaire pour un usage public, comme pour y bâtir une église paroissiale, ou pour l'augmenter, pour en faire un cimetière, pour faire une rue ou pour l'élargir, pour quelque fortification, ou autre ouvrage pour la commodité publique, le propriétaire est contraint par la justice de vendre ce fonds à un juste prix (5).

V. un exemple de l'usage d'un fonds d'un particulier pour la commodité publique, et pour les besoins des particuliers, dans la loi 13, § 1, ff. de comm. præd., où il est dit qu'un particulier qui a une carrière dans son fonds n'est pas obligé d'en vendre la pierre, s'il n'est assujetti par un usage à en donner pour un certain prix à ceux qui en veulent. Mais si c'était dans un lieu où l'usage de cette carrière fût d'une nécessité publique, ne serait-il pas juste d'obliger le propriétaire d'en donner à un juste prix, quoique la possession n'en fût pas établie?

3. Dans les nécessités publiques, et dans une disette de grains, on oblige ceux qui en ont des provisions à les débiter à un prix raisonnable (6). Et la police contraint les bouchers et les boulangers à vendre à un juste prix (7).

4. Si la situation de deux héritages se trouve telle qu'on ne puisse aller à l'un que par l'autre, le propriétaire du lieu nécessaire pour le passage est obligé de vendre cette servitude dans l'endroit qui lui sera le moins incommode (8) (C. civ., 682, 684), car l'autre héritage doit avoir son usage.

Le simple passage dû à un fonds enclavé, peut, de simple passage à

(1) V. § 2, Inst. de his qui sui vel al. jur. s. (2) L. 1, § 1, Cod. de comm. serv. man. Vid. L. 16, ff. de sen. syll. (3) L. un. Cod. de vend. rer. fisc. cum priv. comm. L. 2, Cod. de com. rer. alien. (4) V. les art. suiv. (5) Vid. L. 11, ff. de evict. V. Ord. de Philippe-le-Bel, de 1303. Charte, art. 10. (6) L. 2, ff. de leg. Jul. de ann. L. 6, ff. de extraor. crim. (7) L. 1, § 11, ff. de off. præf. urb. (8) L. 12, ff. de relig. Dict. leg.

pied, être converti en passage avec des bœufs et charette, si cela devient nécessaire à l'exploitation du fonds, par suite d'un nouveau mode de culture; sauf l'indemnité due à raison du surcroît de servitude (1).

Le passage nécessaire d'un fonds enclavé sur les fonds environnans est une espèce de servitude qui, quoique discontinue, a toujours pu et peut s'acquérir par la possession. Cette possession est fixée à trente ans, aux termes des art. 690, 2262 et 2281. Les tribunaux doivent admettre la preuve de la possession de cette servitude, et ils ne peuvent débouter de la demande en maintenue, sous prétexte qu'on n'a pas offert de preuves qu'il y avait possession au vu et au su du propriétaire (2).

Le passage que le propriétaire dont les fonds sont enclavés réclame sur le fonds de ses voisins, peut, à raison des convenances locales, être pris d'un côté où le trajet du fonds enclavé à la voie publique n'est pas le plus court. Quand l'art. du code dit que le passage sera pris *régulièrement* du côté où le trajet est le plus court, ce mot *régulièrement* ne présente pas une disposition absolue, mais seulement une règle qui, comme toutes les autres, peut souffrir exception (3).

5. Si, dans les cas où l'on peut contraindre un propriétaire à vendre son héritage, il consent volontairement à la vente, ce sera une convention dont les conditions seront telles qu'on les aura réglées par le contrat, et de gré à gré (4).

6. Si le propriétaire refuse de vendre, et se laisse contraindre, la sentence ou arrêt qui sera rendu contre lui tiendra lieu de vente et de titre d'aliénation, qui dépouillera ce propriétaire de son droit, et fera passer le fonds à l'usage auquel il aura été destiné.

7. Dans les cas où le propriétaire est dépouillé de son héritage pour quelque usage public, il ne peut être obligé à aucune garantie; car, outre qu'il est dépouillé contre son gré, l'héritage étant mis hors du commerce par ce changement, il n'est plus sujet ni à des hypothèques ni à des évictions. Mais ceux qui acquièrent, comme des marguilliers, ou un corps de ville, demeurent chargés envers le seigneur censier ou féodal des droits seigneuriaux qu'il pouvait avoir sur cet héritage, et de l'indemniser des suites de ce changement, selon la qualité des droits et les coutumes des lieux; et les créanciers de celui qui est dépouillé de son fonds, ont leur droit sur le prix.

8. Si, par quelque cas fortuit, comme d'un débordement, un chemin public est emporté ou rendu inutile, les voisins doivent le chemin, mais sans pouvoir vendre ce qu'ils perdent (5). Car c'est un cas fortuit qui fait un chemin de leurs héritages ou d'une partie, et cette situation les engageait à souffrir cet événement.

Il faut entendre cette règle d'un ancien chemin. Mais si pour la commodité publique on changeait un chemin, comme pour le rendre plus court, ou qu'on en fît un nouveau, il faudrait désintéresser les particuliers de ce qu'on prendrait de leurs héritages pour ce nouveau chemin.

(1) Agen, 18 juin 1823. (2) Cass. 10 juillet 1821. (3) Rejet, 1er mai 1811. (4) V. l'art. 7 de la sect. 2 des convent. (5) L. 14, in fin. ff. quemadmod. serv. amit.

Des décrets.

9. Les créanciers ont droit de faire vendre les biens de leurs débiteurs ; et ces sortes de ventes sont forcées, et se font en justice (1). (Pr. 557, s. 579, s. 583, s.)

De la licitation.

10. Lorsqu'une chose qui ne peut que difficilement être divisée, comme une maison, ou qui ne saurait l'être, comme un office de judicature, se trouve commune à plusieurs personnes, et qu'ils ne peuvent ou ne veulent s'en accommoder entre eux, ils la vendent pour en partager le prix, et ils l'adjugent aux enchères, ou à l'un d'eux, ou à des étrangers qu'ils reçoivent à enchérir, et c'est cette manière de vendre qu'on appelle licitation (2). (C. civ. 1686, pr. 966, s.)

De la ventilation.

11. Il arrive souvent que plusieurs choses étant vendues toutes ensemble pour une somme, sans distinction du prix de chacune, il est nécessaire dans la suite de savoir ce prix en particulier, et de régler combien doit valoir chacune de ces choses sur le pied de ce prix unique pour toutes ; et c'est cette manière d'estimation qu'on appelle ventillation. Ainsi, par exemple, si un de plusieurs héritages vendus pour un seul prix, se trouve sujet à un droit de lods et ventes, c'est par une ventillation qu'on règle ce droit ; et il en serait de même s'il fallait faire l'estimation particulière d'une portion d'une maison ou autre héritage (3).

TITRE III.

De l'échange.

Quoique l'usage de l'échange ait naturellement précédé celui de la vente (4), qui n'a commencé que par l'invention de la monnaie publique, il a été de l'ordre d'expliquer les règles du contrat de vente avant que de parler de l'échange, par les raisons qu'on a remarquées à la fin du plan des matières.

L'échange a été le premier commerce dont les hommes se sont servis pour acquérir la propriété des choses, l'un donnant à l'autre ce qui lui était ou utile ou moins nécessaire, pour avoir une chose dont il avait besoin (5).

Quoique l'usage de l'échange soit tout naturel, ce contrat avait, dans le droit romain, des règles qui paraissent peu naturelles dans notre usage. Car l'échange était considéré dans le droit romain comme un contrat informe, qu'on mettait au nombre de

(1) V. l'art. 9 de la sect. 4 des hypothèques. Vid. L. ult. C. de jure dom. (2) Vid. L. 78, § 4, ff. de jur. dot. L. 13, § 17, ff. de act. empt. et vend. L. 7, § 13, ff. com. div. (3) Vid. L. 1, ff. de evict. L. 72, cod. (4) L. 1, ff. de contr. empt. (5) L. 1, ff. de contr. empt.

ceux qui n'ont point de nom; ce qui n'avait cet effet, que lorsqu'il n'y avait qu'un simple contrat d'échange, sans délivrance de part ni d'autre, il ne produisait aucun droit d'en demander l'exécution (1), et que, lorsque la délivrance n'était faite que d'une part, celui qui l'avait faite n'avait pas droit de demander ce qu'on devait lui donner en contre-échange, et il ne pouvait que reprendre ce qu'il avait donné (2). Mais comme il est naturel, et de notre usage, que toutes les conventions soient exécutées (3), nous donnons à ce contrat sa perfection entière; et ceux qui s'y sont obligés sont contraints réciproquement à l'exécuter, de même que la vente, et comme ils l'étaient aussi dans le droit romain lorsque l'échange était revêtu d'une stipulation (4).

Tout ce qu'il y a de matières dans l'échange étant presque les mêmes que celles du contrat de vente, à cause de l'affinité de ces deux contrats (5), on ne répétera rien ici de ce qui a été dit dans le contrat de vente : il suffit d'avertir qu'on peut appliquer à l'échange toutes les règles des ventes, à la réserve de celles qui n'y ont pas de rapport, comme sont les règles qui regardent le prix, parce que dans l'échange il n'y a pas de prix. Ainsi, les règles de l'engagement de l'acheteur de payer le prix, celles de la faculté de rachat, et les autres semblables, ne s'appliquent pas à l'échange; mais les règles de la délivrance, celles de la garantie et des autres engagemens du vendeur, celles des changemens de la chose vendue, des nullités des ventes, de l'éviction, de la rédhibition, et autres semblables, sont des règles communes aux ventes et aux échanges. Ainsi, il suffira de mettre ici, pour les règles propres de l'échange, celles qui suivent.

1. L'échange est une condition où les contractans se donnent l'un à l'autre une chose pour une autre (6) (C. civ. 1702.), quelle qu'elle soit, hors l'argent monnayé; car ce serait une vente (7).

Quand il y a soulte ou retour dans un contrat d'échange, et que l'estimation de la soulte portée au contrat est inférieure à la valeur réelle, la régie de l'enregistrement peut demander un supplément de droit, après le délai d'un an; mais avant l'expiration des deux ans, elle n'est point obligée de provoquer une expertise pour l'évaluation des biens; elle peut se régler sur l'évaluation résultante d'un bail courant (8). Lorsque la transcription d'un contrat d'échange n'est requise que par l'un des co-permutans, le droit de transcription ne doit pas être perçu sur la valeur de l'immeuble reçu en échange. — Ce droit doit être perçu seulement sur la valeur de l'immeuble acquis par celui qui requiert la transcription. — Cette décision doit avoir lieu surtout lorsque les immeubles échangés ne sont pas situés dans le même arrondissement (9).

(1) L. 3, Cod. de rer. perm. L. 1, § 2, ff. de rer. perm. (2) L. 1, § ult. ff. de rer. perm. L. 5, L. 7, Cod. eod. (3) L. 1, ff. de pact. (4) L. 3, Cod. de rer. perm. L. 33, Cod. de trans. (5) L. ult. ff. de rer. perm. L. 2, Cod. de rer. perm. (6) L. 1, § 1, ff. de contr. empt. (7) L. 5, § 1, ff. de præsc. verb. (8) Cass. 13 décembre 1809. (9) Cass. 15 février 1813.

2. Dans le contrat d'échange, la condition des contractans étant égale, en ce que l'un et l'autre donnent une chose pour une autre, on ne peut y faire la distinction d'un vendeur et d'un acheteur, non plus que d'un prix et d'une marchandise (1); mais l'un et l'autre tient lieu tout ensemble, et de vendeur de la chose qu'il donne, et d'acheteur de celle qu'il prend (2). (C. civ., 1188, 1583, 1589, 1703.)

3. Si celui qui a pris une chose en échange en est évincé, il tient lieu d'acheteur, et il a son recours pour la garantie; et l'autre est tenu de l'éviction, comme l'est un vendeur (3). (C. civ., 1134, 1610, 1626, s.; 1654, 1705.)

Le co-permutant évincé de la chose par lui reçue en échange, ne pouvait pas, selon les lois romaines, revendiquer la chose qu'il avait donnée en contre-échange, lorsqu'elle avait passé dans les mains d'un tiers acquéreur (4). Lorsqu'un débiteur, dont les biens présens et à venir sont hypothéqués, a fait un échange, l'immeuble qu'il a donné et celui qu'il a reçu en échange sont grevés d'hypothèques, et le créancier peut les faire discuter successivement tous les deux. L'échangiste, ainsi qu'un autre acquéreur quelconque, ne peut être à l'abri des inscriptions hypothécaires prises sur le fonds acquis, qu'en purgeant le même fonds des dites inscriptions hypothécaires, suivant les formes voulues par la loi (5).

4. Toutes les règles du contrat de vente ont lieu dans l'échange, à la réserve de ce qui se trouverait n'être pas de la nature de ce contrat, comme ce qui regarde le paiement du prix (6). (C. civ., 1582, 1707, s.)

On peut appliquer, à l'échange comme à la vente, l'art. 1599 qui prononce la nullité de la vente de la chose d'autrui; on peut aussi bien appliquer cet article à celui qui échange la chose indivise, qu'à celui qui vend la chose sur laquelle il n'a aucun droit de propriété (7).

TITRE IV.

Du louage, et des diverses espèces de baux.

Ce titre comprend le commerce que font les hommes en se communiquant l'usage des choses, ou de leur industrie, ou de leur travail, pour un certain prix. Cette convention est d'un usage très-nécessaire et très-fréquent. Car, comme il n'est pas possible que tous aient en propre toutes les choses dont ils ont besoin, ni que chacun fasse par soi-même ce qu'on ne peut avoir que par l'industrie et par le travail; et qu'il ne serait pas juste que l'usage des choses des autres, ni de celui de leur industrie et de leur travail,

(1) L. 1, § 1, in fin. ff. de contr. empt. L. 1, ff. de rer. perm. L. 1, in princip. ff. de contr. empt. (2) L. 19, § 5, de ædil. edict. L. ult. ff. quib. ex caus. in possess. (3) L. 1, ff. de rer. perm. L. 1, Cod. eod. (4) Cass. 16 prairial an 12. (5) Cass. 9 novembre 1815. (6) L. 2, Cod. de rer. perm. L. 2, ff. eod. (7) Cass. 16 février 1810.

fût toujours gratuit, il a été nécessaire qu'on en fît commerce. Ainsi, celui qui a une maison qu'il n'habite pas, en donne l'usage à un autre pour un loyer; ainsi, on loue des chevaux, des carrosses, des tapisseries et les autres meubles; ainsi on baille des héritages, ou à ferme ou à labourage; ainsi on fait commerce de l'industrie et du travail, ou à prix fait, ou à la journée, ou par d'autres marchés.

Toutes ces espèces de conventions ont cela de commun, qu'en chacune l'un jouit de la chose de l'autre, ou use de son travail pour un certain prix; et c'est par cette raison que dans le droit romain elles sont toutes comprises sous les noms de louage et de conduction : louage de la part de l'un, qui s'appelle le locateur, et que nous appelons autrement le bailleur, et conduction de la part de l'autre, qui s'appelle le conducteur, et que nous appelons autrement le preneur. Sur quoi il faut remarquer qu'au lieu que, dans le louage des choses, le bailleur ou locateur est celui qui baille une chose, et le conducteur celui qui la prend; dans le louage du travail, le bailleur est celui qui donne un ouvrage à faire, et celui qui entreprend l'ouvrage et qui donne son travail et son industrie, s'appelle le preneur ou entrepreneur.

Ce sont ces diverses sortes de conventions que nous exprimons par les noms de baux, comme bail à loyer, comme bail à ferme, bail à labourage, bail à prix fait, parce qu'en toutes l'un baille à l'autre, ou une chose pour en jouir, ou un travail à faire.

Quoique le nom de louage soit commun dans le droit romain à toutes ces sortes de conventions, et qu'on y ait compris sous un même titre et sans distinction les louages des maisons et des meubles, les baux à ferme ou à labourage, les prix faits et les autres conventions de cette nature; on a cru devoir distinguer ce que nous appelons simplement louage, comme d'une maison, d'un cheval ou autre chose, et les baux à ferme ou à labourage et les prix faits; car ces matières ne sont pas seulement distinguées par leurs noms, mais elles ont aussi quelques différences dans leur nature et dans leurs règles; et parce qu'elles ont toutes quelques caractères et quelques règles qui leur sont communes, on expliquera dans la première section, sous le nom de louage en général, ces caractères communs; et dans cette même section et les deux suivantes, on recueillera aussi plusieurs de ces règles communes, et on expliquera dans les sections suivantes ce qu'il y a de particulier dans les baux à ferme et à labourage, et dans les autres espèces de baux.

Toutes ces matières sont comprises en neuf sections, et on y en a ajouté une dixième pour les baux emphytéotiques, qui ont leur nature et leurs règles différentes des baux d'héritage, où l'on ne donne que la jouissance pour un certain temps.

SECTION PREMIÈRE.

De la nature du louage.

1. Le louage en général, et y comprenant toutes les espèces de baux, est un contrat par lequel l'un donne à l'autre la jouissance ou l'usage d'une chose (1), ou de son travail (2); pendant quelque temps, pour un certain prix (3). (C. civ., 1709, 1710, 1779.)

On ne renferme pas dans cette définition les baux emphithéotiques; car ils ont leur nature propre, qui sera expliquée dans la section 10.

Le bail emphithéotique contenant essentiellement une aliénation du domaine utile, le bail qui ne porte qu'une cession de jouissance pour 29 ans n'est point un bail emphithéotique, et est seulement un bail à ferme (4). Les baux à vie étant passibles du droit proportionnel de 4 pour cent aux termes de l'art. 69, §. 7, n° 2, *de la loi du 22 frimaire an 7*, il importe peu que le bail à vie ait eu tout son effet. Il suffit qu'il ait donné lieu au droit de 4 pour cent, dès l'instant que la convention dont il fait partie a été arrêtée, et que le droit ait été exigé en temps utile, pour que la contrainte décernée le soit valablement (5).

2. Celui qui baille une chose à un autre pour en jouir s'appelle le bailleur ou le locateur (6), et on donne ces mêmes noms à celui qui donne à faire quelque ouvrage ou quelque travail (7); celui qui prend une jouissance pour un louage ou une ferme s'appelle le preneur ou le conducteur (8), de même que celui qui entreprend un travail ou un ouvrage (9), qu'on appelle aussi entrepreneur. Mais dans les louages ou prix faits du travail et de l'industrie, les ouvriers ou entrepreneurs tiennent aussi, en un sens, lieu de locateurs; car ils louent et baillent leur peine (10).

3. Car ce contrat est au nombre de ceux qui s'accomplissent par le consentement, de même que la vente, et ces deux contrats ont beaucoup d'affinité et plusieurs règles qui leur sont communes (11).

Le louage, comme la vente, s'accomplit par le simple consentement, lorsqu'on est convenu de ce qui est baillé à faire ou pour en jouir, et du prix du bail; ce qui fait la ressemblance du contrat à la vente, l'un et l'autre ayant un prix et une marchandise : d'où il arrive qu'en quelques marchés il est douteux si ce sont des louages ou des ventes : comme quand on fait marché avec un orfévre qu'il fera quelque ouvrage, et qu'il fournira et l'argent et la façon; ce qui paraît un louage, quoiqu'en effet ce soit une vente (12).

4. On peut louer toutes les choses que le preneur peut rendre au bailleur après la jouissance. D'où il s'ensuit qu'on ne peut

(1) Toto tit. ff. locat. cond. § 2, inst. de locat. et cond. (2) L. 22, § 1, ff. locat. (3) Inst. eod. L. 2, ff. eod. (4) Cass. 23 nivose an 7. (5) Cass. 15 août 1808. (6) L. 9, § 2, ff. locat. L. 19, § 2, eod. (7) L. 22, § 1, ff. locat. L. 36, eod. (8) L. 8, Cod. de locat. et cond. (9) L. 2, Cod. de locat. et cond. (10) L. 22, § 2, ff. de loc. et cond. (11) L. 1, ff. de loc. et cond. Inst. de loc. et cond. L. 2, ff. eod. Dict. leg. 2, § 1, § 3, instit. eod. (12) § 4, Inst. de loc. et cond.

louer, non plus que prêter à usage, les choses qui se consomment par l'usage, comme du blé, du vin, de l'huile et autres denrées (1).

5. Les animaux qui produisent quelque revenu, comme les moutons, les brebis, dont on tire le profit de la laine, des agneaux et l'engrais des héritages, et les autres animaux semblables, peuvent être donnés par une espèce de louage à celui qui se charge de les garder et de les nourrir pour une certaine portion qui lui est laissée de ce qui provient de ces animaux (2) (C. civ. 1804, s.), pourvu que la convention n'ait rien d'usuraire par l'excès du profit réservé au maître. (C. civ., 1811.)

Le fonds du cheptel simple étant considéré comme propriété exclusive du bailleur, continue d'être le gage des créanciers de celui-ci, qui, sans attendre la fin du bail peuvent le saisir et le faire vendre. Le preneur ne peut s'opposer à la saisie que pour la portion qu'il a acquise dans le croît, et qui est devenue sa propriété; sauf au preneur son action en dommages et intérêts contre le bailleur (3).

Si la saisie du cheptel est faite sur le preneur par ses créanciers, le bailleur peut arrêter la saisie par la représentation du bail à cheptel, revêtu d'une date authentique, et purgée de toute présomption de fraude. « Faisons défense à toutes personnes, à peine de confiscation et de punition exemplaire, de prêter leurs noms, ni de passer aucuns baux à cheptel en fraude, et à tous nos officiers, d'avoir aucun égard aux baux, s'il ne sont passés dans la forme et revêtus des formalités ci-dessus *notariées*, sans qu'ils puissent admettre à la preuve par *écritures privées*, ni par témoins (4). »

On ne peut stipuler, dans un bail, que le bailleur sera affranchi de la perte, soit totale, soit partielle du troupeau, et que, dans tous les cas, le preneur sera tenu de rembourser le prix de l'estimation (5).

6. On peut louer comme vendre la chose d'un autre. Ainsi, celui qui possède de bonne foi une chose dont il se croit maître, quoiqu'il ne le soit point, et celui qui a droit de jouir sans en être maître, comme l'usufruitier, peuvent louer et bailler à ferme ce qu'ils possèdent de cette manière (6).

7. Le prix d'un louage ou autre bail peut être réglé, ou en deniers, de même que celui d'une vente, ou en une certaine quantité de denrées, ou en une portion de fruits (7).

8. La vilité du prix n'est pas considérée dans les baux, comme dans les ventes, pour les résoudre, si ce n'est qu'elle fût accompagnée d'autres circonstances, comme de quelque dol ou de quelque erreur; car ce ne sont pas des aliénations comme les ventes, et d'ailleurs l'incertitude de la valeur des revenus du temps à venir peut rendre juste la condition du propriétaire et celle du fer-

(1) L. 3, § ult. ff. commod. V. l'art. 6 de la sect. 1 du Prêt à usage. (2) L. 8, Cod. de pact. (3) La Thomassinière, sur la coutume du Berry; Pothier, traité des cheptels. (4) Art. 18 de l'édit du mois d'octobre 1713. (5) Nîmes, 11 novembre 1819. (6) L. 7, ff. de locat. et cond. L. 9, § 1, ff. eod. V. l'art. 12 de la sect. 4 du Contrat de vente. (7) L. 21, Cod. de locat. et cond. L. 25, § 6, ff. eod.

mier par la fixation à un prix certain, au lieu de cette valeur qui est incertaine (1).

8. Celui qui tient à louage ou à ferme une maison ou un autre héritage, peut le louer ou bailler à ferme à d'autres personnes, si ce n'est qu'il eût été autrement convenu (2). (C. civ. 1717, 1763, s.)

Lorsqu'un bail à loyer contient la clause expresse que le locataire ne pourra céder son bail à personne, et qu'il sera tenu d'occuper par lui-même les lieux loués, le locataire ne peut, lorsqu'il ne veut plus occuper, contraindre le locateur, ou à résilier le bail, ou à souffrir qu'il sous-loue. Il en est de même lorsqu'il offre au locateur de louer lui-même à d'autres personnes, et de lui payer à titre de dommages et intérêts ce qui manquerait au prix du nouveau bail, pour être égal à celui du bail primitif, qui serait résilié; parce qu'alors il ne serait pas vrai que la clause de ne pas sous-louer fût toujours de rigueur (3). Un bailleur peut demander la résiliation du bail, lorsque le preneur sous-loue malgré la défense qui lui en est faite par la clause de son contrat.—Un fermier principal de plusieurs domaines est privé de la faculté de sous-louer un seul des héritages qu'il tient à ferme, comme de substituer quelqu'un à sa place dans la totalité du bail, lorsqu'il s'est interdit le droit de sous-louer *tout ou partie* des objets affermés (4).

La clause qui défend au locataire de céder son bail, n'est pas rigoureusement obligatoire dans le cas où c'est le vendeur d'un fonds de commerce qui a loué les lieux où ce fonds est établi. L'acquéreur ayant la faculté de céder le fonds de commerce, a nécessairement la faculté de céder en même temps le bail (5).

10. Les engagemens que forment le contrat de louage, les baux à ferme, et les autres baux, passent aux héritiers du bailleur et à ceux du preneur (6). (C. civ. 1742.)

SECTION II.

Des engagemens de celui qui prend à louage.

1. Les engagemens du preneur sont de ne se servir de la chose qu'à l'usage pour lequel elle est louée, d'en bien user, d'en prendre soin, de la rendre au temps, de payer le prix du louage; et en général, il doit observer ce qui est prescrit par la convention, par les lois et par les coutumes (7). (C. civ. 1728, 1738, s.)

La tacite *réconduction* n'opérant qu'un *bail verbal*, suivant les art. 1738 et 1776, il n'est point dû de droit d'enregistrement pour la tacite réconduction. On ne peut soumettre au droit d'enregistrement ni les simples jouissances verbales ni les locations verbales (8).

(1) L. 23, ff. de loc. et cond. L. 52, ff. eod. V. l'art. 10 de la sect. 5 des convent., et l'art. 11 de la sect. 8 du Contrat de vente. (2) L. 6, Cod. de loc. et cond. L. 60, ff. eod. (3) Cass. 26 février 1812. (4) Cass. 12 mai 1817. (5) Paris, 16 fév. 1822. (6) L. 19, § 8, ff. de loc. et cond. L. 10, L. 29, L. 34, Cod. eod. (7) V. l'art. 1 de la sect. 3 des convent. (8) Cass. 12 juin 1811.

Les effets de la tacite réconduction qui s'opère à la suite des baux à ferme écrits, ne sont pas réglés par l'art. 1738, commun aux baux des maisons et des héritages ruraux, mais bien par les art. 1774, 1775 et 1776, qui disposent spécialement sur les baux à ferme. Le nouveau bail qui s'opère à la suite d'un bail à ferme écrit, expire de plein droit à l'époque à laquelle expirerait le bail non écrit, suivant la nature du fonds, et sans que le bailleur soit tenu de donner congé (1).

2. Le preneur ne peut se servir de la chose louée qu'à l'usage pour lequel elle lui est donnée, et de la manière dont on est convenu; et, s'il en use autrement, il sera tenu du dommage qui en arrivera. Ainsi, celui qui prend à louage un cheval de selle pour voyager, ne peut le faire servir à porter une charge; ainsi le locataire à qui, par son bail, il est défendu de faire du feu, ou de mettre du foin dans un certain lieu, ne peut y contrevenir; et, s'il le fait et qu'il arrive un incendie, il en sera tenu, quand ce serait même par un cas fortuit; car c'est cette faute qui a donné l'occasion à ce cas fortuit (2).

3. Le preneur est obligé d'user de la chose louée en bon père de famille, et de la conserver, sans rien faire ni souffrir qui fasse préjudice au bailleur ou locateur. Ainsi, le locataire d'une maison ne doit pas souffrir l'usurpation d'une servitude qui ne soit pas due; ainsi, celui qui a pris à louage des bêtes de charge, ne doit pas les charger excessivement; et s'il le fait ou qu'il mésuse autrement de la chose louée, il en sera tenu (3).

4. Comme le preneur use de la chose louée pour son propre usage, il doit avoir soin de la garder et la conserver; et il est tenu, non-seulement du dommage qui arriverait par sa mauvaise foi, ou par une faute grossière qui en approchât, mais aussi de celui qu'il pourrait causer par d'autres fautes, où ne tomberait pas un père de famille soigneux et vigilant. Que si, sans sa faute, la chose périt ou est endommagée par un cas fortuit, il n'en est pas tenu (4).

5. Le preneur est tenu non-seulement de son fait, mais aussi de celui des personnes dont il doit répondre, comme si un locataire d'une maison y a mis un sous-locataire, ou s'il y a tenu des domestiques dont la faute ait causé l'incendie de cette maison (5). (C. civ. 1735.)

Il ne semble pas que le locataire doive être déchargé de la faute de ses domestiques ou des sous-locataires, quand il n'y aurait point de sa faute dans le choix de ces personnes; car, outre que l'événement fait voir qu'il avait mal choisi, il doit répondre du fait de ceux à qui il com-

(1) Metz, 1er avril 1818. (2) L. 11, § 1, ff. loc. cond. Dict. leg. 11, § ult. Vid. L. 13, § 2, et L. 18, ff. comm. V. l'art. 10 de la sect. 2 du Prêt à usage. (3) L. 11, § 2, ff. loc. cond. L. 30, § 2, ff. eod. (4) L. 28, Cod. de loc. et cond. L. 9, § 4, ff. eod. L. 23, ff. de reg. jur. L. 5, § 2, ff. commod. L. 1, § 19, ff. depos. V. l'art. 24 de la sect. 2 du Contrat de vente. (5) L. 11, ff. loc. cond. Vid. L. 27, § 9, ff. ad leg. Aquil. L. 25, § 7, eod. L. 60, § 7, eod. V. l'art. 5 de la sect. 4 des Dommages causés par des fautes, et l'art. 5 de la sect. 8 de ce titre.

munique l'usage de la maison qui n'est confiée qu'à lui; et le fait de ces personnes devient le sien propre, à l'égard de celui qui lui a loué, et qui a traité avec lui; à quoi il semble qu'on peut appliquer ces paroles de la loi dernière *ff. pro socio. Directo cum illius personá agi posse, cujus persona in contrahendá societate spectata sit.* Et d'ailleurs, ou le sous-locataire est solvable pour répondre de l'incendie, et en ce cas le locataire est sans intérêt; ou il est insolvable, et en ce cas le locataire doit en répondre; car il n'a pas pu rendre plus mauvaise la condition du propriétaire, qui avait choisi un locataire solvable pour répondre de sa maison.

6. Si un locataire ou un fermier s'attire, par sa faute, un dommage de la part de quelque ennemi, comme si cet ennemi, pour se venger d'un mauvais traitement, brûle la maison que tient ce locataire, ou coupe des arbres dans les héritages que tient ce fermier, ils en seront tenus; car c'est par leur fait que ces maux arrivent (1).

C'est au sens expliqué dans cet article que cette loi doit être entendue; c'est-à-dire que le fermier et le locataire ne doivent être tenus d'un dommage causé par un ennemi qu'en cas qu'ils y aient donné sujet par leur faute. Sur quoi on peut remarquer l'exemple rapporté en la loi 66, *ff. solut. matr.*, de la perte des biens dotaux de Licinia, femme de Gracchus, causée par la sédition de son mari, ce qui fit juger que cette perte ne devait pas tomber sur elle, mais sur les biens de Gracchus... Mais si rien ne peut être imputé à une mauvaise conduite du locataire ou du fermier, il ne serait pas juste qu'ils répondissent des suites d'une inimitié dont ils n'auraient point donné de sujet : comme, par exemple, si elle avait pour cause un témoignage de la vérité rendu en justice.

7. Si un fermier d'un bien à la campagne, ou un locataire de quelque maison écartée, quitte les lieux, par la crainte de quelque péril, sans en avertir le propriétaire, en cas qu'il le pût, et que sa sortie ait été suivie de quelque dommage, on jugera, par les circonstances du péril et celles de sa conduite, s'il devra être tenu et des loyers et du dommage, ou s'il en devra être déchargé (2).

8. Si un locataire abandonne sans cause l'habitation de la maison louée, ou un fermier la culture des héritages, ils pourront être poursuivis avant le terme, tant pour le prix du bail, que pour les dommages et intérêts du propriétaire (3).

9. Si un locataire ou le fermier sont obligés à quelques réparations, soit par le bail, ou par les coutumes des lieux, ils y seront contraints, et tenus des dommages et intérêts du bailleur ou locateur, s'ils ne les ont faites (4).

10. Si le locataire d'une maison disparaît sans payer les loyers, le propriétaire peut se pourvoir en justice pour faire ordonner l'ouverture de la maison, dans le temps qui sera réglé par le juge,

(1) L. 25, § 4, ff. loc. cond. (2) L. 28, Cod. de loc. et cond. L. 13, § 7, ff. loc. cond. L. 27, § 1, ff. loc. cond. L. 55, in fin. ff. loc. V. l'art. suiv. (3) L. 24. § 2, ff. loc. cond. V. l'art. précédent. (4) L. 24, § 3, ff. loc. cond.

et faire inventaire des meubles qui s'y trouveront, pour être ensuite pourvu à son paiement et à la sûreté de ce qui pourra rester pour le locataire, ou autres qui se trouveront y avoir intérêt (1).

11. Après que le temps du louage est expiré, le preneur doit remettre au bailleur la chose louée, et payer le prix convenu au terme réglé (2). (C. civ. 1737.)

La durée ou la validité d'un bail se juge d'après la loi en vigueur à l'époque où il a été fait (3).

12. Les meubles que le locataire porte dans la maison louée sont affectés pour le paiement des loyers, et les fruits des héritages pour le prix de la ferme (4), suivant les règles qui seront expliquées dans le titre des *Hypothèques* et des *Priviléges des créanciers.*

13. Si le propriétaire d'une maison louée se trouve en avoir besoin pour son propre usage, il peut obliger le locataire à la lui remettre dans le terme qui sera arbitré par le juge. Car, comme le propriétaire ne loue sa maison que parce qu'il n'en a pas besoin pour lui-même, c'est une condition tacite que, s'il en a besoin, le locataire sera tenu de la lui remettre (5). Mais le propriétaire peut renoncer à ce droit par le bail (6). (C. civ. 1761, 1762.)

14. Le locataire est aussi obligé de vider la maison, si le propriétaire veut y faire des réparations (7); et si c'est par nécessité, comme pour faire ce qui menace ruine, le propriétaire ne sera tenu d'aucuns dommages et intérêts, mais seulement de décharger le locataire des loyers, ou de les lui rendre s'ils étaient payés, car c'est un cas fortuit (8); mais si c'est sans nécessité, il devra les dommages et intérêts que l'interruption du bail aura pu causer. Ainsi, si ce locataire avait sous-loué à un plus haut prix que celui de son bail, le propriétaire en sera tenu, et de faire cesser les demandes des sous-locataires à cause de l'interruption du bail (9). Que si la réparation peut se faire en peu de temps, avec peu d'incommodité du locataire, et sans qu'il déloge, il doit souffrir cette légère incommodité (10). (C. civ. 1724.)

15. Si le locataire ne paie pas le loyer, le propriétaire peut l'expulser par autorité de justice, dans le temps qui sera arbitré par le juge pour payer ou sortir (11).

16. Le locataire peut être aussi expulsé par l'autorité de la justice, s'il use mal de la maison louée, comme s'il la détériore, s'il

(1) L. 56, ff. loc. cond. (2) L. 25, ff. de locat. et cond. L. 17, ff. eod. (3) Cass. 2 juin 1807. (4) L. 4, ff. in quib. caus. pign. vel hyp. t. contr. L. 5, Cod. de loc. L. 7, ff. in quib. caus. pign. vel hyp. t. contr. L. 3, Cod. eod. V. les art. 12, 13, 14 et suiv. de la sect. 5, des Hypothèques et des Priviléges des créanciers. (5) L. 3, Cod. h. t. (6) L. 29, Cod. de pact. L. 41, ff. de min. V. l'art. 4 de la sect. 4 des convent. (7) Dict. L. 3, Cod. de loc. (8) L. 55, ff. loc. L. 33, ff. eod. (9) L. 30, ff. loc. cond. L. 33, ff. loc. cond. (10) L. 27, ff. loc. cond. (11) L. 3 Cod. de loc. et cond. L. 61, ff. loc. cond. Vid. l. 54. § 1, eod.

la met en péril d'incendie, faisant du feu où il n'en doit pas faire, s'il y fait ou souffre quelque commerce illicite, ou en abuse autrement (1). (C. civ. 1729.)

Le principal locataire d'une maison où il fait un débit de marchandises ne peut sous-louer une portion à un serrurier, et changer ainsi la destination de la chose louée. Le propriétaire, dans ce cas, peut faire expulser le serrurier, et obtenir contre lui et sa femme solidairement des dommages et intérêts pour le préjudice occasionné (2).

17. Si le preneur qui doit le prix du bail, ou celui qui donne un ouvrage à faire, ne paient le prix au terme, ils en devront les intérêts depuis la demande (3).

SECTION III.

Des engagemens de celui qui baille à louage.

1. Le bailleur est tenu de faire jouir librement le preneur, fermier ou locataire, de lui délivrer la chose en état de servir à l'usage pour lequel elle est louée, et de l'entretenir dans ce bon état, y faisant les réparations nécessaires, et dont le preneur n'est tenu ni par son bail, ni par l'usage des lieux. Et si le bailleur ne donne les choses en bon état, ou telles qu'il les a promises, le preneur recouvrera ses dommages et intérêts, et fera rompre le bail, s'il y en a lieu; et à plus forte raison, si le propriétaire lui-même, ou les personnes dont il doit répondre, l'empêchent de jouir (4). (C. civ. 1719, s.)

2. Si le preneur est expulsé par une éviction, le bailleur est tenu des dommages et intérêts pour l'interruption du bail; car, encore que ce soit une espèce de cas fortuit, il est du fait du bailleur qu'il fasse jouir et qu'il fasse cesser tout droit d'un autre sur la chose qu'il loue, de même que le vendeur sur celle qu'il vend (5). (C. civ. 1726, 1727.)

On n'a point mis dans cet article l'exception que fait cette loi, du cas où le bailleur offre un autre logement, parce que cet accommodement n'est guère possible que de gré à gré; et il faut laisser à la prudence du juge l'égard qu'on doit avoir à de telles offres.

3. Si le preneur est expulsé par le fait du prince, par une force majeure, ou par quelque autre cas fortuit, ou si l'héritage périt par un débordement, par un tremblement de terre, ou autre événement, le bailleur qui était tenu de donner le fonds ne pourra prétendre le prix du bail, et sera tenu de rendre ce qu'il en avait reçu, mais sans aucun autre dédommagement; car personne ne doit répondre des cas fortuits (6). (C. civ. 1722.)

(1) Dict. leg. 3, Cod. de loc. et cond. V. l. 11, § 1, ff. eod. Nov. 14, c. 1. (2) Paris, 15 mars 1817. (3) L. 17, Cod. de loc. et cond. L. 54, ff. eod. (4) L. 15, § 1, ff. loc. cond. L. 25, § 2, ff. loc. cond. L. 15, § 8, ff. loc. cond. V. l'art. 6 de la sect. 6. (5) L. 9, ff. loc. cond. Vid. l. 7 et l. 8, eod. (6) L. 28, Cod. de loc. et cond. L. 15, § 7, ff. loc. cond. L. 33, in fin. eod. L. 23, in fin. ff. de reg. jur.

Lorsqu'une vente a pour objet des jouissances pendant un certain nombre d'années, et que l'acquéreur, par suite de force majeure, n'a pas joui pendant le temps convenu, il ne doit pas la totalité du prix.— La vente d'un privilége de spectacles est de cette nature (1).

4. Si le bailleur vend une maison ou un autre héritage qu'il avait loué ou baillé à ferme, le bail est rompu par ce changement de propriétaire, et l'acheteur peut user et disposer de la chose comme bon lui semble, si ce n'est que le vendeur l'eût obligé à entretenir le bail. Mais si l'acheteur expulse le preneur, soit un fermier ou un locataire, le bailleur est tenu des dommages et intérêts que cette interruption du bail aura pu causer (2). (C. civ., 1743, 1744.)

L'acquéreur de biens vendus par expropriation, n'est pas recevable à critiquer le bail fait par le saisi long-temps avant la poursuite (3).

L'art. 8 *du tit.* 1er de la loi du 6 octobre 1791, qui accorde une indemnité aux fermiers évincés, s'applique même au cas où l'éviction résulte d'une vente judiciaire (4).

5. Si le bailleur lègue la maison louée, ou l'héritage baillé à ferme, et vient à mourir, le légataire n'est pas obligé de tenir le bail fait par le testateur; car c'est un nouveau propriétaire, comme l'acheteur. Mais si le preneur est expulsé par le légataire, il recouvrera ses dommages et intérêts contre l'héritier qui est tenu du fait du défunt (5). (C. civ. 1748, 1749.)

Il faut remarquer sur cet article et sur le précédent, que le fermier expulsé par le légataire, ou par l'acheteur, conserve l'hypothèque de son bail sur l'héritage vendu ou légué, et qu'il peut exercer cette hypothèque contre eux, pour ses dommages et intérêts de l'interruption du bail. Et ils en seront garantis, savoir, l'acheteur par son vendeur, et le légataire par l'héritier.

Sous l'empire de la loi du 11 brumaire an 7, l'adjudicataire sur l'expropriation forcée ne pouvait pas expulser le fermier sans l'indemniser d'après les bases établies par la loi du 6 octobre 1791 (6).

6. Si une maison louée devient trop incommode, quoique sans le fait du bailleur, comme si un voisin élevant son bâtiment, obscurcit les jours, le bailleur est tenu des dommages et intérêts du locataire, qui peut même, si bon lui semble, interrompre le bail; car, encore que ce soit un cas fortuit, la maison étant louée pour son usage, telle que le bailleur l'a louée, la cessation de cet usage, quelle qu'en soit la cause, doit tomber sur lui (7).

7. Si le preneur se trouve obligé à quelque dépense pour la conservation de la chose louée, comme si le locataire d'une maison a appuyé ce qui était en péril de ruine, ou s'il a fait quelque autre dépense nécessaire dont il ne fût point tenu par son bail, ni

(1) Lyon, 7 mars 1815. (2) L. 25, § 1, ff. loc. cond. L. 9, Cod. eod. (3) Angers, 15 juillet 1818. (4) Cass. 7 messidor an 12. (5) L. 32, ff. loc. cond. (6) Cass. 7 messidor an 12, rapporté sur l'art. 1744. (7) L. 25, § 2, ff. loc. cond.

par l'usage des lieux, le bailleur est obligé de l'en rembourser (1). (C. civ. 1754, 1755.)

8. Si celui qui loue une chose pour quelque usage, la donne telle que par quelque défaut il en arrive quelque dommage, il en sera tenu. Ainsi, par exemple, si celui qui loue des vaisseaux pour y mettre de l'huile, du vin, ou d'autres liqueurs, en donne qui ne soient pas bien conditionnés, il sera tenu de la perte ou du dommage qui en arrivera; car celui qui loue une chose pour quelque usage, doit savoir si elle y est propre, et garantir cet usage, dont il prend le loyer. Mais si les défauts des choses louées sont un pur effet de quelque cas fortuit, que celui qui les donne à louage n'ait pu ni connaître ni présumer, il ne sera pas tenu de l'événement de ce cas fortuit, mais seulement de remettre le loyer ou le prix du bail. Ainsi, par exemple, si dans un pâturage baillé à ferme il se trouve des herbes qui fassent périr le bétail du fermier, le propriétaire qui aura ignoré ce défaut, ou parce que ces herbes sont survenues de nouveau, ou par quelque autre juste cause d'ignorance, ne sera pas tenu de la perte de ce bétail; mais il ne pourra rien prétendre du prix de son bail (2).

9. Si le bailleur n'avait qu'un usufruit, et que le bail ne soit pas borné au temps que pourra durer l'usufruit, son héritier sera tenu des dommages et intérêts de l'interruption du bail, l'usufruit fini (3).

10. Le bailleur est obligé de faire entendre au preneur en quoi consiste la chose qu'il baille, et d'en expliquer les défauts, et tout ce qui peut donner sujet à quelque erreur ou mal entendu : et s'il a usé de quelque obscurité ou de quelque ambiguité, l'interprétation s'en fera contre lui (4). (C. civ. 1162.)

SECTION IV.

De la nature des baux à ferme.

Tout ce qui a été dit dans les trois premières sections est commun aux baux à ferme, et doit s'y appliquer, à la réserve de quelques articles, dont il est facile de juger qu'ils n'y ont pas de rapport. Ainsi, ce qui a été dit du droit qu'a le propriétaire d'expulser le locataire de sa maison, s'il en a besoin pour son usage, n'a point de rapport à une ferme de prés et de terres. Il sera de même facile de juger des autres règles qui doivent ou ne doivent pas s'appliquer aux fermes. Et il ne reste que d'expliquer dans cette section et les deux suivantes ce qu'il y a de particulier dans la nature des baux à ferme, et dans les engagemens du fermier,

(1) L. 55, § 1, ff. loc. cond. (2) L. 19, § 1, ff. loc. cond. V. l. 45, § 1, cod. V. l'art. 3 de la sect. 3 du Prêt à usage. (3) L. 9, § 1, ff. loc. cond. Dict. § in fin. (4) L. 39, ff. de pact. V. l'art. 21, l. 33, ff. de contr. empt. V. l'art. 13 de la sect. 2 des convent. et l'art. 14 de la sect. 11 du contrat de vente.

et ceux du propriétaire, pour passer ensuite au reste des matières de ce titre.

1. Les baux à ferme sont les louages des fonds qui, de leur nature, produisent des fruits, soit par la culture, comme les terres, les vignes; ou sans culture, comme un bois taillis, un étang, un pâturage; ce qui distingue les baux de ces sortes d'héritages de ceux des maisons et autres bâtimens, qui ne produisent aucun fruit, et qui se donnent, non à ferme, mais à loyer pour l'habitation ou quelque autre usage (1).

2. On peut aussi bailler à ferme les fonds qui produisent d'autres espèces de revenus : comme une carrière pour en tirer de la pierre, les lieux d'où l'on tire du sable, de la terre à potier, du charbon, de la chaux et autres matières; et généralement tout ce qui naît d'un fonds, ou qui peut en être tiré, peut être donné par un bail à ferme (2).

3. On peut encore donner à ferme un droit de chasse et de pêche, et d'autres revenus qui ne proviennent pas des choses que des fonds produisent. Ainsi, on loue un droit de péage, le passage d'un pont ou d'un bac, et d'autres droits semblables (3).

4. Le bail à ferme est distingué du bail à loyer d'une maison et autres bâtimens, en ce que le locataire a sa jouissance connue et réglée de l'habitation, ou autre usage d'un bâtiment qu'il prend à louage, et que le fermier ignore quels seront au juste les fruits et autres revenus qu'il prend à ferme, à cause de l'incertitude du plus ou du moins de leur quantité et de leur valeur, et du péril d'une stérilité et autres cas fortuits qui peuvent diminuer le revenu ou l'anéantir.

5. Cette incertitude des événemens qui peuvent diminuer les revenus baillés à ferme, ou les anéantir, et de ceux aussi qui peuvent les augmenter, font qu'on traite dans les baux à ferme sur la vue de cette espérance et de ce péril; et c'est par cette raison qu'il peut y être convenu que le fermier ne prétendra aucune diminution pour une stérilité, pour une grêle et autres cas fortuits (4). (C. civ., 1772.)

6. La convention qui charge le fermier de payer le prix de son bail, nonobstant les cas fortuits, ne s'étend pas à ce qui arriverait par le fait des hommes, comme une violence, une guerre, un incendie, et autres cas semblables qu'on n'a pu prévoir (5). Mais elle s'entend seulement de ce qui arrive naturellement par l'injure du temps, et à quoi on peut s'attendre, comme une gelée, un débordement, et autres cas semblables. (C. civ., 1773.)

La stipulation expresse d'un bail qui met à la charge du fermier les

(1) L. 77, ff. de verb. sign. L. 25, § 1, ff. loc. cond. (2) L. 9, ff. de usufr. L. 77, ff. de verb. sign. L. 40, § 4, ff. de contr. empt. (3) L. 9, § 5, ff. de usufr. L. 4. Cod. de vectig. et comm. (4) L. 9, § 2. ff. loc. cond. L. 8, Cod. eod. V. la sect. suivante. (5) L. 9. in fin. ff. de trans. V. l'art. 21 de la sect. 2 des convent.

cas fortuits, ne comprend pas ceux auxquels le pays n'est pas ordinairement sujet : tels que les accidents de guerre, ou faits du prince (1).

On ne peut mettre au nombre des cas fortuits dont le bailleur soit tenu, l'événement ou le traité qui a détaché du territoire français un pays voisin, où le fermier d'une forge s'approvisionnait des bois nécessaires à son exploitation (2).

7. Si le temps du bail à ferme étant expiré, le bailleur laisse le preneur en jouissance, et que le preneur continue d'exploiter la ferme, elle est renouvelée par ce consentement tacite, qui s'appelle réconduction (3).

8. La réconduction proroge le bail, ou seulement pour l'année qu'on recommence, ou même pour deux, ou pour le même temps, ou pour un moindre que le premier bail, selon l'intention des contractans et les circonstances. Ainsi, lorsqu'un bail est d'une nature qu'il y ait inégalité de revenu d'une année à l'autre, comme si dans un bail à ferme de terres labourables pour plusieurs années, il y en avait une plus grande quantité, ou de meilleures en culture une année que l'autre, la réconduction ne pourrait être moindre que pour deux ans. (C. civ., 1774, s.) Ainsi, dans les baux à loyer des maisons, le bailleur et le preneur peuvent, quand bon leur semble, interrompre la réconduction, en donnant le temps réglé par la coutume ou par le juge. Mais si c'est un lieu dont l'usage de sa nature demande une plus longue prorogation, elle aura lieu pour le temps de cet usage. Ainsi, la réconduction d'une grange s'étend au temps de la moisson, et celle d'un pressoir au temps des vendanges (4).

9. La réconduction qui renouvelle le bail, en renouvelle aussi toutes les conditions; car ce n'est qu'une continuation du premier bail, avec toutes les suites. Mais si dans le premier bail il y avait des cautions, leur engagement finit avec le bail, et n'est pas renouvelé par la réconduction, s'ils n'y ont réitéré leur consentement, parce que leur obligation était bornée au temps du bail où ils s'étaient obligés (5).

On n'a pas mis dans cet article, que la réconduction renouvelle l'hypothèque. Car ce qui est dit dans les lois citées sur cet article, que le gage dure ou est renouvelé par la réconduction, ne doit s'entendre, dans notre usage, que de ce qui est tacitement affecté au propriétaire pour le prix de sa ferme, et sans convention, comme les fruits. Mais l'hypothèque que le propriétaire avait par son bail sur les biens du fermier, s'éteint avec le bail, et la réconduction ne la renouvelle point, à moins qu'elle ne fût consentie par-devant notaires, et alors cette seconde hypothèque n'aurait son effet que de sa date, et il en est de même de l'hypothèque du fermier contre le propriétaire (6).

(1) Paris, 29 avril 1817. (2) Colmar, 20 novembre 1816. (3) L. 13, § 11, ff. loc. cond. (4) L. 13, § 11, ff. loc. cond. L. 14, ff. loc. cond. L. 16, Cod. eod. Dict. leg. 13, § ult. (5) L. 13, § 11, ff. loc. cond. L. 16, Cod. eod. (6) V. l'art. 3 de la sect. 1, et l'art. 3 de la sect. 7 des hypothèques.

SECTION V.

Des engagemens du fermier envers le propriétaire.

1. Le fermier doit jouir en bon père de famille du fonds qu'il tient à ferme, et le tenir, conserver et cultiver, ainsi qu'il est convenu par le bail, ou réglé pour l'usage; et il ne peut, pour augmenter sa jouissance, rien innover qui fasse préjudice au propriétaire. Ainsi, si dans un bail à ferme, il y a des terres labourables, il ne peut les ensemencer lorsqu'elles doivent demeurer en guéret, ni semer du froment lorsqu'il ne doit semer que de l'orge ou de l'avoine, et que ces changemens rendraient les héritages à la fin du bail en un pire état que celui où ils doivent être remis au propriétaire. Et le fermier ou colon doit aussi faire les cultures en leurs temps et selon l'usage (1). (C. civ., 1766.)

La résiliation d'un bail à ferme, soit qu'elle doive avoir lieu aux termes des art. 1741 et 1766, soit qu'elle ait été expressément convenue dans le bail, ne s'opère pas de plein droit; elle doit être demandée en justice, et le juge peut accorder un délai, aux termes de l'art. 1184 (2).

2. Les fruits et revenus du fonds baillé à ferme sont affectés pour le prix du bail, soit que le fermier demeure en jouissance, ou qu'il en subroge un autre, ou qu'il baille sous-ferme (3).

3. Celui qui tient un héritage à condition de donner au propriétaire une certaine portion des fruits, et qui doit avoir le reste pour son droit de semence et de labourage, ne peut rien prétendre contre le maître, ni pour la culture, ni pour la semence, quelque perte qui puisse arriver par un cas fortuit, quand même il n'en aurait aucune récolte; car leur bail fait entre eux une espèce de société où le propriétaire donne le fonds, et le fermier ou colon, la semence et la culture, chacun hasardant la portion que cette société lui donnait aux fruits (4).

4. Si le fermier qui n'a qu'un bail d'une seule année, et à prix d'argent, ne recueille rien par un cas fortuit, comme une gelée, une grêle, un débordement et autres cas semblables, ou même par le fait des hommes, comme si dans une guerre toute la récolte lui est enlevée, il sera déchargé de payer le prix, ou le recouvrera s'il l'avait payé; car il est juste que dans le parti d'un bail où le bailleur s'assure un prix, le preneur s'assure une jouissance; et aussi le bail est des fruits que le fermier pourra recueillir, et qu'on présuppose qu'il recueillera. Mais s'il était convenu que les cas fortuits tomberaient sur le fermier, il ne laissera pas de devoir le prix nonobstant ces pertes (5). (C. civ., 1770.)

5. Si dans un cas fortuit extraordinaire, mais seulement par la

(1) L. 25, § 3, ff. loc. cond. (2) Colmar,... p. t. 43, p. 153. (3) L. 24, § 1, ff. loc. cond. L. 53, eod. V. l'art. 12 de la sect. 5 des hypothèques. (4) L. 25, § 6, ff. loc. cond. (5) L. 15, § 2, ff. loc. cond. Dict. § 2.

nature même du fonds et des fruits, ou par quelque événement ordinaire, il arrive quelque perte peu considérable, comme si les fruits ne sont pas d'une bonne qualité, s'il n'y en a pas en quantité, si de méchantes herbes diminuent la moisson, si des passans y ont fait quelque léger dommage; dans ces cas et autres semblables, le fermiet ne peut prétendre de diminution du prix de son bail pour ces sortes de pertes légères, quand il n'aurait à jouir qu'une seule année; car, comme il devait avoir le profit entier, quelque grand qu'il fût, il est juste qu'il souffre ces petites pertes (1). (C. civ., 1770, 1771.)

Il n'est pas dû au fermier une indemnité pour diminution de jouissance, lorsque cette perte a été occasionnée par le vice de la chose louée, dont il n'a pas provoqué la réparation (2).

6. Si le dommage arrivé au fermier qui ne doit jouir qu'une seule année, se trouve considérable, soit qu'il ait été causé par les événemens dont il est parlé dans l'article précédent, ou par une grêle, par une gelée, ou autre cas fortuit, quoique la perte ne soit pas entière du total des fruits, il doit lui être fait une remise d'une partie du prix, selon qu'elle sera arbitrée par la prudence du juge (3).

7. Si le bail à ferme étant de deux ou plusieurs années, il arrive en quelques-unes des cas fortuits qui causent des pertes, soit du total ou d'une grande partie des fruits, et que ces pertes ne soient pas compensées par les profits des autres années, le fermier pourra demander une diminution du prix de son bail, selon que la qualité de la perte et les autres circonstances pourront la rendre juste. Mais s'il y avait, ou quelque convention dans le bail, ou quelque usage des lieux qui réglât le cas des pertes de cette nature, il faudrait s'y tenir (4). (C. civ., 1769.)

Si la perte arrivait la première année du bail, et qu'elle fût de la récolte entière, faudrait-il qu'en attendant la fin du bail, pour juger s'il y aurait lieu de faire un rabais, le fermier fût cependant contraint de payer cette année entière, dont peut-être les suites pourraient même diminuer les récoltes des années suivantes, comme si une grêle avait, non-seulement emporté tous les fruits d'une vigne ou d'un autre plan, mais endommagé ou brisé le bois? Et ne serait-il pas juste qu'en remettant de régler le rabais à la fin du bail, s'il y en avait lieu, il dépendît de la prudence du juge d'accorder cependant quelque surséance pour le paiement de cette première année, ou d'une partie, selon les circonstances de la qualité de la perte, et de celle des biens du propriétaire, s'il avait le moyen d'attendre, et de ceux du fermier, s'il ne pouvait payer?

Le fermier qui, pendant la révolution de son bail, a éprouvé du dommage par cas fortuits sur la production de la ferme, et qui n'est pas

(1) L. 15, § 2, ff. loc. cond. Dict. leg. 15, § 5. Dict. leg. 15, § 2. V. l. 78, in fin. ff. de contr. empt. Dict. § 2. L. 25, § 6, ff. loc. cond. (2) Colmar, 20 nov. 1816. (3) L. 25, § 6, ff. loc. cond. L. 15, § 2, ff. loc. cond. (4) L. 8. Cod. de loc. et cond. Vid. l. 18, eod. L. 15, § 4, ff. loc. L. 19. Cod. eod.

chargé des cas fortuits, n'a droit à demander une remise de fermages, qu'autant qu'il a fait constater, par un procès-verbal, ce dommage au moment où il était susceptible d'être reconnu (1).

Dans le cas où il est dû une indemnité au fermier, bien que cette indemnité ne soit pas encore liquidée contradictoirement avec le bailleur, le juge peut autoriser le fermier à saisir-arrêter, entre ses propres mains, tout ou partie du prix de ferme, sauf à régler ensuite la quotité de cette indemnité (2).

8. Dans tous les cas fortuits où le fermier souffre quelque perte, qui peut donner lieu à une remise, soit du total du prix, ou d'une partie, il ne peut prétendre aucuns dommages et intérêts, ni pour le profit qu'il aurait pu faire, ni même pour les semences ou pour la culture (3); car il devait en faire les dépenses pour avoir droit aux fruits.

9. Le fermier ne peut quitter ni interrompre l'exploitation de sa ferme, et s'il y manque, et à la culture des héritages, ou à quelque autre engagement, comme s'il était obligé à quelques réparations, le propriétaire peut agir en même temps pour le faire contraindre à exécuter ses engagemens, et aux dommages et intérêts que l'interruption du bail pourra lui causer (4). (C. civ., 1764.)

SECTION VI.

Des engagemens du propriétaire envers le fermier.

1. Outre les engagemens du bailleur expliqués en la sect. 3, celui qui baille à ferme un bien de campagne, doit fournir ce qui est porté par le bail, pour le ménagement des héritages et pour la récolte des fruits, comme les granges, cuvages, pressoirs et autres choses, selon qu'il est convenu ou réglé par l'usage (5).

2. Si le propriétaire fournit au fermier quelques meubles et instrumens pour l'exploitation de la ferme, le fermier doit en prendre soin suivant les règles expliquées dans l'art. 3 et suivans de la sect. 2. Mais si ces choses sont estimées par le bail à un certain prix, ce sera une vente, et elles seront propres au fermier (6).

3. Si le fermier a fait des réparations ou autres dépenses nécessaires, dont il ne fût pas tenu par son bail ou par l'usage des lieux, le propriétaire sera obligé de l'en rembourser, ou de les déduire sur le prix du bail (7).

4. Si un fermier de qui le bail pouvait être interrompu par quelque événement qu'il ait dû prévoir, s'est cependant engagé à quelques dépenses dans la vue d'une jouissance d'un certain

(1) Cass. 25 mai 1808. (2) Paris, 20 avril 1817. (3) L. 15, § 7, ff. loc. cond. Dict. leg. § 2. (4) L. 24, § 2 et 3, ff. loc. cond. (5) L. 19, § 2, ff. loc. cond. L. 15, § 1, eod. L. 24, § 4, versic. item eod. (6) L. 3, ff. loc. cond. (7) L. 55, § 1. ff. loc. cond.

temps, comme s'il a fait quelques provisions, acheté des bestiaux, ou fait d'autres semblables dépenses, il ne pourra prétendre d'en rien recouvrer, si le bail est interrompu par l'événement où il devait s'attendre, comme si c'était un bail d'un usufruit, et qu'il vienne à finir par la mort de l'usufruitier qui ne lui avait loué que son droit, ou un bail qui dût être résolu par l'événement de quelque condition; car, sachant que ces dépenses pouvaient devenir inutiles, il a voulu hasarder les pertes qu'il peut en souffrir (1).

5. Si un fermier a fait des améliorations dont il n'était pas tenu, comme s'il a planté une vigne, ou verger, ou qu'il en ait fait d'autres semblables qui aient augmenté le revenu, il les recouvrera suivant la règle expliquée en l'art. 17 de la sect. 10 du Contrat de vente (2).

6. Si le fermier est troublé, ou par le propriétaire, ou par des personnes que le propriétaire en pût empêcher, il sera tenu des dommages et intérêts du fermier, et de tout le profit qu'il aurait pu faire pendant le temps qui restait à jouir, si ce n'est qu'après un trouble de peu de jours, et les choses étant encore entières, il le rétablisse (3).

7. Si le trouble fait au fermier est une violence, ou un fait que le propriétaire ne puisse empêcher, et dont il ne doive pas répondre, il ne sera tenu que de remettre le prix du bail à proportion de la non-jouissance, ou de rendre ce qu'il en aurait reçu; mais il ne sera pas tenu du profit qu'aurait fait le fermier s'il avait joui (4).

SECTION VII.

De la nature des prix faits et autres louages de travail et de l'industrie.

1. Dans les baux à prix fait, et autres louages du travail des ouvriers, le bailleur est celui qui donne l'ouvrage ou le travail à faire; et le preneur ou entrepreneur est celui qui entreprend le travail ou l'ouvrage (5).

2. Le preneur est quelquefois seulement chargé d'un simple ouvrage, comme un graveur à qui on donne un cachet à graver; ou d'un simple travail comme un voiturier, ou de fournir la matière de l'ouvrage avec son travail, comme un architecte qui fournit, et sa conduite, et les matériaux (6). (C. civ., 1787.)

3. Si l'ouvrier donne toute la matière et son ouvrage, tel qu'il en a été convenu pour un certain prix; comme si un orfèvre se

(1) L. 9, § 1, ff. loc. cond. (2) L. 55, § 1, ff. loc cond. L. 61, ff. loc. cond. L. 16, Cod. de evict. (3) L. 24, § 4, ff. loc. cond. Dict. leg. 24, § 4. L. 33, in fin. ff. loc. cond. (4) L. 33, in fin. ff. loc. cond. (5) L. 30, § 3, ff. loc. cond. V. l'art. 2 de la sect. 1. (6) L. 13. § 5, ff. loc. cond. Dict. leg. 13, § 1. L. 30, § 3, cod

charge de faire de la vaisselle d'argent de telle façon, et pour un tel prix, et fournit l'argent, ce sera une vente et non un louage; mais si on fournit l'argent à l'orfèvre, ce sera un louage, ou bien un prix fait (1).

Il faut remarquer sur les cas dont il est parlé dans cet article, et les autres semblables, que de pareils marchés renfermant la condition que l'ouvrage sera bien fait, on peut dire que dans le temps de la convention, c'est comme un louage et un bail à prix fait, et que dans l'exécution c'est comme une vente. Ce qui avait donné sujet au doute dont il est parlé dans les textes cités sur cet article, si c'était une vente ou un louage.

4. Si un architecte qui entreprend un bâtiment se charge de fournir les matériaux, ce sera un louage et non une vente, quoiqu'il semble vendre ses matériaux : car, outre que sa principale obligation est de donner sa conduite pour le bâtiment (2), il ne vend pas le fonds, dont le bâtiment n'est qu'un accessoire.

5. Dans les baux à prix fait, et autres conventions qui regardent le travail des personnes, on peut régler ce qui sera fourni par le bailleur ou l'entrepreneur, la qualité de l'ouvrage, un temps pour le faire, et les autres semblables conditions, et tout ce qui sera réglé par la convention doit être exécuté (3).

6. Si tout ce qui doit être fait ou fourni par l'entrepreneur, n'est pas assez expressément réglé par la convention, comme si la qualité de la matière qu'il doit fournir, ou celle de l'ouvrage n'est pas exprimée ou le temps marqué, toutes ces choses, et les autres semblables, seront réglées, ou par l'usage, s'il y en a, ou par l'avis de personnes expertes (4).

SECTION VIII.

Des engagemens de celui qui entreprend un ouvrage ou un travail.

1. Outre les engagemens qui sont communs à tous les preneurs, et qui ont été expliqués dans les sect. 2 et 5, ceux qui entreprennent quelque travail ou quelque ouvrage, doivent de plus répondre des défauts causés par leur ignorance; car ils doivent savoir faire ce qu'ils entreprennent, et c'est leur faute s'ils ignorent leur profession (5).

2. Si l'entrepreneur est obligé de fournir quelque matière, comme un architecte chargé de fournir les matériaux, il doit la donner bien conditionnée, et répondre même des défauts qu'il ignore; car il est tenu de donner bon ce qu'il doit donner, comme

(1) L. 2, § 1, ff. loc. cond. § 4, inst. eod. (2) L. 22, § 2, ff. loc. cond. V. l'art. 2 de la sect. 1, et l'art. 9 de la sect. suivante. (3) L. 15, § 1, ff. loc. cond. V. l'art. 7 de la sect. 2 des convent. (4) V. l'art. 16 de la sect. 2 des convent. et l'art. 6 de la sect. suivante. (5) L. 132, ff. de reg. jur. L. 9, § 5, ff. loc. cond. L. 13, eod. L. 25, § 7, eod. L. 51, § 1, ff. loc. cond. V. l'art. 6 de cette section.

celui qui loue une chose est obligé de la donner telle qu'elle doit être pour son usage (1). (C. civ., 1792.)

Lorsqu'une construction faite sur un plan tracé par un architecte, périt par le vice du plan, l'architecte en est responsable, encore qu'il n'ait pas été chargé de l'exécution (2).

3. L'ouvrier ou artisan qui prend une chose en sa puissance pour y travailler, et celui qui se charge simplement de garder quelque chose moyennant un prix, comme celui qui prend du bétail en garde, doivent conserver ce qui leur est confié avec tout le soin possible aux plus vigilans. Et si, faute d'un tel soin, la chose périt, même par un cas fortuit, ils en seront tenus, comme si elle est dérobée, ou brûlée, ou endommagée, faute d'avoir été mise dans un lieu bien sûr, ou d'avoir été bien gardée. Et il en serait de même si un ouvrier, ayant des choses à plusieurs personnes, avait donné à l'un ce qui était à un autre, quoique par mégarde (3).

4. Si ce qui est donné à un ouvrier pour y travailler périt entre ses mains sans sa faute (C. civ., 1789.), mais par le défaut de la chose même, comme si une améthyste donnée à graver vient à se briser sous la main du graveur par quelque défaut de la matière, il n'en sera pas tenu, si ce n'est qu'il eût entrepris l'ouvrage à ses périls (4). (C. civ., 1790.)

5. Les voituriers par terre et par eau, et ceux qui entreprennent de transporter des marchandises ou d'autres choses, sont tenus de la garde, voiture et transport des choses dont ils se chargent, et d'y employer toute l'application et tout le soin possibles. Et si quelque chose périt ou est endommagée par leur faute, ou celle des personnes qu'ils emploient, ils en doivent répondre (5). (C. civ., 1782, 1783, 1784.)

Les voituriers ne sont responsables que des paquets qui leur sont confiés, et non de ceux qui sont remis directement à leurs domestiques (6).

Les voituriers ne sont pas libres de se décharger de toute responsabilité relative au bris des effets fragiles, par un simple avis qu'ils donnent dans la lettre de voiture ou dans un prospectus.—Le fait de la réception d'une caisse sans réclamer, ne suffit point pour les décharger de toute responsabilité (7).

Le commissionnaire du roulage est tenu, à peine de responsabilité, de vérifier si les effets dont il entreprend le transport sont de la quantité et qualité énoncées dans la lettre de voiture. Il ne lui suffit pas de prouver qu'il a fidèlement transporté et remis ce qu'il avait reçu. La lettre

(1) L. 19, § 1, ff. loc. cond. L. 9, § 5, ff. loc. cond. V. l'art. 7 de la sect. 11 du contrat de vente. (2) Rejet, 20 novembre 1817. (3) L. 13, § 6, ff. loc. cond. L. 34, in fin. ff. de dam. inf. L. 40 ff. loc. cond. L. 5, § 1, ff. naut. caup. L. 60, § 2, ff. loc. cond. V. l'art. 2 de la sect. 2 du Prêt à usage; l'art. 4 de la sect. 3 du Dépôt, et l'art. 5 de la sect. 1 des Personnes qui exercent quelque commerce public. (4) L. 13, § 5, ff. loc. cond. (5) L. 13, § 2, ff. loc. cond. L. 25, § 7. ff. eod. V. l'art. 4 de la sect. 2 de ceux qui exercent quelque commerce public. (6) Cass. 5 mars 1811. (7) Cass. 21 janvier 1807.

de voiture le constitue dans l'obligation de remettre tout ce qui lui est énoncé, sans qu'il lui soit permis d'exciper d'erreur commise dans les magasins du lieu du départ (1).

Lors même qu'il n'y a que de la négligence à imputer au voiturier, et que l'auteur direct et immédiat du dommage est reconnu et désigné par jugement passé en force de chose jugée, le propriétaire des marchandises peut néanmoins exercer son recours contre le voiturier, et celui-ci ne peut forcer le propriétaire à s'adresser à l'auteur principal du dommage (2). En matière de responsabilité de messageries, pour effets perdus, il y a des règles différentes pour les établissemens gérés par l'administration publique et les établissemens purement commerciaux. Quand il s'agit d'effets perdus par une messagerie particulière, mais d'effets non désignés et évalués par le propriétaire, les tribunaux peuvent discrétionnairement évaluer la perte à une somme plus forte que cent cinquante francs; ils ne sont pas liés par la loi du 23 juillet 1793 (3).

6. S'il est convenu qu'un ouvrage sera au gré du maître, ou à l'arbitrage d'une personne qu'on aura nommée, l'ouvrier ne sera tenu que de le rendre bon au dire d'experts (4); car ces sortes de conventions renferment la condition que ce qui sera réglé sera raisonnable (5).

Les empereurs Gratien, Valentinien et Théodose avaient ordonné que les entrepreneurs des ouvrages publics, et leurs héritiers, répondraient pendant quinze années des défauts de l'ouvrage. (L. 8. Cod. de oper. publ.)

7. Quoique l'ouvrier doive répondre des défauts de l'ouvrage, si néanmoins le maître l'a lui-même conduit et réglé, il ne pourra s'en plaindre (6).

8. Si on a donné quelque matière à un ouvrier pour faire un ouvrage à un certain prix de l'ouvrage entier, l'entrepreneur n'aura satisfait à son engagement et n'en sera déchargé qu'après que tout l'ouvrage étant vérifié, il se trouvera tel qu'il doive être reçu. Et si c'est un travail qui soit de plusieurs pièces, ou à la mesure, et à un certain prix pour chaque pièce ou chaque mesure, l'entrepreneur sera déchargé à proportion de ce qui sera compté ou mesuré, et trouvé bien fait. (C. civ., 1791.) Et il portera au contraire la perte de son ouvrage, et les dommages et intérêts du maître, s'il y en a, pour ce qui se trouverait n'être pas de la qualité dont il devait être. Que si dans l'un et dans l'autre cas de ces deux marchés la chose périt par un cas fortuit, avant que l'ouvrage soit vérifié, le maître en portera la perte, et devra le prix de l'ouvrage, surtout s'il était en demeure de le vérifier, si ce n'est qu'il parût que l'ouvrage ne fût pas tel qu'il dût être reçu (7).

9. Si un architecte ayant entrepris de faire une maison ou au-

(1) Cass. 20 mai 1818. (2) Metz, 18 janvier 1815. (3) Lyon, 6 mars 1821. (4) L. 24, ff. loc. cond. (5) V. l'art. 11 de la sect. 3 des conventions. (6) L. 51, in fin. ff. loc. cond. (7) L. 36, ff. loc. cond. L. 37, ff. eod. V. l'art. 1 de cette sect. et l'art. suivant.

tre édifice, et qu'ayant achevé la construction, ou seulement une partie, elle vienne à périr par un débordement, par un tremblement de terre ou autre cas fortuit, toute la perte sera pour le maître, et il ne laissera pas de devoir, et les matériaux fournis par l'entrepreneur, et ce qui se trouvera dû de la façon de l'édifice; car la délivrance lui était faite de tout ce qui était bâti sur son fonds. Mais si le bâtiment périt par le défaut de l'ouvrage, l'architecte perdra son travail avec ce qui sera péri des matériaux, et il sera de plus tenu du dommage que le maître en pourra souffrir (1).

10. Si l'ouvrier devait fournir toute la matière et tout l'ouvrage, comme dans le cas de l'art. 3 de la section 7, et que la chose périsse par un cas fortuit, avant que l'ouvrage ait été reçu, toute la perte, et de la matière, et de la façon, sera pour l'ouvrier; car c'est une vente qui n'est accomplie que lorsque l'ouvrier délivre l'ouvrage (2). (C. civ., 1788.)

11. Celui qui a entrepris un ouvrage, un travail, une voiture ou quelque autre chose semblable, n'est pas seulement tenu de ce qui est expressément compris au marché, mais aussi de tout ce qui est accessoire à l'ouvrage, ou autre chose qu'il a entrepris. Ainsi, les maîtres des coches et carrosses de la campagne et les rouliers paient les péages et les bacs qui sont sur leurs routes; car ce sont des frais qui regardent la voiture (3). Mais ils ne paient pas les droits d'entrée, et autres qui sont dûs sur les marchandises qu'ils voiturent; car ces droits ne regardent pas la voiture de ces marchandises, mais se prennent sur ceux qui en sont les maîtres.

SECTION IX.

Des engagemens de celui qui donne un ouvrage ou un travail à faire.

1. Celui qui baille un ouvrage à faire est obligé de fournir à l'entrepreneur ce qui est du marché, soit qu'il doive bailler quelque matière, nourrir l'ouvrier, ou qu'il soit obligé à quelque autres chose (4).

2. Il doit aussi payer le prix, soit après l'ouvrage fait et reçu, ou à mesure du travail, ou même par avance, selon qu'il aura été réglé par la convention; et, au défaut du paiement au terme, il doit les intérêts du prix depuis la demande (5).

3. S'il était convenu que le prix de l'ouvrage, ou une partie, sera payée par avance, et qu'il y eût du péril d'avancer le paiement, le bailleur ne pourra y être contraint, si l'entrepreneur ne donne une sûreté (6).

(1) L. 59, ff. loc. cond. L. ult. eod. L. 39, ff. de rei vind. (2) C'est une suite de l'art. 3 de la sect. 7. (3) L. 60, § 8, ff. loc. cond. (4) L. 15, § 1, ff. loc. cond. (5) V. l'art. 17 de la sect. 2. (6) L. 58, § 2, ff. loc. cond. V. l'art. 22 de la sect. 10 du contrat de vente.

4. Si une chose donnée à un ouvrier pour y faire quelque ouvrage vient à périr par les défauts de la chose même, ou par quelque fait dont le bailleur doive répondre, il sera tenu de payer l'ouvrier de ce qu'il avait fait et fourni pour l'ouvrage, comme dans le cas de l'art. 4 de la sect. 8.

5. S'il n'a pas tenu à l'ouvrier ou mercenaire de faire l'ouvrage dans le temps réglé par la convention, et qu'il soit jugé par des experts que le temps donné ne suffisait pas, le bailleur doit donner le temps nécessaire, et ne peut prétendre aucuns dommages et intérêts pour le retardement, quand même ils auraient été stipulés en cas que l'ouvrage ne fût fait dans le temps, car aucune convention n'oblige à l'impossible (1). (C. civ., 1799.) Mais si l'ouvrage était promis à un jour précis, et pour un usage qui ne pût souffrir de retardement, comme pour débiter à un jour de foire, ou pour le jour d'un embarquement, l'entrepreneur serait tenu des dommages et intérêts du retardement, et devrait s'imputer d'avoir entrepris ce qu'il ne pouvait.

6. S'il n'a pas tenu à un mercenaire de faire le travail, ou rendre le service qu'il avait promis pendant un certain temps, et que pendant ce temps il n'ait pas été employé ailleurs, celui qui l'avait engagé est tenu de payer le salaire du temps qu'il a fait perdre à ce mercenaire (2).

7. Si le bailleur diffère de recevoir l'ouvrage, ou s'il le refuse sans sujet, et que la chose périsse après son retardement, il ne laissera pas d'être tenu de payer le prix de l'ouvrage (3).

8. Si, outre l'ouvrage, l'ouvrier ou entrepreneur a fait quelque dépense pour la conservation de la chose, le bailleur sera tenu de l'en rembourser (4).

SECTION X.

Des baux emphytéotiques.

Les baux emphytéotiques ont été une suite des baux à ferme; car, comme les maîtres des héritages infertiles ne pouvaient aisément trouver des fermiers, on inventa la manière de donner à perpétuité ces sortes d'héritages pour les cultiver, pour y planter ou autrement les améliorer, ainsi que le signifie le mot d'emphytéose. Par cette convention, le propriétaire du fonds trouve de sa part son compte en s'assurant un revenu certain et perpétuel; et l'emphytéote, de la sienne, trouve son avantage à mettre son travail et son industrie, pour changer la face de l'héritage, et en tirer du fruit.

(1) L. 58, § 1, ff. loc. cond. Vid. l. 13, § 10, eod. V. l'art. 6 de la sect. 5 des convent.; l'art. 12 de la sect. 12, et l'art. 19 de la sect. 2 du contrat de vente. (2) L. 38, ff. loc. cond. L. 19, § 9, eod. Dict. leg. 19, § ult. Vid. l. 61, § 1, ff. loc. cond. (3) L. 36, ff. loc. cond. (4) V. l'art. 7 de la sect. 3.

Comme la matière des baux emphytéotiques comprend les baux à cens et autres espèces de rentes foncières, et que les conditions des emphytéoses sont différentes, selon la diversité des concessions, et selon les coutumes et les usages, on ne doit pas entrer ici dans le détail de cette matière. Ainsi, on n'y mettra pas les règles du droit de lods et ventes, ni celles du droit de retrait ou retenue qu'a le seigneur direct sur l'héritage sujet à son cens, et les autres règles qui sont différentes en divers lieux, ou autres que celles du droit romain. Mais on établira seulement les principes généraux qui sont tout ensemble, et du droit romain, et de notre usage, qui s'observent dans toutes les coutumes, et qui sont les fondemens de la jurisprudence de cette matière.

1. L'emphytéose, ou bail emphytéotique, est un contrat par lequel le maître d'un héritage le donne à l'emphytéote, pour le cultiver et améliorer et pour en jouir et disposer à perpétuité (1), moyennant une certaine rente en deniers, grains, ou autres espèces (2), et les autres charges dont on peut convenir.

C'est ce que signifie *Jus Emphyteuticum*, qui est le mot du titre de cette matière, qui marque que l'héritage est donné à l'emphytéote pour le cultiver, y planter, et y faire des améliorations, *Meliorationes* ἐμπύτευματα. L. 3, Cod. de jure emphyt.

2. Quoique l'emphytéose paraisse restreinte, selon son origine, aux héritages infertiles, on ne laisse pas de donner par des baux qu'on appelle emphytéotiques, des héritages fertiles, et qui sont en bon état. Et on donne aussi à ce titre des fonds qui, de leur nature, ne produisent aucun fruit, mais qui produisent d'autres revenus, comme des maisons et autres bâtimens (3).

3. L'emphytéose est distinguée des baux à ferme (4), par deux caractères essentiels, qui sont les fondemens des règles propres à l'emphytéose. Le premier est la perpétuité (5), et le second est la translation d'une espèce de propriété (6).

Il y a des baux emphytéotiques qui ne sont pas perpétuels, mais seulement à longues années, comme pour cent ans ou pour quatre-vingt-dix-neuf ans.

4. La perpétuité de l'emphytéose fait qu'elle passe, non-seulement aux héritiers de l'emphytéote, mais à tous ceux qui en ont le droit, soit par donation, vente ou autre espèce d'aliénation : et ils ne peuvent jamais être dépouillés par le maître du fonds et par ses successeurs (7); sinon dans les cas qui seront expliqués dans cette section.

(1) § 3, inst. de loc. et cond. L. 1, ff. si ager vect. id est emphyt. pet. L. 1, Cod. de adm. rer. publ. (2) L. 5, Cod. de agric., cens. et colon. § 3, inst. de loc. et cond. L. 20, § 2, Cod. de agric., cens. et colon. (3) L. 3, Cod. de locat. præd. civil. L. 15, § 2, ff. de dam. inf. Nov. 7, cap. 3, § 2. (4) § 3, inst. de loc. et cond. L. 1, Cod. de jur. emphyt. (5) § 3, inst. de loc. et cond. Cod. de off. com. sacr. pal. L. 1, § 5, Cod. de locat. præd. civ. L. 10, cod. de loc. et cond. (6) L. 12, Cod. de fund. patr. (7) § 3, inst. de loc. et cond.

5. La translation de propriété que fait l'emphytéose, est proportionnée à la nature de ce contrat, où le maître baille le fonds et retient la rente. Et, par cette convention, il se fait comme un partage des droits de propriété entre celui qui baille à rente et l'emphytéote. Car celui qui baille demeure le maître pour jouir de la rente, comme du fruit de son propre fonds, ce qui lui conserve le principal droit de propriété, qui est celui de jouir à titre de maître, avec les autres droits qu'il s'est réservés; et l'emphytéote, de sa part, acquiert le droit de transmettre l'héritage à ses successeurs à perpétuité, de le vendre, de le donner, de l'aliéner avec les charges des droits du bailleur, et d'y planter, bâtir et y faire les autres changemens qu'il avisera, pour le rendre meilleur, qui sont autant de droits de propriété (1).

6. Les droits de propriété que retient le maître, et ceux qui passent à l'emphytéote sont communément distingués par les mots de propriété directe, qu'on donne au droit du maître, et de propriété utile qu'on donne au droit de l'emphytéote. Ce qui signifie que le premier maître du fonds conserve son droit originaire de propriété, à la réserve de ce qu'il transmet à l'emphytéote, et que l'emphytéote acquiert le droit de jouir et de disposer à la charge des droits réservés au maître du fonds; et c'est pourquoi l'on considérait différemment, dans le droit romain, l'emphytéote, ou comme étant, ou comme n'étant pas le maître du fonds, selon les différentes vues et les divers effets de ces deux sortes de propriété (2).

7. L'emphytéote, de sa part, est obligé au paiement de la rente perpétuelle, et aux autres conditions réglées par le titre de l'emphytéose, et par les coutumes, comme sont le droit de lods que paient ceux qui acquièrent de l'emphytéote, ou à toutes sortes de mutations, ou à quelques-unes, ou seulement aux ventes, selon qu'il est réglé par le titre ou par la coutume, le droit de retrait ou de retenue; lorsque l'emphytéote vend l'héritage et autres semblables, et celui qui baille à emphytéose, est obligé de sa part à la garantie du fonds, et à le reprendre et décharger l'emphytéote de la rente, si la trouvant trop dure il veut déguerpir (3).

Le déguerpissement est le droit qu'a l'emphytéote qui se trouve trop chargé par la rente d'abandonner l'héritage au maître. On ne parle pas ici des règles du déguerpissement établies par les coutumes. Il suffit de remarquer que ce droit a son fondement sur les pertes ou diminutions du fonds qui peuvent arriver, et sur l'injustice qu'il y aurait de contraindre l'emphytéote à une rente perpétuelle et excessive, si le fonds n'y suffisait point; puisque, dans les baux même de quelques années,

(1) L. 1, Cod. de jur. emphyt. § 3, inst. de loc. et cond. L. 12, Cod. de fund. patrim. § 3, inst. de loc. et cond. (2) L. 12, Cod. de fund. patrim. L. 1, § 1, ff. si ager. vect. id est emphyt. petat. (3) § 3, inst. de loc. et cond. L. 1, Cod. de jur. emphyt. L. 2, cod. V. l'origine du droit de lods, et de celui du retrait ou retenue, en la loi 3, au même titre.

on accorde des diminutions et des décharges du prix aux fermiers, à cause des pertes des fruits.

8. Il s'ensuit, de la nature de l'emphytéose, que tous les cas fortuits qui ne font périr que les revenus, ou les améliorations de plants, bâtimens, et autres quelles qu'elles soient, qui ont été faites par l'emphytéote, sont à ses périls. Car il était obligé d'améliorer, et c'était pour lui que le fonds devenait meilleur; et les cas fortuits qui font périr le fonds, regardent le maître qui en souffre la perte, et aussi l'emphytéote qui perd les améliorations qu'il y avait faites (1).

On n'a pas mis dans cet article le cas de la perte d'une partie du fonds, comme si un débordement a entraîné une moitié, ou plus ou moins de l'héritage. Car encore que ce qui reste doive la rente entière, l'usage du déguerpissement donne à l'emphytéote la liberté de se décharger de la rente en abandonnant le fonds, ou ce qui en reste, dans l'état où il doit le rendre, suivant les règles du déguerpissement.

9. C'est aussi une suite de la nature de l'emphytéose, que l'emphytéote ne peut détériorer le fonds, ni même ôter les améliorations qu'il y avait faites; et s'il détériore, le maître du fonds pourra faire résoudre l'emphytéose, rentrer dans son héritage, et faire rétablir ce qui a été détérioré (2). Mais l'emphytéote peut faire les changemens utiles et en bon père de famille; comme arracher un vieux plant pour en remettre un nouveau, démolir selon le besoin pour rebâtir, et autres semblables.

10. C'est encore une autre suite de la nature de l'emphytéose, que, faute de paiement de la rente, l'emphytéote peut être expulsé, quand même il n'y aurait pas de clause résolutoire dans le contrat d'emphytéose (3), s'il ne satisfait aprés le délai qui lui sera accordé par le juge (4). (C. civ. 1912.)

Si un bail emphytéotique porte qu'à défaut de paiement de trois termes de la redevance, le contrat sera résilié de plein droit, et le bailleur rentrera en possession de son héritage, sans avoir besoin de recourir à aucune voie juridique; le preneur à emphytéose ne peut écarter l'action en résolution, sous le prétexte qu'il n'a pas été mis en demeure. —La redevance stipulée dans un bail emphytéotique, passé dans une province régie par les lois romaines, n'a pas été supprimée par les lois abolitives de la féodalité, par cela que ce bail a été qualifié de contrat d'*ascensement*, et renferme une stipulation de lods et retenue (5).

Si dans le cas où la rente constituée est quérable, la cessation de son paiement pendant deux ans n'autorise pas de plein droit le créancier à en exiger le rachat, et si le débiteur doit pour cela être constitué en demeure, il peut être contraint au rachat, quand même il aurait fait des offres réelles avant l'exercice de l'action en remboursement (6).

(1) L. 1, Cod. de jur. emphyt. § 3, inst. de loc. et cond. (2) Nov. 7, cap. 3, § 2. Nov. 120, cap. 8. L. 15, ff. de usufr. et quemadmod. (3) L. 2, Cod. de jur. emphyt. Nov. 7, cap. 3, § 2. Nov. 120, cap. 8. (4) V. l'art. 8 de la sect. 3 du contrat de vente, et les art. 12 et 13 de la sect. 12 au même titre. (5) Cass. 13 décembre 1820. (6) Cass. 12 mai 1819.

Dès que le débiteur d'une rente constituée a manqué de payer deux années échues d'arrérages, il a cessé de remplir ses obligations pendant deux années dans le sens de l'art. 1912, il peut être contraint au rachat. On ne peut dire qu'il n'a cessé de remplir ses obligations qu'à l'échéance de la première année, et qu'il a dû s'écouler deux autres années, à compter de cette époque, pour qu'il pût être contraint au rachat (1).

Le créancier d'une rente a le droit d'exiger le remboursement du capital, si les immeubles affectés au service de la rente viennent à périr, le débiteur ne peut se refuser au remboursement, en offrant des sûretés nouvelles, même dans le cas où les premières auraient péri par le fait du souverain (2).

Le créancier d'une rente perpétuelle, hypothéquée sur un immeuble, peut demander le remboursement du capital de la rente lorsque l'immeuble est aliéné, même dans son intégrité, et sans être morcelé, si cet immeuble est de valeur inférieure au montant de la créance hypothéquée, de telle sorte que le créancier soit en danger de ne recevoir que partie de sa créance, quand l'acquéreur voudra purger l'hypothèque (3).

Une rente créée avant le code civil peut devenir remboursable sous ce code, par le défaut de paiement des arrérages pendant deux ans (4). L'acquéreur à qui le contrat laisse le droit de rembourser son prix à sa volonté, peut néanmoins être forcé au paiement après un laps de temps assez considérable, surtout s'il ne sert pas exactement les intérêts (5).

L'art. 1912 qui oblige le débiteur d'une rente constituée à la rembourser s'il cesse pendant deux ans de la servir, n'est pas applicable au cas où le débiteur a été mis dans l'impossibilité de s'acquitter par le propre fait du créancier. Lorsque le débiteur a acquiescé au jugement qui le condamne à rembourser le capital, le tiers condamné aussi à garantir le débiteur, peut, quoique non obligé envers le créancier, interjeter appel du jugement. Si l'acquiescement du débiteur n'est fondé que sur la garantie prononcée en sa faveur, le jugement peut être infirmé dans son intérêt comme dans celui du garant, malgré son acquiescement (6).

Encore que le débiteur d'une rente créée pour concession d'immeubles puisse être contraint au rachat, s'il diminue les sûretés promises, comme s'il aliène partie des biens affectés à la rente, cependant il ne peut y être forcé dans le cas où la rente ayant été partagée, en deux portions entre deux héritiers du créancier, ces héritiers ont restreint à leur portion leur hypothèque sur l'immeuble grevé, et où l'immeuble hypothéqué à la portion de rente de celui qui demande le remboursement, n'a pas cessé d'être affecté et de suffire au service de cette portion de rente (7).

11. Si l'emphytéote avait fait des améliorations dans le fonds, et qu'il en soit expulsé faute de paiement des arrérages de la rente, il ne pourra prétendre de remboursement de ses dépenses (8). Car l'héritage lui avait été donné à condition de l'améliorer. Mais il est de la prudence du juge, selon la qualité des améliorations, et les autres circonstances, d'accorder un délai rai-

(1) Cass. 12 novembre 1822. (2) Cass. 17 mars 1818. (3) Paris, 31 janvier 1814. (4) Rejet, 10 novembre 1818. (5) Rejet, 24 mars 1818. (6) Cass. 31 août 1818. (7) Bourges, 12 avril 1824. (8) L. 2, Cod. de jur. emphyt.

sonnable, pour mettre l'emphytéote en état, ou de payer et retenir le fonds, ou de pouvoir le vendre (1).

Quoique cette disposition ne soit pas pour ce cas, on peut l'y appliquer, parce qu'il est toujours vrai que l'emphytéote peut vendre le fonds, et les améliorations: et il est juste de lui donner un délai pour exercer ce droit, dans le cas où il perdrait ses améliorations, faute de payer la rente.

TITRE V.

Du prêt à usage et du précaire.

Notre langue n'ayant pas de mot propre qui signifie cette convention où l'on prête une chose à un autre gratuitement, pour s'en servir et la rendre après l'usage fini, on s'est servi du mot *prêt à usage* pour distinguer cette convention de celle du prêt, dont il sera parlé dans le titre suivant. Car ce sont deux conventions qu'il ne faut pas confondre, celle-ci obligeant à rendre la même chose qu'on a empruntée, comme quand on emprunte un cheval; et l'autre à rendre une chose semblable, comme quand on emprunte de l'argent, et d'autres choses qu'on cesse d'avoir lorsqu'on s'en sert.

Le prêt à usage est une convention qui suit naturellement de la liaison que la société fait entre les hommes. Car, comme on ne peut pas toujours acheter ou louer toutes les choses dont on manque, et dont on n'a besoin que pour peu de temps, il est de l'humanité qu'on s'en accommode l'un l'autre par le prêt à usage.

Le précaire est la même espèce de convention que le prêt à usage, avec cette différence qu'on y met dans le droit romain, qu'au lieu que le prêt à usage est pour un temps proportionné au besoin de celui qui emprunte, ou même pour un certain temps réglé par la convention, le précaire est indéfini et ne dure qu'autant qu'il plaît à celui qui prête.

Cette distinction entre le prêt à usage et le précaire est peu de notre usage, et nous ne nous servons presque point de ce mot de précaire, que pour les immeubles, comme dans une vente ou autre aliénation, lorsque celui qui aliène un fonds, reconnaît que s'il demeure encore en possession, ce ne sera que précairement. Ce qu'on exprime ainsi, pour marquer qu'il ne possèdera plus ce fonds que par la tolérance de l'acquéreur, comme possède celui qui a emprunté. *V.* l'article 7 de la sect. 2 du *Contrat de vente.*

SECTION PREMIÈRE.

De la nature du prêt à usage, et du précaire.

1. Le prêt à usage est une convention par laquelle l'un donne

(1) L. 3, eod.

une chose à l'autre pour s'en servir à un certain usage, et pendant son besoin, sans payer aucun prix; car s'il y avait un prix, ce serait un louage (1). (C. civ. 1875, 1876.)

2. Le précaire est un prêt à usage accordé à la prière de celui qui emprunte une chose pour en user pendant le temps que celui qui la prête voudra la laisser, et à la charge de la rendre quand il plaira au maître de la retirer (2). (C. civ. 1944.)

3. Le prêt à usage est une de ces sortes de conventions où l'on s'oblige à rendre une chose, et où par conséquent l'obligation ne se contracte que par la délivrance de la chose prêtée (3).

4. Il est de la nature de ce contrat, que celui qui prête demeure propriétaire de ce qu'il a prêté, et que par conséquent celui qui emprunte rende la même chose qu'il a empruntée, et non une autre de la même espèce. (C. civ., 1877.) Car ce ne serait pas un prêt à usage, mais un simple prêt, comme quand on emprunte des denrées ou de l'argent pour les consommer et en rendre autant (4). (C. civ., 1892, 1895.)

5. On peut prêter à usage, non-seulement des choses mobilières, mais aussi des immeubles, comme une maison pour y habiter (5).

6. On ne peut prêter à usage les choses qui se consomment ou qu'on cesse d'avoir quand on en use, comme l'argent et les denrées; car les prêter pour les consommer, se serait faire un simple prêt, qui est une convention d'une autre nature. Mais on peut donner ces sortes de choses par un prêt à usage, pour quelque autre fin que de les consommer; comme si on les prêtait pour faire des offres ou une consignation, à la charge de les retirer, et rendre les mêmes (6).

7. On peut prêter ce qui est à un autre. Ainsi, le possesseur de bonne foi peut prêter ce qu'il possède, et qu'il croit être à lui : et c'est même un prêt à usage, lorsqu'on prête ce qu'on possède de mauvaise foi (7).

8. C'est à celui qui prête une chose à régler de quelle manière et pendant quel temps celui qui l'emprunte pourra s'en servir (8).

9. Si l'usage qui doit être fait de la chose empruntée n'est pas réglé par la convention, il est borné au service naturel et ordinaire qu'on peut en tirer. Ainsi, celui qui prête un cheval est présumé le donner pour quelque voyage, et non pour la guerre (9). (C. civ., 1894.)

(1) L. 1, § 1, ff. commod. § 2, inst. quib. mod. re contr. obl. Dict. § 2, inst. quib. mod. re contr. obl. (2) L. 1, ff. de prec. L. 2, § ult. eod. Dict. leg. 1, § 2. (3) § 2, inst. quid. mod. re contr. obl. V. l'art. 9 de la sect. 1 des conventions. (4) L. 8, ff. commod. L. 9, eod. L. 2, ff. de reb. cred. (5) L. 1, § 1, ff. commod. Dict. leg. 1, § 1. Dict. § 1, in fine. L. 17, ff. de præscr. verb. (6) L. 3, § ult. ff. commod. L. 4, eod. V. l'art. 4 de la sect. 1 du Louage. (7) L. 15, ff. commod. L. 16, eod. L. 64. ff. de Judic. (8) L. 17, § 3, ff. commod. V. l'art. 11 de la sect. 2. (9) L. 5, § 8, ff. commod. Dict. leg. 5, § 7.

10. Si le temps n'est pas réglé par la convention, il est borné à la durée de l'usage pour lequel la chose est prêtée. Ainsi, un cheval étant prêté pour un voyage, celui qui l'emprunte en a l'usage pendant le temps nécessaire pour ce voyage (1).

11. S'il a été convenu que la chose prêtée sera rendue dans un certain temps, en un certain lieu, et que celui qui l'a empruntée n'y ait point satisfait, il sera tenu des dommages et intérêts qu'il aura pu causer selon les circonstances (2).

12. Le prêt à usage peut être fait, ou pour le seul intérêt de celui qui emprunte, et c'est la manière d'emprunter qui est la plus commune, comme si je prête mon cheval à un ami pour faire un voyage pour sa propre affaire; ou il peut être fait pour l'intérêt seulement de celui qui prête, comme si je prête mon cheval à celui que j'envoie pour moi à la campagne; ou pour l'intérêt des deux, comme si un associé prête son cheval à son associé pour une affaire commune de leur société (3).

13. Le précaire finit par la mort de celui qui a prêté, et non le prêt à usage. Car le précaire ne dure qu'autant que veut celui qui a prêté, et sa volonté cesse par sa mort. Mais dans le prêt à usage, celui qui prête a voulu laisser la chose pendant le temps de l'usage accordé (4). (C. civ., 1879.)

14. Toutes personnes capables de contracter, peuvent prêter et emprunter, et, outre les engagemens naturels à quoi oblige le prêt à usage, on peut y ajouter les pactes qu'on veut; et il faut appliquer à ce contrat les autres règles générales des conventions (5).

15. Les engagemens qui se forment par le prêt à usage passent aux héritiers de celui qui prête et de celui qui emprunte (6). (C. civ., 1879.)

SECTION II.

Des engagemens de celui qui emprunte.

1. Les engagemens de celui qui emprunte une chose sont d'en prendre soin (7); d'en user selon l'intention de celui qui l'a prêtée (8), et de la rendre (9) dans le temps convenu (10), et en bon état (11). Ces divers engagemens seront expliqués par les règles qui suivent.

2. Celui qui a emprunté une chose pour son propre usage est

(1) L. 17, § 3, ff. commod. L. 2, Cod. eod. V. l'art. 1 de la sect. 3. (2) L. 5, ff. commod. (3) L. 5, § 2, in fin. ff. commod. Dict. leg. 5, § 10. L. 10, § 1, eod. L. 18, eod. V. l'art. 2 et les suiv. de la sect. 2. (4) L. 4, ff. loc. cond. V. ci-après sect. 3, et L. 17, § 3, ff. commod. (5) V. l'art. 2 de la sect. 2, l'art. 1 de la sect. 3, et l'art. 1 de la sect. 4 des convent. V. L. 1, § 2, et L. 2, ff. commod. (6) L. 3, § 3, ff. commod. L. 17, § 2, eod. V. sur l'engagement de l'héritier, l'art dernier de la sect. 3 du Dépôt. (7) L. 18, ff. commod. (8) L. 17, § 3, ff. commod. (9) § 2, inst. quib. mod. re contr. obl. L. 1, § 3, ff. de obl. et act. (10) L. 17, § 3, ff. commod. (11) L. 3, § 1, ff. commod.

obligé d'en prendre soin, non-seulement comme il en prend de ce qui est à lui, s'il n'est pas assez vigilant, mais avec toute l'exactitude des pères de famille les plus soigneux; il doit répondre de toute perte et de tout dommage qui pourrait arriver faute d'un tel soin (1). Car usant gratuitement de ce qu'on lui prête, il doit le conserver avec tout le soin possible aux plus vigilans. (C. civ., 1880.)

Il y a cette différence dans le droit romain entre le prêt à usage et le précaire, pour ce qui regarde le soin dans le précaire, celui qui tient précairement la chose d'un autre, ne répond que du dol, et des fautes qui en approchent, et non des fautes légères. *Dolum solum præstat is, qui precariò rogavit : quùm totum (hoc) ex liberalitate descendat ejus, qui precariò concessit, et satis sit, si dolus tantùm præstetur. Culpam tamen dolo proximam contineri quis meritò dixerit.* L. 8, § 3, ff. de precar.... Mais la libéralité de celui qui prête doit-elle diminuer le soin de celui qui emprunte? Et quiconque prête, soit pour un temps ou précairement, prête-t-il autrement que pour obliger? Ou s'il faut distinguer leur condition pour ce qui regarde le soin de la chose prêtée, n'est-ce point à cause que celui à qui on prête pour un certain temps, doit plus veiller à la conservation de la chose que celui à qui elle est donnée indéfiniment, sans qu'il sache pendant quel temps celui qui l'a prêtée voudra la laisser.

3. Si le prêt à usage n'a été fait que pour l'intérêt de celui qui prête, celui à qui on prête de cette manière ne sera pas tenu du même soin que s'il empruntait pour son propre usage. Mais il sera seulement tenu de ce qui pourrait arriver par sa mauvaise foi (2), ou par une faute grossière qui approchât du dol (3). Car il ne serait pas juste que, pour faire plaisir, il fût obligé à une telle vigilance, qu'il fût responsable de la moindre négligence, ou de la moindre faute.

4. Si le prêt à usage a été fait pour l'intérêt commun de celui qui prête et de celui qui emprunte, comme si l'un des associés emprunte le cheval de l'autre pour une affaire de leur société, il répondra de ce qui pourrait arriver, non-seulement par sa mauvaise foi, mais par sa négligence et son peu de soin (4). Car il emprunte en partie pour son intérêt, et il reçoit un plaisir en ce qui le regarde.

5. S'il a été convenu de quel soin serait tenu celui qui emprunte, la convention servira de règle (5).

6. Si celui qui emprunte n'a usé de la chose empruntée que pendant le temps et pour l'usage pour lequel elle lui a été prêtée, et qu'elle périsse ou soit endommagée, sans sa faute, par le pur effet d'un cas fortuit ou par la nature de la chose, il n'en est pas tenu. Car rien ne peut lui être imputé: et aucune convention

(1) L. 18, ff. commod. L. 1, § 4, ff. de obl. et act. § 2, inst. quib. mod. re contr. obl. L. 5, § 5, ff. commod. V. l'art. 4 de la sect. 3 du Dépôt, et l'art. 3 de la sect. 8 du Louage. (2) L. 5, § 10. L. 10, § 1, ff. commod. (3) L. 1, § 1, ff. si mens. fals. mod. dir. L. 29, ff. mand. (4) L. 18, versic. at si ff. com. L. 5, § 2, ff. com. § ult. inst. quib. mod. re contr. oblig. (5) L. 23, ff. de reg. jur. L. 5, § 10, ff. commod.

n'oblige naturellement à répondre de ces sortes d'événemens, qui sont un pur effet de l'ordre divin, et qui regardent ceux qui sont les maîtres des choses dont la perte arrive (1). (C. civ., 1884.)

On peut remarquer, sur cet article, la distinction que fait la loi divine du cas où la chose empruntée périt en l'absence du maître, et du cas où elle périt en sa présence. Dans ce dernier cas la perte tombe sur le maître, et dans le premier, sur celui qui avait emprunté. *Qui a proximo suo quidquid horum mutuò postulaverit, et debilitatum aut mortuum fuerit, domino non præsente, reddere compelletur. Quòd si impræsentiarum dominus fuerit, non restituet.* Exod. chap. 22, 14 et 15. Cette distinction est-elle fondée sur ce que le maître présent voit qu'il ne peut rien imputer à celui à qui il avait prêté, et que si on déchargeait celui qui a emprunté de la perte arrivée en l'absence du maître, ce serait donner occasion à ceux qui empruntent, de mesurer, ou de négliger, et de supposer même une perte qui ne serait pas arrivée.

7. Si la chose périt par un cas fortuit, dont celui qui l'avait empruntée pouvait la garantir, y employant la sienne, il en sera tenu; car il ne devait en user qu'au défaut de la sienne. Et il en serait de même, si dans un incendie il laissait périr ce qu'il aurait emprunté, pour garantir plutôt ce qui était à lui (2). (C. civ., 1882.)

8. Si, par la vue du péril à craindre, il est convenu que celui qui emprunte répondra des cas fortuits, il en sera tenu (3). Car il pouvait ne se pas soumettre à cette condition, et c'est lui-même qui a mis la chose en péril. (C. civ., 1883.)

9. S'il est fait une estimation de la chose prêtée entre celui qui prête et celui qui emprunte, pour régler ce que rendra celui qui emprunte; s'il ne rend la chose, il sera tenu de cette valeur, quand même la chose périrait par cas fortuit (4). (C. civ., 1183, 1888, s.) Car celui qui prête de cette manière le fait pour s'assurer en toute sorte d'événemens, de recouvrer, ou la chose qu'il prête, ou cette valeur, si elle périt.

10. Si la chose prêtée périt par un cas fortuit à cause que celui qui l'avait empruntée l'employait à un autre usage que celui pour lequel elle lui avait été donnée, il en sera tenu (5). (C. civ., 1881.)

11. Si celui qui prête explique pour quel usage il donne la chose et pendant quel temps, son intention servira de règle. Et s'il n'en est rien dit, celui qui emprunte ne pourra se servir de la chose que pour l'usage naturel et ordinaire à quoi elle est propre, et pendant le temps nécessaire pour le besoin pour lequel elle a été

(1) L. 5, § 4, ff. commod. L. 1, Cod. eod. L. 23, in fin. ff. de reg. jur. L. ult. ff. commod. L. 18, ff. commod. Vid. L. 20, eod. L. 2, § 7, ff. de adm. rer. ad. civit. pert. L. 19, ff. commod. V. l'art. 6 de la sect. 2 des Procurations, et l'art. 12 de la sect. 4 de la Société. (2) L. 5, § 4, ff. commod. (3) L. 1, Cod. de commod. L. 7, § 15, ff. de pact. L. 5, § 2, ff. commod. Vid. L. 21, § 1, eod. V. l'art. 7 de la sect. 3 du Dépôt. (4) L. 5, § 3, ff. commod. L. 1, § 1, ff. de æstimat. act. (5) L. 18, ff. commod.

prêtée. Et s'il en use autrement contre l'intention de celui qui a prêté, ou contre cet ordre, il commet une espèce de larcin : et il sera tenu des pertes et des dommages et intérêts qui en arriveront (1). (C. civ., 1888.)

12. Si la chose est détériorée sans aucune faute de celui qui l'avait empruntée, et par le seul effet de l'usage qu'il avait droit d'en faire, il n'en est pas tenu; mais s'il y a de sa faute, il doit en répondre (2).

13. Celui qui a emprunté une chose ne peut la retenir par compensation de ce que peut lui devoir celui qui l'a prêtée (3). (C. civ. 1885.)

14. Si, pour user de la chose empruntée, on est obligé à quelque dépense, celui qui l'emprunte en sera tenu (4). (C. civ., 1886.)

SECTION III.

Des engagemens de celui qui prête.

1. Celui qui a prêté une chose ne peut la retirer qu'après qu'elle aura servi à l'usage pour lequel elle a été prêtée. Car il lui était libre de ne pas prêter; mais, ayant prêté, il est obligé, non-seulement par honnêteté, mais encore par l'effet de la convention, à laisser la chose pour cet usage; autrement le prêt, qui doit être un bienfait, serait une occasion de tromper et causer du mal (5). (C. civ. 1888.)

2. Dans le précaire, celui qui a prêté peut retirer la chose avant l'usage fini, car il ne l'a pas donnée pour un certain temps, mais au contraire à condition de la retirer quand il lui plairait (6). Ce qui ne doit pas s'étendre à la liberté indiscrète de retirer la chose sans aucun délai, et dans un contre-temps qui causât du dommage à celui qui s'en servait; mais on doit donner le temps que demande la raison selon les circonstances (7).

3. Si la chose prêtée a quelque défaut qui puisse nuire à celui qui l'emprunte, et que ce défaut ait été connu à celui qui prête, il sera tenu du dommage qui en sera arrivé. Comme si, pour mettre du vin, ou de l'huile, il a prêté des vaisseaux qu'il savait être gâtés; si, pour appuyer un bâtiment, il a prêté des bois de bout qu'il savait être pourris; car on prête pour servir, et non pas pour nuire (8). (C. civ. 1891.)

(1) L. 5, § 7, ff. commod. Dict. leg. § 8. § 9, inst. de oblig. quæ ex dolo nasc. L. 40, ff. de furt. L. 15, ff. de precar. V. l'art. 8 et le suiv. de la sect. 1. (2) L. 10, ff. commod. L. 18, § 1, eod. L. 3, § 1, eod. (3) L. ult. Cod. de commod. (4) V. l'art. 4 de la section suivante. (5) L. 17, § 3, ff. commod. Adjuvari quippè nos, non decipi beneficio oportet. Dict. § in fin. (6) L. 1, § 2, ff. de prec. Dict. leg. 1. (7) L. 10, § 3, ff. de quæst. L. 90, ff. de reg. jur. L. 183, eod. (8) L. 18, § 3, ff. commod. Adjuvari quippè nos, non decipi beneficio oportet. L. 17, § 3, in fine, eod. V. l'art. 8 de la sect. 3 du Louage.

4. Les dépenses nécessaires pour user de la chose empruntée, comme la nourriture et le ferrage d'un cheval prêté, sont dues par celui qui emprunte. Mais s'il survient d'autres dépenses, comme pour faire panser le cheval d'un mal arrivé sans la faute de celui qui l'a emprunté, celui qui a prêté sera tenu de ces sortes de dépenses, si ce n'est qu'elles fussent si légères, que l'usage tiré de la chose y obligeât celui qui l'avait empruntée (1).

TITRE VI.

Du prêt et de l'usure.

On a vu dans le titre précédent la manière dont les hommes se communiquent gratuitement l'usage des choses qui sont telles, qu'après l'usage fini on puisse les rendre comme on rend un cheval à celui qui l'avait prêté.

Mais il y a une autre espèce de choses qui sont telles qu'après qu'on s'en est servi, il n'est plus possible de les rendre ; car on ne peut en user sans qu'on les consume, ou qu'on s'en dépouille : comme sont l'argent, les grains, les liqueurs et les autres choses semblables ; de sorte qu'il faut, pour les prêter, une autre espèce de convention : et c'est le prêt dont il sera parlé dans ce titre.

Pour bien concevoir la nature de ce prêt, il faut considérer dans cette sorte de chose deux caractères qui les distinguent de toutes les autres, et qui sont les fondemens de quelques distinctions qu'il faut remarquer entre le prêt et les autres contrats dont on a parlé.

Le premier de ces caractères est qu'on ne saurait user de l'argent, des grains, des liqueurs et des autres choses semblables, qu'en cessant de les avoir ; et c'est un effet naturel de l'ordre de Dieu, qui, destinant l'homme au travail, lui a rendu ces sortes de choses si nécessaires, et les a faites telles qu'on ne les a que par le travail, et qu'on cesse de les avoir lorsqu'on en use, afin que ce besoin, qui revient toujours, oblige à un travail qui dure autant que la vie.

Le second caractère qui distingue ces choses de toutes les autres, est qu'au lieu que dans les autres il est très-difficile d'en trouver plusieurs de la même espèce qui soient entièrement semblables, et qui aient la même valeur et les mêmes qualités, on peut aisément en celles-ci avoir les semblables, et qui soient pareilles et en valeur et en qualité. Ainsi, toutes les pistoles, tous les écus, et toutes les autres pièces de monnaie ont le même aloi, le même poids, le même coin, la même valeur, et chacune tient lieu de toute autre de la même espèce ; et on peut aussi faire la même somme en d'autres espèces. Ainsi, l'on a grains pour grains, li-

(1) L. 18, § 2, ff. commod. L. 8, ff. de pign. act.

queurs pour liqueurs, de semblable qualité et de même mesure, ou de même poids.

Ces deux caractères des choses de cette nature sont les fondemens du commerce qu'on en fait par le prêt. Car comme on ne peut les prendre pour en user et rendre les mêmes, ainsi qu'on prendrait une tapisserie, un cheval, un livre, on s'en accommode, en les prenant à condition d'en rendre autant; ce qui est facile, puisqu'il n'y a qu'à compter, peser ou mesurer : et c'est cette convention qu'on appelle le prêt.

Ainsi, on voit que dans notre langue le nom de prêt est commun, et au prêt d'argent, et au prêt d'un cheval; et qu'encore que ce soient deux sortes de conventions qui ont leurs natures différentes, et qui ont aussi dans la langue latine de différens noms, nous ne donnons communément à l'une et à l'autre que le nom de prêt, parce qu'elles ont cela de commun que l'un prête à l'autre pour reprendre, ou la même chose si elle est telle que l'usage ne la consume point, ou une autre toute pareille, et qui en tienne lieu, si on ne peut en user sans la consumer ou s'en dépouiller. Mais comme il a été remarqué dans le titre précédent qu'il ne faut pas confondre ces deux espèces de conventions, on a cru devoir distinguer leurs noms.

On voit par cet usage du prêt, qui fera la matière de ce titre, quelle est sa nature; et que c'est un contrat où celui qui prête donne une chose à condition que celui qui l'emprunte rendra, non la même chose en substance, mais autant de la même espèce; de sorte qu'il est essentiel à ce contrat que la chose prêtée passe tellement à celui qui l'emprunte, qu'il en devienne le maître, pour avoir le droit de la consumer. Et c'est dans cet usage du prêt, qu'on peut remarquer ce qu'il a de commun avec la vente, l'échange, le prêt à usage, et le louage, et ce qui le distingue de ces autres espèces de conventions.

Il est commun à la vente et au prêt, que la chose est aliénée; mais dans la vente c'est pour un prix, et dans le prêt c'est pour en avoir une autre semblable.

Il est commun à l'échange et au prêt qu'on y donne une chose pour une autre; mais, dans l'échange, c'est par la différence des choses que l'on s'accommode en se les donnant réciproquement, et en même temps; et dans le prêt, on ne donne que pour ravoir quelque temps après, non une chose différente, mais une autre toute pareille.

Il est commun au prêt à usage et au simple prêt, qu'on emprunte une chose gratuitement, mais, dans le prêt à usage, c'est seulement pour user de la chose, et la rendre après l'usage fini; dans le prêt, c'est pour consumer la chose, et en rendre une autre.

Il est commun au louage et au prêt qu'on emprunte une chose

pour en user; mais dans le louage c'est pour user de la chose moyennant un prix, et rendre la même; et dans le prêt c'est pour en user sans autre charge que d'en rendre autant.

Il est commun à ces cinq espèces de conventions qu'on ne s'y accommode des choses que dans la vue de l'usage qu'on peut en tirer; mais on y traite des choses en deux manières qui regardent cet usage bien différemment. L'une qui est propre au prêt à usage et au louage, où l'on ne traite que du seul usage, et non de la propriété des choses, car il ne s'y en fait point d'aliénation; l'autre, qui est propre à la vente, à l'échange et au prêt, où l'on ne traite que de la seule propriété des choses, et où elles sont aliénées indépendamment de l'usage qui en sera fait, et de telle sorte que, quand la chose périrait aussitôt que le contrat est accompli, sans qu'il fût possible à celui qui la prend d'en faire aucun usage, le contrat subsisterait en son entier; au lieu que le prêt à usage et le louage ne subsistent point, si la chose périt avant que celui qui la prend ait pu en user; le contrat s'évanouit si elle périt. D'où il s'ensuit que celui qui a pris une chose par une vente, par un échange ou par prêt, en est devenu le propriétaire, et que quand il en use, c'est sa chose propre qu'il met en usage; mais dans le prêt à usage et dans le louage, c'est de la chose d'un autre qu'use celui qui emprunte et celui qui loue.

On a fait ici toutes ces remarques sur les différentes natures des choses qu'on prête, ou par le simple prêt, ou par le prêt à usage, sur les caractères communs au prêt et aux autres espèces de conventions, et sur ceux qui l'en distinguent, pour établir les fondemens des règles du prêt qui seront expliquées dans ce titre. Et ces mêmes remarques serviront aussi avec les autres qui seront faites dans la suite pour découvrir quelles sont les causes qui rendent illicite l'intérêt du prêt, et pourquoi cet intérêt, qu'on appelle autrement usure, et qui était permis dans le droit romain, l'est si peu, parmi nous, que nos lois punissent l'usure comme un très-grand crime. On appelle usure, tout ce que le créancier qui a prêté, ou de l'argent, ou des denrées, ou autres choses qui se consument par l'usage, peut recevoir de plus que la valeur de l'argent ou autre chose qu'il avait prêtée.

Quoique cette matière de l'usure étant autrement réglée par nos lois que par le droit romain, passe les bornes de ce dessein, comme elle fait une partie essentielle de celle du prêt, que la connaissance en est d'un usage très-fréquent et très-nécessaire, et qu'elle a ses principes dans le droit naturel, on a cru ne devoir pas laisser un tel vide dans ce titre du prêt. Mais pour garder l'ordre qu'on s'est proposé, de ne mettre dans le détail des règles que celles qui sont tout ensemble, et du droit romain, et de notre usage, on ne mêlera pas ce qui regarde l'usure avec le détail des règles du prêt; et on placera ici à la tête de ce titre tout ce qu'on croit devoir dire sur cette matière.

Pour établir les principes sur lesquels il faut juger si l'intérêt du prêt est licite ou non, on n'aurait besoin que de l'autorité de la loi divine qui l'a condamné, et défendu si expressément et si fortement. Car quiconque a du sens ne peut refuser de tenir pour injuste et pour illicite tout ce que Dieu condamne et défend (1). Mais encore que ce soit sa volonté seule qui est la règle de la justice, ou plutôt qui est la justice même, et qui rend juste et saint tout ce qu'il ordonne (2); il souffre et veut même que l'on considère quelle est cette justice, et qu'on ouvre les yeux à sa lumière pour la reconnaître (3). Si on veut donc pénétrer quel est le caractère de l'iniquité, qui rend l'usure si criminelle aux yeux de Dieu, et qui doit la faire sentir telle à notre cœur et à notre esprit, il n'y a qu'à considérer quelle est la nature du contrat du prêt, pour juger si l'intérêt peut y être juste. Et on reconnaîtra par les principes naturels de l'usage que Dieu a donné à ce contrat dans la société des hommes, que l'usure est un crime qui viole ces principes, et qui ruine les fondemens mêmes de l'ordre de la société.

Les deux manières de prêter, soit par le prêt à usage dont il a été parlé dans le titre précédent, ou par le prêt qui fait la matière de ce titre, ont leur origine comme les autres conventions dans l'ordre de la société; et elles y sont naturelles et essentielles. Car il est de cet ordre, où les hommes sont liés par l'amour mutuel, et où chacun a pour règle de l'amour qu'il doit aux autres celui qu'il a pour soi, qu'il y ait des manières dont ils puissent s'aider gratuitement, et des choses, et de leurs personnes. Et comme il y a des conventions réglées pour les communications qui ne sont pas gratuites, il doit y en avoir aussi pour celles qui le sont. Ainsi, comme on peut faire commerce et de la propriété et de l'usage des choses, il y a des conventions pour ces commerces, comme sont la vente, l'échange et le louage; ce qui fait qu'il est de la nature de ces conventions de n'être pas gratuites. Ainsi, comme on peut se communiquer gratuitement et la propriété et l'usage des choses, il y a des conventions pour s'en accommoder de cette manière, et dont la nature, par cette raison, est d'être gratuites, comme sont la donation et le prêt à usage (4).

Il est donc certain qu'il y a deux manières dont on peut se communiquer l'usage des choses. L'une gratuite, et l'autre à profit pour les choses où ce commerce peut être licite. Ainsi, le maître d'un cheval peut le donner, ou à louage pour le prix du service que rendra ce cheval, ou gratuitement par un prêt à usage; et ces deux sortes de conventions ont leur nature et leurs caractères différens qu'il ne faut pas confondre.

Il ne reste donc pour savoir si on peut prendre l'intérêt du

(1) Eccle. 33, 5. (2) Ps. 18, 10. (3) Eccle. 17, 24. (4) § 2, inst. quib. mod. re contr. obl.

prêt, que d'examiner si, comme il y a deux manières de donner l'usage d'un cheval, d'une maison, d'une tapisserie, et des autres choses semblables, l'une par le prêt à usage et gratuitement, et l'autre par un louage pour un certain prix, et l'une et l'autre honnête et licite, il y a aussi deux manières de donner l'argent, les grains, les liqueurs, et les autres choses semblables : l'une par un prêt gratuit, et l'autre par un louage ou prêt à profit. De sorte que, comme il est indifféremment juste et naturel que celui qui donne son cheval, ait le choix de dire qu'il le prête ou bien qu'il le loue, il soit de même indistinctement naturel et juste, que celui qui donne son argent, son blé, son huile, son vin, ait le choix de dire qu'il le prête à intérêt ou sans intérêt.

C'est là sans doute le point de la question, qui dépend de savoir quelles sont les causes qui rendent juste la volonté de celui qui, au lieu de prêter son cheval, ne veut que le louer pour en avoir un profit, et de voir s'il se trouvera aussi des causes qui rendent juste la volonté de celui qui ne veut prêter son argent ou ses denrées qu'à la charge d'en avoir l'intérêt. Et pour juger de ce parallèle, il faut considérer ce qui se passe dans le louage, et voir aussi ce qui se passe dans le prêt d'argent ou de denrées.

Dans le louage d'un cheval, d'une maison, et des autres choses, celui qui baille peut justement stipuler le prix du service et de l'usage que celui qui prend une chose à louage en pourra tirer, pendant que lui qui en est le maître cessera d'en jouir et de s'en servir; et il a aussi pour un juste titre cette espèce de diminution, qui, quoique insensible, arrive en effet à la chose louée.

Dans le bail à ferme le bailleur stipule justement le prix des fruits et des autres revenus qui pourront naître du fonds qu'il donne au fermier.

Dans les prix faits et les louages des mercenaires, il est juste que ceux qui donnent leur temps et leur peine, s'assurent du salaire d'un travail dont l'homme doit tirer sa vie.

On voit, dans tous ces commerces, que ce qui rend licite le profit ou le revenu qu'on peut en tirer, est que celui qui loue à un autre, ou son travail ou son industrie, ou un cheval ou une maison, ou un autre fonds ou quelque autre chose, stipule justement un prix pour le droit qu'il donne de jouir, ou de ce que produit le travail, ou du service de ce cheval, ou de l'habitation de cette maison, ou du revenu de ce fonds, ou des autres usages qui pourront se tirer de ce qui est baillé à louage. Mais quoique cette convention paraisse un juste titre pour prendre un salaire, un loyer, ou autre revenu, elle ne suffirait pas pour rendre licite le profit du louage, si elle n'était accompagnée des autres caractères essentiels à ce contrat, et qui sont tels que s'ils manquaient, la convention de profit y serait injuste. De sorte que, quand il serait vrai qu'on pût faire une pareille stipulation de l'intérêt de l'argent ou des denrées pour le profit qu'en pourra tirer celui qui emprunte, ce qui ne se peut, comme il sera prouvé dans la suite, le défaut de ces autres caractères nécessaires pour rendre licite le profit du louage, rendrait illicite l'intérêt du prêt. Et pour en juger, il n'y a qu'à considérer quels sont ces caractères qui se rencontrent dans le louage, et non dans le prêt, et sans lesquels le profit même du louage serait illicite.

Dans le louage il faut que celui qui prend à ce titre puisse user de la chose, ou en jouir selon la qualité de la convention, et s'il en était empêché par un cas fortuit, il serait déchargé du prix du louage. Mais dans le prêt celui qui emprunte demeure obligé, soit qu'il use de la chose empruntée, ou que quelque événement l'empêche d'en user.

Dans le louage le preneur n'est obligé de rendre que la même chose qu'il a louée, et si elle périt en ses mains par un cas fortuit, il n'en est pas tenu, et il ne doit rien rendre.

Mais dans le prêt celui qui emprunte est tenu de rendre la même somme ou la même qualité qu'il a empruntée, quand il la perdrait en même temps par un cas fortuit.

Dans le louage, la diminution sensible ou insensible qui arrive à la chose louée par l'usage qu'en fait celui qui l'a prise, tombe sur le maître qui l'avait louée.

Mais dans le prêt, celui qui a prêté ne souffre aucune diminution ni aucune perte.

Dans le louage le preneur use de ce qui est à un autre; car celui qui loue une chose en demeure le maître, et s'il ne l'était, il n'aurait pas droit d'en prendre un loyer.

Mais dans le prêt, celui qui emprunte devient le maître de ce qui lui est prêté, et s'il ne l'était, il n'en saurait user. De sorte que, quand il s'en sert, c'est sa chose propre qu'il met en usage, et celui qui l'avait prêtée n'y a plus aucun droit.

On voit par ce parallèle des caractères qui distinguent le contrat du louage de celui du prêt, quelles sont dans le louage les causes naturelles qui rendent juste le profit qu'en tire celui qui loue ou son travail, ou son héritage, ou quelque autre chose; et que pour rendre légitime le prix du louage, il faut que celui qui loue une chose en conserve la propriété, et que demeurant maître de la chose, il en souffre la perte ou la diminution, si elle périt ou se diminue. Et il faut de plus qu'il assure une jouissance à celui qui prend à louage, et que si cette jouissance vient à manquer, quand ce serait même par un cas fortuit, il ne puisse prendre le prix du louage. Ce qui rend la condition de celui qui prend à louage telle qu'il faut qu'il jouisse sûrement de la chose d'un autre, sans péril de payer s'il ne jouit point, et sans hasard de perdre la chose si elle périt.

Ce sont là les fondemens naturels qui rendent licites les commerces, où l'un met une chose à profit entre les mains d'un autre. Et on voit au contraire que celui qui prête à intérêt, ou de l'argent, ou des denrées, ne répond d'aucun profit à celui qui emprunte, et qu'il ne laisse pas de s'assurer un profit certain; qu'il ne répond pas même de l'usage qui sera fait de ce qu'il donne, et qu'au contraire, encore que la chose qu'il prête vienne à périr, celui qui l'emprunte lui en rendra autant, et encore l'usure. Qu'ainsi il prend un profit sûr, où celui qui emprunte ne peut avoir que de la perte; qu'il prend un profit d'une chose qui n'est pas à lui, et d'une chose même qui, de sa nature, n'en produit aucun, mais qui seulement peut être mise en usage par l'industrie de celui qui emprunte, et avec le hasard de la perte entière de tout profit et du capital, sans que celui qui prête entre en aucune part, ni de cette industrie, ni d'aucune perte.

On ne s'étend pas davantage aux conséquences qui suivent de tous ces principes, et ce peu suffit pour faire comprendre que l'usure n'est pas seulement injuste par la défense de la loi divine, et par son opposition à la charité, mais qu'elle est de plus naturellement illicite, comme violant les principes les plus justes et les plus sûrs de la nature des conventions, et qui sont les fondemens de la justice des profits dans tous les commerces. De sorte qu'il n'est pas étrange que l'usure soit considérée comme si odieuse et si criminelle, et qu'elle soit si fortement condamnée par les lois divines et humaines, et si sévèrement réprimée dans la religion et dans la police.

Il ne serait pas nécessaire, après ces preuves de l'iniquité de l'usure, de répondre aux objections que font les usuriers, puisqu'on ne peut douter qu'un commerce illicite de sa nature ne saurait être toléré sous aucun prétexte. Et aussi les lois n'en écoutent aucun, et condamnent l'usure indistinctement, sans aucun égard à tous les motifs dont on se sert pour la justifier, ou pour l'excuser. Mais parce que les prétextes de l'usure, tout injustes qu'ils sont, font cet effet, que ceux qui s'en servent prétendent que la règle générale des défenses de l'usure reçoit les exceptions qu'ils veulent y mettre, il est nécessaire de faire voir, par les réponses à ces objections et à ces prétextes, que cette règle ne souffre jamais qu'on y mette aucune exception quelle qu'elle soit.

Tous les prétextes des usuriers se réduisent à dire qu'ils font plaisir; qu'ils se privent du gain qu'ils pourraient faire de leur argent ou des autres choses qu'ils peuvent prêter; que même le prêt leur cause de la perte; et qu'enfin celui qui emprunte en tire du profit, ou y trouve quelque autre avantage.

Il est vrai que prêter, c'est faire plaisir; et c'est le caractère naturel et essentiel du contrat du prêt. Mais c'est par cette raison même qu'on ne peut prêter que gratuitement, de même qu'on ne peut donner et faire l'aumône que sans récompense; et il serait bien étrange que par un contrat, dont l'usage essentiel est de faire un bienfait, on pût mettre en commerce ce bienfait même. Comme il serait donc contre l'ordre, que celui qui fait une donation ou bien une aumône, vendît la grace qu'il fait en donnant, et que ce ne serait plus ni aumône ni donation, il est aussi contre l'ordre que celui qui prête vende son bienfait. Car, enfin, il est tellement essentiel à tout bienfait qu'il ne soit que gratuit, que, dans les conventions mêmes où l'on peut légitimement recevoir un profit en faisant plaisir, ce ne peut être ce plaisir qu'on mette en commerce. Mais chaque profit a quelque autre cause. Ainsi, celui qui loue sa maison à qui ne saurait en trouver une autre, lui fait un plaisir; mais il ne sera pas permis pour cela de tirer de ce locataire qu'il veut obliger un plus grand loyer qu'il n'en tirerait s'il la louait à une personne à qui il ne penserait nullement faire plaisir. Autrement il faudrait dire qu'on pourrait vendre plus cher à son ami qu'à un inconnu, puisqu'on lui vendrait avec la circonstance de vouloir l'obliger, à quoi on ne penserait pas en vendant à un inconnu.

On ne saurait donc se servir du prétexte de faire plaisir pour excuser l'usure, que par une illusion et un renversement de l'ordre des premières lois, qui ne commandent de faire du bien, que parce qu'elles commandent d'aimer, et qui ne permettent pas qu'on fasse acheter l'amour qu'elles ordonnent à chacun d'avoir toujours dans le fond du cœur envers tous les autres.

Cette vérité, que le bienfait ne saurait entrer en commerce, est si naturelle, que dans le droit romain, où l'usure était permise, comme on le verra dans la suite, il n'était pas permis à un débiteur même de compenser avec l'usure qu'il devait, un bon office qu'il avait rendu à son créancier. Et on en voit un exemple remarquable dans une des lois du Digeste (1), où il est dit que si le débiteur d'une somme qui, de sa nature, ne produit aucun intérêt, entreprend la conduite des affaires de son créancier, en son absence et à son insu, il est obligé de lui payer les intérêts de cette somme après le terme, sans aucune demande. Et bien loin que l'office qu'il rend entre en compensation avec cet intérêt, cette loi veut que cet office même que ce débiteur rend à ce créancier de prendre le soin de ses affaires, l'oblige à se demander à soi-même cet intérêt, et à le payer, sans qu'elle lui compense le plaisir qu'il fait, parce que, comme il est dit dans cette même loi sur une autre sorte de devoir, ceux qui rendent quelque office ou quelque service, qui de sa nature doit être gratuit, doivent l'honnêteté entière et désintéressée, et ne peuvent rien prendre (2). Et aussi voit-on, dans des auteurs romains aussi peu éclairés de l'esprit de la loi divine, que l'étaient ceux de qui ont

(1) L. 38, ff. de neg. gest. (2) L. 38, ff. de neg. gest.

été tirés les lois du Digeste, qu'ils étaient persuadés qu'il est de la nature du bienfait, qu'on ne puisse pas le mettre à usure (1).

Ainsi, toute la conséquence que peut tirer de cette bonne volonté de faire plaisir le créancier qui dit qu'il prête par cette vue, c'est qu'il doit prêter gratuitement, et si le prêt ne l'accommode pas avec cette condition, qui en est inséparable, il n'a qu'à garder son argent, ou en faire quelque autre usage. Et il ne pourra se plaindre, ni que le prêt le prive d'un gain, ni qu'il lui cause la moindre perte. Ce qui sert de réponse à l'objection de ceux qui disent que prêtant ils cessent de gagner, ou que même ils perdent; puisqu'il leur est libre de ne pas prêter, puisque le prêt n'est pas inventé pour le profit de ceux qui prêtent, mais pour l'usage de ceux qui empruntent; et qu'enfin on peut ou donner son argent en rente, ou en faire quelque commerce autre que l'usure, qui ne saurait jamais devenir innocente sous aucun prétexte, puisqu'il n'y en a aucun que Dieu n'ait prévu, et que les défenses si expresses qu'il a faites de l'usure ne fassent cesser. Aussi voit-on que l'Église et la police ont défendu l'usure par tant de lois, non comme une simple injustice, mais comme un grand crime. Car les conciles et les canons répriment l'usure si fortement, qu'ils condamnent comme hérétiques ceux qui la justifient (2), parce qu'en effet c'est une erreur contre l'esprit et les premiers principes de la loi divine. Et les ordonnances la punissent si sévèrement, que la peine de l'usure est en France pour la première fois l'amende honorable et le bannissement, et pour la seconde la peine de la mort (3). Et par cette loi on fait prendre l'usurier, quand il alléguerait que, prêtant son argent, il cessait de gagner, ou que même il en souffrait quelque perte ou quelque dommage.

Le prétexte du profit que peut faire de l'argent prêté celui qui l'emprunte, n'est pas plus considéré par les lois que le sont les autres; et ce n'est aussi qu'une illusion, puisque ce profit, quand il y en aurait pour celui qui emprunte, ne saurait être un titre à celui qui prête pour prendre un intérêt. Car c'est la règle des profits à venir, que pour y avoir part il faut s'exposer aux événemens des pertes qui peuvent arriver, au lieu des profits que l'on espérait. Et le parti d'avoir part à un gain futur, renferme celui de ne point profiter, s'il n'y a pas de gain, et de perdre même si la perte arrive (4). On ne saurait donc sans inhumanité, ni même sans crime, se décharger de la perte et s'assurer du gain; à quoi il faut ajouter ce qui a été dit sur les causes qui rendent les profits licites.

Il ne reste donc pour tout titre de l'usure que la cupidité de celui qui prête, et l'indigence de celui qui emprunte. Et ce sont

(1) Cic. de amicitiâ. Terent. in Phormione. (2) Can. 1, 4, 5. Toto tit. de usur. Clem. de usur. (3) Ord. de Blois, art. 202. (4) L. 10, ff. de reg. jur. Cod. de furt. § 3.

aussi ces deux maux, de différent genre, dont la combinaison a été l'occasion et la source du commerce des usuriers. De sorte qu'au lieu que l'ordre divin forme la conjoncture qui approche celui qui est dans le besoin de celui qui peut le secourir, afin que la vue de l'indigence engage à l'exercice de la charité ou de l'humanité (1), l'usurier fait de cette conjoncture un piége où, selon l'expression de l'Écriture, il se tient en embûche, pour faire sa proie de ceux qui y tombent (2).

On ne s'arrêtera pas aux autres caractères de l'iniquité qui se rencontrent dans l'usure, comme la fainéantise (3), où elle engage l'usurier, par la facilité d'un profit sans industrie, sans risque et sans peine; la liberté qu'a celui qui prête de prendre incessamment son usure, et d'exiger son principal quand il lui plaira, et l'esclavage (4) où l'usure réduit le débiteur sous le fardeau de payer toujours inutilement, et de se sentir à chaque moment exposé à repayer tout dans un contre-temps qui l'accablera. On ne s'étendra pas non plus au détail des inconvéniens de l'usure dans le commerce, et aux troubles et autres maux qu'elle cause dans le public: ils sont assez connus par l'expérience, et il est facile de juger qu'un crime qui éteint l'esprit des premières lois, et qui par là détruit le fondement de la société, y cause des maux; et aussi sont-ils tels qu'on sait qu'à Rome l'usure causa plusieurs séditions (5), et que, parmi nous, ils ont obligé les lois à aigrir la peine des usuriers jusqu'au dernier supplice.

Ces divers maux que cause l'usure, et les caractères d'iniquité qu'on y découvre par les simples principes du droit naturel, sont de justes causes des défenses qu'en a faites la loi divine (6). Et on ne peut douter que l'usure ne soit un grand crime, puisque les prophètes la qualifient un crime détestable, et la mettent au rang de l'idolâtrie, de l'adultère, et des autres grands crimes (7). Ce qui fait bien voir que l'usure blesse l'esprit des lois naturelles; car s'il n'y avait pas d'autre différence entre prêter son argent sans intérêt ou à intérêt, qu'entre prêter son cheval ou bien le louer, il serait impie et ridicule de penser que la loi divine, qui ne défend pas de prendre le prix d'un louage, eût pu défendre l'intérêt du prêt, et l'eût mis au nombre des crimes les plus énormes. De sorte qu'il faut de nécessité que le droit naturel qui n'est pas blessé par le louage, le soit par l'usure; et il l'est aussi de toutes les manières qui ont été remarquées, et qui rendent l'usure si contraire à l'humanité, et d'un caractère d'iniquité si naturellement sensible, qu'elle a été odieuse aux

(1) Prov. 22, 2.— 29, 13. Eccle. 17, 12. (2) Ps. 9, 30. (3) St-Louis, 1254. Leg. 3. Cod. de usur. (4) Prov. 22, 7. (5) Tacit. 6, annal. anno urbis 786. (6) Levit. 25, 35. Deuter. 23, 19, 20. 2 Esdr. 5, 7. (7) Ps. 14, 5. Ezech. 18, 8. Ibid. v. 13. Ibid. 17. Ezech. 22, 12.

nations mêmes qui ont ignoré les premières lois (1). Car elle avait été défendue à Rome dans les premiers siècles de la république, et long-temps avant qu'on y eût connu l'Évangile, et défendue plus sévèrement que le larcin même. Puisqu'au lieu que la peine du larcin n'était que le double, celle de l'usure était le quadruple (2). Ainsi, l'usure y était regardée comme un crime très-pernicieux; et aussi voit-on qu'un Romain célèbre étant un jour interrogé sur ce qu'il pensait de l'usure, ne répondit à celui qui lui faisait cette question, qu'en lui demandant ce qu'il pensait lui-même de l'homicide (3). Et celui qui a remarqué cette réponse a dit en autre lieu que l'usure tue (4). On sait enfin qu'un autre plus ancien, par un tour de raillerie, fit dire par une personne qui cherchait de l'argent, que s'il n'en pouvait trouver par un prêt, il en prendrait à usure, pour marquer qu'il est contre la nature du prêt d'en prendre une usure (5).

Quelqu'un pourra dire sur les défenses de l'usure dans la loi divine, qu'elles n'étaient faites que pour les Juifs entre eux, mais qu'il leur était permis de prêter à usure à des étrangers (6), et que l'usure n'est pas assez expressément défendue par l'Évangile, pour en conclure qu'elle n'est pas illicite par le droit naturel. Et on pourra penser aussi sur cette ancienne loi romaine qui défendait l'usure, qu'elle fut abolie, et que l'usure fut ensuite permise à Rome, comme on le voit dans le Digeste, et même dans le Code. Et il est juste de répondre à ces dernières difficultés pour ceux qui pourraient n'en pas avoir les réponses qui sont bien faciles.

Il est vrai que la loi divine qui défendait l'usure aux Juifs, leur permettait de prêter à usure à des étrangers. Mais il ne faut pas diviser la loi contre elle-même; et cette licence ne saurait changer l'idée que Dieu nous donne de l'usure par la loi même et par les prophètes. Car, puisqu'ils nous disent que l'usure est un crime détestable, il faut que cette vérité subsiste inviolable, et que cette licence n'y soit pas contraire. Et aussi ne l'est-elle pas, comme on le verra par la remarque de deux vérités que nous apprenons de cette même loi, et de l'Évangile, et qui font bien voir que cette licence qui était donnée au peuple juif de prêter à usure à des étrangers, ne donne aucune atteinte à la défense divine de l'usure, et que même cette défense subsiste encore plus forte dans la loi nouvelle.

La première de ces vérités est que la loi était donnée à un peuple choisi parmi tous les autres (7), et qui, lorsque cette loi fut donnée, vivait au milieu d'autres nations, qu'il lui était commandé de tenir toujours pour des ennemis qu'il fallait détruire

(1) Cic. lib. 1, de Offic. (2) M. Cato. de re rust. Tacit. 6. annalium, anno urbis 786. (3) Cic. lib. 2, de Offic. in fine. (4) Cic. pro Cœlio. (5) Plaut. in asinaria. (6) Deuter. 23, 19. (7) Deuter. 7, 6.

sans compassion (1), de crainte que si ceux qui composaient ce peuple choisi, cessaient de considérer ces étrangers comme les ennemis de Dieu et les leurs, ils n'entrassent avec eux dans des liaisons qui les engageassent dans leur idolâtrie et leurs autres crimes (2).

Il suffirait de considérer cette première vérité pour en conclure bien sûrement que la licence de l'usure dans l'ancienne loi à l'égard des étrangers, jointe à la défense de la même usure aux Juifs entre eux, ne prouve autre chose qu'une dispense divine d'exercer l'usure à l'égard de ces peuples ennemis qu'il fallait exterminer, et que cette licence était du même caractère que le commandement qui fut fait à ce même peuple à sa sortie de l'Égypte, d'emprunter et emporter les meubles les plus précieux des Égyptiens (3). Et comme ce commandement ne prouve pas qu'il soit permis de dérober, et n'empêche pas que le larcin ne soit un crime qui blesse le droit naturel, ainsi la licence de l'usure dans des circonstances toutes semblables, ne prouve pas que l'usure ne soit telle que Dieu nous le marque, et par sa loi écrite, et par celle qu'il a gravée dans la nature, et que les païens mêmes n'ont pas ignorée.

L'autre vérité qu'il faut remarquer, est que la loi divine était donnée à un peuple dur et grossier (4), et qu'à cause de leur dureté, elle tolérait de certaines choses que la loi naturelle défendait assez. Ainsi, par exemple, cette loi écrite souffrait le divorce et le permettait (5), quoique contraire au droit naturel, et à cette union si étroite que Dieu a lui-même formée entre le mari et la femme, et dont il est dit qu'il n'est pas permis aux hommes de les séparer (6). Et comme la permission du divorce dans l'ancienne loi serait un très-faux principe pour prétendre de le rendre licite aujourd'hui, ainsi, celle qui fut donnée aux Juifs de prêter à usure à des étrangers, ne saurait nous servir de règle après l'Évangile. Car, de même que personne ne doute plus que le divorce ne soit illicite, et que ce ne soit une vérité, une règle du droit naturel et du droit divin, que le mariage est indissoluble, on ne saurait douter non plus que l'usure ne soit un crime contre le droit naturel et contre le droit divin, et que la licence de l'usure, à l'égard des étrangers ne soit abolie par l'Évangile, aussi bien que la permission du divorce, puisqu'il est certain dans la loi nouvelle, où la vérité est développée des ombres et des figures de l'ancienne loi (7), qu'il n'y a plus de peuples rejetés ni distingués dans le choix de Dieu (8); que le Samaritain est devenu le prochain du Juif (9); et qu'il n'y a plus de

(1) Deuter. 7, 2. (2) Exod. 23, 33. Exod. 23, 24. Deuter. 7, 4, 3. Reg. 11, 2. Exod. 34, 13. (3) Exod. 11, 2, et 12, 35. (4) Exod. 32, 9. Deuter. 9, 6. (5) Deuter. 24, 1. (6) Matth. 19, 8. Matth. 19, 5. Gen. 2, 23. (7) 1. Cor. 10, 11. (8) Act. 10, 35. Rom. 3, 29. et 15, 10. (9) Luc. 10, 30.

distinction du Juif et du Grec, ni d'autre étranger, puisque tous sont appelés à la loi nouvelle, et y sont unis sous l'obéissance au seigneur commun (1). De sorte que la licence de prêter à usure à des étrangers, ne peut subsister pour ceux à qui personne n'est plus étranger, et à qui il est commandé de regarder comme leurs frères tous les hommes de toutes nations indistinctement. Et on peut encore ajouter à ces vérités, que même avant l'Évangile les prophètes, qui préparaient à la loi nouvelle, condamnaient l'usure sans distinction des frères et des étrangers, comme il paraît par les passages qui ont été rapportés.

Pour ce qui est de l'Évangile, on dit que l'usure n'y est pas défendue, parce qu'en un endroit où Jésus-Christ a parlé du prêt, il n'a pas expressément défendu d'en prendre intérêt, mais qu'il a seulement dit qu'il faut prêter sans espérance même de ravoir ce qu'on a prêté (2). La conséquence serait bien meilleure et plus naturelle de conclure de ce même passage, que Jésus-Christ ayant commandé de prêter au péril de perdre, dans les occasions où la charité le demande ainsi, de même qu'il a commandé de donner l'aumône, il veut, à plus forte raison, qu'on ne puisse prendre au-delà de ce qu'on a prêté; et s'il était vrai qu'il eût permis l'usure, ce qu'il a dit de lui-même ne serait pas vrai, qu'il était venu pour donner à la loi sa perfection et son dernier accomplissement, et non pour l'abolir (3), puisqu'il aurait aboli la défense de l'usure, et permis ce que cette loi défendait comme un très-grand crime et des plus contraires à la charité.

S'il est donc vrai qu'on n'oserait penser que Jésus-Christ ait rien dit de contraire à la vérité, il faut reconnaître que cette parole seule, qu'il est venu perfectionner la loi, renferme la défense de l'usure autant que cette défense est renfermée dans tous les préceptes si purs et si saints qu'il nous a donnés, pour nous élever au détachement des biens temporels. Et on ne peut penser qu'il ait souffert la licence de l'usure, sans une impiété qui va jusqu'au blasphème; car c'en est un contre la sainteté divine de Jésus-Christ, de dire que lui qui est venu donner à la loi sa perfection, ait été plus indulgent à l'usure que n'était cette loi qu'il venait perfectionner; et que ce divin législateur de qui il avait été prédit qu'il délivrerait son peuple de l'usure, et de toute autre iniquité (4), et qui devait guérir les hommes de tout attachement aux biens temporels, ait voulu favoriser la cupidité jusqu'à cet excès, de souffrir un commerce que l'ancienne loi et les prophètes avaient condamné comme un crime énorme, et qui est si opposé aux principes de son Évangile.

Pour ce qui est de la licence de l'usure dans le droit romain,

(1) Rom. 10, 12. Gal. 3, 28. Rom. 3. 29 et 15. 10. Act. 10, 28, 35. (2) Luc. 6, 35. (3) Matth. 5, 17. (4) Ps. 71, 14.

c'est une autorité qui ne saurait balancer celle de la loi divine, ni celle des conciles et des ordonnances de nos rois qui condamnent l'usure, et qui la punissent. Mais on peut dire de plus que cette licence de l'usure dans les livres du droit romain, n'est qu'un relâchement des défenses qui en avaient été faites, comme il a été remarqué; de sorte que ce qu'on voit de l'usure dans ces livres, n'a été qu'une condescendance à un mal qui avait vaincu les remèdes, et un abus qui passa pour un juste titre, et qui alla même jusqu'à cet excès, qu'on voit dans une des lois du Digeste (1), que c'est une convention licite de stipuler non-seulement l'usure depuis le prêt jusqu'au terme du paiement, mais de stipuler de plus une usure plus forte, si le débiteur manquait de payer au terme.

Mais on peut dire de plus que cette licence de l'usure dans le droit romain y était injuste, par les principes des jurisconsultes mêmes qui l'ont favorisée. Car on voit dans une loi tirée du premier d'entre eux, que le profit de l'usure n'est pas naturel. *Usura non naturâ provenit, sed jure percipitur.* L. 62, de rei vind. *Usura pecuniæ, quam percipimus, in fructu non est: quia non ex ipso corpore, sed ex aliâ causâ est, id est novâ obligatione.* L. 121, *ff. de verb. signif.* Et ce qui est ajouté dans cette loi 62, *ff. de rei vind.*, que l'usure qui n'est pas un profit naturel, s'exige par un droit, ne signifie pas qu'elle fût due par aucune loi; mais ce droit était une stipulation qu'ils croyaient suffire pour pouvoir prendre l'usure, quoique eux-mêmes jugeassent qu'un simple pacte n'y suffirait pas (2). Ce qui fait bien voir qu'ils ne connaissaient point d'autre titre pour avoir droit de prendre l'usure, que la formalité d'une stipulation. Comme si l'usure, qu'ils reconnaissaient être naturellement illicite, et ne pouvoir même être demandée en vertu d'un pacte, fût devenue licite par la simple prononciation de ces paroles qui faisaient la stipulation.

Toutes ces preuves, qui font voir que l'usure n'est pas seulement illicite, mais qu'elle est un crime, font assez voir aussi qu'il n'y a point de cas où elle soit licite; et que toute convention ou commerce d'intérêt d'un prêt, quelque prétexte qu'on y donne pour le pallier, est une usure criminelle, très-saintement condamnée par les lois civiles et celles de l'Église, et très-justement punie par les ordonnances.

Ces défenses de l'usure en général, c'est-à-dire de tout intérêt du prêt, s'étendent à toutes sortes de conventions usuraires, comme sont les antichrèses, les contrats pignoratifs et autres où l'on pallie l'usure sous l'apparence d'un contrat licite. On n'expliquera pas dans ce titre les règles de ces sortes de contrats, et les caractères qui peuvent distinguer les conventions usuraires de celles qui ne le sont point (3); parce que nos règles sur cette

(1) L. 12, ff. de usur. (2) L. 3. Cod. de usur. L. 24, ff. de præscr. verb. (3) V. la sect. 1 du titre des intérêts.

matière sont différentes de celles du droit romain, où il était permis de prêter à usure, et de prendre même au lieu de l'usure un fonds en jouissance, quoique les fruits se trouvassent de plus grande valeur (1).

Il n'est pas nécessaire d'avertir que dans les défenses de l'usure il ne faut pas comprendre le cas où celui qui a emprunté, ne payant pas au terme, le créancier demande son paiement en justice avec les intérêts pour le retardement depuis sa demande. Car alors celui qui a prêté n'étant plus obligé d'attendre encore de nouveau, il est juste qu'il ait les intérêts pour le dédommager de la perte que lui cause l'injustice du débiteur qui manque de payer au terme. Mais cet intérêt n'a rien de semblable à celui que le créancier prend avant la demande, soit que le débiteur y consente volontairement, ou que le créancier l'exige autrement.

Il n'est pas nécessaire non plus de remarquer qu'on ne doit pas comprendre dans l'usure les contrats des rentes constituées à prix d'argent. Car il y a cette différence essentielle entre le prêt et le contrat de rente, qu'au lieu que dans le prêt le débiteur peut être contraint de payer le principal au terme, le débiteur d'une rente peut garder le principal tant que bon lui semble, en payant la rente. Et d'ailleurs le contrat de rente est une vraie vente que fait celui qui prend l'argent à ce titre; car il vend en effet un revenu certain sur tous ses biens, moyennant un prix.

SECTION PREMIÈRE.

De la nature du prêt.

1. Le prêt est une convention par laquelle l'un donne à l'autre une certaine quantité de ces sortes de choses qui se donnent au nombre, au poids ou à la mesure, comme sont l'argent monnayé, le blé, le vin et les autres semblables, à condition que, comme on cesse d'avoir ces choses quand on en use, celui qui emprunte rendra, non la même chose, mais autant de la même espèce et de pareille qualité (2).

2. Dans le prêt, il se fait une aliénation de la chose prêtée, et celui qui l'emprunte en devient le propriétaire; car autrement il n'aurait pas le droit de la consommer (3).

3. Celui qui prête ces sortes de choses s'appelle créancier, à cause de la créance qu'il a sur la foi de celui à qui il prête; et celui qui emprunte s'appelle débiteur, parce qu'il doit rendre la même somme ou la même quantité qu'il a empruntée. Mais on peut aussi être créancier et débiteur par d'autres causes que par

(1) L. 17, Cod. de usur. (2) Inst. quib. mod. re contr. obl. L. 2, § 1 et 2, ff. de reb. cred. L. 1, ff. de usufr. ear. rer. quæ us. cons. vel. min. Dict. leg. 2, ff. de reb. cred. (3) Inst. quib. mod. re contr. obl. V. l'art. 1 de la sect. 2.

le prêt, parce qu'il y a d'autres manières de devoir que celle du prêt. Ainsi, dans une vente dont le prix est payable à un terme, le vendeur est créancier du prix, et l'acheteur en est débiteur. Ainsi, dans un louage, le propriétaire est créancier des loyers, et le locataire en est débiteur (1).

4. On peut donner à titre de prêt toutes les choses qui sont telles qu'on puisse en rendre de semblables, en même quantité et de pareille qualité. Ainsi, outre l'argent monnayé, le blé, le vin, et les autres grains et liqueurs, on peut prêter de même de l'or ou de l'argent en masse, du cuivre, du fer et autres métaux, des soies, des laines, des cuirs, du sable, de la chaux, du plâtre, et toutes autres matières dont on peut rendre autant, sans différence de quantité et de qualité; de sorte que ce qui est rendu tienne entièrement lieu de ce qui était prêté (2). (C. civ. 1902.) Ainsi, au contraire, on ne donne pas à titre de prêt des animaux et autres choses, qui, quoique de même espèce, sont différentes en qualité dans l'individu, et telles qu'on ne pourrait, contre le gré du créancier, rendre l'une pour l'autre (3).

5. Dans le contrat du prêt, celui qui emprunte, s'obligeant à rendre une somme d'argent ou une certaine quantité pareille à celle qu'il a empruntée, ce contrat est du nombre de ceux où l'obligation ne se forme que par la délivrance de la chose pour laquelle on s'oblige (4).

6. Comme l'argent fait le prix de toutes choses qui entrent dans le commerce, et qu'il est souvent nécessaire de réduire en argent la valeur des choses qu'on se doit l'un à l'autre, il est fréquent et naturel que l'on convertisse en obligation à cause du prêt, celles qui ont d'autres causes toutes différentes. Ainsi, par exemple, quand on vient en compte de sommes ou autres choses fournies de part et d'autres; quand on termine des différends par des transactions, et dans les autres cas semblables, celui qui doit par l'arrêté de compte, par la transaction et par d'autres causes, ne payant pas comptant ce qu'il doit, il s'oblige à cause de prêt, parce qu'on estime en argent ce qu'il peut devoir, et qu'il en devient débiteur de la même manière que s'il empruntait la somme d'argent qui tient lieu de la chose qu'il devait donner (5).

7. Le créancier peut stipuler du débiteur moins qu'il n'a prêté, mais non davantage. Car il peut donner, mais non prendre trop. Et s'il paraissait qu'une obligation fût d'une plus grande somme que celle qui aurait été prêtée, elle serait nulle pour cet excédent, comme étant sans cause (6).

(1) L. 11, ff. de verb. sign. L. 10, eod. L. 1, ff. de reb. cred. L. 2, § 3, eod. (2) Inst. quib. mod. re contr. obl. L. 2, § 1, ff. de reb. cred. (3) Dict. leg. 2, § 1, in fin. ff. de reb. cred. (4) Inst. quib. mod. re contr. obl. V. l'art. 9 de la sect. 1 des convent. (5) L. 42, ff. de fidejuss. et mand. L. 3, § 3, ff. de Senat. Maced. L. 5, § 18, ff. de tribut. act. (6) L. 11, § 1, ff. de reb. cred. V. l'art. 5 de la sect. 1 des convent.

8. Dans le prêt d'argent, le débiteur n'est obligé qu'à rendre la même somme; et s'il arrive après le prêt une augmentation de la valeur des espèces, il ne doit pas rendre la valeur présente des espèces qu'il avait reçues, mais autant qu'elles valaient quand il emprunta. Et si au contraire la valeur des espèces est diminuée, le débiteur ne laisse pas de devoir la somme empruntée (1). (C. civ., 1895.)

Le décret du 12 septembre 1810 détermine les valeurs des pièces de 48 liv. tournois, de 24 liv., de 6 liv. et de 3 liv.: il fixe la pièce de 48 liv. à 47 fr. 20 cent., la pièce de 24 liv. à 23 fr. 55 cent., la pièce de 6 liv. à 5 fr. 80 cent., et la pièce de 3 liv. à 2 fr. 75 cent. Il maintient pour leur valeur nominale les pièces de 30 sous et de 15 sous.—Inséré au Bulletin des lois, n° 312.

9. Dans le prêt du blé, du vin et des autres choses semblables, dont le prix augmente ou diminue, le débiteur doit la même quantité qu'il a empruntée, et ni plus ni moins, soit que le prix en soit augmenté ou diminué (2) (C. civ., 1892.), si ce n'est que dans le cas de l'augmentation du prix, il parût, par les circonstances, que le créancier eût fait un prêt usuraire, comme font, par exemple, ceux qui, au temps de la moisson, prêtent leur blé, qui est à vil prix, pour en ravoir autant dans une autre saison où il sera plus cher. (C. civ. 1246, 1902.)

10. Si on donne de l'argent pour ravoir du blé ou d'autres choses semblables, ou qu'on donne ces sortes de choses pour ravoir de l'argent, ce n'est pas un prêt, mais c'est une vente licite ou illicite selon les circonstances.

11. Si une personne de qui une autre veut emprunter de l'argent, lui donne de la vaisselle d'argent ou autre chose, pour la vendre et en garder le prix à titre de prêt, celui qui l'a prise ne deviendra débiteur à cause de prêt, que par la vente qu'il aura faite. Mais si la chose périt en ses mains avant la vente par un cas fortuit, la perte tombera sur lui, car la chose lui avait été donnée pour son intérêt; que si le maître de cette vaisselle d'argent ayant dessein de la vendre, avait prévenu de sa part, et l'avait donnée à vendre, ajoutant en faveur de celui qui s'en chargeait la liberté d'en garder le prix comme un prêt, et qu'elle périsse avant la vente, par un cas fortuit, la perte tombera sur le maître; car c'était pour son intérêt qu'il l'avait donnée (3).

12. Si celui qui emprunte pour acheter, ou pour employer l'argent à quelque autre affaire, le prend cependant en dépôt, à condition que le prêt n'aura lieu que lors de l'emploi, et que l'argent se perde par un cas fortuit, ce dépositaire en sera tenu, comme si le prêt était consommé, car c'était pour lui-même que l'argent était laissé (4). (C. civ., 1893.)

(1) L. 2, § 1, ff. de reb. cred. L. 3. in fin. ff. de reb. cred. (2) L. 2, ff. de reb. cred. L. 6. in fin. ff. eod. V. l'art. 5 de la sect. 3. (3) L. 11, ff. de reb. cred. ut pretio uteretur. L. 4, eod. (4) L. 4, ff. de reb. cred.

SECTION II.

Des engagemens de celui qui prête.

1. Le premier engagement de celui qui prête, est qu'il soit le maître de la chose prêtée, pour donner le même droit à celui qui l'emprunte. Car on n'emprunte que pour user en maître de la chose, et avoir la liberté de la gouverner (1). (C. civ., 1877, 1893, 1899.)

2. Si celui qui prête n'est pas le maître de la chose prêtée, il n'en transfère pas la propriété à celui qui l'emprunte. Et si celui qui en est le maître la trouvant en nature, la revendique et prouve son droit, celui qui avait emprunté aura son recours et ses dommages et intérêts contre celui qui lui avait prêté (2).

3. Le second engagement de celui qui prête est de donner la chose telle qu'elle soit propre à son usage; car c'est pour cet usage qu'elle est empruntée. Ainsi, il doit donner de l'argent qui ne soit ni faux ni décrié, et des grains ou liqueurs qui ne soient pas altérés ou corrompus. Et il est garant de ces sortes de défauts, selon les règles expliquées dans la sect. 11 du contrat de vente. (C. civ., 1895.)

4. Le troisième engagement de celui qui prête est de ne rien exiger, soit en valeur ou en quantité, au-delà de ce qu'il a prêté (3).

5. Si le débiteur d'une somme ou autre chose conteste avec quelque sujet une partie de la dette, et offre le surplus, le juge peut obliger le créancier à recevoir ce qui n'est pas en contestation; car il est de l'humanité et de l'office du juge de diminuer les sujets des procès (4). (C. civ., 1892.)

Quoique cette règle soit peu observée, on n'a pas laissé de la mettre ici au sens expliqué dans l'article; car elle est pleine d'équité, et il est juste de l'observer selon les circonstances.

On peut prouver par témoins le prêt d'une somme excédant 150 fr., lorsqu'il existe un commencement de preuve par écrit, encore qu'il n'énonce pas la somme prêtée; et, si la preuve n'est pas complète, le tribunal peut déférer le serment à la partie qu'il en croit le plus digne (5).

SECTION III.

Des engagemens de celui qui emprunte.

1. Le premier engagement de celui qui emprunte est de rendre la même somme ou la même quantité qu'il a empruntée, et de la rendre au terme dont on est convenu (6). (C. civ., 1902. s.)

(1) L. 2, § 4, ff. de reb. cred. Inst. quib. mod. re contr. obl. Dict. leg. 2, § 2, ff. de reb. cred. (2) L. 16, ff. de reb. cred. V. L. 13, init. et § 1, eod. V. l'art. 6 de la sect. 10 du Contrat de vente. (3) L. 11, § 1, ff. de reb. cred. (4) L. 21, ff. de reb. cred. (5) Cass. 19 prairial an 13. (6) Inst. quib. mod. re contr. obl. L. 1, § 2, ff. de edendo.

2. Quoique la chose prêtée soit périe par un cas fortuit, avant que celui qui l'a empruntée pût en user, il ne laisse pas d'être obligé d'en rendre autant, car il en a été fait maître par le prêt, et c'est sur lui qu'en doit tomber la perte (1).

3. Si celui qui a emprunté de l'argent est en demeure de payer après le terme, il en devra les intérêts depuis la demande en justice (2), pour dédommager le créancier du retardement. (C. civ., 1904.)

En matière de commerce, l'intérêt moratoire est dû, non-seulement du jour de l'assignation, mais encore du jour du protêt à défaut de paiement. Il ne l'est pas du jour du protêt à défaut d'acceptation (3).

4. Si celui qui a emprunté d'autres choses que de l'argent ne les rend pas au terme, ou ne les rend pas telles qu'il les doit, il en paiera l'estimation (4).

5. L'estimation de la chose empruntée que le débiteur est en demeure de rendre, comme du vin, du blé et autres choses, se fait au prix du temps et du lieu où elle devait être rendue, parce qu'elle était due alors et en ce lieu; et si le temps et le lieu n'étaient pas réglés par la convention, l'estimation s'en fera au prix du temps et du lieu où la demande est faite (5). (C. civ., 1903.) Si ce n'est que les circonstances et les présomptions de l'intention des contractans obligent à régler cette estimation sur un autre pied (6).

6. Celui qui a emprunté du blé, du vin ou autres choses semblables, sans en faire estimation à un certain prix, ce qui ferait une vente, doit rendre du blé et du vin, et les autres choses, non-seulement en même quantité, mais de semblable qualité que celles qu'il avait reçues (7).

7. Si celui qui paie ces sortes de choses ne les paie au terme, ou la valeur, il en devra les intérêts sur le pied de leur estimation, à compter de la demande en justice (8). (C. civ. 1907.)

8. Le débiteur à cause du prêt ne peut jamais devoir les intérêts des intérêts, dont il est en demeure de faire le paiement (9).

SECTION IV.

Des défenses de prêter aux fils de famille.

Le prêt d'argent aux fils de famille leur étant une occasion de débauche, est un des pernicieux effet de l'usure. Et c'était par la facilité d'emprunter des usuriers, que la corruption des mœurs des fils de famille était venue dans Rome à un tel excès et à de

(1) § 2, inst. quib. mod. re contr. obl. L. 11. Cod. si cert. pet. (2) L. 32, ff. de usur. V. l'art. 5 de la sect. 1 du titre des intérêts, et dommages et intérêts. (3) Cass. 25 août 1813. (4) L. ult. ff. de condict. tritic. (5) L. 22, ff. de reb. cred. (6) V. ci-devant l'art. 9 de la sect. 1. (7) L. 3, ff. de reb. cred. Inst. quib. mod. re contr. obl. (8) V. ci-devant l'art. 3 de cette sect. et la sect. 1 du titre des intérêts. (9) L. 28, Cod. de usur. Il en est de même des intérêts dûs pour d'autres causes. V. la règle générale dans le titre des Intérêts, sect. 1, art. 10 et 11.

telles suites, que pour réprimer ce désordre il fut fait un réglement par un sénatus-consulte, appelé Macédonien, du nom de l'usurier qui en fut l'occasion, par lequel toutes les obligations des fils de famille causées de prêt d'argent, étaient déclarées nulles indistinctement. Et si quelque créancier avait prêté pour une cause juste et raisonnable, qui dût faire subsister l'obligation, c'était par une interprétation du sénatus-consulte qu'il fallait en faire l'exception, selon la qualité de l'emploi que le fils de famille faisait de l'argent qu'il avait emprunté.

Mais parce que le prêt en général aux fils de famille n'est pas illicite de soi-même, et qu'il ne devient injuste que par les circonstances du mauvais usage qu'ils peuvent en faire, les défenses générales du prêt aux fils de famille n'étant pas du droit naturel, mais seulement une loi positive du droit romain, elles n'ont pas en France la force de loi. Et il n'est pas de notre usage d'annuler indistinctement, comme faisait ce sénatus-consulte, toutes les obligations de prêt aux fils de famille, mais seulement celles où le prêt est une occasion de débauche; et il dépend de la prudence des juges d'en faire le discernement par les circonstances. Ainsi les règles qu'on va mettre dans cette section doivent être considérées comme des principes d'équité dont l'application doit dépendre du juge.

Il faut remarquer sur cette matière du prêt aux fils de famille, que ce réglement ne regarde pas seulement les fils de famille qui sont mineurs, car leur minorité seule suffirait pour annuler l'obligation, mais qu'il s'étend à ceux qui, étant majeurs, sont encore sous la puissance paternelle, n'ayant pas été émancipés. V. les art. 5 et 6 de la sect. 2 du tit. des *Personnes*.

1. Ceux qui prêtent de l'argent aux fils de famille, sans une juste cause, mais pour leurs débauches, ne peuvent répéter ce qu'ils ont prêté de cette manière (1). Et il en serait de même, si au lieu d'un prêt d'argent on avait déguisé l'obligation sous l'apparence d'un autre contrat (2), ou prêté d'autres choses que de l'argent (3). Et c'est par les circonstances qu'on doit juger du motif du prêt, et s'il doit subsister ou être annulé (4).

2. L'obligation des fils de famille qui se trouve sujette à être annulée par le vice du motif du prêt, ne sera pas validée par la mort du père (5); car elle était vicieuse dans son origine, et ce n'est pas tant en faveur du fils de famille qu'elle est annulée, qu'en haine du créancier qui avait fait un prêt illicite (6).

3. Après que le fils de famille est émancipé, ces défenses cessent; et son obligation subsiste sans qu'on entre en connaissance des motifs du prêt. Et il en serait de même si celui qui n'était

(1) L. 1, ff. de senat. Macedon. (2) L. 3, § 3, ff. de senat. Maced. (3) L. 7, § 3. (4) V. L. 7, § 2, § 13, et § 14. (5) L. 1, ff. de senat. Maced. (6) L. 9, § 4, eod.

pas en effet émancipé agissait de sorte qu'il parût publiquement père de famille (1).

Les défenses n'étant que de prêter aux fils de famille, elles cessent à l'égard de celui qui est émancipé; car il est devenu père de famille. (V. les art. 5 et 8 de la sect. 2 du titre des *Personnes.*)

4. Si le père a approuvé ou ratifié l'obligation, s'il en paie une partie, ou si le fils l'acquitte lui-même, l'obligation ou le paiement ne pourront plus être révoqués (2).

TITRE VII.

Du dépôt et du séquestre.

Il arrive souvent que les maîtres ou possesseurs des choses sont obligés de les laisser en garde à d'autres personnes, soit parce qu'ils se trouvent dans des conjonctures qui les empêchent de les garder eux-mêmes, ou parce qu'elles ne seraient pas en sûreté s'ils les avaient en leur puissance, ou pour d'autres causes. Et dans tous ces cas on y pourvoit, en les mettant entre les mains de personnes qu'on croit fidèles, et qui veulent s'en charger. C'est cette convention qu'on appelle dépôt.

Comme le dépôt se fait le plus souvent en secret et sans écrit, et que c'est une convention dont l'usage est fréquent et très-nécessaire, et dont la sûreté dépend de la foi de celui qui s'en charge (3), il n'y a point aussi d'engagement qui demande plus particulièrement la fidélité, que celui du dépositaire.

Cette première espèce de dépôt ne se passe qu'entre deux personnes : l'une qui dépose la chose, et l'autre qui s'en charge. Mais il y a une autre sorte de dépôt, lorsque deux ou plusieurs personnes étant en contestation sur les droits de propriété ou de possession que chacun d'eux prétend à une même chose, on la met entre les mains d'un tiers qu'on appelle séquestre, pour la garder jusqu'à ce que la contestation soit finie, et pour la rendre à celui qui en sera déclaré le maître. Et l'usage de ce dépôt est de prévenir les mauvaises suites qu'attirerait l'entreprise de celui des contendans qui voudrait se rendre maître de la chose, et en priver les autres. Ainsi, l'effet de ce dépôt entre les mains d'un séquestre, est de conserver à chacun de ceux qui le font, le droit qu'il peut avoir en la chose séquestrée, en conservant la chose même; et de les priver tous de l'usage de ce droit en ce qui regarde la possession et la jouissance, mettant en sûreté les fruits et autres revenus, si la chose en produit, pour être rendus avec le fonds à celui qui s'en trouvera le maître.

Les séquestres peuvent être nommés ou par les parties de gré à gré lorsqu'elles en conviennent, ou en justice lorsque l'incer-

(1) L. 3, ff. de senat. Maced. V. L. 3, ff. de off. Præt. (2) L. 12, ff. de senat. Maced. L. 7, § 15, eod. L. 9, § 4, eod. (3) L. 1, ff. depos.

titude du vrai maître d'une chose contentieuse, et la nécessité d'en commettre à quelqu'un la garde et le soin, obligent le juge à ordonner qu'elle soit mise en séquestre pendant le procès. Et c'est un dépôt judiciaire, différent de celui qui se fait de gré à gré, en ce que celui-ci est une convention, et que l'autre est un règlement ordonné par le juge.

Le dépôt ou séquestre qui s'ordonne en justice n'est pas de ce dessein, car il fait partie de l'ordre judiciaire; mais parce que les règles naturelles du dépôt conventionnel ont aussi la plupart leur usage pour les séquestres ordonnés en justice, on pourra y appliquer les règles de ce titre qui s'y rapporteront.

Quoique l'usage du dépôt paraisse borné aux choses mobilières à cause de l'origine de ce mot, qui marque un changement de place de ce qui est déposé, et que le séquestre soit principalement en usage pour les immeubles, on peut néanmoins séquestrer les meubles, lorsque la possession en est contestée; et on peut aussi donner en garde des immeubles par forme de dépôt selon le besoin, comme font ceux qui, pendant leur absence, donnent leur maison et tout ce qu'ils y ont en garde à un ami à qui ils en déposent les clefs; et la maison même est comme en dépôt en la puissance de celui à qui la garde en est commise, soit qu'il y habite ou qu'il n'y habite point.

Il se fait une autre sorte de dépôt dans les gageures, lorsque ceux qui en font, déposent le prix entre les mains d'un tiers. Ainsi, on fait des gageures où le prix est donné à l'adresse dans quelque exercice honnête, comme des armes, de la course, et autres; et c'était la seule espèce de jeux où il fût permis par le droit romain de jouer de l'argent; encore n'était-il permis de jouer que très-peu de chose (1). (C. civ. 1965, 1966.)

Comme ce dépôt de la gageure n'a pas d'autres règles que celles des autres dépôts, et la convention de ceux qui le font, on ne mettra rien dans ce titre qui regarde les gageurs en particulier.

Il y a encore une autre espèce de dépôt qu'on appelle nécessaire, parce que c'est la nécessité qui l'a mis en usage. Ainsi, dans un incendie, dans une ruine, dans un naufrage ou autres cas semblables, on met chez les voisins, ou l'on donne à d'autres qui s'y rencontrent, les choses qu'on sauve de ces sortes de pertes; et quoique ce soit souvent sans convention, au moins expresse, comme quand on jette les meubles des maisons qui se brûlent, dans celles des voisins, l'équité naturelle oblige étroitement ceux à qui on donne quelque chose en garde dans ces sortes d'occasions, à en prendre soin. Et les lois romaines punissaient ceux qui ne rendaient pas le dépôt de cette nature, de la peine du double (2).

(1) L. 2, § 1, et L. 3, ff. de alcat. Vid. tot. tit. Cod. eod. L. 1, in fin. Cod. eod.
(2) L. 1, § 1 et § 4, ff. depos. § 17. Inst. de action.

Comme ce dépôt, quoique nécessaire, est toujours une espèce de convention expresse ou tacite, et qu'il oblige de même, et par les mêmes règles que les autres dépôts, on le placera aussi dans ce titre.

On ne met pas au rang des matières de ce titre le dépôt des choses qu'on saisit sur les débiteurs, et que la justice commet à des gardiens ou commissaires. Car, outre que ce dépôt n'est pas une convention, il est de l'ordre judiciaire et n'est pas une matière de ce dessein, quoique plusieurs des règles qui seront expliquées dans ce titre puissent s'y appliquer.

Il y a aussi une autre sorte de dépôt des hardes et des marchandises que les voyageurs mettent entre les mains des hôteliers et voituriers sur terre et sur mer. Mais comme ce dépôt n'est qu'une suite de l'engagement de ces sortes de personnes, et qu'elles répondent non-seulement de leur fait, mais encore de celui de leurs domestiques et de leurs commis, c'est une matière qui aura son lieu dans le titre 16 de ce livre, où il sera parlé des engagemens de ces personnes. (C. civ. 1952, 1953.)

SECTION PREMIÈRE.

De la nature du dépôt.

1. Le dépôt est une convention par laquelle une personne donne à une autre quelque chose en garde (1) (C. civ. 1915.), et pour la lui rendre quand il lui plaira de la retirer (2).

Lorsqu'on a reçu pour soi et pour ses cohéritiers, à la charge de leur faire ratifier le paiement, on n'est obligé envers le débiteur que comme dépositaire, si, par le défaut de ratification, le paiement n'est valable que pour la part qu'on a reçue (3). La remise à quelqu'un d'une somme d'argent, avec charge de payer à un tiers indiqué, ne constitue pas un dépôt (4).

2. Le dépôt doit être gratuit; car autrement ce serait un louage, où le dépositaire louerait son soin (5). (C. civ. 1917.)

3. Quoique le dépôt ne soit proprement que des meubles (C. civ. 1918.), on peut donner en garde des immeubles, comme une maison ou un autre fonds, et les fruits qui en proviendront (6). (C. civ. 1959.)

4. On peut déposer non-seulement ce qu'on a en propre, mais ce qui est à d'autres personnes; soit qu'on l'ait en sa puissance de bonne foi, comme un procureur constitué, ou qu'on le possède de mauvaise foi. Ainsi, les voleurs mêmes et les larrons peuvent déposer ce qu'ils ont volé ou dérobé; car il est juste qu'il soit conservé pour être rendu au maître (7).

(1) L. 1, ff. dep. (2) L. 1, § 22, ff. dep. (3) Cass. 11 janvier 1808. (4) Cass. 12 et 20 mai 1814. (5) L. 1, § 8, ff. dep. (6) L. 38, § 10, ff. de usur. L. 1, § 24, ff. dep. (7) L. 1. § 39, ff. dep.

5. Le dépôt de ce qui est à un autre, n'oblige pas le dépositaire de le rendre à celui qui l'a déposé, si le maître se fait connaître. Ainsi, si c'est un voleur qui ait déposé ce qu'il avait volé, la fidélité du dépôt n'oblige plus envers ce voleur; mais la connaissance du vol oblige à rendre la chose à son maître (1). Que s'il y a du doute dans le droit de celui qui se dit le maître, ou que ce droit lui soit contesté par celui qui a déposé, le dépositaire devient alors un dépositaire de justice, et comme un séquestre; et il doit attendre que la contestation ait été réglée, pour rendre la chose à celui qui en sera reconnu le maître. (C. civ. 1938.)

6. Si une personne dépose une chose qui soit à une autre, ou un domestique celle de son maître, le dépositaire peut la rendre à celui qui l'a déposée, s'il n'a pas de juste cause de douter qu'il rendra mal; comme il en aurait s'il savait que ce domestique, par exemple, n'est plus au service de cette personne, ou qu'il dût se défier de sa fidélité. Et c'est par les circonstances qu'on pourra juger si le dépositaire a dû rendre à un autre qu'au maître (2).

7. Comme il est de la nature du dépôt qu'il n'est pas fait pour l'intérêt du dépositaire, ainsi que le prêt à usage, mais pour le seul intérêt de celui qui dépose, il peut le retirer lorsque bon lui semble, quand même il y aurait un temps réglé par le dépôt; car il dépend du maître de reprendre la chose déposée quand il le voudra, pourvu que ce ne soit pas dans un contre-temps où le dépositaire ne puisse la rendre par quelque obstacle qui ne doive pas lui être imputé (3). (C. civ. 1944.)

Le dépôt fait *dans l'intérêt d'un tiers*, envers lequel le dépositaire lui-même s'est engagé pour la conservation de la chose déposée, ne peut être rendu au déposant que du consentement du tiers (4).

8. Le dépôt n'obligeant qu'à la simple garde, il est de la nature de ce contrat que la chose déposée soit rendue dans le lieu où elle est gardée (C. civ. 1943); et le dépositaire n'est pas obligé de la transporter pour la délivrer, si ce n'est qu'il l'eût mise de mauvaise foi en un autre lieu que celui où il devait la garder (5).

9. Le dépôt ne s'étend pas seulement à ce qui a été déposé; mais si la chose déposée produit quelques fruits ou autres revenus, ce qui en sera provenu entrera aussi dans le dépôt, et le dépositaire en sera chargé comme de la chose même qui lui a été donnée. (C. civ. 1936.) Ainsi, celui qui aurait pris en garde un troupeau de moutons et de brebis, rendra la laine et les agneaux qui en seront provenus (6).

10. Si l'on dépose de l'argent ou quelque autre chose, laissant au dépositaire la liberté de s'en servir, et qu'il n'en fasse aucun usage, il ne sera tenu que des engagemens d'un dépositaire, et

(1) L. 31, § 1, ff. depos. (2) L. 11, ff. depos. (3) L. 1, § 45, et § 46, ff. dep. L. 1, § 22, ff. depos. (4) Rejet, 26 août 1813. (5) L. 12, § 1, ff. depos. (6) L. 1, § 23 et 24, ff. dep. L. 38, § 10, ff. de usur.

suivant les règles qui seront expliquées dans la sect. 3. Mais s'il se sert de la chose déposée, son engagement changeant de nature, il sera tenu, ou selon les règles du prêt à usage, si c'est une chose qui demeure en nature, ou selon les règles du prêt, si elle est telle qu'il cesse de l'avoir quand il en usera (1).

11. Si la chose déposée appartient à plusieurs personnes, soit qu'il y en eût plusieurs propriétaires au temps du dépôt, ou qu'elle ait passé à plusieurs héritiers de celui qui l'avait déposée, le dépositaire ne doit la rendre qu'à tous ensemble si elle ne peut se diviser, ou à chacun sa portion si elle est divisible; comme si c'est une somme d'argent, et que tous conviennent de leurs portions. (C. civ. 1939.) Si le dépôt était cacheté, il ne sera ouvert qu'en présence de tous ensemble pour leur être remis. Que s'il y avait des absens ou des contestations entre les présens, le dépositaire ne rendra le dépôt qu'en prenant sa sûreté pour sa décharge à l'égard de tous, ou la demandant en justice, et consignant le dépôt dans les formes, pour être ensuite pourvu par le juge à l'ouverture et au partage du dépôt, avec les sûretés pour ceux qui seraient absens (2).

Lorsqu'un dépôt a été fait avec destination, le déposant en conserve la propriété jusqu'à ce que la destination ait été accomplie; et, s'il vient à mourir avant que la destination soit accomplie, le dépôt doit être rendu aux héritiers, non à la personne indiquée pour le recevoir. Ainsi, le dépôt, fait entre les mains d'un tiers, d'une certaine somme, pour être distribuée aux pauvres d'une paroisse, ne donne pas à ces pauvres un droit de propriété sur la somme déposée; de telle sorte qu'après la mort du déposant ils aient une action pour la revendiquer au préjudice et *contre la volonté des héritiers* (3).

12. Si dans le cas d'un dépôt appartenant à plusieurs héritiers, un d'entre eux ayant retiré sa portion, le dépositaire devient insolvable, cet héritier ne sera pas tenu de la rapporter à ses cohéritiers (4). Car encore que ce qu'il a reçu fût commun à tous, pendant qu'il était entre les mains du dépositaire, cet héritier n'ayant reçu que sa portion par sa diligence, avant l'insolvabilité du dépositaire, les autres doivent souffrir cet événement, ou comme un effet de leur négligence, ou comme un cas fortuit qui tombe sur eux.

13. Si plusieurs font un même dépôt, et qu'il soit convenu que l'un d'eux, ou chacun seul pourra retirer le tout, le dépositaire sera déchargé en rendant le dépôt à celui qui peut seul le demander. Et s'il n'est pas réglé à qui il rendra le dépôt, il sera restitué suivant la règle expliquée dans l'art. 11 (5). (C. civ. 1937.)

Le dépôt fait entre les mains d'un tiers pour assurer le paiement des frais à faire, est une consignation que le consignataire ne peut restituer

(1) L. 1, § 34, ff. dep. (2) L. 1, § 36, ff. dep. L. 14, eod. (3) Rejet, 22 nov. 1819. (4) L. ult. Cod. depos. (5) L. 1, § 44. ff. depos.

sans le consentement de ceux dans l'intérêt desquels elle a été faite (1). Celui au profit de qui est faite une reconnaissance de dépôt n'est point passible du droit d'enregistrement que comporte cette reconnaissance, s'il déclare ne vouloir ni accepter ni tirer aucun profit, soit du dépôt, soit de la reconnaissance (2).

14. Si deux ou plusieurs personnes se sont rendues dépositaires d'une même chose, chacun d'eux sera tenu de rendre le tout. Car on ne rend pas le dépôt, si on ne le rend entier; et ils répondront l'un pour l'autre, même de leur dol commun, sans que la demande contre un seul ôte le droit d'agir ensuite contre tous les autres, jusqu'à ce que le tout soit restitué (3).

15. Le dépositaire qui use de la chose déposée contre le gré du maître, commet une espèce de larcin, et il sera tenu de tous les dommages et intérêts qui en seront suivis (4). (C. civ. 1930.)

16. Si le dépôt est fait pour l'intérêt du dépositaire, comme si quelque meuble lui est laissé pour le vendre, et en garder le prix à titre de prêt, ou si une somme d'argent lui est baillée à condition que s'il fait une acquisition, il s'en servira, et qu'il arrive que ce qui était donné à cette condition vienne à périr avant l'emploi, ce dépositaire en sera tenu, quand ce serait même par un cas fortuit (5). Car il n'était pas dépositaire pour rendre au maître, mais pour vendre et employer pour soi ce qu'il avait pris de cette manière; ce qui change la nature et l'effet du dépôt.

17. On peut déposer des choses qu'on ne montre point au dépositaire; comme si on lui donne à garder une cassette cachetée ou fermée à clef (C. civ. 1931), sans lui faire connaître si on y a mis de l'argent, des papiers ou autres choses. Et, en ce cas, il n'est tenu que de rendre la cassette dans le même état, sans répondre des choses que celui qui dépose pourrait prétendre y avoir mises. Mais si on a montré au dépositaire le détail de ce qui est déposé, il doit répondre de chacune des choses dont il s'est chargé (6).

SECTION II.

Des engagemens de celui qui dépose.

1. Si le dépositaire se trouve obligé, ou par la qualité de la chose déposée, ou par quelque événement à quelque dépense pour la garder, il recouvrera ce qu'il aura fourni. (C. civ. 1947.) Comme si, par exemple, il avait été obligé de louer une écurie pour garder un cheval donné en dépôt.

C'est une suite de la nature du dépôt, qui n'étant fait que pour l'intérêt de celui qui dépose, ne doit pas être à charge au dépositaire.

(1) Cass. 26 août 1813. (2) Rejet, 2 mai 1815. (3) L. 1. § 43, ff. depos. V. L. 15, ff. de tutelæ et rat. dist. L. 22, ff. depos. (4) § 6, inst. de obl. quæ ex del. nasc. L. 3. Cod. depos. (5) L. 4, ff. de reb. cred. (6) L. 1. § 41. ff. depos.

2. Le dépositaire recouvrera aussi les dépenses faites pour conserver ce qui est déposé, comme s'il y a fait quelque réparation, ou si ayant en garde quelques bestiaux, il avait fourni la dépense de leur nourriture (1).

3. Si pour rendre ce qui est en dépôt, il faut des voitures pour le transport, le dépositaire n'en est pas tenu, et le maître est obligé de venir le prendre, et de faire les frais du transport, s'il y en a, ou d'en rembourser le dépositaire s'il les a fournis (2). (C. civ. 1942.)

4. Si le dépositaire ne veut plus garder la chose déposée, et veut s'en décharger, soit après le temps réglé par la convention, si on y a pourvu, ou même auparavant, celui qui a déposé sera tenu de reprendre la chose, pourvu que ce ne soit pas dans un contre-temps où, le dépositaire pouvant sans dommage garder le dépôt, le maître ne pourrait commodément le retirer. Car en ce cas, il faudrait régler un temps pour décharger le dépositaire.

Par la même raison qu'il est permis à celui qui dépose de retirer le dépôt avant le temps, et quand il lui plait (3).

SECTION III.

Des engagemens du dépositaire et de ses héritiers.

1. Comme le dépositaire est obligé de garder ce qui lui est confié, il est par conséquent tenu d'en prendre quelque soin (4). Mais, parce qu'il rend cet office gratuitement, et seulement pour faire plaisir, sa condition est distinguée de celle des personnes qui, pour leur propre intérêt, ont en leurs mains les choses des autres, comme celui qui emprunte et celui qui loue, et le dépositaire n'est tenu que selon les règles qui suivent.

2. Le dépositaire est tenu d'avoir le même soin pour les choses déposées qu'il a pour les siennes. (C. civ. 1927.) Et il serait infidèle au dépôt, s'il y veillait moins qu'à ce qui est à lui (5).

3. Si le dépositaire laisse perdre, périr ou détériorer la chose déposée par quelque dol ou mauvaise foi, ou par quelque faute ou négligence inexcusable, il en sera tenu (6). Et la faute sera de cette qualité, si elle est telle que le dépositaire n'y fût pas tombé, selon sa conduite ordinaire dans ses propres affaires (7).

4. C'est aussi une faute inexcusable, et dont le dépositaire doit être tenu, s'il manque aux précautions où nul autre ne manquerait, comme de mettre de l'argent en lieu de sûreté (8).

(1) L. 23, ff. depos. L. 8, in fin. ff. eod. V. l'art. 7 de la sect. 3 du Louage, et l'art. 4 de la sect. 3 du Prêt à usage. (2) L. 12, ff. depos. (3) V. ci-devant l'art. 7 de la sect. 1. V. L. 1, § 36, ff. depos. in verbis. (4) L. 1, ff. depos. (5) L. 32, ff. depos. (6) L. 1. Cod. depos. L. 32, ff. eod. (7) Dict. leg. (8) L. 223, ff. de verb. signif. Par la loi divine le dépositaire répond du larcin; car il n'arrive que faute de soin. Quod si furto ablatum fuerit, restituet damnum domino. Exod. 22, 10, 12 V. l'art. 3 de la sect. 8 du Louage, et l'art. 2 de la sect. 2 du Prêt à usage.

5. Si le dépositaire est une personne de peu de sens, ou un mineur sans expérience, ou un homme négligent en ses propres affaires, comme serait un prodigue, celui qui a déposé entre les mains d'un tel dépositaire, ne pourra en exiger le soin d'un père de famille soigneux et vigilant. Et si le dépôt périt par quelque faute que cette personne n'ait pas été capable d'éviter, celui qui avait déposé doit s'imputer d'avoir mal choisi son dépositaire (1). (C. civ. 1926.)

Il faut entendre les expressions de ce texte en un sens qui s'accorde avec les règles précédentes. Car on ne doit pas décharger indistinctement les dépositaires, des pertes qui peuvent arriver par leur paresse et leur négligence.

6. Si la chose déposée vient à se perdre ou à périr, soit par sa nature, comme si un cheval, quoique gardé, s'échappe et se perd, ou par un cas fortuit, sans qu'on puisse l'imputer au dépositaire, il sera déchargé, en rendant du dépôt ce qui en pourra rester (2).

7. Si par quelque considération particulière on avait réglé à quoi sera tenu le dépositaire, son engagement tiendrait lieu de loi. Et il serait tenu de répondre, soit de ce qui pourrait arriver faute du soin qu'il s'était obligé de prendre, ou des événemens dont il se serait chargé. Car le dépôt ne lui aurait pas été confié sans cette condition (3). (C. civ. 1928.)

8. Si le dépositaire n'étant pas prié, s'est ingéré lui-même à se charger du dépôt, il sera tenu, non-seulement du dol et des fautes grossières, mais des autres fautes. Car celui qui voulait déposer, aurait pu en choisir un autre plus sûr. Mais ce dépositaire ne sera pas tenu de ce qui pourrait arriver sans sa faute par un cas fortuit (4).

9. Si le dépositaire ayant vendu ou autrement aliéné la chose déposée, la retire et la remplace, il sera tenu dans la suite, non-seulement du dol et des fautes grossières, mais des moindres fautes, en punition de sa première mauvaise foi (5).

10. Si le dépôt étant demandé, le dépositaire qui peut le rendre est en demeure, son retardement le rendra responsable, non-seulement de ses moindres fautes, mais des cas fortuits qui pourraient arriver depuis la demande (6). (C. civ. 1929.) Mais si la chose périt par sa nature sans autre cas fortuit, et qu'elle dût périr quand même le dépositaire l'aurait rendue à temps, cette perte n'étant pas un effet de son retardement, il n'en est pas tenu (7).

(1) L. 32, ff. depos. § 3, inst. quib. mod. re contr. obl. (2) L. 1. Cod. depos. V. L. 12, § 3. L. 14, § 1, ff. eod. L. 23, in fin. ff. de reg. jur. Vid. L. 5, § 2, ff. de cond. caus. dat. caus. non sec. V. L. 10, ff. dep. Exod. 22, 13. (3) L. 1. § 6, ff. dep. Dict. leg. § 35. L. 23, ff. de reg. jur. L. 1. Cod. dep. L. 7, § 15, ff. de pact. L. 1, § 35, ff. depos. (4) L. 1, § 35, ff. depos. (5) L. 1, § 25, ff. depos. (6) L. 12, § 3, ff. dep. V. l'art. 3 de la sect. 7 du Contrat de vente, et l'art. 2 de la sect. 4 du tit. des Dommages causés par des fautes. (7) L. 14, § 1. ff. depos. V. ce même art. 3 de la sect. 7 du Contrat de vente.

Quoique la chose périsse par sa nature, il faut juger par les circonstances si le retardement du dépositaire doit être impuni. Car si la chose déposée était en bon état lors de la demande, et que le propriétaire eût pu la vendre, comme si c'était un cheval déposé par un maquignon, le retardement étant sans juste cause, ce serait, ou une mauvaise foi, ou une faute du dépositaire qui pourrait le rendre responsable d'une telle perte (1).

11. S'il est convenu que le dépôt sera rendu en l'un de plusieurs lieux, le dépositaire aura le choix du lieu (2).

12. L'héritier du dépositaire est tenu du fait du défunt, même de son dol (3).

13. Si après la mort du dépositaire, son héritier ignorant le dépôt vend la chose déposée qu'il croit être de la succession; comme s'il arrive que le mémoire qu'avait fait le dépositaire pour la conservation du dépôt étant sous un scellé avec les autres papiers, il soit cependant nécessaire de vendre quelques effets mobiliers, et que la chose déposée s'y trouve mêlée, sans que rien ne puisse la distinguer, comme si c'était un cheval qui, se trouvant avec d'autres dans l'écurie, eût été vendu, celui qui l'avait déposé, ayant peut-être même négligé de le retirer; cet événement serait comme un cas fortuit qui déchargerait cet héritier de la restitution du dépôt, en rendant le prix de la vente qui en aurait été faite (4) (C. civ. 1935.), le propriétaire conservant toujours son droit de revendiquer la chose entre les mains de celui qui en serait saisi.

On a mis dans cet article les circonstances particulières qui peuvent justifier la conduite de cet héritier. Car il pourrait y avoir d'autres circonstances où l'héritier ne serait pas facilement déchargé sur la prétention d'avoir ignoré le dépôt, puisqu'il est tenu du fait du défunt, comme il a été dit dans l'art. précédent, et que le défunt était obligé de distinguer la chose déposée de celle qui était à lui par quelque marque ou quelque mémoire. Ainsi, il semble que c'est par les circonstances de la qualité des personnes, de celle de la chose déposée, de la conduite du dépositaire, de celle de son héritier, et les autres semblables, qu'il faut juger à quoi cet héritier peut être obligé.

Il faut remarquer, dans la loi citée sur cet article, qu'encore qu'elle décharge l'héritier de celui qui avait emprunté une chose, si cet héritier l'a vendue, de même qu'elle décharge l'héritier du dépositaire, on n'a pas mis cette règle dans le titre du prêt à usage; car au lieu que le dépôt n'est que pour l'intérêt de celui qui dépose, le prêt à usage n'est que pour celui qui emprunte. Et par cette raison il paraît plus juste de faire tomber cette perte sur cet héritier, que sur celui qui avait prêté. (V. *Exod.* 22, 14.)

14. Le dépositaire ne peut retenir la chose mise en dépôt par compensation de ce que pourrait lui devoir celui qui l'a déposée,

(1) L. 15, § ult. ff. de rei vind. (2) L. 5 § 1, ff. depos. (3) L. 7, § 1, ff. depos. (4) L. 1, § ult. et L. 2, ff. depos.

quand ce serait même un autre dépôt; mais chaque dépositaire serait obligé de rendre le sien (1). (C. civ. 1948.)

SECTION IV.

Du Séquestre conventionnel.

1. Le séquestre conventionnel est un tiers choisi par deux ou plusieurs personnes pour garder en dépôt un meuble ou immeuble, dont la propriété ou la possession est contestée entre eux, et pour le rendre à celui qui en sera reconnu le maître. (C. civ. 1956.) Ainsi, chacun d'eux est considéré comme déposant seul la chose entière. Ce qui les distingue de ceux qui, déposant une chose commune entre eux, n'y ont chacun que leur portion (2).

2. Pendant qu'une chose est en séquestre, chacun de ceux qui l'ont déposée est considéré comme pouvant en être déclaré le maître. Ce qui leur donne à tous et à chacun seul le droit de veiller à ce que le séquestre s'acquitte du soin que cette fonction l'oblige de prendre, soit pour la conservation de la chose, ou, si c'est un fonds, pour les réparations ou pour la culture (3).

3. Comme le séquestre d'un héritage doit le faire cultiver et en prendre soin, cette espèce de dépôt n'est pas d'ordinaire gratuite. (C. civ. 1957.) Mais il donne un salaire au séquestre, outre ses dépenses, pour le temps et la peine qu'il emploie à sa commission; ce qui la distingue du simple dépôt qui doit être gratuit, et oblige le séquestre au même soin que celui qui entreprend un ouvrage à faire (4).

4. Pendant qu'une chose est en dépôt, le maître en conserve la possession, et son dépositaire possède pour lui. Et dans le séquestre, la possession du vrai maître demeure en suspens; car on ne peut dire d'aucun qu'il possède, puisqu'au contraire tous sont dépouillés de la possession. Mais parce que le séquestre ne possède que pour conserver la chose à celui qui en sera déclaré maître, cette possession, après la contestation finie, sera considérée, à l'égard du maître, comme s'il avait toujours possédé lui-même; et elle lui sera comptée pour acquérir la prescription (5).

5. Après que la contestation est finie, le séquestre est obligé de rendre compte à celui qui est reconnu le maître, et de lui restituer la chose séquestrée, et les fruits, si elle en produit, étant payé de ses salaires et de ses dépenses (6).

C'est la condition essentielle de cette espèce de dépôt, qui n'est fait que pour conserver la chose à celui qui en sera déclaré le maître.

(1) L. 11. Cod. depos. L. ult. Cod. de compens. in fin. (2) L. 17, ff. depos. L. 6. ff. eod. (3) L. 17, ff. depos. L. 5, § 1, eod. (4) L. 1, § 9, ff. depos. V. la sect. 8 du titre du Louage. (5) L. 17, § 1, ff. depos. L. 39, ff. de adq. vel am. posses. (6) L. 5, § 1, ff. depos.

6. Si le séquestre veut être déchargé, et que ceux qui l'avaient nommé, ou quelqu'un d'eux n'y consente pas, il doit se pourvoir en justice, et les faire appeler tous pour en nommer un autre. Car ayant accepté une commission qui a diverses suites, et qui devait durer jusqu'à ce que la contestation fût terminée, il ne doit pas être déchargé sans de justes causes (1).

7. On peut appliquer au séquestre les règles du dépôt qui peuvent s'y rapporter (2).

SECTION V.

Du Dépôt nécessaire.

1. Le dépôt nécessaire est celui des choses qu'on sauve d'un incendie, d'une ruine, d'un naufrage, d'une agression de voleurs, d'une sédition, ou autre occasion subite et fortuite, qui oblige à mettre ce qu'on peut garantir entre les mains de ceux qui s'y rencontrent, soit voisins ou autres (3). (C. civ. 1949.)

2. Ce dépôt, quoique nécessaire, ne laisse pas d'être volontaire et conventionnel, parce que la délivrance des choses à ceux à qui on les donne en dépôt, tient lieu d'une convention expresse ou tacite (4).

3. Celui qui est chargé d'un dépôt nécessaire, doit autant ou plus de fidélité que tout autre dépositaire, non-seulement par la commisération que demande la cause de ce dépôt, mais par la nécessité qui le met entre ses mains, sans qu'on ait la liberté d'en choisir un autre (5); et s'il manque à rendre le dépôt, ou s'il y malverse, il est de l'intérêt public que cette infidélité soit vengée et réprimée par quelque peine, selon la prudence du juge dans les circonstances.

4. On peut appliquer à cette espèce de dépôt les autres règles qui ont été expliquées dans ce titre, selon qu'elles peuvent s'y rapporter.

TITRE VIII.

De la société.

Tous les hommes composent une société universelle où ceux qui se trouvent liés par leurs besoins, forment entre eux de différens engagemens proportionnés aux causes qui les rendent nécessaires les uns aux autres. Et parmi les différentes manières dont les besoins des hommes les lient ensemble, les sociétés, dont il sera parlé dans ce titre, sont d'un usage nécessaire et assez fréquent : et on en voit plusieurs et de plusieurs sortes.

(1) L. 5, § 2, ff. depos. (2) L. 5, § 1, ff. depos. (3) L. 1, § 2, ff. depos. Tumultûs. V. dict. leg. 1, § 1. (4) § 3, inst. quib. mod. re contr. obl. (5) L. 1, § 1, ff. depos. L. 1. § 4, ff. eod.

L'origine de cette espèce de liaison est la nature de certains ouvrages, de certains commerces, et d'autres affaires dont l'étendue demande l'union et l'application de plusieurs personnes. C'est ainsi qu'on fait des sociétés pour des manufactures, pour des commerces de marchandises, pour des fermes du roi ou des particuliers, et pour d'autres affaires de plusieurs natures, selon qu'elles demandent le concours du travail, de l'industrie, du soin, du crédit, de l'argent et d'autres secours de plusieurs personnes. Et l'usage de ces sortes de sociétés, est de faciliter l'entreprise, l'ouvrage, le commerce ou autre affaire pour laquelle on entre en société, et de faire que chacun des associés retire de sa part contributoire, jointe au secours des autres, les profits et les autres avantages qu'aucun ne pourrait avoir de lui seul.

Cette première sorte de société est bornée à de certaines espèces d'affaires ou de commerces; mais il y en a d'autres où les associés mettent en commun tout ce qui peut provenir de leur industrie et de leur travail. Il y en a même où l'on met en commun tout ce que les associés peuvent acquérir par donation, par succession ou autrement; et il y en a qui sont de tous les biens sans exception.

Ce sont toutes ces sortes de sociétés différentes selon les intérêts et les intentions de ceux qui les forment, dont il sera traité dans ce titre.

On ne doit pas mettre au nombre des sociétés les liaisons des personnes qui ont quelque chose ou quelque affaire commune, indépendamment de leur volonté, comme sont les co-héritiers, les légataires d'une même chose, et ceux qui, par d'autres causes, se trouvent avoir une chose indivise entre eux, ou quelque affaire qui leur soit commune sans convention. Car ces manières d'avoir quelque chose en commun sont d'une autre nature que la société qui se forme par convention, et elles feront une des matières du second livre.

SECTION PREMIÈRE.

De la nature de la société.

1. La société est une convention entre deux ou plusieurs personnes, par laquelle ils mettent en commun entre eux, ou tous leurs biens, ou une partie, ou quelque commerce, quelque ouvrage, ou quelque autre affaire, pour partager tout ce qu'ils pourront avoir de gain, ou souffrir de perte, de ce qu'ils auront mis en société (1). (C. civ., 1832, s. co. 18, s.)

Lorsqu'une société de commerce a été stipulée par contrat de mariage, la société a le caractère de pacte patrimonial, et ne peut plus finir par

(1) L. 5, ff. pro socio. L. 1, in fin. ff. eod. L. 52, § 4, in fin. eod. L. 67, eod. 52, § 4, in fin. eod.

la seule volonté des époux associés (1). La société de commerce a cessé à l'expiration du temps pour lequel elle avait été faite; la liquidation de son avoir est une opération de société à faire dans les formes commerciales, et non un partage de chose commune à faire dans les formes civiles (2).

2. Les choses ou affaires communes entre associés sont à chacun d'eux pour la portion réglée par leur convention (3).

3. Les suites de la société, comme sont les contributions, les gains, les pertes, regardent chacun des associés, en proportion de leur part au fonds, ou selon qu'il a été convenu entre eux (4).

4. Si les portions de perte et de gain n'étaient pas réglées par la convention, elles seront égales; car si les associés n'ont pas fait de distinction qui donne plus à l'un, et moins à l'autre, leurs conditions n'étant pas distinguées, celle de chacun doit être la même que celle des autres (5). (C. civ. 1853.)

5. Quoique les associés n'aient pas expressément marqué, et les portions du gain, et celles de la perte, si celles du gain ont été exprimées, celles de la perte seront aussi réglées sur le même pied. Et si sans parler des gains ni des pertes, on a assez exprimé ce que chacun a mis dans le fonds, les portions de gain et de perte seront les mêmes que celles du fonds (6).

6. Comme les associés peuvent contribuer différemment, les uns plus, les autres moins de travail, d'industrie, de soin, de crédit, de faveur, d'argent, ou d'autre chose, il leur est libre de régler inégalement leurs portions, selon que chacun doit avoir sa condition ou plus ou moins avantageuse, à proportion de la différence de leur part contributoire (7). (C. civ. 1833.)

7. Il n'est pas nécessaire, pour rendre égales les portions des associés dans le profit de la société, que leurs contributions soient toutes égales, et que chacun fournisse autant d'argent, autant d'industrie, autant de crédit, que chacun des autres. Mais selon qu'ils apportent, l'un plus d'argent, l'autre plus d'industrie, un autre plus de crédit, leur condition peut se rendre égale, par l'égalité des avantages de leurs différentes contributions. Et souvent on convient, et avec justice, que l'un ne contribue que pour son industrie, et l'autre pour tout le fonds, et que néanmoins le profit soit égal, parce que l'industrie de l'un vaut l'argent de l'autre (8). (C. civ. 1833.)

7. C'est encore un effet de l'inégalité des contributions, qu'il peut être convenu entre deux associés, que l'un aura plus de part au gain qu'il ne portera de perte, et que l'autre au contraire portera une plus grande part de la perte que celle qu'il pourra

(1) Nîmes, 25 frimaire an 12. (2) Bruxelles, 22 juin 1808. (3) L. ff. 29. pro socio. (4) L. 52, § 4, ff. pro socio. L. 29, eod. (5) L. 29. ff. pro soc. § 1, inst. eod. (6) § 3, inst. de societ. (7) L. 29. ff. pro soc. § 1, inst. de societ. L. 80, ff. pro soc. (8) § 2, inst. de societ. L. 1, Cod. eod. L. 5, § 1, ff. pro soc.

avoir au profit; et qu'ainsi, par exemple, l'un entrera dans la société pour deux tiers de gain et un tiers de perte, et l'autre pour un tiers de gain et deux tiers de perte. Ce qui s'entend de sorte que, si dans plusieurs affaires de la société il y a du gain d'un côté et de la perte de l'autre, on n'estime gain que ce qui restera, les pertes déduites (1).

9. Cette même considération des différentes contributions des associés peut aussi rendre juste la convention qui donne à un des associés une part au gain, et le décharge de toute perte, à cause, par exemple, de l'utilité de son crédit, de sa faveur, de son industrie, ou des peines qu'il prend, des voyages qu'il fait, des périls où il s'expose (2). (C. civ. 1855.) Car ces avantages que tire de lui la société compensent celui qu'elle lui accorde de le décharger des pertes. Et il a pu justement ne s'engager qu'à cette condition, sans laquelle il ne serait point entré dans la société, qui peut-être ne pouvait se faire sans lui. Mais la part qu'aura cet associé dans les profits ne doit s'entendre que de ce qui pourra rester de gain, déduction faite de toutes les pertes sur tous les profits des diverses affaires de la société, comme il a été dit dans l'article précédent.

10. Toute société où il y aurait quelque condition qui blesserait l'équité et la bonne foi, serait illicite. Comme s'il était convenu que toute la perte serait d'une part sans aucun profit, et tout le profit de l'autre sans aucune perte (3). (C. civ. 1855.)

11. On ne peut faire de société que d'un commerce, ou autre chose honnête et licite. Et toute société contraire à cette règle serait criminelle (4).

12. Le contrat de société diffère des autres contrats, en ce que chacun des autres contrats a ses engagemens bornés et réglés par sa nature particulière, et que la société a une étendue générale aux engagemens des différens commerces, et de diverses conventions où entrent les associés. Ainsi, leurs engagemens sont généraux et indéfinis, comme ceux d'un tuteur, ou de celui qui entreprend les affaires d'un autre en son absence et à son insu (5). Et aussi la bonne foi a dans son contrat une étendue proportionnée à celle des engagemens (6).

SECTION II.

Comment se contracte la société.

1. La société ne peut se contracter que par le consentement de tous les associés, qui doivent se choisir et s'agréer réci-

(1) § 2, inst. de societ. L. 30, ff. pro soc. § 2, inst. de soc. L. 30. ff. pro soc. (2) § 2, inst. de soc. Dict. § 2. L. 29, § 1, ff. pro soc. (3) L. 3, § ult. ff. pro soc. L. 29, § 2, ff. eod. (4) L. 17, ff. pro soc. L. 35, § 2, ff. de contr. empt. L. 53, ff. pro socio. (5) L. 38, ff. pro soc. V. la sect. 2 des Tuteurs. (6) L. 3. Cod. pro soc.

proquement (1), pour former entre eux une liaison, qui est une espèce de fraternité (2).

2. Ce n'est pas assez, pour former une société, que deux ou plusieurs personnes aient quelque chose de commun entre elles, comme les cohéritiers d'une même succession, les légataires, donataires, ou acquéreurs d'une même chose. Car ces manières d'avoir quelque chose de commun entre plusieurs ne renfermant pas le choix réciproque des personnes, ne les lient point en société (3).

3. Le choix des personnes est tellement essentiel pour former une société, que les héritiers mêmes des associés ne succèdent point à cette qualité (4), parce qu'ils peuvent n'y être pas propres, et qu'eux aussi peuvent ne s'accommoder pas, ou du commerce que faisait la société, ou des personnes qui la composaient. Et c'est par cette raison que, comme la liaison des associés ne peut être que volontaire, la société est rompue par la mort d'un associé, de la manière qu'il sera expliquée dans la section 5 et dans la 6ᵉ. (C. civ. 1868.)

L'acquéreur d'une action de société succède de plein droit aux bénéfices et aux charges de l'associé auquel il succède (5).

4. S'il avait été convenu entre des associés, que la société serait continuée entre leurs héritiers, cette convention renfermerait la condition que les héritiers seraient agréés, et qu'eux aussi agréeraient les autres. Et elle n'aurait pas cet effet que les personnes qui ne pourraient s'assortir, fussent contre leur gré liées en société (6).

5. Si un des associés s'associe une autre personne, ce tiers ne sera point associé des autres, mais seulement de celui qui l'a associé (7). (C. civ. 1861.) Ce qui fera entre eux une autre société séparée de la première, et bornée à la portion de cet associé qui s'en est adjoint un autre.

6. Comme le consentement peut se donner, ou par écrit, ou sans écrit, et même entre absens par lettres, par procureurs, ou autres médiateurs, la société peut se former par toutes ces voies, et même par un consentement tacite, par des actes qui en fassent preuve : comme si on négocie en commun et si on partage les gains et les pertes (8). Et la société dure autant que les associés veulent persévérer dans leur liaison (9).

7. Si deux ou plusieurs personnes voulant acheter une même chose conviennent, pour ne pas enchérir les unes sur les autres,

(1) Inst. de obl. ex cons. (2) L. 63, ff. pro soc. (3) L. 31, ff. pro soc. L. 32, eod. (4) L. 65, § 9, ff. pro soc. L. 63, § 8, eod. (5) Cass. 23 ventose an 8. (6) L. 59, ff. pro soc. L. 35, ff. eod. L. 52, § 9, eod. (7) L. 19, ff. pro soc. L. 20, eod. L. 47, § 1, ff. de div. reg. jur. (8) L. 4, ff. pro soc. V. les art. 8, 10 et 16 de la sect. 1 des convent. (9) § 4. Inst. de soc. L. 5. Cod. pro soc. V. la sect. 5 de ce titre.

de l'acheter tous ensemble, ou par l'une d'elles, ou par une personne tierce, cette convention leur rend commune la chose achetée, mais ne les met pas en société; car ils ne sont pas liés par le choix des personnes, mais seulement par la chose qu'ils ont en commun (1).

8. On peut dans une société comme en toutes autres conventions, faire toutes sortes de pactes licites. Ainsi, on peut faire une société conditionnelle, soit qu'on veuille qu'elle ne commence que lorsque la condition arrivera, ou qu'ayant d'abord son effet, elle soit résolue par l'événement de la condition (2).

9. La société peut être contractée pour commencer ou d'abord, ou après un certain temps, et pour durer ou jusqu'au temps dont on convient (C. civ. 1843), ou pendant la vie des associés (3) (C. civ. 1844), et de sorte que s'ils sont plusieurs, la mort de l'un n'interrompe point la société à l'égard des autres.

10. On peut ajouter au contrat de société des clauses pénales contre celui qui contreviendra à ce qui aura été convenu, soit en faisant ce qu'il ne devait pas faire, ou ne faisant pas ce qu'il devait faire (4). Mais c'est de la prudence du juge que dépendent les effets de ces sortes de peines selon les circonstances.

Par notre usage ces sortes de peines ne sont que comminatoires, parce qu'elles ne sont ajoutées aux conventions que pour tenir lieu d'un dédommagement, et que le dédommagement ne doit être que proportionné au dommage. Ainsi, c'est par les circonstances des événemens qu'on juge de l'effet que doivent avoir les clauses pénales. Et comme il est juste de diminuer la peine, si elle excède le dommage, ou si quelques circonstances peuvent excuser l'inexécution, il peut arriver aussi qu'il soit juste d'ordonner un dédommagement plus grand que la peine, si par exemple il n'était pas dit qu'elle tiendrait lieu de tout dédommagement, ou s'il a été contrevenu à la convention par quelque dol ou quelque faute d'une autre nature que celles qu'on avait prévues et voulu prévenir (5).

11. Les associés peuvent, ou régler eux-mêmes les portions que chacun aura dans la société, ou s'en remettre à l'arbitrage de tierces personnes; et s'ils s'en étaient remis à d'autres personnes, ou même à l'un d'entre eux, il en sera de même que s'ils s'en étaient remis à l'arbitrage de personnes expertes et raisonnables; et ce qui sera arbitré par les personnes nommées, n'aura pas lieu, si l'un des associés a sujet de s'en plaindre (6). (C. civ. 1854.)

12. Si une société n'était contractée que pour colorer une donation de l'un des contractans envers l'autre, de sorte que les

(1) L. 33, ff. pro soc. L. 29, ff. comm. divid. (2) L. 1, ff. pro soc. L. 6. Cod. eod. (3) L. 1, ff. pro soc. (4) L. 41 et l. 42, ff. pro soc. V. L. 71, eod. (5) V. l'art. 15 de la sect. 3, et l'art. 18 de la sect. 4 des convent. (6) L. 76, 77, 78, 79, ff. pro soc. L. 6, ff. eod. V. l'art. 11 de la sect. 3 des convent.

profits ne regardassent que l'un des associés, ce ne serait pas une société, puisqu'il n'y aurait qu'un seul qui en profitât (1). Et si un tel contrat se passait au profit d'une personne à qui l'autre ne pût donner, ce serait un contrat nul et prohibé comme fait en fraude de la loi (2).

SECTION III.

De diverses sortes de sociétés.

1. Les sociétés sont, ou générales de tous les biens des associés, ou particulières de quelques biens, de quelque commerce, de quelque ferme ou autre chose; et les biens qu'on met en societé deviennent communs, quoiqu'il ne s'en fasse pas de délivrance, et qu'ils demeurent en la possession de celui des associés qui auparavant en était le maître. Car leur intention en fait une délivrance tacite, et chacun d'eux possède pour tous la chose commune qui est en sa puissance (3).

2. Si dans un contrat de société on avait manqué d'exprimer de quels biens, de quelles affaires, de quels commerces elle est contractée, et qu'il fût simplement dit que l'on s'associe, ou que la société serait des gains et des profits que feraient les associés, sans rien spécifier, la société ne s'étendrait qu'aux profits que pourraient faire les associés par les commerces et affaires qu'ils feraient ensemble (4).

3. Une société de gains et profits ne comprend pas les successions, les legs, les donations, soit entrevifs, ou à cause de mort, ni ce qui pourrait être acquis aux associés, d'ailleurs que de leur industrie, ou des fonds qu'ils auraient mis en société. Car ces sortes d'acquisitions ont leurs causes et leurs motifs en la personne de ceux à qui elles arrivent, comme quelque mérite, quelque liaison d'amitié ou de proximité, ou le droit naturel de succéder, qui sont des avantages que les associés n'ont pas entendu se communiquer, s'ils ne l'ont exprimé, parce qu'ils ne sont pas les mêmes en chacun des associés; et cette société ne comprend pas non plus les dettes actives des associés, elle ne comprend que celles qui seraient provenues des affaires ou commerces de la société (5).

4. La société universelle de tous les biens comprend tout ce qui peut appartenir, ou qui pourra être acquis aux associés par quelque cause que ce puisse être. Car l'expression générale de tous les biens n'en exclut aucun. Et les successions, les legs, les

(1) L. 5, § 2, ff. pro soc. L. 35, § 5, ff. de mort. caus. donat. (2) L. 32, § 24, ff. de donat. int. vir. et uxor. (3) L. 5, ff. pro soc. Inst. de societ. in princ. L. 1, § 1, et L. 2, ff. pro socio. (4) L. 7, et L. 8, ff. pro soc. L. 45, § 2, ff. de adq. vel amitt. hered. (5) L. 13, ff. pro soc. L. 71, § 1, eod. L. 8, 9, 10 et 11, ff. eod. L. 45, § 2, ff. de adq. vel amitt. hered. L. 12, ff. pro socio

donations et toute autre sorte d'acquisitions et de profits y sont compris, si on ne les réserve (1).

5. Dans la société universelle de tous les biens, chaque associé doit rapporter, non-seulement tous ses biens, et tout ce qui peut provenir de son industrie, mais s'il arrive qu'en son particulier il lui ait été fait quelque injure ou quelque dommage sur sa personne ou autrement, il doit rapporter à la société le dédommagement qu'il en recevra. Et si l'associé reçoit un désintéressement qui lui revienne à cause de quelque autre personne, comme de son fils ou autrement, il sera aussi tenu de le rapporter (2). Car la société de tous les biens ne laisse rien de propre à l'associé.

6. Que si au contraire un des associés est condamné sur une accusation qu'il ait attirée, il portera seul toute la peine qu'il a méritée. Mais s'il est injustement condamné, l'injustice doit tomber sur toute la société et non sur lui seul; et il faut faire la même distinction dans les autres sortes de condamnation en matière civile, selon que l'associé serait bien ou mal fondé, et qu'il se serait bien ou mal défendu (3). Ainsi, dans l'un ou l'autre cas, il sera, ou de l'équité des associés, ou de la prudence de leurs arbitres, de discerner les pertes que l'associé devra supporter seul, et celles qui devront regarder la société.

7. Les gains illicites et malhonnêtes que pourrait faire un associé, n'entrent pas dans la société; et celui qui les fait, doit demeurer seul chargé de rendre ce qu'il a mal pris. Que si les autres associés y prennent quelque part, ils se rendront ses complices, et sujets aux mêmes peines qu'il pourra mériter (4).

8. Les sociétés sont bornées aux espèces de biens, de commerces, ou d'autres choses que les associés veulent mettre en commun, et ne s'étendent pas à ce qu'ils n'ont pas eu intention d'y comprendre. (C. civ. 1845.) Ainsi, par exemple, si deux frères jouissent en commun de la succession de leur père, et demeurent en société des profits et des pertes qui en proviendront, ils ne laisseront pas de posséder chacun en particulier tout ce qu'ils pourront acquérir d'ailleurs (5).

La contrainte par corps n'a pas lieu entre associés, pour leurs dettes respectives et réciproques (6).

9. Si la société se trouve contractée en des termes qui fassent douter si tous les biens présens et à venir y sont compris, ou seulement les biens présens, ou qu'il y ait d'autres pareils doutes, l'interprétation s'en fera par les manières dont les associés auront eux-mêmes exécuté leur convention, et par les circonstances qui pourront marquer leur intention, selon les règles précédentes, et les règles générales de l'interprétation des conventions (7).

(1) L. 1, § 1, ff. pro soc. L. 3. § 1, eod. L. 73, ff. eod. (2) L. 52, § 16, ff. pro socio. (3) L. 52, § ult. ff. pro soc. (4) L. 52, § 17, ff. pro soc. L. 53, eod. L. 55, eod. (5) L. 52, § 6, ff. pro socio. (6) Paris, 2 fév. 1814. (7) L. 34, ff. de reg. jur. L. 168, § 1, eod. V. l'art. 8 et les suiv. de la sect. 2 des convent.

10. Les dettes passives, et autres charges de la société s'acquittent du fonds commun; et la société étant finie, chaque associé doit sa part à proportion de celle qu'il a dans la société. (C. civ. 1863.) Mais les deniers empruntés par un associé, qui n'ont pas été mis dans le coffre de la société, ou qui ne sont pas tournés à son usage, sont la dette propre de celui qui a emprunté (1).

Tant que la société existe, les associés peuvent être assignés collectivement en la maison sociale (2).

11. Dans une société universelle de tous biens, de tous profits, de toutes dépenses, chaque associé ne peut disposer que de sa portion, et ne doit prendre pour ses dépenses particulières sur le fonds commun, que celles de son entretien et de sa famille.

Ainsi, les associés de tous biens qui ont des enfans, les élèvent et les entretiennent du fonds commun, mais ils ne peuvent en doter leurs filles. Car une dot est un capital que l'associé doit prendre sur sa portion, si ce n'est que la convention, ou quelque usage le réglât autrement (3).

12. Si dans une société universelle on était convenu que les dots des filles se prendraient du fonds de la société, et qu'il arrive qu'un des associés ait une fille à doter, et que les autres n'en aient point, cette fille ne laissera pas d'être dotée du fonds commun (4). Et cet associé aura cet avantage sur les autres sans injustice; car chacun d'eux pouvait l'avoir. Et l'état où ils étaient tous dans la même incertitude de l'événement et dans le même droit, ayant rendu leur condition égale, avait rendu juste leur convention.

13. Les dépenses de jeu et de débauche et autres illicites ne peuvent se prendre sur le fonds commun (5).

SECTION IV.

Des engagemens des associés.

1. Les associés étant unis par un engagement général (6), dans une espèce de fraternité (7), pour agir l'un pour l'autre comme chacun ferait pour soi-même, ils se doivent réciproquement une parfaite fidélité, et telle que chacun rapporte aux autres tout ce qu'il a de la société, et tout ce qu'il peut en tirer de profits, de fruits et autres revenus, et qu'aucun ne se rende propre que ce que leur convention peut lui accorder (8).

2. Outre la fidélité, les associés doivent leur soin pour les affaires et pour les choses de la société. Mais au lieu qu'il n'y a

(1) L. 27, ff. pro soc. L. 12, cod. L. 82, ff. eod. (2) Cass. 21 nov. 1808. (3) L. 68. ff. pro soc. L. 73, cod. L. 81, eod. (4) Dict. leg. 81, ff. pro soc. (5) L. 59, § 1, ff. pro soc. (6) V. l'art. 12 de la sect. 1. (7) V. l'art. 2 de la sect. 2. (8) L. 52, § 1, ff. pro soc. L. 3. Cod. eod. L. 1, in fin. ff. eod. L. 38, § 1, eod.

point de bornes à la fidélité, ils ne sont obligés pour ce qui est du soin, que d'avoir la même application et la même vigilance pour les affaires de la société que pour les leurs propres (1).

3. Ce devoir du soin et de la vigilance que se doivent les associés étant réglé par le soin qu'ils ont de ce qui est à eux, il ne s'étend pas à la dernière exactitude des personnes les plus soigneuses et les plus vigilantes; mais il se borne à les rendre responsables de tout dol et de toutes fautes grossières. Et si un associé ayant le même soin des affaires de la société, qu'il a des siennes propres, tombe dans quelque faute légère sans mauvaise foi, il n'en est pas tenu, et les autres associés doivent s'imputer de n'avoir pas choisi un associé assez vigilant (2).

4. Les associés ne sont jamais tenus d'aucun cas fortuit, s'ils n'y ont donné lieu par quelque faute dont ils doivent répondre. Comme si un associé a laissé dérober ce qu'il avait en garde (3).

5. Si un des associés s'approprie, ou recèle ce qui est en commun, ou s'il le tourne à son usage contre l'intention de ses associés, il commet un larcin (4); et il sera tenu de leurs dommages et intérêts. Et si ayant en ses mains des deniers de la société, il les emploie à ses affaires particulières, il en devra les intérêts par forme de dédommagement et de peine de son infidélité (5). (C. civ. 1846.)

Lorsqu'un des associés est déclaré responsable du déficit qui se trouve dans la caisse de la société, il peut être condamné à payer les intérêts de ce déficit, non-seulement du jour de la demande, mais même du jour où la dissolution a été prononcée (6).

6. Si un associé se trouve avoir une chose de la société sans mauvaise foi, comme quelque meuble dont il ait fait quelque usage, on ne présumera pas que pour l'avoir en sa puissance et s'en être servi, il ait fait un larcin; mais qu'en étant le maître en partie, il usait de son droit (7), s'assurant du consentement de ses associés.

7. Si par quelque faute, quelque violence, ou autre mauvaise voie, un associé cause du dommage à la société, il sera tenu de le réparer (8).

8. Si le même associé qui a causé quelque dommage, ou de qui la faute et la négligence ont donné lieu à quelque perte qui puisse lui être imputée, se trouve d'ailleurs avoir rapporté quelque profit à la société, il ne s'en fera pas de compensation. Car il devait procurer ce profit, et il ne peut par conséquent le compenser avec cette perte (9). (C. civ. 1850.)

(1) L. 3. Cod. pro soc. § ult. inst. de societate. (2) L. 52, § 2, ff. pro soc. § ult. inst. de societ. L. 72, ff. pro soc. (3) L. 52, § 3, ff. pro socio. V. ci-après l'art. 12. (4) L. 45, ff. pro socio. (5) L. 60, ff. pro soc. L. 1, § 1, ff. de usur. (6) Cass. 22 mars 1813. (7) L. 51, ff. pro soc. (8) L. 47, § 1. L. 48. L. 49, ff. pro socio. (9) L. 25 et 26, ff. pro soc. L. 23, § 1, eod.

Si cette perte n'était pas causée par quelque dol, ou autre mauvaise voie, si elle était légère, et que le profit fût considérable, et un pur effet de l'industrie de cet associé, cette compensation serait-elle injuste?

9. Si un des associés s'est associé quelque autre personne en sa portion, et qu'il l'ait laissé s'entremettre dans quelque affaire de la société, il sera tenu du fait de cette personne, et répondra à la société de ce que ce tiers aura pu y causer de perte. Car c'est sa faute d'avoir mal choisi, et à l'insu des autres (1).

10. Si ce sous-associé se trouve avoir causé de la perte d'une part et du profit de l'autre, il ne s'en fera pas de compensation (2); non plus que dans le cas de la perte causée par l'associé qui avait procuré du profit, comme il a été dit dans l'art. 8, parce que le fait de ce sous-associé est le fait de l'associé même.

11. Les associés recouvrent sur le fonds commun toutes les dépenses nécessaires, utiles et raisonnables qui regardent la société, et qui sont employées pour les affaires communes, comme sont les voyages, voitures, ports de hardes, salaires d'ouvriers, réparations nécessaires, et les autres semblables. Et si l'associé qui a fait ces dépenses en avait emprunté les deniers à intérêt, ou que les ayant fournis lui-même, son remboursement fût retardé par les autres associés, il recouvrera aussi les intérêts depuis le temps qu'il aura fait l'avance, quoiqu'il n'y en ait pas de demande en justice. Car ce n'est pas un prêt, et c'est seulement une plus grande contribution dans le fonds commun. Mais les associés ne recouvrent pas les dépenses qu'ils font sans nécessité, ou pour leur plaisir (3).

12. Si un associé souffre quelque perte particulière en faisant l'affaire de la société, comme s'il s'expose à quelque péril, et que, par exemple, dans un voyage pour la société, il soit volé de ses hardes et de l'argent qu'il portait pour une affaire commune, ou pour la dépense de son voyage, ou qu'il soit blessé, ou quelqu'un de ses domestiques, il sera dédommagé de ces sortes de pertes sur le fonds de la société, car c'est l'affaire commune qui les a attirées, et rien de sa part n'y a donné lieu (4).

La suite de cette loi 52, § 4, fait voir qu'il faut entendre de l'argent porté pour le voyage, ou pour l'affaire de la société; car si l'associé était volé de son argent propre qu'il portait pour ses affaires particulières, la perte en tomberait sur lui, parce que c'était pour son affaire qu'il l'avait porté. Et l'occasion de la commodité que lui donnait l'affaire de la société pour faire la sienne, ne doit pas nuire à ses associés.

Il faut remarquer sur le § 4 de cette loi 52, et sur la loi 61, citée sur cet article, que leur disposition corrige la dureté du § dernier de la loi 61, qui veut que l'associé blessé à l'occasion d'une affaire de la société,

(1) L. 23, ff. pro soc. (2) L. 23, § 1, ff. pro soc. (3) L. 52, § 15, ff. pro soc. L. 38, § 1, eod. L. 52, § 12, eod. L. 27, ff. de neg. gest. L. 67, § 2, pro soc. L. 52, § 10, eod. V. L. 18, § 3, ff. fam. ercisc. (4) L. 52, § 4, ff. pro soc. L. 61, eod. V. l'art. suiv. et le dernier de la sect. 2 des Procurations.

porte la dépense employée pour se faire traiter, par cette raison, qu'encore qu'il souffre cette dépense à cause de la société, ce n'est pas pour la société qu'elle est employée.

13. S'il arrive qu'un associé, par l'occasion de quelque affaire de la société, fasse quelque profit, comme si les affaires de la société lui donnent l'accès d'une personne de qui il tire un bienfait, ou qu'elles lui donnent une ouverture pour quelque affaire particulière où la société n'ait aucune part, et qu'il lui en arrive du profit; ou si au contraire la société lui est une occasion de perte, comme si le soin des affaires de la société lui fait négliger les siennes; ou si, en haine de la société, quelqu'un cesse de lui faire du bien, ces sortes de gains et de pertes le regarderont (1). Parce que ces événemens ont pour causes, ou la conduite particulière de cet associé, ou son mérite, ou sa négligence, ou quelque autre faute, ou quelque hasard, et que la conjoncture qui lie ces causes avec l'occasion des affaires de la société, est comme un cas fortuit qui ne regarde pas la société, mais seulement l'associé à qui ces événemens peuvent arriver.

14. Toutes les pertes du fonds de la société sont communes aux associés. Mais, pour juger si l'argent ou un autre objet qui vient à périr, doit être regardé comme étant dans le fonds de la société, ce n'est pas assez qu'il fût destiné pour y être mis; et il faut considérer les circonstances où sont les choses quand la perte arrive. Ainsi, par exemple, si l'argent qu'un associé devait fournir pour acheter des marchandises, périt chez lui avant qu'il l'ait mis dans le coffre de la société ou rapporté en commun, il est perdu pour lui. Mais si cet argent devait être porté en voyage pour une emplette, et qu'il soit volé en chemin, la société en souffre la perte, quoiqu'il ne fût pas encore employé; parce que c'était pour la société qu'il était porté, et la destination était consommée de la part de l'associé. Ainsi, l'argent était voituré aux périls de la société; et dans les autres événemens semblables, la perte regarde ou ne regarde pas la société, selon l'état des choses. Et il faut discerner si la société est déja formée, quelle est la destination de l'argent ou autre objet qui doit y être mis, quelles démarches ont été faites pour l'y mettre, et les autres circonstances par où l'on peut juger si la chose qui périt doit être considérée, ou comme étant déja dans la société, ou comme étant encore à celui qui devait l'y mettre (2).

15. Si un des associés a fait quelque avance, ou s'il est entré dans quelque engagement, dont la société doive le garantir, chacun des associés le remboursera ou l'indemnisera selon sa portion. Et s'il ne pouvait recouvrer celle de l'un des associés qui serait insolvable, ou que par d'autres causes on ne pût en retirer le paiement, cette portion se perdra sur tous. Car c'est pour so-

(1) L. 60, § 1, ff. pro soc. (2) L. 58, § 1, ff. pro soc.

ciété que cet associé se trouve en avance, ou qu'il est entré dans cet engagement. Et les pertes comme les gains doivent se partager (1). (C. civ. 1852.)

16. Les associés, même de tous leurs biens, ne peuvent aliéner que leur portion du fonds commun, et ne peuvent, de leur fait, engager la société, que selon le pouvoir qu'elle leur en donne, ou selon que l'engagement où ils sont entrés a été utile ou approuvé des autres (2). Mais si un des associés est choisi pour la conduite de la société et pour en avoir le principal soin, ou s'il est proposé à quelque commerce ou à quelque autre affaire, ses engagemens seront communs à tous, en tout ce qui sera de l'étendue de la charge qui lui est commise (3). (C. civ. 1864.)

17. Les associés ne peuvent tirer du fonds de la société ce qu'ils y ont mis, parce que le total du fonds est à la société, et ne peut être diverti ni diminué que du consentement de tous pendant qu'elle dure (4). Et il n'est pas plus permis de diminuer le fonds de la société que d'y renoncer de mauvaise foi (5).

18. Si une personne est reçue dans une société par l'ordre et sur la foi d'un tiers qui l'a proposée et qui en répond, ce tiers sera tenu du fait de cette personne qu'il a présentée, comme il serait tenu de son propre fait, s'il était lui-même entré dans la société (6).

19. Si un associé se trouve redevable envers ses associés à cause de la société, sans qu'on puisse lui imputer ni malversation, ni mauvaise foi, et qu'il ne puisse payer tout ce qu'il doit, sans être réduit à une extrême nécessité, il est, non-seulement de l'humanité, mais d'un devoir naturel à la liaison fraternelle des associés, qu'ils usent de commisération envers leur associé, soit que la société fût universelle de tous biens, ou seulement particulière de certaines choses. Et ils ne doivent pas exiger à la rigueur tout ce qu'il leur doit, s'ils ne le peuvent qu'en le réduisant à cette extrémité. Mais ils doivent se rendre faciles pour leur paiement, soit en prenant des fonds, des meubles et d'autres effets à un prix raisonnable, ou divisant les paiemens, accordant des surséances, ou d'autres graces et facilités, selon les circonstances; et les contraintes qu'ils exerceraient au-delà de ces bornes et de ces tempéramens, pourraient être modérés par l'office du juge, selon la qualité des associés, la nature et la force

(1) L. 67, ff. pro soc. (2) L. 68, ff. pro soc. L. 17, eod. L. 16, ff. de reb. cred. V. L. unic. Cod. Si communis res pig. data sit. L. 82, ff. pro soc. (3) L. 14, ff. de pact. L. 57, ff. de verb. signif. V. l'art. 357 et le 358ᵉ de l'ord. de Blois, et ces mots de la déclaration du 7 sept. 1581, sur l'enregistrement des sociétés des banquiers, afin que chacun sache quels seront les obligés. V. l'art. 5 de la sect. 2 des Convent. et aussi le titre des sociétés de l'ord. de 1673. (4) V. l'art. 5 de cette sect. (5) V. l'art. 3 et les suiv. de la sect. 5. (6) L. ult. ff. pro soc.

de la dette, les biens du débiteur, ceux du créancier, et les autres vues de l'état des choses (1).

20. Cette humanité qui se doit entre associés, ne se doit pas à celui qui aurait, de mauvaise foi, diverti ses biens pour ne pas payer, ou qui, pour éviter sa condamnation, aurait nié la qualité d'associé, ou se serait autrement rendu indigne d'une telle grace (2).

21. Les cautions d'un associé, ceux qui doivent répondre de son fait, ses héritiers et autres successeurs ne peuvent user de ce bénéfice, parce que leur obligation est d'une autre nature, et que les cautions, et ceux qui sont responsables du fait d'un associé, sont obligés pour l'entière sûreté de tout ce qu'il pourrait devoir, et les héritiers ayant accepté les successions, ne peuvent en diminuer les charges (3).

22. Les associés ne peuvent faire en la chose commune que ce qui est de leur charge, ou agréé de tous. Et si un associé veut entreprendre quelque changement, chacun des autres peut l'en empêcher; car, entre personnes qui ont le même droit, ceux qui ne veulent pas souffrir une nouveauté, sont mieux fondés pour l'empêcher, que ne le sont pour innover ceux qui l'entreprennent. Mais si le changement qu'a fait un associé, a été fait à la vue des autres, et qu'ils l'aient souffert, ils ne pourront s'en plaindre, quand même il leur serait désavantageux (4).

SECTION V.

De la dissolution de la société.

1. Comme la société se forme par le consentement, elle se résout aussi de même, et il est libre aux associés de rompre et résoudre leur société, et d'y renoncer lorsque bon leur semble, même avant la fin du temps qu'elle devait durer, si tous y consentent (5).

2. La liaison des associés étant fondée sur le choix réciproque qu'ils font les uns des autres, et sur l'espérance de quelque profit, il est libre à chacun des associés de sortir de la société lorsque bon lui semble, soit que l'union manque entre les associés, ou par quelque absence nécessaire, ou d'autres affaires qui rendent la société onéreuse à celui qui veut en sortir, ou qu'il n'agrée pas un commerce que veut faire la société, ou qu'il n'y trouve pas son compte, ou pour d'autres causes; et il peut y renoncer sans le consentement des autres, même avant le terme où elle doit finir, et quand il aurait été convenu qu'on ne pourrait interrompre la société, pourvu que ce ne soit pas de mauvaise foi

(1) L. 63, ff. pro soc. L. 173, ff. de reg. jur. (2) L. 63, § 7, ff. pro soc. L. 67, § ult. eod. (3) L. 63, § 1, ff. pro soc. Dict. leg. 63, § 2. (4) L. 28, comm. divid. Dict. leg. (5) L. 65, § 3, ff. pro soc. L. 5. Cod. eod.

qu'il y renonce, comme s'il quittait pour acheter seul ce que la société voulait acheter, ou pour faire quelque autre profit au préjudice des autres par sa rupture, ou qu'il ne quitte pas lorsqu'il y a quelque affaire commencée, et dans un contre-temps qui causât quelque perte ou quelque dommage (1). (C. civ., 1870.)

3. L'associé qui se retire de la société par un dessein de mauvaise foi dégage les autres à son égard, mais ne se dégage pas lui-même des autres. Ainsi, celui qui renoncerait à une société universelle de tous biens présens et à venir, pour recueillir seul une succession qui lui serait échue, porterait la perte entière si la succession qu'il aurait recueillie seul se trouvait onéreuse; mais il ne priverait pas les autres du profit, s'il y en avait, et qu'ils voulussent y prendre part. Et en général, si un associé renonce dans un contre-temps qui fasse perdre quelque profit que devait faire la société, ou qui y cause quelque perte, il en sera tenu; comme s'il quitte avant le temps que devait durer la société, abandonnant une affaire dont il était chargé. Et celui qui quitte la société de cette manière n'aura point de part aux profits qui pourront arriver ensuite, mais il portera sa part de ce qui pourra arriver des pertes, de même qu'il en aurait été tenu s'il n'eût pas quitté la société (2).

4. L'associé qui renonce à la société dans un contre-temps, non-seulement ne se dégage pas envers les autres, mais il est tenu des dommages et intérêts que cette renonciation aura pu causer. Ainsi, si l'associé quitte pendant qu'il est en voyage, ou dans quelque autre affaire, ou si sa rupture oblige à vendre une marchandise avant le temps, il sera tenu des dommages et intérêts qu'aura causés sa renonciation dans ces circonstances (3).

5. Pour juger si l'associé renonce à contre-temps, il faut considérer ce qui est le plus utile à toute la société, et non à l'un des associés (4).

6. Si après une renonciation sans fraude, l'associé qui s'est dégagé de la société, fait de nouveau quelque affaire dont il lui revienne quelque profit, il ne sera pas tenu de le rapporter (5).

7. La renonciation frauduleuse et à contre-temps n'est jamais permise, soit que le contrat de société y ait pourvu ou non; car elle blesserait la fidélité qui, étant essentielle à la société, y est sous-entendue (6).

8. La renonciation est inutile à celui qui l'a faite, jusqu'à ce qu'elle soit connue aux autres associés (C. civ. 1869), et si, dans l'entre-temps après la renonciation, et avant qu'elle soit connue, celui qui renonce fait quelque profit, il sera tenu de le rappor-

(1) L. 63, § 10, in fine, ff. pro soc. L. 14, 15 et 16, eod. L. 65, § 4, eod. Dict. leg. § 6. L. 5. Cod. eod. § 4, inst. eod. L. 14, ff. eod. (2) L. 65, § 3, ff. pro soc. L. 14, eod. L. 65, § 6. (3) L. 65, § 5, pro soc. L. 14 eod. (4) L. 65, § 5, ff. pro soc. (5) L. 65, § 3, pro soc. (6) L. 17, § 2, ff. pro soc.

ter, mais s'il souffre quelque perte, elle sera pour lui; et si dans ce même temps les autres font quelque gain, il n'y aura point de part, et s'ils souffrent quelque perte, il y contribuera (1).

La dissolution d'une société commerciale, en nom collectif, peut être prononcée sur la demande d'un associé, avant l'expiration du terme fixé pour sa durée, sauf l'action en dommages et intérêts des co-associés (1142) (2).

9. Le temps de la société étant fini, chaque associé peut s'en retirer, sans qu'on puisse lui imputer qu'il quitte frauduleusement ou à contre-temps (3). Si ce n'est que sa rupture nuisît à quelque affaire qui ne serait pas encore consommée.

10. La société, soit universelle ou particulière, peut se résoudre de même que se former, tant entre absens que présens, non-seulement par le consentement exprès de tous les associés, mais tacitement par des actes qui marquent qu'ils rompent leur société. Comme si chacun d'eux fait séparément les mêmes commerces qu'ils faisaient ensemble, si le commerce qu'ils faisaient vient à être défendu, s'ils entrent dans un procès avec lequel la société ne puisse subsister, ou s'ils marquent autrement qu'ils interrompent leur société (4).

11. Si la société n'était que pour un certain commerce, ou pour quelque affaire, elle finit lorsque ce commerce ou cette affaire cesse; et il en serait de même si la société regardait une chose qui vienne à périr, ou dont le commerce cesse d'être libre, comme si la société était pour la ferme d'une terre prise par l'ennemi dans un temps de guerre (5).

12. Si un des associés est réduit à un tel état qu'il ne puisse contribuer dans la société ce qu'il devait fournir, soit de son argent ou de son travail, les autres associés pourront l'exclure de la société, comme si ses biens sont saisis, s'il les a abandonnés à ses créanciers, s'il se trouve dans quelque infirmité ou quelque autre obstacle qui l'empêche d'agir, s'il est interdit comme prodigue, s'il tombe en démence; car dans tous ces cas, les associés peuvent justement exclure de la société celui qui, cessant d'y contribuer, cesse d'y avoir droit (6). Ce qui ne s'entend que pour l'avenir, et l'associé qui peut être exclus par quelques-unes de ces causes, ne doit rien perdre des profits qui devaient lui revenir à proportion des contributions qu'il avait déja faites.

On n'a pas mis dans cet article ce qui est dit dans les textes qu'on y a rapportés, que la société est rompue par la pauvreté et par le désordre des affaires de l'un des associés. Car notre usage n'anéantit pas ainsi les conventions sans le fait des parties, et tandis que les associés souffrent dans leur société celui dont les biens seraient saisis, et même vendus, il ne laisse pas d'être considéré comme associé, et d'avoir part aux.

(1) L. 17, § 1, ff. pro soc. (2) Lyon, 18 mai 1823. (3) L. 65, § 6, ff. pro soc. (4) L. 64, ff. pro soc. L. 65, eod. Dict. leg. 65, § 7. V. l'art. 6 de la sect. 2. (5) L. 65, § 10, ff. pro soc. L. 63, § ult. eod. (6) L. 4, in fin. pro soc. L. 65, § 1. § 8. inst. de societ.

profits, jusqu'à ce qu'on l'exclue, ce qui ne se peut qu'en lui conservant les droits qui lui sont acquis, ou dont il ne peut être privé par cette exclusion.

13. De même que les associés peuvent interrompre la société avec un prodigue et un insensé, le curateur du prodigue et celui de l'insensé peuvent aussi renoncer de leur part à la société (1).

14. Comme la société ne peut subsister que par l'union des personnes qui se sont choisies, et que c'est quelquefois par l'industrie d'un seul qu'elle se soutient, la mort de l'un des associés interrompt naturellement la société à l'égard de tous; si ce n'est qu'ils soient convenus qu'elle subsistera entre les survivans, ou que, sans cette convention, ceux qui restent veuillent demeurer ensemble en société (2). (1868.)

15. La mort civile fait le même effet à l'égard de la société que la mort naturelle; car la personne étant hors d'état d'agir, et ses biens confisqués, il est à l'égard de la société comme s'il était mort (3).

16. La société étant finie, les associés se remboursent réciproquement de leurs avances, et partagent leurs profits; et s'il reste des dettes passives à acquitter, des dépenses à faire, et des profits et pertes à venir, ils prennent leurs sûretés respectives pour toutes ces suites (4).

SECTION VI.

De l'effet de la société à l'égard des héritiers des associés.

1. Quoique l'héritier entre dans tous les droits de celui à qui il succède (5), l'héritier d'un associé n'étant pas associé, n'a pas droit de s'immiscer à exercer cette qualité. Ainsi, celui qui succède à un associé dont la charge était de tenir le livre de la société, ou de faire les emplettes ou d'autres affaires, ne peut pas s'ingérer dans ces fonctions; mais quoique cet héritier n'ait pas la qualité d'associé, il est, à l'égard des autres associés, comme sont entre eux ceux qui ont quelque chose de commun ensemble sans convention; ce qui lui donne le droit de prendre connaissance de ce qui se passe dans la société, et de s'en faire rendre compte pour la conservation de son intérêt. Et enfin il entre dans les droits et dans les engagemens qui sont attachés à la simple qualité d'héritier, comme il sera expliqué dans les règles qui suivent (6).

(1) L. ult. Cod. pro soc. (2) L. 65, § 9, ff. pro soc. L. 59, eod. L. 37, ff. pro soc. (3) L. 65, § 12, ff. pro soc. § 7, inst. eod. L. 63, § ult. eod. (4) V. ci-devant l'art. 11 de la sect. 4. L. 27, ff. pro soc. L. 38, eod. L. 65, § 13, eod. L. 30. eod. (5) L. 59, ff. de reg. jur. L. 9, § 12, ff. de her. inst. L. 24, ff. de verb. signif. L. 62, ff. de reg. jur. (6) L. 63, § 8, ff. pro socio. V. l'art. 3 de la sect. 2.

2. L'héritier de l'associé a part aux profits qu'aurait eus celui à qui il succède, soit qu'ils lui fussent déja acquis par les commerces ou affaires qui étaient consommés, ou qu'ils dussent résulter des opérations qui restaient; et il doit aussi supporter sa portion des charges et des pertes de ces mêmes affaires (1). (C. civ. 1868.)

3. Quoique l'héritier ne soit pas associé, il ne laisse pas d'être obligé de parfaire les engagemens du défunt qui peuvent passer à lui; et il doit satisfaire non-seulement aux contributions, mais aux autres suites. Ainsi, si le défunt avait entre ses mains quelque affaire ou quelque travail, dont la conduite puisse passer à son héritier, il doit achever ce qui en reste à faire, avec le même soin et la même fidélité dont le défunt aurait été tenu (2).

4. L'héritier de l'associé est aussi tenu envers la société du fait du défunt, et de tout ce qu'il pourrait y avoir causé de perte ou de dommage, soit par sa mauvaise foi, ou par des fautes dont il devait répondre (3).

5. Si la mort d'un associé arrive avant que l'on ait commencé l'affaire pour laquelle la société avait été faite, et que cette mort soit connue des autres associés, la société est finie, au moins à l'égard de celui qui est décédé, et de son héritier, et il est libre aux associés de l'en exclure, comme à cet héritier de n'y point entrer. Mais, si cette mort étant inconnue des autres associés, ils commencent l'affaire, l'héritier du défunt y aura sa part, et succèdera aux charges et aux profits ou aux pertes qui en arriveront (4). Car le contrat de société a eu cet effet, que l'ignorance de cette mort et la bonne foi de ces associés a fait subsister l'engagement du défunt sur lequel ils avaient traité, et en a formé un nouveau réciproque entre eux et l'héritier.

6. Tout ce qui a été dit en divers endroits de ce titre sur la dissolution de la société, soit par la mort d'un associé ou par la volonté des associés, et sur la manière dont les engagemens des associés passent ou ne passent point à leurs héritiers, ne doit pas s'entendre indistinctement des sociétés où des personnes tierces sont intéressées; comme sont les sociétés des fermiers ou des entrepreneurs de quelque ouvrage. Car il faut distinguer dans ces sortes de sociétés deux engagemens, l'un des associés entre eux, et l'autre de tous les associés envers la personne de qui ils prennent ou une ferme ou quelque chose à faire. Et comme ce dernier engagement passe aux héritiers des associés (5), c'en est une suite que se trouvant dans un engagement commun envers d'autres, ils soient liés entre eux. Et si cette liaison ne les rend

(1) L. 65, § 9, ff. pro soc. L. 3, Cod. eod. L. 63, § 8, ff. pro soc. L. 65, § 2, eod. (2) L. 40, ff. pro soc. L. 21, § 2, ff. de neg. gest. L. 35, ff. pro soc. et L. 63, § 8, ff. pro socio. (3) L. 35, in fine, et L. 36, ff. pro soc. (4) L. 65, § 10, ff. pro soc. V. l'art. 7 de la sect. 4 des Procurations. (5) V. l'art. 10 de la sect. 1 du Louage.

pas associés, comme le sont ceux qui se sont choisis volontairement, elle a cet effet que, par exemple, l'héritier d'un fermier étant obligé aux conditions du bail envers celui qui a donné à ferme, et ayant aussi le droit d'exploiter ou faire exploiter la ferme pour son intérêt, ce droit et cet engagement distinguent sa condition de celle des héritiers des autres sortes d'associés, en ce qu'il ne peut être exclus de la ferme, quand même l'exploitation n'en aurait pas été commencée avant la mort de l'associé à qui il succède (1).

TITRE IX.

Des dots.

Le mariage fait deux sortes d'engagemens : celui que forme l'institution divine du sacrement, qui unit le mari et la femme, et celui que fait le contrat de mariage par les conventions qui regardent les biens (2).

L'engagement du mariage en ce qui regarde l'union des personnes, la manière dont il doit être célébré, les causes qui le rendent indissoluble, et les autres matières semblables, ne sont pas de ce dessein, comme il a été remarqué dans le plan des matières, au chapitre 14 du *Traité des Lois*.

Pour ce qui est des conventions qui regardent les biens, quelques-unes sont du dessein de ce livre, et d'autres n'en sont pas; et pour en faire le discernement, il faut en distinguer trois sortes: la première, de celles qui ne sont pas du droit romain, quoiqu'elles soient de notre usage, soit dans tout le royaume, comme les renonciations des filles aux successions à venir (3), et les institutions contractuelles et irrévocables (4), ou seulement en quelques provinces, comme la communauté de biens entre le mari et la femme; la seconde de celles qui sont du droit romain, mais qui ne sont en usage qu'en quelques provinces, et qui même n'y ont pas un usage uniforme, comme sont les augmens de dot; la troisième, de celles qui sont du droit romain et d'un usage universel dans le royaume, comme celles qui regardent la dot, et cette sorte de biens de la femme qu'on appelle paraphernaux, c'est-à-dire les biens qu'elle peut avoir autres que sa dot.

Il n'y a que cette dernière sorte de conventions qui étant du droit romain et de notre usage, soit du nombre des matières qui sont du dessein de ce livre. Mais pour la communauté de biens, les douaires, l'augment de dot, et autres matières propres à quelques coutumes ou à quelques provinces, elles y ont leurs règles qu'on ne doit pas mêler ici. Il faut seulement remarquer que ces matières, et aussi celles des institutions contractuelles, et des

(1) L. 59, ff. pro soc. L. 63, § 8, eod. (2) Tob. 7, 15. (3) L. 3. Cod. de collat. (4) L. 15. Cod. de pact. L. 5. Cod. de pact. conv.

renonciations des filles, ont plusieurs règles tirées du droit romain, qui se trouveront dans ce livre en leurs lieux propres dans les matières où elles ont leur rapport. Ainsi, plusieurs règles de la société et des autres conventions conviennent à la communauté de biens entre le mari et la femme; et plusieurs de celles des successions et aussi des conventions peuvent s'appliquer aux institutions contractuelles.

Il ne restera donc, pour la matière de ce titre, que les règles du droit romain qui regardent la dot et les biens paraphernaux: on n'y mettra que celles qui sont d'un usage commun. Mais on n'y mêlera pas quelques usages particuliers du droit romain, quoique observés en quelques lieux, comme, par exemple, le privilége de la dot avant les créanciers du mari antérieurs au contrat de mariage.

Les règles des dots ont leur fondement sur les principes naturels du lien du mariage, où le mari et la femme forment un seul tout dont le mari est le chef. Car c'est un effet de cette union, que la femme se mettant elle-même sous la puissance du mari, elle y mette aussi ses biens, et qu'ils passent à l'usage de la société qu'ils forment ensemble (1).

Suivant ce principe, il serait naturel que tous les biens de la femme lui fussent dotaux, et qu'elle n'en eût point qui n'entrassent dans cette société, et dont le mari, qui en porte les charges, n'eût la jouissance. Mais l'usage a voulu que le mari n'ait pour dot que les biens qui lui sont donnés à ce titre; et si la femme ne donne pas en dot tous ses biens présens et à venir, mais seulement de certains biens, la dot sera bornée aux biens qui sont donnés sous ce nom, et les autres qui n'y sont pas compris seront paraphernaux.

Il faut remarquer cette différence entre les conventions du contrat de mariage, et celles des autres contrats, qu'au lieu que toutes les autres conventions obligent irrévocablement ceux qui s'y engagent, et dès le moment que la convention est formée, celles du contrat de mariage sont en suspens jusqu'à ce que le mariage soit célébré, et renferment cette condition, qu'elles n'auront lieu qu'en cas qu'il s'accomplisse, et qu'elles demeureront nulles s'il ne s'accomplit point (2). Mais lorsque la célébration du mariage suit le contrat, elle y donne un effet rétroactif, et il a cet effet du jour de sa date. Ainsi l'hypothèque pour la dot est acquise dès le contrat et avant le temps de la célébration du mariage.

Quelqu'un pourrait remarquer et trouver à dire dans la lecture de ce titre, qu'on n'y ait rien mis de quelques maximes du droit romain en faveur de la dot: comme sont celles qui disent en général que la cause de la dot est favorable, et qu'il est de l'intérêt

(1) L. 8, Cod. de pact. conv. (2) L. 68, ff. de jur. dot. L. 10, § 4, eod.

public qu'elle soit conservée (1); que dans le doute il faut juger pour la dot (2), et en particulier les maximes qui donnent à la dot quelques priviléges, comme est le privilége entre créanciers, et la préférence même aux hypothèques antérieures (3), et celui qui, en faveur de la dot, validait l'obligation d'une femme qui s'obligeait pour la dot d'une autre (4), quoique dans le droit romain les femmes ne pussent s'obliger pour d'autres personnes. Mais, pour ce qui est de ces priviléges, celui de la préférence aux créanciers, même aux hypothécaires et antérieurs, n'est en usage qu'en quelques lieux, et partout ailleurs il est considéré comme une injustice. La loi qui valide l'obligation d'une femme pour la dot d'une autre, est inutile après l'édit du mois d'août 1606, qui permet aux femmes de s'obliger pour d'autres, comme il a été remarqué sur l'art. 1 de la sect. 1 du titre des *Personnes*.

Pour ce qui est de ces maximes générales, que la condition des dots est favorable, qu'elle intéresse le public, et que dans le doute il faut juger en faveur de la dot, comme elles ne déterminent à rien de particulier, si ce n'est à ces priviléges du droit romain, et qu'elles pourraient être aisément tournées à de fausses applications, on n'a pas cru devoir les placer ici comme règles.

Il est encore nécessaire de remarquer qu'il y a dans le droit romain d'autres dispositions dans la matière des dots, qui, quoique fondées sur l'équité naturelle, n'ont pas été mises dans ce titre. Ainsi, on n'y a pas mis cette règle, que le mari étant poursuivi de la part de sa femme pour la restitution de la dot ou pour d'autres causes, ou la femme de la part du mari pour ce qu'elle pourrait lui devoir, ils ne doivent pas être contraints avec la même sévérité que les débiteurs pour d'autres causes, et qu'ils ne peuvent être obligés qu'à ce qu'ils ont moyen de payer, sans être réduits à la nécessité (5). Et ce qui a fait qu'on n'a pas mis d'article pour cette règle, c'est qu'elle était dans le droit romain une suite du divorce qu'on y permettait, et qui est illicite; et que par notre usage la femme n'agissant contre le mari, ou le mari contre la femme, qu'en cas de séparation de corps et de biens, ou seulement de biens, cette règle ne se rapporte ni à l'un ni à l'autre de ces deux cas; et qu'enfin dans tous ceux où l'équité demande qu'on modère la dureté des poursuites des créanciers, notre usage en laisse le tempérament à la prudence des juges, selon les circonstances. Sur quoi il faut voir l'art. 20 de la sect. 4 *de la Société*.

On n'a pas mis non plus dans ce titre cette autre règle du droit romain, et qui est aussi fondée sur un principe d'équité, que

(1) L. 1, ff. sol. matr. L. 2, ff. de jur. dot. (2) L. 70, ff. de jur. dot. L. 85, ff. de reg. jur. (3) L. 18, § 1, ff. de rebus auct. jud. possid. L. ult. Cod. qui potiores. (4) L. ult. Cod. ad senatus Vell. (5) L. 20, ff. de re jud. Inst. de act. § 37. L. un. § 7. Cod. de rei ux. act. L. 14, in fin. ff. sol. matr. L. 12, ff. sol. matr. L. 173, ff. de reg. jur.

les fruits de la dot qui se recueillent la dernière année du mariage, doivent se partager entre le mari et la femme, à proportion du temps que le mariage a duré pendant cette dernière année (1). Par cette règle, si un mariage qui avait été contracté le premier juillet avant les récoltes, était rompu par un divorce le premier novembre, le mari qui avait recueilli tous les fruits de l'année, pour quatre mois que le mariage avait seulement duré, était obligé de rendre à la femme les deux tiers des fruits. Et cette dernière année commençait à pareil jour que le mariage avait commencé; ou si le mari n'était entré en possession du fonds qu'après le mariage, elle commençait à pareil jour que le mari avait été mis en possession (2). Mais cette règle qui, dans le cas du divorce, était nécessaire pour faire justice et à la femme et au mari, n'est pas de la même nécessité dans le cas de la dissolution du mariage par la mort de l'un ou de l'autre. Car, au lieu que dans le cas du divorce il eût été très-injuste qu'une femme mariée à la veille de la récolte, et répudiée après la récolte, eût été dépouillée du revenu de toute l'année; dans le cas de la dissolution du mariage par la mort du mari ou de la femme, la justice qui peut être due à l'un ou à l'autre, ou à leurs héritiers, n'est pas bornée précisément à cette règle. Et, outre cette manière de partager les fruits du bien dotal entre le survivant des conjoints et les héritiers du prédécédé, nos coutumes en ont établi d'autres différentes. Ainsi, en quelques-unes les fruits du bien dotal pendant la dernière année demeurent au mari, aux charges où ces coutumes l'engagent; et en d'autres le survivant recueille tous les fruits pendans par les racines dans l'héritage qu'il reprend, à la charge de payer la moitié des cultures et des semences; en d'autres les fruits se partagent par moitié. Ces différens usages ont en général leur équité sur ce que ceux qui se marient contractent aux conditions de ces coutumes, s'ils n'y dérogent par des clauses expresses; et en particulier chaque usage est fondé, ou sur l'incertitude de l'événement qui pourra donner quelque avantage à celui qui aura survécu, ou sur d'autres motifs qui rendent justes ces divers partages.

SECTION PREMIÈRE.

De la nature des dots.

1. La dot est le bien que la femme apporte au mari, pour en jouir, et l'avoir toujours en sa puissance pendant leur mariage (3).

2. Les revenus de la dot sont destinés pour aider à l'entretien

(1) L. 7, § 1, ff. sol. matr. Dict. leg. § 9. L. 11, eod. L. 78, § 2, ff. de jur. dot. L. un. § 9. Cod. de rei ux. act. (2) L. 5 et l. 6, ff. sol matr. (3) L. 1, ff. de jur. dot. L. 10, § 3, eod.

du mari, de la femme et de leur famille, et aux autres charges du mariage. Et c'est pour ces charges que le mari a droit d'en jouir (1). (C. civ. 1540, 1541.)

On ne doit appliquer le *régime dotal* établi par le code civil qu'aux dots constituées depuis sa publication. Quant à celles constituées antérieurement, elles doivent être régies par les lois sous lesquelles la constitution s'est faite (2).

Sous le régime dotal, le mari n'est tenu de rendre la dot à sa femme séparée de corps et de biens qu'à la charge par elle d'en faire emploi (3). Le père qui a reçu la dot conjointement avec son fils, et qui a affecté ses biens au remboursement dotal envers sa belle-fille, n'est pas définitivement libéré par le paiement qu'il fait à son fils, pendant le mariage, de la somme qu'il a touchée ; il peut être condamné comme caution, et, en cas d'insuffisance des biens du fils, au remboursement de la totalité de la dot envers sa belle-fille (4).

3. Le droit qu'a le mari sur le bien dotal de la femme, est une suite de leur union et de la puissance du mari sur la femme même : ce droit consiste en ce qu'il a l'administration et la jouissance du bien dotal, que la femme ne peut lui ôter, qu'il peut agir en justice au nom de mari pour le recouvrer contre les tiers qui en sont les détenteurs ou les débiteurs (5) (C. civ. 1549.); et qu'ainsi il exerce de son chef, comme mari, les droits et les actions qui dépendent de la dot, d'une manière qui le fait considérer comme s'il en était le maître, mais qui n'empêche pas que la femme n'en conserve la propriété (6). Ce sont ces divers effets des droits du mari, et de ceux de la femme sur le bien dotal, qui font que les lois regardent la dot, et comme un bien qui est à la femme, et comme un bien qui est au mari.

On n'a pas mis dans cet article, comme il est dit dans les textes qui y sont rapportés, que la femme ne peut elle-même agir en justice pour ses biens dotaux ; parce que, par notre usage, encore que le mari puisse agir seul, la femme peut aussi agir, non-seulement quand elle est séparée de biens, mais quoique non séparée, pourvu que le mari y consente, et qu'il l'autorise, ou qu'à son refus elle soit autorisée en justice.

La femme mariée sous le régime dotal ne peut surenchérir, même avec l'autorisation de son mari, des biens saisis et adjugés sur lui (7). Mais une femme qui s'est constituée en dot dans tous ses biens présens et à venir, a pu transiger sur la qualité de ses droits héréditaires dans la succession paternelle (8).

4. La dot en deniers, ou autres choses, soit meubles ou immeubles, qui ont été estimés par le contrat à un certain prix, est propre au mari ; et il devient débiteur des deniers donnés en dot, ou du prix des choses estimées ; car cette estimation lui

(1) L. 7, ff. de jur. dot. L. 65, § ult. ff. pro soc. L. 20, Cod. de jur. dot. (2) Cass. 27 août 1810. (3) Montpellier, 22 juin 1819. (4) Pau, 9 décembre 1820. (5) L. 3, § 5. ff. de minor. L. 7, § 3, ff. de jur. dot. L. 21, § 4, ff. ad municip. L. 11, Cod. de jur. dot. L. 49, in fine, ff. de furt. L. 9. Cod. de rei vind. (6) L. 30, Cod. de jur. dot. L. 75, ff. eod. (7) Lyon, 27 août 1813. (8) Limoges, 5 juillet 1813.

en fait une vente, et la dot consiste au prix convenu (1). (C. civ. 1551.)

5. Si les choses ainsi estimées viennent à se détériorer, ou si elles périssent pendant le mariage, c'est le mari qui, en étant le propriétaire, en souffre la perte, comme il aurait le profit, s'il y en avait. Mais le profit et la perte des choses qui n'ont pas été estimées regardent la femme, qui en a toujours conservé la propriété (2).

6. Dans le cas où les choses dotales sont estimées, les règles sont les mêmes que celles qui ont été expliquées dans le contrat de vente. Car cette estimation est une véritable vente (3).

7. La dot peut comprendre ou, tous les biens de la femme présens et à venir, ou seulement tous ses biens présens, ou une partie, selon qu'il aura été convenu (4). (C. civ. 1542.) Les biens de la femme qui n'entrent pas dans la dot, sont appelés paraphernaux, il en sera parlé dans la sect. 4.

8. Si le mari tire du fonds dotal quelque profit qui tienne lieu de revenu, il lui appartiendra. Mais si ce profit n'est pas de la nature des fruits et revenus, c'est un capital qui augmente la dot. Ainsi les coupes des bois taillis, les arbres qu'on peut tirer des pépinières, sont des revenus. Mais si le mari fait une vente de grands arbres que le vent ait abattus, d'un bois, d'une garenne, d'un verger; s'il vend les matériaux d'un bâtiment ruiné, et qu'il n'est pas utile ou nécessaire de rétablir, tous les profits qu'il peut tirer de ces sortes de choses, les dépenses déduites, sont des capitaux qui augmentent la dot. Il en serait de même s'il arrivait quelque augmentation du fonds dotal; soit dans l'étendue, comme si un héritage proche d'une rivière se trouve en recevoir quelque accroissement, ou dans sa valeur, comme si on découvre un droit de servitude, ou autre semblable (5).

9. Les pierres des carrières, et les autres matières qui se tirent d'un fonds, comme la chaux, le plâtre, le sable, et autres semblables, sont des revenus qui appartiennent au mari; soit que ces matières parussent lors du mariage, ou que le mari en ait fait la découverte (6) : et en ce cas il recouvre les dépensses qu'il a faites pour mettre le fonds en état de produire ce nouveau revenu (7). Que si ces matières sont telles qu'on ne puisse les mettre au nombre des fruits, et qu'elles ne fassent pas un revenu annuel, mais un profit à prendre une seule fois; ce sera un capital, et la dot sera augmentée de ce qu'il y aura de profit, la dépense déduite (8).

(1) L. 10, § 4, ff. de jur. dot. L. 5, Cod. de jur. dot. (2) L. 10, ff. de jur. dot. L. 10, Cod. eod. Dict. l. 10, ff. de jur. dot. L. un. § 9, in fin. Cod. de rei ux. act. (3) L. 10, § 5, in fin. ff. de jur. dot. L. 1, et l. 10, Cod. eod. (4) L. 4, Cod. de jur. dot. L. 72, ff. eod. Toto tit. ff. de jur. dot. (5) L. 7, § 12, ff. sol. matr. L. 8, ff. de fundo dot. L. 32, ff. de jur. dot. L. 11, ff. de usufruct. L. 4, ff. de jur. dot. (6) L. 7, § 14, ff. sol. matr. L. 8, eod. (7) L. ult. ff. de fundo dot. (8) L. 32, ff. de jur. dot. L. 7, § 13, ff. sol. matr. V. pour ces dépenses l'art. 11, et les suiv. de la sect. 3, et l'art. 17 de la sect. 10 du Contrat de vente.

10. Le fonds que le mari acquiert des deniers dotaux n'est pas dotal, mais est propre au mari (1).

Il faut entendre la loi 54 et les lois 26 et 27, ff. de jure dot. de l'acquisition faite par la femme, comme il paraît par ces deux dernières lois.

11. Il peut être convenu que le mari survivant aura un certain gain sur les biens de la femme, et ce gain peut être stipulé, ou en cas qu'il y ait des enfans, ou même quand il n'y en aurait point (2) : on peut aussi régler quelque gain pour la femme, sur les biens du mari, en cas qu'elle survive.

Il faut remarquer, sur cet article, que les coutumes règlent différemment les gains, tant du mari que de la femme ; et ces gains, réglés par les coutumes, sont acquis de droit, quand il n'y aurait pas de convention.

12. On peut, dans les contrats de mariage comme en tous autres, faire toutes sortes de conventions, soit sur la dot, ou autrement, pourvu que la convention n'ait rien d'illicite et de malhonnête ou qui soit défendu par quelque coutume, ou par quelque loi (3).

13. Le fonds dotal ne peut être aliéné, ni hypothéqué par le mari, même quand la femme y consentirait (4). (C. civ. 1554, 1558.)

Cet article doit être entendu selon l'usage des provinces où la femme ne peut aliéner son bien dotal ; mais elle le peut dans celles où cette aliénation est permise avec l'autorité du mari. Il faut aussi remarquer qu'en quelques provinces, la femme ne peut pas même s'obliger avec l'autorité de son mari ; ce qui lui conserve sa dot entière, soit mobilière ou immobilière.

Quand le juge permet l'aliénation d'un fonds dotal, il peut commettre un notaire pour y procéder et prescrire l'emploi des deniers (5).

L'inaliénabilité de la dot établie par la loi matrimoniale dure autant que le mariage, sans égard à toute législation ultérieure. Un des effets de cette inaliénabilité, c'est que la femme à qui sont dûs des capitaux formant sa dot, ne peut les exiger sans en assurer l'emploi ou sans fournir caution pour toute la durée du mariage, surtout si le débiteur est dans le cas d'opposer compensation. Toutefois, les intérêts de sa dot peuvent être exigés par elle sans emploi ni caution (6).

Sous le régime dotal, la femme séparée de biens judiciairement ne peut, même avec l'autorisation de son mari, aliéner ses immeubles (7). Le caractère de dotabilité attribué aux simples meubles, emporte prohibition de les aliéner, en ce sens que la femme ne peut aliéner sa dot mobilière, même indirectement, par aucune espèce d'engagement personnel (8).

(1) L. 12, Cod. de jur. dot. L. ult. Cod. de servo pig. dat. man. (2) L. un. § 6, Cod. de rei ux. act. L. 19, Cod. de donat. antè nupt. L. 12, ff. de pact. dot. L. 2, ff. de pact. dot. L. 26, eod. L. 1, ff. de dote præleg. V. l. 9, Cod. de pact. convent. et Nov. 97, c. 1, de æqual. dot. et propt. nupt. don. et augm. dot. (3) L. 1, § ult. Cod. de rei ux. act. V. l'art. 20 de la sect. 1 des Règles du Droit. (4) L. un. § 15. Cod. de rei ux. act. (5) Lyon, 6 mars 1811. (6) Bordeaux, 2 août 1813. (7) Rejet, 19 août 1819. (8) Rejet, 1er février 1819.

Ainsi, elle ne peut, par l'effet de l'obligation qu'elle souscrit conjointement avec son mari, aliéner sa dot mobilière, et porter atteinte à son hypothèque légale, par exemple, en subrogeant dans la totalité ou partie de l'hypothèque qu'elle aurait acquise pour sûreté de sa dot, sur les biens de ses père et mère ou de son mari, ou en donnant main-levée de l'inscription (1).

Il n'y a d'autres exceptions, au principe de l'inaliénabilité du fonds dotal, consacré par l'art. 1554, que celles établies par les art. 1555 1556, 1557 et 1558. Ainsi, la femme mariée sous le régime dotal, qui a appréhendé une succession sans faire inventaire, ne peut, durant le mariage, être expropriée de ses biens dotaux pour le paiement des dettes de cette succession (2). Le mari peut, pendant le mariage, aliéner les immeubles dotaux de sa femme jusqu'à concurrence des dettes qui grèvent ses biens, et que la femme avait contractées avant son mariage, soit en sa faveur, soit en faveur d'étrangers (3).

Tester n'est pas aliéner dans le sens du statut normand, qui déclarait la dot inaliénable. La femme normande pouvait disposer de ses biens dotaux par testament (4).

Les sommes dotales sont saisissables, surtout après la dissolution du mariage, par les créanciers de la femme, pour dépens prononcés contre elle dans un procès relatif à ses biens paraphernaux, soutenu du consentement du mari. On ne peut opposer aux créanciers l'inaliénabilité de la dot (5).

L'aliénabilité ou l'inaliénabilité de la dot se règle uniquement par les lois sous l'empire desquelles la dot a été constituée (6). Le code civil ne permet pas que la femme mariée sous le régime dotal aliène l'immeuble dotal pour fait de négoce (7). La cession d'hypothèque ou de priorité d'hypothèque par la femme aux créanciers de son mari, est une véritable aliénation de sa dot, et cette aliénation est nulle (8). Ne sont point frappés d'inaliénabilité les biens que s'est constitués en dot, par son contrat de mariage, une femme mariée avant le code civil dans un pays où il était permis d'aliéner les biens dotaux; cette faculté d'aliéner, qui formait une condition tacite des constitutions dotales faites sous l'empire de cette jurisprudence, étant un droit acquis qui n'a été aboli par aucune loi (9). Une femme mariée sous une coutume (celle de Paris) qui permettait l'aliénation des biens dotaux et à qui, durant son mariage, mais avant la publication du code civil, il est échu des biens en Normandie, ne peut aujourd'hui les aliéner (1 .

14. La défense d'aliéner le fonds dotal comprend celle de l'assujettir à des servitudes, ou de laisser perdre celles qui y sont dues, et d'en empirer autrement la condition (11).

15. Si pendant le mariage il arrive quelque cas extraordinaire qui paraisse obliger à l'aliénation du bien dotal, comme pour racheter de captivité, ou tirer de prison le mari, la femme ou leurs enfans, ou pour d'autres nécessités, l'aliénation pourra être permise en justice, avec connaissance de cause, selon les circonstances (12). (C. civ. 1558.)

(1) Paris, 26 prairial an 10. (2) Cass. 3 janvier 1825. (3) Cass. 15 nov. 1820. (4) Rejet, 14 août 1819. (5) Toulouse, 20 juillet 1822. (6) Cass. 27 août 1810. (7) Cass. 19 décembre 1810. (8) Cass. 20 juin 1810. (9) Cass. 5 septembre 1811. (10) Cass. 21 avril 1811. (11) L. 5, ff. de fund. dot. (12) L. 73, § 1, ff. de jur. dot. V. l. 20, ff. sol. matr. L. 21, ff. solut. matr.

On n'exprime pas dans cet article tous les cas où ces lois permettent d'employer une partie de la dot et même la dot entière; car notre usage y est plus réservé, et quelques coutumes ont borné la permission d'aliéner la dot à la nécessité des alimens de la famille, ou pour tirer le mari de prison. Ainsi, on a cru devoir ajouter à cette règle le tempérament de la permission en justice avec connaissance de cause, comme c'est notre usage.

L'immeuble dotal peut être aliéné avec permission de justice pour fournir des alimens aux époux, surtout lorsqu'ils sont vieux, infirmes et sans enfans (1). La vente d'un immeuble dotal, consentie volontairement par le mari et la femme, ne peut être maintenue sur le motif que le prix en a été employé à payer les dettes personnelles de l'épouse, et que, par ce moyen, la vente lui a profité (2).

Sous l'empire du droit romain, l'immeuble dotal pouvait être aliéné par le mari seul et sans formalités de justice, pour payer les dettes de sa femme, antérieures au mariage, et hypothéquées sur l'immeuble dotal (3).

16. Toute constitution de dot renferme la condition que le mariage soit accompli; les conventions pour la dot, comme toutes les autres du contrat de mariage, sont anéanties, s'il n'est célébré, ou si, pour quelque cause, il est annulé (4).

SECTION II.

Des personnes qui constituent la dot, et de leurs engagemens.

1. La fille qui se marie doit être dotée par son père, s'il est vivant; car le devoir du père de pourvoir à la conduite de ses enfans, renferme celui de doter sa fille (5).

Ce qui est dit dans ce dernier texte du mariage des filles contre la volonté de leurs pères, oblige à remarquer la disposition que tout le monde sait de l'édit de 1556, et des autres ordonnances qui défendent les mariages sans le gré des parens, aux garçons, jusqu'à trente ans, et aux filles, jusqu'à vingt-cinq. (V. Exod. 22, 17, 34, 16. Deut. 7, 3).

2. La fille ou la veuve qui se marie étant hors de la puissance de son père, se constitue elle-même sa dot, et en stipule les conditions (6).

3. Lorsqu'une fille mineure se marie après la mort de son père, comme elle est maîtresse de son bien, quoique sous la conduite d'un tuteur ou d'un curateur, c'est elle-même qui se constitue sa dot, sous cette autorité (7).

4. Si un père de qui la fille a des biens propres, soit maternels ou autres, pour lesquels il lui tient lieu de tuteur ou de curateur, lui constitue une dot, sans spécifier si c'est du bien de sa fille, ou si c'est du sien, il est réputé donner, non comme tuteur ou cu-

(1) Rouen, 21 août 1820. (2) Nîmes, 1er déc. 1819. (3) Rejet, 15 nov. 1820. (4) L. 68, ff. de jur. dot. L. 10, § 4, eod. L. 3. ff. de jur. dot. (5) L. 7. Cod. de dot. prom. L. 19. ff. de ritu. nupt. V. Nov. 115, cap. 3, § 11. (6) Tot. tit. ff. de jur. dot. (7) L. 28. Cod. de jur. dot.

ruteur, mais comme père, et par le devoir de doter sa fille, et de son bien propre; il en serait de même, quand cette fille serait déja émancipée (1). (C. civ. 1546.)

5. La dot que le père a constituée de son propre bien, s'appelle à son égard une dot profectice, parce que c'est de lui qu'elle est provenue (2).

6. La dot profectice retourne au père qui survit à sa fille, si elle meurt sans enfans (3).

Si la fille dotée par son père, mourant sans enfans, fait un testament, le droit de retour empêchera-t-il l'effet de la disposition de la fille, de sorte que le père reprenne la dot entière? (V. L. 59, ff. sol. matr.) Il semble par cette loi que la fille puisse disposer; ce qu'il faudrait entendre de ce qu'elle peut donner sans blesser la légitime du père.

7. Ce droit de retour ou de réversion de la dot est conservé au père, quoique la fille eût été mise hors de la puissance paternelle par une émancipation; car ce droit n'est pas attaché à cette espèce de puissance paternelle, qui se perd par l'émancipation, mais au droit naturel inséparable du nom de père (4), et pour lui tenir lieu d'un soulagement, dans la perte qu'il fait de sa fille (5).

On met cet article pour faire voir, par la raison de la loi d'où il est tiré, que la mère et les ascendans maternels ne devraient pas être distingués du père pour ce droit de retour (6).

8. Le droit de réversion n'empêche pas que le mari ne retienne sur la dot profectice ce qui lui revient pour ses gains, selon qu'il en a été convenu (7), ou qu'il est réglé par les coutumes des lieux.

9. Si le père était sous la conduite d'un curateur, comme s'il est insensé, ou interdit, ou pour d'autres causes, ou s'il se trouvait absent, ou dans un autre état qui oblige la justice à pourvoir au mariage et à la dot de sa fille, la dot qui lui sera constituée des biens paternels, sera une dot profectice à l'égard du père (8).

10. Tout ce qui a été dit du père, pour ce qui regarde la dot profectice et la réversion, s'étend à l'aïeul et autres ascendans du côté paternel (9).

11. Toutes personnes, parens ou étrangers, peuvent constituer une dot (10). Mais ils n'ont pas le droit de réversion, s'il ne l'ont stipulé. Car c'est une donation libre et irrévocable qu'ils ont voulu faire (11).

Pourquoi la mère et les ascendans maternels n'auront-ils pas le droit de retour, comme ils semblent en être exclus par ce § 13, qui les met au

(1) L. 5, § 12, ff. de jur. dot. L. ult. Cod. de dotis. promiss. (2) L. 5, ff. de jur. dot. Dict. leg. 5, § 11, ff. de jur. dot. (3) L. 6, ff. de jur. dot. L. 4, Cod. solut. matr. L. 2. Cod. de bon. quæ lib. L. 40, ff. sol. matr. (4) L. 5, § 11, ff. de jur. dot. L. 10 ff. sol. matr. (5) L. 6, ff. de jur. dot. (6) V. l'art. 11 de cette sect. et la remarque sur ce même art. V. sur l'émancipation dont il est parlé dans cet art., les art. 5 et 6 de la sect. 2 des Personnes. (7) L. 12, ff. de pact. dotal. (8) L. 5, § 3, ff. de jur. dot. Dict. leg. 5, § 4. (9) L. 5, ff. de jur. dot. (10) L. 41, ff. de jure dot. (11) L. 24. Cod. de jur. dot. L. un. § 13. Cod. de rei ux. act.

nombre des étrangers ? N'ont-ils pas les mêmes raisons que le père ? *Ne et filiæ amissæ, et pecuniæ damnum sentiret.* L. 6, ff. de jur. dot. Nos coutumes privent les ascendans de la succession des propres de leurs enfans, et veulent que les propres ne remontent point, de crainte qu'ils ne passent d'une ligne à l'autre. Mais elles conservent à la mère et aux autres ascendans le droit de retour, de même qu'au père. (V. l'art. 7 de cette section.)

12. Si le père ne dote sa fille que de ce qu'il avait à elle ou de ce qu'il était obligé de lui donner, comme si un étranger avait donné au père, à condition d'employer à doter sa fille, cette dot ne sera pas profectice (1), mais ce sera une dot d'un bien adventif, et propre à la fille. Et il en serait de même si le père lui devait pour quelque autre cause (2).

13. Quoique ce soit un devoir qui regarde le père de doter sa fille, et qu'il ne puisse la doter des biens qui appartiennent à la mère (3); si néanmoins la mère a des biens qui ne sont pas dotaux, elle peut en donner en dot à sa fille; et si le père ne peut la doter, la mère en ce cas peut donner de sa propre dot pour doter sa fille, en observant les tempéramens que les coutumes peuvent y apporter. (C. civ. 1556.)

Nisi pater aut non sit superstes, aut egens est. L. 8, ff. de agn. et alend. lib. Quoique ces dernières paroles ne soient pas sur ce sujet, elles peuvent s'y rapporter. Il y a des coutumes qui ne permettent pas à la femme mariée d'aliéner son bien dotal, ni de s'obliger, mais qui lui permettent d'employer une certaine partie de sa dot pour doter sa fille, si le père n'en a pas le moyen.

La dot pouvait, sous la coutume de Normandie, être donnée entre-vifs aux enfans. Ce n'était point là une aliénation dans le sens des lois qui la défendaient. Un arrêt qui déciderait le contraire serait susceptible de cassation (4).

14. Ceux qui constituent une dot, soit en deniers ou en fonds, ou en choses d'autre nature, ne peuvent plus disposer de ce qu'ils ont donné ou promis; et ils sont obligés à la garantie des fonds donnés, des dettes cédées, et des autres choses, selon qu'il est convenu, ou selon les règles de la garantie que doivent ceux qui vendent ou transportent (5). (C. civ. 1546.)

Conformément à cet art. du code, les intérêts de la dot courent de plein droit, du jour du mariage, contre ceux qui l'ont promise, même contre ceux qui n'étaient pas tenus de doter (6). D'après la loi 54, *ff. de donationibus inter virum et uxorem*, un mari qui, pendant toute la durée de son mariage, n'a point réclamé les intérêts de la dot de sa femme, n'est point réputé en avoir fait remise, lorsque ce n'est point par la femme, mais par le père de celle-ci, que la dot était promise. — Autrefois, en pays de droit écrit, les intérêts de la dot portaient eux-mêmes

(1) L. 5, § 9, ff. de jur. dot. (2) Dict. leg. 5, § 11. (3) L. 14. Cod. de jur. dot. L. 82, ff. de jur. dot. (4) Cass. 27 août 1810. (5) L. 22. Cod. de jur. dot. L. 17 eod. L. 1. Cod. de jur. dot. L. un. § 1. Cod. de rei ux. act. § 29. Inst. de act (6) Cass. 2 nivose an 14.

intérêt, à compter du jour de la demande en justice, la dot étant une espèce de légitime ou hérédité dont les fruits courent par la nature de la chose, et les intérêts de ceux déja échus formant par leur accumulation un nouveau capital provenant des fruits de la dot (1).

SECTION III.

Des engagemens du mari à cause de la dot, et de la restitution de la dot.

1. La dot étant en la puissance du mari avec le droit d'en jouir, pour supporter les charges du mariage, comme l'entretien du mari, celui de la femme et de leur famille, le premier de ses engagemens, en ce qui regarde la dot, est de porter ces charges (2).

2. Comme le mari jouit de la dot, et qu'il l'a entre ses mains, autant pour son intérêt que pour celui de sa femme, il doit en avoir le même soin que de ses affaires et de ses biens propres. Ainsi il doit poursuivre les débiteurs, réparer et cultiver les héritages, et généralement veiller à tout ce qui regarde la conservation du bien dotal. Et si, par sa faute ou sa négligence, il arrive des pertes et des diminutions, ou qu'il détériore les héritages, il en sera tenu (3), et même des cas fortuits qui pourraient être causés par des fautes dont il dût répondre (4). (C. civ. 1562.)

3. Quoique le mari soit obligé à faire les diligences contre les débiteurs de la dot, et que s'il néglige d'agir lorsque l'action lui est ouverte, il soit tenu de ce qui se trouvera perdu par sa négligence, si néanmoins le débiteur de la dot était le père ou un donateur, on ne doit pas exiger du mari les mêmes diligences qu'il devrait exercer contre un étranger. Mais il est juste d'y apporter les tempéramens que les circonstances peuvent demander (5).

On a cru devoir apporter à cette règle le tempérament qu'on y a mis dans cet article. Car notre usage n'est pas en cela aussi indulgent pour le mari, que le paraît cette loi 33, ff. de jur. dot. Et si d'une part il serait trop dur qu'un mari fût obligé d'exercer contre un beau-père, ou contre un donateur, toutes les contraintes les plus violentes, il ne serait pas juste aussi qu'il fût absolument déchargé de toute sorte de diligences; de sorte qu'il faut un tempérament qui règle sa conduite selon les circonstances. (V. l'art. 20 de la sect. 4 de la *Société*.)

4. Si le mari change la nature d'une dette qui est du bien dotal, en l'innovant, ce changement sera à ses périls, et il demeurera chargé de la dette, comme s'il l'avait reçue (6).

(1) Cass. 10 déc. 1817. (2) L. 7, ff. de jur. dot. L. 20. Cod. eod. (3) L. 5, § 2. ff. commod. L. 23, ff. de reg. jur. L. 17, ff. de jur. dot. L. ult. Cod. de pact. conv. L. 33, ff. de jur. dot. L. 7, § 12, ff. sol. matr. (4) L. 66, ff. solut. matrim. (5) L. 20, § 2, ff. de pact. dot. L. 33, ff. de jur. dot. (6) L. 35, ff. de jur. dot. V. le tit. des Novations pour savoir ce que c'est que novations; on en a déja parlé dans le plan des matières.

5. Le mari qui reçoit des intérêts d'un débiteur de la dot, et accorde un sursis pour le principal qu'il pouvait exiger, sera tenu de la dette, si ce débiteur devenait insolvable (1).

6. Si le fonds dotal est possédé par une tierce personne, et que le mari laisse couler tout le temps de la prescription, il en répondra, si ce n'est que lors du mariage la prescription fût presque encourue, et qu'il n'en restât que si peu de temps, qu'on ne pût imputer au mari de n'avoir pas interrompu une prescription acquise à son insu (2).

7. Le dernier engagement du mari est de rendre la dot, lorsque le cas arrive. Comme si la femme meurt sans enfans avant le mari (C. civ. 1564.), si le mariage est déclaré nul, s'il y a séparation, ou de corps et de biens, ou seulement de biens; si la dot ayant été donnée au mari pendant les fiançailles, le mariage ne s'est pas accompli; et lorsque le mari meurt, l'engagement de rendre la dot passe à ses héritiers (3).

Lorsque les époux ont exclu à la fois, par leur contrat de mariage, le régime dotal et la communauté, et qu'il a été constitué en dot à la femme des meubles estimés, avec déclaration que l'estimation n'en conférait pas la propriété, le mari n'est pas tenu à la restitution du prix de l'estimation, mais seulement à la restitution des meubles en nature, tels qu'ils sont, à moins toutefois qu'ils n'eussent péri par sa faute ou par sa négligence (4).

8. La restitution de la dot s'étend, non-seulement à ce qui a été donné au mari à titre de dot, mais aussi à tous les accessoires qui peuvent en avoir augmenté le capital, et qui ne doivent pas appartenir au mari. Ainsi les augmentations de la nature de celles dont il a été parlé dans les art. 8 et 9 de la sect. 1re, sont sujettes à la restitution de dot (5).

9. Lorsque le cas de la restitution de dot est arrivé, elle doit être rendue, ou à la femme si elle a survécu, et qu'elle soit en âge pour la recevoir, ou à ses héritiers, ou à son père s'il avait fait la constitution, ou autres personnes à qui la dot devra appartenir (6).

10. Si, dans le contrat de mariage, il a été convenu, ou qu'il soit réglé par quelque coutume, que le mari survivant doive gagner une partie de la dot, la restitution sera diminuée d'autant (7).

11. La restitution de la dot est aussi diminuée par les réparations et autres dépenses que le mari ou ses héritiers auront

(1) L. 71, ff. de jur. dot. (2) L. 16, ff. de fundo dot. Dict. leg. (3) L. 240, ff. de verb. sign. L. 2, ff. solut. matrim. L. 24, in princ. ff. sol. matr. L. 29. Cod. de jur. dot. V. Novell. 97, cap. 6. V. la sect. 5 de la Séparat. de biens. (4) Paris, 12 mai 1813. (5) L. 52, ff. de jur. dotium. (6) L. 2, ff. sol. matr. L. 10, eod. L. 6, ff. de jur. dot. L. unic. § 13, Cod. de rei ux. act. L. 2, Cod. de jur. dot. (7) V. l'art. 11 de la sect. 1.

faites pour la conservation du bien dotal, selon la nature de ces dépenses, et les règles qui suivent.

12. Les dépenses que le mari ou ses héritiers peuvent avoir faites sont de trois sortes. Quelques-unes sont nécessaires, comme de refaire un bâtiment qui est en péril de ruine et qu'il faut conserver. D'autres sont utiles, quoique non nécessaires, comme le plan d'un verger. Et il y en a qui ne sont, ni nécessaires, ni utiles, et qui ne se font que pour le plaisir, comme des peintures ou autres ornemens (1).

13. Pour les dépenses nécessaires, le mari peut retenir le fonds dotal, ou une partie, selon leur valeur, et en demeurer en possession jusqu'à son remboursement; et c'est pourquoi on dit que ces sortes de dépenses diminuent la dot (2). Car elle est en effet diminuée par la nécessité d'en retrancher ce qui est dû au mari, pour une dépense sans laquelle le fonds pouvait périr ou être endommagé et diminué, et qu'il a été obligé de faire pour ne pas répondre lui-même de la perte qui serait arrivée (3).

14. Les dépenses qui se font journellement et pour le courant, soit pour la conservation du fonds, comme les menues réparations d'une maison, ou pour la culture des héritages, comme pour semer et labourer, ou pour recueillir les fruits, se prennent sur les fruits mêmes et sur les autres revenus, et en sont une charge. Car les fruits et les revenus ne s'entendent que de ce qui reste de profit, déduction faite des dépenses nécessaires pour pouvoir jouir. Ainsi, le mari ne recouvre point ces sortes de dépenses; mais il recouvre celles qui passent les bornes de ce qui est nécessaire pour conserver les fonds en bon état, et pour en jouir (4).

15. Les charges foncières, comme les cens, les tailles et autres redevances qui sont des charges des fruits, se prennent sur les fruits (5).

16. Les dépenses qui sont utiles, quoique non nécessaires, doivent être remboursées au mari ou à ses héritiers. Et quoique ces dépenses eussent été faites sans la volonté de la femme, ils ont leur action pour les recouvrer (6).

V. l'art. 13 de cette section. Il faut remarquer, sur cet article 13 et sur celui-ci, que ce qui a été dit dans l'article 13 sur le droit qu'a le mari de retenir la dot pour les dépenses nécessaires, et ce qui est dit dans celui-ci de l'action qu'il a pour recouvrer celles qui sont seulement utiles, doit s'entendre selon notre usage, qui est tel, que de quelque nature que soient les dépenses, soit utiles ou nécessaires, le mari, qui, en

(1) L. 1, ff. de imp. in res dot. fact Dict. l. 1, § 1. Dict. leg. 1, § 3. L. 5, § ult. et leg. 6, eod. L. 7, eod. (2) L. 56, § 3, ff. de jur. dot, L. 1, § 2, ff. de imp. L. 5, eod. (3) L. 4, ff. de imp. in res dot. V. l'art. 16, et la remarque qu'on y a faite. (4) L. 3, § 1, ff. de imp. L. 7, § ult. ff. sol. matrim. L. ult. ff. de imp. L. 15, ff. eod. L. 12, eod. L. 7, ff. sol. matr. (5) L. 13, ff. de imp. L. 27, § 3, ff. de usuf. (6) L. unic. § 5. Cod. de rei uxor. act. L. ult. ff. de jund. dot.

cette qualité, était en possession des biens dotaux, ne peut en être dépossédé ni ses héritiers, s'ils n'y consentent que par l'autorité de la justice. Ce qui s'observe même quand il ne serait dû aucun remboursement de dépenses, et c'était aussi l'usage dans le droit romain. *Dotis actione successores mariti super eo, quod ei dotis nomine fuerat datum, convenire debes. Ingrediendi enim possessionem rerum dotalium, heredibus mariti non consentientibus, sine auctoritate competentis judicis, nullam habes facultatem.* L. 9, Cod. sol. matr. Et c'est la règle à l'égard de tous possesseurs, qu'ils ne peuvent être dépossédés que par la justice. V. l'art. 14 de la sect. des Conventions. Mais pour ce qui regarde le remboursement du mari, et le droit de retenir la dot pour les dépenses, il dépend toujours de la prudence du juge de régler si le mari ou ses héritiers doivent demeurer en possession jusqu'à leur remboursement. Ce qui se juge par les circonstances, comme de la valeur des dépenses, de celle du fonds : des sûretés que le mari ou ses héritiers peuvent avoir d'ailleurs de la valeur des fruits, et si quelques jouissances peuvent suffire au remboursement; de la qualité des personnes et de leurs biens, et des autres semblables.

17. Comme il peut y avoir de la difficulté à régler quelles sont les dépenses qui sont nécessaires ou non, et celles qui sont utiles ou non, il est de la prudence du juge d'en arbitrer selon les circonstances. Ce qui dépend des diverses vues et des égards qu'on doit avoir à la qualité des fonds et des autres biens où les dépenses ont été faites, comme si c'est pour conserver ou pour améliorer une maison, ou si c'est pour le recouvrement d'une dette; à la qualité des réparations et autres changemens; à la commodité ou incommodité qui en peut suivre; à la proportion qu'il peut y avoir de la dépense à l'amélioration, et aux autres considérations semblables. Ainsi, par exemple, si pour le ménagement d'un bien de campagne, il faut y faire une grange, ou autre bâtiment, ce pourra être une dépense nécessaire; et si dans une maison il y a une place propre à faire une boutique, ce pourra être une dépense utile (1).

18. S'il arrive que les réparations et les améliorations périssent par un cas fortuit, le mari ou ses héritiers ne laisseront pas de les recouvrer, parce que le droit leur en était acquis par l'ouvrage, et que la propriété en étant à la femme, elle en souffre la perte (2).

19. Les dépenses qui se font pour le seul plaisir sans nécessité, ni utilité, ne se recouvrent point, quand même la femme y aurait engagé le mari. Car il doit s'imputer une dépense qu'il a bien voulu perdre (3).

20. Si les réparations faites pour le plaisir sont telles qu'on puisse les enlever sans qu'elles périssent, le mari ou ses héritiers peuvent les enlever, en cas que la dépense leur en fût refusée.

(1) L. 15, in fin. ff. de imp. in res dot. L. 7, § ult. ff. sol. matr. L. 6. ff. de imp. in res dot. fact. (2) L. 4, ff. de imp. in res dot. fact. (3) L. 11, ff. de imp. leg. un. § 5. Cod. de rei ux. act.

Mais si elles sont telles qu'on ne puisse profiter de rien en les enlevant, comme des peintures à fresque, il n'est pas permis de les effacer : car ce serait sans aucun profit (1).

SECTION IV.

Des biens paraphernaux (2).

On appelle biens paraphernaux, ceux que la femme ne donne point en dot, soit qu'elle exprime ce qu'elle réserve, ou qu'elle spécifie ce qu'elle veut seulement donner à titre de dot; car ce qui lui reste est paraphernal.

Ainsi, lorsque la femme ne donne en dot que ses biens présens, ou de certains biens, le reste qu'elle peut avoir, ou qu'elle aura dans la suite par succession ou autrement, sera paraphernal. Mais si elle donne en dot tous ses biens présens et à venir, elle ne pourra plus avoir de biens paraphernaux.

La différence entre la dot et les biens paraphernaux consiste en ce qu'au lieu que les revenus de la dot sont au mari, les revenus des biens paraphernaux demeurent à la femme; et elle peut disposer et de ses revenus, et du principal même sans l'autorité de son mari.

Cette nature de biens paraphernaux, avec cette liberté à la femme d'employer le revenu indépendamment de la volonté et du consentement de son mari, paraît avoir quelque chose de contraire aux principes de leur union. Car, comme le mari est le chef de la femme, et chargé de la famille, il semblerait juste qu'il fût le maître de tous les revenus des biens de la femme, qui, comme ceux du mari, doivent servir à leur usage commun, et de leur famille; et cette liberté d'une jouissance indépendante du mari, est même une occasion qui peut troubler la paix que demande l'union du mariage. Aussi voit-on que, dans une même loi du droit romain qui ôte au mari tout droit sur les biens paraphernaux, il est reconnu qu'il était juste que la femme se mettant elle-même sous la conduite de son mari, elle lui laissât aussi l'administration de ses biens (3). Cependant, et le droit romain, et nos coutumes, ont reçu l'usage des biens paraphernaux; quelques-unes ayant seulement réglé que, si dans le contrat de mariage, la femme ne spécifie ce qu'elle met en dot, tous les biens qu'elle peut avoir au temps des fiançailles seront réputés biens dotaux. Et il y en a qui ont tellement favorisé l'usage des biens paraphernaux, et la liberté aux femmes d'en disposer, qu'encore que ces mêmes coutumes ne permettent à la femme, ni d'aliéner ni d'engager ses biens dotaux, non pas même avec le consente-

(1) L. 9, ff. de imp. L. unic. § 5. Cod. de rei ux. act. (2) L. 9, § 3, ff. de jur. dot. id est præter dotem. (3) L. 8. Cod. de pact. conv.

ment et l'autorité de son mari, elles lui permettent de jouir et de disposer de ses biens paraphernaux, non-seulement sans l'autorité, mais aussi sans le consentement de son mari. Et cette disposition est favorable dans les coutumes, de même que dans les provinces de droit écrit où elle s'observe : parce que la communauté de biens entre le mari et la femme n'y étant pas en usage, comme la femme ne profite, ni des revenus de sa dot, qui sont au mari, ni des biens qu'il peut acquérir pendant le mariage, on lui laisse la liberté d'augmenter les siens par des épargnes de ses biens paraphernaux.

1. Les biens paraphernaux sont tous les biens que peut avoir une femme mariée, autres que ceux qui ont été donnés en dot au mari. Et ces biens sont comme une espèce de pécule, qu'elle se réserve, distingué de la dot qui passe au mari (1). (C. civ. 1574.)

2. La femme peut disposer de ses biens paraphernaux indépendamment de l'autorité et du consentement de son mari, et les employer comme bon lui semble, sans que le mari ait aucun droit de l'en empêcher, quand même la femme les lui aurait délivrés (2). (C. civ. 1576.)

La femme mariée sous le régime dotal est à l'égard de ses biens paraphernaux, semblable à celle séparée de biens; ainsi, elle peut faire seule tous les actes d'administration, passer les baux, recevoir les capitaux et disposer de son mobilier (3). La femme dont les biens sont paraphernaux peut recevoir ses capitaux et consentir à la radiation des inscriptions hypothécaires, encore qu'elle ne soit autorisée, ni par son mari, ni par la justice (4).

3. Comme la femme peut jouir et disposer de ses biens paraphernaux, elle peut en faire jouir par elle-même ou par d'autres personnes, ou en laisser la jouissance à son mari pour leur usage commun et de leur famille; si ce sont des rentes ou dettes actives, elle peut recouvrer, ou par elle-même, ou par d'autres personnes, et les capitaux et les rentes et intérêts, s'il en est dû, ou en laisser le recouvrement à son mari, en lui donnant les titres (5).

4. Si les biens paraphernaux ou une partie consistent en rentes, dettes actives ou effets mobiliers, la femme peut ou les retenir en sa puissance, ou les mettre entre les mains de son mari, et en retirer de lui un inventaire par lequel il s'en charge (6). (C. civ. 1577, 1578.)

Le mari n'a, en sa qualité, ni la jouissance, ni la disposition des biens paraphernaux. Lors même que la femme souffre qu'il en jouisse, il ne peut les aliéner sans elle, sous aucun prétexte : s'il le faisait, les aliéna-

(1) L. 9, § 3, ff. de jur. dot. L. 31, § 1, ff. de donat. L. 8. Cod. de pact. conv. (2) L. 8, Cod. de pact. conv. L. ult. eod. (3) Turin, 14 mai 1808. (4) Turin, 19 janvier 1810. (5) L. ult. Cod. de pact. conv. Dict. leg. ult. (6) L. 9, § 3, in fin. ff. de jur. dot. Dict. § 3. V. l. ult. Cod. de pact. conv.

tions seraient radicalement nulles, et la femme pourrait revendiquer, même pendant le mariage (1).

5. Si les biens paraphernaux sont mis en la puissance du mari, il est obligé d'en prendre le même soin que de ses biens propres, et il répondra des fautes contraires à ce soin (2). (C. civ. 1580.)

6. Les biens paraphernaux se distinguent de ceux de la dot par le contrat de mariage qui doit exprimer ce qui est dotal. On considère comme paraphernal tout ce qui n'est pas compris dans la dot, ou expressément, ou tacitement, quand même la femme le délivrerait au mari, avec les biens dotaux; si ce n'est qu'il parût, lors de la délivrance, que ce ne fût qu'un accessoire dont la femme voulût augmenter sa dot (3).

7. On ne doit pas mettre au nombre des biens paraphernaux les autres biens de la femme, ni ce qui pourrait se trouver en sa puissance, ou qu'elle prétendrait lui appartenir, s'il ne s'en voit un juste titre; comme si elle l'a acquis par succession ou donation, ou si elle l'avait lors du mariage: et tout autre bien qu'elle pourrait avoir, dont le titre ou l'origine ne parût point, appartient au mari. Car autrement il faudrait présumer que la femme n'aurait ce bien que par des soustractions, ou par d'autres mauvaises voies (4). Et les profits mêmes qui peuvent provenir de son ménage, de son travail, de son industrie, sont au mari, comme des fruits et des revenus, comme des services ou offices que lui doit la femme (5).

SECTION V.

De la séparation des biens entre le mari et la femme.

La séparation de biens entre le mari et la femme est une des causes de la restitution de la dot. Ainsi, cette matière est un accessoire de celle de la dot, et on en expliquera les règles dans cette section.

La séparation de biens se fait en deux cas. Le premier est lorsque la femme se fait séparer de corps à cause de sévices du mari; car la séparation de corps emporte celle des biens. Et le second est lorsque le désordre des affaires du mari oblige la femme à reprendre ses biens.

La séparation de corps est une matière qui n'est pas du dessein de ce livre, elle est toute différente dans notre usage de celle qui faisait le divorce dans le droit romain; et on ne parlera ici que de la simple séparation de biens.

1. La séparation des biens entre le mari et la femme est le droit qu'a la femme de retirer ses biens des mains de son mari

(1) Nîmes, 25 ventose an 11. (2) L. ult. in fin. Cod. de pact. conv. L. 9, § 3, in fin. ff. de jur. dot. V. l'art. 2 de la sect. 3 de ce titre. (3) L. 9, § 2 et 3, ff. de jur. dot. (4) L. 51, ff. de donat. inter vir. et ux. L. 6. Cod. eod. (5) L. 48, ff. de oper. libert.

pour en reprendre l'administration et la jouissance, lorsque l'état des affaires du mari met ses biens en péril. (C. civ. 1536.)

Un mari et une femme séparés de biens, qui ont acheté conjointement et se sont obligés solidairement au paiement du prix, ne doivent pas être réputés ne faire qu'un seul et même acquéreur, et on ne peut point ne leur adresser qu'une seule copie de l'acte portant réquisition de mise aux enchères; il faut qu'il leur en soit adressé deux sous peine de nullité (1).

2. Comme la femme est sous la puissance du mari, et que la dot et les autres biens qu'elle peut donner au mari, lui sont laissés à condition qu'il porte les charges du mariage, elle ne peut demander la séparation, que lorsque le désordre des affaires du mari le met hors d'état de porter ces charges, et que les biens qu'il a de sa femme se trouvent en péril. Ainsi, la séparation doit être ordonnée en justice, et avec connaissance de cause, après des preuves suffisantes que le mauvais état des affaires du mari, et son peu de biens mettent en péril les biens de la femme (2).

3. La séparation des biens n'étant accordée à la femme que parce que ses biens étaient en péril, et que le mari ne pouvait supporter les charges du mariage, l'engagement du mari de ménager les biens de la femme, et de supporter ces charges, passe à la femme par la séparation de biens. Ainsi elle reprend l'administration de ses biens, et supporte ces charges, employant ses revenus pour l'entretien de son mari, d'elle et de leurs enfans (3). (C. civ. 1537.)

4. La femme séparée de biens n'acquiert par la séparation que le droit de jouir de ses biens et de les conserver, mais elle ne peut les aliéner (4) (C. civ. 1538), que selon que les lois, les coutumes peuvent le permettre (5).

5. Si la dot consiste en deniers, dettes ou autres effets qui ne soient pas en nature, la femme peut, en vertu de la séparation, saisir et faire vendre les biens du mari, et les autres sujets à son hypothèque, même entre les mains des tiers détenteurs (6).

6. Si, outre les biens dotaux, la femme avait mis en la puissance du mari les biens paraphernaux, qui ne soient pas en nature, elle pourra les recouvrer de même que ses biens dotaux (7).

7. Si par le contrat de mariage il y a des gains acquis à la femme sur les biens du mari, elle pourra les recouvrer de même que sa dot, soit pour en conserver la propriété, si la jouissance ne doit avoir lieu qu'après la mort du mari, ou pour entrer en jouissance, selon que la qualité de ces gains se trouvera réglée, ou par le contrat de mariage, ou par les coutumes et les usages des lieux (8).

(1) Cass. 12 mars 1810. (2) L. 24, ff. solut. matr. V. L. 22, § 8, cod. L. 30, in fin. Cod. de jur. dot. (3) L. 29. Cod. de jure dot. Dict. leg. (4) L. 29. Cod. de jur. dot. (5) V. les art. 13 et 15 de la sect. 1. (6) L. 29. Cod. de jur. dot. (7) Dict. leg. 29. de jur. dot. (8) Dict. leg. 29. Cod. de jur. dot. Nov. 97, cap. 6.

TITRE X.

Des donations entre-vifs.

On appelle donations entre-vifs celles qui ont leur effet du vivant du donateur pour les distinguer de celles qui se font à cause de mort, et qui n'ont leur effet qu'après la mort de celui qui donne.

Il y a deux différences essentielles entre ces deux sortes de donations. L'une en ce que les donations entre-vifs sont des conventions qui se passent entre les donateurs et les donataires, ce qui les rend irrévocables; au lieu que les donations à cause de mort, sont des dispositions de la même nature que les legs et les institutions d'héritier qui dépendent de la volonté seule de ceux qui donnent, et que par cette raison elles peuvent être révoquées.

L'autre différence entre les donations entre-vifs, et les donations à cause de mort, est une suite de la première, et consiste en ce que celui qui donne entre-vifs se dépouille lui-même de ce qu'il donne, et le transfère au donataire qui en devient le maître; et que celui qui ne donne qu'à cause de mort, aime mieux garder que de se dépouiller, et demeure jusqu'à sa mort le propriétaire de ce qu'il donne, avec le droit d'en priver le donataire, et d'en disposer comme il lui plaira. Ainsi, au lieu que la donation entre-vifs dépouille le donateur, la donation à cause de mort ne dépouille que son héritier (1).

C'est à cause de cette dernière différence entre les donations entre-vifs, et les donations à cause de mort, que les coutumes qui ne permettent les dispositions à cause de mort au préjudice des héritiers, que d'une certaine portion des biens, réduisent les donations à cause de mort, à cette même portion, et qu'au contraire elles permettent les donations entre-vifs au préjudice des héritiers: parce que le donateur ne prive pas seulement ses héritiers, mais se prive soi-même de ce qu'il donne. Et ces sortes de donations qui dépouillent le donateur n'ont pas d'autres bornes que celles que chaque coutume peut y avoir mises, soit pour conserver les légitimes des enfans, ou pour restreindre les libéralités entre certaines personnes, ou pour d'autres causes.

Il s'ensuit de cette nature des donations entre-vifs, qu'étant des conventions irrévocables qui dépouillent le donateur, toute donation qui manque de ce caractère, et qui laisse au donateur la liberté de l'anéantir, est une donation nulle, c'est-à-dire qu'elle n'est pas en effet une donation entre-vifs.

C'est de ce principe que dépend cette règle commune en cette

(1) L. 35, § 2, ff. de mort. caus. donat.

matière, que *donner et retenir ne vaut.* Ce qui signifie que si le donateur retient ce qu'il donne, il ne se dépouille pas, et ne donne point. Cette maxime a cette étendue, qu'elle annulle non-seulement les donations où les donateurs se réserveraient la liberté de disposer des choses données, mais toutes celles où il se rencontrerait des circonstances qui marquassent que le donateur ne se serait pas dépouillé, et que le donataire n'eût pas été rendu irrévocablement le maître de ce qui lui était donné. Ainsi, une donation dont le titre demeurerait en la puissance du donateur, sans que le donataire en eût un double, ni que la minute fût mise entre les mains d'un notaire pour en délivrer l'expédition, serait une donation nulle; car le donateur retiendrait la liberté de l'anéantir.

Les donations à cause de mort sont une des matières de la seconde partie, et ce titre ne regarde que les donations entre-vifs, parce qu'elles sont des conventions. Mais pour ne pas répéter toujours l'expression entière de donations entre-vifs, on n'usera que du simple mot de donations.

Les donations sont des libéralités naturelles dans l'ordre de la société, où les liaisons des parens et des amis, et les divers engagemens obligent différemment à faire du bien, ou par la reconnaissance des bienfaits, ou par l'estime du mérite, ou par le motif de secourir ceux qui en ont besoin, ou par d'autres vues.

Les manières de donner et faire du bien sont de diverses sortes, de même que les commerces. Et comme on fait commerce de l'industrie, du travail, des services, et aussi des choses, on en fait de même des communications gratuites; mais on n'appelle donation que cette espèce de libéralité par laquelle on se dépouille des choses, et on ne donne pas ce nom aux services et aux offices qu'on rend à ceux qu'on veut obliger (1).

On ne mettra dans ce titre aucune des règles du droit romain qui regardent les donations entre le mari et la femme, parce que cette matière est si différemment réglée dans les provinces qui se régissent par le droit écrit, et dans les coutumes, que ce serait s'éloigner trop du dessein de cet ouvrage, d'y recueillir des règles dont presque aucune n'est d'un usage commun partout.

Mais pour y suppléer, on a cru devoir remarquer ici les principes généraux qui sont les fondemens de ces diverses jurisprudences sur les donations entre le mari et la femme, pour faire voir dans ces principes l'esprit des différentes règles qui s'observent dans les provinces de droit écrit, ou dans les coutumes : ce qu'on a réduit aux remarques qui suivent.

L'union si étroite du mari et de la femme étant une occasion d'exercer entre eux des libéralités selon leur affection et selon leurs biens, l'usage de ces sortes de donations fut suivi de si

(1) L. 19, § 1, de donat.

grands inconvéniens, qu'il fut aboli dans le droit romain : car on reconnut que la facilité, ou du mari ou de la femme, en dépouillait l'un pour enrichir l'autre ; que l'application du plus intéressé à s'attirer les libéralités de l'autre, l'engageait à des soins et à des vues opposées aux devoirs de l'éducation des enfans, ou qui l'en détournaient, que l'un résistant aux désirs de l'autre, et ne donnant point, ils se divisaient ; et on jugea enfin que l'amour conjugal devait subsister et s'entretenir plus honnêtement que par l'intérêt (1).

Mais comme le principal motif, qui annulait les donations entre le mari et la femme, était d'empêcher qu'ils ne se dépouillassent l'un l'autre de leur vivant, et que celui qui avait donné ne se trouvât sans biens après la dissolution du mariage, ou par une mort, ou par un divorce; les donations à cause de mort ne faisant pas le même effet, leur étaient permises. Et on donnait même cet effet aux donations entre-vifs, que si elles n'étaient révoquées du vivant de celui qui avait donné, elles fussent confirmées par sa mort, et valussent comme donations à cause de mort.

Les dispositions des coutumes sur les donations entre le mari et la femme sont différentes, selon l'égard qu'elles ont eu aux motifs qui annulaient ces donations dans le droit romain, ou selon les autres vues de l'esprit et des principes de ces coutumes. Ainsi, quelques-unes ont permis les donations entre le mari et la femme de la propriété des meubles et conquêts immeubles, et même d'une partie des propres; mais elles ont voulu que ces donations fussent révocables. Ainsi les mêmes coutumes et plusieurs autres ont permis les donations entre-vifs et irrévocables entre le mari et la femme, pourvu qu'ils soient seulement d'une jouissance des meubles et conquêts immeubles, et qu'elles soient mutuelles. Et on a jugé, dans ces coutumes, que la libéralité étant réciproque, et l'un et l'autre étant dans l'incertitude de l'événement qui fera donataire celui qui aura survécu, ces sortes de donations n'ont pas les mêmes inconvéniens que si la condition des deux n'était pas égale, et qu'elles n'ont rien qui trouble la tranquillité du mariage, ni qui en blesse l'honnêteté.

Mais d'autres coutumes, par d'autres vues, ont défendu toutes dispositions de la femme au profit du mari, même à cause de mort; quoique ces mêmes coutumes permettent au mari de donner à sa femme tous ses biens par une donation entre-vifs, à la réserve seulement de la légitime pour les enfans. Et ces coutumes le règlent ainsi, parce qu'elles rendent d'ailleurs la condition des femmes moins avantageuse, en ce que la communauté des biens n'y a pas lieu, et qu'elles veulent conserver les biens de la femme contre les dispositions où l'autorité du mari pourrait l'exiger.

(1) L. 1, 2 et 3, ff. de donat. int. vir. et ux.

SECTION PREMIÈRE.

De la nature des donations entre-vifs.

1. La donation entre-vifs est un contrat qui se fait par un consentement réciproque entre le donateur qui se dépouille de ce qu'il donne, pour le transmettre gratuitement au donataire, et le donataire qui accepte et acquiert ce qui lui est donné (1). (C. civ. 893, 894.)

Une donation déguisée sous l'apparence d'un contrat onéreux, n'est pas nulle pour vice de simulation, si le donataire était également capable de donner et de recevoir par donation simple (2). Les démissions de biens faites par tout autre acte qu'une donation entre-vifs depuis le code civil, sont toujours révocables à la volonté du démettant; et, lors qu'elles ne sont point revêtues des formes, soit de donation, soit de testament, elles sont radicalement nulles (3). Quoique l'acte de vente soit simulé, et ne contienne véritablement qu'une donation déguisée en faveur d'une personne capable de recevoir, il ne peut être annulé que jusqu'à concurrence de la réserve légitimaire, et il doit être maintenu pour la quotité disponible (4).

C'est la loi de l'époque de la vente, et non la loi de l'époque du décès du vendeur ou donateur qu'il faut consulter, pour déterminer la quotité disponible, et décider jusqu'à quel point la simulation a fait fraude à la loi (5). La tradition réelle ne suffit pas pour la validité d'un don manuel de créances mobilières. Il faut qu'il y ait titre translatif de propriété. V. 2276 (6).

La remise d'une dette est une libéralité d'une espèce toute particulière: elle peut être faite sous condition et par l'intermédiaire d'un tiers. Ainsi, lorsqu'un créancier, dans la prévoyance du danger, donne à un tiers une quittance, pour la remettre au débiteur, en cas de mort, la libéralité doit avoir son effet (7).

Avant la prononciation du jugement qui rejette la demande en nullité d'un testament, les juges ne peuvent interpeller l'héritier institué présent à l'audience, et donner acte de sa réponse sur l'effet qu'il entend donner à la promesse qu'il a faite verbalement à quelques-uns d'entre eux, de laisser après sa mort, aux héritiers légitimes du testateur, les biens compris dans son institution (8). De ce que des héritiers présomptifs ont promis à leur auteur d'exécuter les dispositions qu'il ferait verbalement, et de ce que, satisfait de cette promesse, leur auteur n'a point consigné ces dispositions par écrit, il ne s'ensuit pas que les héritiers puissent être contraints, soit à tenir leur promesse, soit à payer le montant des libéralités, par forme de dommages et intérêts (9).

Un contrat à titre onéreux, un bail contenant un avantage indirect ne peut être annulé pour vice de formes en ce qu'il n'est pas revêtu de celles prescrites pour les donations; mais si l'avantage indirect excède la quotité disponible, il y a lieu à rapport (10).

(1) § 2, inst. de donat. L. 1, ff. de donat. V. l. 22, in fin. eod. L. 7, Cod. de his quæ vi metuve, caus. gest. sunt. (2) Cass. 20 octobre 1812. (3) Cass. 26 frimaire an 14. (4) Cass. 5 janvier 1814. (5) Rouen, 19 fév. 1814. (6) Metz, 14 juillet 1818. (7) Rejet, 2 avril 1823. (8) Cass. 11 juin 1810. (9) Cass. 18 janv. 1813. (10) Amiens, 10 janv. 1821.

La donation de ses manuscrits, que fait à un tiers un auteur mourant, est comme telle soumise aux formalités des testamens (1).

Bien qu'il soit stipulé dans une donation que la somme donnée ne sera payable que six mois après le décès du donateur, si d'ailleurs le donateur se reconnaît dès à présent débiteur de cette somme, et qu'il fasse courir les intérêts du jour de la donation, il y a de sa part dépouillement actuel et irrévocable de la chose donnée (2). Quoiqu'un traité fait entre une mère et ses enfans sur les droits et reprises à exercer par la mère, contienne réellement quelque avantage au profit des enfans, il n'en conserve pas moins le caractère de transaction. On ne doit pas, pour cela seul, le réputer donation, et l'assujettir aux formalités prescrites pour les actes de cette espèce (3). La disposition par laquelle les père et mère, dans le contrat de mariage de leur fils, lui donnent et assurent dès à présent, en la meilleure forme que donation puisse être, une somme à prendre *dans leurs successions et avant partage*, peut être considérée moins comme une donation entre-vifs, que comme une institution contractuelle qui laisse le donateur maître de disposer de ses biens à titre onéreux (4).

2. Il n'y a point de donation sans acceptation : car si le donataire n'accepte, le donateur n'est pas dépouillé, et son droit lui demeure (5).

3. Si le donataire est incapable d'accepter, comme si c'est un enfant, il faut que l'acceptation soit faite par une personne qui puisse accepter pour lui : comme son père, son tuteur, ou son curateur (6). (C. civ. 463, s.)

Néanmoins, le père ou la mère et autres ascendans, même du vivant des père et mère, quoiqu'ils ne soient ni tuteurs ni curateurs du mineur, peuvent accepter pour lui une donation, sans se faire autoriser par un conseil de famille ; l'art. 935 dérogeant à l'art. 463 en faveur de l'affection présumée des père et mère et autres ascendans (7).

4. La donation est une libéralité; et celui qui ne donne que ce qu'il doit, ou ce qu'il est obligé de donner, ne fait pas une donation, mais il s'acquitte d'une dette, ou de quelque autre engagement. Ainsi, celui qui donne pour accomplir une condition d'un testament, ou d'une donation qui l'en charge, n'est pas donateur, quand ce serait même du sien qu'il aurait été chargé de donner (8).

5. Les donations, qu'on appelle *rémunératoires*, qui sont faites pour récompense de services, ne sont véritablement donations, que lorsque ce qui est donné ne pouvait être exigé par le donataire; et la récompense que le donataire pouvait demander, n'est pas en effet une donation (9).

6. Quoique la donation soit une libéralité, elle est irrévocable

(1) Paris, 4 mai 1816. (2) Rejet, 2 avril 1817. (3) Rejet, 2 mars 1808. (4) Rejet, 1er mars 1821. (5) L. 19, § 2, ff. de donat. L. 69, ff. de reg. jur. L. 156, § ult. eod. L. 10, ff. de donat. L. ult. Cod. de revoc. donat. (6) L. 26, Cod. de donat. (7) Rejet, 25 juin 1812. (8) L. 35, § 1, ff. de mort. caus. donat. L. 82, ff. de reg. jur. L. 29, ff. de donat. L. 1, eod. L. 8, ff. de donat. (9) L. 27, ff. de donat. V. l. 34, § 1, eod. L. 82, ff. de reg. jur.

comme les autres conventions (1), si ce n'est du consentement du donataire, ou par quelqu'une des causes qui seront expliquées dans la sect. 4.

7. On peut donner toutes les choses qui sont en commerce, meubles, immeubles, dettes, droits, actions, et même des biens à venir, et généralement tout ce qui peut passer d'une personne à une autre, et lui être acquis. Et c'est aussi une donation, lorsque le créancier remet la dette à son débiteur (2). (C. civ. 1023.)

Le créancier auquel il a été fait un legs à terme, en compensation de sa créance actuellement exigible, ne peut, en optant pour le legs, se réserver les intérêts de sa créance jusqu'à l'époque où le legs sera exigible. Il doit, s'il opte pour le legs, renoncer à sa créance purement et simplement, à partir du jour de l'option (3).

8. On peut donner, ou tous ses biens, ou une partie (4) (C. civ. 913), pourvu que la donation ne soit pas inofficieuse, et que si elle était de tous les biens, il y ait une réserve ou d'usufruit, ou d'autre chose qui suffise pour la subsistance et l'entretien du donateur; car il serait contre les bonnes mœurs, que le donataire pût dépouiller le donateur de tout son bien, et en principal et en revenu (5). (C. civ. 916, s.)

Les donations inofficieuses sont celles qui privent de la légitime les personnes à qui elle est due, et c'est une matière de la seconde partie.

L'art. 913 n'autorise pas à annuler les donations faites avant sa publication, avec la portion qu'il déclare disponible. Il n'y a nulle distinction à faire à cet égard, entre les donations de la femme à son premier ou second mari, et celles qu'elle aurait faites à des étrangers. Toutes les donations doivent également être imputées sur la portion disponible (6).

La question de savoir s'il est dû des réserves, se règle par la loi du décès, et non par la loi de la donation (7). La réserve ou légitime ne peut être réclamée que par l'enfant qui renonce à la qualité d'héritier. La légitime et la qualité disponible ne peuvent être cumulées par l'enfant qui ne réunit pas les deux qualités de donataire et d'héritier. L'enfant donataire qui renonce à la succession, et cependant en détient les immeubles, peut être contraint au retranchement par l'action en partage (8).

L'époux qui s'est marié avec une veuve sur la foi d'une coutume qui lui assurait la dot de son épouse, et qui n'accordait pas de légitime aux enfans du premier lit, parce qu'à son tour leur mère était privée de tout droit dans leur succession, peut être obligé à payer sur la dot une légitime à ses enfans, lorsque la mère est décédée sous l'empire du code (9).

La quotité disponible fixée par l'art. 913 et celle fixée par l'art. 1098, ne peuvent être annulées : ainsi, lorsque l'époux a épuisé, en faveur des enfans du mariage, la quotité disponible par l'art. 913, il ne peut plus rien léguer ultérieurement à l'époux avec lequel il a convolé (10). Quand

(1) § 2, inst. de donat. L. 1, ff. de don. L. 35, § ult. Cod. de don. (2) L. 9, § ult. ff. de donat. L. 3. Cod. eod. L. 115, ff. de reg. jur. L. 18. Cod. de don. (3) Turin, 19 mai 1813. (4) L. 35, § 4. Cod. de donat. (5) L. 28, ff. de reg. jur. L. 12, ff. de don. (6) Cass. 28 germinal an 11. (7) Rejet, 21 juillet 1813. (8) Amiens, 17 août 1814. (9) Bordeaux, 30 janv. 1816. (10) Rejet, 10 mars 1808.

un père en mariant un de ses fils, l'institue son *héritier* pour une part égale à ses autres enfans, cette institution ne présente ni une institution irrévocable au profit de chacun des autres enfants, ni une institution universelle au profit de l'institué en cas de prédécès des autres enfans; il n'y a rien là qui empêche l'instituant de disposer de la quotité disponible de ses biens si, après le prédécès de ses autres enfans, il meurt lui-même en ne laissant d'enfant que l'institué (1). Le sort des dispositions testamentaires, relativement à la disponibilité des biens, a sa règle par la loi en vigueur à l'époque du décès du donateur, et non point par celle en vigueur à l'époque où a été fait le testament (2). Il en est de même de la question de savoir s'il est dû des légitimes, par exemple, à des enfans qui seraient morts civilement, mais dont la mort civile aurait été effacée par une loi telle que celle des religieux et des religieuses; cette question se règle par celle existante à l'époque de la donation sujette à la réduction pour les légitimes (3). Pour savoir quelle est la quotité disponible et pour en régler la réduction, il faut réunir à la masse même les biens donnés avant la promulgation du code civil (4).

Lorsqu'un père dans son testament donne le quart de ses biens par préciput sans autres explications, ce quart doit se calculer sur les biens existans à l'époque du décès seulement, et non sur ceux donnés par le père de son vivant (5).

Le testateur, qui dit: *Je donne tous mes biens mobiliers conformément à la loi du....* (Celle en vigueur au moment de la confection du testament), n'est pas présumé avoir voulu restreindre sa libéralité à la quotité fixée par la loi citée: il n'y a pas ouverture à cassation contre l'arrêt qui, appréciant l'intention du testateur, permet au légataire d'invoquer la loi du décès (6).

L'aveu d'une dette, consigné dans un testament, ne fait pas preuve au profit du créancier, lorsque cet aveu a été rétracté par testament postérieur, et lorsque d'ailleurs l'aveu de la dette est fait au profit d'une personne incapable de recevoir des libéralités du testateur (1355) (7).

9. Les fruits et revenus que le donataire recueille des choses données après la donation, n'en font pas partie, et n'augmentent pas la donation, mais sont un bien acquis au donataire, comme le fruit d'une chose qui lui appartient. Ainsi, dans les donations sujettes à quelque réduction, on ne compte pas ces jouissances. Ainsi, lorsqu'une donation vient à être résolue par l'événement de quelque condition, ou autrement, le donataire ne rend pas les fruits, et les revenus dont il a joui (8). (C. civ. 962.)

10. Les donations sont, ou pures et simples, ou faites sous quelque condition, ou avec quelque charge. Et le donataire est obligé aux charges et conditions que le donateur lui a imposées (9).

11. Les conditions dans les donations, comme dans les autres conventions, sont de trois sortes. Quelques-unes sont telles que

(1) Cass. 15 déc. 1818. (2) Cass. 28 germinal an 11. (3) Cass. 20 nov. 1815. (4) Cass. 26 juillet 1813. (5) Toulouse, v. Sirey, t. 20, p. 296. (6) Rejet, 23 mai 1822. (7) Corse, 10 mai 1823. (8) L. 9, § 1, ff. de don. L. 11, eod. (9) L. 9. Cod. de donat.

la donation dépend de l'événement de la condition; d'autres résolvent la donation qui avait subsisté; et d'autres apportent seulement quelque changement, sans annuler la donation (1). Ainsi, les donations faites en faveur de mariage, renferment la condition qu'elles n'auront leur effet que lorsque le mariage sera accompli (2). (C. civ. 1088.) Ainsi, une donation étant faite à condition que, si le donataire meurt avant le donateur, les choses données retourneront au donateur, cette condition résout une donation qui avait subsisté (3). Et cette condition, qu'après un certain temps, ou en un certain cas, le donataire sera tenu de remettre les choses données, ou une partie à une autre personne, n'annulle ni n'accomplit pas la donation; mais elle y fait le changement dont il a été convenu, et oblige le donataire de rendre à celui à qui la restitution devait être faite (4).

Les époux dont le mariage et les conventions matrimoniales ont été déclarées nulles, n'ont pu faire revivre, par des dispositions testamentaires, les donations qu'ils s'étaient faites par leur contrat de mariage (5).

Une vente notariée, faite en vue d'un mariage dont le contrat a été passé aussi devant notaire, peut être annulée, sur la demande d'un des contractans, si le mariage n'a pas lieu (6).

Si, après un mariage déclaré nul à cause de l'incapacité de l'un des contractans, les parties en ont contracté un second à une époque où elles en avaient légalement la faculté, les conventions matrimoniales faites lors du premier mariage sont validées de plein droit par le second, encore qu'elles n'y soient pas renouvelées expressément. Dans tous les cas, si les conventions ont été renouvelées lors du second mariage, elles produisent tout leur effet, quoique l'acte confirmatif ne rappelle ni leur date ni leur teneur (7).

12. Après que la donation a été accomplie, il n'est plus au pouvoir du donateur d'imposer au donataire aucune condition ni aucune charge, quand ce serait même le père du donataire (8).

13. Il faut faire beaucoup de différence dans les donations entre les motifs que les donateurs expriment comme étant les causes de leur libéralité, et les conditions qu'ils y imposent. Car, au lieu que le défaut d'une condition annulle la donation conditionnelle, elle ne laisse pas de subsister, quoique les motifs qui y sont exprimés ne se trouvent pas être véritables. Ainsi, s'il est dit, dans une donation, qu'elle est faite pour des services rendus, ou pour faciliter au donataire une acquisition qu'il voulait faire, la donation ne sera pas annulée, quoiqu'il n'y ait pas de services rendus, et que l'acquisition ne se fasse point. Car il reste toujours la volonté absolue de celui qui a donné, et qui a pu avoir d'autres motifs que ceux qu'il a exprimés. Mais s'il était dit que la

(1) V. la sect. 4 des Convent. (2) V. l'art. dernier de la sect. 1 du tit. des Dots. (3) L. 2. Cod. de donat. quæ sub modo. (4) L. 3. Cod. de donat. quæ sub modo. (5) Paris, 1er août 1818. (6) Cass. 7 mars 1820. (7) Cass. 3 floréal an 13. (8) L. 4. Cod. de donat. quæ sub modo.

donation n'est faite qu'à condition de l'emploi pour une telle acquisition, comme pour acheter une charge, et que la charge ne soit pas achetée, la donation n'aura point d'effet (1).

14. En toutes donations, soit universelle de tous biens, ou particulières de certaines choses, le donateur peut se réserver l'usufruit des choses qu'il donne (2). (C. civ. 949, s.)

15. Les donations doivent être insinuées, pour faire connaître au public cet engagement qui, étant inconnu, pourrait donner sujet à diverses fraudes (3).

On remarque seulement ici la règle générale de l'insinuation des donations, et on retranche tout le détail de cette matière, qui est réglé par les ordonnances et par notre usage autrement que dans le droit romain (4).

16. On peut mettre au nombre des donations les dépenses qu'une personne fait pour une autre par quelque motif de libéralité, et sans espérance de les recouvrer. Comme si on fournit des alimens à une personne proche; et ce qui a été donné de cette manière, ne peut, dans la suite, être répété. Mais c'est par les circonstances qu'il faut juger si l'intention a été de donner, ou non (5).

SECTION II.

Des engagemens du donateur.

1. Le premier engagement du donateur est de ne pouvoir annuler la donation, quand il a une fois donné son consentement; et il ne peut le révoquer (6) que pour de justes causes, comme s'il avait été forcé, s'il était incapable de contracter, ou s'il se trouvait dans un des cas qui seront expliqués dans la sect. 3.

2. Le second engagement du donateur, et qui suit du premier, est d'exécuter la donation, et de délivrer la chose donnée; et il peut y être contraint par le donataire ou par ses héritiers (7).

3. Lorsqu'il y a rétention d'usufruit dans une donation, elle tient lieu de délivrance (8).

4. C'est encore un troisième engagement du donateur, que s'il est obligé à la garantie des choses données, il doit les garantir. Mais s'il n'y est pas obligé, et qu'il se trouve avoir donné ce qui n'était pas à lui, croyant de bonne foi en être le maître, il est déchargé de la garantie. Car il est présumé qu'il n'a entendu exercer la liberalité que de son bien propre (9). (C. civ. 1021.)

Le legs qu'un testateur fait de sa propre chose pour le cas où celui

(1) L. 2, § ult. ff. de donat. L. 3, ff. eod. (2) L. 28. Cod. de don. L. 35, § 5, eod. (3) L. 27. Cod. de donat. L. 30, et seq. eod. V. l. 17, § 1, ff. quæ in fraud. cred. (4) V. l'ord. de 1539, art. 132, et celle de Moulins, art. 58. (5) L. 27, § 1, ff. de neg. gest. L. 15. Cod. de neg. gest. (6) L. 5. Cod. de revoc. don. L. 3. l. 6, eod. V. l'art. 6 de la sect. 1. (7) § 2, inst. de donat. L. 35. Cod. eod. (8) L. 28. Cod. de donat. L. 35, § 5, eod. V. l'art. 7 de la sect. 2 du Contrat de vente. (9) L. 2. Cod. de evict. L. 18, § ult. ff. de donat.

qu'il a fait de la chose d'autrui serait contesté, doit recevoir son exécution, quand même la contestation ne proviendrait pas du fait de ses héritiers. Ce legs n'est pas *pénal*, mais seulement *conditionnel*. Au surplus, le sens d'une pareille clause est une question de volonté, dont la solution ne peut offrir un moyen de cassation (1).

5. S'il y avait de la mauvaise foi de la part du donateur, comme s'il avait donné une chose qu'il savait n'être pas à lui, il serait tenu des dommages et intérêts que le donataire pourrait en souffrir (2). (C. civ. 1021.)

6. Le donateur ne peut être obligé d'acquitter ce qu'il a promis qu'autant qu'il le peut, sans être réduit à la nécessité. Car il serait injuste que sa libéralité fût une occasion d'inhumanité à son donataire (3).

7. Le donateur ne doit point d'intérêts de la chose donnée, même après le retardement, s'ils ne sont stipulés, ou s'il n'y en a une condamnation en justice; et ils ne seront dus que depuis la demande, et selon que les circonstances y donneront lieu, comme si on avait donné une somme pour une dot (4).

SECTION III.

Des engagemens du donataire, et de la révocation des donations.

1. Le premier engagement du donataire est de satisfaire aux charges et conditions de la donation, lorsqu'il y en a; et s'il y manque, la donation pourra être révoquée selon les circonstances (5).

2. Le second engagement du donataire est la reconnaissance du bienfait, et s'il est ingrat envers le donateur, la donation pourra être révoquée, selon que le fait du donataire y aura donné lieu. Ainsi, le donateur pourra révoquer la donation, non-seulement si le donataire attente à sa vie ou à son honneur, mais même s'il se porte à lui faire quelque violence ou quelque outrage en sa personne, ou par des injures, ou s'il lui cause quelque perte considérable par de mauvaises voies (6). (C. civ. 955, s.)

Quoique les causes d'ingratitude qui peuvent suffire pour faire révoquer une donation, soient bornées par cette loi dernière au Cod. de revoc. don. à celles qui sont exprimées dans cet article, on les met seulement pour exemple. Car il peut y en avoir d'autres qui mériteraient qu'une donation fût révoquée: comme, par exemple, si le donataire refusait les alimens au donateur réduit à la nécessité.

3. Le droit de révoquer une donation par l'ingratitude du donataire, ne passe pas à l'héritier du donateur, si lui-même,

(1) Rejet, 17 janvier 1811. (2) L. 18, § ult. ff. de donat. (3) L. 12, ff. de donat. L. 28, ff. de reg. jur. L. 173, ff. de reg. jur. V. l. 49, ff. de re jud. (4) L. 22, ff. de donat. L. 7, ff. de jur. dot. (5) L. 9. Cod. de donat... L. ult. Cod. de revoc. don. (6) L. ult. Cod. de revocand. donat. L. 9, eod.

ayant connu l'ingratitude, l'a dissimulée (1). (C. civ. 954, 955, s. 1046, 1047.)

L'art. 957 est également applicable aux dispositions de l'art. 1046. Si le légataire s'est rendu coupable du vivant du testateur d'un délit envers ce dernier, décédé dans l'année de ce même délit, les héritiers du testateur pourront demander contre le légataire ingrat la révocation du legs; et le délai, pour intenter cette action, ne courra contre ces héritiers que de la même manière qu'il aurait couru contre leur auteur, c'est-à-dire à compter du jour où ils auront pu connaître le délit commis envers lui (2).

Le légataire qui se refuse à abandonner ses propres biens en vertu d'une clause du testament, sur ce fondement que le testateur n'en a disposé que par erreur, et qu'ainsi sa disposition est nulle par défaut de volonté, ne peut être déclaré indigne du legs, comme ayant critiqué et combattu la volonté du testateur (3).

4. Si après une donation faite par une personne qui n'a point d'enfans, il lui en survient, la donation demeurera nulle, par la présomption que celui qui donnait, n'ayant point d'enfans, n'aurait pas donné s'il en avait eu, et qu'il ne donnait que sous cette condition, que s'il venait à avoir des enfans, la donation serait sans effet (4). (C. civ. 960, s. 965, s.)

Quoique cette loi ne soit qu'en faveur d'un patron qui avait donné à son affranchi, nous l'observons pour toutes personnes indistinctement. Mais si la donation était modique, et faite par une personne qui eût de grands biens à un donataire peu fortuné et pour des causes favorables, une telle donation serait-elle révoquée par la naissance d'un enfant?

Si cet enfant vient à mourir avant que le donateur ait révoqué la donation, doit-elle subsister, la cause de la révocation ayant cessé par cette mort? Ou est-elle tellement anéantie par cette naissance, que cette mort ne puisse la faire revivre? Ces paroles de la loi, *revertatur in ejusdem donatoris arbitrio ac ditione mansurum*, semblent signifier que la donation est anéantie, et que le donateur reprend irrévocablement ce qu'il avait donné. Ce qu'on peut confirmer par la loi 6, § 1. Cod. de inst., et subst. où il est dit que si un père charge d'une substitution son fils qui n'avait point d'enfans, cette substitution s'évanouira lorsque ce fils aura des enfans, *evanescere substitutionem*. A quoi on peut ajouter que l'enfant qui survient à un donateur, étant saisi par sa naissance du droit de succéder à son père, ce droit anéantit la donation; et qu'étant une fois anéantie, il ne reste pas même au donataire le droit de tenir la donation en suspens, sous prétexte que cet enfant peut mourir avant son père; car il est illicite de s'attendre à un événement de cette nature. (L. 34, § 2, ff. de contr. empt.)

La légitimation par mariage subséquent, avant le code civil, révoquait une donation, encore qu'elle eût été faite après la naissance de l'enfant légitimé (5). Une donation entre-vifs faite par le mari à sa femme, par leur contrat de mariage, de tous les biens qu'il possédait, n'est pas révo-

(1) L. ult. Cod. de revocand. donat. L. 1, in fine eod. (2) Orléans, 12 février 1823. (3) Rejet, 9 février 1808. (4) L. 8. Cod. de revoc. don. V. l. 6, § 1. Cod. de inst. et subst. L. 102, ff. de cond. et demonst. L. 40, § ult. ff. de pact. (5) Cass. 28 frimaire an 13.

quée par la survenance d'un enfant que le donateur, devenu veuf, a eu d'un mariage postérieur (1).

Une pension constituée au profit d'une vieille domestique par la fille de ses maîtres, n'est pas révocable par la survenance d'enfans. Pareille disposition est moins une donation rémunératoire que l'acquittement d'une dette naturelle (2).

Quand une personne place sa fortune en rentes viagères, dont elle stipule la survivance au profit de ses neveux et de ses nièces, cette stipulation, quoique purement gratuite au profit de ces derniers, ne peut être considérée comme une donation révocable par survenance d'enfant (3).

Une donation entre-vifs est révoquée par la légitimation d'un enfant naturel né postérieurement, bien que cet enfant ait été inscrit sur les registres de l'état civil et sur la propre déclaration de la mère, comme né d'un autre que de celui qui l'a légitimé (4).

Lorsqu'un individu a succombé sur la demande par lui formée en révocation d'une donation entre-vifs pour cause de survenance d'enfans, cette décision n'a pas l'autorité de la chose jugée à l'égard de la demande en réduction, que le même individu fonde sur ce que cette donation excède la quotité disponible; l'autorité de la chose jugée aux termes de l'art. 1351, n'ayant lieu qu'autant que la demande est fondée sur la même cause. Il en est de même soit que, lors du premier arrêt, celui à qui on oppose la chose jugée ait agi par voie d'action, soit qu'il ait agi par voie d'exception. La transaction faite, lors du premier arrêt, sur quelques difficultés nées de son exécution, ne peut être opposée à la demande en réduction de la donation fondée sur ce que cette donation porte atteinte à la réserve (5).

TITRE XI.

De l'usufruit.

On a parlé, dans le titre précédent, des réserves d'usufruit, qui se font dans les donations, et on peut aussi faire de semblables réserves dans des constitutions de dot, dans des ventes, échanges, transactions et autres conventions (6). On peut même, par des conventions expresses, constituer un usufruit au profit de quelque personne (7). Ainsi, l'usufruit pouvant s'établir par des contrats, il est une espèce de convention. Et quoiqu'il s'acquiert aussi par des testamens et autres dispositions à cause de mort, ou même par des lois, comme l'usufruit que les lois, les ordonnances et les coutumes donnent aux pères et aux mères, sur les biens de leurs enfans, soit sous le nom d'usufruit, ou de garde-noble, ou garde-bourgeoise; on place ici cette matière qui, ne devant être qu'en un seul endroit, doit être mise au premier où il doit en être parlé, ainsi qu'il a été remarqué dans le plan des matières.

(1) Rejet, 29 messidor an 11. (2) Bruxelles, 16 janvier 1812. (3) Paris, 24 ventose an 12. (4) Paris, 2 juin 1819. (5) Cass. 5 juin 1821. (6) L. 28. Cod. de donat. (7) L. 3, ff. de usufr. § 1, inst. eod. L. 4. Cod. eod.

L'usage de l'usufruit n'est pas seulement naturel dans la société par la liberté indéfinie de toute sorte de conventions, mais aussi par l'utilité de séparer en diverses occasions le droit de propriété de celui de la jouissance. Et cette séparation, qui se fait naturellement par le commerce de louages et de baux à ferme, se fait aussi très-justement par d'autres vues, soit dans les libéralités où l'on ne veut se dépouiller que de la propriété, en conservant la jouissance; soit dans le commerce des conventions, comme si deux personnes faisant un échange, chacun se réserve la jouissance du fonds qu'il donne; ou dans des testamens, comme si un testateur lègue l'usufruit d'un fonds dont il laisse la propriété à son héritier, ou s'il lègue la propriété et laisse l'usufruit, ou à l'héritier, ou à un autre légataire (1). Dans tous ces cas, soit que l'usufruit ait pour titre une convention ou un testament, ou la disposition d'une loi ou d'une coutume, la nature en est toujours la même, si le titre de l'usufruit n'y apporte quelque distinction : et c'est cette matière de l'usufruit, en général, qui est celle de ce titre.

On peut encore considérer comme une espèce d'usufruit, où plusieurs règles de ce titre peuvent s'appliquer, le droit qu'ont les possesseurs des bénéfices de jouir des revenus qui en dépendent; et cette espèce d'usufruit a cela de propre, que les biens qui y sont sujets n'appartiennent à aucun propriétaire particulier, mais sont à l'église.

Ceux qui ont lu cette matière de l'usufruit dans le droit romain, pourront trouver à dire dans ce titre la règle qu'on voit dans la loi.8, *ff. de usufr. et usufr. leg.* et dans la loi 56, *ff. de usufr.* qui veulent que si un usufruit est acquis à une ville ou autre communauté, il dure cent ans. Mais outre que le cas d'un tel usufruit est si singulier et si bizarre, qu'il ne mérite pas une règle (2); s'il en fallait une, il ne semblerait pas juste de faire perdre par un usufruit la jouissance de trois ou quatre générations, et il y aurait bien plus de raison de le borner à trente années : ce qu'on pourrait fonder sur une autre loi. *Voy. L.* 68, *in fin. ff. ad leg. Falc.*

SECTION PREMIÈRE.

De la nature de l'usufruit, et des droits de l'usufruitier.

1. L'usufruit est le droit de jouir d'une chose dont on n'est pas le propriétaire, la conservant entière, et sans la détériorer, ni la diminuer (3). (C. civ. 578.)

L'usufruit perpétuel peut être regardé comme un droit de propriété. Ce n'est point à un pareil usufruit que doit s'appliquer la règle, que l'usufruitier ne peut prescrire (4).

(1) § 1, inst. de usufr. (2) V. l'art. 21 de la sect. 1 des Règles du droit. (3) L. 1, ff. de usufr. et quem. inst. cod. (4) Cass. 29 juin 1813.

Le propriétaire peut, nonobstant l'opposition de l'usufruitier, disposer d'objets compris dans l'usufruit, lorsque ces objets dépérissent, et d'ailleurs ne sont, pour l'usufruitier, productifs d'aucun revenu, ni même objet d'agrément (1).

2. On peut jouir par usufruit, non-seulement des immeubles, mais aussi des meubles ; comme d'une tapisserie, d'un troupeau de bétail, et d'autres choses mobilières (2) (C. civ. 580, 581), suivant les règles qui seront expliquées dans la sect. 3.

3. L'usufruit consiste en la jouissance pleine et entière de toutes les espèces de fruits, de revenus, de commodités et d'usages qui peuvent se tirer de la chose dont on a l'usufruit : comme sont les fruits des arbres, la coupe des bois taillis, les arbres qu'on peut tirer d'une pépinière, la laissant en bon état, toutes les récoltes, le miel des abeilles ; et généralement l'usufruitier jouit et use de tout sans réserve, et on peut même jouir par usufruit des fonds et des meubles, dont il ne se tire pas d'autre usage que le simple divertissement (3). (C. civ. 582, s.)

4. L'usufruitier qui, au moment que son droit lui est acquis et que son usufruit commence à courir, trouve des fruits pendans qui sont en maturité, peut les recueillir, et ils sont à lui ; et si l'usufruit venait à finir, ou par sa mort, ou autrement pendant la récolte, la portion des fruits qu'il aura recueillis, quoique restée dans l'héritage, mais séparée du fonds, appartiendra à ses héritiers ; et ce qui restera sans être cueilli, demeurera au propriétaire, et aussi les fruits qui seront tombés d'eux-mêmes, et où l'usufruitier n'aura pas mis la main. Car, comme il n'y a qu'un droit de jouir, si ce droit finit avant la jouissance, il n'y a plus rien. Ainsi, lorsque l'usufruitier meurt avant la récolte, ses héritiers n'auront rien aux fruits (4). (C. civ. 585.)

Il faut remarquer sur cet article que, comme un usufruit peut être acquis par différens titres, comme par un testament, par une convention, par une loi, ainsi qu'il a été remarqué dans le préambule de ce titre, on doit suivre en chaque espèce d'usufruit, pour ce qui regarde les droits de l'usufruitier, ce qui peut en être réglé par le titre, quoique différent de la règle expliquée dans cet article. Ainsi, la jouissance qu'ont les possesseurs des bénéfices des fruits qui en dépendent, est une espèce d'usufruit qui se règle d'une autre manière. Car, comme les fruits du bénéfice appartiennent au possesseur à cause des charges, les fruits de la dernière année, à commencer l'année comme c'est la règle au mois de janvier, se partagent entre les héritiers du titulaire et son successeur au bénéfice, à proportion du temps que ce titulaire a vécu pendant cette dernière année. Ainsi, les fruits de la dot, après la dissolution du mariage, se partagent différemment entre le survivant et les héritiers

(1) Poitiers, 2 avril 1818. (2) L. 3, § 1, ff. de usufr. et quem. L. 7, eod. § 2, inst. eod. V. la sect. 3. (3) L. 7, ff. de usufr. et quem. Dict. leg. § 1. L. 9, eod. L. 59, § 1, eod. L. 9, § 6, eod. Dict. leg. § ult. Dict. leg. § 1. L. 28, ff. eod. Statuæ, et imaginis. L. 41, eod. (4) L. 27, ff. de usuf. et quem. L. 13, ff. quib. mod. usufr. vel us. am. L. 8, in fine, ff. de ann. legat.

du prédécédé, suivant les différentes dispositions des coutumes, comme il a été remarqué dans le préambule du titre des *Dots*. Ainsi, l'usufruit des pères et la garde-noble ou bourgeoise, se règlent selon que les coutumes ou les usages peuvent y avoir pourvu.

Sous l'empire de la jurisprudence ancienne et antérieure au code civil, la vente faite par l'usufruitier des fruits naturels et industriels, par exemple, d'une coupe de bois, était entièrement nulle, quant aux fruits non perçus, quoique échus au moment du décès de l'usufruitier.—Le code civil a modifié ce principe, tellement que, sous son empire, une semblable vente est valable, du moins vis-à-vis des tiers acquéreurs, et que le propriétaire n'a d'autre droit que celui de réclamer le prix des fruits vendus (1).

Les droits de l'usufruitier et ceux d'un propriétaire doivent être régis par les lois en vigueur au temps de la constitution de l'usufruit (2).

5. Si les fruits des héritages, sujets à un usufruit, étaient donnés à ferme; l'usufruitier, qui a son droit acquis au temps de la récolte, recevra du fermier le prix du bail, de même qu'il aurait recueilli les fruits, s'il n'y avait point eu de bail; et quoique l'usufruit vienne à finir entre la récolte et le terme du paiement, l'usufruitier ou ses héritiers auront le prix entier du bail de cette récolte (3). (C. civ. 586.)

6. Les revenus qui s'acquièrent successivement, et de moment à autre, comme les loyers d'une maison, appartiennent à l'usufruitier, à proportion du temps que dure son droit. (C. civ. 586.) Ainsi, lorsqu'un usufruit commence au premier janvier, et qu'il finit avant la fin de l'année, le propriétaire aura les loyers qui courront après l'usufruit fini, et l'usufruitier ou ses héritiers auront ceux du temps qu'a duré l'usufruit (4).

7. L'usufruitier peut cueillir, avant une parfaite maturité, les fruits dont la nature est telle, qu'il est, ou de l'usage, ou plus utile de les cueillir prématurément. Ainsi on n'attend pas la parfaite maturité des olives, du foin, d'un bois taillis; mais l'usufruitier doit attendre la maturité pour la moisson et pour la vendange (5).

8. L'usufruit s'augmente ou se diminue, à proportion de l'augmentation ou diminution qui peut arriver au fonds sujet à l'usufruit; et comme l'usufruitier souffre la perte ou la diminution de son usufruit, si le fonds périt, ou est endommagé par un débordement, par un incendie, ou autre cas fortuit (6), il profite aussi des changemens qui peuvent rendre le fonds meilleur ou plus grand; comme si l'événement d'un procès y acquiert une servitude, ou plus d'étendue, ou si le voisinage d'une rivière y apporte quelque accroissement (7). (C. civ. 596.)

9. L'usufruitier peut ouvrir une carrière dans le fonds dont

(1) Cass. 21 juillet 1818. (2) Douai, 9 avril 1816. (3) L. 58, ff. de usufr. et quem. (4) L. 26, ff. de usufr. et quem. (5) L. 48, § 1, ff. de usufr. In fructu. L. 42, ff. de us. et usufr. leg. (6) V. les art. 4, 5 et 6 de la sect. 6. (7) L. 9, § 4, ff. de usufr.

il a l'usufruit; car les pierres qu'il en tirera tiennent lieu de fruits; et il en est de même des autres matières qu'il pourra en tirer; et il pourra même arracher un plant, comme des vignes, pour y faire quelque changement de cette nature, pourvu que le fonds en devienne meilleur, et que le revenu en soit augmenté; car l'usufruitier peut améliorer, mais il ne peut faire de changement qui empire le droit du propriétaire. Mais, quoique le revenu fût augmenté par un changement de l'état du fonds, si ce n'était que pour un temps, ou si ce changement causait d'ailleurs des incommodités ou des dépenses qui fussent à charge au propriétaire, l'usufruitier en serait tenu, comme ayant passé les bornes de son droit (1). Ainsi, c'est par les circonstances qu'il faut juger des changemens que l'usufruitier peut ou ne peut pas faire. (C. civ. 598.)

10. Les arbres abattus par le vent, ou par quelque autre accident, appartiennent au propriétaire du fonds dont ils faisaient partie; ainsi, il est obligé de les emporter à ses frais, afin qu'ils n'incommodent point; et l'usufruitier n'en profitant pas, il n'est pas obligé d'en planter de nouveaux (2).

11. Les arbres morts sont à l'usufruitier comme une espèce de revenu, mais à la charge d'en planter d'autres (3). (C. civ. 594.)

12. Si les lieux sujets à un usufruit se trouvent avoir besoin de quelque réparation où l'on puisse faire servir le bois des arbres abattus par quelque accident, l'usufruitier pourra s'en servir (4). (C. civ. 592.)

13. L'usufruitier peut tirer des arbres d'un bois de quoi faire des échalas pour des vignes, pourvu que ce soit sans détériorer (5). (C. civ. 593.)

14. Si l'usufruitier d'un héritage ne peut y entrer que par un autre fonds de celui qui a créé l'usufruit, ce passage sera dû à cet usufruitier (6). (C. civ. 597.) Ainsi, si un testateur a légué l'usufruit d'un héritage où l'on ne puisse entrer que par un autre fonds de sa succession, et que cet autre fonds demeure à l'héritier, ou qu'il soit donné à un autre légataire, cet héritier ou ce légataire tenant ce fonds de ce testateur, sera obligé de souffrir la servitude du passage, et de le donner tel qu'il sera nécessaire pour la culture et la jouissance de l'héritage sujet à cet usufruit (7).

15. Si, dans le cas d'un usufruit légué, il manque à l'usufruitier quelques commodités qui ne soient pas d'une absolue nécessité pour sa jouissance, comme l'est un passage, il ne pourra prétendre que l'héritier doive lui fournir ces sortes de commodités. Ainsi, il ne pourra pas demander qu'on lui donne des jours plus

(1) L. 13, § 5, ff. de usufr. et quem. Dict. leg. 13, § 6. (2) L. 19, § 1, ff. de usufr. L. 59, eod. (3) L. 18, ff. de usufr. et quem. (4) L. 12, ff. de usufr. et quem. Dict. leg. 12. (5) L. 10, ff. de usufr. et quem. (6) L. 1, § 1, ff. si ususf. pet. Dict. leg. 1, § 2. L. 15, § 1, ff. de usu. et usufr. leg. (7) Dict. leg. 1, § 3, ff. si ususfr. pet.

commodes pour une chambre, un passage plus aisé, une prise d'eau; car l'usufruit est borné à la jouissance de la chose telle qu'elle est, quand le droit en est acquis à l'usufruitier (1).

16. L'usufruitier peut par lui-même poursuivre le droit d'une servitude, s'il en est dû à l'héritage dont il a l'usufruit, et agir contre le voisin chez qui elle est due, de même que le pourrait le propriétaire (2).

17. L'usufruitier peut faire dans l'héritage sujet à l'usufruit des améliorations et réparations utiles ou nécessaires, et même pour son seul plaisir, pourvu que ce soit sans rien empirer, ni changer l'état des lieux. Ainsi, il ne peut hausser un bâtiment, changer les appartemens ni les autres dépendances d'une maison, ni les défigurer, augmenter, ou diminuer, non pas même en ajoutant ce qui serait mieux, ou démolissant ce qui serait inutile; mais il peut, par exemple, prendre des jours et mettre des peintures et autres ornemens (3).

18. Si l'usufruitier a fait des améliorations, ou des réparations, soit utiles ou nécessaires, ou pour son plaisir, il ne peut rien démolir de ce qu'il a bâti, ni ôter ou enlever que ce qui peut se conserver, étant enlevé (4). (C. civ. 599.)

19. L'usufruitier peut, ou jouir par soi-même, ou louer et bailler à ferme; il peut même céder, vendre ou donner son usufruit; et la disposition qu'il en fait lui tient lieu de jouissance, et conserve son droit (5). (C. civ. 595.)

Lorsqu'un bail à ferme a été renouvelé plus de trois ans avant l'expiration du bail courant, par celui qui avait la pleine propriété d'une partie de l'immeuble et l'usufruit du surplus, le même propriétaire de ce surplus peut, à l'extinction de l'usufruit, demander l'annulation du bail quant à sa portion, mais il ne peut demander l'annulation totale, sous prétexte que le bail est indivisible, même dans le cas où l'immeuble ne peut être partagé (6). Des héritiers ne sont pas tenus d'entretenir le bail à longues années, fait à l'un d'eux par leur auteur commun, s'il en résulte un avantage au profit du preneur (7).

20. L'usufruitier a la liberté d'interrompre le bail qu'avait fait le propriétaire, de même que l'acheteur (8), si ce n'est que son titre le règle autrement. Car, ayant le droit de jouir de tout le revenu, et d'ordinaire pendant sa vie, il est comme le maître; et il n'est pas obligé de laisser au fermier un profit qui est à lui.

SECTION II.

De l'usage et habitation.

L'usage est distingué de l'usufruit, en ce qu'au lieu que l'usu-

(1) L. 1, § ult. ff. si ususfr. pet. (2) L. 1, ff. si ususfr. pet. (3) L. 7, in fin. et l. 8, ff. de usufr. et quem. L. 13, § 7, eod. V. § 8, eod. (4) L. 15, ff. de usuf. et quem. V. l'art. dernier de la sect. 3 du tit. des Dots. (5) L. 12, § 2, ff. de usufr. et quem. L. 67, eod. (6) Metz, 29 juillet 1818. (7) Paris, 31 mai 1815. (8) L. 59, § 1, ff. de usufr. V. l'art. 4 de la sect. 3 du Louage.

fruit est le droit de jouir de tous les fruits et revenus que peut produire le fonds qui y est sujet, l'usage ne consiste qu'au droit de prendre sur les fruits du fonds la portion que l'usager peut en consumer, selon ce qui en est nécessaire pour sa personne, ou réglé par son titre, et le surplus appartient au maître du fonds. Ainsi, les usagers qui ont droit d'usage dans une forêt ou un bois taillis, ne peuvent en prendre que pour leur usage, selon qu'il a été réglé par leur titre; et celui qui aurait l'usage d'un autre fonds, ne peut en recueillir que ce qu'il peut consumer pour le besoin qu'il peut avoir des espèces de fruits que produit ce fonds; ou même l'usage peut être restreint à de certaines espèces de fruits ou revenus, sans s'étendre aux autres. Ainsi, on voit dans le droit romain, que celui qui n'avait qu'un simple usage du fonds, n'avait rien au blé ni à l'huile (1); et que celui qui avait l'usage d'un troupeau de brebis, était réduit à s'en servir pour engraisser les héritages, mais n'avait rien à la laine ni aux agneaux; et pour le lait même, il est dit en quelques endroits, qu'il ne pouvait en prendre qu'un peu, et en d'autres, qu'il n'y avait rien (2).

L'habitation est pour les maisons ce qu'est l'usage pour les autres fonds; et au lieu que celui qui a l'usufruit d'une maison, peut jouir de la maison entière, celui qui n'a que l'habitation a sa jouissance bornée à ce qui lui est nécessaire ou réglé par son titre. Sur quoi il faut remarquer, qu'encore que ce mot d'habitation paraisse restreint dans quelques lois, au sens de cette définition (3), il semble en d'autres, que l'habitation, et même l'usage d'une maison, emporte la jouissance de la maison entière. Ainsi, ce n'est pas tant par le sens de ces mots d'usage et d'habitation, qu'il faut étendre ou borner la jouissance de ceux qui ont ces sortes de droits, que par les termes du titre, qui peuvent faire juger de l'intention ou du testateur, si ce droit est acquis par un testament, ou des contractans, si c'est par une convention qu'il est établi (4).

1. L'usage est le droit de prendre sur les fruits qui y sont affectés, ce que l'usager peut en consumer pour ses besoins, ou ce qui lui est donné par son titre (5). Ce qui se règle, ou par le titre même, s'il l'a exprimé, ou par la prudence du juge, selon la qualité de l'usager, et l'intention des personnes qui ont établi ce droit, ou par les coutumes et les usages, s'ils y ont pourvu (6). (C. civ. 630.)

2. Si les fruits dont l'usager a droit de prendre ce qui lui est

(1) L. 12, § 1, ff. de usu. et habit. (2) L. 12, § 2, ff. de usu. et habit. § 4. Inst. de usu. et habit. Dict. leg. 12, § 2. (3) V. l. 10, ff. de usu et habit. Dict. leg. 1, § 1 et 2. L. 18, eod. V. l'art. 9 de la sect. 2, et l'art. 7 de la sect. 4. (4) V. l. 4. L. 22, § 1, ff. de usu et habit. L. 15, eod. L. 13, Cod. de usufr. et habit. (5) L. 2, ff. de usu et habit. § 1. Inst. de usu et habit. L. 10, § 4. L. 12, § 1, ff. eod. L. 12, § 1, eod. (6) L. 22, § ult. ff. eod. L. 12, § 1, eod.

nécessaire pour ses besoins, sont si modiques dans le fonds dont il a l'usage, qu'il n'y ait précisément que ce qu'il lui en faut, il aura le tout comme l'usufruitier (1).

3. L'usager a la liberté d'aller dans le fonds pour user de son droit, mais sans incommoder le propriétaire (2).

4. Comme le droit d'usage est borné à la personne de l'usager, il ne peut ni vendre, ni louer, ni donner un droit qui lui est personnel, et qui, passant à une autre personne, pourrait être plus à charge, ou plus incommode au propriétaire (3). (C. civ. 631.) Que s'il y avait quelque difficulté de savoir si l'usager pourrait user de son droit autrement qu'en personne, il faudrait la régler par le titre, par la qualité des personnes, et par les autres circonstances.

Les particuliers ne peuvent se céder entre eux le droit d'affouage ou usage dans un bois; et nul ne peut vendre sa portion de bois façonnée ou non façonnée (4).

5. Le droit d'usage, comme celui de l'habitation, qui est acquis au mari ou à la femme par un legs, ou autre disposition à cause de mort, se communique de l'un à l'autre; et ils useront ensemble de ce droit pendant la vie de celui à qui il est donné (5). Car celui qui a légué, ou un usage, ou une habitation à l'un des conjoints, n'a pas voulu en exclure l'autre. Mais si un droit d'usage de quelques fruits était légué ou au mari ou à la femme, avant qu'ils fussent mariés, le mariage survenant n'empirerait pas la condition du propriétaire; et l'usage serait borné, ainsi qu'il serait réglé par le titre ; et il en serait de même, si cet usage était acquis par une convention, soit avant ou après le mariage; et dans tous ces cas, c'est par les circonstances qu'il faut juger de l'effet que doit avoir le titre (6).

6. Le droit d'usage n'est pas seulement pour une ou plusieurs années, mais il s'étend à la vie de l'usager, si le titre de ce droit ne le règle autrement (7).

7. L'habitation est le droit d'habiter dans une maison, et celui qui a ce droit a comme un usage, ou comme un usufruit, selon que son titre étend ou borne le droit d'habiter (8). (C. civ. 628.)

8. Le droit d'habitation s'étend à toute la famille de celui qui a ce droit; car il ne peut habiter séparément de sa femme, de ses enfans, de ses domestiques ; et il en est de même, si ce droit est

(1) L. 15, ff. de usu et habit. (2) L. 11, ff. de usu et habit. § 1. Inst. eod. (3) L. 11, in fin. ff. de usu et habit. § 1, in fin. Inst. eod. L. 12, § ult. ff. eod. (4) Cass. 13 octobre 1809. (5) L. 2, § 1, ff. de usu et habit. L. 4, § 1, eod. L. 9, eod. L. 12, § 2, in fin. eod. L. 101, § 2, ff. de cond. et démonstr. (6) L. 34, ff. de reg. jur. (7) V. ci-après l'art. 11 de cette section, et l'art. 1 de la sect. 6. (8) L. 2, § 1, ff. de usu et habit. V. à la fin du préambule de cette sect.

acquis à la femme (1). Ce qui s'entend de l'habitation même qui était acquise avant le mariage (2). (C. civ. 632.)

Ce qui est dit dans cet article, que l'habitation s'étend à toute la famille, signifie que celui qui a ce droit peut habiter avec toute sa famille dans les lieux sujets à son habitation. Mais cette règle ne signifie pas qu'une habitation bornée, par exemple, à un appartement, puisse s'étendre à un autre, sous prétexte du besoin de la famille de celui qui a ce droit. (V. l'art. 5.)

9. L'habitation s'étend, ou à toute la maison, ou seulement à une partie, selon qu'il paraît réglé par le titre. Que si l'habitation est donnée indéfiniment sans marquer ni la maison entière, ni quelques lieux, mais seulement ou selon la condition, ou selon le besoin de celui à qui ce droit est acquis, elle comprendra les commodités nécessaires, quand il ne resterait rien au propriétaire (3). (C. civ. 633.)

10. Celui qui a l'habitation d'une maison ou d'une partie, peut céder et louer son droit, sans y habiter lui-même (4), si ce n'est que sa condition fût autrement réglée par son titre (5). (C. civ. 634.)

11. Le droit d'habitation, comme celui de l'usage, n'est pas borné à un temps, mais il dure pendant la vie de celui qui a ce droit (6).

SECTION III.

De l'usufruit des choses qui se consument par l'usage, ou qui se diminuent.

Les choses mobilières, ou se consument tout-à-fait, ou au moins se diminuent par l'usage. Ainsi, les grains et les liqueurs se consument entièrement quand on en use, et les animaux, les tapisseries, les lits et les autres meubles souffrent quelque diminution par l'usage, et même par le simple effet du temps, quand on n'en userait point; et enfin ces choses périssent. Mais on n'a pas laissé d'établir une espèce d'usufruit de toutes les choses mobilières et de celles même qui périssent par l'usage. Cet usufruit s'acquiert en deux manières: ou par un titre particulier, comme si l'on donne l'usufruit ou l'usage d'une tapisserie et d'autres meubles; ou par un titre général, si elles se trouvent comprises dans une totalité de biens, comme dans une succession, dont quelqu'un ait l'usufruit. Et c'est cette espèce d'usufruit dont les règles feront la matière de cette section.

1. Quoiqu'il ne paraisse pas naturel qu'on puisse avoir l'usu-

(1) L. 2, § 1, ff. de usu et habit. L. 4, § 1, ff. de usu et habit. (2) L. 4, § 1, eod. (3) L. 15, ff. de usu et habit. L. 18, ff. de usu et habit. (4) L. 13. Cod. de usufr. § 5. Inst. de usu et habit. (5) L. 34, ff. de reg. jur. (6) L. 10, § 3, ff. de usu et habit.

fruit des choses mobilières qui périssent par l'usage, comme les grains et les liqueurs, les lois ont reçu une espèce d'usufruit de ces sortes de choses, comme de toutes les autres qu'on peut posséder (1). Car en effet, il n'y en a aucune dont on ne tire quelque usage; et on peut établir une espèce d'usufruit, selon leur nature, par les règles qui suivent.

2. Celui qui a l'usufruit universel de tous les biens, a aussi le droit de jouir et user de tous les effets mobiliers selon leur nature, de consumer ce qui se consume, de tirer des animaux les profits qui en reviennent, de recevoir les rentes des dettes actives qui en produisent, et de se servir de chaque chose selon son usage, ou pour le revenu, ou pour la commodité, ou pour le seul divertissement (2). (C. civ. 582, 583, s.)

3. L'usufruit des choses mobilières qui ne se consument pas d'abord qu'on en use, consiste au droit d'en jouir, et de s'en servir comme ferait le propriétaire, en les mettant à l'usage pour lequel elles sont destinées, sans en abuser, et les conservant en bon père de famille. Ainsi, une tapisserie dont on a l'usufruit peut demeurer tendue, et les autres meubles peuvent de même être employés à leurs usages; et ils seront rendus au propriétaire dans l'état où ils se trouveront après l'usufruit fini, quoique usés et diminués par l'effet de l'usage, pourvu que l'usufruitier n'en ait pas mésusé (3). (C. civ. 589.)

4. L'usufruitier, qui a des animaux dans son usufruit, peut en tirer les revenus et les services qu'en tirerait le maître. Ainsi, il peut employer les bœufs au charroi et au labourage, les chevaux ou à porter et voiturer, ou à labourer, ou à voyager selon leur usage, les moutons et les brebis à engraisser les champs; et il en retire aussi les agneaux, le lait et la laine (4).

5. Si c'est d'un troupeau de bétail qu'on ait l'usufruit, comme d'un haras, ou d'un troupeau de moutons et de brebis, l'usufruitier aura les poulains, les agneaux, la laine, et tous les services et autres profits, selon la nature et l'usage de ces animaux, à la charge néanmoins de conserver le nombre qu'il aura reçu, et de remplacer autant de têtes qu'il en manquera pour remplir ce nombre; car il lui suffit de jouir des profits qu'il tire des animaux, et d'avoir de plus tout ce qui passe le nombre qu'il doit conserver (5). (C. civ. 616.)

6. S'il se trouve dans un usufruit des animaux qui ne pourraient produire de quoi remplacer, comme une atelage de chevaux, ou des mulets, ou quelque bête seule, l'usufruitier ne

(1) L. 1, ff. de usufr. ear. rer. quæ usu cons. L. 3, eod. L. 2, eod. § 2. Inst. de usufr. (2) L. 29, ff. de usufr. L. 34, § 2, eod. V. l. 1. c. eod. L. 3, § 1, ff. eod. L. 7, eod. L. 28, eod. L. 41, eod. L. 3, ff. de usufr. ear. rer. quæ usu cons. (3) L. 15, § 4, ff. de usufr. Dict. leg. § 5. L. 9, § 3, ff. usufructuar. quemadmod. cav. (4) L. 12, § 3, ff. de usu et habit. Dict. leg. 12, § 4. Dict. leg. § 2. (5) L. 68, § ult. ff. de usufr. L. 70, § 2, eod. Dict. leg. § 4.

sera pas tenu de remplacer ce qui périra (1), si c'est sans sa faute (C. civ. 615.)

7. L'usufruit des choses qui se consument par l'usage emporte la propriété, puisqu'on ne peut en user qu'en les consumant. Mais l'usufruitier est distingué du propriétaire, en ce qu'il est obligé, après l'usufruit fini, de rendre selon la condition de son titre, ou une pareille quantité de même nature que celle qu'il avait reçue, ou la valeur des choses, au temps qu'il les a prises (2); car c'est de cette valeur qu'il a eu l'usufruit (C. civ. 587.)

L'usufruit d'un fonds de boutique est un usufruit de choses fongibles, translatifs de la propriété à l'usufruitier, et qui ne laisse au propriétaire d'autres droits que celui de réclamer, après l'usufruit fini, la valeur estimative du fonds de boutique (3). Mais lorsque l'usufruitier d'un fonds de commerce a formellement manifesté l'intention de conserver et de rendre au propriétaire ce fonds de commerce en *nature*, et qu'il l'a réellement conservé en remplaçant les marchandises vendues durant le cours de l'usufruit, par d'autres marchandises appartenant au même genre de commerce, le propriétaire a le droit, lors de la cessation de l'usufruit, de reprendre les marchandises *en nature:* on ne peut lui objecter que ces marchandises étant de leur nature *choses fongibles*, la propriété a dû en passer à l'usufruitier, et que le droit du propriétaire, en ce cas, n'est qu'une simple créance de la valeur des marchandises (4).

8. Il est égal d'avoir, ou l'usufruit des choses qui se consument lorsqu'on en use, comme de l'argent, des grains, des liqueurs. Car celui qui en a l'usage, en jouit autant que celui qui en a l'usufruit, puisqu'il en dispose comme en étant le maître (5).

9. L'usage de toutes les autres choses mobilières a ses bornes et son étendue, selon le titre qui l'établit; et il se règle, ou par l'intention des contractans, si le titre est une convention, ou par celle du testateur, si c'est un testament; et on juge de cette intention ou par les termes du titre, ou par les circonstances, comme de la qualité de celui à qui l'usage de ces choses a été donné, du motif de celui qui l'a donné, de l'usage qu'il en faisait lui-même, et les autres semblables. On regarde aussi la coutume, s'il y en a dont la disposition puisse s'y rapporter; et c'est par ces principes qu'il faut juger si, par exemple, un usage de meubles comprend toutes les choses mobilières sans exception, ou seulement quelques-unes, et comment on peut en faire la distinction; s'il s'étend à toutes sortes de services et de profits qu'on peut en tirer, ou s'il est borné à quelques services et à quelques profits (6).

10. Celui qui a en usufruit des choses mobilières dont l'usage consiste à les louer, comme d'un bateau pour voiturer des mar-

(1) L. 70, § 3, ff. de usufr. (2) L. 7, ff. de usufr. ear. rer. quæ usu consum. V. l'art. 2 de la sect. 4. (3) Cass. 9 messidor an 11. (4) Rejet, 10 avril 1814. (5) L. 5, § ult. ff. de usufr. ear. rer. quæ usu consum. L. 10, § 1, eod. (6) V. l'art. 1 et l'art. 5 de la sect. 2.

chandises, d'un vaisseau pour trafiquer sur mer, peut louer ces sortes de choses. Mais il ne peut louer celles qui ne sont pas destinées à cet usage; car encore que l'usufruit donne un plein droit de jouir de tout le profit qu'on peut tirer des choses qui y sont sujettes, ce droit sur des meubles doit avoir ses bornes, parce que le mésusage peut les faire périr ou les endommager. Ainsi, les manières d'en user doivent être réglées selon le titre et selon les circonstances de la qualité des personnes, de la nature des choses, de l'usage que doit en faire un bon père de famille, et les autres semblables (1). (C. civ. 627.)

SECTION IV.

Des engagemens de l'usufruitier et de l'usager envers le propriétaire.

1. Le premier engagement de l'usufruitier est de se charger des choses dont il a l'usufruit, soit meubles ou immeubles, et d'en faire un inventaire et procès-verbal, en présence des personnes intéressées, pour marquer en quoi elles consistent et en quel état il les prend, afin de régler ce qu'il devra rendre après l'usufruit fini, et en quel état il devra le rendre (2). (C. civ. 600.)

Un droit d'usufruit contracté contractuellement par un époux au profit de son épouse sur ses immeubles, pour le cas du prédécès du donateur, est censé établi sous la double condition, et de la survie du donataire, et de l'existence d'immeubles au moment de l'ouverture de la succession. L'usufruit ne peut s'exercer sur le prix des immeubles aliénés depuis le don (3).

2. Le second engagement de l'usufruitier est de donner les sûretés nécessaires au propriétaire pour la restitution des choses données en usufruit, soit par sa simple soumission, en donnant caution, selon qu'il peut y être obligé par le titre de l'usufruit, ou que les circonstances de la nature des choses, de la qualité des personnes et autres le demanderont. (C. civ. 601.) Comme si c'est un usufruit de choses qui périssent par l'usage, ou qui puissent facilement être endommagées. Et la sûreté de la restitution renferme aussi celle de rendre les choses dans l'état où elles devront être (4).

L'usufruitier ne peut se dispenser de fournir caution, quoiqu'il ait donné à ferme les immeubles soumis à son droit, s'il ne justifie en même temps *de la solvabilité du preneur* (5). On peut exiger du survivant, usufruitier d'un fonds de commerce, et comptable de sa valeur, une caution, si au lieu de consentir à la vente de ce fonds, il veut personnellement le faire valoir. La dispense de fournir caution ne s'ap-

(1) L. 15, § 4, ff. de usufr. Dict. leg. § 5. L. 12, § 4, ff. de usu et habit. (2) L. 1, § 4, ff. usufructuar. quemadmod. cav. (3) Dijon, 12 avril 1820. (4) L. 1, ff. usufr. quemadmod. cav. L. 13, ff. de usufr. L. 8, § 4, ff. qui satisdare cog. L. 4. Cod. de usufr. L. 7, ff. de usufr. ear. rer. quæ us. cons. L. 1. Cod. de usufr. (5) Aix, 28 janv. 1808.

plique qu'aux fruits et non aux capitaux (1). Lorsque le survivant des époux est usufruitier à sa caution juratoire des biens du prédécédé, les héritiers de celui-ci ne peuvent exiger une caution ou autre sûreté, sous le prétexte que la fortune du survivant ne leur présente pas de garantie suffisante (2).

3. Le troisième engagement de l'usufruitier est de conserver les choses dont il a l'usufruit, et d'en avoir le même soin que prend un bon père de famille de ce qui est à lui (3). (C. civ. 601.) Ainsi, celui qui a l'usufruit d'une maison doit veiller à prévenir un incendie; ainsi, celui qui a un usufruit d'animaux doit les faire garder, nourrir et panser.

4. Le quatrième engagement de l'usufruitier est de jouir en bon père de famille, tirant des choses sujettes à l'usufruit ce qui peut lui en revenir, sans mésuser, sans détériorer ni changer même ce qui est destiné pour le simple divertissement, quoique ce fût pour augmenter le revenu. Ainsi il ne peut couper des arbres plantés en allées pour y faire un potager, ou y semer du blé (4).

5. Le cinquième engagement de l'usufruitier est d'acquitter les charges des choses dont il a l'usufruit, comme sont les tailles et autres impositions et charges publiques, même celles qui peuvent survenir après que l'usufruit lui a été acquis; les cens, les rentes foncières et autres redevances (5). (C. civ. 608.)

Les contributions imposées sur les propriétés tenues à bail emphytéotique sont à la charge de l'emphytéote (un bail emphytéotique de 99 ans et de moins équivalent bien à un usufruit), lors même qu'il n'a point été astreint expressément à ce paiement par l'acte du bail.—L'emphytéote est autorisé à la retenue du cinquième sur le montant de la redevance due par le bailleur, à moins que le contraire n'ait été expressément stipulé (6).

6. Le sixième engagement de l'usufruitier est de faire les dépenses nécessaires pour conserver et tenir en bon état les lieux et autres choses dont il a l'usufruit: comme de faire les menues réparations d'une maison, de planter des arbres au lieu de ceux qui sont morts sur le pied, de cultiver et ménager les héritages, et faire les autres réparations et dépenses que peut demander la culture et la conservation des lieux. Mais il n'est pas tenu des grosses réparations, comme de rebâtir ce qui est tombé sans qu'il y eût de sa faute (7). (C. civ. 605.)

L'obligation imposée à l'usufruitier de faire les réparations d'entretien, n'est pas telle que le propriétaire puisse contraindre l'usufruitier, pendant le cours de l'usufruit, à faire ces réparations. Seulement, si le

(1) Aix, Sirey, t. 6. p. 452. 1806. (2) Paris, 10 fév. 1814. (3) L. 65, ff. de usufr. L. 1, ff. de usuf. quemad. cav. L. 4. C. eod. (4) L. 15, § 1, ff. de usufr. Dict. l. § 3. L. 13, § 4, ff. eod. Dict. § 4. L. 9, § 2, ff. de usufructu. (5) L. 27, § 3, ff. de usufr. L. 28, ff. de usu et usufr. (6) Avis du conseil-d'état, 21 janv. 1809. (7) L. 7, Cod. de usuf. L. 7, § 2, ff. de usufr. L. 18, eod. L. 4, § 1, ff. de oper. serv.

défaut de réparations d'entretien constitue un *abus de jouissance*, le nu-propriétaire peut demander la cessation de l'usufruit. V. 618 (1).

7. Tous ces engagemens de l'usufruitier sont communs à l'usager à proportion de son droit d'usage. Ainsi, lorsque son droit lui donne toute la chose, comme s'il a une habitation qui s'étende à une maison entière, il doit se charger de ce qui lui est délivré, donner les sûretés nécessaires, prendre soin des lieux, en jouir sans détériorer et sans mésuser, faire les réparations, et porter les autres charges dont l'usufruitier sera tenu. Mais si son droit est borné, comme s'il n'a qu'une partie de la maison, il ne doit des réparations et des autres charges, qu'à proportion de ce qu'il occupe (2). (C. civ. 635.)

8. Si l'usufruitier ou l'usager aiment mieux abandonner leur droit, qu'en porter les charges, ils cesseront d'en être tenus, à la réserve de celles de la jouissance qu'ils auront faite, et des détériorations qu'eux ou les personnes dont ils doivent répondre pourraient avoir causées. Et ils auront la même liberté quand ils auraient été condamnés en justice à acquitter les charges dont ils étaient tenus (3).

SECTION V.

Des engagemens du propriétaire envers l'usufruitier et envers l'usager.

1. Le propriétaire est obligé de délivrer à l'usufruitier et à l'usager, les lieux et autres choses sujettes à l'usufruit ou à l'usage: ou de souffrir qu'ils s'en mettent en possession, sans qu'il puisse les y troubler ni incommoder. Et ceux qui ont ces droits peuvent poursuivre tant le propriétaire que tous autres possesseurs des choses qui y sont sujettes, pour les laisser jouir (4).

2. Le propriétaire ne peut avant la délivrance, ni après, faire aucun changement dans les lieux, et autres choses sujettes à un usufruit ou à un usage, par où il empire la condition de l'usufruitier ou de l'usager, quoique ce fût pour y faire des améliorations. Ainsi, il ne peut hausser un bâtiment, ni en faire un nouveau, dans un fonds où il n'y en avait point, si ce n'est du consentement de l'usufruitier ou de l'usager. Il peut encore moins dégrader un bois, démolir un édifice, y imposer des servitudes, ni faire d'autres changemens qui nuisent à l'usufruitier ou à l'usager, et s'il l'avait fait, il serait tenu des dommages et intérêts qu'il aurait causés (5).

3. Si l'usufruitier ou l'usager ne pouvait jouir par un obstacle que le propriétaire dût faire cesser, il en sera tenu, et des dom-

(1) Amiens, 1er juin 1822. (2) L. 18, ff. de usu. et ab. (3) L. 64, ff. de usufr. L. 65, eod. (4) L. 5, § 1. ff. si ususfr. pet. (5) L. ult. ff. de usu et habit. L. 7, § 1. in fin. ff. de usufr. L. 2, ff. si ususfr. pet. L. 15, § ult. ff. de usufr.

mages et intérêts de la non-jouissance. Comme s'il y avait quelque éviction, ou autre trouble dont il fût garant; ou s'il refusait à l'usufruitier quelque servitude nécessaire qu'il dût lui donner, comme dans le cas de l'art. 14 de la sect. 1 (1).

4. Si l'usufruitier a fait des réparations nécessaires au-delà de celles dont il est tenu, le propriétaire doit l'en rembourser (2).

5. Le propriétaire n'est pas tenu de refaire ou de remettre en bon état ce qui se trouve, ou démoli, ou endommagé au temps que l'usufruit est acquis, si ce n'est que ce fût par son fait, ou qu'il fût chargé par le titre de remettre les choses en bon état. Mais l'usufruitier est restreint au droit de jouir de la chose en l'état qu'elle est, quand ce droit lui est acquis; de même que celui qui acquiert la propriété d'une chose, ne doit l'avoir que telle qu'elle était lorsqu'il l'a acquise (3).

SECTION VI.

Comment finissent l'usufruit, l'usage et l'habitation.

1. L'usufruit, l'usage et l'habitation finissent par la mort naturelle, et par la mort civile de la personne qui en avait le droit, parce que ce droit était personnel (4). (C. civ. 617.)

Le bail consenti depuis la promulgation du code civil par la femme usufruitière, à titre de douaire, cesse de courir par l'effet de son décès, si telle était la disposition de la loi existante lors de l'ouverture du douaire (5).

2. Si le titre de l'usufruit, ou de l'usage et de l'habitation en bornait le droit pour commencer ou finir à un certain temps, ou à l'événement d'une certaine condition, le droit ne commencera, ou ne cessera que lorsque la condition sera arrivée, ou le temps expiré (6). (C. civ. 617.)

L'obligation de payer un droit de mutation pour réunion de l'usufruit à la propriété est soumise à la prescription de cinq ans, lorsque le droit d'enregistrement n'a pas été acquitté sur la valeur entière de la propriété, comme dans tous les autres cas (7).

3. Si l'usufruitier est chargé de rendre l'usufruit à une autre personne, son usufruit finira lorsque cette restitution devra être faite (8). (C. civ. 620.)

4. Le droit d'usufruit est borné à la chose sur laquelle il est assigné, et n'affecte pas les autres biens; ainsi il finit lorsque le fonds, ou autre chose qui y est sujette, vient à périr avant la mort de l'usufruitier ou de l'usager : comme si un héritage était en-

(1) L. 1, § 1, ff. si ususfr. pet. L. 5, § 3, et § ult. ff. eod. (2) L. 7, Cod. de usufr. (3) L. 65, § 1, ff. de usufr. (4) L. 3, § ult. ff. quib. mod. ususfr. amit. L. 3, C. de usufr. L. 16, in fin. C. de usufr. § 3, inst. de usufr. (5) Douai, 28 mars 1814. (6) L. 16, ff. quib. mod. ususfr. vel us. am. L. 17, eod. V. l. 12, C. de usufr. (7) Cass. 31 juillet 1815. (8) L. 4, ff. quib. mod. ususfr. vel us. am.

traîné par un débordement, ou qu'une maison fût brûlée ou ruinée. Et en ce dernier cas l'usufruitier n'aurait pas même d'usufruit sur les matériaux ni sur la place où était la maison. Car l'usufruit était spécialement établi sur une maison; et il était restreint à ce qui était spécifié dans le titre (1). (C. civ. 607.)

5. Si un héritage était inondé, ou par la mer, ou par une rivière, l'usufruit et l'usage ne seraient perdus que pendant la durée de l'inondation, et ils seraient rétablis si l'héritage ou une partie revenait en état qu'on pût en jouir, parce que le fonds n'aurait pas changé de nature (2). (C. civ. 623.)

6. S'il arrive qu'une partie d'une maison vienne à périr, et qu'il en reste une autre partie, l'usufruit se conserve sur ce qui reste, et sur la place où était ce qui est péri; car cette place fait partie de cette maison, et est un accessoire de la portion qui en reste (3).

7. Dans le cas où la chose sujette à un usufruit vient à périr, il faut remarquer cette différence entre l'usufruit d'une totalité de biens, et celui d'une chose particulière, qu'au lieu que l'usufruit particulier d'une maison, par exemple, finit tellement lorsqu'elle périt, ou par une ruine, ou par un incendie, ou autrement, que l'usufruitier n'a plus d'usufruit sur la place qui reste; si au contraire son usufruit était universel sur tous les biens, il aura l'usufruit de la place où était la maison, et des matériaux qui en pourront rester; car ils font partie du total des biens (4). Et il en serait de même d'un usufruit d'un bien de campagne dont les bâtimens viendraient à périr; car en ce cas l'usufruit serait conservé sur la place qui resterait, comme étant un accessoire et faisant partie du total de ce bien (5).

8. S'il arrive quelque changement de la chose sujette à un usufruit, comme si un étang est mis à sec, si une terre labourable devient un marais, si d'un bois on fait des prés ou des terres labourables; dans tous ces cas, et autres semblables, l'usufruit, ou finit, ou ne finit point, selon la qualité du titre de l'usufruit, l'intention de ceux qui l'ont établi, le temps où arrivent ces changemens, suivant la nature même des changemens, et les autres circonstances, soit que ces changemens arrivent, avant que le droit soit acquis à l'usufruitier, ou seulement après. Ainsi dans un usufruit de tous les biens, aucun changement ne fait périr l'usufruit de ce qui reste; et l'usufruitier jouit de la chose en l'état où elle est réduite. Ainsi, dans un usufruit particulier légué par un testateur sur quelque héritage, s'il change lui-même la face des lieux après son testament, et que d'un pré, par exemple, dont il avait légué l'usufruit, il fasse une maison et un jardin,

(1) L. 2. ff. de usufr. § 3, in fin. inst. de usufr. L. 5, § 2, ff. quib. mod. ususfr. vel. us. am. L. 34, § ult. ff. de usufr. (2) L. 23, ff. quib. mod. ususfr. vel us. am. L. 24, eod. L. 53; ff. de usufr. (3) L. 53, ff. de usufr. (4) L. 34, § ult. ff. de usufruc. Dict. leg. in fine. (5) L. 8 et l. 9, ff. quib. mod. ususfr. vel. us. am.

dans ces cas et autres où les changemens marquent le changement de la volonté, ils anéantissent les legs de l'usufruit, qui était borné à des choses qui ne sont plus. Mais dans un usufruit acquis par une convention, les changemens ne sont pas libres au propriétaire. Et celui qui changerait la nature ou l'état des choses, sans le consentement de l'usufruitier, serait tenu de le dédommager. Et pour les changemens qui arrivent par des cas fortuits, soit avant ou après l'usufruit acquis, il périt ou se conserve suivant les règles précédentes, et ce qui peut être réglé par le titre de l'usufruitier (1).

9. Si la chose sujette à un usufruit vient à périr, ou qu'elle soit changée de sorte que l'usufruit ne subsiste plus, ce qui peut en rester appartient au propriétaire. Ainsi, les matériaux d'une maison démolie, les cuirs des bêtes d'un troupeau qui serait péri par quelque accident, doivent être remis au propriétaire; car le droit de l'usufruitier était borné à la jouissance de ce qui était en nature, et il est fini par ce changement (2). (C. civ. 616.)

TITRE XII.

Des servitudes.

L'ordre de la société civile n'assujettit pas seulement les hommes les uns aux autres, par les besoins qui rendent nécessaire l'usage réciproque des offices, des services et des commerces de personne à personne; mais il rend de plus nécessaires pour l'usage des choses, des assujettissemens, des dépendances et des liaisons d'une chose à l'autre, sans quoi on ne pourrait les mettre en usage. Ainsi, pour les choses mobilières, il n'y en a point, ou presque point, qui viennent en nos mains, dans l'état où elles doivent être pour nous servir, que par l'enchaînement de l'usage de plusieurs autres; soit pour les tirer des lieux où il faut les prendre, ou pour les mettre en œuvre, ou pour les appliquer au service effectif. Ainsi, pour les immeubles, il n'y en a point aussi, ou presque point, dont on puisse tirer ou les fruits ou les autres revenus, que par l'usage de diverses choses, et souvent même en faisant servir un fonds pour l'usage d'un autre : comme on fait, par exemple, servir un héritage pour donner passage à un autre, ou une maison pour recevoir les eaux d'une autre maison voisine. Ce sont ces sortes d'assujettissemens d'un fonds pour l'usage d'un autre qu'on appelle *servitudes*, et on ne donne pas ce nom aux assujettissemens qui rendent une chose mobilière nécessaire pour l'usage d'une autre, soit meuble ou immeuble.

Ces servitudes ont deux caractères qui les distinguent de tout autre usage qu'on peut faire d'une chose, pour l'usage d'une

(1) L. 10, § 2, ff. quib. mod. ususfr. vel us. am. Dict. leg. § 3. Dict. leg. § 4. L. 5, § ult. eod. (2) L. 5, § 2, ff. quib. mod. ususfr. vel us. am. L. pen. eod

autre. Le premier est, qu'elles sont perpétuelles (1); au lieu que chacun des autres assujettissemens n'est pas de durée; et l'autre, que dans ces servitudes des fonds, l'héritage sujet à la servitude est toujours à un autre maître que le fonds auquel il est asservi; car on n'appelle pas *servitude* le droit qu'a le maître d'un fonds d'en user pour soi (2).

Ce sont ces sortes de servitudes qui assujettissent le fonds de l'un au service du fonds d'un autre, qui feront la matière de ce titre, qu'on a mis au rang des conventions, parce que les servitudes s'établissent le plus souvent par convention (3); comme dans une vente, dans un échange, dans une transaction, dans un partage : et quoiqu'elles s'établissent quelquefois, ou par des testamens, ou par la seule voie de la justice, on a dû placer en ce lieu une matière qui ne peut pas être mise en divers endroits, qui a dans celui-ci son ordre naturel.

SECTION PREMIÈRE.

De la nature des servitudes, de leurs espèces, et comment elles s'acquièrent.

1. La servitude est un droit qui assujettit un fonds à quelque service, pour l'usage d'un autre fonds, qui appartient à un autre maître; comme, par exemple, le droit qu'a le propriétaire d'un héritage de passer par le fonds de son voisin pour aller au sien (4). (C. civ. 637.)

Si l'acquéreur connaissait une servitude de vue ou de passage dont était chargé l'immeuble acquis, et a payé le prix de son acquisition postérieurement à la vente, il n'a pas d'action contre le vendeur pour cette servitude, quoiqu'elle n'ait point été déclarée au contrat (5).

Un droit de passage dans les bois est un droit d'usage proprement dit. S'il est accordé aux habitations, moyennant une rétribution par chaque écurie; il est compris dans la clause générale par laquelle les acquéreurs sont tenus de toutes les servitudes passives, apparentes et ocultes (6).

On ne peut avoir ni conserver un droit de servitude sur son propre fonds (7).

2. Toute servitude donne à celui à qui elle est due un droit qu'il n'aurait pas naturellement; et elle diminue la liberté de l'usage du fonds asservi, assujettissant le maître de cet héritage à ce qu'il doit souffrir, ou faire, ou ne pas faire, pour laisser l'usage de la servitude. Ainsi, celui de qui le fonds est sujet à un droit de passage, doit souffrir l'incommodité de ce passage; ainsi, celui dont le mur doit porter le bâtiment élevé au-dessus est obligé de refaire ce mur, s'il en est besoin; ainsi, tous ceux qui

(1) L. 28, ff. de serv. præd. urb. (2) L. 10, ff. com. præd. Nulli enim res sua servit. L. 26, ff. de serv. præd. urb. (3) L. 5, ff. de serv. § ult. Inst. de servit. (4) L. 1, ff. de serv. Iter, L. 1, ff. de servit. præd. rust. (5) Cass. 28 mars 1808. (6) Rejet, 4 mars 1817. (7) Amiens, 21 mars 1814.

doivent quelque servitude, ne peuvent rien faire qui en trouble l'usage (1). (C. civ. 652.)

Il s'ensuit de la règle expliquée dans cet article, qu'en toute contestation en matière de servitude, l'un veut assujettir le fonds de l'autre contre la liberté naturelle, et que l'autre soutient, ou revendique cette liberté ; ce qui rend favorable la cause de celui qui nie la servitude, ainsi qu'il sera expliqué dans l'art. 12 (2).

Une servitude qui n'était accordée que par un usage ancien et local, n'a pu continuer d'être exercée, en vertu de cet usage, depuis le code rural de 1791, et notamment depuis la publication du code civil, titre des *servitudes*, lorsque ni l'un ni l'autre n'établit le droit de l'exercer.— Le propriétaire d'un terrain où il y a de la tourbe, ne peut la déposer et l'étendre sur la propriété de son voisin, lorsqu'il ne peut le faire sur la sienne, et qu'un usage local autorisait l'exercice de cette servitude en pareil cas (3).

3. Quoique les servitudes ne soient que pour les personnes, on les appelle *réelles*, parce qu'elles sont inséparables des fonds. Car c'est un fonds qui sert pour un autre fonds, et ce service ne passe à la personne qu'à cause du fonds. (C. civ. 651.) Ainsi, on ne peut avoir une servitude qui consiste au droit d'entrer dans le fonds d'un autre, pour y cueillir des fruits, ou s'y promener, ni pour d'autres usages qui ne se rapportent pas à celui d'un fonds (4). Mais un pareil droit serait d'une autre nature, comme, par exemple, ce serait un louage, si on en traitait pour un prix d'argent.

4. Les servitudes sont de plusieurs sortes, selon les diverses sortes de fonds, et selon les différens usages qui se peuvent tirer d'un fonds pour le service d'un autre. Ainsi, pour les maisons et autres bâtimens, l'un est assujetti pour l'usage de l'autre, ou à ne pouvoir être haussé, ou à recevoir les eaux, ou à un droit d'appuyer, et autres semblables ; et pour les héritages de la campagne l'un est assujetti pour l'usage de l'autre, ou à un passage, ou à une prise d'eau, ou à d'autres différens droits (5). (C. civ. 688.)

La simple possession annale d'une servitude discontinue, commencée avant le code civil, dans les pays où les servitudes de cette nature pouvaient s'acquérir par le seul effet de la possession, ne suffit point pour autoriser à intenter l'action possessoire. Dans ce cas, cette action n'est ouverte que lorsque la servitude discontinue était déja acquise par la possession, lors de la publication du code civil (6). La possession annale d'une servitude discontinue étant toujours précaire, il faut que cette possession soit appuyée d'un titre pour qu'on puisse intenter l'action possessoire (7). Le droit de pacage dans une forêt constitue une servitude et non un droit de co-propriété.—Ainsi, l'obligation de souffrir toutes

(1) L. 15, § 1, ff. de serv. L. 6, § 2, ff. si servit. vindic. (2) L. 2, ff. si serv. vind. § 2. Inst. de act. (3) Cass. 21 avril 1813. (4) L. 1, ff. de serv. L. 1, § 1. ff. comm. præd. § 3, inst. de servit. L. 8, de serv. L. 5, § 1, ff. de servit. præd. rust. L. 20, § ult. eod. (5) L. 2, ff. de servit. præd. urb. L. 1, ff. de servit. præd. rust. (6) Cass. 10 fév. 1812. (7) Cass. 21 octobre 1807.

les servitudes apparentes ou ocultes dont un bois est grevé, peut comprendre celle de souffrir un droit de pacage non déclaré, surtout si le vendeur était de bonne foi et n'avait pas connaissance de ce droit (1).

5. Les servitudes sont toutes comprises sous deux espèces générales : l'une de celles qui sont naturelles, et d'une absolue nécessité, comme la décharge de l'eau d'une source qui coule dans le fonds qui est au-dessous (C. civ. 640.); l'autre est de celles que la nature ne rend pas absolument nécessaires, mais que les hommes établissent pour une plus grande commodité, quoique le fonds servant ne soit pas naturellement assujetti à l'autre. Comme s'il est convenu qu'une maison ne pourra être haussée, pour ne pas nuire aux vues d'une autre maison; qu'elle recevra la décharge des eaux de la maison voisine; que le possesseur d'un fonds pourra prendre de l'eau d'une source ou d'un ruisseau dans le fonds voisin, soit en de certains temps, comme pour arroser son héritage, ou pour un usage continuel, comme pour conduire un aqueduc à travers l'héritage voisin pour une fontaine.

Quand un propriétaire appréhende d'être inondé par suite d'une construction nouvelle de son voisin, il doit s'adresser à l'autorité administrative et non à l'autorité judiciaire pour prévenir le mal, ne pouvant recourir à l'autorité judiciaire, qui ne peut la réprimer, tant que de fait il n'y a point eu d'inondation (2). L'écoulement des eaux d'une source d'un héritage supérieur sur les terres inférieures ne peut constituer une servitude au profit des propriétaires de ces terres (3).

L'obligation imposée par l'art. 640, à tout propriétaire inférieur de recevoir les eaux qui découlent naturellement de l'étage supérieur, ne comprend pas l'égoût des toits (4). L'art 640 ne s'applique point aux eaux des torrens et des fleuves. Le propriétaire inférieur a le droit de construire des digues pour se préserver de l'inondation du torrent ou du fleuve qui borde son héritage, encore que ces digues fassent refluer les eaux d'une manière préjudiciable aux voisins (5).

6. Toutes les espèces de servitudes sont, ou pour l'usage des maisons et autres bâtimens, ou pour l'usage des autres fonds, comme prés, terres, vergers, jardins et autres, soit qu'ils soient situés dans les villes ou à la campagne (6). (C. civ. 687.)

Les bestiaux infectés de maladies contagieuses ne doivent être conduits aux abreuvoirs communs (7).

7. Le droit de servitude comprend les accessoires sans lesquels on ne pourrait en user. Ainsi, la servitude de prendre de l'eau d'un puits ou d'une source emporte la servitude du passage pour y aller (C. civ. 696.); ainsi, la servitude d'un passage emporte la liberté d'y faire ou réparer l'ouvrage nécessaire pour s'en servir; et si le travail ne peut se faire dans l'endroit où la

(1) Cass. 6 mars 1817. (2) Cass. 16 frimaire an 14. (3) Cass. 25 août 1812. (4) Colmar, 6 mai 1819. (5) Aix, 19 mai 1813. (6) L. 1, ff. de servit. L. 198, ff. de verb. sign. § 3, inst. de servit. (7) Arrêté du gouvernement, du 3 messidor an 7.

servitude est fixée, on pourra travailler dans les environs, selon que la nécessité peut y obliger; mais, en réparant, on ne peut rien innover à l'ancien état (1).

8. Le droit et l'usage d'une servitude se règle par le titre qui l'établit; et elle a ses bornes et son étendue selon qu'il a été convenu, si le titre est une convention; ou selon ce qui a été prescrit par le testament, si la servitude a été établie par un testament. Ainsi, celui à qui il est dû une servitude, ne peut pas en rendre la condition plus dure, ni celui qui la doit ne peut empirer le droit de la personne à qui elle est due; mais l'un et l'autre doivent s'en tenir au titre, soit pour la qualité de la servitude, ou pour les manières dont l'un doit user, et l'autre souffrir. Ainsi, par exemple, si un droit de passage est seulement pour les personnes, on ne peut pas s'en servir pour passer à cheval; et si on a droit d'y passer pendant le jour, on ne pourra y aller la nuit. Que si la manière d'user de la servitude était incertaine, comme si la place nécessaire pour un passage n'était pas réglée par le titre, elle le serait par l'avis des experts (2).

9. Comme les servitudes dérogent à la liberté naturelle à chacun d'user de son bien, elles sont restreintes à ce qui se trouve précisément nécessaire pour l'usage de ceux à qui elles sont dues, et on en diminue, autant qu'il se peut, l'incommodité. Ainsi, celui qui a un droit de passage dans le fonds d'un autre, sans que le titre marque le lieu où il pourra passer, n'aura pas la liberté de choisir son passage où il lui plaira; mais il lui sera donné par l'endroit le moins incommode au propriétaire du fonds asservi, et non, par exemple, à travers d'un plant ou d'un bâtiment. Mais si le titre de la servitude ou la possession règle le passage, quoique par un endroit incommode au propriétaire du fonds asservi il faut s'y tenir (3). (C. civ. 683.)

10. Les servitudes s'établissent et s'acquièrent, non-seulement par des conventions ou par des testamens (4), mais aussi par l'autorité de la justice, si ce sont des servitudes naturellement nécessaires qui soient refusées. Ainsi, lorsque le propriétaire d'un héritage ne peut y aller que par un passage dans le fonds voisin, on oblige le propriétaire de ce fonds à donner ce passage par l'endroit le moins incommode, et en dédommageant (5) (C. civ. 682.); car cette nécessité tient lieu de loi, et il est de droit naturel qu'un héritage ne demeure pas inutile, et que ce propriétaire souffre pour son voisin ce qu'il voudrait en pareil besoin qu'on souffrît pour lui.

(1) L. 3, § 3, ff. de servit. præd. rust. L. 10, ff. de servit. L. 11, ff. comm. præd. Dict. leg. 11, § 1. L. 3, § 15, ff. de itin. actuque priv. (2) L. 4, ff. de servit. Dict. leg. 4, § 1, V. l. 19, ff. de servit. L. 14, ff. comm. præd. V. l. 14, ff. si servit. vind. dict. leg. § 1. L. 13, § 2, ff. de servit. præd. rust. Dict. l. § ult. leg. 11, § 1. ff. de ser. præd. urb. (3) L. 26, ff. de servit. præd. rust. L. 9, ff. de servit. Dict. leg. 9. L. 21, et l. 22, ff. de servit. præd. rust. (4) L. 5, ff. de servit. (5) L. 12, ff. de relig. V. l'art. 4 de la sect. 13 du contrat de vente.

11. Le droit de la servitude peut s'acquérir sans titre par la prescription (1).

12. C'est encore une espèce de titre pour conserver et prescrire une servitude que la preuve qui se tire de l'ancien état des lieux; et il sert aussi pour régler la manière et l'usage de la servitude. Ainsi, l'entrée d'un passage, les bornes d'un chemin, un jour hors de vue, un canal plaqué contre un mur, un toit avec saillie, et les autres marques semblables des servitudes, en règlent l'usage; et il n'est permis ni à celui qui a la servitude, ni à celui qui la doit souffrir, de rien innover à l'ancien état où se trouvent les lieux (2). (C. civ. 701.)

Les habitans auxquels il est dû un chemin dans un bois communal pour conduire des bestiaux dans un pâturage au-delà du bois, ne peuvent exercer ce droit de passage avant de s'être fait désigner le chemin. S'ils l'exercent auparavant, ils sont en contravention comme s'ils n'y avaient pas droit (3).

13. On peut acquérir l'affranchissement d'une servitude par prescription, à plus forte raison que la servitude; et si celui dont l'héritage était sujet à quelque servitude s'en est affranchi pendant un temps suffisant pour prescrire, la servitude ne subsiste plus. (C. civ. 642.) Ainsi, celui dont la maison était asservie à ne pouvoir être haussée, n'est plus sujet à la servitude, si ayant haussé il a possédé son bâtiment élevé, pendant le temps de la prescription (4). Et il en est de même de la manière d'user d'une servitude: ainsi, celui qui avait droit d'user d'une prise d'eau le jour et la nuit, perd l'usage de la nuit s'il le laisse prescrire; et si sa servitude était ou à toutes heures, ou à quelques-unes il est restreint à celles où la prescription l'aura limité.

Celui qui est propriétaire d'une source ne peut perdre par la prescription le droit d'en disposer, qu'autant que le propriétaire du fonds inférieur a fait des constructions apparentes. Il ne suffit pas que de temps immémorial il existe des canaux ou ouvertures secrètes (5).

14. Les servitudes étant attachées aux fonds et non aux personnes, elles ne peuvent passer d'une personne à l'autre si le fonds n'y passe; et celui qui a un droit de servitude ne peut le transférer à un autre en gardant son fonds, ni en céder, louer, ou prêter l'usage. Ainsi, celui qui a une prise d'eau ne peut en faire part à d'autres; mais, si le fonds pour lequel la prise d'eau était établie, se divise entre plusieurs propriétaires, comme entre héritiers, légataires, acquéreurs ou autrement, chaque portion conservera l'usage de la servitude à proportion de son étendue,

(1) L. 10, ff. si servit. vind. L. 5, § 3, ff. de itinere act. priv. L. 1. Cod. de servit. L. 2, eod. L. 1, § ult. ff. de serv. præd. rust. (2) Dict. leg. 1. Cod. de servit. L. 11, ff. de servit. præd. urb. (3) Cass. 7 décembre 1810. (4) L. 4, § ult. ff. de usurp. et usuc. Dict. leg. § ult. L. 31, § 1, de serv. præd. urb. L. 10. § 1, ff. quemad. serv. amitt. (5) Cass. 25 août 1812.

quoique quelques portions en eussent moins de besoin, ou que l'usage y en fût moins utile (1). (C. civ. 700.)

15. La partie du fonds asservi sur laquelle se prend la servitude, comme le chemin sujet à un passage, appartient au maître du fonds sujet à la servitude; et celui à qui elle sert n'y a aucun droit de propriété, mais il a seulement le droit d'en user (2).

16. Une même servitude peut servir à l'usage de deux fonds, ainsi une décharge d'eau peut servir à deux maisons. Ainsi, un passage ou un aqueduc peuvent servir pour deux ou plusieurs fonds (3).

17. Quoiqu'une servitude paraisse inutile, comme serait une prise d'eau à celui dont le fonds n'en aurait aucun besoin, ou qui en aurait de reste dans son héritage, on peut ou conserver ou acquérir une telle servitude; car, outre qu'on peut posséder des choses inutiles, il pourra arriver qu'on les mette en usage (4).

18. Celui qui n'a la propriété d'un héritage que par indivis, avec d'autres, ne peut en assujettir aucune partie à une servitude sans le consentement de tous; et un seul peut l'empêcher (5), jusqu'à ce que, les portions étant partagées, chacun puisse assujettir la sienne si bon lui semble; et aussi celui qui possède par indivis une portion du fonds pour lequel il est dû quelque servitude, ne peut seul affranchir le fonds asservi, mais la servitude reste pour les portions des autres; car les servitudes sont pour chaque partie du fonds où elles sont dues, et chacun des propriétaires a intérêt à la servitude pour sa portion (6). (C. civ. 700.)

19. Les servitudes se conservent contre la prescription, non-seulement par l'usage qu'en font les propriétaires des fonds pour lesquels elles sont dues, mais aussi par celui qu'en peuvent faire tous autres possesseurs qui sont au lieu du maître, comme les fermiers, les locataires, les usufruitiers, et ceux même qui possèdent de mauvaise foi; car ils conservent au maître la possession de sa servitude (7).

20. Si une servitude est due pour l'usage d'un fonds commun à plusieurs, la possession d'un seul la conserve entière pour tous; car c'est au nom commun qu'il possède. (C. civ. 709.) Mais si plusieurs ont chacun leur droit de servitude particulier, quoique au même endroit du fonds asservi, chacun ne conserve que son droit, et il peut être prescrit à l'égard des autres qui n'en usent point (8).

21. Si un des propriétaires d'un fonds commun, pour lequel il

(1) L. 24, ff. de servit. præd. rust. L. 33, § 1, ff. de servit. præd. rust. (2) L. 25, ff. de servit. præd. rust. L. 4, ff. si servit. vind. (3) L. 51, ff. comm. præd. (4) L. 19, ff. de servit. (5) L. 2, ff. de servit. L. 34, ff. de servit. præd. rust. (6) Dict. leg. 34. L. 8, § 1, de servit. L. 23, § ult. ff. de servit. præd. rust. (7) L. 20, ff. quemadmodum servit. amitt. L. 24, ff. eod. (8) L. 16, quemad. serv. amit. Dict. leg. 16.

est dû une servitude, a quelque qualité qui empêche qu'on ne prescrive contre lui, comme si c'est un mineur, la servitude ne se perd point, quoique l'un et l'autre cessent de posséder, parce que le mineur la conserve pour le fonds entier (1). (C. civ. 710.)

SECTION II.

Des servitudes des maisons et autres bâtimens.

1. Les servitudes des maisons et des autres bâtimens sont de plusieurs sortes, selon les besoins: comme les décharges des eaux, les jours, les vues, un droit d'appuyer, un passage, et autres semblables (2). Mais il n'y en a aucune qui soit naturellement nécessaire, et de telle sorte, que celui qui bâtit dans son héritage puisse obliger son voisin à souffrir une servitude pour l'usage de son bâtiment, s'il n'en a ni titre ni possession; car il peut et doit faire son édifice dans l'étendue de son fonds, en gardant les distances nécessaires, et sans entreprendre sur le fonds qui est joignant au sien (3). Et si quelque servitude lui est nécessaire, et qu'il ne l'ait point, il ne peut l'acquérir que de gré à gré. (C. civ. 681, 682.)

2. Le droit de la décharge des eaux d'un toit est une servitude qui peut être différemment établie, ou de telle manière que tout le toit ait sa saillie et sa décharge dans le fonds voisin, ou que toute son eau s'amasse et s'écoule par une seule gouttière avancée, ou par un canal plaqué contre un mur (4).

3. La décharge d'un égout dans le fonds voisin est une servitude pour l'usage d'une maison, et on peut en établir d'autres semblables selon le besoin (5).

4. Les jours sont les ouvertures pour recevoir la lumière dans une chambre, ou un autre lieu; et les vues ont de plus un aspect libre sur les environs ou de la ville, ou de la campagne (6).

5. Les servitudes pour ce qui est des jours sont de deux sortes. L'une de celles qui donnent au propriétaire d'une maison le droit d'ouvrir son mur ou un mur mitoyen, pour prendre un jour du côté du fonds de son voisin, avec le droit d'empêcher que le voisin n'élève son bâtiment jusqu'à ôter ce jour (7) (C. civ. 675.); et l'autre de celles qui donnent droit d'empêcher le voisin d'ouvrir son mur, ou un mur mitoyen, pour prendre un jour sur une cour ou un autre lieu, ou qui bornent la liberté de prendre des jours, à des jours hors de vue, ou tels autres qui se trouvent réglés par le titre (8). (C. civ. 676.)

(1) L. 10, ff. quemad. servit. amit. (2) L. 2, ff. de servit. præd. urban. § 1. Inst. de servit. (3) L. 14, ff. de servit. præd. urb. V. l. 12. C. de ædif. priv. (4) L. 1, ff. de servit. præd. urb. (5) L. 7, ff. de serv. L. 2, ff. de servit. præd. rust. L. 1, ff. de cloac. V. dict. leg. 2, ff. de serv. præd. rust. (6) L. 16, ff. de servit. præd. urban. (7) L. 4, ff. de servit. præd. urb. (8) L. 40, eod.

Lorsque deux propriétés contiguës et appartenant à deux maîtres ont été louées à la même personne, il ne peut être ouvert des jours ou pratiqué des ouvertures durant le bail, dans le mur mitoyen, par le locataire ou par l'un des propriétaires contre le gré de l'autre, et l'on ne peut autoriser le locataire à attendre l'expiration du bail pour faire le bouchement des jours ou ouvertures (1).

Si le propriétaire d'un bâtiment en vendant une partie de ce bâtiment, cède aussi la mitoyenneté du mur de séparation, sans réserve des jours qui y sont pratiqués, l'acquéreur est censé avoir acquis le droit de mitoyenneté dans toute son étendue; il peut faire fermer les jours (2).

Les art. 676 et 677 qui veulent qu'on garnisse de treillis de fer et d'un châssis à verre dormant les fenêtres pratiquées dans le mur non mitoyen attenant l'héritage d'autrui, ne sont point applicables où il y a possession et prescription contraire (3).

6. Les servitudes pour les vues sont aussi de deux sortes : l'une, de celles qui donnent le droit d'une vue libre, avec pouvoir d'empêcher que le bâtiment voisin ne soit élevé, et n'ôte la vue; et l'autre, de celles qui donnent à un propriétaire le droit d'empêcher que son voisin n'ait ni vue ni jour du côté où ils se joignent, ou qu'il ne l'ait que conforme au titre (4). (C. civ. 676.)

7. Le droit d'appuyer est le droit de faire porter ou un plancher, ou un bâtiment, ou autre chose sur le mur d'un voisin, et lorsqu'un mur est mitoyen, les propriétaires ont droit d'appuyer chacun de sa part; et le même mur sert réciproquement à deux maîtres pour deux servitudes. (C. civ. 655.) Mais, soit que le mur appartienne à un seul maître, ou qu'il soit mitoyen, on ne peut le charger que raisonnablement, et selon qu'il est réglé par la servitude (5).

8. Quoiqu'un propriétaire puisse faire dans son fonds ce que bon lui semble, il ne peut y faire d'ouvrage qui ôte à son voisin la liberté de jouir du sien, ou qui lui cause quelque dommage. Ainsi, le propriétaire d'un fonds, où il n'y a aucun bâtiment, ne peut pas en faire un dont le toit avance sur le fonds voisin, et y décharge ses eaux. (C. civ. 681.) Ainsi, on ne peut faire un plant, ou un bâtiment et d'autres ouvrages, qu'à de certaines distances du confin. (C. civ. 671, 676, 677, s.) Ainsi, on ne peut faire une étuve, un four, ou un autre ouvrage contre un mur, même mitoyen, qui puisse en être endommagé : et pour ces sortes d'ouvrages qui peuvent nuire, et qu'on ne peut faire qu'à de certaines distances, ou avec d'autres précautions, il faut s'en tenir aux règles que les coutumes et les usages y ont établies (6).

(1) Cass. 5 déc. 1814. (2) Angers, 20 août 1818. (3) Cass. 9 août 1813. (4) L. 3, ff. de serv. præd. urb. L. 15, eod. L. 2, eod. Dict. l. 2. L. 4, eod. (5) L. 2, ff. de servit. præd. urb. L. 6, § 2, ff. si serv. vind. L. 33, ff. de serv. præd. urb. L. 14, § 1, ff. si serv. vind. (6) L. 14, ff. serv. præd. urb. L. 61, ff. de reg. jur. L. 18, ff. de serv. præd. urb. L. 19, eod. L. 13, eod. V. l. 8, § 5. L. 17, § 2, ff. si servit. vind.

L'usage constant, dans la banlieue de Paris, permet de planter les arbres à haute tige à une distance de moins de six pieds de ligne séparative des deux héritages. Il n'y a pas lieu d'observer la distance de deux mètres ou six pieds, fixée par l'art. 671. La disposition a effet seulement pour le cas où il n'existe ni usage ni réglement particulier (1). Les habitudes contraires à la loi ne peuvent acquérir le caractère d'usage constant et reconnu dans le sens de l'art. 671 (2).

9. Quoiqu'on ne doive point faire d'ouvrage dont le bâtiment voisin soit endommagé, chacun a la liberté de faire dans son fonds ce que bon lui semble, quand il en arriverait quelque autre sorte d'incommodité. Ainsi, celui qui n'est sujet à aucune servitude, peut élever sa maison comme bon lui semble, quoique par cette élévation il ôte les jours de celle de son voisin. Cette espèce d'ouvrage n'altère rien du bâtiment de l'autre maison; et celui qui en est le maître a dû placer ses jours hors du péril de cette incommodité, qu'il n'avait pas droit d'empêcher, et qu'il pouvait prévoir (3).

10. Les ouvrages ou autres choses que chacun peut faire, ou avoir chez soi, et qui répandent dans les appartemens de ceux qui ont une partie de la même maison, ou chez les voisins, une fumée, ou des odeurs incommodes, comme les ouvrages des tanneurs et des teinturiers, et les autres différentes incommodités qu'un voisin peut causer à l'autre, doivent se souffrir, si la servitude en est établie (4): et s'il n'y a point de servitude, l'incommodité sera ou soufferte ou empêchée, selon la qualité des lieux, et celle de l'incommodité, et selon que les règles de la police ou de l'usage, s'il y en a, y auront pourvu.

SECTION III.

Des servitudes des héritages de la campagne.

1. Les servitudes des héritages de la campagne, comme prés, terres, vignes, jardins, vergers et autres, sont de plusieurs sortes, selon le besoin: comme un passage pour aller d'un héritage à un autre, un droit d'aller prendre de l'eau, un aqueduc, et autres semblables (5).

2. Le droit de passage est une servitude qui peut être différemment établie suivant son titre (C. civ. 702), ou pour le passage des personnes seulement, ou pour le passage d'un homme à cheval, ou pour une bête chargée, ou pour un charroi (6).

3. La prise d'eau est le droit de prendre dans un fonds de l'eau d'une source, ou d'un ruisseau, pour la conduire à un

(1) Paris, 2 décembre 1820. (2) Amiens, 20 déc. 1821. (3) L. 9, ff. de servit. præd. urb. L. 8. l. 9. Cod. de servit. V. l. 26, ff. de damn. inf. V. l'art. 9 et l'art. 10 de la sect. 3 du tit. des Dommages causés par des fautes. (4) L. 8, § 5, ff. si servit. vind. (5) L. 1, ff. de servit. præd. rust. Dict. l. § 1, inst. de serv. (6) L. 1, ff. de serv. præd. rust.

autre fonds, ou quand on en voudra, ou par intervalles et en certains temps, ou sans interruption (1).

4. L'aqueduc est une conduite d'eau d'un fonds à un autre ou par des tuyaux, ou à découvert (2).

5. On peut établir des servitudes d'une autre nature, pour divers usages: comme le droit de tirer d'un fonds voisin du sable, de la pierre, du plâtre pour l'usage d'un autre fonds; d'y puiser de l'eau, d'y amasser et de déposer les fruits d'un autre fonds, jusqu'à ce qu'on les emporte dans un certain temps; d'y avoir une levée sur une rivière, un canal, un fossé, ou autre ouvrage, avec le droit d'y entrer pour le réparer, et d'autres différentes servitudes selon le besoin (3).

On voit dans la loi 13, § 1, ff. comm. præd. un exemple d'une autre espèce de servitude d'un héritage d'où se tire de la pierre, et dont le propriétaire est obligé, par quelque titre, ou par quelque usage, d'en laisser prendre aux particuliers selon leur besoin, en lui payant un certain droit.

Il faut remarquer sur ce qui est dit dans cet article de la servitude pour amasser des fruits et les garder dans un fonds, que, sans aucun droit particulier, tous les propriétaires des héritages où peuvent tomber des fruits des héritages voisins, sont obligés de souffrir qu'on vienne les lever. (Tit. ff. de glande legendâ.)

6. On peut aussi avoir des servitudes pour l'usage des bestiaux qu'on tient dans un fonds, soit pour les abreuver à une fontaine dans un fonds voisin, ou pour les y faire pacager en de certains temps (4).

SECTION IV.

Des engagemens du propriétaire du fonds asservi.

1. Le propriétaire du fonds asservi est obligé de souffrir l'usage de la servitude, et de ne rien faire qui puisse ou ôter cet usage, ou le diminuer, ou le rendre incommode; et il ne doit rien changer de l'ancien état des lieux, et de tout ce qui est nécessaire à la servitude (5).

2. Il doit aussi souffrir les ouvrages nécessaires pour les réparations et pour l'entretien des lieux, et autres choses destinées à la servitude (6). (C. civ. 697, s.) Mais il ne doit pas lui-même à ses frais réparer les lieux (7), si ce n'est qu'il y fût obligé par le titre, ou par une possession qui pût en tenir lieu.

3. Celui dont le mur doit porter un bâtiment d'un autre ou

(1) L. 1, § 2, ff. de aquâ quot. et æst. Dict. leg. § 3. Dict. § 3. V. l. 2, ff. de serv. præd. rust. (2) L. 1, ff. de serv. præd. rust. L. 11, § 1, ff. comm, præd. (3) L. 1, § 1, ff. de servit. præd. rust. L. 5, § 1, eod. Dict. § et l. 6. L. 1, § 1, eod. L. 3, § 1, eod. L. 23, § 1, eod. L. 1, § ult. ff. de aquâ et aq. pluv. L. 1, § ult. ff. de aquâ et aq. pluv. (4) L. 1, § 1, ff. de servit. præd. rust. L. 4, eod. L. 20, § 1, ff. si serv. vind. L. 3, ff. de serv. præd. rust. (5) L. 1. Cod. de serv. L. 11, ff. de serv. præd. urb. (6) V. l'art. 10 de la sect. 1. (7) L. 6, § 2, ff. si servit. vind.

une autre charge, est obligé de l'avoir tel qu'il puisse y suffire : et il est obligé aussi de l'entretenir et de le refaire s'il en est besoin (1). Si ce n'est que ce fût l'excès de la charge qui l'eût abattu ou endommagé. Et en ce cas celui qui a surchargé sera tenu de décharger et réparer le mur, et des dommages et intérêts que cette surcharge aura pu causer (2).

4. Si un des propriétaires d'un mur mitoyen, sur lequel chacun appuie de son côté, y avait des embellissemens, comme des peintures et des sculptures, et que le mur s'entr'ouvre, ou s'abatte, ou que l'autre propriétaire soit obligé de le démolir, pour le refaire tel qu'il doit être pour la servitude; les deux propriétaires contribueront également à la dépense nécessaire pour remettre le mur dans l'état où il doit être. Mais la perte des embellissemens tombera sur celui qui les avait faits (3).

5. S'il est nécessaire de refaire un mur asservi pour porter un bâtiment, ou pour un droit d'appui, celui à qui est le mur, et qui doit l'entretenir, ne sera tenu que de la dépense nécessaire pour refaire le mur : et toute celle qui se fera, ou pour démolir ce qui était appuyé ou pour le soutenir, sera supportée par celui qui a le droit d'appuyer (4). (C. civ. 659.)

6. Si le propriétaire d'un fonds asservi, ou d'un mur qui doive porter le bâtiment d'un autre propriétaire, aime mieux abandonner son droit de propriété, que de faire les réparations que la servitude l'oblige de faire, il en sera déchargé en quittant le fonds. Car c'était le fonds qui était asservi, et non pas la personne (5). (C. civ. 699.)

7. Si un héritage, pour lequel il est dû un droit de passage, est divisé entre les propriétaires, la servitude sera conservée à chaque portion; car elle était due pour l'usage de toutes les parties du fonds. Mais le propriétaire du fonds asservi au passage ne sera tenu de le donner qu'au même lieu pour tous ces propriétaires, et ils ne pourront user de la servitude qu'en s'accommodant entre eux, de sorte que chacun n'entre dans le fonds asservi que par le même endroit où la servitude était établie (6). (C. civ. 700.)

8. Si un fonds est sujet à deux servitudes, comme serait une maison qui ne pourrait être haussée au préjudice d'une vue de la maison voisine, et qui en devrait recevoir les eaux, et que le propriétaire du fonds asservi vienne à acquérir la liberté de l'une des deux servitudes, sans qu'il soit fait mention de l'autre, comme s'il acquiert la liberté de hausser son bâtiment et d'ôter cette vue; il ne pourra étendre cette liberté au préjudice de la seconde servitude

(1) L. 6, § 2, ff. si servit. vind. L. 8, eod. L. 33, ff. de serv. præd. urb. (2) L. 14, § 1, ff. si servit. vind. (3) L. 13, § 1, ff. de servit. præd. urb. (4) L. 8, ff. si serv. vind. (5) L. 6, § 2, ff. si serv. vind. (6) L. 23, § ult. ff. de serv. præd. rust.

qui subsiste encore, et il ne haussera qu'autant qu'il puisse toujours recevoir les eaux (1).

SECTION V.

Des engagemens du propriétaire du fonds pour lequel il est dû une servitude.

1. Le propriétaire du fonds pour lequel il est dû une servitude, ne peut en user que suivant son titre, sans rien innover, ni dans le fonds asservi, ni dans le sien propre, qui empire la condition de la servitude. Ainsi, il ne peut surcharger un mur, élargir un passage, avancer le bord d'un toit, dont le voisin doit recevoir les eaux, ni faire d'autres changemens semblables qui augmentent la servitude, ou qui la rendent plus incommode, et il peut seulement l'adoucir ou la rendre moindre (2).

2. Si celui qui avait droit d'appuyer sur le mur d'un autre, ou sur un mur commun, le pousse ou le surcharge, de sorte que le mur qui suffisait pour la servitude, en soit abattu ou endommagé, il sera tenu de tout le dommage qui en arrivera (3).

3. Celui à qui il est dû une servitude doit faire les réparations nécessaires pour en user, comme raccommoder le chemin de son passage, entretenir son aqueduc, et les autres semblables (4).

4. Si le fonds asservi souffre quelque dommage par une suite naturelle de la servitude, comme si un héritage est inondé par un torrent où la servitude d'une prise d'eau donne l'ouverture, si un toit est endommagé par la chute d'une pluie extraordinaire qui s'écoule du toit voisin dont il doit recevoir les eaux, celui qui a le droit de la servitude ne sera pas tenu de ces sortes de dommages. Mais s'il avait fait quelque changement de l'état des lieux, contre le titre de la servitude, et que ce changement eût été l'occasion d'un pareil dommage, il en serait tenu (5).

5. Celui à qui il est dû quelque servitude, non-seulement ne peut en communiquer l'usage à aucun autre; mais il ne peut même l'étendre pour son propre usage au-delà de ce qui lui est donné par le titre. Ainsi, celui qui a une prise d'eau pour un héritage, ne peut en user pour ses autres héritages : et si la prise d'eau n'est que pour une partie d'un fonds, il ne peut s'en servir que pour celle-là (6). (C. civ. 644.)

Celui sur le terrain duquel passent les eaux, ne peut pas les absorber au point qu'il en résulte un préjudice notable pour les propriétaires inférieurs (7). Rien n'empêche un propriétaire riverain, qui n'absorbe pas

(1) L. 21, ff. de servit. præd. urb. V. l. 20, ff. de servit. præd. rust. (2) L. 20, § 5, in fin. de serv. præd. urb. L. 11, eod. L. 1, C. de serv. L. 14, ff. si serv. vind. Dict. leg. 14, § 1. L. 20, § 5, ff. de serv. præd. urb. (3) L. 40, § 1, ff. de damn. inf. (4) L. 6, § 2, ff. si serv. vind. (5) L. 20, § 1, ff. de serv. præd. rust. L. 1, § 14, ff. de aquâ et aquæ plur. arc. (6) L. 24, ff. de servit. præd. rust. L. 33, § 1, eod. (7) Rejet, 7 avril 1807.

toute l'eau, et la rend à son cours, de faire sur son terrain toutes les constructions qu'il juge convenables, encore qu'elles tendent à diminuer le volume de l'eau, dans son intérêt et au préjudice des propriétaires inférieurs (1).

De ce qu'un ruisseau est pavé, entretenu, et curé aux frais d'une commune, et de ce qu'il peut être regardé comme ruisseau public et communal, il ne s'ensuit pas que les propriétaires riverains soient aucunement privés de leurs droits riverains et de la jouissance des eaux, si un riverain construit, avec l'autorisation de l'administration, un pont qui enlève à un autre riverain la jouissance des eaux, celui-ci a le droit de s'en plaindre: la contestation, dans ce cas, est du ressort des tribunaux et non de l'autorité administrative (2).

Il appartient à l'autorité judiciaire de prononcer sur les contestations relatives à l'usage d'une eau courante, qui ne fait pas partie du domaine public (3).

Cet art. 644 du code n'est point applicable au cas où l'eau courante est dans un canal, bief ou béalière, servant à l'usage d'un moulin (4).

Peu importe que le riverain qui en dispose, les ait reçues en état de, conduit fait de main d'homme. Les eaux d'un égoût conservant leur caractère d'eaux pluviales (5). L'eau qui coule dans un canal creusé par un propriétaire sur son fonds, n'est point une *eau courante*, dans le sens de l'art. 644 : ce canal est une propriété privée. Il ne peut être, contre le gré du propriétaire, assujetti à l'usage des riverains, encore que cet usage ne nuise point au propriétaire, et que ce soit dans l'intérêt de l'industrie (6).

Les réglemens d'eau nécessaires pour l'irrigation dans l'intérêt public, et dans celui des propriétaires riverains, doivent être faits par les préfets. Un particulier dont les propriétés sont traversées par un ruisseau peut être soumis, pour l'irrigation de ses propriétés riveraines, à un réglement administratif (7).

SECTION VI.

Comment finissent les servitudes.

1. La servitude cesse lorsque les choses se trouvent en tel état qu'on ne peut en user, comme si le fonds asservi vient à périr, ou le fonds pour l'usage duquel la servitude était établie; et il en serait de même si, les fonds subsistant, la cause de la servitude venait à cesser. Ainsi, par exemple, si une source où le voisin avait un droit de prendre de l'eau, venait à tarir, il perdrait le droit d'entrer dans le fonds où était la source. Mais si elle venait à renaître, même après le temps de la prescription, la servitude serait rétablie, sans qu'on pût lui imputer de n'avoir pas usé de la servitude pendant qu'elle ne pouvait avoir son usage (8).

2. Les servitudes finissent aussi lorsque le maître du fonds as-

(1) Cass. 15 juillet 1815. (2) Décret du 7 octobre 1807. (3) Décret du 28 novembre 1809. (4) Cass. 28 nov. 1815. (5) Rejet, 14 janvier 1823. (6) Cass. 9 déc. 1818. (7) Ordonn. du Roi, 3 juin 1818. (8) L. 34, § 1, ff. de servit. præd. rust. L. 35, ff. de servit. præd.

servi, ou celui du fonds pour lequel la servitude était établie, devient le propriétaire de l'un et de l'autre : car la servitude est un droit sur le fonds d'un autre, et le droit du maître sur son propre bien ne s'appelle pas une servitude (1). (C. civ. 705.)

3. Si le propriétaire du fonds pour lequel la servitude était établie, acquiert le fonds asservi, et puis le revend sans réserve de la servitude, il est vendu libre : car la servitude était anéantie, par la règle expliquée dans l'article précédent, et elle ne se rétablit pas au préjudice du nouvel acquéreur, à qui cette charge n'est pas imposée (2). (C. civ. 694.)

Lorsque de deux maisons contiguës appartenant au même propriétaire, la plus élevée est vendue avec stipulation que les servitudes actives et passives continueront d'exister, le vendeur ne peut plus élever la maison qui lui est restée, de manière à fermer les fenêtres existantes au moment de la vente dans la partie supérieure du mur latéral de l'autre maison : ces fenêtres quoique pratiquées dans le mur latéral appelé *pignon*, constituent une véritable servitude établie par destination du père de famille (3).

4. Si entre le fonds asservi, et celui pour lequel la servitude est établie, il se trouve un autre fonds, qui empêche l'usage de la servitude, elle est suspendue pendant cet obstacle. Ainsi, par exemple, si entre deux maisons dont l'une ne peut être haussée au préjudice d'une vue de l'autre, il y a une troisième maison, qui n'étant pas sujette à cette servitude, ait été haussée, et qui ait ôté cette vue, le propriétaire de la maison asservie pourra la hausser. Ainsi, celui qui avait un droit de passage perd l'usage de la servitude, si entre son fonds et le fonds asservi il y en a un autre qui se trouve ne devoir pas ce passage, et qui en rend l'usage inutile. Mais si ces obstacles viennent à cesser, comme si la maison entre deux était démolie, ou le passage acquis dans le fonds qui séparait les deux, celui à qui la servitude était due, en reprend l'usage (4).

On n'a pas mis dans cet article ce que paraissent signifier ces paroles de la loi : *intrà tempus statutum*, que ce droit ne revit que lorsqu'il n'y a pas de prescription; car on voit au contraire que les lois citées sur l'art. 1 de cette sect. que la prescription ne doit pas courir contre celui qui ne pouvait user de la servitude. *Quòd jus non negligentiâ aut culpâ suâ amiserat, sed quia ducere non poterat.* Et quoique ce ne soit pas dans le même cas que celui de cet art. 4, il pourrait y avoir des circonstances dans des cas qui y sont compris, où il semble que la servitude devrait se conserver contre la prescription. Ainsi, par exemple, si le possesseur de trois maisons, en retenant une, avait vendu celle du milieu, et fait une donation de la troisième, imposant à l'acheteur et au donataire la servitude de ne point hausser, et qu'il arrivât que l'acquéreur de la mai-

(1) L. 1, ff. Quemad. serv. am. L. 10, ff. comm. præd. Nulli enim res sua servitut. L. 26, ff. de servitut. præd. urb. (2) L. 30, de servit. præd. urb. (3) Colmar, 3 décembre 1817. (4) L. 6, ff. si servit. vind. L. 7, § 1, ff. de servit. præd. rust.

son du milieu en fût évincé par un tiers, qui n'étant pas engagé à la servitude, fit hausser cette maison; le donataire, en ce cas, pourrait à la vérité, élever aussi; mais si le donateur venait à rentrer dans la maison qu'il avait vendue, quoiqu'après la prescription, et qu'il voulût reprendre sa servitude, son donataire se trouvant encore en possession de la maison asservie, pourrait-il se servir de la prescription contre son titre? Mais si ce donataire avait vendu à un tiers qui ignorât la servitude, et qui eût prescrit, serait-il juste, à son égard, d'interrompre la prescription? Ainsi, ces sortes de questions peuvent dépendre des circonstances. Et dans le cas même de l'art. 1 de cette section, si on supposait que le fonds asservi fût possédé par un tiers acquéreur qui ignorât la servitude de la prise d'eau, et qui eût possédé pendant le temps de la prescription, sans que celui à qui la servitude était due eût fait aucune protestation pour la conserver, devrait-elle revivre contre ce tiers possesseur après si long-temps? et ne pourrait-on pas imputer à celui qui la prétendrait, d'avoir négligé les précautions pour la conserver?

5. Les servitudes se perdent par la prescription, ou elles sont réduites à ce qui en est conservé par la possession pendant le temps suffisant pour prescrire (1).

6. Les servitudes qui consistent en quelque action de la part de ceux à qui elles sont dues, se prescrivent par la cessation de l'usage de la servitude; comme un passage et une prise d'eau qui se prescrivent par la cessation de passer et de prendre l'eau. (C. civ. 706.) Mais les servitudes qui ne consistent qu'à fixer un état des lieux, où il ne puisse être innové, comme une servitude de ne pouvoir hausser un bâtiment à cause d'une vue, une décharge des eaux d'une maison voisine, ne se prescrivent jamais que par un changement de l'état des lieux, qui anéantisse la servitude, et qui dure un temps suffisant pour prescrire, comme si le propriétaire de la maison asservie, l'ayant élevée, est demeuré en possession de ce changement, ou si les eaux ont été déchargées par un autre endroit (2).

La servitude stipulée par bail à rente, et consistant à laisser les bailleurs fouiller, quand bon leur semblera, dans toute l'étendue des héritages cédés, pour y chercher et rassembler des eaux, n'étant pas d'un exercice usuel et continuel, ne peut être rangée au nombre des servitudes qui s'éteignent par le non-usage pendant trente ans. Les preneurs de l'héritage locaté sont non recevables à offrir la preuve qu'ils ont fait, depuis plus de trente ans, des actes contraires à la servitude (3).

7. Si l'usage d'une servitude n'est pas continuel, mais par intervalles de quelques années, comme une servitude d'un passage pour aller à un bois taillis, de laquelle on n'use que lorsqu'on en coupe, ou tous les cinq ans, ou tous les dix ans, ou après un autre long intervalle, et seulement pendant le temps nécessaire pour couper et transporter le bois; la prescription d'une telle

(1) L. 10, § 1, ff. quemad. serv. amitt. L. 13. Cod. de servit. V. l'art. 11 et l'art. 13 de la sect. 1. (2) L. 6, ff. de serv. præd. urb. L. 6, § 1, quemad. serv. amitt. (3) Paris, 18 nivose an 11.

servitude ne s'acquiert pas par le temps ordinaire de dix ans; dans les lieux où la prescription n'est que de dix ans; mais le temps doit être réglé, ou à vingt ans, ou à plus ou moins, selon les prescriptions des lieux et leur usage, s'il y en a, selon la qualité et les intervalles de la servitude, et autres circonstances (1).

8. Si un droit de servitude passe d'un propriétaire à un autre, le temps de la prescription, qui avait couru contre le premier, se joint au temps qu'il a couru contre le second, et la prescription s'acquiert contre lui par ces deux temps joints (2). Comme au contraire un second possesseur acquiert une servitude par la possession de son prédécesseur jointe avec la sienne.

9. Si l'héritage asservi est décrété, la servitude ne laisse pas de se conserver, car il est vendu comme il se comporte; et elle se conserve à plus forte raison, si c'est le fonds pour lequel elle est due qui soit décrété (3).

TITRE XIII.

Des transactions.

Il y a deux manières de terminer de gré à gré les procès ou de les prévenir. La première est la voie d'une convention entre les parties qui règlent par elles-mêmes, ou par le conseil et l'entremise de leurs amis, les conditions d'un accommodement, et qui s'y soumettent par un traité, et c'est ce qu'on appelle transaction. La seconde est un jugement d'arbitres, dont on convient par un compromis. Ainsi, les transactions et les compromis sont deux espèces de conventions, dont la première sera la matière de ce titre; et celle des compromis sera expliquée dans le titre suivant.

SECTION PREMIÈRE.

De la nature et de l'effet des transactions.

1. La transaction est une convention entre deux ou plusieurs personnes, qui, pour prévenir ou terminer un procès, règlent leur différent de gré à gré, de la manière dont elles conviennent, et que chacune d'elles préfère à l'espérance de gagner, jointe au péril de perdre (4). (C. civ. 2044.)

En matière de transaction sur un procès, les conventions arrêtées verbalement n'acquièrent d'existence légale que par leur rédaction (5). Un traité entre majeurs sur une contestation à naître est une véritable transaction (6).

On ne peut regarder comme une transaction l'acte passé entre un père

(1) L. 7, ff. quemad. servit. amitt. L. ult. Cod. de servit. (2) L. 18, § 1, ff. quemad. serv. amitt. (3) L. 23, § 2, ff. de servit. præd. rust. (4) L. 1, ff. de trans. L. 2, Cod. eod. L. ult. Cod. eod. L. 14, ff. eod. (5) Cass. 9 ventose an 8. (6) Cass. 7 juillet 1812.

et ses enfans, par lequel ceux-ci partagent la succession de la mère décédée, et celui-là se démet de ses biens en leur faveur, lorsque cet acte est qualifié démission de biens non autorisée par le code (1).

Si, aux termes de l'art. 2044, les transactions doivent être rédigées par écrit, il s'ensuit bien que l'existence de cette espèce de contrat ne peut pas être abandonnée au sort d'une preuve testimoniale, souvent vague et incertaine, quelle que soit d'ailleurs la valeur de l'objet, mais non qu'elle ne puisse s'établir par l'aveu de la partie, sur des faits clairs et précis. Ainsi la partie qui allègue une transaction verbale peut faire interroger son adversaire sur faits et articles, pour établir la vérité de son allégation (2).

Lorsqu'il résulte d'un écrit que les parties ont plaidé sur la question de savoir si une rente réclamée était ou n'était pas féodale, que ces parties se sont rapprochées, que le débiteur a promis de servir la rente, et que de plus il est soumis au paiement des frais du procès, les juges ne peuvent s'empêcher de décider qu'il y a eu transaction, et transaction sur la question de féodalité, ainsi que la renonciation à exciper de l'abolition de la rente. Si les juges refusent de voir, dans de telles clauses, une transaction sur la question de féodalité, leur décision n'est pas seulement un mal jugé, c'est une violation des art. 2044 et 2052; il y a moyen de cassation (3).

2. Les transactions terminent ou préviennent les procès en plusieurs manières, selon la nature des différens, et les diverses conventions qui y mettent fin. Ainsi, celui qui avait quelque prétention, ou s'en désiste par une transaction, ou en obtient une partie, ou même le tout. Ainsi, celui à qui on demande une somme d'argent, ou paie, ou s'oblige, ou est déchargé en tout ou en partie. Ainsi, celui qui contestait une garantie, une servitude, ou quelque autre droit, ou s'y assujettit, ou s'en affranchit. Ainsi, celui qui se plaignait d'une condamnation, ou la fait réformer, ou y acquiesce : et on transige enfin aux conditions dont on veut convenir selon les règles générales des conventions (4).

Ce qui est dit dans cette loi 38, Cod. de trans., qu'il n'y a point de transaction si l'on ne donne, et ne promet rien, ou si on ne retient quelque chose, ne doit pas être pris à la lettre ; car on peut transiger sans rien donner, et sans rien promettre, ni rien retenir. Ainsi, celui qu'on prétendrait être caution d'un autre, pourrait être déchargé de cette demande par une transaction, sans que de part ni d'autre il fût rien donné, rien promis, ni rien retenu.

3. Les transactions ne règlent que les différens qui s'y trouvent nettement compris par l'intention des parties, soit qu'elle se trouve expliquée par une expression générale ou particulière, ou qu'elle soit connue par une suite nécessaire de ce qui est exprimé, et elles ne s'étendent pas aux différens où l'on n'a point pensé (5).

4. Si celui qui avait ou pouvait avoir un différent avec plu-

(1) Cass. 26 frimaire an 14. (2) Bruxelles, 1re décembre 1810. (3) Cass. 15 février 1815. (4) L. 38, Cod. de trans. L. 6, eod. L. 20, eod. tot. tit. ff. et Cod. de trans. (5) L. 9, § 1, ff. de trans. Dict. leg. § 3. Dict. leg. in fine. L. 5, eod.

sieurs autres, transige avec un d'eux pour ce qui le regarde, la transaction n'empêchera pas que son droit ne subsiste à l'égard des autres, et qu'il ne puisse ou le faire juger ou en transiger d'une autre manière. (C. civ. 2051.) Ainsi, celui à qui deux tuteurs rendent compte d'une même administration, peut transiger avec l'un pour son fait, et plaider contre l'autre. Ainsi, le créancier d'un défunt, ou le légataire, peuvent transiger de leur droit avec l'un des deux héritiers, pour sa portion, et poursuivre l'autre pour la sienne (1).

5. Si la personne qui a un différent en transige avec celui qu'il croit être sa partie, et qui ne l'est pas, cette transaction sera inutile. Ainsi, par exemple, si un créancier d'une succession transige avec celui qu'on croyait être l'héritier, et qui ne l'était pas, cette transaction sera sans effet, et à l'égard de ce créancier, et à l'égard du véritable héritier (2). (C. civ. 2053.) Car le véritable héritier n'a pu être obligé par le fait d'un autre, et le créancier n'a pas été obligé de sa part envers cet héritier, avec qui il n'a point traité, et pour qui il pouvait avoir moins de considération, que pour celui qu'il avait cru être l'héritier.

Un contrat de vente à réméré ne peut, dans certain cas, être annulé, comme couvrant un prêt usuraire, si la vente est faite à titre de transaction sur une contestation réellement existante entre les parties. On peut réduire les intérêts au taux légal. On peut, si le terme est échu pendant l'instance, accorder au vendeur un délai pour exercer cette faculté (3).

6. Si celui qui avait transigé d'un droit qu'il avait de son chef acquiert par la suite un pareil droit du chef d'une autre personne, la transaction ne fera pas de préjudice à ce second droit. Ainsi, par exemple, si un majeur a transigé avec son tuteur sur le compte de sa portion des biens de son père, et qu'il succède ensuite à son frère, à qui le même tuteur devait rendre compte de sa portion, la transaction n'empêchera pas que les mêmes questions qu'elle avait réglées pour une portion ne subsistent pour l'autre; et ce second droit reste en son entier (4). (C. civ. 2050.)

7. On peut ajouter à une transaction la stipulation d'une peine contre celui qui manquera de l'exécuter; et en ce cas l'inexécution de ce qui est réglé donne le droit d'exiger la peine, selon qu'il en a été convenu (5) (C. civ. 2047.), et suivant les règles expliquées dans le titre des Conventions.

8. Le créancier qui transige avec la caution de son débiteur peut ne décharger que la caution, et la transaction ne lui fera pas de préjudice à l'égard de ce débiteur: mais si c'est avec le débiteur même qu'il a transigé, la transaction sera commune à la caution, parce que son obligation n'est qu'un accessoire de celle du principal débiteur (6).

(1) L. 1, Cod. de trans. L. 15, ff. de tut. et rat. distr. (2) L. 3, § 2, ff. de trans. (3) Turin, 13 août 1813. (4) L. 9, ff. de trans. (5) L. 37, Cod. de trans. L. 16, ff. eod. V. les art. 4 et 5 de la sect. 3 des convent. (6) L. 7, § 1, ff. de trans.

9. Les transactions ont une force pareille à l'autorité des choses jugées, parce qu'elles tiennent lieu d'un jugement d'autant plus ferme que les parties y ont consenti, et que l'engagement qui délivre d'un procès est tout favorable (1). (C. civ. 2052.)

La règle que les transactions ne peuvent être attaquées pour cause d'erreur de droit ni pour cuase de lésion, n'est point applicable au cas où une transaction a été causée par une erreur *commune* ou *populaire*, au cas, par exemple, où quoiqu'il fût possible de recourir à la voie de cassation, on a transigé, parce que l'opinion commune était que, dans l'espèce dont il s'agissait, il n'y avait moyen de recourir en cassation (2). Un héritier qui a transigé sur le contenu du testament de l'auteur de la succession, ne peut plus en demander la nullité, prétendant qu'il a découvert la nullité depuis la transaction, parce que c'est là l'erreur de droit (3). L'obligation sans cause, ou sur une fausse cause, ou sur une cause illicite, ne pouvant avoir aucun effet (C. civ., 1131), l'art. 2052 relatif à l'autorité des transactions reçoit l'exception portée par l'article 1131 (4). Est susceptible de cassation l'arrêt par lequel les juges ont réputé *dol personnel* (*dolum malum*), des circonstances qui n'en avaient pas le caractère, et ont en conséquence annulé une transaction.— La transaction n'est pas susceptible de rescision pour cause de dol prétendu résulté d'une lésion *même énorme*, accompagnée de circonstances qui, *seules*, ne prouveraient pas suffisamment la fraude (5).

Lorsque les héritiers du donateur ont transigé avec le donataire sur le mode d'exécution de la donation, ils ne peuvent demander que la transaction soit rescindée, après l'avoir exécutée, sur le fondement que la donation était nulle pour vices de forme, et qu'ils n'ont pas transigé sur la nullité.—Le mandant ne peut attaquer une transaction faite en son nom par son mandataire, sur le motif qu'il n'a pas connu les vices de l'acte sur lequel la transaction est intervenue, si d'ailleurs le mandataire les a connus ou a dû les connaître (6). L'erreur commune sur la publication d'une loi est une erreur de fait; les actes qui ont pour base cette erreur sont nuls (7).

Lorsqu'un locataire est convenu avec son propriétaire de faire, à valoir sur ses loyers, des réparations pour une somme déterminée, l'acte par lequel le propriétaire, après examen, vérification et réduction d'un compte plus élevé, déclare reconnaître que les réparations convenues ont été faites, et en tient quitte son locataire, a le caractère de transaction plus que d'un compte réglé avec un mandataire (8).

SECTION II.

De la résolution et de la nullité des transactions.

1. Les transactions, où l'un des contractans a été engagé par le dol de l'autre, n'ont aucun effet. Ainsi, celui qui, par une transaction, abandonne un droit qu'il n'a pu soutenir, faute d'un titre retenu par sa partie, rentrerait dans son droit, si cette vé-

(1) L. 20, Cod. de trans. L. 2, Cod. eod. L. 65, § 1, ff. de cond. ind. (2) Cass. 24 mars 1807. (3) Cass. 25 mars 1807. (4) Cass. 4 janv. 1808. (5) Cass. 4 juin 1810. (6) Cass. 23 juin 1813. (7) Cass. 22 messidor an 12. (8) Cass. 7 juillet 1812.

rité venait à paraître ; et il en serait de même d'un héritier qui aurait transigé avec son co-héritier, dont le dol lui aurait ôté la connaissance de l'état des biens (1). (C. civ. 2053.)

2. Si celui qui avait un droit acquis par un testament qu'il ignorait, déroge à ce droit par une transaction avec l'héritier, cette transaction sera sans effet, lorsque le testament viendra à paraître, quand même il aurait été inconnu à l'héritier. Ainsi, par exemple, si un débiteur d'une succession transige et paie une dette qui lui était remise par le testament ; si un légataire ou un fidéi-commissaire transige d'un droit qui était réglé par un codicille, ils pourront faire résoudre la transaction ; car le testament ou le codicille était un titre commun aux parties, et il ne doit pas perdre son effet par une transaction qui n'a été qu'une suite de l'ignorance de cette vérité (2).

3. Si celui qui, par une transaction, déroge à un droit acquis par un titre qu'il ignorait, mais qui n'était pas retenu par sa partie, vient ensuite à recouvrer ce titre, la transaction pourra, ou subsister, ou être annulée, selon les circonstances. Ainsi, dans le cas de l'article précédent, elle est annulée : ainsi, au contraire, si c'était une transaction générale sur toutes les affaires que les parties pourraient avoir ensemble, les nouvelles pièces qui regarderaient l'un des différens, et qui auraient été ignorées de part et d'autre, n'y changeraient rien ; car l'intention a été de compenser et d'éteindre toute sorte de prétentions (3). (C. civ. 2049.)

Une transaction ne peut être étendue à un cas imprévu : le grevé de substitution peut invoquer la loi abolitive du 14 novembre 1792, encore qu'à une époque bien antérieure, et dans l'imprévoyance de cette loi, il se soit obligé par une transaction à maintenir sa substitution (4).

4. Si on a transigé sur un fondement de pièces fausses qui aient passé pour vraies, et que la fausseté se découvre dans la suite, celui qui s'en plaindra pourra faire résoudre la transaction, en tout ce qui aura été réglé sur ce fondement ; mais s'il y avait dans la transaction d'autres chefs qui en fussent indépendans, ils subsisteraient, et il ne se ferait point d'autres changemens que ceux où il obligerait la connaissance de la vérité que les pièces fausses tenaient inconnue (5). (C. civ. 2055.)

La renonciation faite à un testament connu, et que l'héritier institué croit nul, ne peut rendre l'héritier non recevable à demander l'exécution d'un autre testament découvert depuis sa renonciation, et qui est valable (6).

5. Les transactions ne sont pas résolues par la lésion que souffre

(1) L. 19, Cod. de trans. L. 9, § 2, ff. eod. V. l. 65, § 1, ff. de cond. ind. (2) L. 3, § 1, ff. de trans. L. 12, in fine, eod. L. 6, eod. (3) L. 29, Cod. de trans. L. 19, eod. Vid. l. 31, ff. de jurejur. L. 1, Cod. de reb. cred. et jurejur. (4) Cass. 17 novembre 1813. (5) L. pen. C. de trans. V. tit. Cod. si ex fals. instr. (6) Paris, 9 fév. 1818.

l'un des contractans, en donnant plus que ce qu'il pouvait devoir, ou recevant moins que ce qui lui était dû, si ce n'est qu'il y eût du dol; car on compense ces sortes de pertes avec l'avantage de finir un procès, et de prévenir l'incertitude de l'événement; et il est de l'intérêt public de ne pas donner d'atteintes aux transactions par des lésions dont l'usage serait trop fréquent (1).

6. Les transactions qui ne sont faites que pour colorer un acte illicite, et pour faire passer sous le nom et l'apparence d'une transaction, une autre espèce de convention défendue par quelque loi, sont nulles. Ainsi, par exemple, si ceux qui ont l'administration des affaires d'une ville traitent avec un de ses débiteurs, qui, par son crédit, se fassent donner une quittance, sous l'apparence d'une transaction simulée, cette transaction sera annulée; et il en serait de même d'une donation faite sous le titre d'une transaction en faveur d'une personne à qui on ne pourrait donner (2).

7. Si, après un procès jugé à l'insu des parties, elles en transigent, la transaction subsistera, si on pouvait appeler; car le procès pouvant encore durer, l'événement était incertain. Mais s'il n'y avait point de voie d'appel, comme si l'affaire était jugée par un arrêt, la transaction sera nulle (C. civ. 2056.); car il n'y avait plus de procès, et on ne transigeait que parce qu'on présupposait que le procès était indécis, et qu'aucune partie n'avait son droit acquis. Ainsi, cette erreur, jointe à l'autorité des choses jugées, fait préférer ce que la justice a réglé, à un consentement que celui qui s'est relâché de son droit n'a donné que parce qu'il croyait être dans un péril où il n'était point (3).

Quoiqu'une transaction ait été jugée en dernier ressort, elle peut être la matière d'une transaction, si le jugement pouvait être attaqué par la voie de la cassation (4).

TITRE XIV.

Des compromis.

Quoiqu'il y ait des juges établis pour régler tous les différens, et qu'une partie ne puisse obliger l'autre de plaider ailleurs, il est naturel qu'il soit libre aux deux parties de choisir d'autres personnes pour être leurs juges. Et ceux qui, voulant s'accommoder, ne peuvent convenir entre eux des conditions de leur accommodement, peuvent s'en remettre à des arbitres, qu'on appelle ainsi, parce que ceux qui les choisissent leur donnent le

(1) L. 78, § ult. ff. ad. senatusc. Trebell. V. l'ordonnance de Charles IX de 1560, la lésion sans dol ne force, ne suffit pas pour les transactions. (2) L. 12, C. de trans. V. l. 5, § 5, ff. de donat. int. vir. et ux. (3) L. 11, ff. de trans. L. 7, ff. eod. L. 32, Cod. de trans. L. 23, § 1, ff. de cond. ind. Dict. § in fine. (4) Cass. 16 prairial an 13.

pouvoir d'arbitrer et régler ce qui leur paraîtra juste et raisonnable pour terminer les différens dont on les fait juges.

On appelle compromis cette convention par laquelle on nomme des arbitres, parce que ceux qui les nomment se promettent l'un à l'autre d'exécuter ce qui sera arbitré : et on appelle sentence arbitrale le jugement que rendent les arbitres.

L'autorité des sentences arbitrales a son fondement sur la volonté de ceux qui ont nommé les arbitres ; car c'est cette volonté qui engage ceux qui compromettent à exécuter ce qui sera arbitré par les personnes qu'ils ont choisies pour être leurs juges. Mais parce que l'effet des sentences que rendent les arbitres ne peut pas être le même que de celles que rendent les juges, qui ont l'autorité de juger et de faire exécuter leurs jugemens, et que d'ailleurs les parties qui choisissent des arbitres ne se privent pas du droit de faire réformer ce qui aura été mal arbitré, ceux qui compromettent ne s'obligent pas absolument à exécuter ce qui sera ordonné, mais ils s'engagent seulement à s'en tenir à la sentence des arbitres, ou à une certaine peine que le contrevenant sera tenu de payer à l'autre.

Il est de l'usage, et même nécessaire, dans les compromis, de marquer un temps dans lequel les arbitres rendront leur sentence ; car, d'une part, il faut un délai pour les instruire, et mettre les choses en état qu'ils puissent juger ; et de l'autre, ce temps doit être borné, parce qu'il ne serait pas juste que les arbitres ni les parties pussent différer jusqu'à l'infini : ainsi le pouvoir des arbitres finit avec le temps réglé par le compromis.

Il ne faut pas confondre les arbitres compromissaires, dont il est parlé dans ce titre, avec les tierces personnes à qui on se rapporte de quelque estimation. (V. l'art. 11 de la sect. 3 des Convent., et l'art. 11 de la sect. 2 de la Société. L. 76, ff. pro socio.)

Par l'ordonnance de François II, en 1560, confirmée par celle de Moulins, article 23, les parties qui ont des différens pour des partages de succession entre proches, pour des comptes de tutelle, et autres administrations, restitution de dot et douaire, sont tenues de nommer des arbitres parens, amis, ou voisins ; et si l'une des parties était refusante, elle y sera contrainte par les juges.

Cette ordonnance de 1560 ordonnait la même chose entre marchands, pour les différens sur le fait de leur marchandise. C'est par cette même ordonnance que les appellations des sentences arbitrales se relèvent aux cours supérieures. Par l'ordonnance de 1673, au titre des *Sociétés* art. 9 et suivans, les associés sont obligés de se soumettre à des arbitres pour leurs contestations.

SECTION PREMIÈRE.

De la nature des compromis et de leurs effets.

1. Le compromis est une convention par laquelle les per-

sonnes qui ont un procès ou un différent, nomment des arbitres pour les terminer (Co. 51, s.), et s'obligent réciproquement, ou à exécuter ce qui sera arbitré, ou à une certaine peine, d'une somme que celui qui contreviendra à la sentence arbitrale, sera tenu de payer à l'autre qui voudra s'y tenir (1).

Des arbitres, en matière de société commerciale doivent être considérés comme des arbitres volontaires, et non comme des arbitres forcés, soit lorsque des personnes étrangères à la société ont concouru à leur nomination, soit lorsqu'ils ont reçu des parties le pouvoir de statuer hors des termes de la loi et comme amiables compositeurs, sans appel ni recours en cassation ; et il peut être formé opposition à l'ordonnance d'*exequatur* du jugement rendu par ces arbitres.—Les syndics d'une faillite ne peuvent, sans une autorisation spéciale des créanciers, nommer des arbitres volontaires pour liquider une société commerciale.—Lorsqu'une personne étrangère à la société, et incapable de compromettre, a participé avec les associés à la nomination des arbitres, le jugement qui intervient est nul, même quant aux dispositions qui ne concernent que les associés entre eux (2). Les arbitres nommés par les parties ou par le tribunal de commerce pour juger les différens entre associés en matière commerciale, forment un tribunal, et sont investis par la loi d'une attribution générale en cette matière; ils sont par conséquent compétens pour prononcer la *contrainte par corps*, comme pour statuer sur le fond; et à plus forte raison, lorsqu'ils ont reçu des parties le pouvoir de juger souverainement devant eux à la contrainte par corps contre celui des associés qui se trouverait reliquataire (3). Les arbitres ayant prononcé sur les différens relatifs à une société de commerce, ne peuvent être considérés comme arbitres volontaires, puisqu'il n'était pas au pouvoir des parties de se soustraire à leur juridiction. Ces arbitres, comme tous ceux auxquels on est forcé par la loi de recourir, ont le caractère de juge, et donnent à leur décision rendues, soit en premier, soit en dernier ressort, l'autorité de jugemens ou arrêts, contre lesquels la voie de nullité ne peut être admise (4). Lorsque, relativement à des comptes de société en participation, un ou plusieurs arbitres ont été choisis par les parties pour régler ces comptes, opérer leur liquidation définitive, et juger en dernier ressort *sans appel, sans recours ou requête civile, ni pourvoi en cassation, et sans être astreints à observer les formes et délais de la procédure*, s'il s'élève des contestations sur ces comptes, qu'il soit allégué des erreurs dans les comptes après le jugement de l'arbitre ou des arbitres, c'est devant eux, et non devant le tribunal de commerce, que la question d'erreur doit être élevée, conformément à l'art. 541 du code de procédure civile, qui veut que, en matière de comptes, les demandes en réparations d'erreurs, omissions, faux ou doubles emplois, soient portés devant les mêmes juges (5). Le consentement donné par les parties à ce que les arbitres de commerce jugent en dernier ressort ne peut être révoqué par l'une d'elles (6). Il en est ainsi lors même que les parties ont volontairement modifié l'arbitrage forcé, en autorisant les arbitres à juger sans appel (7).

La demande en dissolution d'une société commerciale n'est pas une

(1) L. 44, ff. de recept. L. 2, cod. (2) Cass. 6 avril 1818. (3) Cass. 5 nov. 1811, (4) Cass. 26 mai 1813. (5) Cass. 28 mars 1815. (6) Cass. 8 oct. 1806. (7) Paris, 20 mars 1812.

contestation entre associés, dans le sens de l'art. 51; elle doit être portée devant le tribunal de commerce, et non devant les arbitres (1). L'arbitrage forcé, qui a lieu par l'effet de la loi dans toute contestation entre associés, pour raison de la société, devient partiellement arbitrage volontaire, s'il est modifié par la convention des parties. Alors il est soumis aux règles de ces deux espèces d'arbitrage, selon qu'il s'agit de dispositions légales ou de dispositions conventionnelles (2).

Les jugemens rendus entre associés par des arbitres forcés, sont de *plein droit* exécutoires par provision, et nonobstant l'appel (en donnant ou non caution, suivant qu'il y a ou qu'il n'y a pas titre non attaqué), *lors même que cette exécution n'a été ni ordonnée ni demandée* (3). Les arbitres sont seuls compétens pour juger les contestations qui s'élève entre associés, à raison de leur commerce.— Les tribunaux de commerce ne peuvent en connaître du consentement même des parties (4).

2. Les parties qui sont en compromis expliquent leurs prétentions, et les instruisent, comme on fait en justice, par des écritures et productions, en y observant l'ordre dont ils conviennent de gré à gré, ou qui est réglé par les arbitres (5). (Pr. 1016; Co. 56, s.)

Aux termes des articles 1012, 1016 et 1028, la signature des arbitres suffit entre les parties pour faire foi de la date de leur jugement déposé au greffe du tribunal dans les trois jours voulus par l'art. 1020 (6). Il est expressément défendu aux *juges* et *arbitres* de rendre aucun jugement sur des actes non enregistrés, à peine d'être personnellement responsables des droits (7).

3. L'effet du compromis est d'obliger au paiement de la peine celui qui refusera d'exécuter la sentence arbitrale (8). (P. 1020.)

Les jugemens arbitraux doivent être enregistrés avant de recevoir l'ordonnance d'*exequatur* et non avant d'être déposés (9). Le greffier d'un tribunal peut recevoir aujourd'hui (en vertu de l'art. 1020 du code de procédure) le dépôt d'une décision arbitrale sans enregistrement, mais il est obligé de délivrer, à l'instant même, l'extrait du dépôt et du jugement au receveur, pour que celui-ci puisse poursuivre le recouvrement des droits contre la partie au profit de qui les condamnations sont prononcées (10).

Lorsqu'en compromettant sur un procès jugé en premier ressort et porté devant la cour royale, la partie au profit de laquelle la décision des premiers juges a été rendue, renonce au bénéfice de cette décision le jugement arbitral doit être homologué non par le président de la cour d'appel, mais par celui du tribunal de première instance (11). L'ordonnance d'*exequatur* d'un jugement doit être rendue par le président du tribunal dans l'arrondissement duquel il y a eu jugement arbitral, non par le président du tribunal qui eût connu du litige si l'arbitrage n'eût pas eu lieu (12).

(1) Lyon, 18 mai 1823. (2) Lyon, 21 avril 1823. (3) Cass. 2 avril 1817. (4) Cass. 7 janvier 1818. (5) L. 1, ff. de recept. L. 14, § 1. Cod. de jud. (6) Cass. 15 janv. 1812. (7) V. loi du 22 frimaire an 7, art. 47. (8) L. 2, ff. de recept. (9) Décision du ministre de la justice, 28 octobre 1808. (10) Cass. 3 août 1813. (11) Rejet, 17 juillet 1817. (12) Cass. 26 janvier 1824.

Un jugement arbitral en matière civile ou de commerce n'est pas nul pour n'avoir pas été déposé dans les trois jours de la date au greffe (1).

4. On peut compromettre, ou en général de tous différens, ou seulement de quelques-uns en particulier. Et le pouvoir des arbitres est borné à ce qui est expliqué par le compromis (2). (Pr. 1006, 1019.)

Quoiqu'en matière de société de commerce l'arbitrage soit forcé, les associés peuvent néanmoins se faire juger par des arbitres volontaires et amiables compositeurs; et, dans ce cas, la décision arbitrale peut être attaquée de nullité par une opposition à l'ordonnance d'*exequatur* (3).

On ne peut réunir les fonctions de juges à celles d'arbitres ou d'amiables compositeurs. Les lois romaines et les anciennes ordonnances ont interdit aux juges les fonctions d'arbitres, sans distinguer même entre ceux qui ont la qualité d'arbitrateurs et les autres. Nos lois n'ont à cet égard, il est vrai, aucune disposition expresse; mais par cela seul qu'elles n'autorisent pas cette réunion de fonctions, elles l'ont interdite aux juges qui, délégués par le souverain pour rendre la justice en son nom, ne peuvent dépasser les limites qu'il leur a tracées. D'ailleurs, les dispositions des codes de procédure et de commerce s'opposent à ce que cette réunion puisse avoir lieu, notamment à raison de la différence qu'elles établissent entre les juges et les arbitres, soit dans la forme de leurs jugemens, soit dans les pouvoirs dont elles les ont respectivement investis : ainsi, la convention par laquelle les parties auraient donné aux juges le pouvoir de réunir à leurs fonctions celles d'arbitres et d'amiables compositeurs, serait illicite et contraire au droit public, auquel les particuliers ne peuvent déroger (4).

5. Le compromis et le pouvoir qu'il donne aux arbitres finit lorsque le temps qu'il donnait est expiré, quoique la sentence n'ait pas été rendue (5). (Pr. 1007, s.)

Lorsque des arbitres, auxquels on n'a point imposé l'obligation de juger définitivement tous les objets en contestation, ont rendu un jugement définitif sur quelques points, et seulement interlocutoire sur d'autres, la circonstance que la disposition interlocutoire peut devenir sans effet si les pouvoirs des arbitres ne sont point prorogés, ne rend pas nulle la disposition définitive (6).

L'art. 1007, suivant lequel la mission des arbitres ne dure que trois mois, lorsque les parties n'ont pas fixé le délai, n'est pas applicable à l'arbitrage forcé. Dans ce cas, les parties n'ayant pas fixé le délai de l'arbitrage, c'est au tribunal de commerce qu'il appartient de le déterminer (V. Co. 51, 54) (7).

6. Le compromis finit aussi par la mort de l'une des parties, et il n'oblige point celui qui survit envers les héritiers de l'autre, ni ces héritiers envers lui, si ce n'est qu'il eût été autrement convenu par les compromis (8). (Pr. 1012, s.)

L'arbitrage finit à compter du jour du refus de l'un des arbitres, alors même que ce refus n'a pas été connu de l'une des parties, si les parties ne

(1) Paris, 11 juillet 1809. (2) L. 21, § 6, ff. de recept. (3) Cass. 16 juillet 1817. (4) Rejet, 30 août 1813. (5) L. 1, Cod. de recept. (6) Cass. 6 novembre 1815. (7) Limoges, 21 mai 1817. (8) L. 27, § 1, ff. de recept.

se sont pas imposé l'obligation de remplacer l'arbitre ou les arbitres refusans (1). Lorsque les arbitres forcés n'ont pas jugé dans le délai fixé, la prorogation de leur pouvoir ne peut être que l'ouvrage de toutes les parties. Le tribunal ne peut l'ordonner sur la demande d'une partie, s'il y a opposition de l'autre, encore que les deux arbitres consentent à la prorogation (2). La partie qui par son fait empêche les arbitres de prononcer dans le délai du compromis, en soulevant des incidens mal fondés, est non recevable ensuite à exciper de ce que les pouvoirs des arbitres sont expirés, elle ne peut compter, dans le délai du compromis, le temps qui s'est écoulé pendant les incidens (3). La partie qui continue à procéder devant des arbitres, après l'expiration du délai fixé par le juge ou le compromis et jusqu'au moment où le jugement arbitral est rendu, est non recevable à attaquer ce jugement, comme rendu sur compromis expiré. Il y a de sa part prorogation tacite des pouvoirs des arbitres (V. 1028.) (4). Lorsque des arbitres ne sont pas d'accord sur l'estimation, il n'est pas absolument nécessaire que chacun d'eux rédige séparément et signe son procès-verbal (5).

7. Les arbitres n'ayant pas d'autre pouvoir que celui que les parties peuvent leur donner, on ne peut mettre en arbitrage de certaines causes que les lois et les bonnes mœurs ne permettent pas qu'on expose à un autre événement qu'à celui que doit leur donner l'autorité naturelle de la justice, et qu'on ne peut commettre à d'autres juges qu'à ceux qui en exercent le ministère. Ainsi, on ne peut compromettre sur des accusations de crimes, comme d'un homicide, d'un vol, d'un sacrilége, d'un adultère, d'une fausseté et d'autres semblables (6). Car, d'un côté, ces sortes de causes renferment l'intérêt public qui y rend partie le procureur du roi, dont la fonction est de poursuivre la vengeance du crime, indépendamment de ce qui se passe entre les parties; et de l'autre, l'accusé ne peut défendre, ni son honneur, ni son innocence attaquée dans le public, que dans le public, et devant les juges qui ont le ministère de la justice; et il serait contre les bonnes mœurs et d'ailleurs inutile qu'il soumît volontairement sa justification devant les arbitres qui, n'ayant aucune part à ce ministère, ne pourraient, ni le justifier, ni le condamner. (Pr. 1004.)

La nullité des compromis passés avec des mineurs n'a été établie que dans leur intérêt; elle ne peut être invoquée par les parties capables de contracter (7). La nullité d'un compromis passé par un majeur avec un mineur n'est pas absolue, et ne peut être proposée par le majeur (8). Le liquidateur d'une société de commerce n'est, aux termes du droit commun, qu'un simple mandataire, encore que ce liquidateur ait été associé gérant de la société en commandite; et, comme simple mandataire, il ne peut engager la société par un compromis (9).

8. On ne peut non plus compromettre des causes qui regardent l'état des personnes (10); comme s'il s'agissait de savoir, si un

(1) Cass. 24 déc. 1817. (2) Bordeaux, 28 juin 1818. (3) Metz, 12 mai 1818. (4) Bordeaux, 3 fév. 1823. (5) Cass. 18 mai 1814. (6) L. 32, § 6, ff. de recept. V. l'art. suiv. (7) Cass. 26 août 1811. (8) Cass. 1er mai 1811. (9) Cass. 15 janvier 1812. (10) L. 32, § 7, ff. de recept. L. ult. Cod. ubi caus. stat. agi debet.

homme est légitime ou s'il est bâtard, s'il est religieux profès, ou s'il ne l'est point, s'il est gentilhomme ou roturier, ni de celles dont la conséquence peut intéresser l'honneur ou la dignité de telle manière, que les bonnes mœurs ne permettent ni d'en commettre l'événement, ni de se choisir des juges pour les décider. (Pr. 1004.)

SECTION II.

Du pouvoir et de l'engagement des arbitres, et qui peut être arbitre ou non.

1. Les arbitres doivent rendre leur sentence dans le temps réglé par le compromis, et elle serait nulle, si elle était rendue après ce temps expiré; car leur pouvoir est alors fini, et ils ne sont plus arbitres (1). (Pr 1012.)

2. Les parties peuvent donner pouvoir aux arbitres de proroger le temps, et en ce cas leur pouvoir dure pendant le temps de la prorogation (2).

3. Si le compromis règle un certain temps pour l'instruction de ce que les arbitres auront à juger, ils ne pourront rendre leur sentence avant ce délai (3).

4. Les arbitres, ayant une fois donné leur sentence, ne peuvent plus la rétracter, ni y rien changer; car le compromis n'était que pour leur donner pouvoir de rendre une sentence, et il est fini quand ils l'ont rendue. Mais leur pouvoir n'est pas fini par une sentence interlocutoire, et ils peuvent interloquer différemment selon le besoin (4).

5. S'il y a plusieurs arbitres nommés par le compromis, ils ne pourront rendre leur sentence, sans que tous voient le procès, et le jugent ensemble. Et quoique la pluralité eût rendu la sentence en l'absence d'un de ceux qui étaient nommés, elle serait nulle; car l'absent devait être du nombre des juges, et son sentiment aurait pu ramener les autres à un autre avis (5).

6. Les arbitres ne peuvent connaître que de ce qui est soumis à leur jugement par le compromis, et en gardant les conditions qui y sont réglées; et s'ils jugent autrement, leur sentence est nulle (6).

7. Toutes personnes peuvent être arbitres, à la réserve de ceux qui se trouvent dans quelque incapacité ou infirmité qui ne leur permettrait pas cette fonction (7). (Pr. 1003, C. civ. 1989.)

Le tuteur ne peut mettre en compromis le procès de son mineur (8). L'héritier *bénéficiaire* perd cette qualité en compromettant, et il devient

(1) L. 1, Cod. de recept. (2) L. 25, § 1, ff. de recept. L. 32, § 1, ult. eod. L. 33, eod. (3) L. 33, ff. de recept. (4) L. 20, ff. de recept. L. 19, § ult. eod. (5) L. 17, § 2, ff. de recept. Dict. leg. 27, § ult. et L. 18, eod. (6) L. 32, § 15, ff. de recept. (7) L. 9, § 1, ff. de receptis. (8) Cass. 4 fructidor an 13.

héritier pur et simple (1). L'art. 1003 n'autorise aucune modification ni restriction à l'exercice du droit de compromettre (2). Les syndics d'une faillite ne peuvent, sans un pouvoir spécial des créanciers, nommer des arbitres volontaires pour liquider une société commerciale (3). L'associé qui traite dans un acte, en son nom personnel, n'engage pas les co-associés, lors même qu'il n'a pas déclaré qu'il stipulerait dans leurs intérêts (4).

Aucune loi ne s'oppose à ce que des parties compromettent sur les difficultés élevées entre elles, sur le sens d'un acte administratif qui ne concerne que leur intérêt personnel (5).

Celui qui est chargé de toucher des arrérages de rente, n'a pas pouvoir suffisant pour recevoir le capital (6). Quoique le pouvoir de transiger ne renferme pas celui de compromettre; si, néanmoins, il résulte d'une correspondance du mandant avec le mandataire, que celui-ci a pu nommer des arbitres sur une contestation pour laquelle le mandataire pouvait agir : par exemple, s'il a signé le compromis de bonne foi et dans l'ignorance de la faillite du mandant, le compromis sera valable, et le jugement rendu par les arbitres ne peut être annulé (7).

8. Les femmes qui, à cause du sexe, ne peuvent être juges, ne peuvent aussi être nommées arbitres par un compromis (8); quoiqu'elles puissent exercer la fonction de personnes expertes, en ce qui peut être de leur connaissance, dans quelque art ou profession qui soit de leur fait; car cette fonction n'est pas du caractère de celle de juge.

TITRE XV.

Des procurations, mandemens et commissions.

Les absences, les indispositions, et plusieurs autres empêchemens, font souvent qu'on ne peut vaquer soi-même à ses affaires, et dans ces cas celui qui ne peut agir, choisit une personne à qui il donne le pouvoir de faire ce qu'il ferait lui-même, s'il était présent.

Ainsi, ceux qui ont à traiter quelque affaire où ils ne peuvent être présens, comme une vente, une société, une transaction, ou autres affaires de toute nature, donnent pouvoir à une personne de traiter pour eux. Et on appelle celui à qui ils donnent ce pouvoir, un procureur constitué, parce qu'il est établi pour prendre soin de l'intérêt et procurer l'avantage de celui qui l'a proposé.

Ainsi, ceux que leur dignité ou leurs grands emplois empêchent de s'appliquer à leurs affaires domestiques, choisissent des personnes à qui ils donnent pouvoir d'en prendre le soin; et on appelle ces personnes intendans, gens d'affaires, ou d'autres noms, selon la qualité de ceux qui les emploient, et les affaires où ils les appliquent.

(1) Cass. 20 juillet 1814. (2) Cass. 2 sept. 1812. (3) Rejet, 19—6 avril 1818. (4) Cass. 18 août 1819. (5) Cass. 17 janv. 1811. (6) Cass. 4 thermidor an 9. (7) Cass. 15 février 1808. (8) L. ult. Cod. de recept.

Ainsi, ceux qui ont des charges, ou des emplois, dont les fonctions peuvent s'exercer par d'autres qu'eux-mêmes, comme les receveurs, les fermiers du roi, et plusieurs autres, préposent des commis à ces fonctions.

Ainsi, ceux qui font des commerces sur terre, ou sur mer, soit en leur particulier ou en société, ont aussi leurs commis et préposés pour le détail où ils ne peuvent s'appliquer eux-mêmes.

Toutes ces manières de préposer d'autres personnes au lieu des maîtres, ont cela de commun, qu'il se passe une convention entre ceux qui commettent à d'autres le soin de leurs affaires, et ceux qui s'en chargent, par laquelle le maître de sa part règle le pouvoir qu'il donne à celui qu'il constitue son procureur, ou qu'il commet pour ses affaires, ou pour ses fonctions; et celui qui s'en charge accepte de la sienne le pouvoir, et la charge qu'on lui confie; et l'un et l'autre entrent dans les engagemens qui suivent de cette convention.

C'est cette espèce de convention, et ces engagemens, qui feront la matière de ce titre. Et comme les règles des procurations sont presque toutes communes aux commissions, et aux autres manières semblables de commettre et préposer une personne à la place d'une autre; il sera facile d'appliquer à chacune ce qui sera dit des procurations.

On a ajouté dans l'intitulé de ce titre le mot de mandement, parce que c'est le mot du droit romain, qui signifie les procurations, et que dans notre usage il signifie aussi une manière de donner quelque ordre, comme fait celui qui, par un billet, mande à son débiteur ou à son commis, de donner ou payer une somme, ou autre chose à quelque personne. Le mandement en ce sens est une espèce de convention de la nature de celles qui font la matière de ce titre; car ce créancier, par exemple, qui mande à son débiteur de payer à un autre, s'oblige d'acquitter ce qu'il aura payé sur cet ordre. Et le débiteur qui, de sa part, accepte cet ordre, s'oblige envers son créancier à l'exécuter.

Il faut remarquer, sur ce mot de mandement, qu'il avait encore dans le droit romain d'autres sens pour signifier d'autres sortes de conventions, qui se rapportent à celles qui font la matière de ce titre. Ainsi, on appelait de ce nom la convention qui se passe entre un débiteur, et celui qui se rend sa caution, parce que le débiteur était considéré comme chargeant ou priant sa caution de s'obliger pour lui. Ainsi on exprimait, par ce même nom de mandement, la convention qui se passe entre celui qui fait un transport de quelque dette, et celui qui l'accepte; considérant celui qui transporte, comme donnant ordre à son débiteur de payer à un autre, et celui qui accepte le transport, comme étant préposé au droit du cédant, pour recevoir ce qui lui est cédé.

Mais comme cette matière des transports n'est pas de ce lieu, et qu'il en a été parlé dans le contrat de vente, dont la cession des droits est une espèce, et que la matière des cautions ou fidéjusseurs est aussi d'une autre nature et d'un autre lieu, on ne comprendra pas ces matières sous ce titre.

On ne parlera pas ici des procureurs pour l'instruction des procès; car ce sont des officiers qui ont leurs fonctions réglées, et dont la plupart ne dépendent pas de la volonté de ceux qui les constituent, mais de l'ordre judiciaire, qui est une matière qui n'est pas de ce dessein; et pour ce qui est des fonctions où ils doivent suivre la volonté de leurs parties, on peut y appliquer les règles qui seront expliquées dans ce titre.

SECTION PREMIÈRE.

De la nature des procurations, mandemens et commissions.

1. La procuration est un acte par lequel celui qui ne peut vaquer lui-même à ses affaires donne pouvoir à un autre de le faire pour lui, comme s'il était lui-même présent : soit qu'il faille simplement gérer, et prendre soin de quelque bien ou de quelque affaire, ou que ce soit pour traiter avec d'autres (1). (C. civ. 1984.)

La discussion relative à l'effet ou à l'exécution du mandat, quand un débiteur ou une caution du gouvernement, par acte administratif, n'a été obligé que par un mandataire, est de la compétence des tribunaux ordinaires (2).

Le mandat donné par un testateur à son ami de détruire son testament olographe pour tel cas prévu, ne peut être légalement exécuté, surtout après le décès du testateur (3). A défaut de mandat exprès qui autorise un commis voyageur à acheter ou à vendre pour le compte de sa maison, il est présumé n'être chargé que de recevoir des ordres en commission et de les transmettre à sa maison; en sorte que l'acceptation de celle-ci est nécessaire pour la perfection des marchés (4).

2. Le procureur constitué est celui qui fait l'affaire d'un autre ayant pouvoir de lui (5).

3. La convention qui fait les engagemens entre le procureur constitué et celui qui le constitue, se forme lorsque la procuration est acceptée (C. civ. 1985, § 2.); et si l'un et l'autre ne sont pas présens, la convention est accomplie lorsque le procureur constitué se charge de l'ordre porté par la procuration, ou qu'il l'exécute; car alors son consentement se lie à celui de la personne qui l'a constitué (6).

Une lettre missive par laquelle un négociant confie à un tiers le soin

(1) L. 1, § 2, ff. de procur. L. 35, § 3, eod. L. 43, eod. (2) Décret, 7 mars 1808. (3) Rejet, 1er septembre 1812. (4) Rejet, 19 décembre 1821. (5) L. 1, ff. de procur. (6) L. 1, § ult. ff. de procur. L. 42, § 2, eod. L. 3, § 1, ff. mand. L. 1, ff. mand.

de gérer et diriger sa maison de commerce pendant un temps déterminé, moyennant un traitement fixé, ou une part dans les bénéfices, ne constitue point une société entre le négociant et le gérant. Il n'y a là qu'un mandat révocable à la volonté du mandant, sauf les dommages-intérêts à accorder au mandataire pour la perte que lui cause la révocation (1).

Avant le code civil, le mandat pouvait résulter de la volonté tacite des parties, même lorsqu'il s'agissait d'une somme à raison de laquelle la preuve testimoniale n'était pas admissible (2). Une constitution d'hypothèque faite par acte authentique, mais en vertu d'un mandat sous seing privé, est valable. Un mandat sous seing privé, donné à l'effet de consentir hypothèque, et annexé à la minute de l'acte notarié, s'identifie avec lui (3).

4. Si le procureur constitué est présent, et se charge dans la procuration même de l'exécuter, la convention se forme en même temps (4).

5. On peut donner pouvoir de traiter, agir ou faire autre chose, non-seulement par une procuration en forme, mais par une simple lettre, ou par un billet, ou par une personne tierce qui fasse savoir l'ordre, ou par d'autres voies qui expliquent la charge ou le pouvoir qu'on donne; et si celui à qui on le donne l'accepte ou l'exécute, le consentement réciproque forme en même temps la convention, et les engagemens qui en sont les suites (5). (C. civ. 1985.)

6. La procuration peut être conditionnelle, et avec les modifications, réserves et autres clauses qu'on veut, pourvu seulement qu'il n'y ait rien d'illicite et de malhonnête (6).

7. On peut constituer un procureur, ou pour toutes affaires généralement, ou pour quelques-unes, ou pour une seule; et le procureur constitué a son pouvoir réglé selon l'étendue et les bornes qu'y donne la procuration (7). (C. civ. 1987, s.)

L'obligation causée pour prêt, souscrite par un mandataire ayant pouvoir de consentir des obligations et des billets relatifs au commerce du mandant, est valable, s'il résulte de l'aveu des parties qu'elle a pour cause réelle un solde de compte relatif à ce commerce (8).

8. La procuration peut contenir, ou un pouvoir indéfini de faire ce qui sera avisé par le procureur constitué, ou seulement un pouvoir borné à ce qui sera précisément exprimé par la procuration (9) (C. civ. 1988.); et les engagemens du maître et du procureur sont différens, selon cette différence des procurations, et suivant les règles qui sont expliquées dans les sect. 2 et 3.

Un mandat de louer à tels prix, clauses et conditions que le mandataire jugera convenables, peut suffire pour autoriser le mandataire à consentir un bail pour la durée de quinze années (10). Le pouvoir donné

(1) Rouen, 28 févr. 1818. (2) Cass. 3 nov. 1818. (3) Rejet, 27 mai 1819. (4) L. 1, § 1, ff. de procur. (5) L. 1, ff. mand. L. 1, ff. de proc. (6) L. 1, § 3, ff. mand. § 12, inst. eod. L. 6, § 3, eod. L. 22, § 6, eod. § 7, inst. eod. (7) L. 1, § 1, ff. de procur. Dict. § in fine. (8) Rejet, 8 juillet 1817. (9) L. 12. Cod. mand. L. 46, ff. mand. (10) Paris, 27 nov. 1812.

par un marchand à sa femme de gérer et administrer leurs affaires, suffit pour autoriser la femme à emprunter (1).

Une procuration générale consentie, avant l'ouverture d'une succession qui n'y est pas spécialement prévue, suffit pour autoriser le mandataire à passer bail d'une partie des biens de cette succession avant que le constituant ait pris qualité; une procuration qui contient pouvoir d'administrer étant suffisante pour passer bail. Le décès de l'un des constituans n'a pour effet de révoquer une procuration avant qu'il ait été notifié au mandataire, ou que celui-ci en ait eu connaissance (2). Avant le code civil, il n'était pas nécessaire que le mandat, pour transiger fût littéralement exprès. Les juges pouvaient décider, d'après les circonstances, que tel mandat général autorisait suffisamment le mandataire à transiger (3).

9. Les procureurs constitués exerçant d'ordinaire un acte d'obligeance et un office d'ami, leur fonction est gratuite, et si on convenait de quelque salaire, ce serait une espèce de louage, où celui qui agirait pour un autre donnerait pour un prix l'usage de son industrie et de son travail (4). (C. civ. 1986.) Mais la récompense qui se donne sans convention et par honneur, pour reconnaître un bon office, est d'un autre genre, et ne change pas la nature de la procuration (5).

Les avoués peuvent demander une indemnité pour les travaux étrangers à leurs professions et pour démarches faites à la sollicitation de leurs commettans. Ils agissent alors, non comme avoués, mais comme *mandatores ad negotia* (6).

10. On peut constituer un procureur, non-seulement pour l'intérêt seul de celui qui le constitue, mais quelquefois aussi pour l'intérêt même de celui qui est constitué, si l'un et l'autre se trouvent intéressés en la même chose (7). Ainsi, dans un contrat de vente, le vendeur peut constituer l'acheteur son procureur, pour retirer des mains d'un tiers les titres de son droit sur l'héritage vendu : et l'acheteur peut constituer le vendeur son procureur, pour recevoir d'un dépositaire ou d'un débiteur de l'acheteur, l'argent qu'il destine au paiement du prix de la vente.

11. On peut, par une procuration, mandement ou commission, charger une personne de l'affaire d'un tiers, soit que celui qui donne l'ordre, et celui qui l'accepte y aient intérêt ou non (8). Et cet ordre met celui qui le donne dans un double engagement; car il l'oblige envers ce tiers de lui répondre de ce qui aura été mal géré par celui qu'il commet (9) (C. civ. 1994.), et envers ce préposé de lui répondre des suites de l'engagement où il le fait entrer : comme de faire ratifier ce qu'il aura bien géré, et de le

(1) Douai, 15 fév. 1814. (2) Rejet, 8 août 1821. (3) Cass. 2 septembre 1807. (4) L. 1, § ult. ff. mand. § ult. inst. eod. (5) L. 6, eod. (6) Cass. 16 déc. 1818. (7) L. 2, § 4, ff. mand. § 2. Inst. eod. L. 34. ff. de procur. L. 42, § 2. eod. L. 55, eod. (8) L. 2, ff. mand. Inst. de mand. § 3, Inst. de mand. L. 2, § 2, eod. (9) L. 21, § ult. ff. de neg. gest.

faire rembourser des dépenses raisonnables qu'il pourra avoir faites (1).

Le mandataire subrogé peut être appelé devant les mêmes juges que le mandataire principal (2). (V. Pr. civ. 59.)

12. Quoique personne ne puisse faire des conventions pour d'autres (3), si celui qui s'est chargé, envers l'ami d'un absent, de gérer une affaire, cultiver un héritage, ou faire autre chose pour cet absent, manque, sans juste cause, à exécuter ce qu'il a promis, il sera tenu des suites de l'inexécution de cet engagement selon les circonstances. Car encore que cet absent n'ait rien stipulé, et qu'à son égard il n'y eût point de convention, le dommage qu'il souffre par la faute de celui qui, s'étant chargé de son affaire qu'on aurait commise à d'autres, n'y a point pourvu, lui donne le droit d'un dédommagement, comme l'ont tous ceux qui souffrent quelque perte par le délit ou la faute des autres (4).

13. Il faut distinguer les procurations, mandemens et commissions où l'on donne une charge expresse, avec dessein de former une convention qui oblige, et les manières d'engager par un conseil, par une recommandation, ou par d'autres voies qui ne renferment aucun dessein de former une convention, mais qui regardent seulement l'intérêt de la personne à qui le conseil est donné, ou celui d'une personne qu'on recommande, et qui laissent la liberté entière de faire ou de ne pas faire ce qui est conseillé ou ce qui est recommandé. Car, dans ce cas, il ne se forme point d'engagement, et celui qui suit un conseil, ou qui accorde quelque chose à une recommandation, ne s'attend pas qu'on lui réponde de l'événement (5); mais s'il y avait du dol de la part de celui qui conseille ou qui recommande, ou s'il s'engage à quelque perte qu'on puisse lui imputer, comme s'il fait prêter de l'argent à un inconnu, à qui on ne prête que sur l'assurance qu'il donne qu'on sera bien payé, il en répondra (6).

SECTION II.

Des engagemens de celui qui prépose, charge, ou commet un autre.

1. Celui qui a donné une procuration, une commission ou un autre ordre à un absent, commence d'être engagé envers lui dès le moment que celui à qui il a donné l'ordre, a commencé de l'exécuter, et son premier engagement est d'approuver et ratifier

(1) L. 15, ff. mand. in fin. eod. L. 27, § 4, ff. mand. (2) Cass. 8 juillet 1814. (3) L. 38, § 17, ff. de verb. obl. V. l'art. 3 de la sect. 2 des convent. (4) L. 2, ff. mand. Dict. leg. § 2. L. 6, § 4, eod. L. 33, in fin. ff. ad leg. Aq. § ult. inst. de leg. Aquil. L. 11, ff. de præscr. verb. (5) L. 2, § ult. ff. mand. § 6. Inst. eod. L. 12, § 12, ff. eod. (6) L. 47, ff. de reg. jur. L. 6, § 5, ff. mand. V. L. 10, § 7, eod. L. 1, ff. quod jussu.

ce qui aura été fait suivant le pouvoir qu'il avait donné (1). (C. civ. 1998.)

Le pouvoir de faire des baux à tels prix, clauses et conditions que le mandataire jugera convenable, autorise celui-ci à faire un bail au-delà de neuf ans (2).

Celui sur qui une lettre de change a été tirée par un tiers, pour le compte d'autrui, et qui l'a acquittée sans en avoir reçu l'avis de celui pour le compte duquel elle a été tirée, est fondé à en répéter le montant, lors même que celui-ci n'a aucunement profité des fonds. Il lui suffit, dans ce cas, de prouver par la correspondance ou autrement, que le tireur avait reçu le mandat de tirer (3).

Le mandataire qui a excédé les bornes de son mandat ne peut se prévaloir d'une lettre confidentielle que le mandant aurait écrite à un tiers, et par laquelle il aurait approuvé les actes du mandataire, étant de principe que des lettres adressées à des tiers sont réputées confidentielles, et que l'inviolabilité des secrets qu'elles renferment s'oppose à ce que des personnes étrangères puissent s'en prévaloir (4).

Le mandataire à l'effet de prêter de l'argent, qui n'a pas prêté en vertu du mandat, et qui n'a fait que régler les avances qu'il avait faites volontairement avant ce mandat, ne peut s'en prévaloir pour agir en recours contre le mandant. Celui-ci peut être appelé comme garant devant le juge saisi de la demande formée contre l'emprunteur (5). (Voy. Pr. civ. 59.) On peut considérer comme un commencement de preuve par écrit, à l'effet d'établir la libération du débiteur, un acte émané du mandataire que le créancier a chargé du recouvrement de la créance (6).

Lorsqu'un acte a été fait par le ministère d'un mandataire, si ultérieurement le mandant querelle cet acte, et si la question de validité est subordonnée à une question touchant les connaissances respectives des parties, quant à l'objet de leurs conventions, les juges doivent avoir égard aux connaissances du mandataire, encore qu'elles n'aient pas été communes au mandant (7).

Une femme mariée a pu, en l'absence de son mari et sans l'autorisation de son mari, endosser, comme fondée de pouvoir de celui-ci, des billets à ordre, en renouvellement de précédens billets faits au mari et par lui négociés (8).

2. Si le procureur constitué, ou autre préposé, a fait quelque dépense pour exécuter l'ordre qui lui était commis, comme s'il a fait quelque voyage, ou fourni quelque argent, celui qui l'a chargé sera tenu de le rembourser des dépenses raisonnables qu'il aura faites pour exécuter l'ordre, quand même l'affaire n'aurait pas réussi, si ce n'est qu'il y eût de sa faute (9) (C. civ. 1999.); mais il ne recouvrera pas les dépenses inutiles ou superflues qu'il aura faites sans ordre (10).

Le mandataire salarié auquel le mandant a donné avis de se faire payer les frais par lui faits pour l'exécution du mandat, par un tiers entre les mains duquel se trouvent des fonds à cet effet, ne peut réclamer le mon-

(1) L. 3, § 1, ff. mand. V. l'art. 1 de la sect. 4. (2) Paris, 27 nov. 1813. (3) Cass. 14 août 1817. (4) Rejet, 4 avril 1821. (5) Paris, 12 fév. 1814. (6) Riom, 10 juin 1817. (7) Cass. 29 juin 1813. (8) Dijon, 26 juin 1816. (9) L. 10, § 9, ff. mand. L. 20, § 1. C. eod. L. 4, C. eod. (10) Dict. L. 10, § 10, ff. mand.

tant de ses frais contre le mandant lorsqu'il a négligé d'en demander le remboursement à la personne qui lui avait été indiquée.—La mise en demeure du mandataire à l'effet de faire courir les intérêts des sommes dont il est reliquataire envers le mandant, peut résulter de la correspondance des parties, surtout s'il s'agit d'un mandat commercial. Voy. 1996 (1). Un tribunal ne peut adjuger aux avoués un supplément de taxe à titre de gratification ou indemnité *in globo*, quel que soit l'usage abusif introduit à cet égard. Autrement, il y a contravention aux dispositions prohibitives du décret réglémentaire des frais et dépens (2). Les avoués qui sont chargés d'affaires étrangères à leur ministère, doivent à cet égard être considérés comme agens d'affaires, *mandatores ad negotia*, et ils ont comme une action pour obtenir des salaires (3). Un avoué qui a donné des soins à des affaires portées devant un tribunal de commerce, peut, comme tout autre mandataire (en ayant rempli les fonctions), réclamer les salaires qui lui ont été promis. — N'ayant point agi en qualité d'avoué devant le tribunal de commerce, puisque l'art. 414 du code de procédure repousse cette qualité devant ce tribunal, il n'est point obligé, pour être recevable à réclamer ses salaires, à produire un registre de recettes, comme il y serait tenu s'il eût agi en sa qualité d'avoué devant le tribunal civil, aux termes de l'art. 151 du décret du 16 février 1807, contenant réglement sur les frais et dépens (4).

Les actes faits par un officier ministériel reconnu par un magistrat, sur la réquisition expresse des parties, ne peuvent être considérés comme frustratoires, par cela seul qu'ils ne sont pas exigés par les lois ou réglemens; il suffit qu'ils ne soient pas prohibés, pour que la partie qui les a requis soit obligée d'en payer les frais. Le juge de paix qui, au cas de mutation de greffier, doit dresser un bref état, sans frais des registres et papiers du greffe, aux termes de l'art. 130 du décret du 18 juin 1811, a droit d'exiger, du nouveau greffier, les frais d'un inventaire détaillé, s'il a fait cet inventaire sur la réquisition expresse du greffier (5).

3. Si les dépenses faites par le procureur constitué excèdent ce que le maître de la chose y aurait employé, s'il y était appliqué lui-même, il ne laissera pas d'être tenu de tout ce qui aura été dépensé raisonnablement et de bonne foi, quoique avec moins de précaution et moins de ménage (6). (C. civ. 1999.)

4. Celui de qui la procuration ou autre ordre a obligé à des avances, soit que le procureur constitué, ou autre préposé ait emprunté les deniers, ou qu'il ait fourni du sien, remboursera, non-seulement l'argent dépensé, mais aussi les intérêts selon les circonstances; soit à cause des intérêts que celui qui a fait l'avance a payés lui-même, s'il a emprunté : ou pour le dédommagement de la perte que cette avance a pu lui causer. Car, comme il ne doit pas profiter de l'office qu'il rend, il ne doit pas aussi souffrir de perte (7). (C. civ. 2001.)

Les sommes dues à un avoué pour avances de frais de procédure et pour ses émolumens, ne produisent point intérêt de plein droit, comme

(1) Cass. 15 mars 1821. (2) Cass. 25 janv. 1813. (3) Cass. 16 déc. 1818. (4) Cass. 13 janvier 1819. (5) Cass. 7 mai 1823. (6) L. 27, § 4, ff. mand. (7) L. 1. C. mand. L. 12, § 9, ff. mand. L. 1. C. eod. L. 20, ff. eod.

les sommes qu'il aurait avancées pour son client en qualité de *negotiorum gestor* (1).

Les intérêts dûs à un associé gérant, pour avances à la société pendant sa durée, cesse de courir si, depuis sa dissolution, il néglige de rendre les comptes de gestion qui lui avaient été demandés (peu importe que l'acte de société ait stipulé des intérêts pour avances).—Au contraire, les mêmes intérêts recommencent à courir de nouveau au profit de l'associé gérant, du moment que c'est lui qui a mis ses associés en demeure de recevoir son compte et de l'acquitter (2).

5. Si plusieurs ont constitué un procureur, ou donné quelque ordre, chacun d'eux sera tenu solidairement de tout l'effet de la procuration, mandement ou commission envers le procureur constitué, et de le rembourser, indemniser et dédommager s'il y en a lieu, de même que s'il avait donné seul la procuration ou autre ordre; encore qu'il n'y soit pas fait de mention de solidarité. Car celui qui a exécuté l'ordre l'a fait sur l'engagement de chacun de ceux qui l'ont donné; et il peut dire qu'il ne l'aurait pas fait sans cette sûreté de l'obligation de chacun pour toutes les suites de l'ordre qu'il donnait (3). (C. civ. 2002.)

Les héritiers sont tenus *solidairement* des frais et honoraires dûs à un notaire pour un travail qu'il a été chargé de faire, et qu'il a fait dans leur intérêt commun, pour parvenir à la liquidation de la succession (4). Les frais de rédaction doivent être avancés par le créancier, lorsque surtout le débiteur nie avoir réclamé le ministère de l'officier auquel ces frais sont dûs (5).

Un notaire qui est requis par deux parties de faire un ou plusieurs actes dans leur intérêt respectif, de les faire enregistrer, d'en conserver les minutes, etc., est un véritable mandataire pour les choses qu'il est chargé de faire, et a une action solidaire contre chacune d'elles, pour le remboursement de ses avances et le paiement des salaires qui peuvent lui être dûs (6).

Le jugement arbitral qui nomme un liquidateur d'une société commerciale, peut condamner les associés *solidairement* à payer les frais et le travail du liquidateur; le liquidateur étant le mandataire commun des associés, les associés sont tenus solidairement envers lui (7).

6. Si un procureur constitué souffre quelque perte, ou quelque dommage, à l'occasion de l'affaire dont il s'est chargé, on jugera, par les circonstances, si la peine devra tomber sur lui, ou sur celui de qui il faisait l'affaire. Ce qui dépendra de la qualité de l'ordre qu'il fallait exécuter, du péril, s'il y en avait, de la nature de l'événement qui a causé la perte, de la liaison de cet événement à l'ordre qu'on exécutait, du rapport de la chose perdue ou du dommage souffert à l'affaire qui en a été l'occasion, de la qualité des personnes, de celle de la perte, de la nature et valeur des choses perdues, des causes de l'engagement entre

(1) Cass. 23 mars 1819. (2) Cass. 21 juin 1819. (3) L. 59. § 3, ff. mand. (4) Cass. 27 janvier 1812. (5) Cass. 5 janvier 1819. (6) Cass. 15 nov. 1820. (7) Rejet, 17 juin 1823.

celui qui avait donné l'ordre et celui qui l'exécutait, et des autres circonstances qui peuvent charger l'un ou l'autre de la perte, ou l'en décharger. Sur quoi il faut balancer la considération de l'équité, et les sentimens d'humanité que doit avoir celui dont l'intérêt a été une cause, ou une occasion de perte à un autre (1). (C. civ. 2000.)

On n'a pas mis dans cet article d'exemples particuliers, pour ne pas embarrasser la règle. Mais en voici quelques-uns qui peuvent donner des vues pour aider à en faire l'application.

Si celui qui se charge des affaires d'un autre, ou prend un tel soin, qu'il n'ait pas le temps nécessaire pour pourvoir aux siennes, les pertes qui pourront lui en arriver seront des événemens qu'il doit s'imputer. Car il a dû prendre ses mesures pour ses affaires en se chargeant de celles des autres. V. l'art. 13 de la sect. 4 de la société.

Si une personne, se chargeant d'aller pour une autre à un lieu où son affaire propre l'oblige de porter quelque argent, et que se servant de l'occasion, et le portant, il lui soit volé, celui qui l'avait engagé à ce voyage, ne sera pas tenu de cette perte, qui ne le regarde en façon quelconque.

Si quelqu'un étant obligé à un voyage, que des voleurs, une navigation difficile, ou d'autres dangers rendent périlleux, engage à ce voyage une personne qui veut bien s'exposer à ce péril, soit par nécessité pour la récompense qu'il peut en avoir, ou par pure générosité, et que par un vol ou par un naufrage il perde ses hardes, ou que même il soit blessé, celui qui l'avait exposé à un tel événement pour s'en garantir, n'y prendra-t-il aucune part, et ne sera-t-il pas tenu de porter ou toute la perte ou une partie selon les circonstances?

Si un ami prêtant à son ami de l'argent qu'il faut porter à la campagne pour faire un paiement, se charge aussi du voyage, et y portant cet argent qu'il prête, est volé en chemin, portera-t-il la perte de ce cas fortuit et imprévu, et ne recouvrera-t-il pas cet argent, que non-seulement il avait promis et destiné pour ce paiement, mais qu'il portait même pour l'exécuter? V. l'art. 14 de la sect. 4 de la Société.

Si le père d'un fils débauché ayant engagé un de ces amis à le tenir dans sa maison pendant quelque temps, ce fils vole cet ami, le père ne sera-t-il pas tenu de réparer ce vol?

Si une personne riche ou de qualité engage un homme d'une condition médiocre et de peu de bien, à un voyage pour quelque affaire, et qu'il soit volé et blessé, la justice ne demandera-t-elle pas de cette personne un dédommagement qui lui serait un devoir indispensable d'humanité?

SECTION III.

Des engagemens du procureur constitué et des autres préposés, et de leur pouvoir.

1. Comme le procureur constitué et les autres préposés peuvent ne pas accepter l'ordre et le pouvoir qui leur est donné,

(1) V. les art. 12, 13 et 14 de la sect. 4 de la Société. L. 26. § 6, ff. mand. Dict. leg. 26, § 7. L. 61, § 5, ff. de furtis. Dict. § 5.

ils sont obligés, s'ils l'ont accepté, de l'exécuter; et s'ils y manquent, ils seront tenus des dommages et intérêts qu'ils auront causés, pour n'avoir point agi : si ce n'est qu'une excuse légitime, comme une maladie ou autre juste cause, les en déchargeât (1). (C. civ. 1371, 1372, 1999.)

Le mandant ayant le pouvoir de révoquer le mandat quand bon lui semble, sauf au mandataire le droit de se faire indemniser de ce qu'il a dépensé à la suite du mandat avant d'en connaître la révocation. — Le commissionnaire qui sur l'ordre de son commettant, a frêté un bâtiment pour l'expédition de marchandises dont il est consignataire, mais qui n'a effectué le chargement qu'après avoir reçu l'ordre contraire, est réputé avoir agi sans pouvoir, et en conséquence l'expédition est à ses risques et périls (2).

Il se forme entre des enfans et celui qui s'est chargé de leur nourriture, de leur entretien et de leur éducation, un quasi-contrat qui les soumet à rembourser les avances, encore que celui-ci n'ait agi que d'après le mandat exprès de leur père (3).

Il résulte de cet art. (1372) du code, que le compte dû par suite de la gestion y énoncée, ne l'est qu'au propriétaire de la chose gérée (4).

2. La procuration ou autre ordre doit être exécutée en son entier, suivant l'étendue ou les bornes du pouvoir donné (5).

3. Si l'ordre ou le pouvoir marquent précisément ce qui est à faire, celui qui l'accepte et qui l'exécute, doit s'en tenir exactement à ce qui est prescrit. Et si l'ordre ou le pouvoir est indéfini, il peut y donner les bornes et l'étendue qu'on peut raisonnablement présumer conformes à l'intention de celui qui le donne; soit pour celui qui regarde la chose même qui est à faire, ou pour les manières de l'exécuter (6).

4. Les procureurs constitués et autres préposés sont obligés, et par honneur, et par devoir, de prendre soin des affaires dont ils se sont chargés, et d'y apporter, non-seulement la bonne foi, mais aussi la diligence et l'exactitude. Et si dans leurs propres affaires ils négligent impunément, ils doivent avoir pour les affaires des autres, dont ils se chargent, plus de vigilance que dans les leurs; et ils répondent du dommage que leur négligence aura pu causer, mais non des cas fortuits (7). (C. civ. 1992.)

Un mandataire salarié qui néglige de consigner en temps utile les alimens d'un débiteur incarcéré, et par suite élargi, peut être condamné, à titre de dommages et intérêts, à payer les causes de l'arrestation en principal et accessoires (8). Le ministère d'un banquier n'est pas réputé gratuit s'il n'y a stipulation expresse, sa responsabilité est donc réglée par l'art. 1992, relatif au mandataire salarié (9).

(1) L. 22, § ult. ff. mand. L. 5, § 1, eod. L. 6. § 1, eod. § 11, inst. eod. L. 23, 24 et 25, ff. mand. (2) Cass. 24 décembre 1817. (3) Rejet, 18 août 1813. (4) Cass. 14 oct. 1811. (5) L. 5, ff. mand. L. 41, eod. § 8, inst. eod. (6) L. 5, ff. mand. L. 12. Cod. eod. L. 46, ff. eod. V. l'art. 4 de la sect. 2 des conv. (7) L. 23, ff. de reg. jur. L. 13. C. mand. L. 11. C. eod. L. 8, § 10, ff. eod. L. 29, eod. L. 9. C. eod. L. 21. C. eod. (8) Paris, 26 nov. 1816. (9) Paris, 24 juillet 1809.

Le mandataire n'est point un dépositaire : il ne peut être poursuivi correctionnellement pour la restitution des sommes qu'il a touchées en vertu de son mandat, quoique même il les ait détournées à son profit (1).

5. On ne peut pas imputer pour une faute au procureur constitué, ou autre préposé, si dans la discussion de l'affaire qui lui est commise, comme de transiger ou poursuivre en justice, il ne recherche pas jusqu'aux dernières subtilités pour l'intérêt de celui qui l'a préposé. Mais il suffit qu'il y apporte une application raisonnable, et la conduite que le bon sens et la bonne foi peuvent demander (2).

Quoique ce dernier texte regarde un fidéjusseur, on peut l'appliquer au procureur constitué. Et aussi cette loi est placée dans le Titre *mandati*, parce que le fidéjusseur est comme un procureur constitué, ainsi qu'il a été remarqué dans le préambule de ce titre (3).

6. Le procureur constitué ou autre préposé, peut faire meilleure la condition de celui de qui il a charge, mais non l'empirer. Ainsi il peut acheter à moindre prix que ce qu'il avait pouvoir de donner, mais non plus chèrement (4).

7. Si celui qui avait le pouvoir d'acheter à un certain prix, achète plus cher, et que celui qui avait donné le pouvoir refuse de ratifier, il sera libre au procureur constitué de se restreindre à recouvrer le prix qu'il avait pouvoir de donner ; et en ce cas la ratification ne pourra lui être refusée (5), s'il n'y a pas d'autres circonstances.

8. Les procureurs constitués, et les autres préposés à la conduite et administration de quelque affaire, sont tenus de rendre compte de leur maniement, et de restituer de bonne foi ce qu'ils ont reçu (C. civ. 1993), comme les jouissances, s'il y en a eu, et les autres profits, et tout ce qui peut être provenu de ce qu'ils ont géré, et ils recouvrent aussi leurs dépenses. Et s'il a été convenu d'un salaire, ou qu'il en soit dû, comme si c'est un commis ou un homme d'affaires, il leur sera payé. Et en ce cas, ils ne recouvreront pas les dépenses qui doivent être prises sur les salaires (6).

9. Quoiqu'un procureur constitué puisse recevoir un salaire, celui qui est procureur dans un procès ne peut stipuler une portion de ce qui est en contestation ; car il est contre les bonnes mœurs qu'il s'intéresse par un tel motif dans un procès où il doit servir sa partie par son ministère ; et les avocats et les procureurs ne peuvent traiter de cette manière (7), non plus qu'acheter des droits litigieux (8). (C. civ. 1596, 1597.)

(1) Cass. 16 janvier 1808. (2) L. 10, ff. mand. L. 29. § 4, eod. (3) V. l'art. 9 de la sect. 3 des cautions. (4) L. 3, mand. dict. L. § 2. § 8, inst. eod. L. 49, ff. de procur. L. 5, ff. mand. vid. L. 3, § 2, eod. (5) L. 3, § ult. et L. 4, ff. mand. § 8. Inst. eod. (6) L. 46, § 4, ff. de procur. L. 10, § 9, ff. mand. L. 20, § 1, C. eod. (7) L. 53, ff. de pact. L. 5, C. de postul. L. 7, ff. mand. (8) L. 15. C. de procur. L. 20. C. mand. V. le préamb. de la sect. 8 du contrat de vente.

C'est une convention si odieuse et si justement condamnée, qu'on appelle vulgairement *pactum de quotâ litis*; dont il est facile de reconnaître l'iniquité, et la conséquence pour le public.

Quand la vente se fait par l'autorité des administrateurs, ils sont incapables d'acheter. C'est ce qui est exprimé dans le § 4 de l'art. qui comprend, sous le terme *d'officiers publics*, les préfets, comme les magistrats, ainsi que les notaires (1). L'avoué chargé de poursuivre en justice la vente d'un immeuble, ne peut s'en rendre adjudicataire (2).

Est applicable aux secrétaires généraux de préfectures, la disposition de cet art. (1596) du code, suivant laquelle les officiers publics chargés de la vente des biens nationaux, ne peuvent s'en rendre adjudicataires (3).

10. Celui qui a une procuration générale pour l'administration de toutes les affaires et de tous les biens, peut exiger les dettes, déférer un serment en justice, recevoir les revenus, payer ce qui est dû (4). Et, en général, tout procureur constitué peut faire tout ce qui se trouve compris, ou dans l'expression, ou dans l'intention de celui qui l'a proposé, et tout ce qui suit naturellement du pouvoir qui lui est donné, et qui se trouve nécessaire pour l'exécuter (5). Ainsi, le pouvoir de recevoir ce qui est dû, renferme celui de donner quittance; ainsi le pouvoir d'exiger une dette, renferme celui de saisir les biens du débiteur.

11. La procuration générale ne suffit pas pour donner pouvoir de faire une demande en rescision, ou restitution en entier; car il faut un changement de volonté qui doit être exprimé. Et elle ne suffit pas non plus pour transiger et aliéner; mais il en faut un pouvoir exprès; car transiger et aliéner (C. civ. 1989.), c'est d'ordinaire diminuer les biens, et il n'y a que celui qui en est le maître qui puisse en disposer de cette manière; mais ce procureur peut vendre les fruits et les autres choses qui peuvent facilement se corrompre, et qu'un bon père de famille ne doit point garder (6).

12. Si le procureur constitué ou autre préposé a manqué d'exécuter l'ordre qu'il avait accepté, les choses étant en état qu'il n'en arrive aucun préjudice à celui qui l'avait constitué, la simple inexécution de l'ordre ne l'engage à rien (7).

13. Si deux personnes ont été constituées procureurs ou préposés à une même affaire, et que l'un et l'autre s'en chargent, ils en seront tenus solidairement, si leur pouvoir ne le règle autrement; car l'affaire est commise à l'un et à l'autre, et chacun en répond quand il accepte l'ordre (8). (C. civ. 1995.)

14. Si de deux qui étaient constitués procureurs ensemble pour faire une chose que l'un pouvait faire sans l'autre, comme pour

(1) Paris, 17 juillet 1811. (2) Cass. 2 août 1813. (3) Décret du 11 avril 1810. V. le décret cité page 176. (4) L. 58, ff. de proc. L. 17, ff. § ult. ff. de jurejur. L. 59. ff. de proc. (5) L. 56, ff. de procur. V. L. ult. § ult. mand. (6) L. 25, § 1, ff. de min. L. 60, ff. de procur. L. 63, eod. (7) L. 6, § 8, ff. mand. (8) L. 60, § 2, ff. mand.

recevoir un paiement, ou pour faire une demande en justice, l'un l'a faite seul, il a consommé le pouvoir des deux ; et le second n'a plus de pouvoir pour ce qui est déja fait (1). Mais si les deux étaient nommés pour traiter quelque affaire ensemble, et non l'un sans l'autre, rien n'engagerait le constituant, que ce qui serait géré par les deux; car ils n'ont pu diviser le pouvoir qu'ils n'avaient qu'ensemble. Ainsi, par exemple, si deux personnes avaient un pouvoir indéfini de transiger sur un procès du constituant, et que l'un ait transigé sans l'autre, il pourra être désavoué; car il n'avait pas le pouvoir de transiger seul ; et la présence de l'autre aurait pu rendre la condition du constituant plus avantageuse (2). (C. civ. 1995, 2002.)

SECTION IV.

Comment finit le pouvoir du procureur constitué, ou autre préposé.

1. Le pouvoir et la charge du procureur constitué, ou autre préposé, finissent par le changement de la volonté de celui qui l'avait choisi (C. civ. 2004.); car ce choix est libre, et il peut révoquer son ordre lorsque bon lui semble, pourvu qu'il fasse connaître sa révocation à celui qu'il révoque, et que les choses soient encore entières ; mais si le procureur constitué, ou autre préposé avait déja exécuté l'ordre ou commencé de l'exécuter avant que la révocation lui fût connue, elle sera sans effet à l'égard de ce qui aura été exécuté : et il sera indemnisé de l'engagement où cet ordre l'avait fait entrer (3).

Quoique l'héritier d'un donateur par acte sous seing privé ait, par une procuration notariée, donné pouvoir à un tiers d'exécuter la donation, il n'a pas par cela seul renoncé au droit de faire déclarer la donation nulle ; il a toujours la faculté de révoquer la procuration, et d'en empêcher l'effet tant que les choses sont entières (4).

Un émigré ne peut exciper de la mort civile dont il a été frappé, pour faire annuler un acte fait pour lui par son fondé de pouvoir pendant son émigration (5).

Si un mandataire poursuit l'exécution commencée du mandat postérieurement au contre-ordre qu'il reçoit du mandant, l'opération doit être laissée à ses périls et risques. Ainsi le commissionnaire qui, ayant déja affrété un navire pour expédier des marchandises, conformément à l'ordre de son commettant, reçoit contre-ordre, doit suspendre l'expédition ; s'il la consomme, elle reste pour son compte (6).

2. Celui qui, ayant constitué un procureur, en constitue ensuite un autre pour la même affaire, révoque par là le pouvoir qu'il avait donné au premier (7). (C. civ. 2006.) Mais si le pre-

(1) L. 32, ff. de procur. (2) L. 5, ff. mand. (3) L. 12, § 16, ff. mand. § 9, inst. eod. L. 15, eod. V. l'art. 1 de la sect. 2. (4) Cass. 8 messidor an 13. (5) Cass. 2 septembre 1807. (6) Rejet, 24 décembre 1817. (7) L. 31, § ult. ff. de procur.

mier avait déja exécuté l'ordre, avant que la révocation lui fût connue, celui qui l'avait constitué ne pourra le désavouer.

3. Le procureur constitué ou autre préposé peut se décharger de son engagement, après avoir même accepté la procuration ou commission, soit qu'il ait des causes particulières, comme s'il lui est survenu une maladie ou des affaires qui l'en empêchent, ou quand même il n'en aurait pas d'autre cause que sa volonté. Mais il faut, s'il manque d'exécuter l'ordre dont il s'était chargé, que ce soit sans fraude, et qu'il laisse les choses entières et en tel état que le maître puisse y pourvoir, ou par soi-même, ou par quelque autre; et si le procureur constitué ou autre préposé abandonne et laisse l'affaire en péril, il sera tenu du dommage qui en arrivera (1), selon les règles qui suivent.

4. Si le procureur constitué ou autre préposé veut se décharger de la procuration ou commission qu'il avait acceptée, il ne le pourra qu'en le faisant savoir à celui qui l'avait préposé; et, s'il y manque, il sera tenu de tous ses dommages et intérêts; car, s'étant chargé de son affaire, ce serait le tromper s'il l'abandonnait sans l'en avertir (2). (C. civ. 2007.)

5. Si celui qui avait accepté une procuration ou un autre ordre ne peut l'exécuter à cause d'un empêchement qui lui soit survenu, et qu'il ne puisse le faire savoir, comme si dans un voyage qu'il s'était obligé de faire, il tombe malade en chemin, et qu'il ne puisse en donner avis, ou que l'avis se trouve inutile, arrivant trop tard, les pertes qui pourront suivre de l'inexécution de l'ordre en de pareils cas, tomberont sur celui qui l'avait donné; parce que ce sont des cas fortuits qui regardent le maître (3).

6. Les procurations et autres ordres finissent par la mort, soit de celui qui avait donné l'ordre, soit de celui qui s'en était chargé. Ce qu'il faut entendre selon les règles qui suivent (4). (C. civ. 2003.)

Le mandat donné à une société expire par la dissolution de la société. Il n'est pas implicitement continué au membre chargé de la liquidation. Il faut un nouveau pouvoir (5). Le mandat pour liquider une société n'est pas, de sa nature, révocatoire d'un mandat précédent, à l'effet de vendre les immeubles de la société. La décision contraire, est non-seulement un mal jugé, mais encore un moyen de cassation (6).

7. Si le procureur constitué, ou autre préposé, qui ignore la mort de celui qui l'avait chargé, ne laisse pas d'exécuter l'ordre, ce qu'il aura fait de bonne foi dans cette ignorance sera ratifié; car sa bonne foi donne à ce qu'il a géré l'effet du pouvoir que le défunt lui avait donné (7). (C. civ. 2008.)

(1) L. 22, § ult. ff. mand. Dict. § in fine. L. 27, § 2, eod. L. 20, ff. de procur. V. l. 17, § ult. et ll. seq. ff. eod. L. 22 et seq. ff. mand. (2) L. 27, ff. 2, ff. mand. (3) L. 27, § 2, in fin. ff. mand. (4) § 10, inst. de mand. L. 26. L. 27, § 3. L. 58, ff. eod. L. ult. ff. de solut. L. 15. C. mand. (5) Cass. 11 vendémiaire an 7. (6) Cass. 3 août 1819. (7) § 10, inst. de mand. L. 26, ff. eod. L. 58, ff. mand. L. 15. C. eod.

Mais si un procureur constitué était chargé d'une affaire qui ne pût souffrir de retardement, comme serait le soin d'un récolte ou autre affaire pressée et importante, et qu'étant sur le point d'exécuter son ordre, ou, l'ayant même commencé, il apprît la mort de celui qui l'avait chargé, et qu'il ne pût avertir des héritiers qui seraient absens, ne pourrait-il pas et ne devrait-il pas même exécuter l'ordre?

Le compromis souscrit sans fraude par le mandataire, depuis la faillite du mandant, et dans l'ignorance de cette faillite, est valable. Si, par suite de ce compromis, et toujours dans l'ignorance de la faillite, les arbitres rendent leur sentence, les créanciers du failli ne peuvent prendre contre cette sentence la voie de tierce-opposition (1).

8. Si le procureur constitué ou autre préposé vient à mourir avant que d'avoir commencé d'exécuter l'ordre, et que son héritier, ignorant que le pouvoir était fini par cette mort, s'ingère à l'exécuter, ce qu'il aura fait ne pourra nuire au maître, et sera annulé; car cette ignorance n'a pas donné à cet héritier un droit qu'il n'avait point, et qui ne passait pas la personne qui avait été choisie (2). (C. civ. 2010.)

Mais si l'héritier du procureur constitué sachant l'ordre qui lui avait été donné, et voyant d'ailleurs que le maître absent ne pourrait pourvoir à son affaire, et qu'il y aurait du péril de quelque perte, s'il n'en prenait soin, ne serait-il pas obligé d'y faire ce qui pourrait dépendre de lui, comme de continuer une culture d'héritage, ou faire une récolte?

TITRE XVI.

Des personnes qui exercent quelques commerces publics; et de leurs commis ou autres préposés, et des lettres de change.

Les conventions dont on a parlé jusqu'à cette heure, à la réserve du dépôt nécessaire, se passent de gré à gré entre les personnes qui veulent traiter ensemble; et les engagemens que forment ces conventions sont précédés d'une liberté réciproque qu'ont les contractans de traiter l'un avec l'autre et de se choisir; c'est-à-dire que si on ne peut s'accommoder avec une personne, on peut traiter avec une autre, ou s'abstenir de traiter et de s'engager; mais il y a d'autres conventions où l'on n'a pas le choix des personnes, ni la liberté de s'abstenir de l'engagement, et où la nécessité oblige d'avoir affaire à de certaines personnes qui exercent des commerces publics, dont les lois par cette raison ont réglé les conditions, afin que ces personnes n'abusent pas de la nécessité où l'on est de traiter avec eux, et s'y confier.

Ainsi, ceux qui sont en voyage se trouvent obligés à confier leurs hardes et leurs équipages dans les hôtelleries; ce qui fait un engagement entre eux et les hôteliers.

Ainsi, ceux qui ont à faire quelque voyage par des routes où

(1) Rejet, 15 février 1808. (2) L. 57, ff. mand.

il y a des voitures publiques sur terre, sur mer ou sur des rivières, et qui n'ont pas à eux d'équipages pour voyager, sont obligés de se servir de ces voitures publiques, et pour leurs personnes, et pour leurs hardes et marchandises. Ce qui forme un engagement réciproque entre eux et ceux qui font ces voitures. Et il en est de même de ceux qui, sans voyager, ont des hardes ou des marchandises à faire porter d'un lieu à un autre.

Quoiqu'il semble que les engagemens des hôteliers et des voituriers ne soient que les mêmes que ceux du louage et ceux du dépôt, puisque c'est par une espèce de louage qu'on traite avec eux, et qu'ils se rendent dépositaires de ce qui leur est confié; et qu'ainsi on n'ait pas besoin pour eux d'autres règles que de celles de ces deux espèces de conventions; la conséquence de la fidélité nécessaire dans ces sortes de professions les assujettit à d'autres règles qui leur sont propres; et il y a encore cela de particulier, dans ces sortes de commerces, que ceux qui les exercent, ne pouvant seuls suffire chacun au sien, à cause de la multitude des personnes qui ont affaire à eux et à toutes heures, ils sont obligés d'y préposer d'autres personnes; ce qui les oblige à répondre du fait de ces préposés; et quoique cet engagement, à l'égard de ces préposés, ait plusieurs règles qui lui sont communes avec les procurations et les commissions, il y en a quelques-unes qui lui sont propres. Ainsi, toutes ces règles qui regardent particulièrement les hôteliers et les voituriers demandent d'être distinguées, et elles seront expliquées dans ce titre.

Il y a encore des commerces d'autres natures, que l'utilité et la commodité publique rendent nécessaires, et qui ont ce rapport à ceux dont on vient de parler, que ceux qui exercent ces commerces, contractent, et par eux-mêmes, et par leurs commis, des engagemens dont la sûreté intéresse le public : comme sont les commerces de banque et de change, et autres qui sont exercés par des banquiers et autres négocians. Ce qui oblige à placer aussi dans ce titre quelques règles qui regardent en général toutes ces sortes de commerces, les engagemens qui leur sont propres; et parce que l'un de ces commerces, qui est celui des lettres de change, fait une espèce de convention distinguée de toutes les autres, on en expliquera la nature, et les principes essentiels, et ce qu'elle a de règles, qui soient tout ensemble, et du droit romain, et de notre usage, sans entrer dans ce qu'il y a de réglé sur cette matière par les ordonnances.

Il faut remarquer sur le sujet des lois citées dans ce titre, que la plupart des règles des engagemens des hôteliers, voituriers et autres, dont il sera parlé, sont mêlées dans les titres du droit romain, sur ces matières, de sorte que quelques-unes qui regardent, par exemple, les hôteliers, ne sont rapportées qu'aux voituriers, et que d'autres qui sont communes, non-seulement aux hôteliers et aux voituriers, mais aussi à toutes les autres sortes d'engagemens dont il sera parlé dans ce titre, ne sont appliquées qu'à quelques-unes en particulier. Ainsi, on a été obligé d'appliquer ces règles des uns aux autres, selon qu'elles peuvent leur convenir.

SECTION PREMIÈRE.

Des engagemens des hôteliers.

1. Il se forme une convention entre l'hôtelier et le voyageur, par laquelle l'hôtelier s'oblige au voyageur de le loger, et de garder ses hardes, chevaux et autres équipages (1) (C. civ. 1952.); et le voyageur, de sa part, s'oblige de payer sa dépense.

2. Cet engagement se forme d'ordinaire sans convention expresse, par la seule entrée du voyageur dans l'hôtellerie, et par le dépôt des hardes et autres choses mises entre les mains, ou de l'hôtelier, ou de ceux qu'il charge du soin de l'hôtellerie (2).

3. L'hôtelier est tenu du fait des personnes de sa famille, et de celui de ses domestiques, selon les fonctions qui leur sont commises. (C. civ. 1953.) Ainsi, lorsqu'un voyageur donne aux domestiques qui ont les clefs des chambres, une valise ou d'autres hardes, ou qu'il met son cheval dans l'écurie à la garde du palfrenier, le maître en répond. Mais si un voyageur, mettant pied à terre, donne un sac d'argent à un enfant, à un marmiton, hors de la vue du maître et de la maîtresse, l'hôtelier ne sera pas tenu d'un sac de cette conséquence déposé de cette manière (3).

L'aubergiste n'est pas responsable de la perte d'effets précieux qui n'ont été, ni montrés, ni vérifiés, surtout si le voyageur avait une armoire fermant à clef, dont il n'a pas fait usage (4).

Le maître n'est responsable de délits de ses domestiques que dans le cas où ils les ont commis dans l'exercice des fonctions auxquelles il les employait (5). Les personnes autorisées à faire des constructions sur la voie publique, sont responsables des accidens occasionnés par leurs travaux et passibles des dommages qui peuvent en résulter, lorsque les précautions nécessaires pour les prévenir n'ont pas été observées (6). Si un fermier d'un bien national a donné à son sous-fermier l'ordre d'ébrancher des arbres qui sont sur son domaine, il est responsable du fait de celui-ci, et il peut être poursuivi sans même que ce sous-fermier soit mis en cause (7). Un chef d'atelier est responsable des délits commis par ses ouvriers. Les ustensiles des délinquans sont affectés au paiement des condamnations prononcées contre les ouvriers (8).

Les père et mère ne cessent pas d'être responsables du fait de leurs enfans mineurs, par cela seul qu'ils n'ont pu empêcher actuellement le fait dommageable. Ils sont responsables toutes les fois que les écarts

(1) L. 1, ff. naut. caup. stab. (2) L. 1, § 3, ff. naut. caup. (3) L. 1, § ult. ff. furt. adv. naut. caup. L. 1, § 3, ff. naut. caup. stab. Dict. L. 1, § 5. (4) Paris, 2 avril 1811. (5) Cass. 9 juillet 1807. (6) Décret du 4 juin 1808. (7) Cass. 11 juin 1808. (8) Cass. 8 mars 1811.

des enfans peuvent être attribués au relâchement de la discipline domestique (1). Les père et mère sont civilement responsables des amendes encourues, en matière de douanes, par leurs enfans mineurs (2).

Le conservateur des hypothèques est responsable du défaut de mention sur son registre de l'une des énonciations portées dans un bordereau d'inscription, lors même que cette omission a été commise en son absence par un préposé de la régie qui était censé le remplacer. Cette responsabilité est restreinte aux dommages et intérêts que l'omission peut causer au créancier (3).

Si un domestique qui a reçu de l'argent de son maître pour acheter les provisions de ménage, détourne cet argent et se fait délivrer les marchandises à crédit, le maître, qui n'a pas autorisé les fournisseurs à faire ce crédit, n'est pas responsable vis-à-vis d'eux, et ceux-ci n'ont d'action que contre le domestique dont ils ont suivi la foi (4).

Le propriétaire d'un terrain semé de tabac de contravention est responsable envers la régie du fait ou de la négligence de son garde, qui n'a point constaté ou dénoncé les contraventions. Ici s'appliquent les art. 1383 et 1384, sur la responsabilité des maîtres, à raison du fait de leurs préposés ou domestiques (5).

On ne peut, sous prétexte qu'une femme n'a pas empêché son mari de commettre un délit, la punir elle-même comme si elle était coupable de ce délit, lors même que son mari était en démence, et qu'elle n'avait pas provoqué alors l'interdiction (6). Le mari n'est pas civilement responsable des délits commis par sa femme. Il ne peut être condamné solidairement au paiement des amendes ou dépens à raison de ces délits (7).

Le dol de l'avocat, de l'avoué ou du mandataire, est le dol de la partie elle-même; le commettant est responsable du dommage causé par ses préposés dans les fonctions auxquelles il les a employés. Le client est le commettant; l'avocat, l'avoué, le mandataire sont les préposés; la partie est donc responsable du dommage qui résulte de leur dol (8).

Les voituriers ne sont pas responsables des paquets qui ne sont pas inscrits sur leurs registres, et qui sont remis directement hors du lieu de l'entrepôt à des domestiques ou conducteurs non préposés pour les recevoir (9). Les entrepreneurs des voitures publiques sont plus que pécuniairement responsables du fait de leurs préposés: ils sont personnellement passibles des peines de police pour contravention à l'ordonnance du 4 février 1820, sur le changement des voitures (10).

Un huissier chargé de saisir peut, surtout du consentement de son client, se substituer un de ses confrères sans être responsable des faits de ce dernier; ils sont égaux en droits et en attributions; ils ne peuvent être considérés à l'égard l'un de l'autre, soit comme maître ou commettant, soit comme préposé ou domestique (11).

4. L'hôtelier est obligé de garder ou faire garder, avec tout le soin possible, toutes les choses que le voyageur met et confie dans l'hôtellerie, soit en sa présence ou en son absence. Ainsi, il est tenu, non-seulement de ses fautes, mais de la moindre négli-

(1) Bourges, 9 mars 1821. (2) Cass. 6 juin 1811. (3) Bordeaux, 24 juin 1813. (4) Cass. 22 janvier 1812. (5) Cass. 30 avril 1813. (6) Cass. 26 juin 1806. (7) Cass. 6 juin et 16 août 1811. (8) Bruxelles, 23 juillet 1810. (9) Cass. 29 mars 1814. (10) Cass. 7 fév. 1822. (11) Orléans, 14 nov. 1821.

gence, soit de sa part ou de ses gens : et il n'est déchargé que de ce qui peut arriver par des cas fortuits, que la vigilance ne peut prévenir (1). (C. civ. 1954.)

5. Quoique les hôteliers ne soient pas payés en particulier, pour la garde de ce qui est déposé dans l'hôtellerie, mais seulement pour le logement et les autres choses qu'ils peuvent fournir aux voyageurs, ils ne laissent pas d'être tenus du même soin que s'ils étaient expressément payés pour la garde; car c'est un accessoire de leur commerce; et il est de l'intérêt public que, dans la nécessité où l'on est de se fier à eux, ils soient tenus d'une garde exacte et fidèle, et qu'ils répondent même des larcins. Autrement ils pourraient commettre impunément les larcins eux-mêmes (2).

6. Si quelqu'un des domestiques ou de la famille de l'hôtelier cause quelque perte à un voyageur, comme s'il lui dérobe de ce qui n'était pas même donné à garder dans l'hôtellerie, ou s'il endommage ses hardes, l'hôtelier sera tenu de la valeur de la chose perdue, ou du dommage qui sera arrivé (3).

7. L'engagement de l'hôtelier, pour le fait de ses domestiques, est borné à ce qui se passe dans son hôtellerie : et si quelqu'un de ses domestiques dérobe ou fait quelque dommage en quelque autre lieu, il n'en est point tenu (4).

SECTION II.

Des engagemens des voituriers par terre et par eau.

On ne parlera dans cette section que des engagemens qui regardent le soin que les voituriers doivent avoir des hardes et des marchandises dont ils se chargent. Pour les autres engagemens, voy. la sect. 8 du Louage, et les art. 10 et 11 de la sect. 2 des Engagemens qui se forment par des cas fortuits.

1. Le maître d'un vaisseau ou autre bâtiment, qui se charge de voiturer sur mer des personnes, des hardes ou des marchandises, répond de ce qui est reçu dans son bord par lui ou ses préposés. (Co. 221, s.) Ce qui ne s'entend pas des rameurs, par exemple, dans une galère, car ils ne sont pas commis pour ce soin; et il est tenu de tout ce qui peut arriver de perte ou de dommage dans son bâtiment ou sur le port, si les hardes ou marchandises y ont été reçues. De même que sont tenus les hôteliers, comme il a été dit dans la section précédente (5). (C. civ. 1782.)

(1) L. 3, § 1, ff. naut. caup. (2) L. 1, § 1, ff. naut. caup. stabul. L. 5, ff. naut. caup. L. un. § 3, ff. furt. adv. naut. caup. stab. V. l'art. 3 de la sect. 8 du louage. (3) L. 1, ff. furti adv. naut. Dict. leg. 1, § ult. ff. furti adv. naut. caup. L. 6, § 3, ff. naut. caup. L. 5, § 1, ff. naut. naup. V. L. 1, § 2, ff. de exercit. act. § ult. inst. de obl. quæ quas. ex del. casc. (4) L. ult. naut. caup. stab. (5) L. 1, § 2 et 3, ff. naut. caup. L. 3, ff. naut. caup.

2. Le maître du vaisseau est tenu du fait de ses commis et autres préposés, et des personnes qu'il emploie à l'usage du vaisseau et de la navigation, et si quelqu'un d'eux cause quelque perte ou quelque dommage dans son bord, il en répondra (1). (C. civ. 1384, Co. 216, s.)

3. Ceux qui entreprennent de voiturer par terre ou sur des rivières répondent des hardes et des marchandises dont ils se chargent, suivant les règles expliquées dans cette section et la précédente (2). (C. civ. 1784.)

4. Tous les voituriers par mer, par terre ou sur des rivières sont tenus du soin, de l'industrie et de l'expérience que demande leur profession. Ainsi, celui qui naviguerait sans un pilote, et celui qui, sur terre, serait volé voiturant la nuit, ou hors la route en lieu périlleux, seraient responsables des cas fortuits, si de telles fautes y avaient donné lieu (3).

SECTION III.

Des engagemens de ceux qui exercent quelque autre commerce public sur terre, ou sur mer.

1. Ceux qui tiennent des vaisseaux marchands pour quelques commerces, ceux qui, pour quelques trafics, ont des magasins, boutiques ou bureaux ouverts, les banquiers, et généralement tous ceux qui, pour leurs commerces sur terre ou sur mer, se servent de commis, agens et autres préposés, sont représentés, en ce qui regarde ces commerces, par ceux qu'ils commettent, de telle sorte que le fait de ces préposés est le leur propre. Ainsi, ils sont obligés de ratifier ce qui a été traité avec leurs commis : ainsi, ils répondent du fait, du dol, et des tromperies des personnes qu'ils ont préposées (4). (C. civ. 1783, s.: Co. 103.)

Les dispositions du code civil sur la responsabilité des voituriers peuvent être appliquées même à celui qui aurait déclaré, par sa lettre de voiture, ne pas répondre du bris et coulage. La responsabilité ne cesse pas lorsque le consignataire a reçu les objets transportés, ainsi que la lettre de voiture, sans aucune réclamation au moment de la réception et de la vue des objets transportés (5).

Les voituriers ne sont pas responsables des paquets qui sont remis directement, non à eux-mêmes, mais bien à leurs domestiques (6).

Lorsque, nonobstant l'avarie qu'ont éprouvée des marchandises dans

(1) L. 1, § 2, ff. de exercit. act. L. ult. ff. naut. caup. V. les art. 6 et 7 de la sect. précédente. (2) L. 1, ff. § 1, naut. caup. (3) § 7, inst. de lege Aquil. L. 8, § 1, ff. eod. L. 25, § 7, ff. locat. L. 13, § 2, ff. loc. Dict. leg. § 1. L. 16, § 1, ff. de rei vind. L. 36, § 1, eod. Dict. § in fin. V. l'art. 5 de la sect. 8 du Louage, et l'art. 4 de la sect. 4 des Dommages causés par des fautes. (4) L. 3, ff. de inst. act. L. 18, ff. eod. L. 5, eod. L. 5, § 1 et 2, eod. L. 1, § 1, ff. de exercit. act. L. 1, ff. de inst. act. L. 1, ff. de exercit. act. L. 1, § 10, ff. de exercit. act. L. 5, § 3, ff. de inst. act. V. l'art. 5 de la sect. 2 des convent. (5) Rejet, 21 janvier 1807. (6) Rejet, 5 mars 1811.

le transport, elles sont encore susceptibles d'être mises dans le commerce, le propriétaire ne peut refuser de les recevoir et les laisser au compte du voiturier. Il a seulement droit à une indemnité proportionnée au dommage (1).

Le voiturier ne cesse d'être responsable de la perte des marchandises, même arrivée par cas fortuits, que tout autant qu'il n'y a pas de sa part, ni imprudence, ni négligence, ni incurie, et seulement lorsqu'il justifie qu'il a été dans l'impuissance de prévoir, de prévenir et d'éviter les effets de l'événement qui a causé la perte (2).

2. Les préposés n'obligent par leur fait ceux qui les ont commis, qu'en ce qui regarde le commerce ou l'affaire pour laquelle ils sont préposés. Ainsi, celui qui est préposé à un vaisseau peut trafiquer, acheter, vendre, échanger, engager le maître en tout ce qui regarde ces commerces. Ainsi, celui qui est préposé à un vaisseau, pour voiturer les personnes et les marchandises, engage le maître pour ce qui regarde ces voitures. Et l'un et l'autre engagent aussi le maître pour tout ce qui dépend de ces commerces et de ces voitures : comme ce qui est nécessaire pour équiper le vaisseau ou le radouber. Ainsi, tous autres préposés ont leur pouvoir réglé par la qualité de leur commission (3).

3. Si celui qui est préposé sur un vaisseau, soit pour les voitures ou pour le commerce, en commet un autre en sa place pour exercer sa fonction, le fait de ce second qui est commis par le premier obligera le maître, de même que le fait du premier, quoiqu'il n'eût pas le pouvoir d'en commettre un autre; car la nécessité de traiter avec celui qui paraît chargé du vaisseau, jointe au pouvoir qu'il a du premier préposé, et à la juste présomption qu'il n'exerce cette fonction que par l'ordre du maître, donne à ce qu'il fait la même force que si c'était le maître qui exerçât lui-même. Autrement les particuliers se trouveraient trompés sur la foi publique; mais cette règle ne s'étend pas indistinctement aux commis et autres préposés à des commerces, et autres affaires sur terre, où la nécessité de traiter n'est pas la même, et où il est plus facile de savoir qui est le commis, et quel est son pouvoir (4).

4. Si le préposé était un mineur, ses engagemens obligeront le maître, de même que s'il était majeur; car celui qui l'a choisi doit s'imputer les suites du choix qu'il a fait. Et il en serait de même si on avait préposé une femme à un commerce qu'elle pût exercer (5). (C. civ. 1990.)

5. Les femmes et les mineurs peuvent entrer dans tous les engagemens dont il a été parlé dans ce titre. Et s'ils tiennent une

(1) Metz, 18 janvier 1815. (2) Metz, 18 janvier 1815. V. tout le titre 6e du liv. 1er, et tout le liv. 2e du code de commerce. (3) L. 5, § 11 et 12, ff. de inst. act. L. 1, § 7, ff. de exercitoriâ act. L. 1, § 3, ff. de exercit. act. Dict. leg. § 12. (4) L. 1, § 5, de exercit. act. Dict. leg. 1. (5) L. 7, § ult. L. 8, ff. de inst. act. L. 1, § 4, ff. de exercit. act. L. 7, § 1, ff. de inst. act. L. 1, § 16, ff. de exercit. act. L. 4. C. de exerc. et inst. act.

banque, ou exercent quelque autre commerce, leurs engagemens seront les mêmes que ceux des majeurs (1). (Co. 5 et 6, s.)

Par l'ordonnance de 1673, au titre des apprentis, négocians, etc. article 6, tous négocians et marchands en gros et en détail, comme aussi les banquiers, sont réputés majeurs pour le fait de leur commerce et banque, sans qu'ils puissent être restitués sous prétexte de minorité.

6. Si plusieurs maîtres d'un commerce, ou autre affaire commune entre eux, se sont servis d'un seul préposé, son fait obligera chacun des maîtres solidairement. Car chacun l'a commis; et celui qui a traité avec le préposé a pu ne considérer qu'un seul des maîtres, et traiter sur la société de son engagement (2).

7. Si deux ou plusieurs maîtres exercent eux-mêmes en société de ces sortes de commerces publics, celui qui aura traité avec l'un des associés, faisant pour la compagnie, aura l'obligation solidaire de tous (3). (C. civ. 1857.)

8. Les préposés qui ne traitent qu'en cette qualité ne sont pas tenus en leurs noms des engagemens où ils entrent pour le fait de leurs commissions, et au nom des maîtres (4).

9. Le pouvoir des préposés est fini par leur révocation. Mais si après qu'ils sont révoqués, ils traitent avec des personnes qui ignorent la révocation, ce qu'ils auront géré obligera le maître; si ce n'est que la révocation eût été publiée, si c'était l'usage, ou que, par d'autres circonstances, celui qui a traité avec le préposé dût se l'imputer (5). (C. civ. 2005.)

SECTION IV.

Des lettres de change.

Le commerce de changer de l'argent pour de l'argent se fait en deux manières. La première est celle de changer des espèces d'argent pour d'autres de même valeur, comme des pièces d'argent pour de l'or, et des espèces d'un pays pour celles d'un autre. La seconde est celle où l'on donne de l'argent à un banquier ou autre, dans un lieu, pour le faire remettre à un autre lieu, soit dans le royaume, ou dans les pays étrangers. Et c'est seulement de cette seconde espèce dont on parle ici. Car l'autre n'est qu'une simple espèce de change, qui est un contrat dont on a expliqué les règles en son lieu. Ce commerce de remettre de l'argent d'un lieu à un autre se fait par l'usage des lettres de change. Et pour

(1) L. 7, § 1, ff. de inst. act. L. 1, § 16, ff. de exercit. act. L. 4. C. de inst. et exercit. act. L. 11, § 1, ff. de inst. act. (2) L. 59. § 3, ff. mand. V. l. 2, ff. de duobus reis const. L. 13, § 2, ff. de inst. act. L. 6, § 1, eod. L. 4, § 1 et 2, ff. de exercit. act. V. l'art. 16 de la sect. 4 de la Société. (3) L. 1, § 1 ult. et L. 2, ff. de exercit. act. V. l'art. 7 du titre des sociétés de l'ord. de 1673. (4) L. ult. ff. de inst. act. (5) L. 11, § 2, et seq. ff. de inst. act.

bien entendre la nature et les règles de cette matière, il faut considérer dans ce commerce les diverses personnes qui s'y rencontrent et ce qui s'y passe à l'égard de chacune.

Il y a d'ordinaire dans le commerce des lettres de change trois personnes qu'il faut distinguer. Celui qui a besoin de remettre son argent d'un lieu à un autre : celui qui le reçoit, comme fait un banquier qui se charge de remettre cet argent : et celui qui le délivre dans le lieu où il doit être remis, comme est le correspondant du banquier : et il y en a souvent un quatrième, à qui celui qui a donné de l'argent donne son ordre pour le recevoir, et ce quatrième peut encore faire passer son droit à d'autres à qui il donne son ordre. Il se pourrait faire aussi qu'il n'y aurait que deux personnes, celui qui donne de l'argent, et celui qui, le recevant en un lieu, le délivrerait lui-même en un autre lieu à celui qui l'aurait donné à cette condition. Il faut maintenant considérer les différentes conventions qui se passent entre ces personnes.

La convention qui se passe entre celui qui donne de l'argent, et celui qui se charge de le remettre en un autre lieu, a des caractères particuliers qui la distinguent de toutes les autres sortes de conventions qui pourraient y avoir quelque rapport. Ce n'est pas une vente; car personne n'y vend ni n'achète, et dans le contrat de vente il y a un vendeur qui donne autre chose que de l'argent, comme il y a un acheteur qui ne donne que de l'argent. Ce n'est pas un échange; car ceux qui font des échanges donnent des choses différentes de celles qu'ils prennent; et chacun prend pour son usage une chose dont il a besoin, et en donne une autre dont il se passe; mais dans le commerce des lettres de change, celui qui donne son argent ne prend rien en contre-échange, et ne donne pas une chose pour une autre différente, puisqu'on peut lui rendre les mêmes espèces qu'il avait données. Ce n'est pas un dépôt, car celui qui a reçu l'argent en demeure responsable, quand il périrait par un cas fortuit. Ce n'est pas un prêt, car celui qui reçoit l'argent ne l'emprunte pas. Ce serait un louage, si celui qui reçoit l'argent ne faisait autre chose que le faire porter au lieu où il doit être remis, moyennant un droit pour le port, comme font les maîtres des messageries, et ceux des coches et carrosses de la campagne, qui se chargent d'un sac d'argent pour le voiturer d'un lieu à un autre, sans répondre des cas fortuits, et selon les règles qui ont été expliquées dans le titre du Louage; mais lorsque celui qui reçoit l'argent se charge par une lettre de change de le remettre à un autre lieu, cet argent demeure en ses mains à ses périls, et ce n'est plus l'argent de celui qui l'avait donné. Ainsi, ce n'est pas un louage, et c'est par conséquent une convention différente de toutes les autres qui consistent au commerce, qui fait passer l'argent d'une personne d'un lieu à un autre, et qui est distingué de toutes ces autres espèces de conventions par les caractères qu'on vient de remarquer.

La convention qui se fait entre celui qui a reçu l'argent, banquier ou autre, et celui à qui il donne ordre de le payer en un autre lieu, est une societe, si ce sont des associés correspondans l'un de l'autre; ou c'est une procuration, ou commission, si ce correspondant n'est que le commis ou l'agent de celui qui a reçu l'argent. Ainsi, cette convention a ses règles, qui ont été expliquées dans le titre de la Société et dans celui des Procurations.

La convention, entre celui qui a donné l'argent et celui à qui il donne son ordre pour le recevoir, est, ou un transport, s'il le met à sa place et lui cède son droit, ou une procuration, s'il lui donne simplement le pouvoir de recevoir pour lui. Ainsi, cette convention a ses règles dans le titre du Contrat de vente, où il a été parlé des transports, ou dans celui des Procurations.

Il y a enfin une dernière convention qui se passe entre celui qui a donné l'argent, et celui qui a ordre de l'acquitter, lorsqu'il accepte cet ordre. Et cette convention est la même que celle qui s'est passée entre celui qui a donné l'argent et celui qui l'a reçu; car elle ne fait autre chose qu'ajouter l'obligation de celui qui accepte à l'obligation de celui qui a donné la lettre de change; et elle l'oblige à l'acquitter au jour et au lieu portés par la lettre.

Il sera facile de comprendre par ces remarques en quoi consiste la nature des lettres de change, et quelles sont les règles qu'il faut tirer des autres espèces de conventions, pour les appliquer à ce qui se passe dans celle-ci. Il ne resterait que d'expliquer ici les règles qui sont propres et particulières aux lettres de change; mais parce que le détail de cette matière est réglé par l'ordonnance de 1673, dans le titre des Lettres et billets de change, et dans celui des Intérêts du change et rechange, il suffit d'ajouter aux remarques qu'on vient de faire, une seule règle qui comprend tout ce qu'il y a dans le droit romain sur cette matière, qui soit naturelle et de notre usage.

On n'a pas voulu se servir ici des mots propres qui sont en usage pour le commerce des lettres de change, comme sont les mots de tireur, endosseur, accepteur, afin de rendre les choses qu'on avait à dire plus intelligibles pour ceux qui commencent, en substituant au lieu de ces mots, que les autres savent assez, les choses mêmes qu'ils signifient.

1. Les banquiers ou autres qui reçoivent de l'argent à condition de faire délivrer la même somme dans un certain temps, et en un autre lieu, par eux ou leurs correspondans, sont obligés de l'acquitter ou faire acquitter au jour et au lieu; et s'ils y manquent, ils sont tenus des dommages et intérêts de celui qui avait donné l'argent à cette condition, selon que ces dommages et in-

térêts sont réglés, ou par les lois, ou par les usages (1). (Co. 110 suiv.)

Le billet à domicile est d'une tout autre nature que le billet de change : il n'emporte pas la contrainte par corps (2). Il n'y a pas de lettre de change si le payeur n'est autre que le tireur, surtout s'il n'y a pas remise de place en place (3). Le défaut de date, dans une lettre de change, n'entraîne pas la nullité, lorsque la circonstance de la date, à une époque ou à une autre, n'est pas de nature à changer le *droit* (4). Le défaut de cause, ou une fausse cause dans une lettre de change, la rend nulle entre les contractans (5).

TITRE XVII.

Des proxenètes ou entremetteurs.

On peut ajouter à toutes les différentes espèces de conventions une matière qui est comme un accessoire, c'est l'usage des proxenètes ou entremetteurs, qui font profession d'approcher et assortir ceux qui, selon leur besoin, cherchent, l'un à vendre, l'autre à acheter, ou échanger, louer et faire d'autres commerces ou affaires de toute nature.

Cet usage des proxenètes est principalement nécessaire dans les ports et dans les villes de commerce, pour faciliter aux étrangers et à tous autres les commerces qu'ils ont à traiter, en les adressant aux personnes à qui ils doivent avoir affaire, expliquant les intentions des uns aux autres, servant de truchement, s'il en est besoin, et leur rendant les autres services de leur entremise; et il y a même des officiers publics dont les fonctions sont de cette nature, comme les courtiers.

Cette matière est de ce lieu, non-seulement comme une suite des conventions, mais encore parce qu'elle renferme une espèce de convention qui se passe entre les entremetteurs et ceux qui les emploient, par laquelle ils règlent entre eux les conditions de l'usage et des suites de l'entremise.

SECTION PREMIÈRE.

Des engagemens des entremetteurs.

1. L'engagement d'un entremetteur est semblable à celui d'un procureur constitué, d'un commis, ou autre préposé, avec cette différence, que l'entremetteur étant employé par des personnes qui ménagent des intérêts opposés, il est comme commis de l'un et de l'autre pour négocier le commerce ou l'affaire dont il s'en-

(1) L. 7, § 1, ff. de eo quod cert. loc. L. 9, eod. L. 1, C. ubi conv. qui cert. loc. L. 9, eod. L. 1, C. ubi conv. qui cert. loc. d. p. V. les tit. de l'ord. de 1673, cités à la fin du préamb. (2) Colmar, 14 janvier 1817. (3) Cass. 1er thermidor an 11. (4) Nîmes, 5 juillet 1819. (5) Rejet, 20 novembre 1817.

tremet. Ainsi, son engagement est double, et consiste à conserver envers toutes les parties la fidélité dans l'exécution de ce que chacun veut lui confier. Et son pouvoir n'est pas de traiter, mais d'expliquer les intentions de part et d'autre, et de négocier pour mettre ceux qui l'emploient en état de traiter eux-mêmes (1).

2. Tout entremetteur a ses fonctions bornées aux commerces et affaires licites et honnêtes, et aux voies permises pour les traiter et les faire réussir; et toute entremise pour des commerces et autres choses illicites, ou par de mauvaises voies dans celles qui sont permises, ne forme pas d'autre engagement que celui de réparer le mal qui en est suivi, et de subir les peines que pourrait mériter l'entremise illicite, selon la qualité du fait et les circonstances (2). (Co. 76.)

L'agent de change qui, sans autorisation de justice, négocie des capitaux appartenant à un interdit, en devient par cela seul responsable, comme toute autre personne qui, sans mandat, s'ingère dans l'administration des biens d'un incapable; en conséquence, il est tenu de rendre compte des fonds négociés, encore qu'on ne puisse lui reprocher ni dol ni fraude (3).

3. Les entremetteurs ne sont pas responsables des événemens des affaires dont ils s'entremettent, si ce n'est qu'il y eût du dol de leur part, ou quelque faute qui pût leur être imputée, et ils ne sont pas non plus garans de l'insolvabilité de ceux à qui ils font prêter de l'argent ou autre chose, quoiqu'ils reçoivent un salaire de leur entremise, et qu'ils parlent en faveur de celui qui emprunte; si ce n'est qu'il y eût, ou une convention expresse qui les rendît garans de leur fait ou du dol de leur part (4).

Lorsque celui qui a chargé son agent de change de vendre en son nom des effets publics, est en retard de livrer ces effets, l'agent de change qui en achète d'autres pour remplir ses engagemens, a, comme tout autre mandataire, son recours de garantie contre le commettant; mais, dans ce cas, l'agent de change n'a pas la voie de contrainte par corps (5).

SECTION II.

Des engagemens de ceux qui emploient les entremetteurs.

1. Comme ceux qui emploient des entremetteurs leur donnent leurs ordres, ils sont obligés de ratifier ce qui se trouve fait suivant le pouvoir qu'ils avaient donné, de même que ceux qui constituent des procureurs ou qui donnent des commissions et d'autres mandemens (6).

2. Si l'entremise n'est pas gratuite, celui qui a employé un entremetteur lui doit un salaire, ou tel qu'il a été convenu, ou

(1) L. 3, ff. de proxenet. V. sur cette matière tout le titre 5e du code de commerce. (2) L. 3, in fin. ff. de proxenet. V. les art. 3 et 4 des vices des convent. (3) Rejet, 3 brumaire an 11. (4) L. 2. ff. de proxenet. (5) Paris, 13 fructidor an 13. (6) V. l'art. 2 de la sect. 2 des Procurations.

selon qu'il est réglé, comme si l'entremetteur est un officier qui ait son droit taxé, ou tel qu'il sera ordonné s'ils n'en conviennent de gré à gré. Car cette fonction, étant licite, doit avoir un salaire proportionné à la qualité du commerce ou autre affaire, à celles des personnes, au temps que dure l'entremise, et au travail de l'entremetteur (1). (Co. 76, s.)

Le courtier de commerce peut réclamer son droit de courtage contre celui qui l'emploie, encore bien que ce dernier n'agisse que comme mandataire : ce droit frappe, tant sur les résiliations des marchés, que sur les ventes et reventes (2).

TITRE XVIII.

Des vices des conventions.

On appelle vices de conventions ce qui blesse leur nature et leurs caractères essentiels. Ainsi, c'est un caractère essentiel à toute sorte de conventions, que ceux qui les font aient assez de raison et de connaissance de ce qu'il faut savoir pour former l'engagement où ils doivent entrer (3). Et c'est un vice dans une convention, si un des contractans a manqué de cette connaissance; soit par un défaut naturel, comme si c'était un insensé, ou par quelque erreur de la nature de celles dont il sera parlé dans la suite.

Ainsi, c'est un caractère essentiel à toutes conventions, qu'elles soient faites avec liberté (4); et c'est un vice dans une convention, si un des contractans y a été forcé par quelque violence. (C. civ. 1112.)

Ainsi, c'est un autre caractère essentiel à toutes les conventions, que l'on y traite avec sincérité et fidélité (5) : et c'est un vice dans une convention, si l'un trompe l'autre par quelque dol et quelque surprise. (C. civ. 1116.)

Ainsi, c'est encore un caractère essentiel aux conventions, qu'elles n'aient rien d'illicite et de malhonnête (6); et c'est un vice dans une convention, si on mêle quelque chose de contraire aux lois et aux bonnes mœurs. (C. civ. 6, 686, 900, 1133, 1172, 1387.)

Ainsi, enfin c'est un caractère essentiel à toutes les conventions, que les personnes qui les font soient capables de contracter : et la convention est vicieuse si un des contractans était incapable de l'engagement où il est entré. (1123, 1124, 1125.)

Ces vices des conventions peuvent s'y trouver en différens degrés; et selon le plus ou le moins, ils annullent ou n'annullent pas les conventions, et ils engagent à des suites de dommages et intérêts, ou n'y engagent pas.

(1) L. 1. ff. de proxenet. L. 3. ff. de proxenet. V. l. 7, ff. mand. L. 1. C. eod. V. l. 15, ff. de præsc. verb. (2) Paris, 10 nov. 1812. (3) V. l'art. 2 de l'art. 2 des convent. (4) V. l'art. 2 de la même sect. 2 des convent. (5) V. l'art. 8 de cette même sect. 2 des convent., et l'art. 12 de la sect. 3 des convent. (6) V. l'art. 1 de la sect. 5 des convent.

Ainsi, le défaut de connaissance peut être tel qu'il annulle la convention, ou tel qu'il n'empêche pas qu'elle ne subsiste. Car, par exemple, si un légataire, à qui il a été donné par un codicille qui se trouve nul, traite sur son legs, et l'abandonne à l'héritier, ne sachant pas qu'il y avait un second codicille qui confirmait ce legs, et qui n'était pas nul; ce légataire ne perdra pas le droit que lui donnait un second codicille qui lui était inconnu, et ce traité demeurera nul par le défaut de la connaissance de ce fait; mais si le défaut de connaissance n'empêche pas qu'on ne sache assez à quoi on s'oblige, ce défaut ne suffira pas pour rendre nulle la convention. Ainsi, celui qui a traité avec ses cohéritiers de leurs portions de l'hérédité, pendant qu'ils ignorent tous quelques dettes ou d'autres charges qui se découvriront dans la suite, ne pourra pas prétendre que ce défaut de connaissance suffise pour annuler la convention, lorsque ces dettes et ces charges viendront à paraître; car ce n'était pas sur une connaissance exacte et entière du détail des droits et des charges de la succession qu'était fondé son engagement; mais il suffit pour l'affermir et le rendre irrévocable, qu'il connût qu'une hérédité consiste en droits et en charges, qui souvent sont inconnus aux héritiers les plus clairvoyans : et que, dans l'incertitude du plus ou du moins qu'on ne pouvait connaître, il ait pris le parti du hasard de perdre ou de profiter dans une nature de bien qui était incertain.

Ainsi, le défaut de liberté peut être tel qu'il annulle la convention, comme si un des contractans a été enlevé et menacé de la mort, s'il ne s'obligeait. Mais s'il se plaint seulement que la dignité ou l'autorité de la personne avec qui il a traité, lui a fait des impressions qui l'ont porté à donner un consentement qu'il n'aurait pas donné sans cette circonstance, ces sortes d'impressions n'étant accompagnées, ni de force, ni de menaces, laissent la liberté entière et n'annullent pas la convention.

Ainsi, le dol n'est pas toujours tel qu'il suffise pour annuler les conventions; car il n'a cet effet que lorsqu'on use de quelque mauvaise voie, dans le dessein de tromper, et qu'on engage celui qui est trompé à donner un consentement qu'il n'aurait pas donné si cette tromperie lui eût été connue. Comme si celui qui a en sa puissance le titre d'une servitude établie sur son héritage cache ce titre, et transige avec celui à qui il doit cette servitude, et l'en fait désister; ce dol annulera la transaction. Mais si le dol n'est pas ce qui engage, et qu'on pût se défendre de la tromperie, il pourra être tel qu'il ne suffira pas pour annuler la convention : comme si celui qui vend un cheval n'explique pas à l'acheteur que ce cheval n'est point sensible, ou qu'il a d'autres pareils défauts qui ne soient pas suffisans pour annuler la vente; car cette espèce de dol n'est pas réprimée, non plus que l'injustice de ceux qui vendent plus cher, ou qui achètent à meilleur marché que le juste prix; si ce n'est que ce prix fût réglé, comme il l'est de certaines choses par la police, ou par l'usage commun du commerce; mais hors ces cas il n'est pas possible de fixer le juste point entre le plus ou le moins du prix. C'est pourquoi il est dit dans une loi du droit romain, qu'il est naturellement permis de vendre plus cher, et d'acheter à meilleur marché que le juste prix, et ainsi de se tromper l'un l'autre (1). C'est l'expression de cette loi, qui signifie que l'avantage que le vendeur ou l'acheteur peuvent emporter l'un sur l'autre pour le prix, ou n'est pas en effet une tromperie, ou que, s'il n'y a pas d'autres circonstances, elle est impunie (2).

Ainsi, l'incapacité des personnes peut être telle, qu'elle annulle toutes leurs conventions, comme celle d'un insensé, ou seulement telle, qu'ils soient incapables de quelques conventions, mais non pas de toutes indistinctement, comme les femmes mariées en quelques provinces, et les mineurs qui ne peuvent s'obliger si l'obligation ne tourne à leur avantage.

Il n'y a que les conventions illicites et contraires aux lois et aux bonnes mœurs qui sont toutes nulles sans tempérament; car ce vice ne peut être souffert en aucun degré.

Les vices des conventions qui suffisent pour les annuler ont deux effets: l'un de donner lieu à faire résoudre la convention, si celui qui s'en plaint le désire ainsi; et l'autre d'engager celui qui a usé de quelque mauvaise voie, à réparer le dommage qu'il peut avoir causé, soit qu'on annulle ou qu'on laisse subsister la convention. Et quelquefois aussi les vices qui ne suffisent pas pour annuler les conventions, peuvent donner lieu à des dommages et intérêts, selon les circonstances.

On ne parlera pas ici des conventions qui sont vicieuses par l'usure, et qu'on appelle contrats usuraires : comme sont les obligations à cause de prêt, où l'on accumule les intérêts au principal, et les contrats d'engagemens qui ne sont faits que pour pallier l'usure et donner une jouissance de fruits pour l'argent prêté, et les autres semblables; car, comme il a été remarqué dans le titre du prêt, que la défense de l'usure n'est pas du droit romain (1), cette matière n'est pas de ce dessein, et elle a ses règles dans les lois de l'église, dans les ordonnances, dans les coutumes et dans notre usage.

Pour les autres vices, on réduira ceux dont il sera parlé dans ce titre à quatre espèces. La première, de ceux qui sont opposés à la connaissance nécessaire pour contracter : la seconde, de ceux qui blessent la liberté : la troisième, de ceux qui sont contraires

(1) L. 22. § ult. ff. loc. (2) V. le commencement de la sect. 3, et l'art. 5 de la sect. 5 du contrat de vente, et l'art. 2 de la sect. 3 de ce tit. (3) V. l. 1, § 3. L. 11, § 1, ff. de pign. L. 39, ff. de pign. act. L. 4. Cod. de usur.

à la sincérité et à la bonne foi : la quatrième, de ceux qui blessent les lois et les bonnes mœurs ; et ce sera la matière des quatre sections qui divisent ce titre.

On n'y parlera point du vice qui vient de l'incapacité des personnes : car, comme il y a de différentes incapacités, des mineurs, des femmes, qui, étant en puissance de mari, ne peuvent en quelques lieux s'obliger du tout, ni dans les autres qu'avec l'autorité de leurs maris, des prodigues qui sont interdits, des insensés et autres ; chacune de ces incapacités sera expliquée en son lieu ; et on peut voir sur cette matière le titre des Personnes, la section 5 de celui des Conventions, le titre des Tuteurs, celui des Curateurs, et celui des Dots.

SECTION PREMIÈRE.

De l'ignorance ou erreur de fait ou de droit (1).

1. L'erreur ou l'ignorance de fait consiste à ne pas savoir une chose qui est : comme si un héritier institué ignore le testament qui le fait héritier, ou si, sachant le testament, il ignore la mort de celui à qui il succède (2). (C. civ. 1116, 1356.) (V. les arrêts cités sous l'art. 3, page 141.)

De ce qu'un aveu judiciaire en matière civile est indivisible, il ne s'ensuit pas que, dans un interrogatoire sur faits et articles composés de plusieurs demandes et de plusieurs réponses, on ne puisse point prendre séparément chacune des réponses et en argumenter contre celui qui les a faites (3).

2. L'erreur ou ignorance de droit consiste à ne pas savoir ce qu'une loi ordonne : comme si un donataire ignore qu'il faut insinuer la donation ; si un héritier ignore quels sont les droits que donne cette qualité (4). (C. civ. 1110.) (V. également sur la matière de ces 2 art. les arrêts cités sous l'art. 12, page 179.

3. L'ignorance de droit ne doit s'entendre que du droit positif, et non du droit naturel, que personne ne peut ignorer (5).

4. Celui qui ignore qu'un certain droit lui est acquis, peut se trouver dans cette ignorance, ou par une erreur de fait, ou par une erreur de droit ; car si, par exemple, il ignore qu'il soit parent de celui de qui la succession lui est échue, il ignore son droit, mais par une ignorance de fait ; et si, sachant qu'il est parent, il croit qu'un plus proche l'exclut, ne sachant pas que le droit de représentation l'appelle à la succession, c'est par une ignorance de droit qu'il ignore qu'il doit succéder (6).

5. Les mineurs n'ayant pas acquis par l'expérience une con-

(1) V. sur cette matière la sect. 1 du titre de ceux qui reçoivent ce qui ne leur est pas dû. (2) L. 1, § 1, ff. de jur. et fact. ign. Dict. leg. § ult. (3) Cass. 30 avril 1807. (4) L. 1, § ult. ff. de jur. et fact. ign. (5) L. 2. C. de in jus voc. V. l'art. 9 de la sect. 1 des règles du droit. (6) L. 1, § 2, ff. de jur. et fact. ign.

naissance assez ferme et assez entière pour discerner la conséquence et les suites des engagemens où ils peuvent entrer, ils sont relevés des conventions qui tournent à leur préjudice, soit qu'ils errent dans le droit ou dans le fait (1). (C. civ. 1305.) De même que lorsqu'ils se trouvent lésés par leur faiblesse, ou par quelque défaut de conduite, ainsi qu'il sera expliqué dans le titre des Rescisions et Restitutions en entier.

Le partage ne peut être attaqué par le mineur s'il n'en est pas lésé, lors même que les formalités n'ont pas été remplies : *non restituetur tanquam minor sed tanquam læsus* (2).

6. Les majeurs, qui ont la liberté de toutes sortes de conventions, quoiqu'elles leur soient même désavantageuses, ne peuvent pas toujours, comme les mineurs, réparer le préjudice que peut leur faire dans leurs conventions l'ignorance de droit ou l'erreur de fait. Mais en quelques cas ils peuvent réparer ce préjudice, et dans les autres il faut qu'ils le souffrent (3). Comme il sera expliqué dans les règles qui suivent.

7. Si l'erreur de fait est telle, qu'il soit évident que celui qui a erré n'a consenti à la convention que pour avoir ignoré la vérité d'un fait, et de sorte que la convention se trouve n'avoir pas d'autre fondement qu'un fait contraire à cette vérité qui était inconnue; cette erreur suffira pour annuler la convention, soit qu'il se soit engagé dans quelque perte, ou qu'il ait manqué d'user d'un droit qui lui était acquis; car, non-seulement la convention se trouve sans cause (4), mais elle n'a pour fondement qu'une fausse cause. (C. civ. 1110.) Ainsi, s'il arrive que l'héritier d'un débiteur, qui de son vivant avait payé, et dont la quittance ne s'est pas trouvée, s'oblige, envers l'héritier du créancier dans l'ignorance de ce paiement, l'obligation sera sans effet, lorsque la quittance aura été trouvée. Ainsi, s'il arrive que deux héritiers partageant une succession, l'un laisse à l'autre des biens qui lui étaient donnés par un codicille, et que dans la suite ce codicille se trouve faux, il pourra demander un nouveau partage (5).

8. Si l'erreur de fait n'a pas été la seule cause de la convention, et qu'elle en ait quelque autre indépendante du fait qu'on a ignoré, cette erreur n'empêchera pas que la convention n'ait tout son effet. Ainsi, ceux qui transigent de toutes affaires en général, ne peuvent se plaindre d'avoir erré dans le fait de quelqu'une en particulier : ainsi, l'héritier qui a vendu l'hérédité n'en sera pas relevé pour avoir ignoré des effets qui en faisaient partie (6).

(1) L. 9, ff. de juris et fact. ign. (2) Cass. 4 vendémiaire an 10. (3) L. 2, ff. de jur. et fact. ign. (4) V. l'art. 5 de la sect. 1 des convent. (5) L. 116, § 2, ff. de reg. jur. L. 8, ff. de jur. et fact. ign. L. 9, eod. L. 23, ff. de cond. ind. L. 4, Cod. de jur. et fact. ign. L. 3, § 1, ff. de trans. L. 12, in fine eod. L. 6, eod. (6) L. 29, C. de trans.

9. L'ignorance des faits est présumée, lorsqu'il n'y a pas de preuves contraires; mais cette présomption toujours naturelle dans les faits qui ne nous touchent point, n'a pas lieu de même pour ceux qui nous regardent; et chacun est présumé savoir ce qui est de son fait (1).

10. Si c'est par le dol de l'un des contractans que l'autre a trompé par une erreur de fait, comme si l'un retenait caché le titre de l'autre, la convention sera annulée, et celui qui a retenu ce titre sera tenu de tous les dommages et intérêts qui auront été les suites de ce dol (2).

11. Dans tous les cas où l'un des contractans se plaint d'une erreur de fait, il en faut juger par les règles précédentes, selon les circonstances, comme de la qualité et de la conséquence de l'erreur; de l'égard qu'ont eu les contractans au fait qui leur a paru et qui était contraire à la vérité; de l'effet qu'aurait produit la vérité qui leur était cachée, si elle avait été connue; de la facilité ou difficulté qu'il pouvait y avoir de connaître cette vérité; si elle a été cachée par le dol d'une des parties; si ce qu'on prétend avoir ignoré était du fait même de celui qui allègue l'erreur, ou si c'était un fait qu'il pût ignorer; si l'erreur est telle, qu'il soit naturel qu'on y soit tombé, ou qu'elle soit si grossière qu'on ne doive pas le présumer (3); et par les autres circonstances qui pourront faire, ou qu'on écoute la plainte de l'erreur, ou qu'on la rejette.

12. L'erreur de calcul est la méprise qui fait qu'en comptant on met un nombre au lieu d'un autre qui était le vrai, qu'on aurait mis sans cette méprise. Ce qui est une espèce d'erreur de fait différente de toute autre erreur, en ce qu'elle est toujours réparée (4) (C. civ. 2058, Pr. 541.); car il est toujours certain que les parties n'ont voulu mettre que le juste nombre, et n'ont pu faire qu'aucun autre pût en tenir la place.

En cas de contestations entre un débiteur et son créancier, sur le produit de la gestion d'un immeuble donné à antichrèse au créancier, il y a obligation pour les tribunaux d'examiner les comptes présentant les recettes et dépenses effectives, de calculer la recette et la dépense, et de fixer le reliquat d'après cet examen et les débats des parties. Ils ne peuvent, en aucun cas, déterminer le résultat du compte par une évaluation arbitraire (5).

13. L'erreur de droit ne suffit pas de même que l'erreur de fait pour annuler les conventions (6). Car les plus habiles peuvent ignorer les faits (7); mais personne n'est dispensé de savoir les lois, et l'on y est assujetti quoiqu'on les ignore (8). Cette erreur

(1) L. ult. in fin. ff. pro suo. L. 2, ff. de jur. et f. ign. L. 3, eod. (2) L. 19. Cod. de trans. (3) L. 2, ff. de jur. et f. ign. L. 3, eod. L. ult. in fin. ff. pro suo. L. 6, ff. de jur. et f. ign. L. 3, § 1, eod. L. 9, § 2, eod. (4) L. un. Cod. de err. calc. (5) Cass. 6 août 1822. (6) L. 2, ff. de jur. et fact. ign. (7) Dict. leg. 2. (8) V. l'art. 9 de la sect. 1 des Règles de droit.

ou ignorance du droit a ses effets différens dans les conventions par les règles qui suivent.

14. Si l'ignorance ou l'erreur de droit est telle, qu'elle soit la cause unique d'une convention, où l'on s'oblige à une chose qu'on ne devait pas, et qu'il n'y ait eu aucune autre cause qui pût fonder l'obligation, sa cause se trouvant fausse, elle sera nulle. (C. civ. 1110.) Ainsi, par exemple, si celui qui achète un fief dans une coutume où il n'est dû aucun droit pour cette acquisition, va trouver le seigneur du fief dominant, et compose avec lui d'un droit de relief qu'il croit être dû, cette convention, qui n'a aucun fondement que cette erreur seule, n'obligera pas à ce droit de relief qui n'était point dû (1). (C. civ. 2053, 2057, 2059, p. 400.)

Il faut remarquer sur l'exemple rapporté dans cet article et sur celui de l'art. 16, que l'ignorance des dispositions des coutumes est une ignorance de droit, de même que celle des ordonnances et des autres lois; car, encore que les dispositions des coutumes soient considérées comme des faits, parce que n'étant que du droit positif, et différentes en divers lieux, il est naturel qu'elles ne soient pas toutes connues, même aux plus habiles, elles ne laissent pas d'avoir la force de lois qui ont leur effet à l'égard de ceux qui les ignorent, comme à l'égard de ceux qui les savent.

15. La règle précédente n'a pas seulement lieu pour garantir celui qui erre de souffrir une perte, comme dans le cas qui y est expliqué, mais elle a lieu aussi pour empêcher qu'il ne soit privé d'un droit qu'il ignore avoir. Ainsi, par exemple, si le neveu d'un absent prend soin de ses affaires, et que l'absent venant à mourir, et son frère, comme héritier, demandant à ce neveu le compte de ce qu'il avait géré des biens du défunt, le neveu rende ce compte, et restitue à son oncle tout ce qu'il avait de cette succession, faute de savoir qu'il succédait aussi avec lui, par le droit de représentation de son père, frère du défunt, il pourra dans la suite, étant averti de son droit, demander sa part de la succession (2).

16. Si par une erreur ou ignorance de droit on s'est fait quelque préjudice qui ne puisse être réparé sans blesser le droit d'une autre personne, cette erreur ne changera rien au préjudice de cette personne. Ainsi, par exemple, si celui qui a été élevé dans une coutume où l'on est majeur à vingt ans, traite ailleurs avec un mineur de vingt-cinq ans qu'il sait en avoir plus de vingt, et que par cette raison il croit être majeur; ou s'il lui prête de l'argent, cette erreur n'empêchera pas la restitution de ce mineur, s'il y en a lieu; car c'est un droit qui lui est acquis par une loi, dont cette ignorance ne change pas l'effet à son préjudice: et si cet argent n'a pas été utilement employé, l'erreur de celui qui l'a

(1) L. 8, ff. de jur. et fact. ign. (2) L. 7, ff. de jur. et fact. ign. L. 36, in fin. ff. fam. ercisc.

prêté n'empêchera pas qu'il n'en souffre la perte. Ainsi, celui qui aurait donné un héritage en paiement par une transaction, dans la pensée de le ravoir par la lésion de plus de moitié du juste prix, ne pourrait sous ce prétexte rentrer dans cet héritage acquis à sa partie par un titre que les lois ne permettent pas qu'on annulle par cette lésion (1).

17. Si l'erreur de droit n'a pas été la cause unique de la convention, et que celui qui s'est fait quelque préjudice puisse avoir eu quelque autre motif, l'erreur ne suffira pas pour annuler la convention. Ainsi, par exemple, si un héritier traite avec un légataire, et qu'il lui paie ou s'oblige à lui payer son legs entier, ignorant le droit qu'il avait d'en retrancher une partie, parce que le testateur avait légué au-delà de ce qu'il lui était permis de léguer, ou par la loi, ou par la coutume; cette convention ne sera pas nulle, car cet héritier a pu s'obliger à payer les legs entiers, par le motif d'exécuter pleinement la volonté du défunt à qui il succède; et il en serait de même de l'héritier d'un donateur, qui aurait exécuté ou approuvé une donation qu'il ignorait être nulle par le défaut d'insinuation (2).

SECTION II.

De la force.

Pour discerner quel est dans les conventions l'effet de la force, et quelle elle doit être pour les annuler, il faut connaître quelle est la liberté nécessaire dans les conventions, et remarquer qu'il y a bien de la différence entre le caractère de la liberté qui suffit pour rendre nos actions bonnes ou mauvaises, et le caractère de la liberté nécessaire dans les conventions.

Quand il s'agit de la liberté de faire le bien ou le mal, de commettre un crime, une injustice, une méchante action, la violence peut bien affaiblir, mais non pas ruiner cette liberté. Et celui qui, cédant à la force, se porte à un crime, choisit volontairement d'abandonner son devoir, pour éviter le mal d'une autre nature. Ainsi, la force n'empêche pas qu'il ne se porte librement au mal; mais, dans les conventions, lorsqu'un des contractans a été forcé pour y consentir, l'état où était sa liberté ne lui en laissait pas l'usage nécessaire pour donner un consentement qui pût l'engager et valider la convention.

La différence de ces matières, dont la force est considérée à l'égard de la liberté nécessaire dans les actions et à l'égard de la liberté qu'on doit avoir dans les conventions, consiste en ce que dans les actions, lorsqu'il s'agit de ne pas commettre un crime, ou contre la foi, ou contre les mœurs, celui qui,

(1) L. 3, de Senatusc. Maced. V. la remarque sur l'art. 14. (2) L. 9. Cod. ad. leg. falc. L. 9, § 5, ff. de jur. et fact. ign.

dans une telle conjoncture, cède à la force et se porte au mal, pouvait et devait souffrir plutôt les maux dont il était menacé, que de manquer à ce qu'il devait, ou à la vérité, ou à la justice, dont l'attrait, s'il l'avait aimée, l'aurait tenu ferme contre la terreur de tout autre mal, que celui d'abandonner un devoir si essentiel. Ainsi, la force n'a pas ruiné sa liberté, mais, l'affaiblissant, l'a engagé à en faire un mauvais usage, et à choisir librement le parti de faire le mal pour ne point souffrir; mais quand il s'agit d'une force qui ne met pas à l'épreuve de violer quelque devoir, et qui met seulement dans la nécessité de faire une perte, celui qui se trouve dans une telle conjoncture, qu'il faut, ou qu'il abandonne son intérêt, ou que, pour le conserver, il s'expose aux effets de la violence, est dans un état où il ne peut user de sa liberté pour prendre le parti de conserver ce qu'on peut lui faire perdre; car, encore qu'il soit vrai qu'il pût, s'il voulait, souffrir le mal dont on le menace, la raison détermine sa liberté au parti de souffrir la perte, et se délivrer par ce moindre mal de l'autre plus grand, que sa résistance aurait attiré. Ainsi, on peut dire qu'il n'est pas libre, et qu'il est forcé (1); puisqu'il ne pourrait sagement user de sa liberté, pour choisir le parti de résister à la violence, et de s'exposer, ou à la mort, ou à d'autres maux, pour conserver son bien; car enfin, ce qui blesse la prudence est contraire au bon usage de la liberté, puisque ce bon usage est inséparable de la raison, comme la volonté est inséparable de l'entendement.

On peut juger par cette remarque sur la liberté nécessaire dans les conventions, que si la violence est telle que la prudence et la raison obligent celui que l'on veut forcer d'abandonner quelque bien, quelque droit, ou autre intérêt, plutôt que de résister, le consentement qu'il donne à une convention qui le dépouille de son bien, pour se garantir d'une telle force, n'a pas le caractère de la liberté nécessaire pour s'engager, et que ce qu'il fait dans cet état contre son intérêt doit être annulé.

Il faut encore remarquer sur ce même sujet de l'effet de la force dans les conventions, que toutes les voies de fait, toutes les violences, toutes les menaces sont illicites; et que les lois condamnent, non-seulement celles qui mettent en péril de la vie ou de quelque tourment sur le corps, mais toutes sortes de mauvais traitemens, et de voies de fait. Et il faut enfin remarquer, que comme toutes les personnes n'ont pas la même fermeté pour résister à des violences et à des menaces, et que plusieurs sont si faibles et si timides, qu'ils ne peuvent se soutenir contre les moindres impressions, on ne doit pas borner la protection des lois contre les menaces et les violences, à ne réprimer que celles qui sont capables d'abattre les personnes les plus intrépides. Mais il est juste de protéger aussi les plus faibles et les plus timides, et

(1) L. 21, § 5, ff. quod. met. caus.

c'est même pour eux principalement que les lois punissent toute sorte de voies de fait, et d'oppressions (1). Ainsi, comme elles répriment ceux qui, par quelque dol ou quelque surprise, ont abusé de la simplicité des autres, encore que le dol n'aille pas jusqu'à des faussetés ou à d'autres excès (2), elles s'élèvent à plus forte raison contre ceux qui, par quelques violences impriment de la terreur aux personnes faibles, encore que la violence n'aille pas à mettre la vie en péril.

Il s'ensuit de tous ces principes, que si une convention a été précédée de quelque voie de fait, de quelque violence, de quelques menaces qui aient obligé celui qui s'en plaint à donner un consentement contre la justice et son intérêt, il ne sera pas nécessaire pour l'en relever qu'il prouve qu'on l'ait exposé au péril de sa vie, ou de quelque autre grande violence sur sa personne; mais s'il paraît par les circonstances de la qualité des personnes, de l'injustice de la convention, de l'état où était la personne qui se plaint, des faits de la violence ou des menaces, qu'il n'ait donné son consentement, qu'en cédant à la force, il sera juste d'annuler une convention qui n'aura pour cause que cette mauvaise voie de la part de celui qui l'a exercée, et la faiblesse de celui qu'on a engagé contre la justice et son intérêt.

On a fait ici toutes ces remarques, pour rétablir les principes naturels des règles de cette matière; et pour rendre raison de ce qu'on n'a pas mis, parmi les règles de cette section, la règle du droit romain qui veut qu'on ne considère pas comme des violences suffisantes pour annuler un consentement, celles qui ne pourraient troubler que des personnes faibles et timides, mais qu'il faut que la violence soit telle, qu'elle imprime une terreur capable d'intimider les personnes les plus courageuses (3), ce qu'une autre règle réduit au péril de la vie, ou à des tourmens sur la personne (4); car il est très-juste, et c'est notre usage, que toute violence étant illicite, on réprime celles même qui ne vont pas à de tels excès, et qu'on répare tout le préjudice que peuvent causer des violences qui engagent les plus faibles à quelque chose d'injuste, et de contraire à leur intérêt. Ce qui se trouve même fondé sur quelques règles du droit romain, où toute force était illicite, et où les voies de fait étaient défendues, lors même qu'on les employait à se faire justice à soi-même (5). Et ces règles sont tellement du droit naturel, qu'il ne pourrait y avoir d'ordre dans la société des hommes, si les moindres violences n'étaient réprimées.

1. On appelle force toute impression illicite, qui porte une personne contre son gré, par la crainte de quelque mal considérable,

(1) Levit. 6, 2, 19, 13. (2) L. 1, ff. de dolo. (3) P. 6, ff. quod met. caus. (4) L. 13. Cod. de Trans. l. 8. Cod. de resc. vend. (5) L. 1, § ff. quod met. caus.

à donner un consentement qu'elle ne donnerait pas, si sa liberté était dégagée de cette impression (1). (C. civ. 1109, s.)

2. Toute convention, où l'un des contractans n'a consenti que par force, est nulle; et celui qui a exercé la force en sera puni selon la qualité du fait, et sera tenu de tous les dommages et intérêts qu'il aura causés (2). (C. civ. 1111, 1117.)

3. Quoiqu'on ne se porte pas à des violences, ni à des menaces qui mettent la vie en péril, si on use d'autres voies illicites, comme si on retient une personne enfermée jusqu'à ce qu'elle accorde ce qu'on lui demande; si on la met en péril de quelque mal, dont la juste crainte l'oblige à un consentement forcé, ce consentement sera sans effet; et celui qui aura usé d'une telle voie, sera condamné aux dommages et intérêts, et aux autres peines qu'il pourra mériter selon les circonstances. Ainsi, si celui qui tient en dépôt des papiers, ou d'autres choses, nie le dépôt, et menace de brûler ce qu'il est obligé de rendre, à moins que celui à qui le dépôt doit être rendu ne lui donne une somme d'argent, ou autre chose qu'il exige injustement, ce qu'on aura consenti de cette manière sera annulé; et ce dépositaire sera puni de son infidélité, et de cette exaction, selon les circonstances (3). (C. civ. 1112.)

Les lois ne souffrent aucune sorte de violence, ni l'usage d'aucune force aux particuliers, non pas même pour se faire justice. Ainsi elles souffrent encore moins qu'on force, qu'on menace, qu'on intimide pour extorquer un consentement à une prétention injuste.

4. Si un magistrat, ou autre officier use de son autorité contre la justice, et que, par des menaces ou d'autres mauvaises voies, soit pour l'intérêt d'autres personnes, ou pour le sien, il engage quelque personne à donner un consentement, qui ne soit donné que par la crainte du mal qu'il peut faire, ce consentement extorqué par cette violence sera annulé, et l'officier tenu du dommage qu'il aura causé (4), et des autres peines qu'une telle malversation pourra mériter. (P. 183, 166, 167, i. 483, 484, s.)

Tout délit forestier, commis par un garde forestier dans les bois confiés à sa garde, est de droit réputé commis dans l'exercice de ses fonctions (5).

Un adjoint de maire prévenu d'avoir ordonné une arrestation arbitraire, s'il a procédé en qualité d'officier de police judiciaire, peut être poursuivi sur la citation du procureur général : il n'y a pas de nécessité d'autorisation de l'administration supérieure (6).

(1) L. 2, ff. quod met. caus. L. 3, § 1, eod. L. 5, eod. L. 1, eod. (2) L. 1, ff. quod met. caus. L. 3, eod. L. 6, ff. de off. præs. L. 116, ff. de reg. jur. (3) L. 8, § 1, ff. quod met. caus. L. 1, eod. L. 22, eod. L. ult. § 2, eod. Levit. 6, 2. (4) L. 3, § 1, quod met. caus. L. ult. C. de his quæ vi metusve. c. g. s. V. la sect. 8 du Contrat de vente, dans le préamb. V. ord. de Philippe-le-Bel, en 1320. (5) Cass. 14 juillet 1822. (6) Ordonnance, 8 janvier 1817.

Dans le cas de forfaiture de la part d'un fonctionnaire public de la classe de ceux dont il est parlé dans l'art. 483, le mandat d'amener ne peut être décerné par le juge d'instruction : il doit être procédé contre lui comme il est dit aux art. 479 et suivans (1). Lorsque le premier président de la cour royale remplace le juge d'instruction relativement aux crimes imputés aux magistrats inférieurs et aux officiers de police judiciaire, il ne peut, sans commettre un excès de pouvoir, annuler la procédure qui aurait été faite par un juge d'instruction ordinaire. — Il faut, au contraire, que cette annulation soit prononcée par la chambre du conseil du tribunal de première instance, ou par la chambre d'accusation de la cour royale. (2).

Lorsque le premier président et le procureur général d'une cour royale remplissant les fonctions de juge d'instruction et de procureur du roi pour la poursuite de crimes commis par les fonctionnaires désignés par l'art. 484, la chambre du conseil de première instance ne peut en connaître. L'affaire doit être portée *de plano* devant la chambre de mise en accusation de la cour royale, qui statue sur le rapport du procureur général (3).

5. Si la violence, les menaces ou autres voies semblables sont exercées sur d'autres personnes que celui de qui on veut extorquer un consentement, et qu'on l'intimide par l'impression que fera sur lui la crainte de voir ces personnes exposées à quelque mauvais traitement, comme si c'est sa femme, ou son fils, ou une autre personne de qui le mal doive le toucher, le consentement donné par de telles voies sera annulé, avec les dommages et intérêts, et les autres peines selon les circonstances (4). (P. 400.)

Il y a commencement de crime d'extorsion prévu par cet art. du code, lorsque, après avoir écrit le corps du billet à ordre que l'on se propose d'extorquer par violence, on conduit la victime, pour la forcer de les signer, au lieu où tout a été préparé pour la consommation du crime. — Celui qui a commis le crime d'extorsion, ou de tentative d'extorsion d'un titre contenant obligation, encourt la peine portée par l'art. 400, lors même que ce titre serait resté imparfait et irrégulier. — Le complice de l'auteur d'une tentative de crime, lorsqu'elle a été commise avec une ou plusieurs des circonstances nécessaires pour lui imprimer le caractère de crime, est passible de la même peine que l'auteur, lors même qu'il n'a pris aucune part au commencement d'exécution (5).

6. Tout ce qui aura été fait par force, ne sera pas seulement nul à l'égard de ceux qui l'auront exercée, mais à l'égard de toute autre personne qui prétendrait s'en servir ; car ce qui de soi-même est illicite, ne peut subsister pour qui que ce soit ; quoique même ceux qui ont exercé la violence n'en profitent point (6).

7. Dans tous les cas où il s'agit de donner atteinte à une convention, ou à quelque consentement qu'on prétend donné par la

(1) Cass. 18 avril 1816. (2) Cass. 27 août 1818. (3) Cass. 10 mai 1822. (4) L. 8, ff. § ult. quod met. caus. § ult. inst. de noxal. act. (5) Cass. 6 fév. 1812. (6) L. 14, § 3, ff. quod met. caus. L. 9, § 1, eod. L. 5. C. eod.

crainte de quelque violence, ou autre mauvais traitement, il en faut juger par les circonstances, comme de l'injustice qui a été faite à celui qui prétend avoir été forcé, de la qualité des personnes, de celles des menaces, ou autres impressions, comme si on a mis une femme en péril de son honneur; si des personnes violentes ont usé de menaces contre une personne faible, et l'ont exposée à quelque péril; si c'était le jour ou la nuit, dans une ville ou à la campagne. Et c'est par ces sortes de circonstances, et les autres semblables, et par la conséquence de réprimer toute sorte de violences et de mauvaises voies, qu'il faut juger de l'égard qu'on doit avoir à la crainte où s'est trouvé celui qui se plaint, et à l'impression qu'elle a pu faire sur sa raison et sa liberté (1). (C. civ. 1112, 1115, 892, 1117, 1338.)

Les faits de violence doivent avoir le caractère de délit pour annuler l'obligation (1112) (2). Au reste, il faut que la crainte inspirée soit contraire au droit et à la justice, celle d'une contrainte légale ne peut pas opérer la nullité d'une obligation: par exemple, on ne peut demander la nullité d'un remboursement fait en assignats à une époque où ils avaient cours, sous prétexte qu'il n'a été reçu que par contrainte, parce que ce remboursement était autorisé par la loi (3).

De ce que, pour établir le dol et la fraude qui ont donné naissance à un acte, on argumente de l'invraisemblance et de la fausseté des énonciations qu'il renferme, il ne s'ensuit pas qu'il faille recourir à l'inscription de faux, et qu'on ne puisse, sans cette voie, faire annuler l'acte pour dol et pour fraude (4). Lorsque la renonciation à une hypothèque acquise n'a été consentie que sur de fausses apparences de solvabilité données par le débiteur, le rétablissement de l'hypothèque sur ses biens encore libres, peut être ordonné par les tribunaux, lorsque cette mesure ne blesse pas les intérêts des tiers (5).

La ratification d'un acte nul dans son principe, n'a pas un effet qui remonte à l'époque où cet acte a été passé. —L'acte ratifié est régi non par la loi qui existait lors de la confection, mais par celle sous l'empire de laquelle la ratification a eu lieu (6). L'exécution d'un contrat nul n'en couvre pas le vice, s'il n'est établi que la partie qui l'a exécuté connaissait le moyen de nullité et a voulu y renoncer.—Un acte notarié est nul par cela seul que la date en a été surchargée, et les parties peuvent en demander l'annulation, même après l'avoir exécuté, s'il n'est pas prouvé qu'elles ont voulu en couvrir le vice (7).

Un acte souscrit par suite de dol et de violence, quoiqu'il soit susceptible de confirmation, ne serait pas susceptible de confirmation ou ratification par exécution volontaire, s'il ne contenait qu'une obligation *sur cause fausse*, la cause fausse rendant l'acte sans effet, et conséquemment non susceptible de ratification (8). Une surenchère n'est pas un acte tellement récognitif de la validité de la vente, qu'on ne puisse plus l'attaquer pour vice de dol et de fraude, surtout si l'on a fait à cet égard des réserves par l'acte de surenchère (9).

(1) L. 3, ff. ex quib. caus. maj. L. 8, § 2, quod met caus. L. ult. eod. L. 13, ff. quod met. caus. (2) Toulouse, 24 juillet 1810. (3) Bruxelles, 12 thermidor an 10. (4) Aix, 13 juillet 1813. (5) Angers, 26 juin 1818. (6) Cass. 12 déc. 1810. (7) Cass. 27 août 1812. (8) Cass. 9 juin 1812. (9) Rejet, 11 janv. 1815.

Aussi la nullité d'une transaction provenant du défaut de signature de l'une des parties, est couverte par l'exception volontaire (1). De même la nullité provenant dans un échange du défaut de signature de l'une des parties contractantes est couverte par l'exception volontaire (2). De même le défaut d'autorisation de la femme est couverte par la ratification postérieure du mari (3).

On ne peut, après avoir exécuté la volonté confidentielle d'un défunt, attaquer l'acte qu'on a passé. V. 1340 (4). Lorsque le juge défère le serment d'office à l'une des parties, et que l'autre partie présente laisse prêter sans faire ni réserve ni protestation, son silence équivaut à un acquiescement (5). On n'est pas recevable à interjeter appel d'un jugement qu'on a levé et signifié sans réserve (6). On ne peut dénier, en cause d'appel, des offres faites en première instance, parce qu'elles ne sont constatées que par les motifs du jugement (7).

Un paiement d'une redevance féodale, continué postérieurement aux lois abolitives de la féodalité, n'emporte point renonciation, de la part du débiteur, à invoquer ultérieurement le bénéfice de ces lois (8).

L'exécution d'un partage, quand elle n'est que la suite immédiate de l'acte, n'établit pas une fin de non recevoir contre la demande en rescision pour cause de lésion (9).

Un arrêt peut, avec le consentement des parties, être rendu pendant les vacances (10). La partie saisie, qui a interjeté appel du jugement qui prononce sur des nullités de procédure postérieure à l'adjudication préparatoire, a renoncé à cet appel, en demandant le même jour, à l'audience, sans faire aucune réserve, un sursis à l'adjudication définitive (11). En matière de saisie immobilière, on n'est pas recevable à se pourvoir en cassation contre l'arrêt qui a validé l'adjudication préparatoire, lorsque depuis cet arrêt on a procédé volontairement, sans prestation ni réserve, et proposé des moyens de nullité contre la procédure tendante à l'adjudication définitive (12).

Une poursuite de saisie immobilière déclarée nulle par jugement passé en force de chose jugée, peut valablement être reprise en vertu d'une transaction faite sous seing privé, dans laquelle le saisi a renoncé au bénéfice dudit jugement. Cette transaction, si elle est postérieure à la notification des placards aux créanciers inscrits, ne peut pas être arguée de nullité par le saisi, comme n'ayant eu lieu qu'entre lui et le poursuivant, et sans le concours des autres créanciers hypothécaires (2045). Ceux-ci n'ont pas le droit d'intervenir dans les poursuites ainsi reprises, et de reproduire les moyens de nullité dont celui-ci s'était désisté (13).

8. Si la violence a été exercée au lieu des voies de la justice, pour forcer celui qui refusait une chose juste, comme un débiteur de payer ce qu'il devait, ceux qui en auront usé seront tenus des dommages et intérêts, et punis des peines que la voie du fait pourra mériter, et de la perte même d'une dette exigée par de telles voies, selon que la qualité du fait pourra y donner lieu (14).

(1) Rejet, 19 décemb. 1820. (2) Paris, 17 décemb. 1821. (3) Dijon, 1er août 1818. (4) Nîmes, 3 mai 1813. (5) Cass. 8 juin 1819. (6) Colmar, 10 nov. 1813. (7) Colmar, 2 déc. 1815. (8) Cass. 27 juillet 1818. (9) Rejet, 27 octobre 1814. (10) Rejet, 19 avril 1820. (11) Paris, 9 fév. 1816. (12) Cass. 1er décembre 1813. (13) Rejet, 23 juillet 1819. (14) L. 12, § 2, ff. quod met. caus. L. 13, in fin. eod. L. 9. Cod. de oblig. et act.

9. Toutes les voies qui n'ont rien de la violence et de l'injustice, mais qui font seulement des impressions pour engager par d'autres motifs licites et honnêtes, ne suffisent pas pour donner atteinte aux conventions. Ainsi, le conseil et l'autorité des personnes, dont le respect engage à quelque condescendance, comme d'un père, d'un magistrat, ou d'autres personnes qui sont dans quelque dignité, et qui s'intéressent à exhorter et engager à quelque convention, sans violence, sans menaces, sont des motifs dont l'impression n'a rien de contraire à la liberté, et ne donnent pas d'atteinte aux conventions. Ainsi, le fils qui, par l'induction de son père, s'oblige pour lui, ne peut pas se plaindre que le respect qu'il a eu pour l'autorité paternelle l'ait engagé par force. Ainsi, celui qui s'oblige envers une personne de grande dignité, ne peut pas prétendre que son obligation en soit moins valide (1).

On voit par cette loi qu'il ne faut pas entendre indéfiniment cette autre règle qui dit, que l'on ne doit pas prendre pour la volonté d'un fils ce qu'il fait par obéissance à celle de son père (2).

10. Tout ce qui se fait par l'obéissance qu'on doit à l'autorité de la justice et à l'ordre du juge, dans l'étendue de son ministère, ne peut être prétendu fait par violence; car la raison veut qu'on y obéisse (3).

SECTION III.

Du dol et du stellionat (4).

On distingue le stellionat du dol en général; car encore que ce n'en soit qu'une espèce, elle a son nom propre. Ce nom de stellionat a son origine dans le droit romain, où l'on appelait de ce nom les fourberies, impostures, et autres tromperies criminelles, qui n'avaient point de nom propre; mais on donnait principalement ce nom à cette espèce de dol ou de crime que commettent ceux qui, ayant engagé une chose à une personne, la vendent à une autre, lui dissimulant cet engagement (5).

Nous avons restreint en France l'usage du nom de stellionat à ce dernier sens, et à cette espèce de dol, de ceux qui, ayant vendu, cédé, ou hypothéqué une certaine chose, la vendent ensuite, cèdent ou engagent à un autre, sans lui faire savoir leur engagement. Ce qui fait un caractère de dol qui va jusqu'au crime, et qui est réprimé par des peines selon les circonstances.

(1) L. 6. C. de his quæ vi metusve c. g. V. l. 2. C. ne fiscus vel resp. L. 26, § 1, ff. de pign. (2) L. 4, ff. de reg. jur. (3) L. 3, § 1, ff. quod met. caus. V. la sect. 13 du Contrat de vente sur les ventes forcées. (4) V. les arrêts cités sur l'art. 5 de cette sect. (5) L. 3, § 1, ff. Stellion.

1. On appelle dol toute surprise, fraude, finesse, feintise, et toute autre mauvaise voie pour tromper quelqu'un (1).

2. Les manières de tromper étant infinies, il n'est pas possible de réduire en règle quel doit être le dol qui suffise pour annuler une convention, ou pour donner lieu à des dommages et intérêts, et quelles sont les finesses que les lois dissimulent; car quelques-unes sont impunies et ne donnent aucune atteinte aux conventions, et d'autres les annullent. Ainsi, dans un contrat de vente, ce que dit vaguement un vendeur pour faire estimer la chose qu'il vend, quoique souvent contre la vérité, et par conséquent contre la justice, n'est pas considéré comme un dol qui puisse annuler la vente, si ce ne sont que des finesses dont l'acheteur puisse se défendre et dont la vente ne dépende pas. Mais si le vendeur déclare une qualité de la chose qu'il vend, et qu'il engage par-là l'acheteur, comme s'il vend un fonds avec un droit de servitude qui n'y soit pas dû, ce sera un dol qui pourra suffire pour annuler la vente. Ainsi, dans tous les cas où il s'agit de savoir s'il y a du dol, il dépend de la prudence du juge de le reconnaître et le réprimer, selon la qualité du fait et les circonstances. Et comme on ne doit pas donner facilement atteinte aux conventions, pour tout ce qui ne serait pas dans les bornes d'une parfaite sincérité, on ne doit pas aussi souffrir que la simplicité et la bonne foi soient exposées à la duplicité et aux tromperies. (2).

3. Comme le dol est une espèce de délit, il n'est jamais présumé s'il n'y en a des preuves (3).

4. Il faut distinguer le dol dont on parle ici, de la lésion qui arrive sans le fait des contractans; comme si un des copartageans se trouve lésé par une estimation excessive de ce qui lui est échu, ou un acheteur par le vice de la chose vendue, quoique le vendeur ignorât ce vice. C'est cette lésion, sans dol de personne, qu'on appelle *dolus re ipsâ;* parce que l'un des contractans se trouve trompé par la chose même, sans le dol de l'autre (4). Mais le dol personnel, qui est celui dont on parle dans ce titre, renferme le dessein de l'un des contractans de surprendre l'autre, et l'événement effectif de la tromperie (5). Comme si un fils, supprimant le testament de son père, transige avec un créancier qui avait le titre de sa créance reconnue par ce testament, et la lui fait perdre. Il y a cette différence entre ces deux espèces de lésion, que celle où il n'y a point de dol personnel fait simplement résoudre les conventions, avec les dommages et intérêts,

(1) L. 7, § 9, ff. de pact. (2) L. 1, § 1, ff. de dolo. L. 1, § 2, ff. de doli mali et met. except. L. 1, § ff. de dolo. L. 37, ff. de œdil. ed. V. l'art. 12 de la sect. 11 du Contrat de vente. (3) L. 6. Cod. de dolo. (4) L. 36, ff. de verb. obl. V. l'art. 10 de la sect. 6 des convent. (5) L. 10, § 1, ff. quæ in fraud. cred. L. 1, § 1, in fin. ff. de statu lib. L. 79, ff. de reg. jur.

s'il y en a lieu (1); et que le dol personnel peut quelquefois être réprimé par des peines, selon les circonstances.

5. Le stellionat est cette espèce de dol dont use celui qui cède, vend ou engage la même chose qu'il avait déja cédée, vendue ou engagée ailleurs; et qui dissimule cet engagement (2). (C. civ. 2136, 2059, 2193.) Et c'est aussi un stellionat de donner en gage une chose pour une autre, si elle vaut moins, comme du cuivre doré pour vermeil doré (3), ou de donner en gage la chose d'autrui (4).

La disposition de l'art. 2059 est applicable au cas d'échange de la totalité de la chose commune, par un co-propriétaire (5). Le créancier ne peut contraindre par corps son débiteur, comme stellionataire, après que, sans opposition de sa part, celui-ci a été admis au bénéfice de cession (6). Le vendeur qui affecte à la garantie de la vente les biens grevés de l'hypothèque légale et *non inscrite* de sa femme, se rend coupable de stellionat, surtout s'il n'est pas constant que l'acquéreur ait connaissance de cette hypothèque (7).

La femme commune qui hypothèque comme lui appartenant, et franc de toute affection, les biens indivis entre elle et les héritiers de son mari, peut être poursuivie comme stellionataire, lorsque, par l'événement du partage, les biens hypothéqués tombent dans le lot des héritiers du mari (8). Le débiteur qui a hypothéqué plusieurs immeubles dont un seul ne lui appartenait pas, doit être soumis comme stellionataire à la contrainte par corps pour le total de la dette, quoiqu'il offre de payer la valeur de l'objet illégalement hypothéqué (9). Dans le cas ou l'événement d'une clause résolutoire anéantit le contrat, tant pour le passé que pour l'avenir, la peine de stellionat peut avoir lieu (10).

La femme d'un débiteur coupable de stellionat peut du moins obtenir qu'il soit sursis à l'exécution de la contrainte par corps, pendant le temps nécessaire pour réaliser l'hypothèque offerte, lorsque le créancier qui l'accepte a accordé un délai trop bref (11).

Le stellionat ne constitue pas le délit d'escroquerie (12). Il n'y a point stellionat de la part des tuteur et subrogé-tuteur qui, après avoir vendu les biens des mineurs sans formalité de justice, en se portant fort pour les mineurs, avec promesse d'employer le prix au paiement des créances affectées sur ces biens, ont diverti les deniers, et ont laissé évincer l'acquéreur (13).

Un mari peut être poursuivi comme stellionataire pour n'avoir pas fait connaître l'hypothèque légale de sa femme sur un immeuble qu'il affectait à l'hypothèque d'une nouvelle créance, lors même que le créancier aurait déclaré dans l'acte qu'il avait connaissance de différentes hypothèques dont cet immeuble était grevé. — Lorsqu'un mari vend un immeuble affecté à l'hypothèque légale de sa femme, il n'est point obligé, comme dans le cas où il greverait cet immeuble d'une nouvelle hypothèque, de déclarer celle de sa femme, à peine d'être poursuivi

(1) V. l'art. 6 de la sect. 11 du Contrat de vente. (2) L. 3, § 1, ff. stell. L. 1. C. eod. (3) L. 36, ff. de pign. act. (4) L. 36, § 1, eod. (5) Rejet, 16 janv. 1810. (6) Cass. 15 avril 1819. (7) Rejet, 25 juin 1817. (8) Colmar, 31 mai 1820. (9) Cass. 19 juin 1816. (10) Angers, 2 juin et 27 juillet 1814. (11) Paris, 12 déc. 1816. (12) Cass. 9 vendémiaire au 10. (13) Colmar, 7 avril 1821.

comme stellionataire (1). Quand il s'agit de l'hypothèque légale de la femme, le mari qui ne l'a pas inscrite est tenu de la déclarer, à peine de stellionataire, surtout s'il n'est pas constant que l'acquéreur ait eu connaissance de l'hypothèque légale non déclarée (2).

6. Si la chose engagée à un second créancier, après avoir été engagée à un autre, suffit pour les deux, ce ne sera pas stellionat (3).

On ne regarde pas comme stellionat toute obligation où un débiteur affecte tous ses biens à divers créanciers, ni même toutes celles où le même fonds se trouve hypothéqué à plusieurs personnes, si le débiteur est d'ailleurs solvable. Mais on juge par les circonstances qui ont pu engager le créancier, s'il se trouve trompé.

7. Le stellionat n'annulle pas seulement les conventions où il se rencontre, mais il est de plus réprimé, et puni selon les circonstances (4). (C. civ. 2059, 2060, s.)

SECTION IV.

Des conventions illicites et malhonnêtes.

1. Les conventions illicites sont celles qui blessent les lois; et comme il y a deux sortes de lois, celles qui sont du droit naturel, et celles qui sont du droit positif, il y a aussi deux sortes de conventions illicites: celles qui blessent le droit naturel et les bonnes mœurs, et celles qui sont contraires au droit positif. Ainsi il est contre le droit naturel et les bonnes mœurs de traiter pour commettre un vol ou un assassinat; et ces sortes de conventions sont d'elles-mêmes criminelles, et toujours nulles (5). Ainsi, il est illicite par le droit positif de vendre aux étrangers de certaines marchandises, lorsqu'il y en a des défenses par quelque loi (6). (C. civ. 6, v. les art. 686, 900, 1133, 1172 et 1387.)

On ne déroge point aux lois qui intéressent l'ordre public et les bonnes mœurs, en s'obligeant pour soi et les siens, à ne pas faire *tel* commerce dans *tel* lieu.—On y déroge en connaissant la validité d'un divorce, ou en renonçant au droit de se pourvoir par appel contre un jugement de première instance qui a statué sur la validité d'un acte de divorce (7.) On y déroge en donnant son approbation à son interdiction, et à plus forte raison, en provoquant soi-même son interdiction (8). Il en est de même de la clause de garantie *des faits du gouvernement* par un vendeur de fonds originairement nationaux (9). On y déroge lorsqu'on stipule la condition de ne pas se marier avec une personne désignée, s'il y a des enfans préexistans. L'honneur de la mère et la morale commandent ce mariage (10).

Il est contraire à l'honnêteté publique de stipuler que l'on ne sera pas

(1) Rejet, 25 juin 1817. (2) Cass. 21 août 1816. (3) L. 36, § 1, ff. de pign. act. (4) L. 3, § 1, ff. Stell. (5) L. 6. C. de pact. (6) V. l'art. 9 de la sect. 9 du Contrat de vente. (7) Cass. 18 août 1807. (8) Cass. 7 sept. 1808. (9) Paris, 23 janv. 1806. (10) Bruxelles, la date manque; mais l'arrêt est rapporté, t. 13, p. 27, jurispr. du C. civ.

garant du dol personnel, puisque ce serait se réserver la faculté d'être de mauvaise foi. Mais celui qui en est l'objet peut en remettre la peine, car en cela il ne fait que disposer de son droit personnel (1).

Le testateur peut, en disposant de ses biens sous l'empire du code, instituer pour ses héritiers ceux de *ses parens qui lui auraient succédé d'après une coutume abrogée*, si les dispositions de cette coutume sont conformes au code civil (2).

Les prohibitions de l'ordonnance de 1669, en matière d'économie domaniale, n'ont pas le caractère de dispositions d'ordre public. Le droit de dépaissance dans une forêt domaniale, n'est pas soumis aux prohibitions du tit. 19 de cette ordonnance, lorsqu'il est fondé en titre conventionnel, stipulant les clauses contraires ou dérogatoires. Ainsi, la dépaissance usagère, avec titre spécial, peut être exercée, avec bêtes à laine, dans les bois du domaine, même dans les lieux non dépaissables(3).

La décision d'un tribunal ou d'une cour royale, que telle convention est contraire aux bonnes mœurs, n'est point un excès de pouvoir: c'est une décision, en point de fait, qui ne donne pas ouverture à cassation (4).

Sous l'empire du code civil, comme sous l'empire de l'ancienne législation, il y a des lois immuables qui intéressent spécialement l'ordre public et les bonnes mœurs, auxquelles il n'est pas permis de déroger par des conventions particulières. En effet, le maintien de l'ordre public, dans un gouvernement, est la loi suprême. Permettre des conventions contre cette loi, ne serait-ce pas placer des volontés particulières au-dessus de la volonté générale? ne serait-ce pas dissoudre le gouvernement? Pour ce qui est des bonnes mœurs, elles sont le véritable fondement de l'édifice social, qui, sans elles s'écroulerait bientôt au milieu des combinaisons de l'intérêt et des spéculations du vice, si des conventions pouvaient y porter atteinte; aussi l'intérêt public l'emporte-t-il toujours sur l'intérêt particulier.

2. Il ne faut pas mettre indistinctement au nombre des conventions illicites, comme contraires aux lois, toutes celles où l'on convient de quelque chose de contraire à une loi, mais seulement celles où l'on blesse l'esprit et l'intention de la loi, et qui sont telles que la loi le défend. Ainsi, cette convention, qu'un vendeur ne garantira que de ses faits et promesses, fait entre le vendeur et l'acheteur une règle contraire à celle de la loi qui veut que le vendeur garantisse de toutes évictions. Mais cette convention ne laisse pas d'être licite; car cette loi n'étant qu'en faveur de l'acheteur, il peut renoncer à ce qu'elle ordonnait pour lui; et c'est ce que les lois ne défendent pas (5).

3. Les conventions illicites ne sont pas seulement nulles, mais elles sont punissables selon qu'elles blessent les défenses et l'esprit des lois (6).

4. Les conventions illicites n'obligent à rien qu'à réparer le mal qui en suit, et aux peines que peuvent mériter ceux qui les ont faites.

(1) Cass. 24 pluv. an 13. (2) Cass. 19 juillet 1810. (3) Rejet, 9 juillet 1818. (4) Cass. 11 nivose an 9. (5) L. 29. C. de pact. L. 1, § 10. ff. de oper. nov. nunt. V. l'art. 27 de la sect. 2 des Règles du droit en général. (6) L. 7, ff. de legib.

5. Si la convention est illicite seulement de la part de celui qui reçoit, et non de celui qui donne, comme si un dépositaire exige de l'argent pour rendre le dépôt, ou un larron peut restituer ce qu'il a dérobé, celui qui a donné cet argent peut le faire rendre, encore que celui qui l'a reçu ait exécuté la convention (1). Mais si la convention est illicite de part et d'autre, comme si une partie donne de l'argent à son juge pour lui faire gagner sa cause, ou qu'une personne donne à une autre pour l'engager à quelque méchante action, celui qui a donné est justement dépouillé de ce qu'il avait employé pour un tel commerce, et il ne peut le répéter. Et celui qui a reçu ne peut profiter du prix de son crime; mais l'un et l'autre seront punis par les restitutions et les autres peines qu'ils pourront mériter (2).

On ne met pas dans cet article ce qui est dit dans quelques lois, que dans les cas où la convention est illicite de part et d'autre, la condition de celui qui a reçu est meilleure que celle de celui qui a donné; ce qui signifie qu'on ne lui fait pas rendre ce qu'il a reçu, et qu'en ce sens sa condition est plus avantageuse. *Si et dantis et accipientis turpis causa sit, possessorem potiorem esse: et ideò repetitionem cessare.* (L. 8, in fin. ff. de cond. ob. turp. caus. L. 2. Cod. eod. L. 9, ff. de dol. mal. et met. except.) Ce n'est pas la justice ni la raison qui rendent sa condition meilleure; il est au contraire de la raison et de la justice qu'il soit puni, non-seulement de la privation d'un tel gain, mais des autres peines qu'il peut avoir méritées. Et aussi voit-on dans le même droit romain, où se trouvent ces lois, que dans une autre il est dit, que ceux qui reçoivent de l'argent pour faire à quelqu'un une chicane, un procès ou une accusation, ou pour n'en pas faire, sont condamnés au quadruple. (V. L. 1, ff. de calumniat. Dict. leg. § 1.)

LIVRE II.

Des engagemens qui se forment sans convention.

On a expliqué, dans le traité des lois (3), l'origine et la nature des diverses sortes d'engagemens que Dieu fait naître entre les hommes pour assortir leur société; et on a tâché de découvrir dans ces sources les principes et l'esprit des lois qui regardent ces engagemens. Car, comme Dieu a rendu la société des hommes essentielle à leur nature, pour les appliquer aux devoirs de l'amour mutuel qu'il leur commande par la seconde loi, c'est par les engagemens où il les met qu'il détermine chacun aux devoirs particuliers qu'il veut lui prescrire; de sorte que c'est dans la nature de ces différens engagemens qu'il faut reconnaître leurs diverses règles, et en particulier les règles de ceux qui font les matières des lois civiles.

Pour descendre dans le détail de ces matières des lois civiles,

(1) L. 1, § ult. et L. 2, ff. de condict. ob turpem vel injust. caus. L. 6. C. eod. (2) L. 3, ff. eod. (3) Chap. 1, n. 8, ch. 2, n. 3, ch. 3, n. 4.

on en a fait un plan (1), où l'on a distingué deux espèces d'engagemens : l'une de ceux qui se forment par la volonté mutuelle de deux ou plusieurs personnes dans les conventions ; et c'est cette espèce qui a fait la matière du premier livre, et l'autre de ceux qui se forment sans une volonté mutuelle, mais, ou seulement par le fait de celui qui s'engage sans la participation de la personne envers qui il est engagé, ou même sans la volonté de l'un ni de l'autre, et par un pur effet de l'ordre divin ; et c'est cette seconde espèce d'engagemens sans convention qui fera la matière de ce second livre.

On distinguera facilement, par la seule lecture de la table des titres de ce livre, les engagemens qui se forment par la volonté d'un seul, et ceux que Dieu fait naître indépendamment de la volonté de l'un et de l'autre.

Les engagemens qui se forment par la volonté de la personne seule qui s'engage, ont cela de commun avec les engagemens qui se font par les conventions, que les uns et les autres ayant pour cause la volonté des personnes, il peut y en avoir qui ne soient pas justes, et qui blessent les lois ou les bonnes mœurs, et en ceux-ci on ne contracte pas d'autre obligation que celle de réparer le mal qu'on y fait (2). Mais les engagemens qui n'ont pour cause que l'ordre divin, et qui sont indépendans de nos volontés, comme sont les tutelles, les charges publiques et ceux qui se forment par des cas fortuits et par des événemens dont Dieu fait naître les occasions sans notre participation, ne sauraient avoir rien qui ne soit juste ; et c'est la main de Dieu qui, les formant, marque en chacun à quoi il oblige. Ainsi, au lieu que la plupart, ne regardant ces engagemens, lorsqu'ils sont pénibles et sans profit, que comme un joug dur, pesant et contraire à leurs intérêts et à leurs inclinations, les abandonnent autant qu'ils le peuvent impunément, on doit au contraire y reconnaître cet ordre de Dieu qui nous est une loi, et s'en acquitter avec la fidélité et l'exactitude que nous devons à ce qu'il commande.

Parmi tous les engagemens qui se forment sans convention, le plus important, qui renferme un plus grand nombre de devoirs, et qui demande une plus grande fidélité, est celui des tuteurs, et il fait une ample matière des lois civiles ; ce qui a obligé d'en faire le premier titre de ce second livre, et on expliquera ensuite les autres dans leur ordre.

TITRE PREMIER.

Des tuteurs.

Il est également de la religion et de la police, que ceux qui

(1) Au Traité des lois, ch. 14. (2) V. le préamb. du tit. des Vices des convent., et les sect. 3 et 4 du même titre.

sont privés de leur père avant qu'ils soient dans un âge où ils puissent se conduire eux-mêmes, soient mis jusqu'à cet âge, sous la conduite de quelque personne qui leur tienne lieu de père, autant qu'il se peut, et qui soit chargée de leur éducation, et du soin de leurs biens; et c'est aux personnes qui sont appelées à cette charge, qu'on a donné le nom de tuteurs.

Il n'est pas nécessaire d'expliquer ici quel est cet état qu'on appelle minorité, pendant laquelle les personnes sont en tutelle, et combien il dure; il suffit de voir ce qui a été dit sur ce sujet dans le Traité des lois, chap. 11, n°. 9, et dans le titre des Personnes, sect. 1, art. 16, et sect. 2, art. 8 et 9.

L'engagement des tuteurs est du nombre de ceux qui se forment sans convention, car il oblige ceux qu'on appelle à cette charge, indépendamment de leur volonté, par un juste effet de l'ordre de la société des hommes, qui ne souffre pas que les orphelins soient abandonnés. Ainsi, ce devoir regarde naturellement ceux qui leur sont proches, tant à cause que la proximité les y engage plus étroitement, que parce que le soin des biens des mineurs regarde ceux que la loi appelle à leur succéder, s'il n'y a pas de causes qui les excusent de cette charge, ou d'incapacités qui les en excluent. Comme le tuteur est obligé, indépendamment de sa volonté, à prendre le soin de la personne et des biens du mineur, il est juste aussi que le mineur, de sa part, soit réciproquement obligé envers le tuteur de ratifier après sa majorité ce que le tuteur aura bien géré, et à lui allouer les dépenses qu'il aura raisonnablement employées. Ainsi, la tutelle fait un engagement réciproque entre le tuteur et le mineur, de même que s'ils avaient contracté ensemble: ce qui fait que cet engagement est appelé dans le droit romain un quasi-contrat, c'est-à-dire semblable à l'engagement que fait un contrat entre ceux qui traitent ensemble (1).

Voy. dans ces mêmes lieux d'autres espèces de quasi-contrats, entre les co-héritiers; entre l'héritier et le légataire; entre celui qui fait une affaire pour un absent et cet absent; entre ceux qui se trouvent avoir quelque chose de commun ensemble sans convention; et entre celui qui reçoit ce qui ne lui était pas dû, et la personne à qui il faut le rendre. Toutes ces matières seront traitées chacune en son lieu.

Avant que d'expliquer les règles des tutelles, il est nécessaire de remarquer sur ce sujet quelques différences entre notre usage et le droit romain; car sans la connaissance de ces différences, on serait embarrassé en plusieurs articles sur l'application des lois qui y sont citées.

La première de ces différences consiste en ce que, dans le droit romain, on ne donnait des tuteurs qu'aux impubères, et non aux adultes, et la tutelle finissait par la puberté; et, à l'égard des

(1) V. l. 5, § 1, ff. de oblig. et act. 2. Inst. de oblig. quæ quas. ex contr.

adultes, jusqu'à l'âge de vingt-cinq ans, qui est la pleine majorité, on ne leur donnait que des curateurs, et seulement en deux cas: l'un, quand eux-mêmes y consentaient (1), et l'autre, lorsque les personnes qui avaient des affaires à régler avec eux, en faisaient nommer, pour exercer contre ces curateurs les actions qu'ils avaient contre les mineurs (2). Mais le tuteur était déchargé par la puberté de son mineur, et ne pouvait même être nommé son curateur, s'il ne voulait pas l'être (3). Il était seulement tenu, après sa tutelle finie, d'avertir le mineur de demander un curateur; et s'il y avait des affaires commencées, il devait en prendre soin, jusqu'à ce qu'il y eût un curateur nommé en sa place (4). En France, la tutelle dure jusqu'à l'âge de vingt-cinq ans accomplis; car, par notre usage, aussi bien que par le droit romain, ce n'est qu'après cet âge accompli qu'on est reconnu capable de toute sorte d'engagemens, sans espérance d'en être relevé par la considération de l'âge. Ainsi, on ne se servira dans ce titre que du seul nom de tuteur, et pour les impubères, et pour les adultes, quoique, dans les lois qui seront citées, les mots de tuteur et de curateur, doivent s'entendre au sens qu'ils avaient dans le droit romain.

Il faut remarquer, pour une seconde différence entre notre usage et le droit romain, que dans le droit romain on appelait aux tutelles de certaines personnes qui étaient préférées à tous autres, comme était celui qui avait été nommé par le père dans son testament, et au défaut de cette nomination le plus proche parent (5), et, s'ils étaient plusieurs parens au même degré, ils étaient tous appelés ensemble; mais, en France, c'est l'usage que les parens du mineur sont assemblés devant le juge de la tutelle pour faire une nomination d'un tuteur, et on ne suit pas indistinctement la volonté du père qui aurait nommé un tuteur, ni l'ordre de la proximité. Mais les parens ont la liberté de faire un autre choix, s'ils estiment qu'il y en ait lieu. Et cette liberté n'a pas seulement son usage dans le cas où ceux que la proximité appellerait à la tutelle auraient des moyens d'excuse, ou seraient incapables, mais on décharge souvent des plus proches qui n'ont pas d'excuses légitimes. Ce qui fait qu'on dit que les tutelles sont datives en France, et quoique cet usage ait son fondement sur un principe d'équité, parce qu'en effet il peut arriver que le plus proche, qui n'a pas de moyens suffisans pour être déchargé, n'ait pas d'ailleurs les qualités nécessaires pour un bon tuteur; cette liberté tourne souvent en abus, et les parens les plus proches qui, pensant moins au bien des mineurs, qu'à se garantir de la charge

(1) § 2. Inst. de curat. (2) Dict. § 2. L. 2, § 3, ff. qui petant tutores. L. 1. C. eod. (3) L. 20. Cod. de excus. tut. (4) L. 5, § 5, ff. de adm. et per tut. L. un. C. ut caus. post. pub. adsit tut. (5) L. 1, ff. de testam. tut. Inst. de leg. agn. tut. L. 1 et L. 6, ff. de leg. tut. Nov. 118. Cap. 5. V. l'art. 8 de la sect. 1.

de leur tutelle, y engagent par leurs brigues les parens les plus éloignés; ce qui mériterait quelque réglement.

La troisième différence entre notre usage et le droit romain, est dans la manière de pourvoir de tuteurs aux mineurs. Car, comme il n'y avait point à Rome d'officier public qui fît les fonctions qu'exercent dans ce royaume les procureurs du roi, il fallait que les mères des mineurs, leurs parens, leurs amis, ou leurs affranchis, demandassent pour eux des tuteurs aux magistrats (1). Mais en France, c'est le devoir des procureurs du roi, et de ceux qui en exercent les fonctions dans les justices des seigneurs, de faire pourvoir de tuteurs aux mineurs; et les mères ou les parens qui veulent y veiller, peuvent y faire pourvoir par le ministère de ces officiers.

Les autres différences qu'il peut y avoir entre notre usage et le droit romain, seront remarquées en leurs lieux, et il n'est pas nécessaire d'en parler ici.

SECTION PREMIÈRE.

Des tuteurs, et de leur nomination.

1. Le tuteur est celui à qui on commet le soin de la personne et des biens du mineur; et cette charge s'appelle tutelle (2), c'est-à-dire l'engagement à prendre ce soin (3). (C. civ. 450.)

Le soin de la personne et de l'éducation peut être séparé de la tutelle, lors de la nomination du tuteur, ou dans le cours de la tutelle, par la seule raison du plus grand intérêt du mineur (4). L'éducation du pupille et la garde de sa personne, ne sont pas toujours tellement attribuées au tuteur, qu'il ait le droit de la réclamer, même contre un ascendant sous la garde duquel ce pupille se trouve depuis long-temps (5). Bien que la mère, depuis son convol, ne soit plus tutrice, elle ne conserve pas moins le droit de surveiller l'éducation de son enfant (6). Le code n'exige pas, dans les art. 450 et 481, où il s'occupe des baux des biens des mineurs, que ces actes soient faits en justice; il suppose, au contraire, dans l'un et l'autre, qu'ils doivent être faits extrajudiciairement. Lorsque la nomination d'un tuteur vient à être annulée, les ventes et autres actes qu'il a faits de bonne foi pendant le cours de son administration, ne sont pas pour cela anéantis, soit au préjudice des tiers, soit au préjudice du tuteur (7).

Le principe général à l'égard des actes qui excèdent l'administration des biens du mineur, est que le tuteur ne peut les faire sans une autorisation préalable du conseil de famille. Mais entre ces actes, il en est plusieurs pour lesquels la loi ou la jurisprudence requièrent en outre d'autres formalités: ainsi, à l'exception des réparations ordinaires et de simple entretien dont le tuteur peut faire la dépense, sur les reve-

(1) Tit. ff. qui petant tutores. (2) § 2. Inst. de tutel. L. 1, § 1, ff. eod. (3) § 1 et 2. Inst de tut. L. 1, ff. eod. Dict. Leg. § 1. L. 14, ff. de test. tut. L. 12, § 3, ff. de adm. et per tut. (4) Rejet, 8 août 1815. (5) Rejet, 8 août 1813. (6) Poitiers, 15 fév. 1811. (7) Colmar, 27 avril 1813.

nus du mineur, sans aucune formalité, parce que cette dépense n'est qu'un acte d'administration, toutes les autres réparations, soit nécessaires, soit seulement utiles ou d'agrément, ne peuvent être faites qu'après l'autorisation du conseil de famille et visite préalable d'experts, pour constater l'état des lieux et la nécessité ou l'utilité des réparations. Et, si elles n'ont pas été ainsi faites, elles ne doivent point être allouées en compte au tuteur; car elles sont des actes de propriété, qui excédaient les bornes de sa capacité; et sous ce point de vue, il n'a pas été en droit de les faire sans autorisation du conseil de famille, et, en second lieu, si on les lui allouait, sans les formalités voulues par la loi et la jurisprudence, qui y a ajouté la visite préalable d'experts, l'intérêt du mineur pourrait être lésé (1).

Le conseil de famille ne peut empêcher l'exercice d'un acte de simple administration des biens de mineurs. Partout où le tuteur a capacité suffisante, il est indépendant de l'autorité du conseil de famille. Si donc le conseil s'opposait au remboursement d'un capital, entre les mains d'un tuteur, l'opposition serait nulle, et ne pourrait empêcher le remboursement, le débiteur devrait être condamné à payer, nonobstant l'opposition. En vain, on alléguerait que le conseil de famille a droit de surveiller les opérations, et d'interposer son autorité pour prévenir des actes qui pourraient nuire aux mineurs. Mais d'abord le droit de surveillance, qui n'est par sa nature que le droit d'observer ou d'examiner, ne peut pas être confondu avec le droit d'empêcher des actes, ou de s'y opposer. Et, en second lieu, comme la jurisprudence n'a ouvert au conseil de famille qu'une voie pour prévenir les actes d'une mauvaise administration de la part du tuteur, c'est la voie de la destitution dans le cas prévu par la loi, dans ceux où elle préjuge que l'administration des biens du mineur doit ou peut être enlevée au tuteur. Le conseil ne peut donc que surveiller l'emploi des capitaux dont le remboursement est offert ou exigé, et que destituer le tuteur, en cas de malversation ou d'incapacité (2).

Lorsque la rente à transférer n'excède pas 50 fr., le tuteur du mineur ou de l'interdit peut en faire le transport sans autorisation du conseil de famille.—Le mineur émancipé le peut avec la simple assistance de son curateur (3).

Le tuteur qui a été donné aux enfans communs par l'époux décédé, qui d'ailleurs a été confirmé par le conseil de famille, et qui est usufruitier de la succession, a qualité suffisante pour recevoir le remboursement des capitaux de rentes et de créances de la succession, et n'a pas besoin de l'autorisation spéciale du conseil de famille (4).

Le tuteur a seul le droit d'affermer les biens du mineur ou de l'interdit, en telle sorte que les baux par lui faits ne peuvent être annulés pour cause de vilité du prix, lorsqu'on ne prouve pas l'existence d'un concert frauduleux entre le tuteur et les preneurs (5). Les paiemens faits de capitaux entre les mains du tuteur, sur sa simple quittance, sont valables, et libèrent parfaitement le tuteur (6). Le tuteur autorisé par jugement à poursuivre la délivrance d'un legs de somme mobilière fait à son mineur, a capacité pour le recevoir (7).

L'acquéreur d'un immeuble appartenant au mineur peut en rembourser

(1) Paris, 12 ventose an 11. (2) Riom, 15 avril 1809. (3) Loi du 24 mars 1806. (4) Cass. 30 juin 1817. (5) Cass. 11 août 1818. (6) Cass. 30 juin 1807. (7) Paris, 6 floréal an 11.

valablement le prix au tuteur; il n'est pas obligé d'en surveiller l'emploi, bien qu'une des clauses de l'adjudication porte que le tuteur sera tenu de faire emploi du prix, et d'y appeler l'adjudicataire (1). Quand même elle porterait que l'adjudicataire conservera entre ses mains le prix, jusqu'à ce que les mineurs aient atteint leur majorité (2).

Le conseil de famille ne peut imposer au père tuteur légal de ses enfans l'obligation de donner caution, ou de faire emploi pour sûreté des capitaux appartenant aux mineurs, qu'il reçoit en sa qualité de tuteur, même dans le cas où le père serait insolvable (3). Un père qui a des enfans mineurs et d'autres majeurs ne peut agir au nom de ses enfans majeurs, parce qu'en France on ne plaide point par procureur; les actions étant libres sur la tête des majeurs, ils doivent agir en leur propre nom (4).

Le tuteur ou le curateur, sous l'assistance duquel un mineur a traité, n'est pas, s'il a été commis une lésion, même énorme, dont le mineur ait profité, responsable de cette lésion personnellement envers celui qui l'a soufferte (5).

Diriger la procédure en expropriation des biens d'un failli contre les syndics provisoires de la faillite, au lieu de diriger l'action contre le failli lui-même, ce n'est pas, de la part d'un tuteur, une faute lourde qui donne droit au mineur de réclamer des dommages et intérêts (6).

Un tuteur ne peut renoncer gratuitement à une inscription hypothécaire requise au profit de son mineur (7). La prohibition établie par le 3e v. de l'art. 450, restreinte au tuteur, ne peut être étendue au subrogé tuteur (8).

2. Le mineur est celui qui n'a pas encore vingt-cinq ans accomplis (9); et ceux qui se trouvent au-dessous de cet âge à la mort de leurs pères, étant dans cet état qu'on appelle minorité, sont mis en tutelle pendant qu'elle dure (10). (C. civ. 388.)

Le mineur qui, sous l'empire des lois nouvelles fixant la majorité à vingt-un ans, est parvenu à 31 ans, sans avoir exercé ses actions en restitution, est frappé de déchéance (11).

3. Quoiqu'il soit naturel de nommer, pour la tutelle d'un mineur, celui que la proximité appelle à sa succession (12), comme il arrive souvent que les plus proches, ou sont incapables d'être tuteurs, ou se trouvent avoir des moyens d'excuse, on peut nommer pour tuteurs des parens plus éloignés (13) (C. civ. 402.), ou faute de parens, des alliés et des étrangers même, s'il ne se trouve point de parens ou d'alliés qu'on puisse nommer, c'est-à-dire qui soient capables d'être tuteurs, et qui n'aient point d'excuse; et si dans le lieu du domicile du mineur, il n'y a aucune personne propre à être tuteur, on peut en choisir dans les lieux voisins (14).

(1) Paris, 22 germinal an 10. (2) Paris, 16 floréal an 10. (3) Toulouse, 2 juillet 1821. (4) Angers, 8 avril 1811. (5) Cass. 4 juillet 1810. (6) Colmar, 27 août 1816. (7) Cass. 22 juin 1818. (8) Rouen, 27 avril 1814. (9) L. 3, § 3, ff. de minor. V. sur le bissexte l'art. 20 de la sect. 2 des Rescisions. (10) Inst. de curat. (11) Rejet, 30 mai 1814. (12) L. 1, ff. de leg. tut. (13) L. 1, § 1, ff. de leg. tut. (14) L. 24, ff. de tut. et cur. detis. L. 1, § 10, de mag. conv. L. 32, ff. de testam. tut. V. l'art. 25 de la sect. 7.

4. Les pères (1) et les mères (2) peuvent nommer des tuteurs à leurs enfans mineurs (C. civ. 397.); mais, quoique leur choix fasse présumer la capacité et la solvabilité de la personne qu'ils ont nommée, on pourra faire une autre nomination, si quelque cause oblige à un autre choix; car il peut arriver, ou que le père ait mal choisi, ou qu'il soit survenu quelque changement, soit dans les mœurs ou dans les biens de celui qu'il avait nommé (3).

Le dernier mourant des père et mère peut imposer au tuteur choisi la condition de ne pas placer les capitaux des mineurs dans les fonds publics, mais seulement en immeubles ou hypothèques (4).

5. On peut nommer, à un seul mineur, un ou plusieurs tuteurs, si sa condition et l'étendue de ses biens demandent l'administration de plusieurs personnes (5). (C. civ. 454.) Et les tuteurs exercent, ou solidairement toute la tutelle, ou chacun ce qui est séparément commis à sa charge, suivant la règle qui sera expliquée en son lieu (6).

6. Outre les tuteurs qu'on donne communément aux mineurs de toutes conditions pour gérer la tutelle, on nomme quelquefois d'autres tuteurs, qu'on appelle honoraires, pour les tutelles qui le méritent: et leur fonction est de veiller sur l'administration de ceux qui gèrent, et de les conseiller; et, pour les distinguer, on appelle ceux qui gèrent, tuteurs onéraires (7).

7. Tous les tuteurs, soit qu'ils soient nommés par le père ou par la mère du mineur, ou appelés par leur proximité, ou qu'ils soient autrement choisis, doivent être confirmés en justice par le juge de la tutelle du mineur, qui est celui de son domicile (8). (C. civ. 448; Pr. 882, s. 889.)

Par notre usage, qui a été remarqué dans le préambule, le juge ne nomme le tuteur, ou ne confirme celui que le père a nommé, que sur l'avis des parens. (V. L. ult. § 1 et 2. C. de adm. tut.) où il est parlé de l'avis des parens sur la nomination d'un curateur pour un procès.

En cas d'opposition à l'homologation d'un conseil de parens, portant nomination de tuteur, tout jugement sur l'opposition est, par sa nature, sujet à appel (9). Lorsqu'un juge de paix a sanctionné mal-à-propos la délibération d'un conseil de famille, le tribunal civil qui réforme cette décision, ne peut statuer en dernier ressort (les délibérations, quoique revêtues de l'ordonnance des juges de paix, n'étant pas des jugemens). La voie de l'appel est ouverte contre le jugement du tribunal civil (10).

8. La nomination des tuteurs peut se faire en deux manières, pour ce qui regarde la sûreté des biens des mineurs. L'une, lors-

(1) L. 1, ff. de testam. tut. (2) L. 4, § 1, eod. (3) L. 10, ff. de conf. tut. L. 3, § 3, ff. de adm. et per tut. (4) Bruxelles, 15 décembre 1807. (5) L. 23, ff. de tut. et cur. (6) L. 27, ff. de tut. et cur. dat. L. 3, ff. de adm. et per tut. Dict. leg. § 1. L. 24, § 1, eod. V. l'art. 28 de la sect. 3. (7) L. 14, § 1, ff. de solut. et lib. L. 26, § 1, ff. de test. tut. L. 3, § 2, ff. de adm. et pert. tut. L. 3, § 2, ff. de adm. et pert. tut. V. l'art. 31 de la sect. 3. (8) L. un. C. ubi pet. tut. V. toto tit. ff. de confirm. tutor. et tit. inst. de Atil. tut. (9) Cass. 26 vend. an 8. (10) Cass. 15 ventose an 13.

que les nominateurs se rendent certains de la solvabilité des tuteurs, sans les obliger de donner caution; et l'autre, lorsque les tuteurs ne sont reçus à la tutelle qu'en donnant cette sûreté (1). Ce qui n'a lieu qu'à l'égard de ceux qui veulent bien accepter la tutelle à cette condition.

Ces textes ne regardaient que les tuteurs appelés par la proximité; car les tuteurs nommés par le testament du père n'étaient pas obligés de donner caution. (L. 17, ff. de test. tut.) Il est aisé de voir la raison de cette différence qu'on faisait dans le droit romain entre ces deux sortes de tuteurs. Par notre usage, aucun tuteur n'est obligé de donner caution; mais il peut arriver que ceux qui sont nommés donnent volontairement caution, pour l'intérêt qu'ils peuvent avoir à la conservation des biens; cette sûreté les faisant préférer à d'autres qui pourraient être appelés à la tutelle, et qui seraient moins solvables. V. l'art. 30 de la sect. 3.

9. Si de deux ou plusieurs qui peuvent être nommés tuteurs, l'un offre caution, les autres ne donnant pas une pareille sûreté, celui qui donnera caution sera préféré (2), s'il n'y a pas de raison d'en préférer un autre, soit pour les mœurs ou pour d'autres causes.

10. Le père a l'administration des biens de ses enfans, et il leur tient lieu, à cet égard, de tuteur légitime (3). (C. civ. 389.)

Les débiteurs d'un enfant mineur ne sont pas fondés à exiger caution ou emploi, bien que le père, à qui se doit faire le paiement, soit en état d'insolvabilité (4).

Le père est, de droit, fondé de pouvoir spécial de ses enfans mineurs: à ce titre, il a qualité pour appeler des jugemens de condamnation rendus contre eux en matière correctionnelle, sans avoir besoin, à cet effet, d'une procuration (5).

11. On peut nommer pour tuteur toute personne en qui il ne se trouve point d'incapacité ou de moyen d'excuse (6); et il ne faut que savoir qui sont ceux que les lois déclarent incapables ou exempts de tutelle: ce qui fera la matière de la section septième.

12. Le tuteur étant nommé, il prête le serment en justice de bien exercer cette charge, et de procurer en toutes choses le bien du mineur (7).

SECTION II.

Du pouvoir du tuteur.

Il faut remarquer en général sur cette section et sur les sui-

(1) L. 5, § 1, ff. de legit. tutor. Dict. leg. 1, § 3. (2) L. 17, § 1, ff. de test. tut. L. 13, in fin. ff. de tut. et curat. dat. L. 21, § 5, ff. eod. V. l'art. 30 de la sect. 3. (3) L. 5. Cod. de dolo. Inst. de leg. per tut. L. 7. C. de cur. fur. V. l'art. 5 de la sect. 1 du tit. des Curateurs. (4) Toulouse, 26 août 1818. (5) Rejet, 2 juin 1821. (6) L. 1, § 3. ff. de excus. (7) Novell. 72, cap. ult. V. l. 7, § 5. C. de curat. fur. V. l'art. 1 de la sect. 2 des Curateurs.

vantes, que, comme la charge d'un tuteur s'étend à tout ce qui regarde la conduite de la personne et l'administration des biens du mineur, elle renferme toute cette diversité d'engagemens, que les affaires de toute nature qui peuvent survenir rendent nécessaires. Ce qui distingue la tutelle des engagemens particuliers qui se forment, par exemple, par une vente, par un louage, par un prêt, par un dépôt, et autres semblables. Car, au lieu que ces engagemens ont leurs bornes réglées par leur nature, la diversité de ce qui tombe sous l'administration des tuteurs, fait que leur engagement est général et indéfini (1). On expliquera dans cette section et dans la suivante, les règles qui regardent cette administration des tuteurs, leurs engagemens, et le pouvoir que les lois leur donnent.

Il faut aussi remarquer que, pour tout ce qui regarde le pouvoir et les engagemens des tuteurs, les manières de régler l'éducation des mineurs, l'emploi de leurs deniers, la conduite de leurs affaires, leurs dépenses de toute nature, et ce qui peut être à régler dans l'administration de la tutelle, et recevoir quelque difficulté, l'usage est en France, qu'on nomme des parens ou d'autres personnes de qui le tuteur est obligé de prendre l'avis et de se régler par leur conseil; et c'est sur les délibérations et les avis de ces personnes qu'on examine la conduite des tuteurs, et qu'on alloue leurs dépenses qui pourraient recevoir quelque difficulté, ou qu'on les rejette.

Et pour les choses plus importantes, comme pour le mariage d'un mineur ou d'une mineure, pour l'aliénation de leurs immeubles et autres affaires de conséquence, on assemble devant le juge, ou ces personnes, ou un plus grand nombre de parens, pour donner leur avis qui sert de règle au tuteur. On voit bien dans le droit romain qu'en de certains cas le magistrat prenait d'office l'avis des parens, comme pour régler l'éducation du mineur, lorsqu'il s'y trouvait quelque difficulté, ou pour l'aliénation de ses biens (2); et on y voit aussi l'exemple d'un conseil donné au tuteur par le père du mineur (3); mais notre usage pour le conseil du tuteur est différent, et s'étend en général à toute son administration, et c'est selon cet usage qu'il faut entendre les règles qui regardent le pouvoir des tuteurs.

1. Le tuteur étant nommé pour tenir lieu de père au mineur, cette charge renferme deux obligations générales : l'une pour la conduite et l'éducation de la personne du mineur, et l'autre pour l'administration et le soin de ses biens. Ainsi, les lois donnent au tuteur le pouvoir et l'autorité nécessaires pour ses fonctions (4), et aussi elles l'obligent de s'en acquitter avec l'exactitude et la fidélité que demande un tel ministère.

(1) L. 38, ff. pro soc. V. l'art. dern. de la sect. 1 de la Société. (2) L. 1. C. ubi pup. educ. debeat. L. 5, § 11, ff. de reb. eor. qui sub. tut. (3) L. 5, § 8, ff. de adm. et per. tut. (4) L. 1, ff. de tut. § 1. Inst. eod. V. les arrêts cités, page 403.

2. Le pouvoir et l'autorité du tuteur s'étend à tout ce qui peut être nécessaire pour le bon usage de son administration ; et les lois le considèrent comme un père de famille, et lui donnent même le nom de maître, mais seulement pour administrer en bon père de famille, et à la charge de rendre compte de l'usage qu'il aura fait du pouvoir qui lui est donné (1). (C. civ. 469, s.)

Les contrats sont, en général, indivisibles, même à l'égard des mineurs. Lorsqu'un père, en mariant sa fille mineure, lui a constitué une dot, à la charge par elle de ne pas lui demander le compte de sa tutelle, elle ne peut, aux termes du droit romain, exiger le compte sans renoncer à sa dot (2).

3. Le tuteur peut faire toutes les dépenses nécessaires, utiles, honnêtes, pour les affaires, pour des réparations, pour les frais des procès, pour des voyages, et les autres semblables, selon que la qualité des biens, la nature des affaires et les circonstances peuvent y obliger. Et dans le doute de l'utilité ou nécessité des dépenses, il les fera régler (3). (C. civ. 454, 455.) Mais les dépenses ne peuvent excéder les revenus, si ce n'est en des cas de quelque grande nécessité pour le bien du mineur (4).

4. L'administration du tuteur s'étend à tout ce qui est nécessaire ou utile au mineur. Ainsi, il peut payer les dettes passives qui sont liquides, acquitter les charges, exiger des dettes actives, faire les réparations nécessaires. Mais il ne peut aliéner les immeubles du mineur, que pour des causes nécessaires : comme pour payer des dettes, si elles sont pressantes ou onéreuses ; et seulement lorsque les deniers, les revenus, les dettes actives, et les autres effets mobiliers n'y peuvent suffire. Et en ce cas l'aliénation se fait avec connaissance de cause, de l'avis des parens, après que le tuteur a fait voir l'état des biens par un compte sommaire, et que la vente est ordonnée en justice, et en y observant les formes prescrites par ces sortes de ventes (5). (C. civ. 457, s.)

La vente d'un immeuble, faite sans formalités, par un mineur, quoique par lui ratifié depuis sa majorité, n'est point valable, au préjudice d'une seconde vente faite intermédiairement, le vendeur étant devenu majeur avant la seconde vente (6). Des créanciers ne peuvent user du bénéfice de minorité du chef de leur débiteur (7).

Les mineurs ou interdits sont dispensés des formalités ordinaires, quand ils n'ont à vendre qu'une seule action de la banque (8).

En cas de vente d'immeubles, faite à un mineur avec faculté de rachat, le tuteur ne peut à lui seul, et sans l'intervention du conseil de

(1) L. 10, ff. de adm. et per. tut. L. 27, ff. de adm. et per. tut. L. 157, ff. de reg. jur. L. 7, § 3, ff. pro emptore. (2) Cass. 15 juillet 1807. (3) L. 3. Cod. de adm. tut. L. 1, § 9, ff. de tut. et rat. dist. L. 1, § 4, ff. de contr. tut. et ut. act. (4) L. 3, ff. de contr. tut. et ut. act. (5) L. 27, ff. de adm. et per. tut. L. 14, § 1, ff. de solut. L. 46, § ult. ff. de adm. et per. tut. L. 6. C. de præd. et al. L. 1, § 2, ff. de reb. cor. qui sub. tut. L. 11, cod. L. 5, § 9, ff. de eor. qui sub. tut. Dict. leg. 5, § 11. V. l'art. 24 et les suiv. de la sect. 2 des Rescisions. (6) Besançon, 30 juillet 1811. (7) Paris, 3 avril 1811. (8) Décret, 25 sept. 1813.

famille, proroger le délai conventionnel fixé pour l'exercice du réméré. Une telle prorogation de délai équipolle à aliénation : ce n'est point un acte de simple administration (1).

Le tuteur ne peut point se désister de l'inscription prise sur un tiers pour sûreté de la créance du mineur (2).

Les dispositions du code qui interdisent aux tuteurs toute aliénation, tout partage, toute transaction, sans l'entier et préalable accomplissement des formalités qu'elles prescrivent, sont absolues et exclusives de toute exception, tellement que les juges ne peuvent, sous prétexte même de l'équité et de l'intérêt des mineurs, juger contrairement à ces mêmes dispositions (3).

La nomination faite par le tuteur du mineur à la communauté conjugale, en vertu d'une délibération du conseil de famille, non homologuée en justice, est valable et régulière (4).

Les tribunaux ne peuvent refuser d'homologuer la délibération d'un conseil de famille qui a déclaré manifeste et palpable l'utilité d'un bail pour le mineur ou l'interdit (5).

Le procureur du roi ne peut, en aucun cas, se porter appelant du jugement d'homologation, parce qu'au civil il ne peut exercer son ministère par voie d'action, mais seulement par voie de réquisition, dans les procès dont les tribunaux sont saisis (6).

La vente volontaire d'immeubles appartenant à des mineurs n'est point nulle par cela seul qu'elle n'a pas été précédée de la vente du mobilier, lorsque d'ailleurs il est constant que le prix provenu des meubles vendus postérieurement ne suffisait pas encore pour faire face au paiement des dettes.—Il n'était pas nécessaire, pour qu'une telle vente fût régulière en pays de droit écrit, et particulièrement dans le ressort du parlement de Toulouse, que l'on apposât des affiches à la porte du manoir principal et de l'église paroissiale de l'immeuble vendu (7).

5. Le tuteur peut toujours faire la condition du mineur plus avantageuse, accepter les donations (C. civ. 463, s.) qui ne soient pas à la charge, transiger en sorte que, si le mineur est créancier, il conserve sa dette, et que, s'il est débiteur, il trouve son avantage, ou par la diminution de la dette, ou par la facilité du paiement. Mais le tuteur ne peut donner les biens du mineur, ni transiger en perdant quelque droit ou en le diminuant, ni imposer de nouvelles charges, comme des servitudes aux héritages, ni intenter ou soutenir de mauvais procès, ni déférer le serment à un débiteur, si ce n'est qu'il ne fût pas possible d'établir la dette du mineur, et qu'il ne pût y avoir que cette ressource; et il ne peut enfin empirer en rien la condition du mineur qui est sous sa charge (8). (C. civ. 467.)

Avant le code civil, les curateurs des interdits pouvaient transiger

(1) Cass. 18 mai 1813. (2) Rejet, 22 juin 1819. (3) Cass. 26 août 1807. (4) Cass. 12 novembre 1813. (5) Cass. 11 août 1818. (6) Loi du 24 août 1792. (7) Cass. 7 janvier 1817. (8) L. 46, § ult. de adm. et per. tut. L. 22, eod. L. 3, § 5, ff. de reb. eor. q. s. t. L. 6. Cod. de adm. tut. L. 35, ff. de jurejur. V. L. 17, § 1 et 2 eod. V. l'art. 5 de la sect. 2 des convent. V. ci-après l'art. 10. V. l'art. 2 de la sect. 2 des Novations.

sur les droits de ceux-ci, sans autorisation de justice, mais sauf la restitution en cas de lésion (1).

Sous l'empire des lois romaines, un tuteur a pu, sans l'autorisation du conseil de famille, transiger sur des droits mobiliers du mineur, s'il n'avait personnellement aucun intérêt à la contestation (2).

L'art. 467 du code, qui autorise le tuteur à transiger au nom du mineur, en observant les formalités qu'il prescrit, est applicable au mode de partage tracé par l'art. 466 qui le précède.—Le tuteur peut consentir, à l'aide des formalités prescrites par l'art. 467, à un partage *par attribution*, au lieu d'un partage au sort.—Le consentement donné par le co-héritier majeur au partage par attribution, rend dans tous les cas ce partage définitif à son égard (3).

6. Si le tuteur abuse de son pouvoir, soit par dol et mauvaise foi, ou par quelque faute, il en répondra : comme s'il manque de prendre conseil dans une affaire qui le mérite, s'il fait quelque mauvaise acquisition, ou s'il intente ou soutient un mauvais procès (4).

7. Si le père du mineur avait réglé que le tuteur se régirait par le conseil de la mère du mineur, et qu'il demeurerait déchargé de l'événement, il ne laissera pas d'être tenu de ce qui se trouvera mal géré par ce conseil même, s'il était imprudent; mais si le conseil était raisonnable, rien ne pourra être imputé au tuteur pour l'avoir suivi (5).

8. Le tuteur exerce son pouvoir pour les affaires du mineur en deux manières : l'une en autorisant son mineur présent, et l'autre en agissant comme tuteur, soit que le mineur soit présent ou non; et en l'un et en l'autre cas, il est responsable, et de ce qu'il autorise, et de ce qu'il fait (6).

9. Le pouvoir et l'autorité du tuteur ont cet effet, que tout ce qu'il gère est considéré comme le fait propre du mineur; et soit qu'il s'oblige pour le mineur comme son tuteur, ou que d'autres s'obligent envers lui en cette qualité, qu'il obtienne des condamnations en justice, ou qu'il soit condamné; c'est le mineur qui devient le créancier ou le débiteur, et les obligations et condamnations ont leur effet pour ou contre lui (7). (C. civ. 464.)

L'art. 464 s'applique même au cas où le père est tuteur; il ne distingue point entre les ascendans et le tuteur étranger (8). Le tuteur n'a pas besoin de l'autorisation du conseil de famille pour introduire en justice une demande en provision pour alimens et équipemens de son pupille (9).

Le défaut d'autorisation du conseil de famille pour l'exercice des droits immobiliers du mineur, ne peut être opposé que par le mineur

(1) Cass. 14 octobre 1806. (2) Cass. 10 mai 1813. (3) Cass. 30 août 1815. (4) L. 7, § 2, ff. de adm. et per. tut. L. 57, eod. L. 6. Cod. eod. V. l'art. 9 et l'art. 11 de la sect. 3. (5) L. 5, § 8, ff. de adm. et per. tut. (6) L. 1, § 2, ff. de adm. et per. tut. V. dict. L. 3 et 4. V. l'art. 9 de la sect. 3. (7) L. 1, ff. de adm. et per. tut. L. 7, ff. quand. ex fact. tut. L. 3, C. quando ex fact. tut. L. 8, ff. quando ex fac. tut. (8) Angers, 3 avril 1811. (9) Montpellier, 4 thermidor an 12.

seul. — Il n'y a là qu'une nullité relative et non une nullité absolue (1).

Les actions mobilières du mineur pouvaient être exercées par le tuteur légal ou datif, malgré l'opposition du conseil de famille (2). Le tuteur peut, sans l'autorisation du conseil de famille, reprendre une action relative aux droits immobiliers de son mineur, lorsqu'il en a été régulièrement introduit une antérieurement à la tutelle (3). Le tuteur qui exproprie des biens immeubles au nom de son mineur, pour recouvrer les créances mobilières qui lui sont dues, ne fait en cela qu'un acte d'administration; mais les poursuites n'ont pas besoin d'être autorisées par le conseil de famille (4).

Le subrogé-tuteur peut être membre du conseil de famille convoqué pour délibérer sur l'autorisation nécessaire au tuteur pour intenter une action immobilière au nom du mineur (5).

Lorsqu'un tuteur a exercé, sans l'autorisation du conseil de famille, une action relative aux droits immobiliers du mineur, cette action nulle ne peut être opposée au mineur par la partie qui a succombé; l'art. 464 du code civil n'ayant disposé que dans l'intérêt des mineurs, et ne pouvant (dans l'espèce dont il s'agissait) être invoqué contre leur intérêt (6). Un tuteur peut, sans l'autorisation du conseil de famille appeler d'un jugement qui a statué sur les droits immobiliers du mineur (7). Le même arrêt porte que la disposition de la loi du 24 avril 1790, qui bornait à trois mois les délais de l'appel, n'était point appliquable aux jugemens par défaut.

Un majeur qui a succombé dans une instance contre le tuteur d'un mineur, ne peut tirer un moyen de cassation de ce que ce tuteur n'était pas autorisé à plaider par le conseil de famille, ou de ce que le mineur n'avait pas de subrogé-tuteur, ce majeur ne pouvant, après que le mineur a définitivement et irrévocablement gagné son procès, retorquer, en excipant du défaut de subrogé-tuteur et d'autorisation du conseil de famille, contre le mineur, une disposition de la loi uniquement portée à son avantage; surtout ce moyen n'ayant pas été présenté aux juges de la cause par ce majeur (8).

10. L'autorité du tuteur n'empêche pas que, si le mineur se trouve lésé en ce que le tuteur a géré, même de bonne foi, soit avec le mineur, ou sans lui, il ne puisse en être relevé, s'il y en a lieu (9), selon les règles qui seront expliquées dans le titre des restitutions en entier; car le tuteur n'a de pouvoir que pour conserver le bien du mineur, et non pour lui nuire.

11. Si le tuteur avait en son nom quelque prétention contre son mineur, il ne pourra l'autoriser en rien de ce qui regardera son intérêt propre. Mais, en ce cas, on nomme un curateur au mineur, qu'on appelle autrement tuteur subrogé, pour le défendre contre son tuteur. Et si le mineur avait deux ou plusieurs tuteurs, l'un d'eux défendra le mineur contre l'autre. Mais s'il s'agissait d'autoriser le mineur pour accepter, par exemple, une succession

(1) Rejet, 11 décembre 1810. (2) Riom, 12 avril 1809. (3) Metz, 26 prairial an 13. (4) Bruxelles, 12 novembre 1806. (5) Rejet, 3 sept. 1806. (6) Cass. 24 août 1813. (7) Cass. 17 novembre 1813. (8) Cass. 4 juin 1818. (9) L. 7, § 3, ff. pro emp. L. 2, ff. de auct. et const. tut. L. 2, C. si tut. vel cur. interv. V. l'art. 19 de la sect. 2 des Rescisions.

non onéreuse, dont le tuteur se trouvât créancier, il pourrait autoriser son mineur pour le rendre héritier, quoique, par une suite de l'engagement à la qualité d'héritier, le mineur se trouvât obligé envers lui (1).

12. Le tuteur ne peut accepter un transport contre son mineur; et s'il le fait, il perdra la dette cédée (2); si ce n'est que les circonstances le justifient, comme si le tuteur paie de ses deniers, pour faire cesser ou pour prévenir une saisie des biens du mineur (3).

SECTION III.

Des engagemens des tuteurs.

1. Celui qui a été nommé tuteur, et qui n'a point d'excuse, est obligé d'accepter la tutelle et de l'exercer; et il répondra, non-seulement de ce qu'il aura mal géré, mais aussi de ce qu'il aura manqué de gérer (4). (C. civ. 439, 440.)

2. Le premier engagement du tuteur est de prendre soin de la personne de son mineur, de pourvoir à son éducation et à sa conduite, et d'y employer les dépenses nécessaires et honnêtes, selon que le demandent la condition et les biens du mineur (5). (C. civ. 456.)

3. Les mères des mineurs ont leur éducation, quoiqu'elles ne soient pas tutrices; si ce n'est qu'il y eût de justes causes de les en priver, ce qui sera réglé par le juge, de l'avis des parens (6).

On n'a pas mis dans cette règle, que la mère ayant convolé en secondes noces, elle est privée de l'éducation de ses enfans d'un autre lit, comme il semble que le veut la loi citée sur cet article; car encore que cette considération doive quelquefois avoir cet effet, notre usage ne prive pas la mère de l'éducation de ses enfans par le simple effet du convol.

4. Si la mère du mineur a convolé en secondes noces, l'éducation pourra lui être ôtée ou laissée avec son second mari, selon les circonstances (7).

5. L'éducation du mineur comprend ses alimens et son vêtement, le logement, les médicamens, les récompenses des précepteurs, l'entretien aux études et aux autres exercices, et généralement toutes les dépenses nécessaires et honnêtes, selon la qualité et les biens du mineur (8).

6. Les dépenses pour l'éducation doivent être réglées, de sorte

(1) L. 1, ff. de auth. et cons. L. 5, eod. L. 3, § 2, ff. de tutel. L. 1. C. de in lit. dand. tut. V. Nov. 72. Cap. 2. L. 24, ff. de test. tut. L. 1, ff. de auct. et cons. tut. L. 7, eod. (2) Nov. 72, cap. 5. (3) L. 12, ff. de reb. eor. qui sub. tut. (4) L. 1, ff. de adm. et per. tut. Dict. leg. § 1. L. 1, ff. de tut. et rat. L. 6. C. de test. tut. L. 5, § ult. ff. de adm. et per. tut. (5) L. 12, § 3, ff. de adm. et per. tut. (6) L. 1. C. ubi pup. educ. deb. Nov. 22, cap. 38. (7) C'est une suite de l'art. précédent et de l'art. de la sect. 7, où il est dit que le beau-père peut être tuteur. (8) L. 2, ff. ubi pup. educ. L. 12, § 3, ff. de adm. et per. tut. L. 3, § 2, ff. ubi pup. educ. V. leg. ult. C. de aliment. pup.

que rien d'honnête et de nécessaire ne manque au mineur, selon sa condition et ses revenus, et qu'aussi tous les revenus n'y soient pas consommés (1). Et pour les mineurs même qui ont de plus grands biens, on doit modérer les dépenses de l'éducation (2). Que si les biens du mineur s'augmentent ou se diminuent, les dépenses de l'éducation pourront être augmentées ou diminuées à proportion, s'il est nécessaire (3). (C. civ. 455.)

7. Si le père du mineur a réglé ce qui regarde son éducation, soit pour le lieu où il doit être élevé, ou pour la manière, ou pour les dépenses, il faut s'en tenir à sa disposition, à moins que de justes causes n'obligent à régler ces choses d'une autre manière. Ainsi, par exemple, si le père, se croyant plus riche qu'il n'était en effet, avait réglé une éducation d'une trop grande dépense, on pourrait la modérer, comme on pourrait au contraire l'augmenter si ce qu'il avait réglé ne suffisait pas, selon la condition et les biens du mineur. Ainsi, on pourrait commettre l'éducation à d'autres personnes qu'à celles que le père avait nommées, s'il se trouvait que la conduite de ces personnes mît en péril ou la vie ou les mœurs du mineur. Et si un père avait donné l'éducation de son fils à la personne qu'il lui aurait substituée, il serait de la prudence du juge et des parens du mineur de prévenir et le péril et le soupçon même, s'ils jugeaient qu'il y en eût lieu. Ainsi, dans les autres difficultés semblables, il est de la même prudence de suivre ou ne pas suivre les dispositions du père, selon que la considération des avantages du mineur peut y obliger (4).

8. Si le mineur se trouve sans biens, ou n'en a pas assez pour son entretien, le tuteur n'est pas obligé d'y fournir du sien; car cette charge ne consiste qu'à prendre le soin que demande l'administration (5).

9. Le second engagement du tuteur regarde l'administration des biens du mineur, et cet engagement l'oblige de prendre le même soin des biens et des affaires de son mineur, qu'un bon père de famille prend des siennes. Ainsi le tuteur répondra du dol et des fautes contraires à ce soin, mais non des mauvais événemens de ce qui aura été bien géré, ni des cas fortuits (6).

10. Le premier devoir du tuteur, pour l'administration des biens du mineur, est d'en faire un inventaire par l'autorité de la justice, avant que de s'immiscer dans l'exercice de la tutelle, afin qu'il sache de quoi il est chargé, et qu'il en rende compte quand la tutelle sera finie. Que si avant l'inventaire il arrivait quelque affaire qui ne reçût point de retardement, le tuteur y pourvoira selon le besoin (7). (C. civ. 451.)

(1) L. 2, § 1, ff. ubi pup. educ. L. 3, § 1, eod. Nov. 72, cap. 7. (2) Dict. leg. 3, § 3. (3) Dict. leg. 3, § ult. (4) L. 2, § ult. ff. ubi pup. educ. L. 1, ff. eod. L. 5, eod. L. 1, § 1, eod. (5) L. 3, § ult. ff. ubi pup. educ. (6) L. 33, ff. de adm. et per. tut. L. 10, eod. L. 1, ff. de tutelis et rat. L. 7. Cod. ab. tut. L. 3. § 7, ff. de contrar. tut. et tut. act. L. 4. C. de per. tut. (7) L. 24. C. de adm. tut. L. 7, ff. de adm. et per. tut. L. ult. § 1. C. arbit. tut.

Les tuteurs et curateurs supportent personnellement les peines encourues faute de déclaration, dans le délai utile, de successions échues à leurs pupilles, ou, en cas d'omission, dans celles qu'ils feraient, ou d'insuffisance d'estimation (1).

La déchéance prononcée par l'art. 451 contre le tuteur qui aurait omis de déclarer dans l'inventaire ce qui lui est dû par le mineur, est une disposition de droit étroit, qui ne peut être étendue contre le subrogé-tuteur (2).

L'hypothèque légale que la loi accorde au mineur ne s'étend pas aux biens mobiliers du tuteur, en telle sorte que celui-ci ne puisse disposer de ses créances pendant la tutelle, et tant que le compte tutélaire n'a pas été épuré (3). Rendu, vu les art. 451, 1291, 1295, 2073 à 2076, 2093, 2118, 2119, et notamment l'art. 2169 du code civil.

11. L'inventaire des biens étant fait, tous les titres et papiers sont remis au tuteur, afin qu'il prenne soin des affaires, qu'il exige les dettes, qu'il fasse les diligences qui seront à faire en justice pour les procès, et qu'il veille à tout ce que l'intérêt du mineur pourra demander (4). Mais, dans les procès, il ne doit, ni en faire pour le mineur, ni soutenir ceux qu'on pourrait lui faire, sans l'avis des personnes de qui il doit prendre le conseil, et il doit aussi régler par ce même conseil, les poursuites contre les débiteurs du mineur, pour n'en pas faire d'inutiles contre les débiteurs qui seraient insolvables : et enfin dans toutes les choses douteuses, c'est par ce conseil qu'il doit se conduire.

12. Tous les immeubles du mineur sont aussi mis en la puissance et en la possession du tuteur, pour en prendre soin, et pour en recueillir les fruits et autres revenus (5).

Par notre usage les héritages des mineurs sont baillés à ferme, après des publications et de l'avis des parens; et le tuteur n'en jouit qu'en cas qu'il ne se trouve point de fermier, et aux conditions que les parens règlent avec lui.

13. Comme les meubles peuvent périr ou se perdre, et que d'ailleurs ils ne produisent aucun revenu, les tuteurs doivent les faire vendre sans retardement, pour en employer les deniers en fonds ou en rente. Que s'il arrivait quelque cause de retardement comme on ne devrait pas alors imputer au tuteur de n'avoir pas fait une diligence précipitée, on ne devrait pas aussi l'excuser s'il y avait de sa part quelque négligence (6). (C. civ. 452.)

Par l'ancien droit romain, le tuteur n'était pas seulement obligé de faire vendre les meubles, mais même les maisons, à cause du péril des incendies; domus (vel) aliæ res periculo subjectæ. L. 5, § 9, ff. de adm. et per. tut. L. 22. Cod. de adm. tut. L'empereur Constantin défendit de vendre aucun immeuble, ni même les meubles, qu'avec connaissance

(1) Art. 39 de la loi du 22 frimaire an 7. (2) Paris, 14 fév. 1817. (3) Cass. 29 août 1820. (4) L. ult. § 1. C. arb tut. L. 2. C. arb. tut. 57, ff. de adm. et per. tut. (5) L. 15, § 5, ff. qui satisd. cog. (6) L. 7, § 2, ff. de adm. et per. tut. L. ult. § ult. C. eod. 22, in fine. C. eod. L. ult. L. quando decr. op. L. 3, C. de peric. tut. L. 24. C. de adm. tut.

de cause et ordonnance du juge, à la réserve des habits et des animaux, dont l'usage n'était pas nécessaire au mineur, qu'il permit de vendre sans ordonnance du juge. Dict. 22. Par l'ordonnance d'Orléans, art. 102, les tuteurs sont tenus, aussitôt après l'inventaire, de faire vendre par autorité de justice, les meubles périssables, et d'employer les deniers en rentes ou héritages de l'avis des parens et amis.

14. Le tuteur ne peut se rendre acheteur des biens de son mineur, ni en son nom, ni par personnes interposées; car, outre qu'il ne peut être vendeur et acheteur de la même chose, il pourrait aisément frauder et avoir à vil prix ce qu'il ferait vendre (1).

15. Si parmi les choses mobilières il y en a dont l'usage soit nécessaire pour le bien du mineur, comme des bestiaux dans une ferme, des cuves pour les vendanges et autres semblables, ces sortes de meubles seront conservés (2).

16. Si la tutelle ne doit durer que peu de temps, le mineur se trouvant proche de la majorité, et qu'il soit jugé plus utile de garder les meubles qui pourront lui être nécessaires quand il sera devenu majeur, et qu'il faudrait même qu'il achetât, le tuteur pourra être déchargé de les faire vendre.

Comme les meubles des mineurs ne doivent être vendus que pour en prévenir les dépérissemens, et pour employer les deniers, et que les motifs cessent dans le cas de cet article, la disposition de la loi qui ordonne la vente des meubles, doit y cesser aussi.

17. Si par d'autres raisons il est nécessaire ou utile au mineur de conserver quelques meubles, comme des pierreries, des tableaux et d'autres meubles précieux d'une maison illustre, ou des attelages et autres choses nécessaires pour la personne ou les biens du mineur, il sera pourvu dans ce cas et autres semblables à réserver ces sortes de choses, selon que la qualité des mineurs, l'usage de ces meubles, et les autres circonstances le demanderont (3).

Cette loi défendait en général la vente des meubles des mineurs, à la réserve de ce qu'il serait nécessaire de vendre avec connaissance de cause et décret de juge : ce qui était contraire à l'ancien droit et à notre usage.

18. Si le père du mineur avait fait quelque disposition pour empêcher la vente de ses meubles, le tuteur ne laissera pas d'être obligé de les faire vendre, si ce n'est que quelque considération particulière oblige à les garder; ce qui sera réglé par le juge de l'avis des parens (4).

19. Si dans les biens du mineur il se trouve des dettes actives qu'il soit plus utile de vendre que de discuter, à cause du dan-

(1) L. 5, § 2, ff. de auct. et cons. tut. Dict. leg. § 3. L. 9, ff. de reb. eor. q. s. t. (2) L. 22, in fine. C. de adm. tut. (3) L. 22, C. de adm. tut. (4) L. 5, § 9, ff. de adm. et per tut.

ger de faire des frais inutiles, comme par exemple, si, dans la succession d'un marchand en détail, il y a un grand nombre de petites dettes qu'il soit ou impossible ou trop difficile d'exiger, à cause de leur multitude, de leur modicité et des difficultés de la discussion; ces sortes de dettes pourront être vendues en gardant les formes, et réservant celles dont il serait plus avantageux de charger le tuteur.

20. Tous les deniers qui proviendront de la vente des meubles et des autres effets, et ceux qui se trouveront dans les biens du mineur, seront employés par le tuteur à acquitter les dettes passives, s'il y en a, et les autres charges. Et du surplus qui pourra rester, il sera fait un emploi en fonds ou en rentes (1); et il faut mettre au nombre des dettes que le tuteur doit acquitter, ce que le mineur pourrait lui devoir (2). (C. civ. 457, 458.)

Par l'ordonnance d'Orléans, art. 102, les tuteurs et curateurs sont tenus d'employer les deniers en rentes ou héritages, par l'avis de parens et amis, à peine de payer en leurs propres noms les profits des deniers. Cette ordonnance ayant réglé l'emploi en fonds ou en rentes, elle a exclu l'emploi en intérêts usuraires par un prêt, comme étant illicites.

21. Si la succession du père du mineur est chargée de dettes, et que le tuteur étant du nombre des créanciers, compose avec les autres à quelque remise, pour empêcher que le mineur ne renonce à la succession, il sera obligé à faire de sa part la même remise (3); si ce n'est que, par des considérations particulières, le conseil du mineur le règle autrement.

Si les parens du mineur trouvaient à propos de distinguer la condition du tuteur de celle des autres créanciers par la considération de ses soins et de l'avantage qu'il procurerait au mineur, en obtenant des autres une remise qu'il n'aurait peut-être pas lui-même le moyen de faire, il pourrait être juste que le tuteur ne fût pas obligé de la même composition.

22. Les deniers qui proviendront du rachat des rentes et des autres dettes actives du mineur, et ceux qu'il aura d'ailleurs par succession ou autrement, seront employés comme ceux de la vente des meubles en fonds ou en rentes; et si le tuteur ne fait ses diligences pour cet emploi, ou qu'il tourne à son propre usage les deniers du mineur, il sera tenu des intérêts des sommes qu'il aura manqué d'employer (4). (C. civ. 456.)

C'était l'usage, dans le droit romain, que le tuteur était obligé de déposer les deniers provenus des épargnes pour en faire l'emploi. Par notre usage les deniers demeurent en la puissance du tuteur, et il doit prendre ses précautions pour en faire un emploi utile.

L'héritier grevé par un testament d'un legs au profit de son pupille,

(1) L. 24. Cod. de adm. tut. (2) L. 9, § 5, ff. eod. L. 8. Cod. qui dare tut. (3) L. 59, ff. de adm. et per. tut. (4) L. 7, § 3. ff. de adm. et per. tut. Dict. L. § 4. L. 1. Cod. de usurp. pup.

sous l'obligation d'employer la somme léguée à l'éducation de celui-ci, doit les intérêts de cette somme à compter du jour du décès du testateur, et il est en outre tenu à des dommages-intérêts envers le légataire, s'il ne remplit pas cette obligation. — Le tuteur ne peut être excusé, sous prétexte qu'il n'a pas eu le dessein de nuire à son pupille, et qu'il s'est mépris sur la véritable intention du testateur (1).

23. L'intérêt des deniers du mineur ne commence pas de courir contre le tuteur du moment qu'il les a reçus; mais on lui donne un temps pour en faire l'emploi, soit que ce soit des deniers qui se trouvent en nature lors de l'inventaire, ou de ceux qui viennent de la vente des meubles, ou d'autres causes, ou même des épargnes des revenus dont il sera parlé dans l'article suivant (2).

Par notre usage le délai pour l'emploi des sommes principales que le tuteur peut recevoir, comme des rachats de rentes et autres, dépend des circonstances, selon la qualité des sommes et les difficultés de l'emploi; sur quoi le tuteur doit prendre ses précautions de l'avis des parens. Et pour les sommes qui viennent des épargnes, on règle un temps pour les accumuler et en faire un fonds, comme de trois en trois ans, et un délai de six mois pour la collocation en fonds ou rentes. Et si le tuteur n'a pas fait l'emploi, il est obligé de compter en son nom des intérêts de ces deniers après ces délais, étant présumé qu'il les a tournés à son profit. Sur quoi il doit prendre de même ses précautions.

24. Si les revenus du mineur excédent les dépenses, le tuteur est obligé d'accumuler ce qui reste de bon chaque année pour en faire un capital, et l'employer en fonds ou en rentes, lorsqu'il y aura une somme qui sera jugée suffisante pour faire cet emploi; et s'il ne l'a fait, il paiera les intérêts du fonds restant de ces revenus, suivant la règle expliquée dans l'article 27 (3). (C. civ. 455.)

Si le tuteur se trouve débiteur en son nom envers son mineur, il sera tenu de comprendre dans le fonds qui proviendra des revenus les intérêts de ce qu'il devra lui-même: car il a dû en faire le paiement; et il en est de même à son égard que s'il les avait reçus d'un autre débiteur (4).

25. Les rentes et les autres revenus qui proviendront des fonds que les épargnes auront produits, seront encore accumulés pour en faire des capitaux, et les employer en fonds ou en rentes, lorsque les sommes y pourront suffire, ainsi qu'il a été dit dans l'article précédent, et selon que la durée de la tutelle y donnera lieu; car tous les deniers des revenus étant hors des mains des débiteurs, et en celles du tuteur, tiennent lieu au mineur des capitaux qu'il faut employer (5).

26. S'il ne se trouvait aucune occasion de faire un emploi utile

(1) Cass. 23 avril 1817. (2) L. 7, § 11, ff. de adm. et per. tut. (3) L. 5, ff. de adm. et per. tut. V. l'art. 27, et la remarque qu'on y a faite. (4) L. 38, ff. de neg. gest. (5) L. 7, § 12, ff. de adm. et per. L. 58, § 1, ff. de adm. et per. tut.

et licite, le tuteur sera déchargé; mais pour cette décharge, il doit prendre les sûretés nécessaires, faire ses diligences, et rapporter des actes de l'avis des personnes de qui il devait prendre conseil, par où il paraisse que les deniers sont restés en nature, et que l'emploi n'a pu être fait (1). Autrement il en répondra, suivant la règle expliquée dans l'article suivant.

27. Si le tuteur ne fait point d'emploi, et ne prend pas les précautions nécessaires pour sa décharge, il sera tenu en son nom des intérêts des deniers; car en ce cas il est justement présumé qu'il les a tournés à son propre usage (2). (C. civ. 455.)

28. Si un mineur a deux ou plusieurs tuteurs, et que par leur nomination on ait marqué à chacun sa charge, ils auront leur administration distinguée, et aucun ne sera tenu de celle des autres (3). Mais si la même administration est commise à deux ou à plusieurs, ils en seront tenus solidairement. Et soit qu'ils veulent l'exercer ensemble ou séparément, ou qu'ils conviennent entre eux de la laisser à un, ou que tous négligent l'administration, ils seront tous tenus l'un pour l'autre, parce que c'est leur charge commune (4).

29. Si deux ou plusieurs tuteurs ont été nommés pour gérer solidairement, la solidarité n'empêchera pas que le mineur, venant à les poursuivre pour lui rendre compte, ne soit obligé de diviser son action entre ceux qui auront géré, et de les discuter chacun pour son administration ou leurs héritiers, avant que de poursuivre les uns pour les autres, si ce n'est qu'il y en eût d'insolvables, et s'il y en a qui n'aient point géré, ils ne seront recherchés qu'après la discussion de ceux qui auront géré. Que si les tuteurs avaient renoncé à ces bénéfices de division et de discussion, ils pourront être poursuivis d'abord solidairement. Mais, soit que ces bénéfices aient lieu ou non, ceux qui auront payé pour les autres, auront les droits du mineur pour agir contre eux, et pour recouvrer ce qu'ils auront payé au-delà de leur portion (5).

30. Si deux ou plusieurs tuteurs nommés pour une même administration ne veulent, ni gérer ensemble et répondre les uns pour les autres, ni confier l'administration à l'un dont les autres répondent, et qu'il y en ait un qui offre de donner caution pour gérer seul, les autres ne donnant pas la même sûreté, il sera préféré et gérera seul (6). Que si tous offrent de donner caution, le

(1) L. 3. Cod. de usur. pup. L. 12, § ult. ff. de adm. et per. tut. (2) L. 7, § 3, ff. de adm. et per tut. Dict. § 3. (3) L. 2, § 1. Cod. de divid. tut. (4) Dict. leg. 2, L. 1, § 11 et 12, ff. de tut. et rat. et distr. Dict. leg. 2, in fin. L. 38, § 1, ff. de adm. et per. tut. (5) L. ult. Cod. de divid. tut. L. 1, § 11, ff. de tut. et rat. distr. V. l. 2, § 2, de cur. bon. dando. Dict. leg. 1, § 13, ff. de tut. et rat. distr. L. 2. Cod. de divid. tut. V. l'art. 3 de la sect. 1, tit. de la Solidarité entre deux, etc. (6) L. 17, ff. de test. tut. § 1, inst. de satisdat. tut. L. 4, in fin. Cod. de tut. vel cur. qui sat. n. d.

plus capable et le plus solvable, et par soi-même, et par sa caution, sera préféré. Car il vaut mieux que la tutelle ne soit administrée que par un seul, et les autres seront déchargés de répondre de son administration (1). Mais si aucuns ne donnent caution, et qu'ils ne conviennent pas, ou de gérer tous ensemble, ou que l'un seul gère pour les autres, l'administration sera divisée; et en ce cas personne ne sera responsable que de la sienne. Ou si on en choisit un seul pour gérer, les autres ne voulant pas répondre pour lui, ils seront déchargés (2).

31. Quoique les tuteurs honoraires ne soient pas tenus d'exercer l'administration de la tutelle comme les tuteurs onéraires, si néanmoins par la nomination d'un tuteur honoraire, on lui avait prescrit quelques fonctions, et qu'il y eût manqué, ou que, par une connivence ou négligence inexcusable, il eût dissimulé la mauvaise conduite du tuteur onéraire, il pourrait en être tenu selon les circonstances (3).

On n'a pas conçu cette règle dans la rigueur qu'elle avait par le droit romain, et on l'a mise en termes qui s'accommodent avec notre usage.

32. Le dernier engagement du tuteur est de rendre compte de son administration, de répondre de ce qu'il aura, ou mal géré, ou manqué de faire; d'acquitter les sommes dont il se trouvera reliquataire, avec les intérêts du jour de l'arrêté de compte, et de rendre les fruits dont il aura joui (4). (C. civ. 471, 474.) Et l'engagement de rendre compte est si indispensable, que si le père du mineur, nommant un tuteur, l'avait déchargé de rendre compte, il ne laissera pas d'y être obligé : car autrement les malversations d'un tuteur pourraient être impunies, ce qui blesserait les bonnes mœurs et le droit public (5).

Il faut remarquer, sur cet article, que par notre usage, contraire à la disposition du droit romain, *en la loi 4 et en la loi 5, cod. de trans.* le tuteur est tellement obligé de rendre compte, que quand même le mineur, devenu majeur, aurait transigé avec son tuteur sur l'administration de sa tutelle, ou que, par une quittance ou quelque autre acte, l'aurait acquitté directement ou indirectement, sans que le tuteur lui eût rendu compte, tous ces actes seraient annulés; car on présumerait justement qu'il y aurait eu du dol du tuteur d'ôter au mineur la connaissance de l'état de ses affaires, qu'il ne pouvait prendre que par un compte. Ainsi, ces sortes d'actes seraient contre l'honnêteté et les bonnes mœurs.

Si le tuteur n'avait rendu compte que sur une sommation, l'intérêt courrait du jour de la demande, et conséquemment avant la clôture du compte. V. Pr. 57 (6).

(1) L. 18, ff. de test. tut. L. 3, § 6, ff. de adm. et per. tut. Dict. leg. (2) L. 3, § 7, 8, 9 et l. 4, ff. de adm. et per. tut. L. 55, eod. § 1. Inst. de satisdationibus tut. V. l'art. 9 de la sect. 1. (3) L. 60, § 2, ff. de rit. nupt. L. 3, § 2. ff. de adm. et per. tut. V. l'art. 6 de la sect. 1. (4) L. 9. Cod. arbitr. tut. L. 1, ff. de tutel. et rat. distr. dict. leg. § 3. L. 7, § ult. ff. de adm. et per. tut. L. 1, § ult. de usur. L. 10, ff. rem. pup. salv. forc. (5) L. 5. § 7, ff. de adm. et per. tut. (6) Pau, 3 mars 1818.

33. Les tuteurs ne sont pas seulement tenus de rendre compte après leur charge finie; mais ils y sont encore obligés, lorsque pendant leur administration il arrive quelque occasion qui peut y donner lieu. Ainsi, par exemple, si des créanciers du mineur veulent faire saisir et vendre ses biens, il faut que le tuteur fasse connaître, par un état sommaire de compte, s'il n'y a point de deniers pour acquitter les dettes (1).

34. Les tuteurs doivent employer dans leurs comptes toutes les recettes qu'ils ont faites ou dû faire; et s'ils peuvent mettre en reprises ce qu'ils n'ont pu recevoir, pour en être déchargés s'il y en a lieu : comme s'ils ont fait les diligences nécessaires contre un débiteur qui se trouve insolvable. Car les tuteurs, quoique obligés à une administration exacte et fidèle, ne doivent pas répondre des événemens (2).

35. Les tuteurs peuvent employer dans leurs comptes toutes les dépenses qu'une administration raisonnable obligeait de faire (3). (C. civ. 471.) Et il faut mettre en ce nombre les dépenses que le tuteur a faites de l'avis des personnes choisies pour le conseiller, et celles qui ont été réglées en justice, si ce n'est qu'il y eût quelque dol de sa part (4). Que si quelque événement rend inutiles les dépenses qui ont dû être faites, le tuteur ne laissera pas de les recouvrer (5).

36. Tous les biens du tuteur sont hypothéqués depuis sa nomination, pour tout ce qu'il pourra devoir pour son compte (6). (C. civ. 2135.)

37. Si la mère, tutrice de ses enfans, convole en secondes noces sans leur avoir fait nommer un tuteur, rendu compte de son administration, et acquitté et assuré ce qu'elle pourrait leur devoir, les biens de son second mari seront hypothéqués envers les mineurs, pour tout ce qui se trouvera leur être dû par le compte, tant du passé que de l'avenir (7). (C. civ. 395.)

Cette règle est pleine d'équité, pour prévenir les fraudes qui pourraient suivre du second mariage, et qui feraient passer les biens mobiliers des mineurs, et ceux même de la mère, aux enfans du second lit, ou au mari même; et c'est à cause de l'équité de cette règle, qu'encore qu'elle ne s'observe pas exactement, on a cru qu'elle ne devait pas être supprimée.

Sous l'empire de la loi du 17 nivose an 2, et en pays de droit écrit, la mère tutrice de ses enfans qui se remarierait sans leur avoir fait nom-

(1) L. 5, § 11, ff. de reb. eor. qui sub. tut. (2) L. 9, Cod. arbitr. tut. L. 3, § 7, ff. de contr. tut. et ut. act. V. l'art. 9. (3) L. 1, § 4, ff. de contr. tut. et ut. act. V. l'art. 3 de la sect. 2. (4) L. 5, § 15, ff. de reb. eor. qui sub. tut. (5) L. 3, § 7, ff. de contr. tut. et ut. act. V. l'art. 7 de la sect. 2 de ceux qui font les affaires des autres à leur insu. (6) L. 20. Cod. de adm. tut. L. 7. § 5, in fin. Cod. de cur. fur. L. 1, § 1. Cod. de rei ux. act. V. l'art. 6 de la sect. 5. Nov. 118. Cod. 5, in fin. V. l'art. 5 de la sect. 2 des Hypothèques. V. ci-après l'art. 6 de la sect. 5. (7) L. 6. Cod. in quib. caus. pign. v. h. t. contr. L. 2. Cod. quando mul. tut. offic. fungi pot.

mer un nouveau tuteur, était déclarée indigne de leur succéder ; la loi du 17 nivose n'ayant point abrogé l'authentique *eisdem pœnis* (1). La mère qui se remarie n'est plus tutrice de plein droit à l'exclusion de l'aïeul ; elle ne peut plus obtenir la tutelle de ses enfans mineurs que de la volonté des parens : la tutelle conséquemment devient dative de légale qu'elle était (2). Des parens qui décident, à la majorité, que la mère qui se remarie doit être privée de la tutelle de ses enfans, ne sont point obligés d'expliquer, dans le procès-verbal, les motifs de leur opinion (3). Arrêt rendu, vu les art. 395, 447 du code civil et l'art. 883 du code de pr.

La mère de l'enfant naturel perdrait la tutelle de cet enfant, si elle se mariait sans convoquer un conseil de famille pour décider si elle doit lui être conservée. — A défaut de la tutelle légale, le tuteur de l'enfant naturel peut être nommé par un conseil de famille (ou d'amis), dans le cas surtout où le tribunal l'aurait ainsi ordonné (4).

Quoique la mère, depuis son convol, ne soit plus tutrice, elle n'en conserve pas moins le droit de surveiller l'éducation de son enfant ; elle a même le droit de le garder jusqu'à l'âge de huit ans, quand d'ailleurs on ne peut faire à la mère aucun reproche contraire à l'intérêt de l'enfant (5).

La mère est tenue, à l'exemple de l'héritier majeur du tuteur, de continuer, jusqu'à la nomination du nouveau tuteur, la gestion sous sa responsabilité et sous celle de son nouveau mari ; les actes passés avec elle et les jugemens rendus contre elle, en sa qualité de tutrice dans le convol et la nomination d'un nouveau tuteur, sont susceptibles d'exécution contre les pupilles (6). On avait jugé antérieurement que les actes faits par la mère déchue, au nom du mineur, étaient nuls et qu'ils n'étaient pas même validés par son rappel à la tutelle, et que les tiers pouvaient même opposer cette nullité (7). L'arrêt qui précède doit être préféré.

La déchéance de droit ne produit pas les mêmes effets que la déchéance qui s'est réalisée par le fait : ainsi, lorsqu'une mère déchue de droit de la tutelle, par l'effet du convol sans autorisation, a néanmoins continué à gérer la tutelle, les actes qu'elle a faits dans l'intérêt des mineurs, notamment un commandement interruptif de prescription, ne sont pas sans effet. En ce cas, on ne peut dire que la mère soit sans qualité (8). La déchéance prononcée contre la mère tutrice qui n'a pas convoqué le conseil de famille avant de convoler en secondes noces, n'emporte pas contre elle une incapacité absolue, tellement qu'elle ne puisse recouvrer la tutelle par une nomination du conseil de famille (9).

La mère naturelle, qui n'a reconnu légalement son enfant qu'après la nomination d'un tuteur à celui-ci, ne peut, sur le motif qu'elle n'a pas été appelée au conseil de famille, demander la nullité de cette nomination (10).

(1) Cass. 24 fructidor an 13. (2) Rejet, 26 fév. 1807. (3) Cass. 17 nov. 1813. (4) Rejet, 31 août 1815. (5) Poitiers, 15 février 1811. (6) Turin, 25 juin 1810. (7) Nîmes, 19 prairial an 13. (8) Limoges, 17 juillet 1822. (9) Metz, 20 avril 1820. (10) Rejet, 7 juin 1820.

SECTION IV.

Des engagemens des cautions des tuteurs, et de ceux qui les nomment, et de leurs héritiers.

1. Ceux qui se rendent cautions des tuteurs sont tenus de tout ce que les tuteurs pourront devoir à cause de leur administration (1). Mais si, après la tutelle finie, le tuteur s'est ingéré à quelque nouvelle affaire du mineur, qui ne fût pas une suite nécessaire de la tutelle, celui qui s'était rendu sa caution n'en sera pas tenu (2).

2. Si les cautions des tuteurs ne se sont obligées que comme simples fidéjusseurs sans renonciation au bénéfice de discussion des biens des tuteurs (3), et suivant les règles qui seront expliquées dans le titre des Cautions et Fidéjusseurs.

Par l'ancien droit romain les cautions des tuteurs pouvaient être poursuivies avant la discussion du tuteur. (L. ult. ff. rem. pup. salv. fore. L. 7, ff. de fidej. tut. L. 1. Cod. eod.) Mais la novelle 4, cap. 1, a donné aux cautions indistinctement le bénéfice de discussion, sans en excepter les cautions des tuteurs : et ce bénéfice est tout naturel à l'obligation du fidéjusseur, qui est de payer au cas que le principal obligé ne paie point (4).

3. Il faut mettre au nombre des cautions des tuteurs ceux qui, sans s'obliger expressément comme cautions, ont certifié que le tuteur était solvable ; car ils en doivent répondre de même que s'ils s'étaient rendus cautions (5).

4. Si dans la nomination d'un tuteur il y avait quelque malversation de ceux qui le nomment, comme si on nommait une personne apparemment insolvable, les nominateurs en seraient tenus. Mais avant que le mineur puisse agir contre les nominateurs, il doit discuter le tuteur et ses cautions (6).

On ne parle point ici de l'engagement des magistrats envers les mineurs, pour ce qui regarde la nomination des tuteurs ; car notre usage est tout différent du droit romain qui oblige le magistrat à donner au mineur un tuteur solvable, et à prendre de bonnes cautions de ceux qui en doivent donner. (L. 1, § 12. L. 6, ff. de magistr. conv.) Mais par notre usage le magistrat ne fait que confirmer la nomination du tuteur choisi par les parens, et prendre son serment. Ainsi, les juges ne sont pas tenus de la solvabilité des tuteurs, à moins qu'il n'y eût quelque prévarication qui pût les y obliger.

5. Les héritiers du tuteur sont tenus de répondre de toute son administration, et même des dommages causés par son dol ou sa négligence, et de ce qu'il peut avoir manqué de gérer. Et ils

(1) L. 2. Cod. de fidejuss. tut. tot. Tit. ff. et Cod. eod. Inst. de satisd. tut. V l'art. 32 de la sect. 3, et la loi 10. ff. rem. pup. salv. fore. (2) L. 46, § 4, ff. de adm. et pér. tut. (3) V. Nov. 4, cap. 1. L. 2, in fin. Cod. de fidej. tut. (4) Dict. leg. 2. Cod. de fid. tut. (5) L. 4, § 3, in fin. ff. de fidej. tut. (6) L. 4. Cod. de magistr. conv.

doivent rendre le compte pour lui, comme il aurait dû le rendre lui-même (1). (C. civ. 419.)

6. Quoique les héritiers des tuteurs ne soient pas tuteurs, si l'héritier du tuteur décédé est un homme en âge d'agir et qui en soit capable, il est obligé de prendre le soin des affaires que le tuteur avait commencées, jusqu'à ce qu'il y ait un autre tuteur, ou qu'il y soit autrement pourvu ; et s'il y manquait de mauvaise foi, ou par une négligence grossière, il en serait tenu (2).

7. Pour les affaires qui n'avaient pas été commencées par le tuteur, et qui ne sont pas venues à la connaissance de son héritier, il n'est pas obligé d'en prendre le soin. Mais si par une grande négligence il abandonnait une affaire du mineur venue à sa connaissance sans y pourvoir lui-même ou y faire pourvoir, il en répondrait (3).

8. Si l'héritier du tuteur s'ingère à continuer l'exercice de la tutelle, il sera tenu du même soin que s'il était tuteur (4).

9. S'il y a plusieurs tuteurs tenus d'une même administration, et que l'un d'eux ait une caution, les autres ne pourront être recherchés du chef de ce tuteur, qu'après la discussion de son fidéjusseur (5).

SECTION V.

Des engagemens des mineurs envers leurs tuteurs.

1. Comme les tuteurs sont engagés à tout ce qui regarde l'administration des biens du mineur, et qu'ils ont le pouvoir de faire tout ce que demande le devoir de leur charge, les mineurs sont aussi réciproquement obligés d'approuver et ratifier, après leur majorité, tout ce que les tuteurs ont géré raisonnablement et de bonne foi ; et ils sont de plus obligés envers leurs tuteurs aux engagemens expliqués par les règles qui suivent (6).

2. Le mineur devenu majeur doit allouer à son tuteur, dans le compte de la tutelle, toutes les dépenses qui auront été faites pour sa personne, pour ses biens et pour ses affaires, selon qu'il paraîtra d'une nécessité ou d'un emploi utile, ou que les dépenses auront été réglées dans le cas où le tuteur aura dû les faire régler (7). (C. civ. 471.)

3. Si la tutelle demandait que pour le soulagement du tuteur on lui donnât le secours d'un homme d'affaires, on allouera dans sa dépense les salaires de la personne qu'il aura employée, selon qu'ils auront été réglés pendant la tutelle, ou qu'il sera arbitré

(1) L. ult. Cod. de hered. tut. L. 2, eod. L. 10. Cod. arb. tut. L. 12, eod. (2) L. 16, § 1, ff. de tutel. L. 1, ff. de fidejuss. et nom. et her. tut. V. l'art. suiv. et l'art. 3 de la sect. 6. (3) L. 4, § 1, ff. de fidejuss. tut. L. 1. Cod. de hered. tut. (4) L. 4, ff. de fidejuss. et nom. et hered. tut. (5) L. 1, § 15, ff. de tut. et rat. distr. (6) L. 12, § 1, ff. de adm. et per. tut. L. 1, ff. de contr. tut. et ut. act. (7) L. 1, § 4, ff. de contr. tut. et ut. act. Dict. leg. V. l'art. 3 de la sect. 2.

quand il rendra compte, et à proportion de la qualité du mineur, et de la nature de ses biens et de ses affaires, le tuteur demeurant responsable du fait des personnes qu'il aura employées pour le soulager. Et quoique le tuteur n'ait point eu en effet un homme d'affaires, on ne laissera pas de lui allouer cette dépense, si son administration demandait ce secours (1).

4. Si le père, la mère, ou les frères et sœurs d'un mineur qui serait en tutelle, n'avaient aucuns biens, et qu'il en eût de son chef, il serait tenu d'allouer à son tuteur les dépenses des alimens fournis à ces personnes (2), selon le réglement qui en aurait été fait.

5. Si le tuteur a été engagé à quelques dépenses, n'ayant aucuns fonds en ses mains, ni des revenus du mineur, ni de ses effets, de sorte qu'il ait été obligé d'emprunter ou avancer du sien, les intérêts des avances lui seront alloués jusqu'à ce qu'il y ait du fonds des revenus ou d'ailleurs pour le rembourser (3).

6. Comme le mineur a son hypothèque sur les biens du tuteur pour tout ce qu'il pourra lui devoir à cause de son administration, le tuteur a aussi, de sa part, son hypothèque sur les biens du mineur pour les sommes que le mineur pourra lui devoir pour son compte (4). Car l'engagement du tuteur et celui du mineur étant réciproques, et se contractant dans le même temps, l'hypothèque, qui en est l'accessoire, se contracte de même. Et si par exemple le mineur devenu majeur emprunte de quelqu'un avant que son tuteur lui ait rendu compte, et que par ce compte le tuteur se trouve créancier, il aura son hypothèque avant cette dette. (C. civ. 2121, 2135.)

Quand cette hypothèque du tuteur ne serait pas fondée sur ces lois, elle est une suite naturelle de son administration, et de l'obligation réciproque qui se forme entre le tuteur et le mineur.

7. Outre cette hypothèque, le tuteur a aussi un privilége pour les deniers qu'il a employés au recouvrement ou à la conservation des biens et des dettes; et il est préféré sur ces biens et sur ces dettes aux autres créanciers (5).

SECTION VI.

Comment finit la tutelle, et de la destitution des tuteurs.

1. La charge du tuteur finit par la majorité de celui qui était

(1) L. 13, § 1, ff. de tutelis. L. 24, ff. de adm. et per. tut. L. 33, § ult. ff. eod. L. 1, § 7, ff. de tut. et rat. distr. (2) L. 13, § 2, ff. de adm. et per. tut. L. 4, in fin. ff. ubi pup. educ. V. l'art. 4 de la sect. 2 des Rescisions. (3) L. 3, § 1, ff. de contr. tut. et ut. act. Dict. leg. 3, § 4. Dict. leg. § 5. V. l'art. 3 de la sect. 2 de ceux qui font les affaires, etc. (4) L. un. § 1. Cod. de rei ux. act. L. 1, ff. de contr. tut. et ut. act. § 2, inst. de oblig. quæ quasi ex contr. L. 5, § 1, ff. de obl. et act. V. l'art. 36 de la sect. 3. (5) V. l'art. 6 de la sect. 3 des Curateurs, et l'art. 25 de la sect. 5 des Gages et Hypothèques.

en tutelle; car, étant devenu majeur, il peut prendre lui-même le soin de ses biens et de ses affaires; mais le bénéfice d'âge n'a pas le même effet (1). (C. civ. 469, s.)

2. S'il y a deux ou plusieurs mineurs sous une seule tutelle, elle finit pour chacun à sa majorité; et celui qui est devenu majeur peut obliger le tuteur à lui rendre compte, quoique la tutelle dure encore à l'égard des autres (2).

3. Quoique la tutelle finisse au moment que le mineur est parvenu à l'âge de majorité, le tuteur n'est pas tellement déchargé par ce changement, qu'il puisse d'abord abandonner toute sorte de soin des affaires; mais il doit continuer son administration en celles qu'il ne pourrait négliger sans causer quelque perte ou quelque dommage : et il doit pourvoir à tout ce qu'il y a de nécessaire, qui ne souffre point de retardement jusqu'à ce qu'il ait rendu compte, ou qu'en attendant le compte il remette les affaires et les papiers entre les mains de son mineur devenu majeur, afin qu'il soit en état d'y veiller lui-même (3).

4. La tutelle finit aussi par la mort du mineur (4); mais de sorte que le tuteur ne doit pas abandonner ce qui demande son soin jusqu'à ce que les héritiers du mineur soient en état de l'en décharger, suivant la règle expliquée dans l'article précédent.

5. Si le tuteur meurt pendant la tutelle, elle est finie (5), non-seulement à son égard, mais aussi pour ses héritiers; et ils ne seront tenus que selon les règles expliqués en la section quatrième, parce que *certæ personæ datur tutela.*

6. La tutelle finit encore par la mort civile ou du tuteur ou du mineur (6); car, de la part du tuteur, la mort civile le rend incapable de cette charge, et de la part du mineur, elle le met hors d'état d'avoir besoin d'un tuteur, n'étant plus maître de sa personne, et n'ayant plus de biens; mais le tuteur est obligé, après la mort civile de son mineur, de prendre soin des biens, suivant les règles 3 et 4 de cette section, pour l'intérêt de ceux à qui il sera obligé d'en rendre compte.

7. Si le tuteur est déchargé pour quelque excuse, ou destitué pour malversation, sa charge est finie (7).

8. Le tuteur peut être destitué si sa mauvaise conduite mérite qu'on lui ôte l'administration : comme s'il prévarique pour faire périr les droits du mineur, s'il abandonne les affaires, s'il s'ab-

(1) Inst. quib. mod. tut. fin. L. 1. Cod. quando tut. vel cur. esse desinant. Inst. de curat. V. les remarques dans le préambule de ce tit. V. pour le bénéfice d'âge l'art. 22 de la sect. 2 des Rescisions. (2) L. 39, § 17, ff. de adm. et per. tut. (3) L. un. Cod. ut caus. post. pubert. ads. tut. L. 5, § 5, in fin. ff. de adm. et per. tut. Dict. leg. § 6. Vid. l. 27, ff. de appel. L. 13, ff. de tut. et rat. dist. V. l'art. 6 de la sect. 4. (4) L. 4, ff. de tut. et rat. distr. § 3, inst. quib. mod. tut. fin. (5) L. 4, ff. de tut. et rat. distr. § 3, inst. quib. mod. tut. fin. (6) § 4. Inst. quib. mod. tut. fin. L. 14, de tutel. Dict. leg. § 1 et 2. Dict. § 4, Dict. L. 4. (7) L. 14, § 4, ff. de tutel. § ult. inst. quib. mod. tut.

sente et s'il disparaît, laissant la tutelle dans le désordre; s'il ne fournit aux alimens et à l'entretien du mineur, en ayant le fonds, et généralement s'il y en a d'autres justes causes, quand ce ne serait même qu'une négligence, si elle est telle qu'elle mérite que la tutelle soit mise en d'autres mains (1).

9. Le tuteur destitué pour avoir malversé est noté d'infamie; mais non pas celui qui n'est destitué que pour sa négligence. Et si la cause n'était pas exprimée dans le jugement de destitution, il n'y aurait pas de note d'infamie, la présomption étant en ce cas, que le tuteur n'aurait été destitué que pour sa négligence (2). (C. civ. 444.)

Une correspondance surprise, mais qui avait toujours été tenue secrète, quoique prouvant une liaison illicite de la mère, ne suffit pas pour caractériser l'inconduite notoire, et pour faire prononcer la destitution de la tutelle (3). Mais s'il y a des faits de grossesse et d'accouchement reprochés, les juges pourront ordonner une enquête, et si elle est concluante, prononcer ensuite la destitution (4).

La cécité ou toute autre infirmité grave sont des causes de dispenses de tutelle, mais non d'exclusion. Le conseil de famille peut donner la tutelle à un parent atteint de cécité, qui consent d'en accepter les fonctions, et qui, d'ailleurs, est en état de les bien exercer (5).

La faillite n'est pas une cause d'exclusion ou de destitution. De plus, le failli ne perd pas l'exercice de tous ses droits civils. Tout failli n'est donc pas nécessairement exclu ou destituable de la tutelle. Mais les circonstances peuvent prouver qu'il y a eu, chez le failli, inconduite notoire, incapacité ou infidélité. Alors l'art. 444 devient applicable (6). L'incapacité ou infidélité de gestion ne s'entend pas seulement des biens mais aussi des soins dûs à la personne. Le tuteur qui élève mal le mineur, celui qui laisse séduire sa pupille, surtout par son propre fils, sont destituables (7).

Lorsque le père destitué de la tutelle pour inconduite notoire, prétend avoir changé de conduite, il doit s'adresser au conseil de famille pour être réintégré s'il y a lieu (8). Le père adoptant n'est pas nécessairement tuteur du fils adoptif. A plus forte raison peut-il être éloigné de la tutelle, quand son inconduite et son peu de capacité d'administrer sont prouvées (9).

Le tuteur qui a perdu la qualité de Français peut néanmoins faire des actes conservatoires dans l'intérêt du mineur jusqu'à son remplacement. Il peut, par exemple, appeler d'un jugement qui préjudicie à son mineur (10).

La mère naturelle, qui a renoncé à la tutelle de son enfant, n'est point admissible à revenir contre sa renonciation, alors surtout qu'il résulte de la délibération du conseil de famille, portant nomination

(1) L. 3, § 5, ff. de susp. tut. Dict. leg. 3, § 17. Dict. leg. 3, § 14 et § 15. L. 7, § ult. eod. Dict. leg. 7, § 1. L. 3, § 12, eod. (2) L. ult. Cod. de susp. tut. L. 3, § ult. ff. de susp. tut. L. 4, § 1 et 2, ff. de susp. tut. (3) Bordeaux, 15 pluviose an 13. (4) Aix, 24 août 1809. (5) Rejet, 7 juin 1820. (6) Dijon, 28 prairial an 12. (7) Paris, 26 thermidor an 9. (8) Besançon, 8 déc. 1806. (9) Besançon, 4 août 1808. (10) Colmar, 25 juillet 1807.

d'un autre tuteur à l'enfant naturel, qu'elle ne sait ni lire ni écrire, et qu'elle n'a pas une conduite régulière (1).

10. Si un tuteur avait donné de l'argent pour être appelé à la tutelle, ou si ses malversations sont telles, qu'outre la destitution, elles méritent quelque autre peine, il pourra être puni selon que la qualité du fait le méritera (2).

SECTION VII.

Des causes qui rendent incapable de tutelle, et de celles qui en excusent.

On n'a pas mis dans cette section, parmi les incapacités et les excuses qui peuvent suffire pour décharger de la tutelle, ce qui fut réglé par Justinien (3), que ceux qui seraient ou créanciers ou débiteurs des mineurs, ne pourraient être tuteurs; car, soit que celui qui est nommé tuteur se trouve débiteur ou créancier du mineur, notre usage pourvoit assez à la sûreté des mineurs par l'inventaire de leurs biens, qui se fait en justice, et qui conserve les titres de leurs prétentions ou de leurs défenses contre leurs tuteurs, et par la nomination qu'on fait d'un curateur ou tuteur subrogé pour les défendre dans les affaires qu'ils peuvent avoir contre leurs tuteurs (4). Que si la créance ou autre affaire entre le tuteur et le mineur était telle, qu'il fût plus avantageux au mineur de lui nommer un autre tuteur, il serait de la prudence du juge d'obliger les parens à faire un autre choix.

1. L'incapacité exclut de la tutelle ceux même qui voudraient l'accepter (5); et les moyens d'excuse en dispensent ceux qui pourraient être tuteurs s'ils y consentaient (6).

2. Les causes d'incapacité ont leur fondement, ou sur l'équité naturelle, ou sur quelque loi.

3. Les femmes sont incapables d'être tutrices d'autres que de leurs enfans; car la tutelle demande une autorité et oblige à des fonctions qu'il serait indécent qu'une femme exerçât à l'égard d'autres personnes que de ses enfans (7).

4. Les mères et les aïeules peuvent être tutrices de leurs enfans; car l'autorité que la nature leur donne sur eux, et l'affection pour leurs intérêts, les exceptent de la règle qui exclut les femmes des tutelles (8). Et comme la mère peut être tutrice, la tutelle peut être aussi commise à son second mari, beau-père du mineur (9). (C. civ. 395, 396.)

(1) Cass. 7 juin 1820. (2) L. 9, ff. de tutel. L. 3, § 15, in fin. ff. de susp. tut. L. 1, § 7, ff. de off. præf. urbi. L. 1, § ult. ff. de susp. tut. (3) Nov. 72, cap. 1. (4) V. la remarque sur l'art. 17. (5) § 14, inst. de excus. tut. vel cur. (6) Inst. de excus. tut. (7) L. ult. ff. de tut. L. 1. Cod. quando mul. tut. off. f. p. l. 2, ff. de reg. jur. L. 21, de tut. et curat. L. 16, ff. de tut. (8) L. ult. ff. de tut. tot. tit. Cod. quand. mul. tut. off. f. p. Nov. 118. Cap. 5. (9) L. 3. C. de contr. jud. tut. V. L. 2. C. de interd. mar. L. 32, § 1, ff. de adopt.

Le mari co-tuteur des enfans que sa femme a eus d'un précédent mariage, est, en cette qualité, maître de leur éducation. Il peut les placer, à cet effet, dans tel lieu qu'il juge convenable. Il n'est pas obligé de les recevoir dans sa propre demeure (1).

Si le mari encourt, pour quelque cause légitime, la destitution de cette tutelle, cette destitution n'emporte point celle de la mère. Cependant la mère, à qui on n'impute aucun fait personnel de destitution, doit, dans ce cas, être provisoirement privée de la tutelle (2).

5. Les mineurs ne peuvent être tuteurs, puisqu'ils sont eux-mêmes en tutelle (3). (C. civ. 442.)

6. Ceux qui sont dans quelque infirmité qui les empêche d'agir en leurs propres affaires, sont incapables d'être tuteurs : comme les insensés, les aveugles, les sourds, les muets, et ceux qui ont quelque maladie habituelle qui fasse le même effet (4). Et si ces sortes d'excuses surviennent à un tuteur après qu'il aura été nommé et qu'il aura même exercé, on le déchargera (5). Que si la maladie ou l'infirmité qui survient pendant la tutelle n'est que pour un temps, on pourra cependant nommer un curateur qui gère au lieu du tuteur, s'il en est besoin (6).

7. Le fils de famille majeur, quoique étant sous la puissance de son père, peut être tuteur; mais le père ne sera pas tenu de l'administration de son fils, s'il ne s'y oblige ou expressément ou tacitement : comme s'il gère lui-même, et entre dans l'administration des biens du mineur; mais un simple consentement à la nomination et à l'administration de son fils ne l'oblige point (7).

8. Si, outre les causes d'incapacité qui viennent d'être remarquées, il se rencontrait, en la personne de celui qui serait appelé à une tutelle, quelque autre cause qui le rendît indigne ou suspect, il serait du devoir du juge et de sa prudence de ne point confirmer une telle nomination : ainsi, par exemple, si on découvrait que la nomination d'un tuteur eût été faite pour de l'argent qu'il aurait donné, non-seulement cette nomination ne devrait pas être confirmée, mais ce délit mériterait d'être réprimé. Ainsi, celui qu'un père aurait défendu de nommer tuteur à son fils, ne devrait pas être appelé à cette charge sans de grandes causes (8). Mais cette exclusion ne ferait aucun préjudice à l'honneur de cette personne (9). Ainsi, on ne doit pas facilement admettre à une tutelle celui qui s'ingère pour être nommé (10).

9. Les moyens d'excuse, comme les incapacités, sont fondés, ou sur quelque empêchement naturel, ou sur quelque loi.

10. Les causes d'incapacité qu'on peut honnêtement alléguer,

(1) Angers, 23 frimaire an 14. (2) Bruxelles, 18 juillet 1810. (3) § 13. Inst. de excus. tut. L. ult. Cod. de leg. tut. (4) L. 1, § 2, ff. de tut. Surdum. Dict. leg. § ult. L. 10, § 1, ff. de legit. tut. L. un. Cod. qui morbo. L. 3, c. qui dare tut. L. 10, § 8, in fin. ff. de excus. § 7, inst. eod. (5) L. 11, ff. eod. L. 40, ff. de excus. (6) L. 10, § 8, eod. (7) L. 7, ff. de tut. L. 21, ff. de adm. et per. tut. (8) L. 9, ff. de tut. L. 21, ff. ult. ff. de tut. et cur. (9) L. 21, § 2, ff. de tut. et cur. dat. (10) L. 21, § ult. ff. de tut. et cur. dat. V. l. 19, ff. de test. tut.

peuvent aussi servir de moyens d'excuse. Ainsi, la minorité et les infirmités qui rendent incapable de la tutelle, en doivent excuser (1).

11. Ceux qui ont l'âge de soixante-dix ans accomplis, peuvent s'excuser (2). (C. civ. 433.)

12. Si celui qui est appelé à une tutelle a cinq enfans légitimes et vivans, il est excusé. (C. civ. 436.) On ne met pas au nombre des enfans, pour servir d'excuse, ceux qui ne sont pas encore nés, quoiqu'ils soient conçus. Et les petits-enfans et autres descendans des enfans décédés, sont comptés comme représentant la personne de qui ils sont descendus. Ainsi, plusieurs enfans d'un fils ne sont comptés que pour un (3).

On n'a pas borné dans cet article ce qui est dit des petits-enfans à ceux des mâles, comme il est borné à ce sens dans ce § 7. Car, encore que les filles et leurs enfans soient dans une autre famille, il arrive souvent que les filles et leurs enfans sont autant ou plus à charge aux pères que ne sont les fils : et il serait dur qu'un aïeul maternel chargé des enfans de plusieurs filles décédées fût privé de cette excuse. Ainsi notre usage compte pour excuse d'une tutelle les enfans des filles.

13. Celui qui a déja la charge de trois tutelles peut s'excuser d'une quatrième. On ne regarde pas comme plusieurs tutelles celles de plusieurs mineurs, lorsque les biens se régissent par une seule administration (4). Et on ne met pas au rang des tutelles, pour servir d'excuse, l'engagement des tuteurs honoraires, ni celui des cautions des tuteurs (5). (C. civ. 435.)

14. Si une seule tutelle est d'une telle étendue, ou si onéreuse, qu'il fût trop dur d'appeler le tuteur à une seconde, il sera excusé (6).

15. S'il y avait eu une inimitié capitale entre le père du mineur et celui qui serait nommé son tuteur, et qu'il n'y eût point eu de réconciliation, il sera déchargé (7).

16. S'il y a un procès entre le mineur et celui qu'on veut appeler à sa tutelle, où il s'agisse de l'état du mineur, ou de tous ses biens, ou d'une grande partie, il sera excusé; mais non pour des procès peu considérables (8). (C. civ. 442, § 4.)

Les art. 442 et 445 sont limitatifs et non démonstratifs. Le juge n'y peut ajouter d'autres causes d'incapacité ou d'indignité (9). Il en est de même de l'art. 444. Cependant, la qualité d'étranger est une cause d'exclusion. Elle n'avait pas besoin d'être prononcée par une loi qui, n'étant qu'un statut personnel, ne puisse régir, sous l'un ou l'autre rapport,

(1) § 13, inst. de exc. tut. (2) L. 2, ff. de excus. § 13, inst. eod. L. un. Cod. qui ætate. (3) L. 2. § 2, ff. de excus. L. 1. Cod. qui num. lib. se excus. inst. de excus. tut. Dict. leg. 2, § 3, ff. de excus. Dict. leg. 2, § 5, de excus. Dict. leg. 2, § 4. L. 1. Cod. qui num. lib. Dict. leg. § 6. Dict. leg. § 7. Dict. § 7. (4) L. 3, ff. de excus. L. 2, § ult. eod. unic. Cod. qui num. tut. (5) L. 15, § 9, ff. de excus. (6) L. 31, § 4, ff. de excus. (7) § 11, inst. de excus. tut. L. 6, § 17, ff. de excus. (8) L. 6, § 18, ff. de excus. § 4, inst. de excus. tut. vel cur. L. 21, ff. eod. L. 16. Cod. eod. (9) Cass. 13 octobre 1807.

que des Français. Si donc le pays auquel appartient le tuteur, vient à être séparé de la France, et que le mineur continue d'être Français, il y aura lieu à lui donner un autre tuteur (1).

Une mère ne peut être privée de la tutelle de son fils, sur le motif qu'à des époques encore récentes elle a éprouvé des accès de démence qui ont nécessité sa translation dans une maison de santé, si, au moment où la tutelle lui est déférée, elle a recouvré la plénitude de sa raison (2).

Celui qui a provoqué l'interdiction d'un parent ne peut être, par ce motif, exclu de la tutelle (3). Les fonctions de tuteur et d'exécuteur testamentaire de père ou mère du mineur, ne sont pas incompatibles (4).

17. Si le mineur se trouve avoir un procès considérable contre le père ou la mère, les frères, les sœurs ou les neveux de celui qu'on veut lui nommer tuteur, il est de l'humanité, et de l'intérêt même du mineur, que cette personne soit excusée. Car on ne doit pas l'engager à une tutelle où il y ait de grands différens contre ses plus proches : et le mineur doit avoir un tuteur qui ne soit pas aliéné de l'affection qu'il doit à sa tutelle (5).

Il faut remarquer, sur cet article, que c'est par les circonstances qu'il faut juger si le procès est tel qu'il soit juste qu'il serve d'excuse, ou s'il suffit qu'on nomme un curateur ou tuteur subrogé qui en prenne le soin à la décharge du tuteur. Car c'est notre usage en de pareilles occasions, et pour des procès même qu'aurait le tuteur contre le mineur, que s'ils ne suffisent pas pour servir de moyen d'excuse, on nomme un curateur qui défende le mineur contre le tuteur, ou contre les autres personnes contre lesquelles le tuteur ne doit point être obligé d'agir. V. l'art. 11 de la sect. 2.

18. Les personnes qui, par leur emploi ou pour d'autres causes, ont quelque privilége qui les exempte d'être tuteurs, seront excusées. Ce qui dépend, ou de la qualité des emplois, s'ils sont tels que de leur nature ils doivent donner l'exemption d'une tutelle, comme serait une ambassade, le commandement dans une garnison, celui d'une armée, ou d'une attribution expresse de ce privilége par une déclaration ou par un édit (6). (C. civ. 427, s.)

La cour des comptes prend rang immédiatement après la cour de cassation, *et jouit des mêmes prérogatives* (7).

Le conseil d'état, qui, d'après le renvoi ordonné par S. M., a entendu le rapport de la section de législation sur celui du ministre des cultes, tendant à savoir si les ecclésiastiques desservant des cures ou des succursales peuvent réclamer l'application de l'art. 427, est d'avis que la dispense accordée par cet art. à tout citoyen exerçant une fonction publique dans un département autre que celui où la tutelle s'établit, est applicable, non-seulement aux ecclésiastiques desservant des cures ou

(1) Colmar, 25 juillet 1817. (2) Paris, 13 juillet 1808. (3) Metz, 24 frimaire an 13. (4) Paris, 15 messidor an 12. (5) L. 23. Cod. de excus. tut. (6) V. l. 6, § 1 et seq. ff. de excus. (7) Loi du 16 sept. 1807, art. 7.

des succursales, mais à toutes personnes exerçant pour les cultes des fonctions qui exigent résidence, dans lesquelles ils sont agréés par S. M., et pour lesquelles ils prêtent serment (1).

19. Les ecclésiastiques ne peuvent être nommés tuteurs ni curateurs. Car la sainteté du ministère divin qu'ils exercent, les oblige, pour y vaquer, à se dégager de tout autre soin, et les éloigne de l'engagement à une administration d'affaires temporelles. Mais si un ecclésiastique voulait se charger de l'éducation et de la conduite d'orphelins ses parens, il lui serait permis d'accepter leur tutelle, pour prendre le soin de leurs personnes et par occasion celui de leurs biens, qui en est une suite (2).

20. Si celui qui est appelé à une tutelle n'a pas assez de bien pour en porter la charge, s'il ne sait écrire ni lire, ou s'il n'a pas assez d'industrie pour la conduite des affaires, et qu'il doive son travail et son temps aux siennes, il pourra être déchargé ou confirmé, selon la qualité des personnes, la nature des biens et les autres circonstances (3).

21. Quoique celui qui a été nommé tuteur appelle de sa nomination, et qu'il ait une excuse, il ne laisse pas d'être tenu pour tuteur jusqu'à sa décharge, et il est obligé de gérer cependant par provision (4). (C. civ. 438.)

22. Si celui qui avait une excuse a accepté la tutelle ou géré volontairement avant que de s'excuser, il ne pourra plus y être reçu (5). (C. civ. 430.)

23. Si, après que le tuteur a accepté la tutelle, il tombe dans quelque incapacité, comme s'il devient aveugle, sourd, muet; s'il tombe en démence, ou en d'autres infirmités qui le rendent incapable d'exercer la tutelle, il sera déchargé, et il en sera nommé un autre en sa place (6). (C. civ. 434.)

24. Les priviléges qu'on acquiert après la nomination à la tutelle n'en déchargent point. Car ils ne sont accordés que pour exempter ceux qui ne sont pas encore dans l'engagement. Ainsi, celui qui a été prévenu par sa nomination, avant qu'il eût le privilége, ne peut s'en servir pour être déchargé (7).

25. Les causes d'excuse qui ne font pas une incapacité, et qui ne surviennent qu'après la nomination du tuteur, ne le déchargent point. Ainsi le nombre d'enfans survenus et l'âge de soixante-dix ans accomplis pendant la tutelle, n'en excusent point (8). (C. civ. 437.)

26. Ce n'est pas toujours un moyen d'excuse pour celui qui est appelé à une tutelle, de n'être pas habitant du lieu où est le

(1) Avis du conseil d'état, 20 novembre 1806. (2) L. 52. Cod. de episc. et cleric. Dict. leg. § 1, in fin. Nov. 123, cap. 5. (3) L. 6, § ult. ff. de excus. § 8, inst. eod. L. 7. L. 40, § 1, eod. § 6, inst. eod. (4) L. 31, ff. de excus. L. 20, ff. de adm. et per. tut. L. 39, § 6, eod. V. l. 16. Cod. de excus. tut. (5) L. 2. Cod. si tutor vel cur. fal. alleg. exc. sit. L. 17, § 5, ff. de excus. (6) L. pen. ff. de tut. L. 40, ff. de excus. (7) L. 28, ff. de excus. V. l. 7, ff. de jud. (8) L. 2, § 4, ff. de excus. Dict. leg. 2.

domicile du mineur. Car il peut arriver qu'il ne se trouve point dans ce lieu de personnes qu'on puisse nommer. Et d'ailleurs, il peut être juste et avantageux au mineur qu'on ne s'arrête pas à cet éloignement, lorsqu'il n'est pas tel qu'il rende l'administration trop difficile et trop à charge, ou au mineur, ou bien au tuteur. Ainsi, c'est par les circonstances qu'il faut juger de l'égard qu'on doit avoir à l'éloignement de ces domiciles (1).

27. Si celui qui est nommé tuteur n'a aucun moyen d'excuse qui suffise seul, comme l'âge de soixante-dix ans, ou le nombre d'enfans, mais que seulement il ait, par exemple, soixante ans et deux ou trois enfans; ces moyens, dont chacun est insuffisant, ne suffiront pas ensemble pour le décharger (2).

Mais si ce tuteur avait soixante-neuf ans et quatre enfans, ne serait-il pas autant ou plus juste qu'il fût déchargé, que s'il avait soixante-dix ans sans enfans, ou seulement quarante ans avec cinq enfans?

TITRE II.

Des curateurs.

Comme il y a d'autres causes que la faiblesse de l'âge, qui rendent les personnes incapables de leur propre conduite, on met ceux qui se trouvent dans cet état sous la conduite d'autres personnes qui leur tiennent lieu de tuteurs, et qu'on appelle curateurs. Ainsi, on donne des curateurs aux insensés et à ceux qui par quelque infirmité sont incapables du soin de leurs affaires: comme, par exemple, ceux qui sont tout ensemble sourds et muets.

On met au nombre des personnes incapables de leur conduite les prodigues qui consomment leurs biens en folles dépenses. Et la même raison qui oblige à leur interdire l'administration de leurs propres biens, fait qu'on leur donne des curateurs pour en prendre le soin.

On donne aussi quelquefois un curateur au mineur qui a un tuteur, lorsqu'il arrive que le tuteur et le mineur ont quelque différent ou quelque droit à régler l'un contre l'autre (3).

Il y a encore une autre sorte de curateurs dont l'usage est nécessaire pour prendre le soin des biens qui se trouvent délaissés, sans que personne les ait en charge. Comme si une personne était engagée dans une longue absence, sans avoir chargé quelqu'un du soin de ses biens; s'il ne paraît point d'héritiers d'une succession, ou si ceux qui pouvaient l'être y ont renoncé; si un débiteur abandonne ses biens à ses créanciers. Dans tous ces cas et autres semblables, où des biens se trouvent sans maître, ou sans

(1) L. 22, ff. de test. tut. L. 10, § 4, ff. de excus. L. ult. § ult. ff. eod. V. l'art. 3 de la sect. 1. (2) L. 15, § 11, ff. de excus. (3) V. l'art. 11 de la sect. 2 des Tuteurs, et le préamb. de la sect. 7 du même titre.

que quelque personne en ait la conduite, on nomme des curateurs pour les régir et les conserver à ceux qui en sont ou seront les maîtres.

Toutes ces sortes de curateurs étant chargés des biens et des affaires qui leur sont commises, et quelques-uns même du soin des personnes, comme les curateurs des insensés, leur charge est de la même nature et sujette aux mêmes règles que celle des tuteurs, en ce qui regarde leurs engagemens, les moyens qui peuvent servir d'excuses pour en décharger, et le reste qui peut leur convenir. Ainsi, il faut suppléer dans ce titre les règles du précédent qui peuvent s'y rapporter.

On ne met pas au nombre des curateurs dont il sera parlé dans ce titre ceux qu'on nomme dans les procès criminels en de certains cas à la mémoire des personnes à qui on fait le procès après leur mort, comme à ceux qui ont été tués en duel, et à ceux qui se font mourir eux-mêmes. Car les fonctions de ces curateurs sont d'un autre genre, et font partie de la matière des crimes, qui n'est pas de ce lieu.

SECTION PREMIÈRE.

Des diverses sortes de curateurs, et de leur pouvoir.

1. Les insensés étant incapables de la conduite de leurs personnes et de leurs biens, quoiqu'ils soient majeurs, on leur nomme des curateurs qui en prennent soin (1).

2. On ne donne point de curateur à une personne, comme insensée, si elle n'a l'âge de majorité. Car si un mineur est dans la démence, il suffit et il est plus honnête de lui donner plutôt un tuteur à cause de sa minorité, qu'un curateur à cause de sa démence, au moins en attendant sa majorité (2).

3. La démence d'un majeur doit être prouvée en justice, pour lui donner un curateur. Car, outre qu'il n'y a que l'autorité de la justice qui puisse créer un curateur, il pourrait arriver en de certains cas, qu'il y eût quelque feinte de la part de celui qui paraîtrait insensé (3); ou que, par quelque intérêt, d'autres personnes supposassent une démence contre la vérité. (C. civ. 489, 492, s.)

On peut être interdit pour les causes indiquées par le code pénal, mais en matières civiles on ne peut l'être que pour celles énoncées en l'art. 489. Ainsi, l'interdiction ne peut être demandée ni prononcée pour cause de faiblesse d'esprit habituelle, ni d'épilepsie accidentelle (4), ni pour simple défaut de caractère, erreurs d'opinion même sur les sujets les plus graves, ou écarts de conduite, quelque répréhen-

(1) § 4, inst. de curat. § 3, eod. leg. 1. Cod. de cur. fur. L. 7, ff. eod. (2) L. 3, § 1, ff. de tutel. (3) L. 6, ff. de cur. fur. et ac. (4) Colmar, 2 prairial an 13.

sibles qu'ils puissent paraître, s'ils ne sont pas le produit de la démence (1).

Une interdiction ne peut être prononcée sur la demande même de celui dont elle paralyserait les droits (2). Une cour criminelle est compétente pour juger la question de démence, quand elle se présente pour apprécier la moralité d'un délit ou de son auteur (3).

4. Le fils peut être nommé curateur à sa mère qui est en démence, et aussi à son père dans le même cas (4).

5. Si un fils de famille tombe en démence, on ne lui nomme pas de curateur; car son père est naturellement chargé de la conduite de sa personne et de l'administration de ses biens (5).

6. Dans le cas où il peut être nécessaire de nommer un curateur à une femme mariée ou à celle qui est en fiançailles, soit pour démence ou pour d'autres causes, le mari (6) ni le fiancé (7) ne peuvent être nommés curateurs.

Cette règle semble fondée, ou sur l'intérêt que pourrait avoir le mari dans l'affaire qui demanderait la nomination d'un curateur à sa femme, ou sur les inconvéniens de rendre le mari comptable à sa femme. Et, à l'égard du fiancé, ces mêmes raisons le regardent aussi; car le mariage peut suivre. Et si le mariage ne s'accomplit point, il y aurait encore moins de raison que le fiancé demeurât curateur.

On ne nomme pas de curateur à la femme mariée qui est en démence, pour l'administration de ses biens dotaux; car cette administration appartient au mari, qui a droit d'en jouir. V. l'art. 3 de la sect. 1, du tit. des dots.

7. Le curateur de celui dont la démence vient et quitte par intervalles, n'exerce sa fonction que pendant la démence, et cesse de l'exercer dans les intervalles où la raison est bien établie; mais la charge de ce curateur dure pendant la vie de cette personne, pour éviter de faire à chaque rechute une nouvelle nomination (8).

8. On nomme des curateurs à toutes les personnes qui par quelque infirmité sont incapables de l'administration de leurs affaires et de leurs biens, comme serait un sourd et muet, et ceux qui par d'autres semblables infirmités se trouveraient dans une pareille incapacité (9).

9. Ceux qui dissipent leurs biens en folles dépenses, et dont la mauvaise conduite oblige à les déclarer prodigues, et à les interdire en justice, sont dépouillés de la conduite de leurs affaires et du maniement de leurs biens, et on en donne la charge

(1) Angers, 10 prairial an 13. (2) Cass. 7 sept. 1808. (3) Cass. 9 décembre 1814. (4) L. 4, ff. de cur. fur. L. 1, in fin. ff. eod. L. 2, eod. (5) L. 7. Cod. de cur. fur. V. l'art. 10 de la sect. 1 des Tuteurs. (6) L. 2. Cod. qui dare tut. L. 14, ff. de cur. fur. § 19, inst. de excus. tut. (7) L. 1, § ult. ff. de excus. tut. (8) L. 6, Cod. de cur. fur. (9) L. 2, ff. de curat. fur. § 4, inst. de curat. L. 19, in fine. L. 20. L. 21, ff. de reb. auct. jud. possid. L. 12, ff. de tut. et cur. dat.

à un curateur. Et il en serait de même d'une femme dont les mœurs et la conduite pourraient y donner lieu (1).

Par l'ordonnance de Blois, art. 182, les veuves qui ayant des enfans se remarient à des personnes indignes de leur qualité, sont mises en interdiction de leurs biens, et ne peuvent les vendre ni aliéner. Mais cette interdiction n'étant que pour empêcher les aliénations, afin de conserver les biens aux enfans, elle n'a pas cet effet, qu'on nomme à ces femmes des curateurs.

10. L'interdiction d'un prodigue ne peut être ordonnée, et le curateur nommé, qu'après que la mauvaise conduite aura été prouvée (2). Et celui que son père aurait déclaré prodigue par son testament, est présumé tel (3); si ce n'est que, par les circonstances, on dût n'avoir point d'égard à une telle déclaration.

11. Le fils ne peut être nommé curateur de son père déclaré prodigue, quoiqu'il puisse l'être de son père qui est en démence (4).

12. La charge du curateur d'un prodigue ne finit que lorsque l'interdiction est levée en justice (5).

Quoiqu'il soit vrai que la récipiscence mette le prodigue et l'insensé en état de reprendre le soin de leurs affaires, il est nécessaire, à l'égard du prodigue, que comme il est interdit en justice, il fasse lever l'interdiction, tant pour la décharge de son curateur, que pour la sûreté de ceux qui auront à traiter avec lui.

13. Si une personne se trouve dans une absence de longue durée, sans avoir chargé quelqu'un de la conduite de ses biens et de ses affaires, et qu'il soit nécessaire d'y pourvoir, on nomme en ce cas un curateur pour prendre ce soin (6).

14. Si une veuve se trouve grosse au temps de la mort de son mari, on ne peut nommer de tuteur à l'enfant jusqu'à sa naissance. Mais, s'il est nécessaire, on nomme un curateur pour la conservation des droits de l'enfant qui pourra naître, et pour l'administration des biens qui devront lui appartenir (7). (C. civ. 393.)

S'il y avait d'autres enfans, et qu'il ne fallût qu'une seule tutelle pour tous, le même tuteur servirait pour l'intérêt des enfans qui seraient à naître.

15. Si une succession se trouve sans héritiers, comme s'il n'y avait, ni parent, ni héritier institué, ou que celui qui devait succéder eût renoncé à la succession, ou qu'il fût absent, ou que, pendant qu'il délibère et refuse de s'immiscer, il fût nécessaire

(1) L. 1, ff. de curat. fur. L. 12, § ult. ff. de tut. et cur. dat. L. 15, ff. de cur. fur. (2) L. 1, ff. de cur. fur. (3) L. 16, § ult. eod. (4) L. 1, § 1, ff. de cur. fur. V. totam legem et L. 4, eod. (5) L. 1. ff. de curat. fur. (6) L. 6, § ult. ff. de tut. L. 3. Cod. de postlim. revers. V. l. 6, § ult. ff. quibus ex caus. in poss. eat. L. 15, ff. ex quibus caus. maj. L. 22, § 1, ff. de rebus auct. jud. possid. § 4, inst. de cur. (7) L. 20, ff. de tut. et cur. dat. L. 8, ff. de cur. fur. L. 24, ff. de reb. auct. jud. V. de ventre in poss. mit. et curat. ejus. L. 1, § 17 et 18 eod.

de pourvoir aux affaires ou au ménagement des biens, on nomme un curateur à la succession, qui exerce cette fonction pour conserver les biens, ou aux créanciers, ou à ceux à qui la succession devra appartenir (1). (C. civ. 811, s. 1784, 2258, Pr. 998.)

L'héritier présomptif qui se présente comme créancier, et qui accepte les fonctions de curateur à la succession vacante, n'est pas censé renoncer à la qualité d'héritier (2). Il y a succession ouverte, et le droit de mutation est dû par le seul fait du décès, encore que la succession demeure vacante (3).

16. Lorsqu'un débiteur abandonne ses biens à ses créanciers, ils peuvent faire créer un curateur qui en prenne le soin (4), ou nommer quelques-uns d'entre eux qui en aient la direction.

17. On peut nommer un curateur aux biens abandonnés d'un débiteur, ou à son hérédité, après sa mort, un des créanciers, ou une autre personne qui en prenne le soin (5).

Il ne faut pas confondre ces sortes de curateurs ou directeurs dont il est parlé dans l'art. précédent et dans celui-ci, avec les curateurs qu'on nomme pour la validité d'une saisie réelle de biens abandonnés, comme d'une hérédité sans héritiers. Car, pour cette dernière sorte de curateurs, on ne nomme pas de créanciers, parce qu'ils seraient eux-mêmes leurs parties.

18. Les curateurs ont leurs fonctions réglées par le pouvoir qui leur est donné, et ils ont droit de faire tout ce qui dépend de leur ministère (6). (C. civ. 813.)

Les adjudicataires des biens d'une succession vacante peuvent n'être tenus de verser que ce qui leur reste après le paiement des dettes qu'ils sont chargés d'acquitter (7). En conséquence de la loi du 22 frimaire an 7, le délai de six mois pour faire la déclaration d'une succession vacante, court du jour du décès (8).

Quand le produit d'une succession vacante ou en déshérence est insuffisant pour acquitter les frais d'inhumation du décédé et de conservation des biens, les actes de sépultures, apposition et levée de scellés et les inventaires sont faits sans frais, les honoraires de l'officier public qui a procédé à la vente sont payés sur son produit ou y sont réduits; les frais d'inhumation sont acquittés sur le prix de la vente, ou demeurent, s'il est insuffisant, à la charge du domaine; et, dans le même cas, les droits de timbre et d'enregistrement ne sont pas acquittés. — Si les biens provenant d'une succession vacante ont été mal à propos régis, comme s'ils provenaient d'une succession en déshérence, le receveur remet au curateur qui est nommé par le tribunal copie du compte ouvert qu'il a tenu pour cette succession. Il fait sur les registres et sommiers les mentions nécessaires pour indiquer que les recettes et dé-

(1) L. 8, ff. quib. ex caus. in poss. eat. L. 3, ff. de cur. fur. L. 22. § 1, ff. de rebus auct. jud. poss. toto tit. ff. de cur. bon. dando. (2) Cass. 6 ventose an 13. (3) Cass. 18 ventose an 13. (4) L. 2 et toto tit. ff. de cur. bon. dando. (5) L. 2, § 4, ff. de cur. bon. dand. L. 8 et L. 9, ff. quibus ex caus. in poss. eat. (6) L. 2. § 1, ff. de curat. bon. dando. V. l'art. 3 de la sect. 2. (7) Circulaire du ministre de la justice du 12 messidor an 13. (8) Circulaire du ministre des finances du 1 jour complémentaire de l'an 12.

penses proviennent d'une succession vacante, et ensuite il se borne à recevoir et à payer conformément à l'art. 813 du code civil. — Les curateurs aux successions vacantes ouvertes, avant ou après la publication de la loi sur les successions, qui auraient fait des recettes, sont contraints d'en rendre compte, et d'en verser le reliquat entre les mains du receveur du domaine du lieu de l'ouverture de la succession; et il leur est interdit, pour l'avenir, de faire aucune recette ni aucune dépense (1).

Le curateur à une succession vacante ne doit compte à la régie des domaines, que lorsqu'il a des deniers dans les mains (2). Les sommes provenant de successions vacantes doivent être consignées à la caisse d'amortissement (3).

Par suite de l'obligation de faire verser les deniers de la succession dans la caisse du trésor public, le curateur a qualité, et doit même exercer des poursuites contre celui qui, suivant un acte authentique, a reçu des deniers appartenant à cette succession, pour le forcer à les verser dans la caisse de la régie des domaines. L'exécution de cette mesure, est d'intérêt public, ayant pour objet d'assurer les droits de la nation et ceux des créanciers; intérêt qui est compromis quand les deniers dont il s'agit sont entre les mains d'une personne qui peut devenir insolvable (4).

Le curateur à une succession vacante ne peut, par consentement ou par négligence, compromettre les droits de la succession (5).

SECTION II.

Des engagemens des curateurs.

1. Toutes ces sortes de curateurs, dont il a été parlé dans la section précédente, sont tenus comme les tuteurs de prêter le serment, et de faire un inventaire des biens dont ils sont chargés, et de prendre le même soin de ce qui dépend de leur administration que les tuteurs doivent pour la leur (6).

2. Il n'y a presque pas d'autre différence entre les engagemens des curateurs et ceux des tuteurs, qu'en ce que les tuteurs sont nommés pour les personnes et pour les biens, et que leur administration finit au plus tard à la majorité de ceux qui sont sous leur charge; au lieu que quelques curateurs ne sont que pour les biens, et que la charge d'aucun n'a son temps borné : mais chacune dure ou finit, selon que la cause qui a donné sujet à leur nomination, continue ou vient à cesser (7).

3. Les règles qui ont été expliquées dans le titre des tuteurs, et qui peuvent convenir aux fonctions et aux engagemens de curateurs, doivent s'y appliquer. Comme, par exemple, qu'ils ne peuvent prendre de cession de droits ou de dettes contre ceux

(1) Circulaire ministérielle du 3 juillet 1806, art. 4, 5 et 6. (2) Rejet, 20 janv. 1807. (3) Avis du conseil d'état, du 13 octobre 1809. (4) Cass. 6 juin 1809. (5) Paris, 29 mai 1815. (6) L. 7, § 5, Cod. de cur. fur. Nov. 72, cap. ult. Dict. leg. 7, § 6, in fin. L. 13, ff. de excus. V. l'art. 12 de la sect. 1 des Tuteurs. (7) L. 13, ff. de excus.

dont ils sont curateurs; que leurs biens sont hypothéqués du jour de leur nomination pour les sommes dont ils se trouvent redevables; qu'ils ne peuvent aliéner les biens de ceux qui sont sous leur charge qu'en observant les formes. Et ainsi des autres, selon que les dispositions et les motifs de ces règles peuvent regarder le ministère des curateurs (1).

SECTION III.

Des engagemens de ceux pour qui les curateurs sont établis.

1. Les curateurs qui sont établis pour les personnes et pour les biens ont leur action pour le recouvrement de ce qui pourra leur être dû, et pour l'indemnité de ce qu'ils auront bien géré, et les autres suites de leur administration, ou contre les personnes mêmes dont ils ont été curateurs, si elles deviennent capables d'ouïr leur compte, ou contre leurs héritiers ou autres à qui ce compte devra être rendu (2). (C. civ. 813.)

2. Les curateurs, dont l'administration n'a rapport qu'aux biens, ont leur action contre les personnes intéressées à la conservation de ses biens, comme contre les héritiers qui peuvent survenir à une succession qui avait été vacante, et contre les créanciers des biens abandonnés (3).

3. Le curateur aux biens d'un absent a son action contre lui après son retour, ou contre ceux que les biens regardent, à plus forte raison que celui qui s'ingère de son mouvement à prendre le soin des biens d'un absent (4).

4. Si un curateur ayant géré, on en nomme un autre en sa place, soit qu'il cesse d'être curateur par quelque excuse ou par d'autres causes, il aura son action pour ce qu'il aura géré contre les personnes que l'administration qui lui avait été commise pourra regarder, et que sa nomination y engagera, et il pourra aussi agir contre le curateur nommé en sa place, qui le dénoncera à ces mêmes personnes.

5. Par cette action les curateurs recouvrent tout ce qu'ils ont raisonnablement employé du leur, avec les intérêts de leurs avances, s'ils en avaient fait, et ce qui peut leur être dû par forme de salaire pour leur administration. Et ils font ratifier ce qu'ils ont bien géré (5).

6. Les curateurs des insensés, des infirmes, des prodigues et des absens, ont leurs hypothèques sur tous les biens des personnes pour qui ils ont géré. Et les curateurs aux successions

(1) Nov. 72, cap. 5 in fine. L. 7, § 6. Cod. de cur. fur. L. 11, ff. de reb. eor. qui sub. tut. V. au tit. des tuteurs les règles qui peuvent convenir aux curateurs. (2) L. 1, § 2. ff. de cont. tut. et ut. act. (3) L. 2, § 1, ff. de cur. bon. d. (4) Inst. § 1, de obl. quæ quasi ex contr. L. 5, de obl. et act. V. la sect. 2 de ceux qui font les affaires des autres. (5) V. les art. 1, 2, 3 et 5 du tit. des tuteurs.

vacantes et autres biens ont la leur sur les biens dont ils ont eu l'administration. Et tous ces curateurs ont aussi leurs privilége et préférence sur les biens dont ils ont procuré le recouvrement, ou qu'ils ont conservés, pour les deniers qu'ils ont employés : comme, par exemple, pour des frais de justice avancés, pour le recouvrement d'une dette, pour des réparations d'une maison ou d'un autre fonds (1). (C. civ. 813, 814.)

Lorsque l'état représente un particulier tombé en faillite, dont la succession a été déclarée vacante, il n'y a plus lieu à séquestre (2); il faut un curateur aux termes de l'art. 813 du code civil; lequel sera tenu de consigner à la caisse d'amortissement, suivant l'avis du conseil d'état, approuvé le 13 décembre 1809 (3).

TITRE III.

Des syndics, directeurs et autres administrateurs des corps et communautés.

On a vu dans le titre des Personnes qu'il y a des corps et communautés ecclésiastiques et laïques, comme sont les chapitres, les maisons religieuses, les corps ou communautés des villes, les universités, les corps des métiers et autres semblables; et que ces corps sont considérés comme tenant lieu de personnes. Car, comme les personnes particulières ont leurs droits, leurs priviléges, leurs biens, leurs affaires, leurs charges, ces communautés ont aussi les leurs; mais avec cette différence, entre autres, qu'au lieu que chaque particulier est maître de ce qui est à lui, et qu'il en dispose seul à sa volonté, s'il n'y a point d'obstacle, comme une minorité ou autre incapacité; chacun des particuliers qui composent ces communautés, ni eux tous ensemble, n'ont pas le même droit, et ne peuvent disposer de la même manière de ce qui est au corps. Ainsi, ils ne peuvent aliéner leurs biens que pour de justes causes, et en gardant les formalités que les lois prescrivent. Ce qui est fondé sur ce que ces corps étant établis, soit dans l'église ou dans la police, par des vues du bien public, qui demande qu'ils subsistent, il est de l'ordre qu'ils ne puissent aliéner leurs biens sans de justes causes, afin qu'ils puissent se maintenir et qu'on ne puisse ruiner ce fondement qui les fait durer pour le bien public.

C'est une suite nécessaire de ces divers établissemens de communautés ecclésiastiques et laïques, que pour la conduite de leurs affaires et pour la conservation et l'administration de leurs biens et de leurs droits, elles puissent préposer des personnes qui en prennent le soin. Ce sont ces personnes qu'on appelle de différens noms : comme de maires, échevins, consuls pour les villes, syn-

(1) V. les art. 6 et 7 des Tuteurs, et l'art. 25 de la sect. 5 des Gages et Hypothèques. (2) Loi du 1er floréal an 3. (3) Ordonn. du roi du 21 mai 1817.

dics, directeurs, administrateurs, ou d'autres noms pour les autres corps. Et il se forme, entre ces personnes et les corps qui les nomment, un engagement réciproque sans convention; car ces nominations se font souvent indépendamment de la volonté de ceux qu'on choisit. Ainsi, cette espèce d'engagement, se formant sans convention, est une des matières de ce livre, et sera celle de ce titre.

Il ne faut pas confondre cet engagement avec celui qui se forme entre ces corps ou communautés, et ceux qu'ils constituent pour leurs procureurs dans quelques affaires; car celui-ci se fait par une convention, et il est compris dans la matière du titre des Procurations.

On ne parlera pas en ce lieu des autres matières qui peuvent regarder les communautés, comme leur usage, leur origine, les manières dont elles se forment, leurs droits, leurs priviléges et le reste; car ces matières ne sont pas de ce lieu, mais font partie du droit public, dont on a parlé dans le chapitre 14 du Traité des lois, n° 27. Mais la matière de ce titre est restreinte à ce qui regarde en général la nomination et le pouvoir de ces syndics et directeurs, et les engagemens qui se forment entre eux et ceux qui les nomment en ce qui regarde les affaires dont ils sont chargés.

SECTION PREMIÈRE.

De la nomination des syndics, directeurs et autres administrateurs des corps et communautés, et de leur pouvoir.

1. Ceux qui ont la permission de former un corps ou communauté ont aussi leurs droits, leurs priviléges, leurs biens, leurs affaires; et, ne pouvant vaquer tous ensemble à tout ce qui regarde leur communauté, ils peuvent y préposer des personnes qui en prennent le soin, et qu'on appelle syndics ou d'autres noms (1).

2. Les syndics et autres préposés aux affaires des corps et communautés sont nommés par ceux qui les composent, si ce n'est que quelque loi eût autrement pourvu au choix de ces personnes. Et si le corps entier est tel que tous ceux qui en sont ne puissent s'assembler ou ne doivent pas tous avoir part à la direction des affaires communes, on en choisit un certain nombre, selon que les réglemens et les usages y ont pourvu : et ce nombre, qui représente le corps entier, fait la nomination de ceux qui doivent être chargés du soin des affaires (2).

3. Les nominations se font à la pluralité des voix, lorsque ceux qui doivent composer l'assemblée s'y trouvent convoqués en la manière et dans le nombre prescrit par les réglemens ou par

(1) L. 1, § 1, ff. quod cujus. un. nom. (2) L. 3, ff. quod cuj. un. nom. L. 14, ff. ad munic. L. 6, § 1, in fin. ff. quod cuj. un. nom.

les usages : comme s'il doit y en avoir les deux tiers, ou autre partie, ou un certain nombre ; et ceux qui ont droit de faire la nomination doivent y observer les formalités qui leur sont prescrites (1).

4. Pour faire le nombre nécessaire des nominateurs, on peut y compter celui qui est nommé, s'il était de ce nombre (2).

5. Ceux qui ont été ainsi légitimement nommés, ont le pouvoir d'exercer les fonctions qui leur sont commises, et suivant l'étendue ou les bornes qui leur sont prescrites (3).

6. Le pouvoir de ces syndics et autres préposés finit avec leurs charges, lorsqu'elles expirent. Et il cesse aussi par une révocation, si elle peut avoir lieu, pourvu qu'elle soit faite dans les règles, et connue à celui qui est révoqué et à ceux qui avaient à traiter avec lui (4). (2005, 2006, s.)

SECTION II.

Des engagemens des syndics et autres préposés.

1. Ceux qui sont nommés par les corps et communautés pour l'administration de leurs affaires, doivent y apporter le même soin et la même diligence que les procureurs constitués. Et ils répondent, non-seulement de leur dol et des fautes grossières, mais aussi des fautes contraires à ce soin (5). (C. civ. 1991, 1992, s.)

2. Les syndics et autres préposés qui entreprennent une affaire par l'ordre du corps qui les a nommés, sont obligés de prendre soin de toutes les suites. Ainsi, celui qui est chargé d'intenter un procès, est tenu d'y procéder dans toute la suite pendant la durée de son administration. Et en général il est obligé de répondre de sa conduite envers ceux qui l'ont préposé, et de justifier de son pouvoir envers ceux contre qui il agit, ou avec qui il traite, et de faire ratifier par la communauté ce qu'il aura géré (6).

3. Les autres engagemens de ces syndics et autres préposés leur sont marqués par les fonctions qui leur sont commises, et par le pouvoir qui leur est donné. Ainsi, ceux des maires et échevins sont réglés par la nature de leurs charges : et ceux d'un syndic ou autre préposé d'un chapitre ou d'un autre corps, par le pouvoir et les fonctions qu'on lui attribue : et en général tous les préposés ont les fonctions propres à leurs charges, selon qu'elles leur sont attribuées par les réglemens et par les usages, ou qu'elles leur sont commises par ceux qui les nomment (7).

(1) L. 19, ad municip. L. 3, ff. quod cuj. un. nom. (2) L. 4, ff. quod cuj. un. nom. (3) L. 1, § 1, in fin. ff. quod cuj. un. nom. (4) L. 6, § 2, ff. quod. cuj. un. nom. V. l'art. 1 de la sect. 4 des Procurations. (5) L. 6, § 3, ff. quod. cuj. un. nom. L. 6, ff. de adm. rer. ad. civ. pert. V. l'art. 4 de la sect. 3 des Procurations. (6) L. 6, § 3, quod cuj. un. nom. Dict. § 3. (7) L. 6, § 3, ff. quod cuj. un. L. 5, ff. mand. L. 2, § 1, ff. ad munic. L. 17, § 7, eod. L. 8, ff. de mun. et hon. Tit. ff. de adm. rer. ad civ. pert.

SECTION III,

Des engagemens des communautés qui préposent des syndics ou autres.

1. Les communautés qui ont nommé des syndics ou d'autres préposés sont tenues de ratifier ce qu'ils ont bien géré selon leur pouvoir : car, comme ceux qui composent les communautés ne peuvent agir tous, ni savoir même tout ce qui regarde leur communauté, il est censé qu'ils savent de leurs affaires ce qu'en sait celui qu'ils y ont commis; que ce qui vient à sa connaissance, vient aussi à la leur; et que ce qu'il gère ou qui se traite avec lui, se passe avec eux, pourvu que ce soit dans les bornes du pouvoir qu'ils lui ont donné (1). (C. civ. 1998.)

2. La communauté est obligée d'allouer à son préposé les dépenses raisonnables qu'il a employées pour les affaires qui lui étaient commises (2). (C. civ. 1999.)

3. Les communautés ne sont engagées, par le fait de la personne qu'elles ont préposée, que dans l'étendue des engagemens qui leur sont permis, et selon qu'ils tournent à leur avantage. Ainsi, par exemple, si une communauté a donné pouvoir d'emprunter, elle ne sera obligée que pour les sommes dont il aura été fait un emploi utile (3); ou si elle a donné pouvoir de vendre, la vente ne subsistera qu'en cas qu'elle ait été faite pour une cause nécessaire, et qu'on y ait observé les formes prescrites pour ces sortes de ventes (4).

4. Si une communauté est déchargée de l'engagement contracté par celui qu'elle a préposé, on jugera les circonstances, s'il en doit répondre envers les personnes qui avaient traité avec lui. Ainsi, par exemple, si des échevins d'une ville empruntent de l'argent pour payer des dettes, ou pour en faire quelque autre emploi, et que le créancier leur confie de l'argent pour payer ou faire l'emploi, ils lui en répondront en leurs noms s'ils y ont manqué. Ainsi, au contraire, si un préposé d'une communauté en vend un héritage à un acquéreur qui se contente pour sa sûreté d'une délibération de la communauté qui donnait le pouvoir de vendre, et de la vente que lui fait ce préposé en cette qualité, suivant ce pouvoir, et que dans la suite la vente soit résolue, pour avoir été faite sans nécessité et sans garder les formes, ce préposé n'en sera pas garant. Ainsi, en général, les préposés qui traitent pour les communautés sont tenus de ce qui est de leur fait particulier envers ceux qui ont suivi leur foi,

(1) L. 7, ff. quod cuj. un. nom. L. 14, ff. ad municip. V. l'art. 5 de la sect. 2 des convent. (2) L. 7, ff. quod cuj. un. nom. (3) L. 27, ff. de reb. cred. L. 11, ff. de pig. et hyp. (4) Vir. L. 14. Cod. de sacr. eccles. Nov. 7, cap. 1. Nov. 120.

mais non du fait de la communauté s'ils n'ont traité que suivant le pouvoir qu'elle avait donné (1).

5. L'engagement d'une communauté ne se divise pas entre les personnes qui la composent, de sorte que ce soit l'engagement de chacun en particulier ; et ce n'est que le corps qui est obligé par le fait de celui qu'elle a préposé. Et comme ces particuliers n'entrent pas en leurs noms dans l'obligation que le corps contracte, s'ils ne s'y engagent expressément; ceux qui s'obligent envers les communautés ne s'obligent pas par là envers chacun de ceux qui en sont les membres (2).

TITRE IV.

De ceux qui font les affaires des autres à leur insu.

La loi qui nous commande de faire pour les autres ce que nous voudrions qu'ils fissent pour nous, oblige ceux qui se trouvent dans des conjonctures où l'intérêt des personnes absentes est abandonné, de prendre le soin d'y pourvoir selon qu'ils le peuvent. Les simples sentimens d'humanité sans religion portent à ce devoir envers les absens, et engagent à prendre soin de leurs biens et de leurs affaires, ceux à qui les événemens en font naître les occasions; et les lois civiles invitent toutes sortes de personnes à ce devoir, donnant à ceux qui prennent le soin des affaires des personnes absentes l'assurance que ce qu'ils auront fait raisonnablement sera confirmé, et qu'ils seront remboursés des deniers qu'ils auront fournis pour un emploi utile (3).

C'est cette espèce d'office, et les suites qui en naissent dont les règles doivent faire la matière de ce titre. Car il se forme un engagement sans convention, et qui est réciproque entre le maître d'une affaire et celui qui en prend le soin à son insu. Ainsi, cette espèce d'engagement a son rang en ce lieu. Il faut remarquer sur ce titre qu'il y a cette différence entre autres de l'administration des tuteurs et des curateurs à celles des personnes qui font les affaires des autres à leur insu, qu'au lieu que les tuteurs et curateurs étant nommés en justice, ont leur hypothèque sur tous les biens des personnes qui ont été sous leur conduite, et les curateurs aux biens sur les biens dont ils ont eu l'administration; ceux qui font les affaires des autres à leur insu ne l'ont pas de même; mais ils ont la préférence qui peut leur être acquise pour les deniers employés, ou à la conservation du bien, ou au recouvrement de quelque dette (4).

Comme il y a beaucoup de rapport de l'engagement de ceux

(1) L. 27, ff. de reb. cred. (2) L. 2, ff. quod cuj. un. nom. L. 7, § 1, eod. (3) L. 5, ff. de obl. et act. § 1, inst. de obl. quæ qu. ex cont. n. L. 5, ff. de obl. et act. (4) V. l'art. 6 de la sect. 3 des curateurs, et la sect. 5 des gages et hypothèques.

qui font les affaires des autres à leur insu, à celui des procureurs constitués, il faut joindre à ce titre les règles du titre des Procurations qui peuvent y convenir.

SECTION PREMIÈRE.

Des engagemens de celui qui fait l'affaire d'un autre à son insu.

1. Les lois civiles n'obligent personne à prendre le soin des affaires des autres, à la réserve de ceux qui en sont chargés par quelque devoir particulier, comme les tuteurs, les curateurs et autres administrateurs. Mais celui qui s'engage volontairement à prendre le soin de l'affaire d'un autre, n'est plus libre de l'abandonner; car il sera tenu des suites de son administration, de continuer ce qu'il aura commencé, jusqu'à ce qu'il l'achève, ou que le maître soit en état d'y pourvoir lui-même; il rendra compte de ce qu'il aura fait ou manqué de faire (1). Et celui pour qui il aura agi sera de sa part obligé envers lui aux engagemens qui seront expliqués dans la sect. 2.

2. Celui qui s'est engagé à l'affaire d'un autre à son insu, est obligé d'en prendre le même soin que s'il était procureur constitué; car il en tient lieu, et rendant un office, il doit le rendre tel qu'il ne soit pas nuisible, ou par sa négligence, ou par quelque autre faute. Ainsi, il sera tenu, non-seulement de ce qu'il pourrait y avoir de sa part de dol ou de mauvaise foi, mais aussi du manque de soin; et quand même il serait négligent en ses propres affaires, il doit pour celles d'un autre dont il s'est chargé, un soin très-exact, et il répondra des fautes contraires à ce soin, si ce n'est que les circonstances doivent y apporter quelques tempéramens, suivant la règle qui sera expliquée dans le dernier article (2).

3. Si la personne qui a entrepris la conduite des affaires d'un absent en néglige une partie, et que son engagement en éloigne d'autres personnes qui auraient pu y pourvoir, il en sera tenu selon les circonstances (3).

4. Que si, au contraire, celui qui fait les affaires d'un absent entreprend sans nécessité quelque affaire nouvelle, que rien n'obligeait l'absent d'entreprendre, comme s'il achète pour lui quelques marchandises, ou s'il l'intéresse dans quelque commerce, il portera seul toutes les pertes qui en arriveront, quoique s'il en arrivait du profit il fût pour cet absent. Mais s'il se trouvait dans cette même affaire de la perte d'une part et du gain de

(1) L. 20, Cod. de neg. gest. L. 21, § 2, ff. eod. § 1, inst. de obl. quæ quasi ex contr. L. 2, ff. de neg. gest. (2) L. 20. Cod. de neg. gest. § 1, in fin. inst. de obl. quæ quasi ex contr. L. 24. C. de usur. L. 11, ff. de neg. gest. V. l'art. 4 de la sect. 3 des Procurations. (3) L. 6, § 12, ff. de neg. gest. V. L. 1, § ult. ff. de eo qui pro tut. prove cur. neg. gest.

l'autre, celui qui l'aurait entreprise pourrait compenser ce qu'il y aurait de gain sur la perte qu'il devrait porter (1).

5. Celui que rien n'oblige à s'immiscer aux affaires d'un autre, peut se borner à une et s'abstenir des autres s'il n'y a pas de connexité (2).

6. Quoique celui qui fait l'affaire d'un autre s'y soit immiscé volontairement, il n'est pas tenu des cas fortuits et des autres événemens qui pourraient rendre inutile le bon office qu'il avait rendu (3).

7. Si celui de qui un autre a entrepris l'affaire vient à mourir avant que l'affaire soit consommée, ou s'il était déja mort avant que cette personne s'y fût immiscée, elle sera obligée de continuer pour l'intérêt des héritiers ou des autres personnes que l'affaire pourra regarder. Car c'est une suite de son engagement qu'il faut considérer dans son origine, indépendamment des changemens de maître qui peuvent arriver (4).

8. Si, dans l'administration des affaires ou des biens d'un absent, il y a quelque recette de deniers qui restent de bon entre les mains de celui qui a géré, et qu'il les tourne à son profit, ou qu'il néglige de les employer, comme s'il manquait d'acquitter une dette de l'absent qui produisît des intérêts; dans ces cas et autres semblables, soit qu'il y eût de la mauvaise foi dans sa conduite, ou une négligence qui dût lui être imputée, il pourra, selon la somme, selon le temps qu'il l'aura gardée et les autres circonstances, en devoir l'intérêt (5).

On a ajouté dans cet article, pour ces intérêts, qu'ils peuvent être dûs selon les circonstances; car notre usage n'est pas tel pour les intérêts qu'il l'était à Rome, où l'usure était permise, et où l'usage en était fréquent et facile pour les banquiers qui faisaient un commerce public de prendre à usure l'argent des particuliers. Et ce commerce était si établi, que ceux qui étaient obligés de mettre à profit l'argent dont ils étaient comptables, comme les tuteurs, avaient leur décharge pourvu qu'ils l'eussent donné à un banquier dont le crédit fût bien établi, quand même il serait arrivé dans la suite que ce banquier se trouvât insolvable (6).

9. Si quelqu'un, par erreur, a géré une affaire qu'il croyait être celle d'un de ses amis, et qui était l'affaire d'un autre, il ne se forme aucun engagement entre lui et cet ami de qui il croyait que c'était l'affaire, mais seulement entre le maître de l'affaire et lui, de même que si la vérité lui eût été connue (7).

10. Si une femme s'était ingérée à la conduite des affaires d'une

(1) L. 11, ff. de neg. gest. (2) L. 21, § 2, ff. de neg. L. 16, eod. L. 20, C. eod. (3) L. 22. Cod. de neg. gest. L. 22, ff. eod. V. l'art. 7 de la sect. 2. (4) L. 3, ff. de neg. gest. Dict. leg. 3, § 6. L. 12, § ult. eod. L. 21, § 2, eod. (5) L. 31, § 3, ff. de neg. gest. L. 19, § 4, eod. V. L. 6, § ult. eod. (6) V. L. 10, § 1, ff. de edend. L. 24, § 2, ff. de reb. auct. jud. poss. L. 7, § 2, ff. depos. L. 50 ff. de adm. et per. tut. (7) L. 5, § 1, ff. de neg. gest. L. 45, § 2, eod.

autre personne à son insu, elle en serait tenue selon les règles précédentes; car encore que les femmes ne puissent être nommées tutrices ni curatrices, elles entrent dans les engagemens qui peuvent naître d'une administration où elles s'ingèrent (1).

11. Ceux qui, par quelque nécessité, se trouvent obligés à l'administration des affaires des autres, comme l'est, par exemple, en de certains cas, l'héritier d'un tuteur (2) (C. civ. 419.), entrent dans les mêmes engagemens que celui qui s'ingère volontairement; et ils ont aussi de leur part les mêmes actions contre ceux dont ils font les affaires, à plus forte raison même que celui qui s'est engagé sans nécessité (3).

12. Quoique ceux qui s'ingèrent aux affaires des autres soient tenus régulièrement d'un soin très-exact, suivant la règle expliquée dans l'art. 2, si les circonstances sont telles qu'il y eût de la dureté d'exiger un tel soin de celui qui aurait géré l'affaire d'un autre, on pourrait y apporter du tempérament, et ne le pas rendre responsable des fautes qu'on ne pourrait imputer à une mauvaise foi. Ce qui doit dépendre de la qualité des personnes, de leur liaison d'amitié ou de proximité, de la nature de l'affaire, de la nécessité qu'il y avait d'y pourvoir, comme si c'était pour prévenir une saisie ou une vente de biens de l'absent, des difficultés qui pourraient s'y rencontrer, de la conduite de celui qui s'y est immiscé, et des autres circonstances semblables (4).

SECTION II.

Des engagemens de celui de qui un autre a géré l'affaire.

1. Celui de qui un autre a fait quelque affaire à son insu, est obligé envers lui à ce que demandent les suites de ce qui a été géré (5); et cette obligation se contracte, quoiqu'on l'ignore, par le devoir de reconnaissance de ce bon office, et renferme les engagemens qui seront expliqués par les règles qui suivent.

2. Celui de qui l'affaire a été bien conduite est obligé, envers celui qui en a pris le soin, de le dégager et désintéresser des suites de son administration : comme d'acquitter pour lui ce qu'il a promis, de l'indemniser des engagemens où il est entré, et de ratifier ce qu'il a bien géré (6).

3. Si celui qui a géré l'affaire d'un absent y a fait des dépenses nécessaires ou utiles, et telles que l'absent lui-même aurait pu ou dû faire, il les recouvrera (7).

4. Si, pour une dépense nécessaire, il a été mis plus qu'il ne fallait, elle sera réduite à ce qui a dû y être employé (8).

(1) L. 3, § 1, ff. de neg. gest. (2) V. l'art. 6 de la sect. 4 des Tuteurs. (3) L. 3, § 10, ff. de neg. gest. L. 18. C. de neg. gest. (4) L. 3, § 9, ff. de neg. gest. (5) L. 1, ff. de neg. gest. § 1, inst. de obl. quæ quasi ex cont. (6) L. 2, ff. de neg. gest. Dict. leg. 2. L. 9, ff. eod. (7) L. 2, ff. de neg. gest. L. 45, eod. (8) L. 25, ff. de neg. gest.

5. Si, pour ces dépenses, celui qui les a faites a été obligé, ou d'emprunter à intérêt, ou de faire une avance qui lui soit à charge, le maître de l'affaire sera tenu des intérêts des sommes avancées, quand même celui qui les a fournies aurait été obligé par quelque nécessité à se charger du soin de cette affaire (1).

6. Les dépenses qui auront été faites imprudemment pour une personne qui ne voulût pas les faire ou qui même ne fût pas en état de s'y engager, tomberont sur celui qui les aura faites de son mouvement : comme si, par exemple, il a fait dans une maison quelques réparations inutiles ou quelque changement que le maître ne pût ni ne voulût faire ; car il n'a pas dû l'engager indiscrètement à une dépense qui lui fût à charge (2).

7. Si la dépense a été nécessaire, et telle que le maître aurait dû la faire, et que par quelque cas fortuit ce qui avait été fait utilement périsse ou se perde, il ne laissera pas d'être tenu de rembourser de cette dépense celui qui l'avait faite, et à qui on ne peut imputer cet événement. Ainsi, par exemple, si un ami d'un absent de qui la maison était en péril de ruine, la fait appuyer; s'il achète quelques provisions nécessaires pour l'entretien de sa famille, et que la maison ou ces provisions périssent par un incendie ou autre cas fortuit, sans la faute de celui qui avait rendu ces services, il ne laissera pas de recouvrer ce qu'il avait mis (3).

8. Si celui de qui un autre a géré l'affaire, a ensuite approuvé ce qui a été fait après l'avoir connu, il ne pourra plus s'en plaindre, quand il aurait quelque sujet de ne pas l'approuver, à moins qu'il n'y eût du dol qui n'eût point paru (4).

9. Les dépenses qu'une personne peut faire pour une autre par un motif de libéralité ou par quelque devoir de charité, ne se recouvrent point, et ne sont pas mises au rang de celles que font ceux qui gèrent les affaires des autres, dans l'espérance de retirer ce qu'ils auront avancé du leur. Ainsi, par exemple, si un oncle donne des alimens à une nièce; et que, se repentant dans la suite de sa libéralité ou de ce devoir de proximité, il veuille les demander, il n'y sera pas reçu ; et il en serait de même à plus forte raison d'une mère qui aurait nourri ses enfans. Mais si, outre les alimens, elle avait fourni quelque argent pour leurs affaires, et qu'il parût que ce fût dans le dessein de le recouvrer, elle pourrait se le faire rendre (5).

10. Si une personne a fait pour un autre de ces sortes de dépenses qui sont des devoirs de proximité ou de charité, qu'il est libre d'exercer, ou libéralement, ou avec le dessein de recouvrer

(1) L. 18. C. de neg. gest. L. 19, § 4, in fin. ff. eod. L. 37, ff. de usur. V. l'art 5 de la sect. 5 des Tuteurs, et l'art. 11 de la sect. 1re de ce tit. (2) L. 10, § 2, ff. de neg. gest. (3) L. 22, ff. de neg. gest. L. 10, § ult. ff. eod. V. l'art. 6 de la sect. 1r. Dict. L. 10, § 1, ff. eod. V. l'art. 35 de la sect. 3 des Tuteurs (4) L. 9, ff. de neg. gest. (5) L. 27, in fin. ff. de neg. gest. L. 1. C. de neg. gest. L. 11. C. eod.

ce qu'on y aura employé; l'intention de cette personne servira de règle, ou pour obliger celui que ces dépenses regarderont à les acquitter, ou pour l'en décharger. Et on jugera de cette intention par les circonstances de la qualité des personnes, de leurs biens, des précautions prises par celui qui fait ces sortes de dépenses et les autres semblables (1).

11. La plus grande proximité des personnes ne suffit pas pour faire présumer que la dépense que l'une a faite pour l'autre soit une libéralité. Et quand même il n'y aurait aucune protestation de recouvrer ce qui est avancé, s'il paraît par les circonstances qu'il n'y ait pas eu d'intention de donner, la personne qui a fait de ces sortes de dépenses pourra les demander. Ainsi, par exemple, si une mère qui prenait le soin des biens et des affaires de ses enfans, ou une aïeule de ceux de ses petits-enfans, les avait nourris et entretenus; il serait à présumer en ce cas que l'intention de cette mère ou de cette aïeule n'aurait été que de nourrir ses enfans ou petits-enfans de leur propre bien, qu'elle administrait; et cette dépense lui serait allouée, quand même elle n'en aurait fait aucune protestation; ce qui recevrait encore moins de difficulté si elle en avait tenu un mémoire dans le dessein de la recouvrer (2).

TITRE V.

De ceux qui se trouvent avoir quelque chose de commun ensemble sans convention.

Lorsqu'une chose se trouve commune à deux ou plusieurs personnes, sans qu'ils en fussent convenus, comme une succession entre cohéritiers, un legs d'une chose à plusieurs légataires, il se forme entre eux divers engagemens, selon que leurs intérêts communs peuvent le demander. Ainsi, celui qui a la chose commune entre ses mains doit en prendre soin; ainsi, ils doivent se rembourser ce qui a été employé pour la conserver; ainsi, ils doivent en faire un juste partage: et ce sont ces engagemens et les autres semblables qui feront la matière de ce titre.

Il peut arriver en deux manières qu'une chose soit commune à plusieurs personnes. L'une, de sorte que chacun d'eux ait son droit indivis sur toute la chose. Ainsi, tous les biens d'une succession sont tellement communs entre les cohéritiers, que chaque chose de la succession appartient à tous jusqu'au partage. L'autre est lorsque chacun a sa portion réglée, quoique le partage n'ait pas été fait. Ainsi, un testateur peut léguer à deux personnes un héritage dont il assigne à l'un une moitié à prendre d'un certain côté, et à l'autre la sienne d'un autre côté; ce qui rendra com-

(1) L. 15. C. de neg. gest. (2) L. 34, ff. de neg. gest.

mune entre eux au moins la partie de l'héritage par où il faudra régler les bornes qui doivent assigner à chacun sa moitié. Et il se formera des engagemens entre ces personnes, comme pour les obliger au partage et aux restitutions que l'un pourra devoir à l'autre pour les jouissances.

On ne parlera pas ici de la communauté de biens qui est établie par plusieurs coutumes entre le mari et la femme. Car, encore que cette communauté se contracte sans une convention expresse par le simple effet du mariage, c'est une matière propre des coutumes qui en ont différemment établi les règles; et on peut y appliquer aussi celles de ce titre et celles de la Société, selon qu'elles peuvent y convenir.

Ce qu'on dit ici que la communauté de biens entre le mari et la femme est une matière propre des coutumes, signifie seulement qu'elle est expressément établie par plusieurs coutumes; ce qui n'empêche pas que dans les autres coutumes qui n'en parlent point, et dans les provinces qui se régissent par le droit écrit, on ne puisse convenir par le contrat de mariage d'une communauté de biens entre le mari et la femme, comme on le pouvait aussi dans le droit romain, ainsi qu'il se voit en la loi 16, § 3, *ff. de alim. et cib. leg.* Mais c'était une communauté ou société conventionnelle; et comme toutes ces communautés, soit coutumières ou conventionnelles, ont leurs règles, ou dans les coutumes, ou dans le contrat de société, et en général dans les conventions, il ne reste rien de cette matière qu'il soit nécessaire d'ajouter à ce qui a été expliqué dans le titre des Conventions, dans celui de la Société et dans celui-ci.

SECTION PREMIÈRE.

Comment une chose peut être commune à plusieurs personnes sans convention.

1. Une chose peut être commune à deux ou plusieurs personnes, sans qu'il y ait entre eux de société, ni même aucune convention, ni rien de leur fait. Ainsi, deux donataires ou légataires d'une même chose l'ont commune entre eux sans société ni convention (1).

2. Les cohéritiers d'une même succession, soit par testament, ou *ab intestat*, sont liés par les droits et les charges de la succession qu'ils ont en commun, et cette liaison se forme sans convention (2). (C. civ. 724.)

En vertu de la saisine, l'héritier légitime réservataire, dont la qualité est constatée, a droit à l'administration, préférablement au dona-

(1) L. 31, ff. pro. socio. L. 2, ff. com. div. L. 32, ff. pro. socio. V. § 3, inst. de obl. quæ quasi ex contr. L. 25, § 16, in fin. ff. fam. ercisc. V. l'art. 2 de la sect. 2 de la Société. (2) L. 31, ff. pro. soc. L. 25, § 16, ff. fam. ercisc.

taire ou légataire, même universel, dont le titre est contesté, pourvu qu'il accepte purement et simplement (1). Mais il peut être assujetti à donner caution, s'il n'est pas réservataire (2). De même que si sa qualité est contestée (3).

Les militaires qui ont obtenu des armes d'honneur peuvent en disposer par testament. A défaut de disposition, elles sont remises à leurs héritiers. Il en est de même de l'épée du militaire mort sur le champ de bataille ou des suites de ses blessures (4).

Lorsque le premier appelé à une succession s'en est abstenu, celui qui l'a recueillie dans l'intervalle écoulé entre l'ouverture de la succession et l'obtention, a couvert l'hérédité, et en a exercé valablement les actions; les poursuites faites par lui ne sauraient donc être annulées à défaut de qualité (5). La disposition des coutumes qui refusaient la saisine de plein droit aux héritiers collatéraux, est abrogée par l'art. 61 de la loi du 17 nivose an 2 (6).

L'enfant conçu avant le mariage, mais né pendant le mariage, n'a pas droit aux successions ouvertes dans le temps intermédiaire de la conception au mariage qui l'a légitimé, et auxquelles il aurait été appelé s'il eût été légitime, les effets de la légitimation par mariage subséquent ne remontent point au moment de la conception de l'enfant légitimé (7).

Les jugemens rendus sur une question d'état contre le père ou l'aïeul, ont l'autorité de la chose jugée à l'égard des enfans et descendans, quant aux droits héréditaires, mais non relativement aux droits de famille, tels que le nom et la parenté (8).

Celui qui acquiert de bonne foi, d'un héritier apparent ou putatif, un immeuble de la succession, ne peut être évincé par l'héritier véritable qui se présente plus tard, bien que la prescription ne soit pas encore acquise (9). Pour pouvoir actionner en justice l'héritier appelé par la loi à une succession, il n'est pas nécessaire de prouver que cet héritier a accepté; il suffit que l'héritier ne prouve point avoir renoncé (10).

Un débiteur a été justement condamné à payer aux seuls héritiers présens malgré la preuve qu'il apportait qu'un enfant naturel du défunt avait existé, et malgré que les héritiers présens ne prouvassent point le décès de cet enfant avant l'ouverture de la succession de son père (11).

3. L'héritier d'un associé se trouve lié sans convention avec les associés de celui à qui il succède; et quoiqu'il ne soit pas lui-même associé, cette liaison est un effet du droit qui lui est acquis en la chose commune (12). (C. civ. 1864.)

4. Celui qui se rend acquéreur d'une portion d'un droit, ou autre chose commune à plusieurs personnes, entre dans leurs liaisons sans société ni convention; et il en est de même si divers acheteurs acquièrent chacun singulièrement et séparément des différentes portions indivises d'une même chose (13).

(1) Angers, 16 mai 1816. (2) Orléans, 10 juin 1818. (3) Rouen, 1er ventose an 13. (4) Avis du conseil d'état du 5 brumaire an 13. (5) Cass. 11 frimaire an 9. (6) Cass. 6 germinal an 13. (7) Cass. 11 mars 1811. (8) Cass. 9 mai 1821. (9) Rejet, 3 août 1815. (10) Rejet, 21 floréal an 10. (11) Colmar, 28 février 1815. (12) L. 63, § 8, ff. pro soc. V. l'art. 3 de la sect. 2, et toute la sect. 6 de la Société. (13) L. 31, ff. pro soc.

5. Dans les cas des articles précédens, et dans tous les autres événemens semblables, qui rendent commune à deux ou à plusieurs personnes une même chose sans convention, il se forme entre eux divers engagemens par le simple effet de leur intérêt en la chose qui leur est commune, et ces engagemens seront expliqués dans la section suivante (1).

SECTION II.

Des engagemens réciproques de ceux qui ont quelque chose de commun ensemble sans convention.

1. Les engagemens de ceux qui ont quelque chose de commun entre eux sans convention, sont en général de la partager quand un d'eux le voudra, de se faire justice entre eux des gains et des pertes, de compter de leurs jouissances et de leurs dépenses, de répondre chacun de son propre fait, et du dommage qu'il peut avoir causé dans la chose commune, ainsi que ces engagemens et leurs suites seront expliqués dans les règles qui suivent (2). (C. civ. 815.)

2. Pendant que la chose commune entre cohéritiers ou autres demeure indivise, celui des propriétaires qui l'a en sa puissance est obligé d'en prendre soin comme de sa chose propre; et il doit répondre, non-seulement de tout dol et fraude, mais aussi des fautes contraires à ce soin. Mais il n'est pas tenu des mêmes diligences que celui qui se charge volontairement de l'affaire d'un autre, parce que c'est son intérêt qui l'a engagé à une affaire qui le regardait, et seulement par occasion à ce qui regardait l'autre intéressé. Ainsi, il n'y doit que le même soin qu'il aurait pour sa propre affaire (3). (C. civ. 803, 804.)

L'héritier bénéficiaire ne peut faire le transfert des rentes au-dessus de cent cinquante francs sans y être préalablement autorisé (4).

Quand un héritier bénéficiaire a passé un compromis sur les intérêts de la succession sans avoir pris la qualité d'héritier bénéficiaire dans l'acte, il ne peut faire annuler ce compromis sous prétexte que, comme héritier bénéficiaire il ne pouvait compromettre, ou il doit reconnaître qu'il a pu valablement compromettre, étant obligé de faire valoir son acte par tous les moyens qui sont en lui, ou il doit être reconnu par le tribunal qu'il a voulu déposer sa qualité d'héritier bénéficiaire pour prendre celle d'héritier pur et simple (5).

S'il existe un donataire universel en usufruit, sans aucune portion à réserve, ce donataire ayant seul le droit à la jouissance, a seul le droit à l'administration : peu importe que l'héritier ait accepté purement et simplement, ou bénéficiairement (6). Il ne doit pas personnellement les

(1) § 3, inst. de obl. quæ quasi ex contr. L. 32, ff. pro socio. L. 25, § 16, in fin. ff. fam. ercisc. (2) L. 3, ff. comm. divid. L. 4, in fin. C. eod. L. 19. in fin. ff. fam. ercisc. (3) L. 25, § 16, ff. fam. ercisc. L. 6, § 11, ff. comm. divid. (4) Avis du conseil d'état, 11 janvier 1808. (5) Cass. 20 juillet 1814. (6) Paris, 26 août 1816.

intérêts tant qu'il n'est pas en demeure de rendre compte (1). L'héritier bénéficiaire qui s'est rendu adjudicataire des biens de la succession doit présenter et signifier son compte, avant de pouvoir former aucune demande contre les créanciers (2).

3. Celui qui a joui de la chose commune doit en rapporter tous les fruits et tous les profits. Car, sans ce rapport, l'égalité qui doit être entre copartageans se trouverait blessée (3).

4. Si un des propriétaires d'une chose ou affaire commune entre eux y a employé quelque dépense qu'il ait fallu faire, comme pour des réparations, des frais d'un procès ou d'autres semblables, il la recouvrera avec les intérêts depuis son avance (4). Car ses dépenses ont conservé la chose, ou même l'ont rendue plus précieuse, et peuvent avoir été à charge à celui qui en a fait l'avance.

5. Ceux qui ont une affaire ou autre chose commune ensemble sont tenus réciproquement l'un envers l'autre du maniement ou de la conduite qu'ils en ont eue, et chacun répondra du dommage ou des pertes qu'il aura pu y causer (5).

6. Aucun des propriétaires d'une chose commune ne peut y faire de changement qui ne soit agréé de tous; et un seul même peut empêcher contre tous les autres qu'il ne soit innové (6): car chacun d'eux a la liberté de conserver son droit tel qu'il est; ce qu'il faut entendre des changemens qui ne sont pas nécessaires pour la conservation de la chose : car il ne serait pas juste qu'on la laissât périr par la bizarrerie de l'un des propriétaires.

7. Si l'un des propriétaires fait un changement en la chose commune sans nécessité, l'autre y résistant, il sera tenu de remettre les choses dans l'état où elles étaient auparavant, si cela se peut, et de tous les dommages et intérêts qu'il aura causés (7).

8. Si le changement a été connu et souffert, quoique sans un consentement exprès, celui qui l'aura souffert ne pourra obliger l'autre à remettre les choses en leur premier état (8).

9. Si l'un fait un changement en l'absence ou l'insu des autres, qui leur cause quelque perte, ou qu'ils aient un juste sujet de ne point agréer, il sera obligé de remettre les choses comme elles étaient (9) autant qu'il sera possible, et que l'équité le demandera; et s'il avait causé quelque dommage, il en sera tenu.

10. Celui qui ayant vu le changement y aura consenti, ne pourra s'en plaindre, quand même il en souffrirait quelque perte ou quelque dommage (10).

(1) Paris, 14 mai 1819. (2) Paris, 11 juin 1811. (3) L. 11, in fin. ff. comm. L. 4, § 3, eod. L. 6, § 2, eod. L. 4. C. eod. Dict. L. in fin. (4) L. 4, § 3, ff. comm. divid. L. 11, eod. L. 31, § ult. ff. de neg. gest. L. 67. § 2, ff. pro soc. L. 52, § 10, eod. L. 18, § 3, ff. fam. ercisc. (5) L. 14, ff. comm. divid. L. 8. § 2, ff. eod. L. 19. C. fam. ercisc. (6) L. 28, ff. comm. divid. L. 5, in fin. Cod. de auct. præst. (7) L. 28, ff. comm. divid. (8) L. 28, ff. comm. divid. (9) L. 28, ff. comm. divid. (10) L. 28 ff. comm. divid.

11. Il est toujours libre à chacun de ceux qui ont quelque chose de commun entre eux, de la partager; et ils peuvent bien convenir de remettre le partage à un certain temps, mais non pas qu'il ne puisse jamais être fait (1). Car il serait contre les bonnes mœurs, qu'ils fussent forcés d'avoir toujours une occasion de se diviser par la possession indivise d'une chose commune. (C. civ. 815.)

Nul n'étant contraint de demeurer dans l'indivision lorsqu'il n'y a point de limitation du temps pendant lequel elle doit durer, la convention par laquelle deux co-propriétaires d'un terrain indivis, ont stipulé que ce terrain demeurerait commun entre eux pour le pâturage de bestiaux de leurs domaines respectifs, ne les astreint pas à l'obligation de demeurer toujours dans l'indivision, et encore moins constitue-t-elle une servitude; chacun des deux co-propriétaires conserve, au contraire, le droit de faire cesser cette communauté de partage, en provoquant le partage du terrain indivis (2).

L'action en partage ayant pour objet des biens soumis à un usufruit par un don mutuel, avec faculté à l'usufruitier d'abattre tels bâtimens, bois et arbres qu'il jugera convenable, peut, sur le refus des autres co-héritiers de procéder quant à présent au partage, être suspendue jusqu'à l'extension de l'usufruit. Il y a exception à la règle sur la faculté générale de sortir de l'indivision (3).

L'art. 815 s'applique à l'indivision de partage comme à l'indivision de propriété quand le fonds est lui-même indivis entre les parties (4).

12. Si les choses qui sont à partager ne peuvent se diviser en portions égales, les co-partageans peuvent s'égaliser par des retours d'argent ou autrement; et si la chose commune est indivisible, comme un office ou une maison qui ne pût être divisée qu'avec beaucoup de pertes ou de trop grandes incommodités, elle peut être laissée à un seul pour un prix qui sera partagé, ou il s'en fait une licitation; et les étrangers même peuvent être reçus aux enchères, si quelqu'un des propriétaires qui ne voudra ou ne pourra peut-être enchérir, le demande ainsi (5). (C. civ. 1686.)

13. Si, dans un partage de divers héritages, ou d'un héritage en deux ou plusieurs portions, il est nécessaire d'assujettir une de ces portions, ou un de ces héritages à quelque servitude pour l'usage des autres, comme à un passage, à une prise d'eau, ou autre semblable, les arbitres ou experts qui en connaîtront, pourront charger de la servitude l'héritage qui devra y être sujet (6); et, en ce cas, on égalisera d'ailleurs la condition des co-partageans, ou par un retour d'argent, ou en donnant plus de fonds à celui qui sera chargé de la servitude, ou par d'autres voies.

14. S'il se trouve quelque lésion considérable dans un partage,

(1) L. ult. C. in fin. ff. eod. L. 43, ff. fam. ercisc. L. 14, § 2, ff. comm. divid. (2) Cass. 18 nov. 1818. (3) Paris, 31 août 1813. (4) Rejet, 18 nov. 1818. (5) L. 3. C. comm. divid. L. 1. C. eod. L. 55, ff. fam. ercisc. (6) L. 22, § 3, ff. fam. ercisc.

même entre majeurs, soit par quelque dol de l'un des co-partageans, ou même sans que l'on puisse rien imputer à l'autre, cette lésion sera réparée par un nouveau partage (1).

15. Après le partage des choses qui étaient communes, chacun des co-partageans tient lieu de vendeur envers l'autre ; et ils doivent se garantir réciproquement leurs portions des évictions. Ainsi, par exemple, si un créancier d'une succession dont les héritiers ont partagé les biens, exerce son hypothèque contre l'un d'eux après leur partage, les autres doivent l'en garantir pour leurs portions, quand même il n'aurait été rien dit dans le partage sur la garantie (2).

16. Les titres des choses communes qui sont communs à tous les co-partageans peuvent être laissés en la puissance de l'un d'eux qui s'en charge envers les autres, et leur en donne des copies collationnées, promettant de représenter les originaux quand il le faudra. Ainsi, entre cohéritiers, les titres demeurent au principal héritier. Que s'il n'y a pas de cause d'en préférer l'un aux autres, ou qu'ils ne conviennent pas, ils peuvent tirer au sort, ou le juge le règle, ou les titres sont déposés entre les mains d'un notaire qui en fait à chacun des expéditions. Mais on ne met pas en licitation à qui aura les titres (3).

17. Si, parmi les biens communs qui sont à partager entre deux ou plusieurs personnes, il se trouve des choses de telle nature qu'elles ne puissent servir qu'à des usages illicites, comme des poisons dont il ne pourrait se faire aucun bon usage, des livres de magie, et autres choses semblables, elles n'entreront point dans le partage; mais les partageans, ou le juge si la chose vient à sa connaissance, les mettront en état qu'on ne puisse en faire un mauvais usage (4).

18. Les choses acquises par de mauvaises voies, comme par un larcin, par un vol, par un sacrilége, n'entrent pas non plus en partage, mais seront restituées à qui il appartiendra (5).

TITRE VI.

De ceux qui ont des héritages joignans.

Il y a une autre espèce d'engagement sans convention qui se forme entre les propriétaires d'héritages joignans, par le simple effet de la situation de ces héritages qui oblige à les confiner, si les bornes en sont incertaines, ou à s'en tenir aux possessions de part et d'autre selon les confins, lorsqu'il y en a.

(1) L. 3. C. comm. utr. jud. (2) L. 1. C. comm. utr. jud. L. 14. C. fam. ercisc. L. 25, § 21, ff. fam. ercisc. (3) L. 5. C. comm. ercisc. L. 4, § ult. eod. L. 5. C. comm. utr. jud. L. 6, ff. fam. ercisc. V. L. ult. ff. de fide inst. (4) L. 4, § 1, ff. fam. ercisc. (5) L. 4, § 2, ff. fam. ercisc.

SECTION PREMIÈRE.

Comment se bornent ou se confinent les héritages.

1. L'usage des bornes est principalement pour les héritages de la campagne, où il n'y a point de bâtiment qui en règle l'étendue; mais les bâtimens et les lieux clos de murailles, soit dans les villes ou à la campagne, ont leurs confins par des anciens murs, ou mitoyens, ou propres à un seul des voisins (1). (C. civ. 646.)

Le bornage d'héritages contigus doit être fait dans l'état de la possession actuelle des propriétaires. Il n'y a lieu à arpentage, pour déterminer où doivent être posées les bornes, qu'en cas de revendication de la part d'un des propriétaires (2). Le bornage et la délimitation sont différens et ne doivent pas être confondus : la délimitation ne sert qu'à indiquer la ligne sur laquelle doivent être placées les bornes, tandis que le bornage a pour objet de constater d'une manière immuable cette délimitation. — L'art. 646 du code est conçue en termes généraux; il veut que, dans tous les cas, sans exception, les propriétaires puissent obliger leurs voisins au louage à frais communs, de leurs propriétés contigues. — Cette disposition impérative de la loi est applicable toutes les fois qu'il n'existe pas de bornes ayant un caractère usité (3).

Le droit de clore et de déclore ses héritages résulte essentiellement de celui de propriété et ne peut être contesté à aucun propriétaire. L'assemblée nationale abroge toutes les lois et coutumes qui peuvent contrarier ce droit (4).

Pour qu'un champ soit réputé clos, il suffit qu'il soit entouré d'un mur de quatre pieds de hauteur, avec barrière ou porte; ou qu'il soit exactement fermé et entouré de palissades ou de treillages, ou d'une haie vive, ou d'une haie sèche, faits avec des pieux; ou cordelé avec des branches ou de toute autre manière de faire des haies, en usage dans les localités; ou enfin d'un fossé de quatre pieds de large, au moins, à l'ouverture et de deux pieds de profondeur (5).

2. Quoique les héritages qui se joignent soient distingués par la ligne qui les sépare et qui en est le confin qu'on marque par des bornes, et que le total de chacun des héritages qui se joignent appartienne entièrement et jusqu'au confin à celui qui en est le propriétaire, il ne peut néanmoins jouir de telle sorte de son héritage, qu'il puisse, ou planter, ou bâtir, ou faire ce qu'il voudrait à fleur du confin; mais selon la qualité du plan ou du bâtiment ou autre ouvrage, il doit garder les distances réglées par les coutumes et par les usages (6). (C. civ. 671, 674.)

On n'a pas marqué dans cet article les distances qu'il faut observer pour planter, bâtir, ou faire d'autres ouvrages. Car notre usage est différent de la loi citée sur cet article, et on suit pour cela les usages et les coutumes des lieux.

(1) L. 4, § 10, ff. fin. regund. (2) Orléans, 25 août 1816. (3) Cass. 30 déc. 1818. (4) Loi du 28 sept. 1791, sect. 4, art. 4. (5) Loi du 6 oct. 1791. (6) L. ult. ff. fin. regund. V. l'art. 8 de la sect. 2 des Servitudes.

Il faut une autorisation de l'administration, soit pour élever des habitation ou creuser des puits à moins de cent mètres de distance des nouveaux cimetières transférés hors des communes en vertu des lois et règlemens, soit pour augmenter ou réparer les édifices existans (1).

Les tribunaux de police ne doivent pas connaître des actions d'un propriétaire envers son voisin, à raison de la violation des règles de voisinage, quoiqu'il s'agisse des égoûts d'une latrine dans un puits, si ces égoûts ne sont pas extérieurs, et si le puits n'est pas public. Ces actions sont de la compétence des tribunaux ordinaires (2).

Celui qui, pendant trente ans, a usé de fosses d'aisances établies sous la maison du voisin, et ce, au moyen de tuyaux inédifiés dans la maison voisine, a acquis par prescription le droit d'en jouir. C'est là un droit de propriété prescriptible, et non un droit de servitude imprescriptible (3).

3. Lorsqu'un mur est sur le confin, il est mitoyen, et, étant commun aux deux héritages, il y sert de bornes (4). Mais celui qui bâtit dans son propre fonds a le mur à soi, en gardant la distance nécessaire du mur au confin. (C. civ. 653.)

Celui qui a usé de la faculté de se rendre un mur mitoyen, ne peut faire réduire à l'ébouchoir la poutre jusqu'à la moitié dudit mur, si, à l'époque où il a acquis la mitoyenneté en vertu du droit conféré par une coutume, la poutre était placée dans toute l'épaisseur du mur, à deux pouces près (5).

4. Les héritages séparés par un grand chemin ne se confinent pas l'un l'autre, et les propriétaires de ces héritages n'ont pas à régler de bornes entre eux, si ce n'est qu'un changement du chemin y donnât sujet (6).

5. Les ruisseaux qui ne sont pas à l'usage du public, et qui sont propres aux particuliers dont ils traversent les héritages, ne règlent pas leurs bornes; mais chacun a les siennes, telles que les lui donne son titre ou sa possession (7). (C. civ. 666.)

6. S'il y a de l'incertitude pour les confins des héritages, soit de la ville ou de la campagne, ils se règlent par les titres, lorsqu'il y en a qui marquent, ou le lieu des bornes, ou l'étendue que les héritages doivent avoir, par d'anciennes marques, par d'anciens aveux ou autres preuves semblables. Et comme après les titres il peut arriver divers changemens dans les confins, ils se règlent aussi par la possession et par les égards qu'on doit avoir à ces changemens. Comme si un propriétaire de deux héritages qui avaient leurs confins, en vendant l'un le confine autrement, ou s'il se fait d'autres changemens par de différentes acquisitions ou successions qui confondent ou distinguent les héritages. Et

(1) Décret du 7 mars 1808. V. le décret du 10 mars 1808 relatif aux constructions dans Paris. (2) Cass. 7 oct. 1809. (3) Rejet, 22 oct. 1811. (4) L. 4, § 10, ff. fin. regund. (5) Orléans, 20 nov. 1821. (6) L. 4, in fin. et l. 5, ff. fin. regund. V. l'art. 6 de la sect. 1. des engagemens qui se forment par des cas fortuits. (7) L. 6, ff. fin. regund.

enfin on peut régler les confins par les autres voies qui peuvent les faire connaître (1).

7. Les emphytéotes, les usufruitiers, les engagistes peuvent, de même que les propriétaires, exercer l'action pour régler les bornes avec les possesseurs des héritages voisins (2).

8. Si les mêmes parties qui sont en procès pour des confins se contestent aussi la possession des lieux qu'il faut borner, il faudra premièrement juger la possession (3) (Pr. 3.); car la question des confins regarde la propriété qui ne doit être jugée qu'après la possession (4). (Pr. 30, 38.)

Lorsqu'une même action embrasse une question de propriété de la compétence du tribunal civil, et une question de dommages aux champs de la compétence des juges de paix, si les deux questions sont connexes, elles sont complètement jugées par le tribunal civil (5).

On doit considérer comme dégradation, dans le sens de la loi du 24 août 1790 et de l'art. 3 du code de procédure, le défaut de fumage et le divertissement par le fumier des foins, pailles et engrais, au préjudice du propriétaire. L'action résultant de ces dégradations est de la compétence du juge de paix (6).

Lorsqu'un propriétaire fait sur son propre fonds des ouvrages qui troublent son voisin, il ne peut être contraint par voie d'action possessoire à la destruction desdits ouvrages (7). Le juge de paix est compétent pour connaître d'une action pour dommages causés aux champs et récoltes indirectement par le fait de l'homme (8).

Les actions possessoires, à l'égard des biens communaux, sont de la compétence exclusive des juges de paix (9). Lorsqu'un possesseur est troublé par l'acquéreur de domaines nationaux, il y a lieu à complainte. Dans ce cas, ce n'est pas à l'autorité administrative, mais au juge de paix, que doit être portée l'action possessoire (10). C'est au pouvoir judiciaire, et non à l'autorité administrative qu'appartient la connaissance des contestations qui s'élèvent entre deux particuliers sur la possession d'un cours d'eau, encore que sa source soit dans un terrain communal, et que la commune en ait concédé l'usage à une des parties litigantes par une délibération approuvée du préfet (11).

L'action possessoire suppose la propriété. Un juge de paix ne pourrait accueillir une pareille action si le défendeur opposait une décision administrative qui plaçât le terrain qui en fait l'objet dans le domaine public ou communal. Si la décision administrative avait été rendue postérieurement à la sentence du juge de paix, on devrait la réformer (12).

Lorsqu'un terrain est affecté pour une portion à un chemin de halage, s'il s'élève une contestation à l'occasion d'un passage de charrette sur un terrain, la contestation doit être soumise au conseil de préfecture, en tant qu'il s'agit d'un délit de grande voirie commis sur le

(1) L. 11, ff. fin. regund. L. 2. C. eod. L. 12, ff. fin. reg. L. 2. C. eod. (2) L. 4. § 9, ff. fin. regund. (3) L. 3. C. fin. reg. (4) V. l'art. 17 de la sect. 1 de la Possession. (5) Rejet, 29 juin 1820. (6) Cass. 29 mars 1820. (7) Cass. 13 avril 1819. (8) Cass. 18 nov. 1817. (9) Cass. 10 nov. 1812. (10) Cass. 28 août 1810. (11) Cass. 15 prairial an 12. (12) Lois du 24 août 1790 et 16 fructidor an 3. V. décrets des 11 déc. 1808 et 15 janvier 1809. V. loi du 6 oct. 1791, tit. 1, sect. 4.

chemin de halage; et elle doit être soumise au juge de paix, en tant qu'il s'agit de trouble à la possession d'un terrain ou d'une portion de terrain qui n'est pas chemin de halage (1).

Le fermier d'un domaine peut se pourvoir lui-même contre le propriétaire voisin, pour l'obliger à élaguer des branches qui s'étendent sur les terres qu'il exploite, et le faire condamner à des dommages et intérêts, à raison du préjudice qu'il a éprouvé (2). La possession d'un cours d'eau peut donner lieu à l'action possessoire ou en complainte (3).

Un juge de paix ne peut statuer en dernier ressort sur une action en réintégrande, bien que le demandeur n'ait pas conclu à plus de 50 fr. de dommages et intérêts, si d'ailleurs il a demandé la suppression de travaux faits sur le terrain litigieux. Cette dernière partie de la demande étant d'une valeur indéterminée, il ne peut y être statué qu'à la charge d'appel (4). Lorsque dans une action possessoire le demandeur conclut à des dommages-intérêts excédant 50 fr., la demande ne peut être jugée en dernier ressort (5); de même, lorsqu'il ne demande pas de dommages-intérêts (6), ou que la demande est indéterminée (7).

De ce que le demandeur par action possessoire a conclu à des dommages-intérêts non excédant 50 fr., il ne s'ensuit pas que le jugement doive être de dernier ressort, si, au lieu de conclure simplement à la maintenue en possession, le demandeur a conclu à la démolition du nouvel œuvre (8).

Une action possessoire est de nature à être jugée en dernier ressort, lorsque le demandeur a simplement conclu à la maintenue en possession et des dommages-intérêts non excédant 50 fr., encore que reconventionnellement le défendeur eût conclu à 30 fr. de dommages-intérêts (9). En matière d'action possessoire, c'est par les dommages-intérêts demandés que la compétence du dernier ressort se détermine, sans égard à la valeur de la chose dont la possession est réclamée: ainsi, il y a lieu de juger en dernier ressort si le demandeur a conclu à des dommages-intérêts non excédant 50 fr. (10).

L'action intentée par le possesseur d'un fonds, tendant à faire cesser le trouble que lui causent les travaux exécutés par un voisin, est une *action possessoire* de la compétence des juges de paix, encore que les travaux ne soient pas exécutés sur le fonds du plaignant, mais bien sur le fonds du voisin (11).

SECTION II.

Des engagemens réciproques des propriétaires ou possesseurs d'héritages joignans.

1. Le propriétaire ou autre possesseur d'un héritage, faisant un plant, un bâtiment ou autre ouvrage, doit garder les distances entre son ouvrage et le confin, ainsi qu'elles sont réglées par les coutumes et par les usages (12). (C. civ. 671, 672.) Et s'il y contrevient, il sera obligé de démolir son bâtiment, arracher son plant

(1) Arrêt du conseil, 30 sept. 1724. (2) Cass. 9 déc. 1817. (3) Cass. 1er mars 1815. (4) Rejet, 16 juin 1818. (5) Cass. 26 messidor an 13. (6) Cass. 25 août 1806. (7) Cass. 25 mai 1813. (8) Rejet, 2 avril 1811. (9) Cass. 13 nov. 1811. (10) Rejet, 28 oct. 1808. (11) Rejet, 13 avril 1819. (12) V. l'art. 2 de la sect. 1.

et remettre les choses dans l'état où elles doivent être, avec les dommages et intérêts que son entreprise aura pu causer (1).

La disposition de cet art. 672 est applicable aux bois domaniaux et aux bois de particuliers (2). On peut contraindre le voisin à couper les branches de ses arbres qui avancent sur le terrain, quoique, par un statut ou usage local, il fût, lors de la publication du code, permis aux propriétaires de s'introduire respectivement dans les propriétés pour y cueillir les fruits pendant aux branches des arbres qui s'y étendaient; l'art. 7 de la loi du 30 ventose an 12 ayant abrogé les usages locaux (3).

Que, quiconque n'étant pas propriétaire d'un bois se permet d'en ébrancher les arbres, commet un délit punissable par voie correctionnelle, sans distinguer si l'auteur de ce fait est ou n'est pas propriétaire du sol riverain de ce bois; et si, poursuivi, il prétend qu'il avait, aux termes de l'art. 672, le droit de couper les branches avançant sur sa propriété, cette défense ne constitue point une exception préjudicielle (4).

Un fermier a action contre le propriétaire d'une haie voisine de l'héritage qu'il tient à bail, pour le contraindre à élaguer des branches qui nuisent à sa récolte, et pour le faire condamner à des dommages-intérêts, à raison du préjudice que ces branches lui ont causé. — Un fermier a action pour dommages causés aux fruits et récoltes. — Le dommage ne procède pas seulement des voies de fait, mais de la négligence à empêcher une chose nuisible à autrui (5).

Sous l'empire du droit romain, et notamment dans l'ancien pays de Gex, on pouvait acquérir, par la prescription trenténaire, le droit de conserver des arbres à haute tige au-delà de la distance légale (6).

2. Si le possesseur d'un héritage usurpe sur son voisin au-delà des confins, il sera tenu des dommages et intérêts pour son entreprise (7) (P. 389.), et de la restitution des fruits ou autres revenus depuis son usurpation. Mais celui qui se trouvera avoir joui au-delà de ses bornes sans mauvaise foi, ne devra les fruits que depuis la demande (8).

3. Si les confins de deux héritages deviennent incertains, soit par le fait du propriétaire, ou possesseur de l'un des héritages, ou par un cas fortuit; comme si une inondation a enlevé les bornes, ou que quelque autre événement ait ôté la connaissance de la séparation des héritages, ils seront de nouveau confinés par l'avis des experts, ou suivant les titres, ou par les autres voies qu'on a remarquées dans l'art. 7 de la sect. 1re; et celui qui aura usurpé sera tenu de la restitution des fruits ou autres revenus, et des dommages et intérêts s'il y a lieu (9). (P. 456; Pr. 30, 38.)

Le fait d'avoir forcé des barreaux de fer garnissant une fenêtre d'une maison habitée, constitue le délit de bris de clôture prévu par l'art. 456. Le mot clôture s'entend aussi bien des ouvrages destinés à dé-

(1) L. 4, § 2, ff. fin. regund. Dict. leg. 4, § 3. (2) Paris, 16 février 1824. (3) Cass. 31 déc. 1810. (4) Cass. 15 février 1811. (5) Cass. 9 décembre 1817. (6) Rejet, 27 déc. 1820. (7) L. 4, § 1, ff. fin. regund. (8) L. 4, § 2, ff. fin. regund. (9) L. 8, ff. fin. regund. Dict. leg. § 1.

fendre l'entrée des maisons habitées, que de ceux faits pour défendre l'entrée des propriétés rurales (1).

La destination d'une clôture faite par celui qui se prétend être le propriétaire du terrain sur lequel cette clôture a été construite ne peut caractériser le délit prévu par l'art. 456. Lorsque la partie plaignante n'a pas de son côté la présomption légale de la propriété par la possession annale du même terrain au moment de ladite destruction, dans ce cas le tribunal correctionnel peut ordonner le sursis de l'action jusqu'à ce qu'il ait été statué par le juge compétent sur le droit de propriété contesté entre les parties (2).

L'art. 456 punissant d'un emprisonnement d'un mois à un an, et d'une amende qui ne peut être au-dessous de 50 fr., le délit de couper une haie appartenant à autrui, il y a d'abord incompétence d'un tribunal de simple police pour en connaître; ensuite, il y a fausse application par ce tribunal de l'art. 8, sect. 7, titre 1er de la loi du 28 septembre 1791, sur la police rurale, établissant la prescription d'un délit rural par l'expiration du délai d'un mois. Le fait de la prévention rentrant dans l'application du code pénal, il ne pouvait être soumis qu'à la prescription établie dans le code d'instruction criminelle, qui est relatif audit code pénal, et forme avec lui un seul code de législation criminelle (3).

Le fermier qui, en faisant ses labours, coupe ou endommage les arbres du propriétaire, n'est point dans le cas de l'art. 456; le propriétaire ne peut agir qu'à fins civiles (4). Il en est de même à l'égard des anticipations qu'un propriétaire se permet sur l'héritage de son voisin (5).

4. Si les bornes ont été enlevées par le fait de l'un des possesseurs, il sera non-seulement tenu de la restitution des fruits et des dommages et intérêts, mais on pourra lui faire son procès pour ce crime, et il sera condamné à telle peine que le fait pourra mériter selon les circonstances (6). (P. 389, 456.)

5. Les arbitres ou experts qui règlent des bornes peuvent selon les circonstances de l'état des lieux, de l'obscurité des confins et de la commodité de l'un et de l'autre des propriétaires, ou partager ce qui est en contestation si le droit de chacun y est incertain, ou l'adjuger à l'un d'eux s'il y en a lieu, ou borner les héritages par un autre endroit, en laissant d'une part autant qu'on ôte de l'autre, ou obligeant à quelque retour celui qui profiterait de ce changement (7). (Pr. 3, 30, 38.)

TITRE VII.

De ceux qui reçoivent ce qui ne leur est pas dû, ou qui se trouvent avoir la chose d'autrui sans convention.

Il peut arriver, par divers événemens, qu'une personne se trouve

(1) Cass. 31 janvier 1822. (2) Cass. 8 janvier 1813. (3) Cass. 10 janv. 1813. (4) Cass. 18 floréal an 10. (5) Cass. 4 oct. 1810. (6) L. 2, et tot. titul. ff. de term. mot. L. 4, § 4, ff. fin. regund. V. l. 4 C. cod. (7) L. 2, § 1. L. 3, et l. 4, ff. fin. regund.

avoir une chose d'une autre, et qu'elle soit obligée de la rendre, sans qu'il y ait eu entre elles de convention qui ait formé cet engagement. Ainsi, celui à qui on paie par erreur une somme qui ne lui était pas due, est obligé de la rendre. Ainsi, celui qui, se croyant seul héritier, s'était mis en possession de tous les biens d'une succession, est obligé de rendre aux autres qui sont appelés à la même hérédité ce qui peut leur en revenir. Ainsi, celui qui trouve une chose perdue, doit la rendre au maître. Ainsi, le possesseur d'un héritage où il s'est fait une décharge de choses qu'un débordement y a entraînées, doit les rendre ou les laisser prendre à celui qui en est le maître.

On voit, par ces exemples, qu'il arrive en deux manières qu'une personne se trouve avoir sans convention une chose d'une autre. Car on peut l'avoir, ou par un pur cas fortuit, comme dans ces deux derniers cas, ou par une suite d'un fait volontaire, comme dans les deux premiers.

De quelque manière qu'une personne se trouve avoir une chose d'une autre, soit par un pur cas fortuit, ou par une suite de quelque fait volontaire, les engagemens sont à peu près les mêmes. Mais on a cru ne devoir pas mêler et confondre ces deux sortes d'événemens, et on ne traite ici que de ceux qui font qu'une personne se trouve avoir une chose d'une autre sans convention, par la suite de quelque fait volontaire, comme il arrive à celui qui reçoit ce qui ne lui est pas dû. Car l'autre manière d'avoir une chose d'une autre personne par un pur cas fortuit, fait partie de la matière du titre 9, où il est traité en général des engagemens qui se forment par des cas fortuits, soit que le cas fortuit mette entre les mains d'une personne une chose d'une autre, comme dans les deux cas qu'on vient de remarquer; ou que sans cela il se forme une autre sorte d'engagement, comme il arrive à celui de qui les marchandises ont été sauvées dans un péril de naufrage par la perte d'autres marchandises qu'on a jetées dans la mer pour sauver le vaisseau; car il doit porter sa part de la perte : et cet engagement se forme sans que l'un ait une chose de l'autre. Ainsi, on aura dans le neuvième titre, et dans celui-ci, toutes les règles qui regardent les différentes manières dont une personne peut avoir une chose d'une autre; et le titre 9 contiendra de plus les autres sortes d'engagemens qui se forment par des cas fortuits.

Comme il y a une infinité de cas où il peut arriver que, par la suite de quelque fait volontaire, soit licite ou illicite, une personne se trouve avoir une chose d'une autre sans convention, il suffit de voir en quelques cas les règles de cette matière, qu'il sera facile d'appliquer à tous les autres qui peuvent arriver.

SECTION PREMIÈRE.

Quelques exemples des cas qui font la matière de ce titre, et qui n'ont rien d'illicite.

1. Celui qui reçoit un paiement de ce qui ne lui est pas dû, quand même il croirait de bonne foi qu'il lui serait dû, et que celui qui paie le penserait de même, n'acquiert aucun droit sur ce qui lui est payé de cette manière, mais il doit le rendre. (C. civ. 1131, 1235, 1376, s.) Ainsi, celui qui a reçu un legs d'un testament, qui dans la suite se trouve faux, doit rendre ce qu'il a reçu à ce titre. Et il en serait de même quand le testament ne serait pas faux, si le legs se trouvait révoqué par un codicille qui ne parût qu'après le paiement (1).

La régie de l'enregistrement n'est point tenue de restituer le droit qu'elle a perçu sur un acte d'adjudication annulé depuis son enregistrement pour défaut de formalité (2).

Si l'arrêt ou jugement qui a accordé à un avoué la distraction des dépens, vient à être cassé sans que l'avoué ait été intimé sur l'arrêt de cassation, il n'est point obligé de restituer les dépens qui lui ont été payés en vertu de l'arrêt ou du jugement annulé (3). Celui qui acquitte une obligation naturelle que lui prescrivaient l'honneur, la délicatesse ou la piété filiale, ne fait point un acte de pure libéralité (4).

Celui qui a remboursé un effet de commerce protesté, sans faire attention que le protêt était nul, eût-il perdu tout recours en garantie, doit s'imputer à lui-même sa propre négligence, et il ne peut demander la restitution de ce qu'il a payé, n'ayant pas payé une somme non due, et ayant renoncé à une exception qu'il pouvait faire valoir (5).

Lorsque l'acquéreur d'un bien originairement vendu par le domaine a payé son prix aux créanciers inscrits, s'il arrive que le domaine revienne sur lui pour le restant du prix de la vente originaire, il a son recours, non sur l'acquéreur domanial ou propriétaire exproprié, mais sur le poursuivant de son adjudication, ou sur le créancier dernier en ordre (6). En acquittant une obligation naturelle, on sait bien à quoi on pouvait être contraint, mais on paie ce que l'on devait; en pareil cas, ce que l'on paie a eu une cause, et une cause équitable, que la conscience dicte et que la raison effectue (7). Les obligations établies par des conventions naturelles qui ne cessent pas d'exister et d'avoir effet, bien qu'une loi politique ait prononcé dispense d'exécuter de telles conventions. Si donc ces obligations viennent à être acquittées, il n'y a pas lieu à répétition. Le débiteur d'une rente féodale constituée par concession de fonds, est resté lié envers le créancier par une *obligation naturelle* depuis les lois abolitives du régime féodal: ainsi, le débiteur ne pourrait répéter les arrérages qu'il aurait payés volontairement : *non naturale est re et pretio simul carere* (8). Le paiement volontaire d'intérêts est une présomption de l'intention de les servir (9).

(1) L. 2, § 1, ff. de cond. ind. L. 2, § 5, ff. de cond. ind. § 6, inst. de obl. quæ quasi ex contr. (2) Cass. 9 prairial an 9. (3) Cass. 16 mars 1807. (4) Rejet, 3 août 1814. (5) Cass. 7 mars 1815. (6) Colmar, 20 juillet 1813. (7) Paris, 25 août 1809. (8) Angers, 31 juillet 1821. (9) Rejet, 6 avril 1815.

Le porteur d'un billet conçu en livres tournois qui en reçoit le montant en francs, doit la différence des francs (1).

2. Si un créancier reçoit un paiement des mains de celui qui, pensant être son débiteur, ne l'était pas en effet, et ne payait que croyant s'acquitter, ce paiement n'acquitte pas le vrai débiteur, et oblige celui qui le reçoit à rendre ce qui ne lui est payé que par cette erreur. (C. civ. 1376.) Ainsi, par exemple, si un héritier présomptif, sachant la mort de son parent à qui il devrait succéder, et ignorant un testament qui le prive de toute la succession, en acquitte une dette avant que de s'y être immiscé, croyant s'acquitter soi-même comme héritier, et y employant de son argent propre, le créancier qui aura reçu cet argent sera tenu de le rendre, et conservera son droit sur la succession (2). Mais si ce créancier avait anéanti le titre de sa créance, comme si c'était une obligation qu'on eût déchirée, de sorte que sa dette fût perdue, ou en péril, le paiement en ce cas subsisterait, et celui qui l'aurait fait devrait se l'imputer. Et il aurait son action contre l'héritier, pour recevoir ce qu'il aurait payé en son acquit.

Il faut entendre cette règle dans le cas où celui qui se croyait héritier, et qui ne l'était point, aurait payé de son propre bien avant que de s'immiscer dans la succession, et où les choses seraient encore entières. Il ne faut pas confondre le cas de cette règle avec le cas de celle qui suit.

3. Si un tiers paie à un créancier ce qu'il sait lui être dû par un autre, ce créancier ne sera pas tenu de le rendre; car il n'a reçu que ce qui lui était dû; et ce tiers a pu vouloir acquitter le vrai débiteur (3). (C. civ. 1236.)

La loi du 25 messidor an 3, relative à la suspension des remboursemens *en assignats*, était applicable aux créances à termes, et non aux créances exigibles. — Lorsqu'après l'expiration du terme porté dans l'obligation, le créancier a accordé au débiteur un terme indéfini, à la charge de payer annuellement les intérêts de la somme due, sans néanmoins s'interdire le droit de demander son remboursement, la créance ne cesse pas par-là d'être exigible, et elle peut être considérée comme une créance à terme (4).

Le créancier qui a été remboursé en assignats avant l'exigibilité de sa créance, mais qui n'a pas déclaré dans sa quittance avoir connaissance de la loi du 25 messidor an 3, qui l'autorisait à refuser les assignats, ne peut point être déclaré non recevable dans l'action en supplément qui lui est ouverte par cette loi, sur le fondement que les assignats qu'il a reçus lui ont été profitables. Cette action en supplément doit être considérée comme une action ordinaire prescriptible par trente ans, et non comme une demande en annuité prescriptible par dix ans (5).

La faculté accordée par l'art. 1236, à un tiers, d'acquitter une obli-

(1) Cass. 1er frimaire an 10. (2) L. 65, § ult. ff. de condict. indeb. L. 19, § 2, ff. de cond. indeb. V. l'art. 7 de la sect. 1 des Vices des convent. (3) L. 44, ff. de cond. ind. (4) Cass. 3 mars 1819. (5) Cass. 23 août 1819.

gation au nom du débiteur, celle d'avoir lieu si ce paiement est devenu agréable au créancier, si le droit que le tiers veut éteindre se lie à quelque autre droit, action ou exception que le créancier ne conserverait pas en recevant le paiement qui lui est offert par le tiers. Par exemple, lorsqu'une partie a obtenu un jugement par défaut, et qu'elle poursuit, par la vente des meubles l'exécution de la condamnation aux frais, pour que le jugement ne tombe pas en péremption, à défaut d'exécution pendant six mois; s'il arrive qu'un tiers offre le paiement de ces frais, cette offre peut être refusée (1).

Si le propriétaire d'une rente, créée pour prix d'un immeuble, la cède à un tiers, avec clause de fournir et faire valoir, et si, faute par le débiteur principal de payer les arrérages, il rembourse à son cessionnaire le prix de la cession, ce remboursement n'éteint point la rente dans l'intérêt du débiteur principal, comme étant fait par sa caution. Il n'a d'autre effet que de rétablir les choses dans l'état où elles étaient avant la cession (2).

Celui qui achète un immeuble, sous la réserve de réméré et sous la condition d'avoir la préférence en cas de vente définitive, ne peut refuser l'offre réelle d'un tiers exerçant la faculté du rachat au nom du vendeur. L'offre faite par ce tiers à l'acheteur, avec déclaration qu'il entend acquérir ses droits contre le vendeur, au moyen du paiement qu'il fait de ses propres deniers, à la décharge du débiteur, ne peut être considérée comme la demande en subrogation dont parle l'art. 1236, et ne peut être rejetée comme conditionnelle et insuffisante. L'acte par lequel le débiteur consent à ce que ce tiers qui a payé à sa décharge retienne à titre d'antichrèse l'immeuble racheté, ne peut être regardé comme une aliénation, et donner lieu au droit de préférence (3). (V. 2085.)

4. Si un débiteur paie avant le terme, quand même la chose ne serait due qu'après sa mort, le créancier qui reçoit ce paiement, quoiqu'il n'eût point droit de le demander, peut le retenir. Car le débiteur a pu l'avancer, et n'a payé que ce qu'il devait (4). Mais si c'était une dette conditionnelle qui dépendît de l'événement d'un cas qui ne pût pas arriver et qui ne fût pas encore arrivé, celui qui en aurait reçu le paiement fait par quelque erreur ne pourrait le retenir; car il n'était pas encore créancier. Que si le cas était tel qu'il dût arriver nécessairement, il n'y aurait pas de répétition d'un tel paiement (5).

5. Celui qui paie par erreur ce qu'il croyait devoir ne le devant point, peut le recouvrer, soit que la chose ne fût en effet aucunement due, ou qu'ayant été due, il fût arrivé un fait qui anéantissait la dette et qui était ignoré par ce débiteur. Comme, par exemple, si un débiteur ayant payé à l'héritier de son créancier, il paraissait un testament par lequel ce créancier eût remis cette dette. Mais celui qui, sachant qu'il a des moyens pour se défendre contre son créancier, ne laisse pas de payer volontai-

(1) Paris, 13 mai 1814. (2) Cass. 6 février 1818. (3) Nimes, 11 février 1819.
(4) L. 10, ff. de cond. indeb. L. 17, eod. V. l'art. 5 de la sect. 1 des Paiemens.
(5) L. 16, ff. de cond. indeb. L. 18, eod.

rement, ne peut demander ce qu'il a payé, car il a pu renoncer aux raisons qu'il pouvait avoir de ne point payer (1).

6. Celui qui, dans le doute s'il doit ou non, paie à toutes fins pour se libérer, en cas qu'il se trouve débiteur, pourra recouvrer ce qu'il aura payé, s'il se trouve qu'en effet il ne devait rien; si ce n'est qu'il paraisse que dans ce doute les parties ont voulu terminer leur différent par ce paiement, et qu'il ait tenu lieu de transaction; car en ce cas le paiement subsiste (2).

7. Si celui qui devait de deux choses l'une, a donné les deux, ou par une méprise, ou par ignorance, il ne sera pas libre à celui qui les a reçues de choisir celle des deux qu'il voudra garder; mais ce débiteur conservera le droit de choisir et de laisser celle qu'il voudra donner, et retirer l'autre (3).

8. Celui qui se trouve en possession d'une chose appartenant à un autre, soit meuble ou immeuble, à quelque titre qu'il la possède, vente, donation, ou autre, est obligé de la rendre au maître, quand il paraît et qu'il établit son droit. Ainsi, un acquéreur d'un fonds en étant évincé par celui qui en était le maître, il doit le lui remettre, et cet engagement est du nombre de ceux qui se forment sans convention (4).

9. L'héritier qui, pendant l'absence de son cohéritier, ou se croyant seul héritier, se met en possession de tous les biens, s'oblige sans convention à rendre à l'autre sa portion de l'hérédité, quand il paraîtra (5).

10. Celui qui se trouve avoir une chose d'un autre sans quelque juste cause, ou à qui une chose était donnée pour une cause qui cesse, ou sous une condition qui n'arrive point, n'ayant plus de cause pour la retenir, doit la restituer. Ainsi, celui qui avait reçu une dot pour un mariage qui ne s'accomplit point ou qui est annulé, doit rendre ce qui n'était donné qu'à ce titre (6). Ainsi, à plus forte raison, ceux qui ont reçu de l'argent ou autre chose pour une cause injuste, sont tenus de le rendre.

On peut recevoir quelque chose pour une cause injuste sans convention, comme par une concussion ou autre violence; et on peut aussi recevoir quelque chose par une convention injuste. Sur quoi V. l'art. dernier de la sect. 4 des Vices des convent., et la sect. suiv.

11. Les débiteurs qui acquittent volontairement des dettes qu'ils auraient pu faire annuler en justice, mais que l'équité naturelle rendait légitimes, ne peuvent revenir contre cette approbation (7). Ainsi, par exemple, si une femme obligée sans l'autorité de son mari, ou même avec cette autorité dans des cou-

(1) L. 1, § 1, de cond. ind. L. 26, § 3, ff. eod. (2) L. ult. Cod. de cond. indeb. (3) L. 10, C. de cond. indeb. (4) V. la sect. 10 du contrat de vente. (5) V. l'art. 9 de la sect. 3 des Intérêts. (6) L. 1, § ult. ff. de cond. sine causâ. L. 4, eod. L. 7, § ult. ff. de condict. caus. dat. L. 8 eod. L. 1, § 1, ff. de cond. ob. turp. vel. injur. caus. (7) L. 10, ff. de obl. et act. V. l'art. 4 de la sect. 1 des Paiemens.

tumes où la femme en puissance de mari ne peut s'obliger, étant veuve, acquitte son obligation, qui aurait été déclarée nulle en justice, elle ne pourra revenir contre le paiement qu'elle en aura fait. Ainsi, un mineur devenu majeur, payant une dette dont il aurait pu être relevé, ne pourra retirer ce qu'il aura payé. Car, dans ces cas, il y avait une obligation naturelle que le débiteur a pu acquitter.

SECTION II.

Autres exemples de la même matière dans des cas de faits illicites.

On appelle ici des faits illicites, non-seulement ceux qui sont défendus par des lois expresses, mais tous ceux qui blessent l'équité, l'honnêteté ou les bonnes mœurs, quoiqu'il ne se trouvât point de loi écrite qui les exprimât. Car tout ce qui est contraire à l'équité, à l'honnêteté ou aux bonnes mœurs, est contraire aux principes des lois divines et humaines.

1. Il peut arriver en trois manières que, par un fait illicite, une personne reçoive une somme d'argent ou quelque autre chose d'une autre personne. Car le fait peut être illicite, ou seulement de la part de celui qui donne, ou seulement de la part de celui qui reçoit, ou de la part de l'un et de l'autre (1). Ainsi, celui qui, sous un prétexte d'honnêteté, ferait un présent à une personne qu'il saurait devoir être son juge ou son arbitre, mais qui de sa part ignorerait le motif de ce présent, donnerait illicitement ce que cette personne pourrait recevoir sans blesser la justice. Ainsi, lorsqu'une personne fait par elle-même ou par d'autres une exaction de quelque somme d'argent ou d'autres choses, pour s'abstenir de quelque violence encore plus grande, ou se fait rendre les titres de quelque créance ou de quelque droit qu'elle pourrait devoir; ce fait n'est illicite que de la part de cette personne, et non de la part de celui qui souffre cette violence. Ainsi, lorsqu'une personne reçoit de l'argent d'une autre, ou par un tiers, ou par elle-même, pour commettre quelque crime, quelque délit ou quelque injustice, le fait est illicite, et de la part de celui qui reçoit, et de la part de celui qui donne.

2. Si le fait n'est illicite que de la part de celui qui donne, celui qui a reçu ne sera pas obligé de rendre, si ce n'est que les circonstances règlent autrement quel sera son devoir. Ainsi, dans le cas de celui qui avait reçu un présent dont il ignorait le motif injuste, comme il a été expliqué dans le premier article; si ce motif venait à sa connaissance, il serait obligé, ou à s'abstenir de la fonction de juge ou d'arbitre, ou à rendre le présent qu'il au-

(1) L. 1, ff. de cond. ob. turp. vel inj. caus.

rait reçu, ou même à l'un et à l'autre, selon que la prudence et l'équité pourraient le demander dans les circonstances de la qualité des personnes et de celle du fait (1).

3. Lorsque le fait n'est illicite que de la part de celui qui a reçu une chose pour une cause injuste, celui qui l'a donnée pourra se la faire rendre, quoique l'autre ait exécuté ce que son engagement pouvait demander (2). Et rien ne peut dispenser celui-ci ni de la restitution, quand même on ne lui ferait aucune demande, ni des autres peines que le fait pourra mériter, si la justice vient à le connaître.

4. Si le fait est illicite, et de la part de celui qui donne, et de la part de celui qui reçoit, celui qui a donné perdra justement ce qu'il avait si mal employé, et n'aura aucune action pour le recouvrer (3). Et celui qui a reçu ne pourra retenir ce profit injuste; et quand même il aurait exécuté l'engagement illicite pour lequel il avait reçu, il sera obligé à la restitution à qui elle pourra être due, et tenue des autres peines qu'il aura méritées.

SECTION III.

Des engagemens de celui qui a quelque chose d'une autre personne, sans convention.

1. L'engagement de celui qui se trouve avoir une somme d'argent d'une autre personne, soit qu'il l'eût reçue en paiement, ne lui étant pas due, ou qu'il l'eût autrement, consiste à ne rendre cet argent sans intérêts (4), que depuis la demande, pourvu qu'il fût dans la bonne foi. Mais s'il y avait de sa part de la mauvaise foi, il devrait les intérêts depuis que cette mauvaise foi aurait commencé. (C. civ. 1377, 1906.)

Des intérêts payés volontairement ne sont pas sujets à répétition, encore qu'ils ne fussent pas dûs, et que la loi, ou les prohibât, ou refusât action à cet égard (5).

2. Si c'est quelque autre chose que de l'argent qui doive être restituée, celui qui commence de connaître cet engagement, doit prendre soin de la chose, et la conserver jusqu'à ce qu'il la rende. Mais si la chose vient à être endommagée, ou que même elle périsse, pendant qu'il croyait de bonne foi qu'elle fût à lui, et avant que la demande lui en eût été faite, et qu'il fût en demeure de la restituer, il n'en serait pas tenu, quand il y aurait même de sa faute. Car sa condition doit être la même que s'il avait été le maître de la chose. Mais après la demande, s'il était

(1) L. 1, ff. de cond. obl. turp. vel. inj. caus. (2) L. 1, § 2, ff. de cond. ob. turp. vel inj. caus. L. 6, ff. eod. (3) L. 3, ff. de cond. ob. turp. vel inj. caus. V. les art. 3, 4 et 5 de la sect. 4 des vices de convent. (4) L. 1. C. de cond. ind. (5) Rejet, 6 avril 1815.

en demeure, il serait tenu de ce qui arriverait même sans sa faute (1). (C. civ. 1379.)

3. Si c'est un héritage qu'on doive restituer, ou une autre chose qui produise quelques revenus, le possesseur qui doit la restituer, doit aussi les fruits ou revenus qu'il en a perçus, ou seulement depuis la demande, ou même de tout le temps qu'il aura joui, selon la qualité de la cause qui avait fait passer la chose en ses mains, et les circonstances (2).

Les lois citées sur cet article ne se rapportent pas à tous les cas expliqués dans la section première, mais seulement au cas de celui qui a reçu une chose qui ne lui était pas due; et si elle produit quelques fruits ou d'autres revenus, ces lois obligent indistinctement à la restitution des fruits le possesseur même qui a joui de bonne foi, quoique celui qui avait reçu de l'argent qui ne lui était pas dû, n'en doive pas les intérêts, comme il a été dit dans le premier article de cette section. Mais on a cru que cette règle, qui peut être juste en de certains cas, pourrait en d'autres tourner en une dureté qui serait injuste, la restreignant même à ce qui aurait été donné n'étant point dû. Ainsi, par exemple, si un héritier délivre à un pauvre légataire un fonds qui lui était donné par un codicille, et que ce légataire ayant joui plusieurs années, le codicille se trouve faux sans qu'il ait aucune part à la fausseté; mais qu'ayant joui d'une bonne foi, il ait consommé ces fruits pour faire subsister sa famille, et qu'il ne pût les rendre sans être ruiné ou beaucoup incommodé, serait-il injuste de le décharger de cette restitution, dont un légataire riche ou accommodé pourrait être tenu par cette raison qu'il ne devrait pas profiter de la jouissance d'un bien où il n'aurait aucun droit, et dont le vrai maître se trouverait dépouillé par un titre faux. C'est par les vues de ces divers événemens et des autres différentes causes qui peuvent obliger à la restitution de fruits, ou en décharger, qu'on a cru que l'usage de la règle doit être laissé à la prudence du juge, selon la cause de la jouissance et les circonstances.

4. Si la chose qui doit être rendue se trouvait augmentée pendant qu'elle était en la possession de celui qui se trouve obligé de la rendre, comme si un troupeau de bétail était crû en nombre, ou un héritage joignant à une rivière devenu plus grand, le tout serait rendu (3).

5. Si celui qui avait une chose d'un autre, croyant de bonne foi en être le maître, l'avait aliénée dans cette bonne foi, il ne serait tenu de rendre que ce qu'il en aurait tiré de profit, comme le prix qu'il en aurait reçu, s'il l'avait vendue, quoiqu'il ne l'eût pas vendue à son juste prix (4). (C. civ. 1380, 1935.)

(1) L. 13, ff. de rei vind. L. 15, § ult. cod. L. 45, cod. (2) L. 15, ff. de cond. indeb. L. 38, § 2, ff. de usur. L. 65, § 5, ff. de cond. ind. Il y a plusieurs cas où la bonne foi ne décharge pas le possesseur de la restitution des fruits. V. les art. 9, 10 et 14 de la sect. 3 des Intérêts. V. L. 7, § ult. ff. et L. 12, ff. de cond. caus. dat. (3) L. 15, ff. de condict. ind. (4) L. 26, § 12, ff. de condict. ind.

SECTION IV.

Des engagemens du maître de la chose.

Celui dont la chose était en la puissance d'un autre, et qui la recouvre, quand ce serait même d'un possesseur de mauvaise foi, est obligé de lui rendre tout ce qui peut avoir été utilement employé pour la conserver; et s'il y a des fruits à restituer, il en faut déduire les dépenses faites pour les recueillir (1). (C. civ. 1381.)

TITRE VIII.

Des dommages causés par des fautes qui ne vont pas à un crime, ni à un délit.

On peut distinguer trois sortes de fautes dont il peut arriver quelque dommage: celles qui vont à un crime ou à un délit; celles des personnes qui manquent aux engagemens des conventions, comme un vendeur qui ne délivre pas la chose vendue, un locataire qui ne fait pas les réparations dont il est tenu; et celles qui n'ont point de rapport aux conventions, et qui ne vont pas à un crime ni à un délit, comme si par légèreté on jette quelque chose par une fenêtre qui gâte un habit: si des animaux mal gardés font quelque dommage; si on cause un incendie par une imprudence, si un bâtiment qui menace ruine, n'étant pas réparé, tombe sur un autre, et y fait du dommage.

De ces trois sortes de fautes, il n'y a que celles de la dernière espèce qui soient la matière de ce titre; car les crimes et les délits ne doivent pas être mêlés avec les matières civiles, et tout ce qui regarde les conventions, a été expliqué dans le premier livre.

On peut voir sur la matière de ce titre celui des intérêts et dommages et intérêts.

SECTION PREMIÈRE.

De ce qui est jeté d'une maison, ou qui en peut tomber et causer du dommage.

1. Celui qui habite une maison, soit le propriétaire, locataire ou autre, est tenu du dommage que peut causer ce qui est jeté, ou répandu de quelque endroit de cette maison, soit de jour ou de nuit; et il en doit répondre à celui qui aura souffert le dommage, soit que ce fût lui-même qui eût jeté, ou quelqu'un de sa famille, ou de ses domestiques, même en son absence ou à son insu (2). (C. civ. 1384.)

(1) L. 65, § 5, ff. de condict. ind. L. 46, ff. de usur. V. l'art. 11 de la sect. 3 des Intérêts. (2) L. 1. ff. de his qui effud. vel dejec. L. 6, § 2, eod. Insc. dom. Dict. leg. 1. L. 6, § 1, eod.

2. Comme les défenses de jeter ou de répandre regardent la sûreté des lieux où le dommage peut arriver, elles ne sont pas bornées aux rues, aux places et autres lieux publics, mais elles s'étendent à tous les lieux où cette imprudence pourrait être suivie de quelque dommage (1). (C. civ. 1382.)

Le pardon qu'un mourant accorde à son meurtrier sans en déterminer les effets, ne comprend pas la remise des dommages et intérêts dûs à sa succession, pour réparation civile du meurtre : ce pardon n'est que l'oubli du ressentiment moral. Lorsque, pendant l'instance du pourvoi en cassation, un condamné a fait cession de ses biens, cette cession est nulle comme faite en fraude des dommages et intérêts dûs pour réparation du crime, bien que ces dommages-intérêts ne fussent pas prononcés par l'arrêt de condamnation (2). Lorsqu'un accident dommageable est causé par la rivalité des postillons de deux diligences, il n'y a pas nécessité d'examiner si l'un des deux postillons a été la première cause de l'accident (3).

L'accord par lequel des huissiers consentent à signifier des actes de leur ministère, rédigés par des tiers, par exemple des agréés près les tribunaux de commerce, et à faire remise à ces tiers d'une partie de leur salaire, constitue un abus qui peut donner lieu à des peines de discipline. Mais la corporation des huissiers ne peut pas réclamer de dommages-intérêts contre ceux de ses membres qui ont fait ainsi une remise de salaires, ou contre les tiers : la corporation n'est pas lésée dès que chaque huissier a versé fidèlement les deux cinquièmes de ses émolumens dans la bourse commune (4).

Les chefs de ponts à Paris (bien que préposés de l'administration et commissionnés par elle) sont justiciables des tribunaux pour les dommages résultant de l'inexécution de la convention formée entre eux et les propriétaires de bateaux, relativement au lâche et remontage des bateaux (5).

Les tribunaux civils sont compétens pour prononcer sur les dommages-intérêts résultant de poursuites criminelles devant les tribunaux militaires. — Il suffit qu'on voie de la malveillance de la part d'un dénonciateur injuste, pour le rendre passible de dommages-intérêts (6). Celui qui n'est, ni partie plaignante, ni accusé, ne peut être condamné à des dommages-intérêts par les juges qui prononcent sur une accusation (7).

Les femmes et les filles n'ont aucune action en dommages-intérêts, sous prétexte qu'elles ont été séduites (8).

L'avocat contre lequel un particulier s'est permis des injures à l'audience, a contre celui-ci une action en dommages-intérêts ; mais sa demande doit être formée incidemment devant le tribunal près duquel il exerce ses fonctions (9).

3. Outre le dédommagement du mal qu'aura pu causer ce qui aura été jeté ou répandu, celui qui tient la maison sera condamné à l'amende que la police peut avoir réglé (10), ou à telle autre qui sera ordonnée par le juge, selon les circonstances.

(1) L. 1, § 1 et 2, ff. de his qui effud. vel dejec. Dict. leg. 1. (2) Caen, 13 déc. 1816. (3) Rouen, 24 fév. 1821. (4) Décret, 24 juin 1812, art. 92. V. rejet, 5 juin 1822. (5) Décret, 12 déc. 1806. (6) Cass. 1er thermidor an 10. (7) Cass. 23 messidor an 12. (8) Cass. 10 mars 1808. (9) Cass. 16 avril 1806. (10) L. 1, ff. de his qui effud. vel dejec.

4. Si ce qui aura été jeté cause la mort de quelque personne ou quelque blessure, le procès sera fait à celui qui s'en trouvera la cause, et il sera puni selon la qualité du fait, et tenu de l'intérêt civil. Et celui qui tient la maison sera aussi tenu, et de l'amende, et de tel dédommagement ou autre peine qu'il pourra mériter selon les circonstances (1). (C. civ. 1382.)

Lorsque la déclaration du jury porte que l'homicide a été commis involontairement et *sans imprudence*, la cour d'assises peut néanmoins condamner le prévenu à des dommages et intérêts, sur le motif que l'homicide a été causé par sa faute (2).

Lorsqu'un individu accusé d'un crime ou d'un délit a été déclaré non coupable par la justice criminelle, le même fait dont il était prévenu peut être considéré comme un quasi-délit par les juges civils, et servir de fondement à des condamnations pécuniaires au profit des parties intéressées (3).

5. Si plusieurs habitent le même lieu d'où quelque chose ait été jetée ou répandue, chacun sera tenu solidairement de tout le dommage, si ce n'est qu'on pût connaître qui l'aurait causé, ou des maîtres, ou des personnes dont chacun doit répondre. Mais si leur habitation est séparée, chacun ne sera tenu que de ce qui sera jeté des lieux qu'il occupe (4).

6. Quoique le propriétaire ou le principal locataire d'une maison n'en occupe que la moindre partie, s'il en loue des chambres, ou s'il reçoit en quelqu'une un de ses amis, il sera tenu du fait de celui qu'il reçoit dans cette maison. Que s'il paraît de quelle chambre il a été jeté, on pourra agir contre celui qui l'occupe, ou contre celui qui tient la maison (5). Et celui-ci aura son recours contre l'autre.

La police des villes s'adresse à ceux qui tiennent les maisons, parce qu'on les considère comme habitans qui répondent au public des personnes qu'ils reçoivent chez eux pour ce qui regarde le fait de police dont on traite ici.

7. Les maîtres d'école, les artisans et autres qui reçoivent dans leurs maisons des écoliers, apprentis, ou d'autres personnes pour quelque art, quelque manufacture ou quelque commerce, sont tenus du fait de ces personnes (6). (C. civ. 1384.)

8. Tous les articles précédens s'entendent de ce qui a été jeté ou répandu par mégarde et sans aucun dessein. Que s'il y a du dessein, l'injure, le délit ou le crime serait réprimé par de plus griêves peines, selon la qualité du fait et les circonstances (7).

9. S'il y a quelque chose de suspendu d'un toit, d'une fenêtre ou d'un autre endroit, d'où la chute puisse causer quelque mal ou quelque dommage, celui qui tient ce lieu sera condamné à

(1) L. 1, ff. de his qui effud. vel. dejec. (2) Cass. 26 mars 1818. (3) Cass. 5 mars 1818. (4) L. 1, § ult. L. 2 et L. 3, ff. de his qui effud. vel dejec. L. 5, eod. (5) L. 5, § 1 et 2, ff. de his qui effud. vel dejec. (6) L. 5, § 3, ff. de his qui effud. vel dejec. (7) L. 1, ff. de injur.

une amende telle qu'elle aura été réglée par la police, ou qu'elle sera arbitrée par le juge, selon les circonstances, quand même la chose ne serait pas tombée, et qu'elle aurait été mise en ce lieu par un autre que par lui. Car il est de l'intérêt public qu'on aille sans péril et en sûreté des accidens de cette nature (1). (C. civ. 1386, p. 479, § 4.)

10. Si la chose suspendue vient à tomber et cause quelque mal, celui qui habite la maison sera tenu du dommage, outre la peine de l'amende qu'il devrait, quand il n'en serait arrivé aucun accident (2).

11. Si des tuiles tombent d'un toit qui fût en bon état, et par le seul effet d'un orage, le dommage qui peut en arriver est un cas fortuit, dont le propriétaire ou le locataire ne peut être tenu. Mais si le toit était en mauvais état, celui qui devait y pourvoir pourra être tenu du dommage arrivé selon les circonstances (3).

Quoique les lois citées sur cet article soient dans le cas d'un voisin qui s'était pourvu pour prévenir le péril, ne serait-il pas juste qu'un propriétaire ou locataire fût puni d'une négligence qui aurait été suivie d'un tel accident? (V. Deuteron, cap. 22, 8.)

SECTION II.

Des dommages causés par des animaux.

L'ordre qui lie les hommes en société, ne les oblige pas seulement à ne nuire en rien par eux-mêmes à qui que ce soit, mais il oblige aussi chacun à tenir tout ce qu'il possède en un tel état que personne n'en reçoive ni mal, ni dommage; ce qui renferme le devoir de contenir les animaux qu'on a en sa possession, de sorte qu'ils ne puissent ni nuire aux personnes, ni causer dans leurs biens quelque perte ou quelque dommage.

Le dommage le plus fréquent que causent les animaux, est celui que font les bestiaux de la campagne, en pacageant dans des lieux, ou dans des temps où l'on n'a pas ce droit. Comme ce qui regarde ces sortes de dommages est autrement réglé par plusieurs coutumes que par le droit romain, on ne mettra ici que quelques règles générales d'un usage commun, et non ce qu'il y a dans ce droit de contraire aux coutumes, ni ce que les coutumes ont de particulier. Ainsi, par exemple, il n'était pas permis par le droit romain de renfermer les bestiaux qui avaient causé quelque dommage (4); mais quelques coutumes le permettent, et de les garder pendant quelque temps pour preuve du dommage, et condamnent même à l'amende les maîtres ou possesseurs du

(1) L. 5, § 6, ff. de his qui effud. vel dejec. Dict. leg. 5, § 7, 8, 10 et 11. (2) L. 5, § 11, ff. de his qui effud. vel dejec. (3) L. 24, § 4. L. 43, ff. de damn. inf. (4) L. 39, § 1, ff. ad legem Aquil.

bétail, quoique le dommage n'ait été fait que par du bétail échappé de sa garde.

1. Si quelque bétail gardé ou échappé, a pacagé dans un lieu où le maître du bétail n'en avait pas le droit, ou en un temps auquel le pacage n'était pas permis, il sera tenu du dommage que son bétail aura pu causer (1).

2. Si on fait pacager du bétail dans un lieu qui n'y soit point sujet, ou en un temps que le pâcage doive cesser, le maître ou autre possesseur du bétail sera, non-seulement tenu du dommage, mais condamné à une amende telle que le fait pourra mériter, selon les circonstances (2).

3. Si du bétail gardé, ou non gardé, fait quelque autre dommage qu'en pacageant, comme s'il rompt ou endommage des arbres, le maître ou possesseur en sera tenu, et même à une amende s'il y en a lieu (3).

4. Celui qui aura surpris dans son héritage le bétail d'un autre y pacageant, ou faisant quelque autre dommage, ne pourra user de voie de fait qui nuise au bétail, ni le détourner autrement qu'il ferait du sien propre. Et s'il cause quelque dommage à ce bétail, il en sera tenu (4).

5. De tout autre dommage qui peut être causé par des animaux, celui qui en est le maître, ou qui en est chargé, en sera tenu, s'il pouvait ou devait prévenir le mal. Ainsi, un muletier, charretier ou autre voiturier, qui n'a pas la force ou l'adresse de retenir un cheval fougueux, ou une mule qui s'effarouche, sera tenu du dommage qui en arrivera : car il ne devait point entreprendre ce qu'il ne savait ou ne pouvait faire. Ainsi celui qui, pour trop charger un cheval ou autre bête, ou pour ne pas éviter un pas dangereux, ou par quelque autre faute, donne sujet à une chute qui cause du dommage à quelque passant, répondra de ce fait. Et dans tous ces cas, celui qui aura souffert le dommage, aura son action contre ce voiturier, ou contre celui qui l'avait employé (5).

6. Si un bœuf a coutume de frapper de la corne, et qu'il blesse quelqu'un, ou cause quelqu'autre dommage, le maître qui n'aura pas renfermé ou retenu ce bœuf, ou averti de sorte qu'on pût l'éviter, sera tenu du mal qui en arrivera (6).

7. Ceux qui ont des chevaux ou des mules qui ruent ou mordent, doivent en avertir, ou les faire garder, pour prévenir les occasions du péril; autrement ils seraient tenus du dommage qui en pourra arriver (7).

(1) L. 1, ff. si quadr. paup. fec. dic. L. ult. C. de leg. Aquil. L. 39, § 1, ff. ad leg. Aquil. V. Exod. 2, 5. (2) L. 1. C. de fund. et salt. rei dom. L. 2. C. de pasc. publ. et privat. L. ult. eod. (3) L. 39, § 1, ff. ad leg. Aquil. (4) L. 39, ff. ad leg. Aquil. (5) L. 8, § 1, ff. ad leg. Aquil. L. 1, § 4, ff. si quadr. paup. fec. dic. (6) L. 32, § 3, ff. ad leg. Aquil. V. Exod. 21, 29, 36. (7) L. 1, § 4, ff. si quadr. paup. fec. dic. L. ult eod. L. 1, § 7, eod.

Il faut prendre garde, sur ce dernier texte, de ne pas imputer facilement au maître du cheval ou d'une autre bête les accidens que peut attirer l'imprudence de ceux à qui ils arrivent. Ainsi, par exemple, si une personne qui ignore qu'un cheval rue, s'en approche trop sans nécessité, et lui met la main sur la croupe, se tenant à la portée d'une ruade, c'est une imprudence, car on doit se défier; et cette imprudence peut attirer un coup de pied d'un cheval dans des circonstances où rien ne pourrait être imputé au maître du cheval.

8. Si un chien qui a coutume de mordre n'est pas retenu, ou s'il échappe, faute de bonne garde, et blesse quelqu'un, le maître du chien en sera tenu. Et à plus forte raison si c'était un chien qu'on dût enchaîner, et qui ne fût pas mis hors d'état de nuire à ceux qui pourraient s'en approcher par quelque mégarde (1). (P. 475, § 7.)

Un chien qui mord quelqu'un sans être provoqué par de mauvais traitemens, doit être réputé animal malfaisant ou féroce; le propriétaire qui l'a laissé divaguer est punissable, aux termes de l'art. 475, § 7 (2). Celui qui laisse divaguer un chien auteur de plusieurs accidens, et qui par-là devient cause de nouvelles blessures, est passible de la peine portée au § 7 de l'art. 475; il n'y a pas lieu à appliquer les art. 319 et 320 combinés (3).

Un particulier qui s'introduit dans une cour close, et qui y est mordu par un chien, ne peut se pourvoir au tribunal de police contre le propriétaire du chien, pour le faire condamner à des peines de simple police, attendu que le chien n'est pas en état de divagation, et qu'il l'a mordu comme passant (4).

9. Ceux qui ont des bêtes farouches, comme des lions, des tigres, des ours et autres semblables, doivent les tenir de sorte qu'elles ne puissent nuire; et ils répondront des dommages arrivés faute de bonne garde (5).

Pour rendre juste l'impunité du maître de cet ours, il faudrait supposer que ce fût sans sa faute que l'ours se fût échappé, comme si quelqu'un par malice l'avait mis en liberté sans qu'on pût rien imputer au maître. Car, si c'est par sa faute, il est de l'équité et de l'intérêt public qu'il réponde d'une faute de cette conséquence. Et comme il profite de l'usage qu'il pouvait faire de cette bête, qu'il en était le maître, et qu'il peut même la vendiquer, se l'étant acquise, ou à prix d'argent, ou par son industrie, et ayant mis son temps et sa peine pour en tirer quelque profit, il doit en répondre.

10. Si un chien ou autre animal ne mord ou ne fait quelque autre dommage, que parce qu'il a été agacé ou effarouché, celui qui aura donné sujet au mal arrivé, en sera tenu, et si c'est le même qui l'a souffert, il doit se l'imputer (6).

11. Si la bête qui aura causé le dommage avait été effarouchée par quelque autre bête, le maître de celle-ci en sera tenu (7).

(1) L. 1, § 5, ff. si quadr. fec. dic. L. 2, § 1, eod. (2) Cass. 26 février 1823. (3) Orléans, 18 nov. 1821. (4) Cass. 12 février 1808. (5) L. 1, § 10, si quadr. paup. fec. dic. (6) L. 11, § 5, ff. ad leg. Aquil. L. 1, § 6, ff. si quadr. paup. fec. dic. V. Dict. leg. § 7. (7) L. 1, § 2, ff. si quadr. paup. fec. dic. V. Dict. leg. § 7.

12. Si deux-beliers ou deux bœufs appartenant à deux maîtres viennent à s'entrechoquer, et que l'un tue l'autre, le maître du bœuf ou belier qui aura le premier frappé sera tenu, ou d'abandonner la bête qui aura causé le dommage, ou de dédommager (1).

SECTION III.

Du dommage qui peut arriver de la chute d'un bâtiment ou de quelque nouvel œuvre.

Comme dans cette matière notre usage est différent de la disposition du droit romain, et que nous n'observons pas la règle qui voulait que celui dont le bâtiment pouvait être endommagé par la chute d'un autre qui était en péril de ruine, fût mis en possession de cet héritage voisin, si le propriétaire ne lui donnait des sûretés pour le dommage qui était à craindre (2), on a tâché de tourner et accommoder à notre usage les règles du droit romain, selon qu'elles peuvent s'y rapporter.

1. Si un bâtiment est en péril de ruine, le propriétaire du bâtiment, ou autre héritage voisin, qui voit le sien en danger d'être endommagé par la chute de l'autre, peut sommer celui qui en est le propriétaire de le démolir, ou le réparer, de sorte qu'il fasse cesser le péril (3). Et comme c'est un mal à venir qui peut arriver à chaque moment, et qu'il faut prévenir, s'il n'y satisfait promptement, il y sera pourvu selon les règles qui suivent. (C. civ. 1386.)

2. Si après la sommation ou assignation en justice, le propriétaire du bâtiment dont la chute peut nuire au voisin, néglige d'y pourvoir, celui qui voit son héritage en danger par la ruine de l'autre, peut demander, par provision, qu'il lui soit permis de faire lui-même ce que les experts jugeront nécessaire pour prévenir la chute de ce bâtiment, soit en l'appuyant ou démolissant, s'il en est besoin, et il recouvrera contre le propriétaire la dépense qu'il aura faite (4). (C. civ. 1386.)

3. Si pendant le retardement du propriétaire condamné ou sommé de démolir ou appuyer son bâtiment, la chute en arrive, il sera tenu des dommages et intérêts selon les circonstances (5).

Si à cause du danger de la chute de ce bâtiment, ou du dommage que sa chute arrivée peut avoir causé à une maison voisine, le propriétaire ou des locataires de cette maison ont été contraints de quitter leur logement, et que cette maison soit tombée ou hors d'état de pouvoir être habitée, le propriétaire du bâtiment tombé devra-t-il, non-seulement les dommages et intérêts de la chute ou des détériorations

(1) L. 1, § 11, ff. si quadr. paup. fec. dic. (2) L. 4, § 1, ff. de damn. inf. (3) L. 2, ff. de damn. inf. L. 7, § 1, eod. Dict. leg. 7. L. 1, eod. L. 7, § 1, eod. L. 2, eod. (4) L. 7, ff. de damn. inf. L. 28, eod. L. 15, § 34, eod. (5) L. 7, ff. de damn. inf. L. 28, eod. Dict. leg. 28. L. 29, eod.

de cette maison, mais aussi le dédommagement de la perte de ces loyers? Et tous ces dédommagemens seront-ils dûs en toute sorte de cas, sans distinction des différentes circonstances qui peuvent s'y rencontrer? Et s'il arrivait, par exemple, que le propriétaire de la maison qui menaçait ruine fût dans une longue absence, ou que, n'ayant pas le moyen de réparer sa maison, ni de l'appuyer, il eût répondu à la sommation que, ne pouvant y satisfaire, il priait son voisin, qui était une personne accommodée, d'appuyer lui-même ce bâtiment, ou d'y faire les réparations nécessaires, lui offrant sa sûreté par l'affectation de la maison même, et que ce voisin n'en voulant rien faire, la maison fût tombée; ne serait-il pas de l'équité, dans ces circonstances, de modérer le dédommagement, ou même d'en décharger ce propriétaire? Mais si on suppose un propriétaire riche et négligent, qui, sommé d'appuyer son bâtiment, l'ait laissé tomber sur la maison d'un voisin pauvre, cette négligence ne devra-t-elle pas être punie d'un entier dédommagement, et de la perte du bâtiment et aussi des loyers?

4. Si le bâtiment tombe avant qu'il y eût une dénonciation au propriétaire, il ne sera pas tenu du dommage s'il veut abandonner, et la place et les matériaux; et il ne sera pas même obligé en ce cas de les enlever: car celui qui a souffert le dommage doit s'imputer de n'avoir pas assez tôt pourvu au danger qu'il pouvait connaître. Mais si ce propriétaire veut reprendre ses matériaux ou garder sa place, il sera tenu de tout le dommage causé par la chute de son bâtiment, quoiqu'il n'y eût pas de dénonciation qui eût précédé la chute. Et il sera aussi tenu en ce cas d'enlever, non-seulement les matériaux qui peuvent servir, mais tout l'inutile (1).

5. Si par la chute d'un bâtiment qui en aurait abattu un autre, il y a lieu de dommages et intérêts, et qu'il y eût des peintures, des sculptures, ou d'autres ornemens pour le seul plaisir dans le lieu que la ruine de ce bâtiment aurait abattu; il ne se ferait pas une estimation exacte des choses de cette nature, dont l'usage superflu ne doit pas tourner à une telle perte. Mais cette estimation se ferait modérément, et avec un tempérament de justice et d'humanité, selon la qualité du fait qui aurait donné sujet au dommage, celle des personnes et les autres circonstances qui pourraient le demander (2).

Il faut remarquer la différence entre ce cas et celui de l'art. 4 de la sect. 4 des Servitudes, où celui qui démolit le mur mitoyen pour le rendre suffisant à l'usage de la servitude, ne doit rien pour la valeur des peintures que son voisin avait sur ce mur. Car dans le cas de cet article 4, chaque propriétaire a droit de démolir et refaire le mur mitoyen selon que le demande l'usage de la servitude, et il ne doit par conséquent aucuns dommages et intérêts. Et celui qui avait fait ces dépenses superflues doit s'imputer de les avoir exposées à cet événe-

(1) L. 10, § 1, ff. de neg. gest. L. 6. ff. de damn. inf. L. 7, § 1 et 2, ff. eod. V. les art. 4 et 5 de la sect. 2 du tit. des Engagemens qui se forment par des cas fortuits. (2) L. 40, ff. de damn. inf.

ment. Ici, au contraire, c'est par la faute du voisin que son bâtiment a abattu l'autre.

6. Si une maison qui menaçait ruine, et pour laquelle le voisin avait dénoncé, est ensuite abattue par un cas fortuit, comme par un débordement, ou par la violence des vens, et que sa chute abatte la maison voisine, le propriétaire de la maison dont la chute a abattu l'autre, ne sera pas tenu de ce cas fortuit, si ce n'est que le débordement ou l'orage ne l'ait abattue, qu'à cause du mauvais état où elle se trouvait (1).

7. Si le bâtiment, dont la chute a causé quelque dommage, appartient à plusieurs maîtres, ils n'en seront pas tenus solidairement, mais chacun à proportion de la part qu'il avait au bâtiment tombé (2).

8. Ceux qui font quelque nouvel œuvre, c'est-à-dire ceux qui font quelque changement d'état des lieux (3), soit dans des héritages de la ville ou de la campagne, soit dans des lieux particuliers, ou qui soient d'un usage public, doivent s'accommoder de sorte qu'ils ne blessent en rien le droit d'autres personnes intéressées au changement qu'ils prétendaient faire (4). Car encore qu'on puisse faire chez soi les changemens dont on a besoin, et souvent même encore qu'ils nuisent à d'autres personnes, ainsi qu'il sera expliqué dans l'article suivant; on ne peut faire ceux qu'un autre peut avoir le droit d'empêcher. Ainsi, quoiqu'on puisse élever sa maison, et par-là nuire à ceux de qui on ôte la vue; celui qui est assujetti à la servitude de ne point hausser son bâtiment, n'a plus cette liberté, tandis que la servitude peut avoir son usage (5). Ainsi celui qui, pour une source qu'il avait dans son héritage, ou pour un ruisseau qui coulait à travers son fonds, pouvait en laisser la décharge telle que le cours de cette eau devait y donner naturellement, aurait perdu cette liberté par le droit d'un voisin qui pourrait prendre cette eau par une décharge réglée en un certain lieu (6). Et si dans ces cas le propriétaire d'un fonds y fait quelque nouvel œuvre qui nuise ou au voisin, ou à d'autres même qui ont des héritages séparés du sien, mais qui auraient droit de l'en empêcher; il sera tenu de remettre les choses dans l'ancien état, et de réparer le dommage que son entreprise aura pu causer (7).

9. Celui qui faisant un nouvel œuvre dans son héritage use de son droit, sans blesser ni loi, ni usage, ni titre, ni possession qui pourraient l'assujettir envers ses voisins, n'est pas tenu du dommage qui pourra en arriver, si ce n'est qu'il ne fît ce change-

(1) L. 24, § 10, ff. de damn. inf. (2) L. 40, § 3, ff. de damn. inf. L. 5, § 1, eod. (3) L. 1, § 11, ff. de oper. nov. nunt. (4) L. 1, § 4, ff. de aqua. et aq. pluv. arc. Dict. leg. 11. (5) V. l'art. 9 de la sect. 2 des Servitudes, et l'art. 4 de la sect. 6 du même titre. (6) V. l'art. 3 de la sect. 3 des Servitudes, et l'art. 1 de la sect. 4 du même titre. (7) L. 20, ff. de op. nov. nunt. L. 21, § 4, eod. L. 8, eod. Dict. leg. 1, § 14, eod.

ment que pour nuire aux autres sans usage pour soi. Car, en ce cas, ce serait une malice que l'équité ne souffrirait point. Mais si l'ouvrage lui était utile, comme s'il faisait dans son héritage une réparation permise, pour le défendre contre les débordemens d'un torrent ou d'une rivière, et que l'héritage voisin y fût plus exposé, ou en reçût quelque autre incommodité, il ne pourrait en être tenu. Ainsi celui qui, creusant dans son héritage pour y trouver de l'eau, ferait tarir celle d'un puits ou d'une source de son voisin, n'en serait pas tenu (1). Car dans ces cas, et les autres semblables, ces événemens sont des cas fortuits, et des effets naturels de l'état où celui qui fait les changemens a eu droit de mettre les choses. Et ce n'est pas son fait qui cause le dommage.

10. Si l'ouvrage qu'un propriétaire ferait dans son fonds blessait, ou une possession au préjudice d'un voisin qui pourrait en souffrir quelque dommage, il pourrait l'empêcher et recouvrer même les dommages et intérêts qu'il aurait soufferts. Ainsi celui qui, creusant dans son fonds au-delà de la distance réglée, mettrait en péril les fondemens du bâtiment de son voisin, en serait tenu (2).

11. Si les eaux des pluies ou autres ont leurs cours réglé d'un héritage à un autre, soit par la nature du lieu, ou par quelque réglement, ou par un titre, ou par une ancienne possession, les propriétaires de ces héritages ne peuvent rien innover à cet ancien cours. Ainsi celui qui a l'héritage d'en haut ne peut changer le cours de l'eau, soit en le détournant, ou le rendant plus rapide ou y faisant d'autres changemens, au préjudice du maître de l'héritage qui est au-dessous ; et celui qui a l'héritage de dessous, ne peut non plus empêcher que son héritage ne reçoive l'eau qu'il doit recevoir, et de la manière qui était réglée (3). (C. civ. 641, s.) Mais les changemens qui arrivent naturellement sans le fait des hommes, et qui causent quelque perte à l'un des voisins, l'autre en profitant, doivent être, ou soufferts, ou réparés, selon les règles qui seront expliquées dans le titre suivant (4).

12. Celui qui prétend qu'un nouvel œuvre qu'un autre entreprend lui fait préjudice, doit se pourvoir au juge qui pourra faire défenses, ou de commencer l'ouvrage, ou de continuer ce qui est commencé, jusqu'à ce qu'il soit jugé si l'ouvrage sera permis ou défendu. Et ces défenses peuvent être ordonnées par provision, sur la seule plainte de la nouvelle entreprise, s'il y a eu du doute qu'elle puisse nuire (5).

(1) L. 1, § 12, ff. de aq. et aq. plur. arc. L. 21, eod. L. 24, § 12, ff. de damn. inf. L. 2, § 9, ff. de aq. et aq. plur. arc. L. 38, ff. de rei vind. (2) L. 24, § 12, ff. de damn. inf. (3) V. les art. 5 et 6 de la sect. 1 du tit. suiv. (4) L. 2, ff. de aq. et aq. plur. arc. L. 1, § 13, eod. L. 1, § 1, ff. de aq. et aq. plur. arc. Dict. § 1, in fin. L. 1, § 1, ff. de aq. et aq. plur. arc. (5) L. 1, ff. de oper. nov. nunt.

13. Les entreprises des nouveaux ouvrages dans les lieux publics sont défendues, à plus forte raison que celles qui se font dans les lieux particuliers. Et elles sont de plus réprimées par les amendes, ou d'autres peines, selon la qualité du fait et les circonstances (1).

SECTION IV.

Des autres espèces de dommages causés par des fautes, sans crime ni délit (2).

1. Toutes les pertes et tous les dommages qui peuvent arriver par le fait de quelque personne, soit imprudence, légèreté, ignorance de ce qu'on doit savoir, ou autres fautes semblables, si légères qu'elles puissent être, doivent être réparées par celui dont l'imprudence ou autre faute y a donné lieu. Car c'est un tort qu'il a fait, quand même il n'aurait pas eu intention de nuire. Ainsi, celui qui jouant imprudemment au mail dans un lieu où il pouvait y avoir du péril pour les passans, vient à blesser quelqu'un, sera tenu du mal qu'il aura causé (3).

2. Le défaut de s'acquitter d'un engagement, est aussi une faute qui peut donner occasion à des dommages et intérêts dont on sera tenu. Ainsi, un vendeur qui est en demeure de délivrer ce qu'il a vendu, un dépositaire qui diffère de rendre le dépôt, un héritier qui retient une chose léguée, et tous ceux qui, ayant en leur possession une chose qu'ils doivent délivrer, refusent ou diffèrent, sont tenus, non-seulement des dommages et intérêts que leur retardement aura pu causer, mais de la valeur même de la chose, si elle périt après qu'ils auront été en demeure de la rendre, quand même ce serait par un cas fortuit. Car cet événement pouvait ne pas arriver entre les mains du maître, ou il aurait pu disposer de la chose avant qu'elle pérît (4).

3. S'il arrive quelque dommage par une suite imprévue d'un fait innocent sans qu'on puisse imputer de faute à l'auteur de ce fait, il ne sera pas tenu d'une telle suite. Car cet événement aura quelque autre cause jointe à ce fait, soit l'imprudence de celui qui aura souffert le dommage, ou quelque cas fortuit. Et c'est, ou à cette imprudence, ou à ce cas fortuit que le dommage doit être imputé. Ainsi, par exemple, si quelqu'un va traverser un jeu de mail public pendant qu'on y joue, et que la boule déja jetée vienne à le blesser, le fait innocent de celui qui a poussé la boule ne le rend pas responsable d'un événement qu'on doit imputer,

(1) L. 1, § 14, ff. de oper. nov. nunt. L. dict. 1, § 16. Dict. leg. § 17. (2) V. sur cette matière la sect. 2 du tit. des Intérêts, Dommages et Intérêts. (3) L. 1, ff. de injur. L. 5, § 1, ff. ad l. Aquil. L. 9, § ult. eod. L. 10, eod. L. 44, eod. (4) L. 5, ff. de reb. cred. V. l'art. 17 de la sect. 2, et l'art. 3 de la sect. 7 du contrat de vente, et l'art. 10 de la sect. 3 du Dépôt.

ou à l'imprudence de celui à qui il est arrivé, s'il ne pouvait ignorer que ce fût un jeu de mail, ou à un cas fortuit, si ce fait lui était inconnu, et qu'on ne pût imputer d'imprudence à celui qui jouait (1).

4. Ceux qui font quelques ouvrages ou quelques travaux, d'où il peut suivre quelque dommage à d'autres personnes, en seront tenus, s'ils n'ont usé des précautions nécessaires pour les prévenir. Ainsi les maçons, les charpentiers et autres, qui par des machines élèvent des matériaux; ceux qui du haut d'un arbre en coupent et abattent les branches, doivent avertir les personnes que leur ouvrage pourrait mettre en péril: et s'ils ne le font, et à temps, ils seront tenus du dommage qui en arrivera, et même d'autres peines, selon les circonstances. Ainsi, les chasseurs ou autres qui font des fosses dans des chemins, ou en d'autres lieux sans en avoir le droit, répondront du dommage qui en pourra suivre (2).

5. Il faut mettre au nombre des dommages causés par des fautes, ceux qui arrivent par l'ignorance des choses que l'on doit savoir. Ainsi lorsqu'un artisan, pour ne pas savoir ce qui est de sa profession, fait une faute qui cause quelque dommage, il en sera tenu. Ainsi s'il arrive qu'un charretier ayant mal rangé des pierres sur une charrette, la chute d'une pierre cause quelque mal, il en répondra (3).

6. Les incendies n'arrivent presque jamais que par quelque faute, au moins d'imprudence ou de négligence, et ceux de qui la faute, si légère qu'elle puisse être, cause un incendie, en seront tenus (4). (C. civ. 1733, 1734.)

Le propriétaire de la maison où a commencé l'incendie qui s'est communiqué à une maison voisine, n'est point responsable du dommage causé, lorsqu'il est prouvé que le feu ne s'est communiqué que par suite de l'état de dégradation du mur de la maison voisine (5). Le propriétaire d'une maison brûlée ou dégradée par suite de l'incendie qui a éclaté dans une maison voisine, ne peut réclamer des dommages-intérêts contre son voisin, qu'en prouvant que l'incendie a eu lieu par l'imprudence ou la négligence de ce dernier (6). Lorsque plusieurs maisons sont consumées par un incendie, le propriétaire de celle où le feu a commencé, est responsable du dommage causé aux maisons voisines, à moins qu'il ne prouve que l'incendie est arrivé par cas fortuit ou force majeure, surtout s'il y a toute apparence de faute légère de sa part (7).

7. Il arrive quelquefois qu'un fait volontaire cause du dommage, sans que celui qui le cause en soit responsable. Ainsi, par

(1) L. 9, § ult. ff. ad leg. Aquil. L. 11, eod. (2) L. 31, ff. ad leg. Aquil. L. 7, § 8, ff. quod vi aut clam. L. 28, ff. ad leg. Aquil. (3) L. 9, § 5, ff. locati. § 7, inst. de leg. Aquil. L. 7, § ult. L. 8, ff. ad leg. Aquil. L. 27, § 33, eod. V. l'art. 5 de la sect. 2. (4) L. 3, § 1, ff. de off. præf. vig. L. 9, ff. de incend. L. 44, ff. ad leg. Aquil. L. 27, § 9, ff. ad leg. Aquil. (5) Poitiers, 10 juin 1819. (6) Paris, 27 janvier 1824. (7) Montpellier, 25 mars 1824.

exemple, si un coup de vent jette un vaisseau sur les cordes des ancres d'un autre vaisseau, ou sur des filets de pêcheurs, et que le maître du vaisseau jeté par le vent, ne pouvant souvent se dégager autrement, fasse couper ces cordes ou ces filets, il ne sera pas tenu de ce dommage que ce cas fortuit a rendu nécessaire. (Co, 407.) Et il en est de même de ceux qui, dans un incendie, ne pouvant sauver une maison où le feu va prendre, abattent cette maison pour sauver les autres. Car dans ces sortes d'événemens, c'est le cas fortuit qui cause la perte, et chacun en souffre ce qui le regarde (1).

On n'a pas mis dans cet article, pour le cas de l'incendie, l'exemple que donne cette loi, d'un particulier qui démolit la maison voisine de la sienne; car cette licence suppose une nécessité pour le bien public, dont un particulier ne doit pas être le juge. Mais dans ce cas il y est pourvu par les officiers de la police, ou par la multitude, qui, voyant le péril, a droit d'y pourvoir.

8. Ceux qui, pouvant empêcher un dommage, que quelque devoir les engageait de prévenir, y auront manqué, pourront en être tenus selon les circonstances. Ainsi, un maître qui voit et souffre le dommage que fait son domestique, pouvant l'empêcher, en est responsable (2).

9. Lorsque quelque perte ou quelque dommage suit d'un cas fortuit, et que le fait de quelque personne qui s'y trouve mêlé a été, ou la cause, ou l'occasion de cet événement, c'est par la qualité de ce fait, et par la liaison qu'il peut avoir à ce qui est arrivé, qu'on doit juger si cette personne en devra répondre, ou si elle devra en être déchargée. Ainsi, dans le cas du premier article de cette section et du quatrième, l'événement est imputé à celui de qui le fait est suivi de quelque dommage. Ainsi, au contraire, dans le cas de l'article 3 et de l'article 7, l'événement n'est point imputé. Ainsi, pour un autre cas différent de ceux de tous ces articles, si une personne qui ferait les affaires d'une autre à son insu, ou un tuteur, curateur ou autre administrateur, ayant reçu une somme d'argent pour la personne de qui les affaires seraient en ses mains, mettait cet argent en réserve pendant quelque temps, sans en faire d'emploi, pouvant même payer des dettes que son administration l'obligeait d'acquitter, soit à d'autres créanciers, ou à soi-même, s'il était de ce nombre, et qu'il arrive que cet argent soit enlevé par des voleurs, ou périsse par un incendie, ou que la valeur des espèces soit diminuée, cette perte pourrait tomber sur cette personne, s'il n'y avait eu aucun sujet de garder cet argent, et qu'il y eût de sa faute de ne l'avoir pas employé, ou en le prenant pour son paiement, ou en acquittant

(1) L. 29, § 3, ff. ad leg. Aquil. L. 49, § 1, eod. V. L. 3, § 7, ff. de incend. L. 7, § 4, ff. quod vi aut clam. V. l'art. 2 de la sect. 2 des Intérêts. (2) L. 44, § 1, et L. 45, ff. ad leg. Aquil. L. 4. C. de nox. act.

d'autres créanciers, ou le mettant à d'autres usages où la perte pourrait regarder les personnes pour qui l'argent avait été reçu, si quelque cause en avait fait différer l'emploi. Ce qui dépendrait de la qualité de la conduite que cette personne aurait tenue, et des autres circonstances qui pourraient, ou obliger à répondre de cette perte, ou l'en décharger (1).

On n'a pas mis dans cet article le cas rapporté dans cette loi 30, § 3, ff. ad leg. Aquil., qui veut que si celui qui faisait brûler son chaume avait pris les précautions qu'il fallait prendre, il ne soit pas tenu de l'incendie arrivé par un vent subit. Car il semble que cet événement devait être prévu, et qu'on pouvait même le prévenir, arrachant au large tout ce qui pouvait joindre la moisson voisine, ou remettant même de brûler ce chaume jusqu'après la récolte; et, qu'en de pareils cas, où l'on ne peut s'engager sans prendre les précautions nécessaires pour prévenir le dommage que d'autres personnes en pourraient souffrir, on doit, ou s'abstenir de ce qui peut causer du dommage, ou se charger de l'événement si on s'y expose. Et aussi la loi divine semble dans ce cas obliger indistinctement celui qui a mis le feu, à réparer le dommage qui en sera suivi. (Exod. cap. 2, 6.)

10. Si le cas fortuit est une suite d'un fait illicite, et qu'il en arrive quelque dommage, celui dont le fait y a donné lieu en sera tenu, à plus forte raison que si le cas fortuit n'était que la suite de quelque imprudence, comme dans le cas de l'article quatrième. Ainsi, par exemple, si un créancier prend, sans autorité de justice, un gage de son débiteur qui n'y consente point, et que ce gage vienne à périr par un cas fortuit entre les mains de ce créancier, il en sera tenu (2).

TITRE IX.

Des engagemens qui se forment par des cas fortuits.

On verra dans ce titre une espèce d'engagemens involontaires, et qui n'ont pas d'autre cause que des cas fortuits. On appelle cas fortuits les événemens qui sont indépendans de la volonté de ceux à qui ils arrivent, soit que ces événemens causent des gains ou des pertes. Ainsi, trouver un trésor et perdre sa bourse sont des cas fortuits de ces deux espèces.

Les cas fortuits arrivent ou par le fait des hommes, comme un un vol, ou incendie; ou par un pur effet de l'ordre divin ou du cours ordinaire de la nature, comme un coup de foudre, un naufrage, un débordement; ou par un effet mêlé d'un événement naturel et du fait des hommes, comme un incendie arrivé pour avoir enfermé du foin sans sécher.

Il faut encore distinguer, dans les cas fortuits où il se rencontre du fait de deux hommes, deux sortes de faits. L'une de ceux

(1) L. 13, ff. de negot. gest. L. 30, § 3, ff. ad leg. Aquil. (2) L. 30, ff. de pign. act.

où il y a quelque faute, comme si jouant au mail dans un grand chemin, on blesse un passant. Et l'autre de ceux qui sont innocens, et où rien ne peut être imputé à l'auteur du fait, comme si ce même cas était arrivé dans un jeu de mail, par la faute de celui qui le traversant imprudemment y serait blessé.

Lorsque le cas fortuit est une suite de quelque faute qui y a donné lieu, celui dont le fait a été la cause ou l'occasion du cas fortuit, doit réparer le dommage qui en est suivi. Et alors son engagement est plus l'effet de sa faute que du cas fortuit, qui fait une partie de la matière du titre précédent. Mais dans celui-ci on ne parlera que des engagemens qui n'ont aucune autre cause que le cas fortuit. Les cas fortuits qu'on ne peut imputer à aucune faute, peuvent avoir de diverses suites, pour ce qui regarde les engagemens. Quelquefois ils rompent les engagemens. Ainsi un vendeur est déchargé de l'obligation de délivrer la chose vendue, si elle périt sans sa faute, pendant qu'il n'est pas en demeure de la délivrer, et l'acheteur ne laisse pas d'en devoir le prix (1). Quelquefois le cas fortuit diminue l'engagement, comme lorsqu'un fermier souffre une perte considérable par une stérilité, par une grêle, par une gelée, ou d'autres cas fortuits (2). D'autres fois le cas fortuit ne change rien à l'engagement, quoiqu'il cause des pertes. Ainsi, s'il arrive que celui qui avait emprunté de l'argent le perde par un vol, par un incendie, ou autre cas fortuit il ne laisse pas d'être obligé de le rendre de même que s'il en avait fait un emploi utile (3). Et il arrive enfin par un autre effet des cas fortuits, qu'ils forment des engagemens d'une personne à une autre. Et c'est ce dernier effet des cas fortuits qui fera la matière de ce titre, les autres ayant leur place dans les matières qu'ils peuvent regarder.

Quand on parle ici des engagemens qui naissent des cas fortuits, on n'y comprend pas cette multitude infinie d'engagemens où Dieu met les hommes, par ces sortes d'événemens qui les obligent à se rendre les uns aux autres les différens devoirs que demandent les conjonctures : comme de secourir celui qu'on trouve tombé, d'aider de ses biens ceux qui perdent les leurs, et mille autres semblables ; mais on parle seulement des engagemens qui sont tels que les lois civiles permettent de contraindre ceux qui s'y trouvent à s'en acquitter : comme on le verra par les divers exemples qui seront rapportés dans la première section qu'on a composée de ces différens exemples, pour faire comprendre comme se forment ces sortes d'engagemens ; et on expliquera dans la seconde section le détail de leurs suites.

(1) V. l'art. 21 de la sect. 2 du contrat de vente. (2) V. l'art. 4 de la sect. 2 du contrat de louage. (3) V. l'art. 2 de la sect. 3 du prêt.

SECTION PREMIÈRE.

Comment se forment les engagemens qui naissent des cas fortuits.

1. Celui qui trouve une chose perdue doit la rendre à son maître, s'il sait à qui elle est, ou s'il peut le savoir; et s'il la retient sans dessein de la rendre, ou sans tâcher de découvrir le maître, il commet un larcin (1).

Les engagemens de celui qui trouve une chose, et de celui à qui elle appartient, seront expliqués dans les art. 1 et 2 de la sect. 2.

Il ne faut pas mettre les trésors au nombre des choses perdues; car on n'appelle trésor que ce qui ayant été caché ne trouve plus de maître. (V. pour les trésors l'art. 7 de la sect. 2 de la Possession.)

2. Si un débordement abat une maison, et en entraîne des matériaux ou des meubles dans quelque héritage, le propriétaire ou possesseur de cet héritage est obligé d'y donner l'entrée au maître de cette maison, et de souffrir qu'il en enlève ce que le débordement y aurait laissé. Et il en serait de même d'un bateau, ou d'une autre chose entraînée par la force des eaux (2).

3. Si dans un péril de naufrage on est obligé de jeter une partie de la charge pour sauver le reste, ceux dont les hardes ou marchandises ont été sauvées, sont obligés de porter leur part de la perte de ce qui a été jeté pour l'intérêt commun (3) (Co. 417, s. 419.), suivant les règles qui seront expliquées dans la section suivante.

4. Si dans un voyage sur mer, ou autre occasion semblable où plusieurs personnes peuvent se rencontrer, les provisions des vivres viennent à manquer, et que quelques-uns d'entre eux se trouvent en avoir en réserve pour eux en particulier, mais qu'il ne soit pas possible d'en avoir ailleurs pour les autres, ce qui peut rester à quelques-uns devient commun à tous (4).

5. Si un cas fortuit fait un changement de l'état de quelques lieux qui nuise à quelqu'un, et qu'il soit juste de remettre les choses au premier état, cet événement oblige ceux chez qui le travail devra être fait, d'en laisser la liberté à celui qui souffre le dommage, ou de le faire eux-mêmes ou d'y contribuer, s'ils en sont tenus. Ainsi, par exemple, si une eau coulante, qui traverse des héritages de diverses personnes, reflue en ceux d'en haut par l'amas des ordures qu'elle charrie, ou par quelque autre obstacle, ceux qui en souffriront le dommage ou l'incommodité pourront obliger le propriétaire de l'héritage où le cours de l'eau a cessé d'être libre, de souffrir que les choses soient remises au

(1) L. 43, § 4. ff. de furt. Dict. leg. § 7. Deuter. 22, 1. Levit. 6, 2. (2) L. 5, § 4. ff. ad exhib. V. les art. 3, 4 et 5 de la sect. 2. (3) L. 1, ff. de leg. Rhod. de jactu. V. l'art. 6 et les suiv. de la sect. 2. (4) L. 2, § 2, in fin. ff. de leg. Rhod. V. l'art. 8 de la sect. 2.

premier état, ou de les y remettre lui-même, ou d'y contribuer selon qu'il pourra en être tenu; et s'il arrive d'autres changemens semblables qu'on doive réparer, il est de la même équité que ceux qui en souffrent quelque perte, puissent remettre les choses comme elles étaient. Car encore que ces changemens arrivent naturellement, et même sans le fait des hommes, si on peut y pourvoir quand ils sont arrivés, ceux qui souffrent de semblables pertes ne doivent pas être privés des remèdes permis et possibles, pourvu qu'en rétablissant les choses ils ne nuisent point, ou qu'ils dédommagent, s'il y a lieu (1). Mais si le changement était de telle nature qu'il ne fût pas juste de remettre les choses au premier état, comme si un débordement ayant détaché des roches d'un héritage, les avait transportés dans un autre, et par-là rendu l'un des héritages meilleurs qu'il n'était, et endommagé l'autre, cet événement étant un pur effet de l'ordre divin, qni aurait changé la face des lieux, il aurait aussi changé les possessions des propriétaires de ces héritages, et aucun ne pourrait faire de nouveau changement dans celui de l'autre, sinon de son gré, et il ne pourrait même faire dans le sien que ce qui se pourrait, sans blesser les droits des voisins.

6. Si le changement des lieux arrivé par un cas fortuit est irréparable, la perte ou le gain qui en arriveront regarderont ceux à qui l'événement aura été utile ou nuisible, sans que l'un soit obligé de dédommager l'autre. Ainsi, par exemple, si une rivière quitte insensiblement un côté, et s'étend vers l'autre, ce qu'elle ôte à l'un est perdu pour lui, et ce qu'elle laisse à l'autre augmente son fonds (2). (C. civ. 546, 551.) Ou si une rivière change de lit, les lieux qu'elle occupe par son nouveau cours seront perdus pour ceux qui en étaient les maîtres; et les voisins de l'ancien canal pourront profiter de ce qui se trouvera ajouté à leurs héritages (3) (C. civ. 556, 557), sans qu'il se forme aucun engagement entre ceux qui profitent et ceux qui perdent, car l'un n'acquiert pas ce que l'autre perd; et ceux qui ont perdu leurs héritages n'ont aucun droit au fonds que l'eau occupait, et qu'elle a quitté; mais ils doivent souffrir un événement dont il n'y a pas d'autre cause que l'ordre divin qui leur a ôté la possession (4).

Conformément à l'art. 7 du titre 28 de l'ordonnance de 1669, les propriétaires riverains, en quelque temps que la navigation ait été ou soit établie, sont tenus de laisser le passage (24 pieds au moins) pour le chemin de halage. — Il leur est payé une indemnité qui est évalué d'après les dispositions de la loi du 16 septembre 1807 (à dire d'experts d'après la valeur du terrain). — La largeur des chemins de halage peut être restreinte par l'administration, lorsque le service n'en doit pas

(1) L. 2, § 6, ff. de aquâ et aq. pluv. arc. V. Dict. leg. § 4. (2) L. 1. C. de alluv. § 20. Inst. de rer. divis. (3) § 23, eod. (4) L. 2, § 6, ff. de aquâ et aq. pluv. arc. V. l'art. 8 de la sect. 2 de la Possession.

souffrir, et notamment quand il y avait antérieurement des clôtures en haies vives, ou travaux d'arts, ou des maisons à détruire (1).

On ne peut considérer comme une alluvion un banc de sable formé par accident dans une rivière non navigable, et obstruant le cours des eaux. Les contestations qui s'élèvent au sujet de l'enlèvement qui aurait été fait de ce banc de sable par suite de mesure de police concernant le curage des rivières, sont de la compétence de l'autorité administrative (2).

Toutes les contestations relatives aux alluvions, lorsqu'il s'agit de savoir si elles sont propriétés nationales, ou si, au contraire, elles sont un accroissement à une propriété particulière, doivent être jugées par les tribunaux ordinaires. La demande en suppression de barrage d'un attérissement est de la compétence de l'autorité judiciaire, lorsqu'elle est subordonnée à la question de propriété de l'attérissement (3).

Les préfets sont compétens pour déclarer que les alluvions sont utiles à la navigation, et pour aviser à leur consolidation et à leur extension par des plantations et autres moyens en usage : mais ils ne peuvent en opérer le partage entre les propriétaires riverains, parce que cette opération ne peut régulièrement résulter que de l'examen des titres de propriété, examen qui appartient exclusivement aux tribunaux (4). De même, à plus forte raison, pour une rivière navigable, le préfet pourrait faire arracher les plantations et palissades destinées à consolider une alluvion au moyen de terres rapportées, et de nature à rejeter le courant sur la rive opposée (5).

7. Lorsqu'il arrive que de deux ou plusieurs choses qui appartiennent à divers maîtres, il s'en fait contre leur gré, ou à leur insu, un tel mélange, qu'on ne peut facilement et sans inconvénient les séparer, et rendre à chacun la sienne, ce tout devient commun à ces personnes, non par indivis, car chacun n'a rien en la chose de l'autre, mêlée avec la sienne; mais selon ce que chacun peut avoir dans ce tout. Et cet événement forme entre eux l'engagement ou de diviser la chose de la manière qu'il sera possible, ou de se faire autrement justice pour la valeur de chacune des choses qui ont été confondues. Ainsi, par exemple, s'il s'est fait une masse des deux pièces d'or fondues ensemble, et qui appartenaient à deux personnes, ou que des laines de plusieurs maîtres on ait fait une étoffe, ou qu'on ait autrement mêlé des choses de différent genre, comme de divers métaux, ou des liqueurs de divers sortes; dans ces cas, il faut partager la chose, si elle peut être divisée, et en donner à chacun à proportion de ce que valait ce qu'il a dans le tout, ou en faire une estimation, et partager le prix sur ce même pied; mais si ce mélange a été fait volontairement par les maîtres des choses, l'engagement en ce cas se forme par convention, et la masse est commune entre eux selon les conditions qu'ils se sont prescrites (6).

8. Si par quelque événement il arrive qu'une personne ait mis

(1) Décret du 22 janv. 1808. (2) Décret du 18 août 1807. (3) Décret du 19 fév. 1811. (4) Décret du 28 mars 1807. (5) Ord. du 13 juin 1821. (6) § 27. Inst. de rer. divis.

en quelque lieu caché dans le fonds d'un autre, ou de l'argent, ou d'autres choses que dans la suite lui et ses héritiers veuillent retirer, le maître du fonds sera tenu de le souffrir, en le dédommageant, s'il y en a lieu (1).

9. Des engagemens qui se forment par des cas fortuits, quelques-uns sont réciproques, et obligent de part et d'autre, et d'autres n'obligent que d'une part. Ainsi, dans le cas de l'article premier, si celui qui a trouvé une chose perdue sait qui en est le maître, et s'il peut la rendre sans qu'il lui en coûte rien, l'engagement n'est que de sa part : mais s'il a fait quelque dépense, comme pour une publication, afin de savoir qui était le maître de la chose, ou pour la lui faire tenir, le maître en ce cas doit lui rendre ce qu'il a fourni. Ainsi l'engagement sera réciproque, et dans tous les autres cas, il est facile de discerner si l'engagement est réciproque, ou s'il ne l'est point.

10. Tous les cas fortuits qui causent des gains ou des pertes, ne forment pas pour cela des engagemens. Et si par exemple un vaisseau dans une tempête poussé contre un autre, vient à se briser, cet événement ne fait aucun engagement de la part du maître du vaisseau qui a brisé l'autre, si ce n'est qu'il y eût de sa faute, ou des personnes dont il dût répondre; car c'est un pur effet de ce cas fortuit; et quelquefois même celui qui souffre du dommage par un cas fortuit, dont il arrive d'ailleurs du profit à un autre, ne peut néanmoins prétendre aucun dédommagement, comme dans le cas de l'article sixième (2).

11. Il s'ensuit des articles précédens qu'on ne peut faire une règle générale qui distingue les cas fortuits dont il peut naître des engagemens, soit d'une part seulement, ou qui soient réciproques, de ceux dont il n'arrive aucune sorte d'engagement. Mais ces différences dépendent des conjonctures qui diversifient les événemens, et qui feront juger à quoi se trouve obligé chacun de ceux que les suites du cas fortuit peuvent regarder. Ainsi, lorsqu'un vaisseau tombe entre les mains des corsaires, s'il est racheté, tous les intéressés y contribuent à proportion de ce qu'ils conservent, et il se forme entre eux un engagement qui est commun à tous. Mais si ces corsaires n'enlèvent qu'une partie de la charge du vaisseau sans toucher au reste, la perte tombera sur ceux de qui les marchandises et autres choses auront été enlevées sans que les maîtres de ce qui est resté soient obligés de souffrir leur part de la perte. Et ces deux différentes règles dans des cas fortuits de même nature, dépendent d'un même principe commun à ces deux divers événemens, que la perte regarde le maître de ce qui est perdu. Ce qui fait que la perte de l'argent donné pour racheter le vaisseau est commune à tous ceux que la perte du

(1) L. 15, ff. ad exhib. V. l'art. 7 de la sect. 2 de la Possession. (2) L. 29, § 2, ff. ad leg. Aquil. Dict. leg. § 4.

vaisseau aurait regardés; et que celle des marchandises volées tombe sur ceux qui en étaient les maîtres (1).

SECTION II.

Des suites des engagemens qui naissent des cas fortuits.

1. Celui qui a trouvé une chose perdue est obligé de la conserver, et d'en prendre soin pour la rendre à son maître; et s'il ne sait à qui elle appartient, il doit s'en informer par les voies qui peuvent dépendre de lui, en faisant faire même des publications pour le découvrir, si la chose le mérite, et qu'il soit de la prudence d'en user ainsi (2). (C. civ. 717.) Et quand il la rendra, soit que ce soit de l'argent ou autre chose, il ne pourra, ni en retenir une partie, ni en rien exiger (3). Mais il recouvrera seulement ce qu'il pourra avoir dépensé, ainsi qu'il sera dit dans l'article suivant.

Quoique celui qui rend une chose trouvée ne puisse rien exiger, si néanmoins c'est une personne pauvre, elle peut recevoir licitement et honnêtement ce qui lui sera donné, quoiqu'il fût malhonnête à une personne de recevoir quoi que ce soit pour la même chose.

2. Celui à qui on rend la chose qu'il avait perdue est obligé de sa part de rendre les dépenses employées, ou pour la conserver, ou pour la lui remettre : comme si c'était quelque bête égarée, qu'il ait fallu nourrir, ou que le transport de la chose d'un lieu à un autre oblige à quelque dépense, ou si on a fait quelques frais pour des publications, afin d'avertir le maître, et si celui qui rend la chose à son maître n'est pas le même qui l'avait trouvée, et qu'il ait donné quelque chose pour la ravoir de la personne qui l'avait trouvée, il le recouvrera (4).

3. Le propriétaire d'un héritage où s'est déchargé le débris d'un bâtiment tombé, ou ce qu'un débordement a détaché d'un autre héritage, est obligé de souffrir que celui qui a fait cette perte retire ce qui en reste, et de donner pour cela l'accès nécessaire dans son héritage (5), mais sous les conditions expliquées dans l'article qui suit.

4. Dans le cas de l'article précédent, celui qui veut retirer les matériaux de son bâtiment tombé, ou ce qu'un débordement avait entraîné de son héritage dans le fonds d'un autre, est obligé de sa part, non-seulement de dédommager le propriétaire de ce fonds du dommage qui pourrait y être fait, quand on en retirera ce qui s'y était déchargé, mais il doit de plus réparer tout le dommage qu'avait déja causé la décharge qui s'y était faite (6). (C. civ. 1386.)

(1) L. 2, § 3, de leg. Rhod. (2) L. 43, § 8, ff. de furt. Dict. § V. l'art. 1 de la sect. 1. Deut. 22, 3. (3) L. 43, § 9, ff. de furtis. (4) L. 2, § 5, in fin. ff. de aquâ et aq. pluv. arc. (5) L. 9, § 1, ff. de damn. inf. (6) L. 8, ff. de incend. L. 9, § 3, ff. de damn. inf. Dict. leg. 9, § 2.

Que s'il aime mieux ne rien retirer, il ne devra rien ; car, abandonnant au propriétaire de ce fonds tout ce qui s'y trouve, il n'est point tenu d'un dommage arrivé par le seul effet de ce cas fortuit; et il suffit qu'il perde ce que cet événement lui a enlevé.

5. Si celui de qui les matériaux ou autres choses ont été laissés par ces cas fortuits dans l'héritage d'un autre, veut les retirer, il sera tenu, outre le dommage, d'enlever aussi bien tout l'inutile dont il n'a que faire, que ce qu'il veut prendre, et de laisser libre la place de l'héritage où cette décharge avait été faite (1).

6. Lorsque pour décharger un vaisseau, dans un péril de naufrage, on jette à la mer une partie de la charge, et qu'on sauve le vaisseau, cette perte est commune à tous ceux qui avaient à perdre quelque chose dans ce péril. Ainsi, le maître du vaisseau, tous ceux de qui les marchandises ou autres choses ont été garanties, et ceux de qui les marchandises ont été jetées, porteront chacun leur part de la perte à proportion de celle qu'ils avaient au tout. Et si, par exemple, le vaisseau et toute la charge étaient de cent mille écus, et que ce qui a été jeté en valût vingt mille, la perte étant d'un cinquième, chacun contribuera d'un cinquième de la valeur de ce qu'il conserve, ce qui fera en tout seize mille écus; et, par cette contribution, ceux qui ayant perdu les vingt mille écus en recouvreront seize mille, ne resteront en perte que d'un cinquième comme les autres (2). (Co. 327, 331, 400, 417.)

Sur quel pied faut-il régler la contribution pour le désintéressement de ceux de qui les marchandises ou autres choses ont été jetées? Il est dit dans la loi 2, § 4, ff. de lege Rhod., que ce doit être sur le pied de l'estimation, tant de ce qui est perdu, que de ce qui est sauvé; qu'il n'importe que les choses perdues auraient pu se vendre plus cher; car il s'agit d'une perte dont on doit dédommager, et non pas d'un gain qu'on doive faire bon; mais que pour les choses qui ont été sauvées, et qui doivent porter la contribution, on doit les estimer, non sur le pied de ce qu'elles ont coûté, mais sur le pied de ce qu'elles peuvent être vendues. C'est ce que signifie ce texte dont voici les termes : *Portio autem pro æstimatione rerum, quæ salvæ sunt, et earum quæ amissæ sunt, præstari solet. Nec ad rem pertinet, si hæ quæ amissæ sunt, pluris venire poterunt; quoniam detrimenti, non lucri, fit præstatio : sed in his rebus quarum nomine conferendum est, æstimatio debeat haberi, non quanti emptæ sint, sed quanti venire possunt.* S'il est juste que l'estimation des choses restées se fasse sur le pied de ce qu'elles pourront être vendues, parce que cette valeur a été sauvée du péril, pourquoi ce qui a été perdu pour sauver le reste ne sera-t-il pas estimé de même? Et si on suppose que de deux marchands de qui les marchandises étaient les mêmes, achetées au même prix, dans le même lieu, pour être revendues dans la même ville où était le port, celles de l'un ayant été jetées pour sauver le vaisseau à l'entrée du port où il allait périr, et que celles qui sont

(1) L. 9, § 2, ff. de damn. inf. L. 7, § ult. eod. V. l'art. 4 de la sect. 3 des Dommages causés par des fautes. (2) L. 1, ff. de lege Rhod. L. 2, § 2, eod. Dict. leg. 2. L. 12, § 4, eod.

restées s'y vendent sur-le-champ à un plus haut prix que celui de l'achat, ne sera-t-il pas juste que celles qui ont été perdues pour sauver les autres soient estimées de même? puisqu'il n'y avait aucune raison de jeter plutôt celles de l'un des marchands que celles de l'autre, et de distinguer leur condition. A quoi on peut ajouter que, comme il sera remarqué sur l'art. 15, la contribution ne doit se faire qu'après que le vaisseau est arrivé au port en sûreté, et qu'ainsi, comme ce n'est qu'alors qu'on doit faire les contributions, il semble qu'on doive estimer le tout sur le pied de ce que valent les choses au débarquement, tous les frais déduits. Et c'est vraisemblablement par ces raisons qu'il y a eu des réglemens qui ont ordonné que les marchandises jetées seraient estimées sur le même pied que celles qui ont été sauvées, et au prix qu'elles sont vendues (1). Mais, comme les marchandises ne se vendent pas toutes au port, qu'il y en a souvent plusieurs qui doivent être encore transportées ailleurs par mer ou par terre, et qu'elles ont par conséquent à courir de nouveaux périls; qu'il peut y avoir plusieurs diminutions des profits dans les ventes, et même des pertes par divers événemens, il ne serait pas juste ni possible de régler les contributions sur le pied des ventes qui seront faites après que les marchandises et les personnes seront dispersées en divers endroits; de sorte que la contribution devant se faire au port, il semble que c'est par conséquent sur le port que les estimations doivent être réglées, non sur le pied de ce que les marchandises seront vendues, ce qui est impossible, ni sur le pied de l'achat, tant par les raisons qui ont été remarquées, que parce qu'il ne serait pas possible de savoir toujours au juste le prix de l'achat, et qu'il pourrait s'y faire plusieurs tromperies; mais sur le pied du prix qu'on peut donner raisonnablement aux marchandises et aux autres choses à l'arrivée au port, selon les diverses vues et les différens égards qui pourront servir à une juste estimation.

7. Tout ce qui a été sauvé du naufrage par la décharge du vaisseau, porte la contribution selon sa valeur, sans distinction de ce qui faisait moins de charge, comme des pierreries, et de ce qui en faisait plus, comme des métaux : car on considère la valeur de ce qui, pouvant périr, a été sauvé. Ainsi, le maître du vaisseau contribue à proportion de la valeur du vaisseau (2) (Co. 401, s.); mais les personnes n'entrent point en contribution, si ce n'est pour les habits, les bagues et autres choses que chacun a sur soi.

8. Les provisions qui ne sont dans le vaisseau que pour s'y consommer pendant la navigation, comme les vivres, n'entrent point dans la contribution (3). Car ces sortes de choses sont pour l'usage commun; mais il ne faut pas mettre dans ce rang les grains, les vins et les autres choses semblables, qui ne sont pas dans le vaisseau pour y être consommées, mais comme des marchandises qu'on transporte d'un lieu à un autre.

9. Ceux dont les marchandises ont été jetées pour sauver le vaisseau peuvent pour leur sûreté empêcher le débarquement de celles qui restent ou les faire saisir si on les débarque (4).

(1) V. les jugemens d'Oleron, art. 8, et les ord. de Wisbuy, art. 20 et art. 39.
(2) L. 2, § 2, ff. de lege Rhod. (3) L. 2, § 2, in fin. de lege Rhod. V. l'art. 4 de la sect. 1. (4) L. 2, ff. de lege Rhod.

10. Si le vaisseau est endommagé par un orage, avec quelque perte de mâts, de vergues ou d'autres pièces ou parties du vaisseau, la dépense pour le radouber et pour remplacer ce qui était perdu, tombera sur le maître du vaisseau; car il est tenu de le fournir en bon état pour ce qu'il voiture, de même que les ouvriers fournissent leurs outils et en souffrent les pertes (1). (Co. 401, 404.)

11. Si, pour prévenir un naufrage, on coupe et jette les mâts et les vergues, ou qu'on jette d'autres choses pour la décharge du vaisseau, ou qu'il ne périsse point, cette perte sera commune. Car elle n'est pas un effet qu'ait causé l'orage : comme s'il avait brisé les mâts ou les vergues, ou causé quelque autre dommage, ce qui serait dans le cas de l'article précédent; mais c'est un effet de la crainte du péril commun, ainsi la perte doit en être commune (2). (Co. 401.)

12. Si le vaisseau périt, et que dans les débris du naufrage quelques-uns sauvent de leurs marchandises ou autres choses, il n'y aura pas de contribution de leur part à la perte que souffrent les autres. Car ce n'est pas par la perte du vaisseau et des autres choses qui périssent, qu'ils sauvent les leurs; mais chacun tire ce qu'il peut du débris commun; et la contribution n'a lieu que lorsqu'il faut désintéresser ceux de qui la perte a sauvé ce qui reste aux autres (3).

13. Si, pour faire aborder un vaisseau ou pour le faire entrer dans une rivière, il faut ôter une partie de sa charge, et que ce qu'on a déchargé dans une chaloupe vienne à y périr, cette perte sera commune, et ce qui est resté dans le vaisseau entrera en contribution, car c'était pour l'intérêt du vaisseau que cette décharge avait été faite (4).

14. Si, dans le cas de l'article précédent, le vaisseau périt, et que la chaloupe vienne à bon port, il n'y aura pas de contribution, mais la perte tombera sur ceux à qui appartenait ce qui est perdu; car la décharge qu'on avait faite dans la chaloupe n'était pas pour l'intérêt de ceux de qui les marchandises y avaient été mises; et ce n'est pas la perte du vaisseau qui les a sauvées (5).

S'il avait été convenu, en faisant cette décharge dans la chaloupe, que s'il arrivait que le vaisseau seul ou la chaloupe seule vînt à périr, la perte serait commune; cette convention serait exécutée n'ayant rien d'illicite. Pourrait-on dire dans le cas où le vaisseau périt, sans qu'on eût fait cette convention, qu'elle serait sous-entendue, quoiqu'on ne se fût pas avisé de l'exprimer; et que la décharge ayant été faite pour le bien de tous, et peut-être même du plus précieux dans la chaloupe, dans le dessein commun de sauver tout, l'intention de tous aurait été que les événemens leur fussent communs, et que comme la chaloupe

(1) L. 2, § 1, ff. de lege Rhod. L. 6, ff. de lege Rhod. (2) L. 3, ff. de lege Rhod. L. 5, § 1, eod. L. 2, § 1, in fin. eod. (3) L. 5, ff. de lege Rhod. L. 7, ff. de lege Rhod. (4) L. 4, ff. de lege Rhod. (5) L. 4, ff. de lege Rhod.

venant à périr, la perte devait être commune à ceux qui avaient sauvé leurs marchandises dans le vaisseau, la condition fût réciproque, et que le vaisseau venant à périr, la perte dût regarder aussi ceux qui avaient sauvé les leurs dans la chaloupe? Ou ne faut-il pas dire au contraire, suivant l'esprit de la loi citée sur cet article, que la décharge ayant été faite dans la chaloupe sans convention, et dans la seule vue commune de tous de faire aborder le vaisseau, leur intention était que les marchandises du vaisseau répondissent du péril de la chaloupe chargée pour le sauver; et que, si cette décharge ne le garantissait pas, chacun portât la perte qu'il y pourrait faire?

15. Si un vaisseau, garanti d'un péril par une décharge de marchandises jetées dans la mer, vient ensuite à faire naufrage dans un autre lieu, et que, par des plongeurs ou autrement, on sauve une partie de ce qui était péri dans ce naufrage, ceux dont les marchandises en auront été sauvées contribueront à la perte de ce qui avait été jeté dans le premier péril (1); car ces marchandises y seraient péries sans la perte de ce qui avait été jeté.

Il s'ensuit de cette règle, qu'il ne faut faire la contribution qu'après l'arrivée au port. Car, si le vaisseau qu'on a garanti, en jetant à la mer, périt ensuite avant le débarquement, la perte de ce qui avait été jeté devenant inutile à ceux qui souffrent la seconde perte, il n'y aura pas de contribution de leur part. Mais si dans la seconde perte quelques-uns sauvent leurs marchandises, ils contribueront suivant la règle expliquée dans cet article.

16. Si dans le cas de l'article précédent celui dont les marchandises avaient été jetées dans le premier péril, vient à les recouvrer, il ne sera pas tenu de contribuer à la perte de ce qui périt dans le second; car ce n'est pas par cette perte qu'il recouvre ce qu'il avait perdu (2).

17. Si les choses jetées viennent à se recouvrer, ou une partie, la contribution cessera à proportion. Et si elle avait déja été faite, ceux qui l'auront reçue la rendront aux autres (3). (Co. 381, s.)

18. Si, dans un péril qui a obligé de jeter des marchandises à la mer, il est arrivé que d'autres marchandises découvertes à cause de la décharge de celles qui ont été jetées, aient reçu par-là quelque dommage, comme si des flots les ont pénétrées, cette perte sera portée par contribution comme une suite de celles des choses jetées (4). (Co. 405.) Et celui à qui seront ces marchandises altérées contribuera de sa part à la perte de celles qu'on a jetées, mais seulement sur le pied de leur valeur après ce dommage, car il ne sauve que cette valeur (5).

(1) L. 4, § 1, ff. de leg. Rhod. (2) L. 4, § 1, in fine ff. de leg. Rhod. (3) L. 2, § 7, ff. de leg. Rhod. (4) L. 4, § 2, ff. de leg. Rhod. (5) Dict. leg. 4, in fine.

TITRE X.

De ce qui se fait en fraude des créanciers.

Quoique les fraudes, au préjudice des créanciers, se fassent souvent par des conventions entre les débiteurs et ceux qui sont avec eux d'intelligence, les engagemens qui naissent de ces fraudes, et qui obligent envers les créanciers ceux qui y participent, ne laissent pas d'être du nombre des engagemens qui se forment sans convention; car il ne s'en passe aucun entre eux et le créancier.

Les fraudes que font les débiteurs et ceux qui se rendent leurs complices, pour faire perdre aux créanciers ce qui leur est dû, sont de plusieurs sortes, et forment des engagemens qui feront la matière de ce titre.

Il faut remarquer, sur cette matière des fraudes qui se font au préjudice des créanciers, que les fraudes que peuvent faire des débiteurs par des dispositions de leurs immeubles, sont bien moins fréquentes parmi nous, qu'elles ne l'étaient dans le droit romain; car on y contractait souvent sans écrit (1), et l'hypothèque même pouvait s'acquérir par une convention non écrite, et par un simple pacte (2); ce qui rendait les fraudes faciles. Mais par notre usage, toutes conventions qui excèdent la valeur de cent livres doivent être écrites (3); et l'hypothèque ne s'acquiert que par des actes passés par-devant des notaires ou par l'autorité de juge. Ainsi, les créanciers ont leur assurance sur les immeubles par leur hypothèque, qu'on ne peut leur faire perdre que par des actes faux; ce qui est difficile : car il faut que l'acte faux soit fabriqué par les notaires mêmes ou par des personnes qui imitent leurs seings.

On n'a pas mis dans ce titre la règle du droit romain, qui laisse au débiteur la liberté de renoncer aux successions testamentaires, et *ab intestat*, qui peuvent lui échoir, quoique ses créanciers en reçoivent du préjudice (4): ce qui était fondé sur ce que chacun peut s'abstenir d'augmenter ses biens (5). Ainsi, on ne considérait comme fraude au préjudice des créanciers que ce qui allait à la diminution des biens déja acquis au débiteur. Et on ne mettait pas non plus au nombre des fraudes au préjudice des créanciers, la délivrance que pouvait faire un héritier du total des legs et des fidéicommis, sans retenir ces portions qu'on appelle la falcidie et la trébellianique, dont il sera parlé dans la seconde partie, parce qu'on jugeait que l'héritier avait la liberté de se priver de ce que la loi lui donnait droit de retrancher sur les legs et les fidéicommis, et qu'ainsi il pouvait acquitter pleinement la volonté

(1) Toto tit. ff. de verb. obl. Inst. cod. (2) L. 4, ff. de pign. (3) V. l'art. 12 de la sect. 1 des convent. (4) L. 6, § 2, ff. quæ in fraud. cred. (5) L. 6, ff. quæ in fr. cred. V. L. 28, ff. de verb. sign. L. 119, ff. de reg. jur. L. 134, eod.

du défunt. Et ce qui a obligé à ne pas mettre ici ces règles, c'est qu'il y a quelques coutumes qui veulent que, si un débiteur renonce à une succession qui lui soit échue, ses créanciers puissent se faire subroger à ses droits pour l'accepter s'ils espèrent y trouver leur compte : ce qui ne fait aucun tort au débiteur; car, si la succession est avantageuse, il est juste que ses créanciers en profitent; et si, au contraire, elle est onéreuse, ils ne l'engagent point, et ne s'obligent qu'eux-mêmes aux charges de cette succession. Et à l'égard de la falcidie et de la trébellianique, si les legs et les fidéicommis n'étant pas encore acquittés par l'héritier, ses créanciers en empêchaient la délivrance pour retenir la falcidie ou la trébellianique, il semble qu'il serait de l'équité qu'il leur fût permis d'exercer ce droit de leur débiteur; car il est naturel, et de notre usage, et des règles mêmes du droit romain, que les créanciers puissent exercer tous les droits et les actions de leurs debiteurs, comme il est dit expressément en la loi première. *Cod. de præt. pign.*, dont voici les termes : *Si prætorium pignus quicumque judices dandum alicui perspexerint, non solùm super mobilibus rebus et immobilibus, et se moventibus, sed etiàm super actionibus quæ debitori competunt, præcipimus hoc eis licere decernere.* A quoi on peut ajouter qu'il se peut faire que le créancier ait eu sujet de compter, parmi les assurances qu'il pouvait prendre sur les biens de son débiteur, celles des successions qu'il pouvait attendre.

SECTION PREMIÈRE.

Des diverses sortes de fraudes qui se font au préjudice des créanciers.

1. Tout ce que font les débiteurs pour frustrer leurs créanciers par des aliénations et autres dispositions quelles qu'elles soient, est révoqué, selon que les circonstances et les règles qui suivent peuvent y donner lieu (1).

2. Toutes les dispositions que peuvent faire les débiteurs à titre de libéralité au préjudice de leurs créanciers, peuvent être révoquées, soit que celui qui reçoit la libéralité ait connu le préjudice fait aux créanciers, ou qu'il l'ait ignoré; car sa bonne foi n'empêche pas qu'il ne fût injuste qu'il profitât de leur perte. Mais si le donataire ayant été de bonne foi, la chose donnée n'était plus en nature, et qu'il n'en eût tiré aucun profit, il ne serait pas tenu de rendre un bienfait dont il ne lui resterait aucun avantage (2).

3. Les aliénations de meubles et immeubles que font les débiteurs à autre titre que de libéralité, à deux personnes qui ac-

(1) L. 1, § 1, ff. quæ in fr. cred. § 6, inst. de act. Dict. leg. § 2. (2) L. 6, § 11, ff. quæ in fraud. cred. L. 5. C. de revoc. his infr. cred.

quièrent de bonne foi, et à titre onéreux, ignorant qu'il soit fait préjudice à des créanciers, ne peuvent être révoquées, quelque intention de frauder qu'ait le débiteur; car sa mauvaise foi ne doit pas causer une perte à ceux qui exercent avec lui un commerce licite, et sans part à sa fraude (1). (C. civ. 1302, § 4.)

On peut remarquer sur cet article, qu'il ne s'étend pas au cas où les créanciers ont un privilége ou une hypothèque sur la chose aliénée.

4. Quoique l'aliénation frauduleuse soit faite à titre onéreux, comme par une vente, s'il est prouvé que l'acheteur ait participé à la fraude pour en profiter, achetant à vil prix, l'aliénation sera révoquée, sans aucune restitution du prix à cet acheteur complice de la fraude (2), à moins que les deniers qu'il aurait payés se trouvassent encore en nature entre les mains de ce débiteur qui lui aurait vendu (3).

5. Pour obliger à la restitution celui qui acquiert d'un débiteur, ce n'est pas assez qu'il ait su que ce débiteur avait des créanciers; mais il faut que le dessein de frauder lui ait été connu; car plusieurs de ceux qui ont des créanciers ne sont pas insolvables, et on ne se rend complice d'une fraude qu'en y prenant part (4).

6. Si le dessein de frauder n'est pas suivi de l'événement et de la perte effective des créanciers, et que, par exemple, pendant qu'ils exercent leur action, ou qu'ils veulent l'exercer, le débiteur les satisfasse par la vente de ses biens ou autrement, l'aliénation qui avait été faite à leur préjudice aura son effet. Et si dans la suite il vient à emprunter, les nouveaux créanciers ne pourront pas révoquer cette première aliénation, qui n'avait pas été faite à leur préjudice (5). Mais s'ils avaient prêté pour payer les premiers, et que leurs deniers eussent été employés à ce paiement, ils pourraient révoquer l'aliénation faite avant leur créance : car en ce cas ils exerceraient les droits de ceux à qui ce paiement les aurait subrogés, suivant les règles expliquées en leur lieu (6).

7. Toutes les manières dont les débiteurs diminuent frauduleusement le fonds de leurs biens pour en priver leurs créanciers, sont illicites, et tout ce qui sera fait à leur préjudice par de telles voies, sera révoqué. Ainsi les donations, les ventes à vil prix, ou à un prix simulé, dont le débiteur donne la quittance, les transports à des personnes interposées, les acquits frauduleux, et généralement tous les contrats et autres actes et dispositions faits en fraude des créanciers, seront annulés (7).

8. Si pour frauder des créanciers un débiteur, d'intelligence avec son débiteur, se désiste d'une hypothèque qu'il avait pour

(1) L. 1, ff. quæ in fraud. cred. L. 1, eod. L. 6, § 8, eod. (2) L. 7, ff. quæ in fr. cred. (3) L. 8, eod. (4) L. 10, § 2, ff. quæ in fr. cred. Dict. leg. 10, § 4. (5) L. 10, § 1, ff. quæ in fr. cred. L. 15, L. 6, eod. L. 15, eod. L. 1. C. qui man. n. poss. (6) V. la sect. 7 des Gages et Hypoth. (7) L. 1, § 2, et L. 2, ff. quæ in fraud. cred. L 7, eod.

sa sûreté (1). Si pour éteindre la dette il fournit à son débiteur des exceptions qui ne lui fussent pas justement acquises, ou s'il lui défère le serment sur une demande dépendant des faits qu'il pouvait prouver (2); s'il transige de mauvaise foi, ou s'il donne quittance sans paiement (3); s'il se laisse débouter d'une demande légitime par collusion avec son débiteur, ou s'il se laisse condamner envers un créancier contre qui il avait de justes défenses (4); s'il laisse périr une instance (5); s'il laisse prescrire une dette par intelligence avec son débiteur (6); et s'il fait ou cesse de faire quelque autre chose par où il cause une perte ou une diminution volontaire de ses biens au préjudice de ses créanciers (7); ce qui aura été fait par collusion sera révoqué, et les créanciers seront remis aux premiers droits de leurs débiteurs (8).

9. Si un débiteur qui avait un terme pour payer ce qu'il devait à un de ses créanciers, ou qui ne devait que sous une certaine condition, qui n'était pas encore arrivée, colludant avec ce créancier pour le favoriser, lui avance son paiement; les autres créanciers pourront demander à celui qui aura reçu ce paiement les intérêts du temps de l'avance (9), et même le principal, si c'était une dette qui ne fût due que sous une condition qui ne serait pas encore arrivée : et en ce cas, il sera pourvu à la sûreté de ceux à qui cet argent devra revenir; soit de ce créancier, si la condition arrive, ou de ceux qui devront le recevoir, si elle n'arrive point. (Co. 446, C. civ. 1167.)

La fixation du jour auquel doit remonter l'ouverture d'une faillite n'emporte pas pour les juges l'obligation d'annuler les actes; notamment les paiemens de dettes échues, faits de bonne foi, le jour même de l'ouverture déterminée, si ce jour-là la faillite du débiteur n'était ni déclarée, ni publiquement connue (10).

Les billets qu'un failli souscrit au profit de l'un de ses créanciers doivent être annulés; lorsqu'ils n'ont été consentis que pour obtenir la signature de ce créancier au concordat, le failli peut en demander lui-même la nullité après son concordat. (V. 524.) (11).

10. Si un débiteur s'oblige au préjudice de ses créanciers pour des choses qu'ils ne doivent point; s'il donne de l'argent ou quelque autre chose à des personnes à qui il ne devait rien, ou s'il fait d'autres semblables fraudes, le tout sera révoqué par ses créanciers (12). (Co. 447.)

Les créanciers d'un pensionnaire de l'état ne peuvent exercer qu'après sa mort, et seulement sur le décompte de sa pension, les poursuites et diligences nécessaires pour la conservation de leurs droits (13).

(1) L. 2, ff. quæ in fr. cred. (2) L. 3. cod. L. 9, § de jurejur. (3) L. 17, ff. quæ in fr. cred. L. 1, § 9, ff. si quid in fr. patr. (4) L. 3, § 1, ff. quæ in fr. cred. (5) Dict. § 1. (6) Dict. § 1. (7) Dict. leg. 3, § ult. et L. 4, eod. (8) L. 1, § ult. eod. (9) L. 10, § 12, ff. quæ in fr. cred. L. 17, in fin eod. (10) Rejet, 28 mai 1823. Cass. 22 juillet 1823. (11) Rouen, 14 déc. 1824. (12) L. 3, ff. quæ in fr. cred. (13) Arrêté du gouvernement du 7 thermidor an 10.

Un créancier hypothécaire peut attaquer la vente faite par son débiteur, d'un immeuble sur lequel ne frappe pas son hypothèque, si cette vente est simulée et frauduleuse (1).

Les ventes faites par un déconfit ne sont pas nulles ou annulables, comme les ventes par un failli, hors le cas de fraude constatée (2).

Le créancier auquel son débiteur a donné un immeuble en antichrèse peut, lorsque ce débiteur attaque la vente de cet immeuble, intervenir pour appuyer la demande en nullité y ayant intérêt, puisque la vente lui enleverait la jouissance des revenus de l'immeuble (3).

La reconnaissance authentique du mari, par laquelle il prouve qu'il a reçu plusieurs sommes appartenant à sa femme, ne peut être opposée aux créanciers de celui-là, lorsque rien ne constate la numération réelle des deniers (4).

Le créancier devenu adjudicataire des immeubles affectés à sa créance, peut, par des présomptions, attaquer comme *frauduleux* le bail authentique des mêmes immeubles, consenti par le débiteur, postérieurement à son obligation, mais antérieurement à la saisie immobilière (5). La surenchère faite sur une vente volontaire n'est pas une approbation de cette vente, telle que le surenchérisseur ne puisse plus arguer le contrat *de dol et de fraude*, lorsqu'il s'en est réservé la faculté en surenchérissant (6). Un créancier peut même, après l'expiration des délais de la surenchère, et après avoir provoqué l'ouverture de l'ordre, attaquer la vente consentie par son débiteur, par le motif que le prix porté au contrat est moindre que le prix réellement convenu (7).

Lorsqu'un débiteur a simulé la vente d'un immeuble, son créancier, quoique simple chirographaire, est recevable à quereller cette vente (8).

11. On ne doit pas mettre au nombre des libéralités frauduleuses qui peuvent être révoquées, ce qui est donné à titre de dot, soit par le père de la fille, ou par d'autres personnes, lorsque le mari ignore la fraude : car encore que la dot puisse être constituée frauduleusement de la part de ceux qui dotent la fille, le mari qui reçoit la dot à titre onéreux, et qui sans cette dot ne se serait pas engagé dans le mariage, ne doit pas la perdre (9). Mais si le mari avait participé à la fraude, il pourrait être tenu de ce qui serait de son fait, selon les circonstances (10).

Par les ordonnances de François Ier du 8 juin 1532, et de Charles IX, en janvier 1563, les constitutions de dot ne pouvaient excéder mille livres. Ce qui pouvait avoir entre autres motifs celui de réprimer les fraudes dans les dots. Mais ces ordonnances ne sont d'aucun usage.

Il faut remarquer sur cet article la différence entre la condition d'un mari à qui on aurait constitué une dot, sans qu'il eût part à aucune fraude, et qui reçoit ce qui lui a été promis en dot, de la personne qui avait fait la constitution, quoique cette personne l'eût faite en fraude de ses créanciers, et la condition d'un mari qui aurait eu part à la fraude qu'on aurait faite à des créanciers en lui constituant une dot excessive. Car celui-ci pourrait être complice de la fraude, et en être tenu selon les

(1) Cass. 22 mars 1809. (2) Paris, 12 fructidor an 11. (3) Cass. 7 mars 1820. (4) Toulouse, 23 déc. 1818. (5) Dijon, 26 nov. 1816. (6) Limoges, 11 juin 1812. (7) Limoges, 21 déc. 1822. (8) Rejet, 22 mars 1809. (9) L. 25, § 1, in fin. ff. quæ in fr. cred. (10) Dict. § 1. L. 14, in fine, eod. L. 10, § 14, eod. L. 2, C. de revoc. his in fraud. cr. al. s.

circonstances. Mais l'autre aurait droit de recevoir la dot qui lui aurait été promise, de même que tout créancier peut recevoir ce qui lui est dû, quoiqu'il n'en reste pas assez pour les autres créanciers.

Il faut encore distinguer sur cet article la dot que la femme se constitue elle-même, et celle que son père ou d'autres personnes peuvent lui constituer. Au premier cas, ce que la femme se constitue de son bien propre ne peut pas faire de préjudice à ses créanciers; car ils auront leur action contre le mari pour ce qu'il se trouvera avoir reçu à titre de dot, étant en cela le débiteur de la femme. Mais, au second cas, les créanciers de ceux qui ont fait la constitution n'ont pas d'action contre le mari qui n'a reçu que ce qu'il devait recevoir pour la dot de sa femme.

12. Le créancier qui reçoit de son débiteur ce qui lui est dû, ne fait point de fraude, mais se fait justice en veillant pour soi, comme il lui est permis. Et quoique son débiteur se trouve insolvable, et que par ce paiement il n'en reste pas assez pour les autres créanciers, ou que même il ne reste rien, il n'est pas tenu de rendre ce qu'il a reçu pour son paiement; mais les autres créanciers doivent s'imputer de n'avoir pas veillé pour eux, comme a fait celui qui s'est fait payer (1).

13. Si après une saisie des biens d'un débiteur, ou après le délaissement qu'il en aurait fait à ses créanciers, un d'eux reçoit son paiement ou du fonds des choses saisies, ou de ce qui était délaissé aux créanciers, il rapportera ce qu'il aura reçu, parce qu'alors il prend pour soi ce qui était à tous (2) (Co. 593, § 3): ce qui ne s'entend pas de ce qu'un saisissant de meubles peut recevoir par l'effet de ses diligences avant qu'il y ait des oppositions (3).

Le failli, qui fait figurer dans son bilan des créanciers fictifs, ne commet pas, par cela seul, le crime de banqueroute frauduleuse. Il n'y a là, ni *écritures simulées*, ni engagemens pris dans le sens de l'art. 593, § 3. (4).

Une instruction criminelle pour banqueroute frauduleuse peut être renvoyée d'un département à un autre pour suspicion légitime, lorsque la masse des habitans de la contrée est susceptible de partialité pour le failli (5).

Est commerçant dans le sens de la loi, celui qui fait le métier de cabaretier et achète des vins pour revendre en gros, et il doit être en cette qualité poursuivi comme banqueroutier frauduleux, s'il détourne son argent, ses effets et marchandises en fraude et au préjudice de ses créanciers (6).

SECTION II.

Des engagemens de ceux qui font ces fraudes ou qui y participent.

1. Celui qui aura participé à une fraude faite à des créanciers,

(1) L. 6, § 6, ff. quæ in fr. cred. Dict. leg. 6, § 7, L. 24, eod. Dict. leg. 24. Dict. leg. 24, in fine. L. 21, ff. de pecul. (2) L. 6, § 7, ff. quæ in fraud. cred. (3) L. 12, ff. de reb. auth. jud. poss. L. 10, § 16, ff. quæ in fraud. cred. (4) Rejet, 3 juillet 1823. (5) Cass. 16 août 1810. (6) Cass. 23 avril 1813.

sera tenu de rendre tout ce qu'il se trouvera avoir reçu par une telle voie, après les fruits ou autres revenus, et les intérêts, si ce sont des deniers, à compter depuis le jour qu'il les aura reçus: et toutes choses seront remises au même état où elles étaient avant cette fraude (1). (Co. 597.)

Il ne peut y avoir déclaration légale de complicité, s'il n'y a pas de déclaration explicite ou implicite d'un fait principal criminel. Ainsi, l'individu déclaré coupable de *s'être entendu avec un commerçant pour soustraire les biens de celui-ci à ses créanciers légitimes, sans avoir cependant affirmé légalement sincère et véritable une créance fausse qu'il avait acquise sur les biens de ce commerçant,* ne peut être condamné comme complice d'une banqueroute frauduleuse, en ce que le fait de banqueroute de l'auteur principal n'est pas contesté par cette déclaration (2).

L'arrêt qui condamne un accusé comme complice de banqueroute frauduleuse, n'est pas nul par cela seul qu'il ne contient pas la liquidation des dommages-intérêts réclamés par la masse des créanciers; les juges peuvent, en usant de la faculté que leur accorde l'art. 366 du code d'instruction criminelle, se contenter de commettre un des juges pour entendre les parties, prendre connaissance des pièces, et faire du tout un rapport. L'art. 598 du code de commerce ne fait pas exception à l'art. du code d'instruction criminelle dont on vient de parler en dernier lieu (3).

2. Tous ceux qui contribuent aux fraudes que font les débiteurs à leurs créanciers, soit qu'ils en profitent, ou qu'ils prêtent seulement leurs noms, sont tenus de réparer le tort qu'ils ont fait. Ainsi, ceux qui acceptent des transports frauduleux de ce qui est dû au débiteur, sont tenus de remettre aux créanciers les titres des créances avec leurs transports, ou ce qu'ils peuvent en avoir reçu, ou fait recevoir par le débiteur qui empruntait leur nom (4). (Co. 598. V. l'arrêt du 27 juillet, cité sous l'art. 1er de cette sect.)

3. Le débiteur qui a fraudé ses créanciers n'est pas seulement tenu de réparer autant qu'il se peut sur ses biens l'effet de la fraude; mais il doit aussi être condamné aux peines qu'il pourra mériter selon les circonstances (5). (Co. 596, 599, p. 402.)

4. Si un tuteur ou curateur se rend participant de quelque fraude que fait un débiteur à ses créanciers, favorisant en cette qualité la mauvaise foi de ce débiteur par quelque acte qui regarde la personne que ce tuteur ou curateur peut avoir sous sa charge, il sera tenu personnellement de la perte que son dol aura pu causer. Et celui dont ce tuteur ou curateur administrait les biens, sera aussi tenu de réparer la fraude, quoiqu'elle lui ait été

(1) L. 10, § 19 et 20, ff. quæ in fraud. cred. Dict. leg. 10, § 22. L. 38, § 4, ff. de usur. (2) Cass. 14 janvier 1820. (3) Rejet, 27 juillet 1820. (4) L. 14, ff. quæ infr. cred. (5) L. ult. § ult. ff. quæ in fr. cred. L. 1, eod. V. l'ordonnance d'Orléans, art. 143; celle de Blois, art. 205, et autres, qui établissent les peines de ceux qui font des banqueroutes frauduleuses.

inconnne, mais seulement jusqu'à la concurrence de ce qui en sera tourné à son profit (1).

Quoique ces lois ne parlent point de ce que le tuteur peut être obligé de porter en son nom, pour son propre fait, il est sans doute tenu de la perte que son dol aura pu causer, comme le sont tous ceux qui nuisent par leur dol. *Quæ dolo malo facta esse dicentur, si de his rebus alia actio non erit, et justa causa esse videbitur, judicium dabo.* (L. 1, § 1, ff. de dolo.)

(1) L. 10, § 5, ff. quæ in fr. cred. Dict. leg. § 11.

FIN DU TOME PREMIER.

ERRATA.

Page 164, ligne 4, au lieu de *commande*, lisez : *command*.

TABLE ALPHABÉTIQUE,

PAR ORDRE DE MATIÈRES, CONTENUES DANS CE VOLUME.

D.

P.

R.

S.

T.

U.

FIN DE LA TABLE ALPHABÉTIQUE.

www.ingramcontent.com/pod-product-compliance
Lightning Source LLC
Chambersburg PA
CBHW060912220326
41599CB00020B/2941